松尾大社史料集

記録篇　四

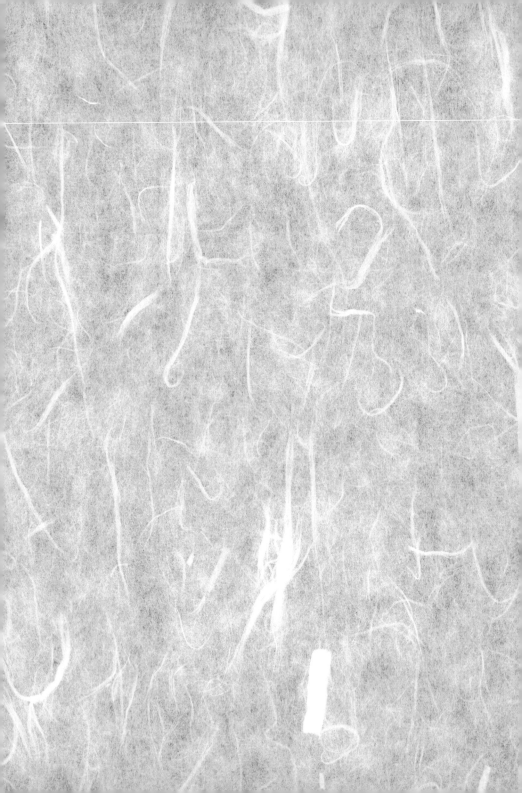

女神像

櫟谷　康治二季二月十一日己巳

始之奉造　願主本社神主頼親

請造并開眼備後講師延尊

木造二人　睿与
静仁

序

平成から令和へと改元され新しい御代を迎えた本年は、当社が去る平成二十七年より進めてきた「平成の御遷宮」事業完遂の年となった。

顧みれば、前回の御遷宮事業、昭和四十一年から四十六年に亘る、所謂「昭和の大造営」終了後、時の河田晴夫宮司が永年の懸案であった神社史編纂を決意され、その編集を梅田義彦氏に委嘱された。そして昭和五十一年、第一巻となる「松尾大社史料集　文書篇一」が刊行の運びとなった。

それから約半世紀を経ることとなり、当社宮司も、河田晴夫・犬上英直・中西守・佐古一洌の各氏、そして私と五代を数え、編者も多くの人々の協力と共に梅田義彦・西川順士、そして現在の吉崎久氏に至っている。その間、平成十三年の「御鎮座千三百年祭」など、数多の造営事業もあり、若干の中断の時期を経て今日に至るまで、「文書篇」七巻、「記録篇」三巻、「典籍篇」四巻、計十四巻を刊行することができた。

松尾大社は平安京の西に鎮座し、都を守護する神として「松尾の猛霊」と称えられた悠久の歴史を持つ古社である。昭和・平成、そして令和の時代に跨って続けられてきた本編纂事業も、あと数巻を残し、ようやく完結の時期を迎えつつある。

去る平成三十年には、「平成の御遷宮」事業の中心をなす本殿遷座祭も無事齋行され、また御代替りの佳節にあたる本年、「記録篇四」が上梓されたことは、松尾大社の歴史的意義付け、将来にわたる資料の保存、調査・研究の一助となり、神社の歴史にあらたな光を当てるのに役立つのではないかと期待される。

結びにあたり、本史料集編纂に携わっていただいた同窓の吉崎久氏を始め関係の各位に衷心より感謝の意を表し、刊行の序とさせていただく。

令和元年十二月吉日

松尾大社宮司　生嶌經和

凡　例

一、本篇には、元禄十七年の神主秦相宥の日次記、寳暦四年から寛政二年にかけての權神主秦豊房の年中日記、天保八・十三年の權神主の秦房式、弘化二～四年と嘉永七から慶應四年にかけて正禰宜秦榮祐の日次記、併せて年代も記録者も不明な日記の斷簡を収めた。

これら所収の日次記・日記等により、幕末から明治にかけての神社の様子を知る上で重要な資料である。

一六三二「某氏日記斷簡」は、一月二十日で終わっているが、この斷簡に續く文書が一七九一「日記」（一月二十一日）である。

二、成稿に當たっては、文書篇一に掲げた凡例に從ったが、凡例第五の年號の下に括弧して西暦を記す項を削除した。

三、項目の番號を付したのみで、本文の記述がされてない場合、項目の番號を削除した。

四、本篇は、吉崎久が担當し、禰宜竹内直道氏の協力を得た。

松尾大社史料集　記録篇　四　目次

口絵

凡　例

松尾大社史料集　記録篇　四

安政三年日次記

一一七一　安政三年日次記

（表紙）

安政三年

正禰宜秦榮祐

日次記　正禰宜従三位秦榮祐

丙辰正朔

（本文）

年徳己午

正大己未　二小己丑　三小戊午

四大丁亥　五小丁巳　六大丙戌

七小丙辰　八大乙酉　九大乙卯

十大乙酉　十一小乙卯　十二大甲申

凡三百五十五日

釣殿

二月十一日　彼岸　廿二日　大暑

三月十六日　月そく（蝕）　七月　七日　立秋

廿七日　八十八夜　八月　二日　二百十日

五月　六日　入梅　八月廿二日　彼岸

六月　朔日　はけしやう（半夏生）　九月朔日　日そく

宮仕

六日　小暑　四分半

十一月廿四日　冬至　廿五日　大寒

十二月十日　小寒

庚申

正月二日　三月三日　五月四日

七月五日　九月六日　十一月六日

天赦日

正月廿日　三月廿一日　四月八日

八月廿四日　十一月十日

正月元日、己未。晴。

一　箱番神主

一　辰剋、各束帯着出仕。口祝如レ例。

一　御神事已下剋於二釣殿ニ一舞踏如レ例。櫟谷禰宜不參。

内陣相命・榮祐、外陣相愛・房式、大床相推・房武、階上種道・重吉、階下重孝勤行。神供獻進無事。巡參等例之通リ執行。

一　朝飯宮仕調進、俵柒如レ例。

公文
土器師
膳部
御千度、宮仕
猪狩神事
神方
大登
社務所

一　掛湯。夕御神事。酉剋、社司今朝之通リ神供撤レ之、神供獻進無事。攝社公文勤レ之。諸事如レ例。
一　膳部方三人、呉服所へ禮ニ來。
二日、庚申、晴。
一　口祝、御千度如レ例。宮仕、社役人、村役、百性(姓)禮ニ來。
一　俵菜如レ例來。掛リ湯。
一　夕御神事。酉剋、神供獻進無事。月讀社へ參向。拜殿ニ而着座、聽參等如レ例。
一　謡始、酒肴東家より來。
三日、辛酉。晴。
一　口祝、掛湯如レ例。
一　御神事。午剋、神供獻進無事。大登。正祝相愛・櫟谷祝重孝。其餘ハ不參也。
一　東家夕節、行向。
四日、壬戌。晴。
一　辰剋出仕、神供獻進無事。手長　外記　數馬。
一　山田役人筑前　大藏　主祝(税)　木工　禮ニ來。
一　土器師禮ニ來、松室兩家禮ニ來賀。
一　御節如レ例。
五日、癸亥。晴。
一　江戸新川鹿嶋屋庄助ト申者、酒問屋より御祈禱御日米獻進。予當番、正祝出仕、無事、金廿五疋召具料東家より來。
一　神方禮、長門　外記　數馬　冶(治)部　内藏　御前役。新吾禮ニ來。
一　亥狩山神掃拂、伴右衛門遣ス。
一　亥狩御神事當番正禰宜、無事狩場ニ而聽參等如レ例、無事執行。神方八人不參也。
一　入レ夜社務所青侍・下部例之通リ來。酒肴出ス。
一　伯家年玉米、月讀禰宜當リ番ニ付、米壹斗爲レ持遣ス。
六日、甲子。晴。

御千度饗飯
一　近邊同禮　各來賀。入レ夜參籠、侍者源右衛
門。
七日、乙丑。晴。午後曇。

御千度饗飯
一　掛リ湯、口祝、御千度饗飯如レ例。

白馬神事
一　神馬相揃御神事、神供獻進無事執行。
申剋比退出。
八日、丙寅。晴。
九日、丁卯。晴。

結地才社神事
十日、戊辰。曇。

斧始、大小工
十一日、己巳。陰雨時々止。斧始例之通リ、大小
工來。
十二日、庚午。晴。未剋比吹雪。
一　午後出京。四條邊新屋敷年禮ニ行、二更比歸
宅。
十三日、辛未。晴。
十四日、壬申。薄雪、晴。

左義長
異國船御祈
一　左義長例之通リ。

御千度
一　入レ夜參籠、侍者源右衛門、御千度如レ例。

十五日、癸酉。曇。
一　口祝、掛リ湯、御千度饗飯例之通リ。
一　御神事午下剋。内陣相命・榮祐、外陣相愛・房
式、大床相推・房武、階上種道・重吉、階下重孝勤
行。神供獻進無事執行。申下剋比退出。
十六日、甲戌。陰晴。
一　朝夕節於二社務(所脱カ)ニ一例之通リ。
一　結地才社御神事例之通リ、射手組権祝房武・
櫟谷祝重孝勤行。神供獻進無事執行。
廳參等如レ例。初更半比歸宅。
十七日、乙亥。晴。
十八日、丙子。晴。
十九日、丁丑。晴。
一　野村稽古能始ニ行、二更比歸宅。
廿日、戊寅。陰晴、入レ夜來雨。
一　京都上邊年禮ニ行、二更比歸宅。
一　昨年來異國船渡來ニ付御祈被二仰出一候。去十
四日ニ昨年之通リ正・五・九月ニ被二仰出一候。

神講

社司・神方

正月分明廿一日より勤出之事。

廿一日、己卯。陰晴、時々曇。

一　御祈惣參正辰剋、無事。櫟谷禰宜榮種所勞御祈中不參也。

廿二日、庚辰。雨。

一　御祈惣參正辰剋、無事。

廿三日、辛巳。半晴。

一　御祈惣參正辰剋、無事。

廿四日、壬辰。晴、時々吹雪。

一　御祈惣參正辰剋、無事。

廿五日、癸未。晴。

一　御祈惣參正辰剋、無事。

廿六日、甲申。晴。

一　御祈惣參正辰剋、無事。

一　午後御祓拵相濟、國役之集會例之通り。中飯・中酒アリ。

廿七日、乙酉。晴。

一　御祈滿座、御日米獻進無事、社司・神方惣參之事。

廿八日、丙戌。晴。

一　太麻獻進上。正祝相愛・權神主房式着二狩衣一、無事。

廿九日、丁亥。晴。

一　出京。伊勢久へ行、未剋比歸宅。

三十日、戊子。晴。

二月朔日、己丑。晴。

一　午後出京。野村行、今井講ニ行、二更比歸宅。

二日、庚寅。晴。

三日、辛卯。晴。

一　神講例之通り。

一　御祈御幣物料、去廿八日太麻獻上之節御渡しニ相成、正月・五月・九月三度分銀三十枚、今朝御日米之節備レ之。

四日、壬辰。雨午後止、時々細雨。

一　出京。野村へ行、伊勢久へ行、夕方歸宅。

五日、癸巳。雨、午後止、夜來風甚シ(ク)吹、雨。

社家・神方
供僧・宮仕
社務所

一　御祈御幣物分配、是迄昨年社家・神方銀貳枚ツヽ分配之處、此度者社家・神方三枚ツヽ分配ス。壹枚ハ供僧・宮仕諸入用、殘リ三枚御神藏入。社家中壹人分金三朱トセ(錢)ニ百廿七文共於二社家中一社務所ニ午後分配ス。
一　夕方、東家當座出席、酒・夕飯アリ。
六日、甲午。陰、晴。
七日、乙未。晴、午後曇。
一　午後出京。野村ヘ行、二更比歸宅。
八日、丙申。晴。

神講、當屋

一　神講、明九日、松尾因幡當屋之處、若年ニ付、東家江振替。予亡父忌日ニ付、回章ニ不參之旨申達ス。
一　明日神講ニ付、東家より申來ニ付行向。酒アリ。忌日ニ付、以前斷申置候得共、呼ニ來ニ付行。
九日、乙丁酉。晴。
一　榮親卿忌日。
十日、戊酉(戌カ)。晴。
一　午後出京。野村ヘ行、初半比歸宅。
十一日、己戌(亥カ)。晴。夜來雨。
十二日、庚亥(子カ)。半晴、午後雨。
十三日、辛子(丑カ)。曇、午後晴。
一　野村宅稽古能、早朝より行向、二更比歸宅。
十四日、壬丑(寅カ)。晴。
十五日、癸寅(卯カ)。晴。
十六日、甲卯(辰カ)。朝曇、巳剋比より晴、夕方より雨。
十七日、乙辰(巳カ)。陰、晴、時々小雨。
十八日、丙巳(午カ)。曇、時々雨。
一　早朝ヨリ下坂、伏見ニ而畫舟。玄番(蕃)同道。
十九日、丁午(未カ)。晴。
二十日、戊未(申カ)。晴。
廿一日、己申(酉カ)。晴。
廿二日、庚酉(戌カ)。晴。曉天より小雨。
廿三日、辛戌(亥カ)。曇、時々雨。

一　未剋比歸宅ス。
廿四日、壬亥(子カ)。晴、時々曇。
一　野村宅ニ而稽古能、早朝ヨリ行、二更比歸宅。
廿五日、癸子(丑カ)。曇。
廿六日、甲丑(寅カ)。晴。
廿七日、乙寅(卯カ)。晴。
廿八日、丙卯(辰カ)。晴。
廿九日、丁辰(巳カ)。晴。
三月朔日、戊巳(午カ)。陰雨。
二日、己午(未カ)。半晴。
三日、庚未(申カ)。晴。

社司・神方初草神事

一　初草御神事、辰剋、出仕。
外陣相命・榮祐、大床相愛・房式、階上相推・房武、階下種道・重吉、同重孝勤行。神供獻進、無事執行。

社務所、宮仕

一　社務所廳參例之通り。山田役人、宮仕、社役人禮ニ來。
四日、辛申(酉カ)。晴。
一　出京。菊屋又兵衛方へ行、野村へ行、入レ夜歸宅。
五日、壬酉(戌カ)。曇、夜來小雨。
一　東家當座會、夕方行、酒アリ。
六日、癸戌(亥カ)。半晴。
七日、甲子。晴。
八日、乙丑。晴。
一　午後東遠州同道ニ而出京。菊又へ行、野村へ行、角甚へ行、三更比歸宅。
九日、丙寅。曇、夕方より小雨。

京都造酒家太々神樂奉納

一　京都造酒家より太々神樂獻進、社司・神方惣參、無事。
十日、丁卯。陰雨。
十一日、戊辰。晴。
十二日、己巳。晴。
一　午後出京。伊勢久へ行、野村へ行、二更比歸宅。
十三日、庚午。半晴。

氏子
神幸神事

一　氏子中安全太々神樂、社司・神方惣參、例之通り無事。

十四日、辛未。陰雨。

十五日、壬申。晴。

大坂十二郷酒造家
太々神樂奉納

一　大坂十二郷酒造家中太々神樂獻進、社司・神方惣參、無事。

十六日、癸酉。晴、午後曇、夜來雨。

一　午後出京。野村へ行、新屋敷加藤へ行、二更比歸宅。

十七日、甲戌。曇。

十八日、乙亥。半晴。

一　早朝より竹内江行、平岩十三郎能興行。三更比歸宅。

十九日、丙子。晴。

二十日、丁丑。晴。

廿一日、戊寅。晴、夕方より曇、曉天雨。

一　出京。伊勢久へ行、午下刻比歸宅。

廿二日、己卯。雨、時々止、時々強雨風。

一　神幸御神事正午刻出仕。櫟谷禰宜榮種不參也。

外陣相命・榮祐、大床相愛・房式、階上相推・房武、階下種道・重吉、同重孝勤行。神供獻進、無事執行。

遷宮無事、御渡船申刻無事。

殘り番權禰宜相推・權祝房武。

廿三日、庚辰。半晴、風雨、午後霰降。

廿四日、辛巳。晴。

廿五日、壬午。晴。

一　出京。嶋本へ行、野村へ行、未刻比歸宅。

廿六日、癸未。晴。

廿七日、甲申。曇、午後小雨。

一　出京。野村へ行、午下刻比歸宅。

一　未刻比より武田へ當座ニ行、二更比歸宅。

廿八日、乙酉。半晴。

廿九日、丙戌。曇、午後雨。

一　午後出京。野村へ行、角甚へ行、二更比歸

氏人
宅。
四月朔日、丁亥。晴。
一　御留主（守）詣例之通り。
二日、戊子。曇、午後雨。
一　早朝より縁明寺村小倉社神能ニ行、初更比歸
宅。
三日、己丑。半晴。
四日、庚寅。晴。
五日、辛卯。晴。
一　出京。野村へ行、午時比歸宅。
六日、壬辰。曇、午後雨。
一　午後出京。野村へ行、角菱行、二更比歸宅。
七日、癸巳。陰雨、申剋比より晴。
一　野村稽古能ニ行、二更比歸宅。
八日、甲午。半晴、午後雨。
一　大工修理忰泉次元服加儀。社司神主相命、正
禰宜榮祐、正祝相愛、權神主房式、權禰宜相
推、權祝房武、月讀禰宜種道、月讀祝重吉、櫟
谷祝重孝、氏人東近江守房經午剋比より行向。
櫟谷禰宜榮種所労不參。着ニ繼上下（裃）一慶儀として
神主・正祝より金百疋、正禰宜より金貳朱、權
神主より銀壹兩、權兩職銀壹貫六七分位、月
（讀）禰宜より銀壹兩程、月（讀）祝貳貫位、櫟
谷兩職壹貫五六分位。先例文化十五年之通り。
ろうじより座敷江着ス。南側北面、北側南面座
ス。のし昆布、三寶、蛤吸物、壹里塚、冷酒三
獻泉次へ土器各遣ス。總而膳宮仕・小工役之盃
相濟、吸物膳片付。次ニ茶・烟草盆、次ニ本
膳、酒・肴・吸物等出ル。宮仕・小工兩人西し
きの外東面ニ座ス。本膳、酒・肴・吸物等社家
中ニ同し。給仕人・年寄、其外親類着ニ麻上下（裃）一。
社家中斗ハ繼上下（裃）、其餘ハ麻上下（裃）。亥剋比相濟
退出。大工泉次・小工内匠兩人井戸坂迄送迎、
社家中、供侍・下部、酉下剋比來。臺所ノ次ノ
間ニ而酒・肴出ル由。各箱ち（よ）うちん持
來。泉次改名泉之丞。今朝御日米獻進。當番正

祝出勤。
九日、乙未。晴。
十日、丙申。晴。
一　綸旨申出し、無事出頭之由。
十一日、丁酉。晴。
一　社務所へ葵ニ受ニ遣ス。ねり番下桂村。

御舟神事

一　未剋、月讀社參向。御舟御神事、於二拜殿一
廳參等如レ例。本宮へ參着。葵掛替、御拂除。
途中ニ而彼是口論出來ニ付、酉剋比還幸。大宮
神輿、酉下剋比還幸、遷宮無事。内陣相命・榮
祐、外陣相愛・房式、大床相推・房武、階上種道・
重吉、階下重孝勤行無事。神供獻進。祝詞神主、
奉幣正禰宜。新宮社神供獻進公文勤レ之。無事
執行。亥剋比退出。
十二日、戊戌。晴。
一　此度當社火消出來ニ付、今午後足揃。番頭神
方。山方上桂村邊迄、上ハ法輪寺門前迄行。
十三日、己亥。晴。
十四日、庚子。晴。
十五日、辛丑。晴。
一　壬生官務方江妹入輿後、聟入延引致有レ之。
當春も色々差支有レ之、今日初而來入。清撰院
殿、官務殿、お篤午剋比來入。上野橋迄侍壹人
着二麻（上）（裃）下一、下部壹人向ひニ差出ス。官務
殿狩衣也。騎馬。妹お篤乘物、清撰院殿歩行。
お篤輿入之節彼是間違等も有レ之、近衛殿諸大
夫、北小路刑部權少輔殿取扱ニ付、此度之義（儀）吉
田對島ヲ以入來之義（儀）申候へ共、當廿日ニ關東へ
出立ニ付斷申來。
一　玄關侍貳人麻上下（裃）ニ而平伏。東ノ方之座敷ニ
而休足（息）、座敷へ通ス。南側東上北面。清撰院
殿、官務殿、お篤、北側東上南面。母公、予、
直、東遠州、松尾伯州、吉田對州。茶・烟草盆
出置。三寶、長のし、予祝之嶋臺、蛤吸物、三
寶貳通、盃土器、冷酒、結盃相濟、本膳給仕人
小山一學、河原泉之丞、小林寛次、いさ、こ

と。
一　未下剋社參。官務殿南ノ門より釣殿ニ而拜。侍壹人案内ス。女向ハ四ッ脚回廊外ニ而拜。神樂料南壹片。神子三人出勤ス。文次方へ申遣ス。
一　後段申剋比より始レ之。雜掌壹人、青侍貳人、針妙貳人。東ノ座敷休足(息)之間也。外ニ侍貳人者内玄關、下部ハ出入。伴右衛門宅ニ而酒・飯出ス。内侍貳人、下部六人ハ中飯後歸京。雜掌壹人、侍貳人、針妙貳人、下部四人ハ供侍也。獻立左之通り。
一　山田玄番先年より官務ト心安キ事故、取持ニ賴。午時比より入來。
一　土産物、昨十四日未剋比ニ侍釣臺ニ而來。飯・酒出ス。
一　官務殿乘物ニ而歸京。輿丁ハ當所より拵出ス。清捺院ハ歩行。馬ハ未剋比歸京。
　土産物左之通り

麻上下地　一端　　扇子五本　一箱
御肴代金貳百疋　　烟草入　一對
同樽代金百疋　　右片岡駿河守殿へ
　右者予へ。　　肩衣地　一端ッヽ
金百疋　　　右三好筑前守
羽二重　一端　　　松尾伯耆
　右者母公へ。　　　吉田對馬
扇子五本　一包　　外ニ烟草入　一對
羽二重　一端　　扇子三本
　右直へ。　　右山田玄番へ。
守袋
帶地
　右勝千代丸へ。
金貳百疋ッヽ　　金五十疋　下女
　小林寛次
西村甚藏へ。
同百疋ッヽ　　金二十五疋ッヽ
　小林源右衛門　　半右衛門

西村清藏　　兵助
川原泉之丞　淺次郎
小山内匠　善太郎
笹川茂兵衛　太助
おさ　ちか
やえ　まつ

献立

三寶長のし　嶋臺　吸物蛤　本膳　生盛
汁　香之物　飯　千代久　平　焼物　臺引
後段　吸物ふくさ　硯蓋貳ッ　鉢物スシ
鉢肴　吸物　大平　小鉢肴三ッ　吸物
作リ身　したし物　吸物　水物
中通リ　雑掌　侍　針妙〆五人
鱠生盛　汁　香之物　平　焼物
後段　吸物蛤　硯蓋　鉢肴　吸物　鉢物スシ
作リ身　吸物　したし物
侍貳人　下部十二人　内六人ハ侍貳人ハ　供歸之事。
鱠　汁　平　焼物
八寸二組　吸物　鉢肴二組　したし物
一　丑剋比各散座。上野橋迄侍壹人、下部壹人送ル也。
一　勝手手傳お幸殿、お十殿出入者也。
十六日、壬寅。晴。
一　土砂留手入人足貳人差出ス。
十七日、癸卯。晴。
十八日、甲辰。晴。
十九日、乙巳。晴、夕方曇。
一　お篤今夕壬生家へ歸京。乘物。侍貳人、女壹人、下部貳人、輿丁四人。輿丁ハ當所より差出ス。外ハ迎ニ來。十五日ニ梅小路様、常陸様より生作鯛、アハビ來ニ付、鯖のすし五ッ、鮎廿斗送レ之。壬生家へ生鯛、赤貝五ッ送レ之。
二十日、丙午。曇、陰晴、午後小雨。
廿一日、丁未。陰雨。
廿二日、戊申。半晴。
廿三日、己酉。晴。

廿四日、庚戌。曇、午後雨、夜來強雨。
一　出京。嶋本へ行、野村へ行、角菱へ行、一宿ス。
廿五日、辛亥。半晴。桂川五尺斗出水。
一　夕方歸宅。
廿六日、壬子。陰晴、時々晴。
廿七日、癸丑。晴。
廿八日、甲寅。晴。
廿九日、乙卯。雨。
三十日、丙辰。雨。
五月朔日、丁巳。曇、午後雨。

御千度

一　御千度如レ例。出勤ス。
一　午後出京。菱甚へ行、初更比歸宅。
一　勝千代丸初節句(供)ニ付粽配リ。東家　中東家　東遠　東大　松室相　松室薩　山田玄番　壬生家　松尾伯　三好筑　加藤　大塚　山口　貳把ツヽ。酒貳升　粽三把　蓑内年次郎　金百疋來。出入　寛次　兵助　淺次郎　半右衛門　小山一學　河原泉之丞　大工佐兵衛　貳把ツヽ。
一　和田久左衛門息彌吉初節句(供)ニ付粽料銀壹兩、松魚料金貳朱來。
二日、戊午。陰雨。
三日、己未。雨、時々止。
四日、庚申。半晴。
五日、壬酉。半晴。

端午神事

一　端午御神事、正辰剋出仕。櫟谷禰宜所勞不參也。
外陣相命・榮祐、大床相愛・房式、階上相推・房武、階下種道・重吉、同重孝神供獻進、無事執行。
山田役人、宮仕、社役人禮ニ來。廰參不參ス。
一　勝千代丸初節句(供)來客。東三　東伊　東越　東遠　東大　松室相　同薩　東近　山田玄番　中澤越後　加藤新五右衛門。
硯蓋　吸物　鉢肴貳ツ　大平　吸物　作リ身

小鉢　したし物。亥下剋比散座。
出入之者内玄關　儀兵衛　一學　兵助　兵藏
半右衛門　善太郎　硯蓋　吸物　鉢肴　したし
物。

到來物

一庭大幟（ダシ花笠）　加藤新五右衛門　一よろひ壹　壬生家
一甲□（不明）（巻紙五十枚程）　東家　一毛樹馬　三好筑
一ちよふちん（提燈）立壹對　松尾伯　吉田對
一弓矢　東遠江守殿　一陣太鼓　松室薩
一（まとひ　のほり竹七寸）　山田玄番　一金百疋　丸大
一（あじ魚十東　酒貳升、扇子箱）　越中守殿　一酒貳升　笹川儀兵衛
一陣笠（むち）　大塚修藏　一酒三升　山口雄太郎
一酒貳升　松室相州　一酒貳升　河原泉之丞
一鰑壹把　東大夫　一鰑壹　西村兵藏
一酒貳升　小山一學

六日、癸戌。陰晴。
一出京。伊勢久へ行、申剋比歸宅。
七日、甲亥。半晴。
八日、乙子。雨。
一午後出京。伊勢久へ行、入レ夜歸宅。
九日、丙丑。雨。
十日、丁寅。半晴。
十一日、戊卯。半晴。
一五月分御祈從二今朝正辰剋一、社司・神方物
參、無事。御教書當正月之通リ也。
十二日、己辰。陰晴。
一御祈正辰剋、社司・神方惣參、無事。
十三日、庚巳。陰晴。
一御祈正辰剋、社司・神方惣參、無事。
十四日、辛午。晴、夕方曇。
一御祈辰剋、社司・神方惣參、無事。
十五日、壬未。曇、巳剋比より雨。
一御祈辰剋、社司・神方惣參、無事。

十六日、癸申。半晴。
一　御祈辰剋、社司・神方惣參、無事。
御千度
　御千度近例之通リ、拝殿三度廻ル。
一　午後御祓拵。幣物料分配割方正月ニ同候事。
十七日、甲酉。晴陰。
御祈満座
一　御祈満座。御日米獻進、無事、例之通リ。
一　伊賀局神參リ東家へ御下リニ付、夕景行向。
　酒アリ。野村三次郎來ニ付仕舞十番斗有レ之。當
　方より酒貳升送レ之、壬生より蒸菓子壹箱送レ之。
　今午後使持來也。
十八日、乙戌。半晴、午後雨。
一　太麻獻上。正祝相愛、權神主房式如レ例、無
　事。
十九日、丙亥。半晴。
二十日、丁子。晴。
廿一日、戊丑。晴。
一　出京。嶋本へ行、いせ久へ行、野村へ行、
　入レ夜歸宅。
廿二日、己寅。晴。
廿三日、庚卯。強雨、午後時々止。
一　午後出京。松尾伯方へ行、一宿ス。
廿四日、辛辰。晴。
一　野村稽古能ニ行、二更比歸宅。
廿五日、壬巳。晴。
廿六日、癸午。晴。
廿七日、甲未。晴。
廿八日、乙申。晴。
一　出京。伊勢久へ行、大澤へ行、野村へ行、
　入レ夜歸宅。
廿九日、丙酉。晴。
六月朔日、丁戌。晴、夜來小雨。
二日、戊亥。晴。
三日、己子。晴。
四日、庚丑。晴。
五日、辛寅。晴。
一　東家當座、夕方ニ行。

六日、壬卯。晴、夜來夕立。
七日、癸辰。陰晴。
八日、甲巳。陰晴。
九日、乙午。晴。
一　未剋比、下嵯峨神明町邊出火、戌剋比ニ火納ル。上ヶ木や不レ殘燒失。當社之火消出役。酉剋比より予行向、二更半比歸宅。
十日、丙未。晴。
十一日、丁申。晴。
十二日、戊酉。晴。
十三日、己戌。晴。
十四日、庚亥。晴。
十五日、辛子。晴。
一　出京。伊勢久へ行、野村へ行、入レ夜歸宅。
十六日、壬丑。晴。

社務所にて社司集會

一　早朝於二社務所一社司集會。神方六位兩人御田御能拜見、且御神事之節も衣冠ニ而出仕仕度願書差出し候故、相談有レ之處、社司束帶之節斗衣冠ニ而出仕、其餘ハ決而着用致間敷書付取置有レ之候故、白袴ニ狩衣着用爲レ致可レ申之次定（治）也。狩衣着用ハ御神事後御能拜見之節之事、御神事ハ淨衣之事也。
一　茶屋源助別宅隱居致度趣ニ而、本宅之南ノ方ニ別宅之相談之事。
十七日、癸寅。晴。
十八日、甲卯。晴。
十九日、乙辰。晴。
二十日、丙巳。晴、夜來夕立。
廿一日、丁午。晴、時々夕立。
廿二日、戊未。晴。
一　孫死去ニ付、假三日、服七日。山田越前介甥死去ニ付、假三日、服七日。山田玄番右引籠、社務所より申來。
廿三日、己申。晴。

沙汰人

一　沙汰人御神事催ニ來。
一　御神事未剋ニ出仕。予暑氣ニ當リ不參ス。

無事執行之由。御能　翁千三、竹生嶋、歌占、飛
雲、しびり　叱リ。初更半比退出之由。七八人
來宿。
廿四日、庚酉。晴。
一　宮仕御神事催ニ來。社務所囃子例之通リ。
巳下剋ニ出仕。神供獻進無事執行。
御能　翁千三　弓八幡　文相撲　頼政　舟渡聟
小蝶　飛越　夜打曾我　盆山　熊坂。酉剋比ニ
相濟、退出。
廿五日、辛戌。晴。
廿六日、壬亥。晴。
一　嶋田祖母様老病之處、昨朝より霍亂之證ニ而
急變之程も難レ斗様子申來。母公早朝より御出。
廿七日、癸子。晴、遠雷、曉天夕立。
廿八日、甲丑。晴、夕立、雷二三聲。
廿九日、乙寅。晴。
一　於二社務所一集會。桂川筋堤法（防）内馬踏之竹木公
儀之者ニ候間、村方之者ニ候哉、小堀より尋ニ
付、返答書拵、村方より差出ス。村役之者社務
へ來。
三十日、丙卯。晴。
一　昨日小堀より尋之義（儀）、村役松室村庄屋佐兵衛
持參致候處、慥成義（儀）ヲ申來候様申居候ニ付、早
朝社務所へ集會、書付拵、明朔日ニ差出ス。評
定之書付村役へ渡ス。書付社務所ニ扣有レ之也。
七月丁辰（マヽ）。晴。朔日。
一　茶屋源助之別宅早朝各見分。鳥居前南ノ馬場
東西六間、南北四間半、地面大工泉之丞申付
ル。年貢米壹坪ニ付壹升六合位之定ニス。兩茶
屋ハ沙汰人支配ニ候得共、場所も違事故、社家
中之支配也。神方中江も達レ之置也。沙汰人も
見分出役ス。
二日、戊巳。晴。
一　出京。野村へ行、嶋田へ行、初更比歸宅。
三日、戊午。晴。戊ニ改間違アリ。
四日、己未。晴、夕立、雷二三聲アリ。

五日、庚申。晴。
六日、辛酉。晴。
七日、壬戌。晴。

七夕神事

一　七夕御神事、辰剋出仕、櫟谷禰宜榮種所労不參也。
外陣相命・榮祐、大床相愛・房式、階上相推・房武、階下種道・重吉、同重孝勤行。神供獻進無事執行。
一　山田役人、宮仕、社役人禮ニ來。廳參如レ例。
一　新待賢門院様薨去ニ付、鳴物・普請停止之義（儀）申來。日數之義（儀）者追而沙汰有レ之由也。
八日、癸亥。晴。
一　谷川筋一ノ井川筋見分。松室村十右衛門方ニ而勘定例之通リ。中飯・酒アリ。初更比歸宅。
九日、甲子。晴。
十日、乙丑。晴、夕立、雷鳴二三聲アリ。
十一日、丙寅。晴。
一　新待賢門院薨去ニ付、普請・鳴物停止之義（儀）相觸置候處、普請之義（儀）者明十一日より差免、鳴物之義（儀）者來ル十五日より差免候間、洛中・洛外江可二相觸一もの也。
一　右之通リ十日之日付ニ而申來。
十二日、丁卯。晴。

新嘗會神事

一　新嘗會御神事例之通リ無事執行。
十三日、戊辰。陰晴。
十四日、己巳。晴、夕立。
十五日、庚午。晴。
一　近邊之息禮ニ來賀。
一　同禮ス。各來賀。
十六日、辛未。晴。
十七日、壬申。晴。
一　早天ヨリ醍醐日野薬師如來へ參詣、初更比歸宅。
十八日、癸酉。晴、夕立。
十九日、甲戌。晴、午下剋地震。
二十日、乙亥。晴、曉天雨。

一　出京。松伯へ行、二條蓑内へ金談ニ行、初更
　比歸宅。
廿一日、丙子、晴。
廿二日、乙(丁)丑。晴。
廿三日、戊寅。晴。
廿四日、己卯。晴、夕立。
一　出京。伊勢久へ行、丸大へ行、二更比歸宅。
廿五日、庚辰。晴。
廿六日、辛巳。晴、丑半剋比地震。
廿七日、壬午。晴。
一　出京。いせ久へ行、寺町邊へ行、入レ夜歸宅。
廿八日、癸未。晴。
一　出京。いせ久へ行、午時比歸宅。
廿九日、甲申。晴。
八月朔日、乙酉。晴、未剋比曇、夕立之氣空。
一　例之通リ二條禮無事、沙汰人出役ス。
相撲雨天屆差出ニ付目附不來。角力十番斗有レ之處、俄ニ口論出來、角力場石・すなどほり、參詣人けが致し候者も有レ之、申剋比頭取より角力止メル。
二日、丙戌。晴。
三日、丁亥。晴。
一　出京。丸大へ銀談ニ行、二更比歸宅。
四日、戊子。晴。
五日、己丑。晴、夕立。
一　夕方東家當座ニ行。
六日、庚寅。晴、夕立。
一　出京。いせ久へ行、丸大へ行、入レ夜歸宅。
七日、辛卯。晴。
八日、壬辰。晴、社務所集會、午時比相濟。
九日、癸巳。晴。
一　早朝より岩倉三好へ行向、二更比歸宅。
十日、甲午。晴。
十一日、乙未。晴、夕立、雷鳴。
十二日、丙申。晴、夕立、雷鳴。
十三日、丁酉。晴。

氏神

御千度

一　出京。いせ久へ行、二條へ行、入レ夜歸宅。
十四日、戊戌。晴。
一　出京。いせ久へ行、午時比歸宅。
十五日、己子(亥カ)。晴。
十六日、庚丑(子カ)。陰晴、夜來雨。
一　築山片岡へ行、申剋比歸宅。
十七日、辛寅(丑カ)。曇雨。
十八日、壬卯(寅カ)。晴。
十九日、癸辰(卯カ)。雨時々止。
二十日、甲巳(辰カ)。雨、午後陰晴。於二社務所一夕方集會。
二十一日、乙午(巳カ)。晴。
一　去八朔、鳥居前角力場において下嵯峨村・西七條村口論出來、其後武邊沙汰ニ相成、兩村彼是取込居候ニ付、松村三吾より内々心添も有レ之ニ付、今巳剋比より、予、長尾長門召連、西七條村へ行向。神子役角之丞宅ニ而村役呼寄相談ニ及、村役者へ色々ト爲二申聞一事濟也。及二相談一、午下剋比角力頭取立田川勝太郎來、同席ニ而相談ス。何事諸事氏神へ奉納之事濟也。申剋比何れも同道ニ而東家へ歸宅ス。下サガ(嵯峨)村役方へ社役人申達ス。元來西七條村願主故早々願下ケ之義(儀)村役へ申置也。
二十二日、丙未(午カ)。晴、夜來雨。
二十三日、丁申(未カ)。陰雨。
二十四日、戊酉(申カ)。陰晴、時々小雨。
二十五日、己戌(酉カ)。陰晴、曇。
二十六日、庚亥(戌カ)。晴。
廿七日、辛子(亥カ)。晴。
廿八日、壬丑(子カ)。晴。
一　出京。いせ久へ行、松伯へ行、入レ夜歸宅。
廿九日、癸寅(丑カ)。晴。
三十日、甲寅。晴。
九月朔日、乙卯。半晴、時々曇、夜來強雨。
一　御千度例之通リ。
二日、丙辰。陰晴。

一　出京。借財一件ニ付、兩替町竝河宅ニて集會、
二更比歸宅。
三日、丁巳。曇雨。
四日、戊午。雨、午後晴定。
一　出京。いせ久へ行、入レ夜歸宅。
五日、己未。晴。
一　東家當座、夕方出席。
六日、庚申。雨、午後止。
七日、辛酉。晴。
八日、壬戌。晴、夜來雨。
九日、癸亥。雨。

重陽神事
御千度

一　重陽御神事例之通リ。予風邪不參也。無事執
行之由。神供受ニ遣ス。山田役人・宮仕・社役
人禮ニ來。
十日、甲子。晴。
十一日、乙丑。晴。
一　御祈九月分辰剋出仕。社司・神方惣參。櫟谷
禰宜所勞不參。
十二日、丙寅。晴。
一　御祈辰剋出仕。社司・神方惣參。内々午後出
京。入レ夜歸宅。
十三日、丁卯。晴。
一　御祈辰剋、社司・神方惣參。
十四日、戊辰。曇、午後雨。
一　御祈辰剋、社司・神方惣參。月讀禰宜不參。
十五日、己巳。陰雨。
一　御祈辰剋、社司・神方惣參。同斷。
十六日、庚午。晴、時々曇。
一　御祈辰剋、社司・神方惣參。同斷。
一　御千度。御祈後、拜殿齋服儘、三度社司・神
方廻ル如二近例一。
一　午後社務ニ而御祓挎如レ例。
十七日、辛未。晴。
一　御祈辰剋、社司・神方惣參。御日米獻進如レ
例。
十八日、壬申。晴。

一　太麻獻上。正祝相愛、權神主房式出頭、無
事。
十九日、癸酉。晴。
二十日、甲戌。晴。
一　野村稽古能ニ行、二更比歸宅。
廿一日、乙亥。陰雨。
廿二日、丙子。雨。
廿三日、丁丑。晴定。
廿四日、戊寅。晴。
廿五日、己卯。晴。
廿六日、庚辰。晴。
廿七日、辛巳。晴。
廿八日、壬午。晴。
八講
一　出京。伊勢久へ行、申剋比歸宅。
廿九日、癸未。晴。
三十日、甲申。晴。
日待
十月朔日、乙酉。曇、時々晴。
一　御藏附例之通リ。予風邪不參也。
二日、丙戌。半晴、夜來雨。
三日、丁亥。陰雨。
四日、戊子。晴。
五日、己丑。半晴。
六日、庚寅。陰雨。
七日、辛卯。半晴、曉天時雨。
八日、壬辰。晴。
九日、癸巳。晴、時雨度々アリ。
十日、甲午。晴、時雨度々アリ。夕方東家當座ニ
行。
十一日、乙未。晴。
十二日、丙申。晴。
十三日、丁酉。晴。
一　八講、神供受ニ遣ス。
十四日、戊戌。晴。
十五日、己亥。晴。
一　野村稽古能ニ行、初更比歸宅。東家日待ニ
行。

十六日、庚子。晴。
十七日、辛丑。晴。
十八日、壬寅。晴。
一　出京。松伯へ行、野村へ行、今井へ行、初更比歸宅。
十九日、癸卯。晴。
一　今井勘五郎謡講、丸山正阿彌ニ而興行、午後行向。野村ニ而一宿ス。
二十日、甲辰。晴、夜來時雨。
一　初更比野村より歸宅。
二十一日、乙巳。晴。
二十二日、丙午。晴。
二十三日、丁未。晴。
一　野村宅ニ而山川狂言相催ニ付行向、一宿ス。
二十四日、戊申。晴。
一　申剋比歸宅。
二十五日、己酉。晴。
二十六日、庚戌。陰雨。
二十七日、辛亥。晴。
二十八日、壬子。晴。
一　午後出京。野村へ行、今井へ行、入レ夜歸宅。
二十九日、癸丑。晴。
一　當家借財一件ニ付、五ヶ村役夕方より集會、酒肴出ス。
三十日、甲寅。曇。
十一月朔日、乙卯。晴。

江戸造酒家太々神樂奉納

一　江戸造酒家より太々神樂獻進。社司・神方惣參。辰下剋ニ出仕。無事執行。二番納例之通リ。
二日、丙辰。晴。
一　出京。野村へ行、夕景よリ山川宅囃子ニ行、三更比歸宅。
三日、丁巳。晴。
四日、戊午。晴。
五日、己未。晴。
六日、庚申。晴、夕方時雨。

一　出京。伊勢久へ行、野村へ行、今井へ行、入レ夜歸宅。

七日、辛酉。晴。

八日、壬戌。晴。

一　出京。野村へ行、今井へ行、嶋田へ行、初更比歸宅。

九日、癸亥。晴、時々時雨。

十日、甲子。晴。

一　出京。野村へ行、今井謡講ニ行、三更比歸宅。

十一日、乙丑。晴。

一　午後出京。嶋田へ行、今井謡講ニ行、三更比歸宅。

十二日、丙寅。晴。

一　東家伊賀局先達而より所勞之處快方ニ付、今夕振舞行向、二更比歸宅。

十三日、丁卯。晴。

十四日、戊辰。晴。

十五日、己巳。晴、酉下剋比地震。

一　出京。伊勢久へ行、野村へ行、入レ夜歸宅。

十六日、庚午。晴。

一　野村三次郎於二竹内一能興行ニ付、東家同伴行向、三更比歸宅。

十七日、辛未。晴。

十八日、壬申。晴、夕方曇、細雨アリ。

一　來ル廿五日於二所司代一ニ新御朱印被レ渡候由、申來處、廿五日者御神樂御神事ニ付何歟相談於二社務所一ニ集會。朝飯後寄集、午時比濟。

十九日、癸酉。晴、時々曇。

一　午後出京。嶋田へ行、初更比歸宅。

二十日、甲戌。晴。

二十一日、乙亥。半晴、夜來雨。

一　午後出京。野村へ行、嶋田へ行、野村ニ而一宿。

二十二日、丙子。曇。

一　二更比歸宅。

二十三日、丁丑。晴。

二十四日、戊寅。半晴。

一　來廿五日御朱印被レ渡候處、所司代御差支ニ付延引、日限之義(儀)者追而沙汰有レ之由也。

一　線姫君樣御逝去ニ付、昨廿三日より廿九日迄鳴物停止、普請者不レ苦旨申來。

一　入レ夜於二社務一集會。明日之御神樂　宮中三ケ日物音被レ留メ候間、延引之義(儀)伯家より申來。雜掌より之書面ニ下鴨社停止中御神樂之執行例も有レ之候へ共、當社者近年再興之事故、他社之例ニ而者執行難二相成一由。尤准后宮殿より被レ命候由。依レ之明日御神事も延引ニ治定也。來二日酉、八日卯兩日之内執行致度旨明日正祝執奏家へ窺書持參之約定也。
樂人安部因幡守伯家へ今朝參殿相談ニ候處、右之趣雜掌達し之由也。

一　神方、沙汰人、宮仕、御前役、神子、大小工、年寄延引申達ス。

廿五日、己卯。晴。

　下鴨社鳴物停止中御奏樂執行例

尾張大納言殿薨去ニ付
一　寛政十二年正月一日より七日迄
　鳴物停止中
　元旦御神事奏樂如レ例

一橋八男松平冬之助殿逝去ニ付
一　文化三年十二月廿九日より翌正月二日迄鳴物停止中
　元旦御神事樂官參勤、奏樂如レ例

德川兵部殿逝去ニ付
一　文政十三年六月廿六日より七月三日迄鳴物停止中
　同月廿七日御戸代會樂官參勤
　同晦日夏祓神事奏樂等如レ例

一　樂人安部雅樂介より社務へ使來。來月二日より十二日迄樂人差支有レ之趣ニ申來ニ付、各集會。來ル朔日申ノ日、十四日卯ノ日兩日之内ニ執行。窺書明日權神主伯家持參之約定。今日正祝窺書持參之處出頭之仰候樂人より申來也。
廿六日、庚辰。晴。
廿七日、辛巳。晴。
一　予出京。野村へ行、夫より御神樂窺伯家へ行
處、明朝一應窺ニ可レ參旨雜掌申。夫ヨリ釜座
嶋田へ行、太田滋右衛門方へ行、酒アリ。初更
比歸宅。
廿八日、壬午。半晴、時雨アリ。
廿九日、癸未。晴。
一　御神樂來ル朔日ニ執行被二聞召一候。巳剋比社
務より申來。
十二月朔日、甲申。吹雪、夜來風雨。
一　御神樂御神事申下剋ニ出仕。月讀禰宜、櫟谷
禰宜所勞不參。
内陣相命・榮祐、外陣相愛・房式、大床相推・房
武、階上重吉、階下重孝勤行。神供獻進無事執
行。攝社神供公文代月（讀）祝重吉。風雨ニ
付、三ノ宮・四大神祝詞壹度、衣手社・十善神（師）
社祝詞壹度、無事執行。
一　御神樂例之通リ執行。子剋比相濟退去。
一　東大夫房武申受領筑後守從五位上、氏人延丸
申從五位下、今夕敕許之由。御神樂御神事ニ
付、非藏人代勤御禮廻リ之由也。
二日、乙酉。半晴、時々霰降。
一　カラ入例之通リ。
一　御相場立七拾五貫ニ御治定。昨日御神事ニ付
今日ニナル。
三日、丙戌。晴。
四日、丁亥。晴。
五日、戊子。晴。
六日、己丑。晴。
一　出京。いせ久へ行、野村へ行、嶋田へ行、
入レ夜歸宅。
七日、庚寅。晴。
一　野村稽古能ニ行、曉天歸宅。
八日、辛卯。晴。

一　谷川勘定例之通リ。
九日、壬辰。晴。
一　今晝舟ニ而下坂。伏見より乘、酉下剋大坂へ着。
十日、癸巳。晴。
一　來ル十五日御朱印被レ渡候旨申來。
一　辰巳屋へ行。
十一日、甲午。晴。
十二日、乙未。晴。
十三日、丙申。晴。
一　拂除例之通リ。
十四日、丁酉。晴。
一　昨夜舟ニ而上京、今五ッ時ニ伏見へ着、申剋比歸宅。
十五日、戊戌。曇。
一　御朱印被レ渡候ニ付東三、松室相、山田大藏上卯剋ニ出門之由。諸事先例之通リ。
一　長尾長門、山田筑前從父妹死去ニ付、十三日より三日・七日服引籠之由申來。
一　申下剋比上山田村舟渡へ右三人共歸宅。神方中、社役人、宮仕等舟渡邊迄出迎、社頭へ着。呉服所ニ而掛リ湯、齋服着用、沙汰人ハ白張淨衣。大床ニ而御朱印備レ之、直ニ歸宅之由。宮仕、社家中へ唯今歸宅之旨申來。各社家中、社務所へ繼上下ニ而行向、裏玄關ヨリ座敷へ通ル。暫シテ退出。無事。
十六日、己亥。半晴。
一　御社納。巳剋比より出勤、二更半比歸宅。
十七日、庚子。半晴、夜來時雨。
一　御朱印被レ爲レ渡候ニ付、先例之通リ御日米獻進。社司・神方惣參。正辰剋無事執行。
一　午剋於二社務所一御祝酒。社家・神方中・宮仕着二麻上下一御朱印拜見。神方中、宮仕まて赤飯、ウルメ、燒物、ニシメ、吸物、貳ッ重組（組重）、鉢肴、作リ身。二更比退出。
一　年寄四人、給仕。其餘ハ無レ之、先例之通リ。

十八日、辛丑。半晴。
十九日、壬寅。晴。
一　御社納。午後出勤。二更比ニ歸宅。
二十日、癸卯。晴。
二十一日、甲辰。晴。
二十二日、乙巳。晴、曇、午後陰雨。
二十三日、丙午。半晴。
一　御社御拂。出勤。寅下剋比退去。金五拾兩米
廿石餘殘ル。
二十四日、丁未。曇。
一　午後御米渡。出勤。酉剋比退出。
二十五日、戊申。吹雪、時々雨降。
二十六日、己酉。雪。
二十七日、庚戌。晴。
一　午後出京。嶋田へ行、初更比歸宅。
廿八日、辛亥。晴。
廿九日、壬子。晴。
一　午後出京。寺町邊へ買物ニ行、二更比歸宅。

大三十日、癸丑。晴。
一　大小工しらけニ來。例之通リ。
一　山田役人、宮仕歲末ニ來。例之通リ。

天赦日
正月十四日　三月十五日　四月二日
八月十八日　十一月五日

庚申
二月廿七日　四月廿八日　六月廿九日
八月三十日　十一月朔日

安政四年日次記

一一七二　安政四年日次記

（表紙）

安政四年

正禰宜秦榮祐

日次記　正禰宜従三位秦榮祐

丁巳正朔

（本文）

正小甲寅　二大癸未　三小癸丑
四小壬午　五大辛亥　閏五小辛巳
六大庚戌　七小庚辰　八大己酉
九大己卯　十小己酉　十一大戊寅
十二大戊申
　　年徳亥子　凡三百八十四日
正月　九日　節分　六月　三日　大暑
二月廿三日　彼岸　六月十九日　立秋
四月　九日　八十八夜　七月十三日　二百十日
五月廿二日　入梅　八月　朔日　日そく（蝕）
閏五月十一日　はんけしやう（半夏生）　八月　三日　彼岸
閏五月十六日　小暑　十一月七日　冬至
十一月廿一日　小寒　十二月　廿日　節分
十二月　六日　大寒　閏五月廿八日　土用
　天赦日
正月廿五日　三月廿六日　四月十三日
閏五月十四日　七月廿九日　十月十六日
十二月十七日
　甲子
正月十一日　三月十二日　五月十四日
六月十五日　八月十六日　十月十六日
十二月十七日
　庚申
正月　七日　三月　八日　五月　十日
六月十一日　八月十二日　十月十二日
十二月十三日

正月元日、甲寅。晴。參籠侍者嶋田元三郎。

一　箱番正禰宜。杉原廿枚、半紙十二折宮仕へ渡レ之。
一 辰剋各束帯出仕、口祝如レ例。月讀禰宜種道所労御神事中不參也。釣殿ニ而舞踏如レ例。
一 内陣相命・榮祐、外陣相愛・房式、大床相推・房武、階上重吉、階下重孝勤行。神供獻進無事、巡參等例之通リ。公文不參ニ付、諸事御神事月讀祝重吉代勤也。
一 朝飯宮仕調進。俵粢等如レ例。掛リ湯。

夕神事
一 夕御神事酉下剋、社司之次第今朝之通リ。神供撤レ之、神供獻進無事。攝社例之通リ。
一 膳部方、神子呉服所へ年禮ニ來。櫟谷禰宜御神事中不參。

二日、乙卯。半晴、申剋比吹雪。

御千度
一 口祝。御千度如レ例。宮仕、社役人、村役、百性(姓)禮ニ來。
一 俵粢、掛リ湯如レ例。

夕神事
一 夕御神事酉剋、神供獻進無事。月讀社へ參向。拜殿ニ而着座、朝參等如レ例。
一 謡始。酒肴當家ヨリ差出ス。

三日、丙辰。晴、未剋比雪。
一 口祝。掛湯如レ例。
一 御神事午下剋、神供獻進無事。
一 大登。正禰宜榮祐、正祝相愛、櫟谷祝重孝。但シ、公文兼勤。社務所廰參例之通リ。申下剋ニ退出。
一 東家ヨリ夕節申來候へ共不參ス。

四日、丁巳。晴。
一 辰下剋、當番出仕。神供獻進無事。神方玄番(蕃)、縫殿。
一 神方、膳部方、沙汰人禮ニ來。土器師禮ニ來。例之通リ。
一 松室薩州、加州禮ニ來賀。御節例之通リ。

五日、戊午。晴、時々雪。
一 神方禮、長門、大内藏、冶(治)部、大炊、御前役新吾、例之通リ玄關ニ而受レ之。
一 加藤新五右衛門年禮ニ來賀、酒・中飯出ス。

六日、己未。晴、壹寸斗雪積。

一　近邊回禮。各來賀。

一　伯家年玉米當家當リ番ニ付、爲レ持進上ス。月讀禰宜、正祝當家へ持來。

新春之御慶目出度申収候。伯様（白川資訓王）益御安泰可レ被レ成重歳奉ニ恐悦一候。隨而正禰宜、正祝、月讀禰宜三職より如ニ例年一御年玉米壹斗ツヽ進上之仕候。此段宜御披露頼入存候。以上。

正月六日　松尾社正禰宜

南三位

伯家

御雜掌

例之通リ返書雜掌より來。

一　戌刻比參籠。例之通リ箱番ニ付酒肴持參ス。

七日、庚申。晴。

御千度

一　口祝。掛リ湯、御千度、饗飯如レ例。

一　未刻比御神事、神供獻進、無事執行。

神馬貳疋不來ニ付、櫟谷之兩職より繪馬ニ而執行。下部白丁。無事、申下刻退出。

八日、辛酉。晴。

一　午後出京。野村・今井・小幡年禮ニ行、初更比歸宅。

九日、壬戌。晴。

節分神事

一　節分御神事、酉刻出仕。神供獻進、無事執行。

十日、癸亥。晴。

一　亥狩例之通リ、拂除ニ遣ス。

亥狩神事

一　亥狩御神事當番權神主房式着座。廳參等例之通リ、無事執行。

一　入レ夜社務所青侍、下部等來。例之通リ、酒肴出ス。

十一日、甲子。晴。

斧始

一　斧始。大小工例之通リ來。組重ニ而酒出ス。

十二日、乙丑。晴。

一　出京。年禮ニ行向、三更比歸宅。

十三日、丙寅。曇。

十四日、丁卯。曇、薄雪。

左義長
一　左義長例之通リ。
御千度
一　入レ夜參籠。御千度如レ例。
十五日、戊辰。半晴、時々雪。
一　口祝。掛リ湯、御千度、饗飯例之通リ。
内陣相命・榮祐、外陣相愛・房式、大床相推・房武、階上重吉、階下重孝勤行。神供獻進、無事執行。公文所勞不參、代勤月讀祝重吉、未下剋退出。
十六日、己巳。晴、時々吹雪、五六寸斗積。
一　社務所朝夕節如レ例。
氏人入
一　悴勝千代丸當春三才ニ付、氏人新入、昨日一統へ申置也。
一　射手組權祝房武、櫟谷祝重孝。神供獻進、無事執行。公文代月讀祝重吉無事。
社務所朝參例之通リ。
氏人入定文
一　勝千代丸新入米壹斗、御酒湯壹對社務所へ送レ之。例之通リ之定文受レ之。公文代月祝筆書也。

十七日、庚午。晴、雪、四五寸斗積。
十八日、辛未。晴。
一　出京。野村へ稽古能稽古ニ行、入レ夜歸宅。
一　初更比より東家當座ニ行。
十九日、壬申。晴。
二十日、癸酉。陰晴、夕方小雨。
一　野村稽古能ニ行、東家同道ニ而三更比歸宅。
廿一日、甲戌。陰晴、細雨、午後雨。
廿二日、乙亥。雨。
一　國役之集會例之通リ、酒・中飯アリ。
廿三日、丙子。半晴。
廿四日、丁丑。晴、時々雪。
廿五日、戊寅。晴。
一　午後出京。野村へ行、山川囃子ニ行、二更比歸宅。
廿六日、己卯。晴。
廿七日、庚辰。晴。
廿八日、辛巳。晴、夜來雨。

神講

神講當屋

一　出京。伊勢久へ行、野村へ行、今井へ行、入レ夜歸宅。
廿九日、壬午。雨、午後晴定。
二月朔日、癸未。半晴。
二日、甲申。晴、午後より雪、夜來甚シ(ク)降。
一　午後出京。野村へ行、入レ夜歸宅。
三日、乙酉。雪四寸斗積、午後晴定。
一　神講例之通リ。權神主房式、權祝房武、月(讀)禰宜種道、櫟谷禰宜榮種、同祝重孝所勞不參也。
四日、丙戌。陰晴。
五日、丁亥。晴。
六日、戊子。曇、入レ夜ヨリ雨。
一　出京。伊勢久へ行、松尾伯へ行、入レ夜歸宅。
七日、己丑。曇。
八日、庚寅。陰晴。
一　昨夕神講當屋、松尾因幡ヨリ回章來候得共、明九日忌日ニ付不參之趣申達ス。
九日、辛卯。晴。
十日、壬辰。晴。
一　松尾因幡方神講後宴被レ招行。
十一日、癸巳。晴。
十二日、甲午。陰雨。
十三日、乙未。陰雨。
十四日、丙申。時々吹雪。
十五日、丁酉。晴。
一　嶋田禪月院殿先達而より老病之處不レ叶二養生一大切之由申來。母公直ニ御出。
十六日、戊戌。晴。
一　出京。釜座嶋田へ行、野村へ行、夫ヨリ嶋田へ行。
葬式明十七日酉剋ニ冶(治)定。二更比歸宅。
十七日、己亥。半晴。
一　假服屆今朝社務所へ差出ス。杉原四ツ折上包半紙。

喪外祖母

三十日假　從二昨十六日一至二三月十五日一。
九十日服　至二五月十七日一。
右之通引籠申候。宜御披露可レ給候。以上
巳二月十七日　　榮祐
神主殿
一　予風邪氣ニ付、今夕葬式不參之義(儀)申遣ス。香
資金百疋兩人より送レ之。
十八日、庚子。晴。
十九日、辛丑。晴、入レ夜ヨリ雨。
二十日、壬寅。晴。
廿一日、癸卯。半晴。
廿二日、甲辰。晴、夜來雨。
廿三日、乙巳。晴。
一　午後出京。野邑(村)へ行、今井へ行、二更比歸
宅。
廿四日、丙午。晴、夜來雨。
一　午後、嶋村へ行、申剋比歸宅。
一　上山田村百性(姓)彌助、於二村内ニ一來ル廿八日相
撲興行可レ致旨、社務所ヨリ回章ヲ以申來。
廿五日、丁未。小雨、午後晴。
廿六日、戊申。半晴。
一　午後、出京。野村へ行、今井謠講ニ行、三更
比歸宅。
廿七日、己酉。小雨。
廿八日、庚戌。晴。
一　出京。伊勢久へ行、野村へ行、今井へ行、夕
方歸宅。
廿九日、辛亥。半晴、午後陰。
三十日、壬子。晴。
一　東本願寺東殿御内之能有レ之ニ付、野村同道
ニ而早朝ヨリ行向。子剋比相濟、野村ニ而一宿。
三月朔日、癸丑。晴。
一　午後、歸宅。
二日、甲寅。陰晴、夜來雨。
三日、乙卯。雨。

初草神事

一　初草御神事例之通リ無事執行之由。

神供受ケニ遣ス。社務所朝參無事、例之通リ之由。

一 山田役人。宮仕、社役人等來。

四日、丙辰。陰晴。

五日、丁巳。晴、夜來雨。

六日、戊午。陰雨。

七日、己未。晴。

八日、庚申。晴。

九日、辛酉。晴。

十日、壬戌。晴。

一 午後、出京。伊勢久へ行、野村へ行、今井へ行、初更比歸村。

十一日、癸亥。半晴。

十二日、甲子。陰晴、入レ夜雨。

一 午後、出京。いせ久へ行、野村へ行、今井へ行、入レ夜歸宅。

十三日、乙丑。半晴。

氏子

一 氏子安全太々御神樂無事執行之由。

十四日、丙寅。晴、夜來雨。

一 午後、出京。野村へ行、今井へ行、菱甚へ行、三更比歸宅。

十五日、丁卯。陰雨。

神幸神事

一 神幸御神事例之通無事執行之由。神供受ケニ遣ス。御渡舟申下剋無事。

十六日、戊辰。陰晴。

十七日、己巳。晴、午後曇、夜來雨。

十八日、庚午。陰晴。

十九日、辛未。風雨、夕方晴定。

二十日、壬申。晴。

一 山田玄番忰、山田縫殿忰來ル廿六日ニ元服致度由。右兩人ニ而壹人分之進物之由申來。

一 西本願寺能有レ之ニ付、午後より行向。菱甚ニ而一宿ス。

廿一日、癸酉。晴。

一 巳剋比ニ歸宅ス。

廿二日、甲戌。晴、時々曇。

還幸神事

一　午後、出京。野村へ行、平岩へ行、夕方歸宅。
廿三日、乙亥。半晴。
廿四日、丙子。晴。
一　東家實誠院殿八十賀祝酒。午後比より行向。三本入扇子箱、酒貳升送レ之。囃子被レ催曉天歸宅。
一　野村三次郎、平岩十三郎、七之助、今井勘五郎入來。酒出ス。
廿五日、丁丑。陰晴。午後より雨。
廿六日、戊寅。雨。
一　午後、出京。野村へ行、今井謡講ニ行、三更比歸宅。
廿七日、己卯。晴。
一　山田玄番悴、山田縫殿悴元服改名。中務右衞門。昨廿六日兩人ニ而壹人之分之進物、酒貳升、カマス拾枚。會所番釣臺麻上下（裃）來。タメ半紙貳折遣ス。
一　巳刻比右四人來。座敷ニ而口祝。直ニ歸宅也。
一　申剋比、青侍會所へ遣ス。羽織・袴。先例之通リカマス十五枚送レ之。組重、吸物等ニ而酒出ル由也。
廿八日、庚辰。晴。
廿九日、辛巳。曇、午後雨。
四月朔日、壬午。晴、時々少（小）雨。
一　午後、出京。野村へ行、夕方歸宅。
二日、癸未。晴。
三日、甲申。晴。
一　綸旨申出シ無事。當所練番具足來。
四日、乙酉。晴、未下刻比風雨。
一　還幸御神事執行之由。神供受ケニ遣ス。
一　來客後藤主計允、松尾伯州、中川對州、おやす。一宿也。
五日、丙戌。晴。
六日、丁亥。晴。衣手之神輿修復ニ付持歸ル。

七日、戊子。晴。
一　午後、出京。野村へ行、今井へ行、入レ夜歸宅。
八日、己丑。晴。
九日、庚寅。晴。
十日、辛卯。曇。
十一日、壬辰。陰雨。
一　茂山忠三郎於二竹内一能興行ニ付、行向。野村ニ而一宿ス。
十二日、癸巳。陰雨。
一　野村同道ニ而、大津圓滿院宮能有レ之、行向。一宿ス。
十三日、甲午。陰雨。
一　午剋比大津より野村へ歸ル。初更比歸宅。
十四日、乙未。陰晴。
十五日、丙申。陰晴。
一　野村稽古能行向。亂始而開ク。後藤ニ而一宿ス。
十六日、丁酉。陰雨。
一　二更比歸宅ス。
十七日、戊戌。陰晴。
十八日、己亥。晴。
十九日、庚子。陰雨。
二十日、辛丑。陰晴。
廿一日、壬寅。晴、夕方より曇。
一　出京。後藤へ行、申剋比歸宅。
廿二日、癸卯。曇、夕方雨。
廿三日、甲辰。陰晴、時々雨。
一　午後、出京。後藤へ行、野村へ行、初更比歸宅。
廿四日、乙巳。晴。
廿五日、丙午。陰晴。
廿六日、丁未。陰雨、夜來強雨、風甚シ。
廿七日、戊申。陰晴。桂川九尺斗出水、渡月橋、桂ノ橋落ル。上野ハ無事。
廿八日、己酉。晴。

一　午後、出京。野村、今井へ行、入レ夜歸宅。
廿九日、庚戌。曇、巳剋比より雨。
五月朔日、辛亥。陰晴。巳剋比迄雨。

御千度

一　御千度如レ例。無事之由。饗飯持來。
二日、壬子。晴。
三日、癸丑。陰晴。未剋比小雨。
一　谷川見分并谷川筋田畑林西代川原閒違等も有レ之、畝歩高水帳ニ無レ之田畑有レ之ニ付、朝飯後社家中各見分ス。谷村文次之屋敷見分、重右衞門方ニ而中飯アリ。申剋比相濟、例之通酒アリ。初更比歸宅。
四日、甲寅。曇、夕方より雨。
五日、乙卯。半晴。

端午神事

一　端午御神事例之通。無事執行之由。神供受ケニ遣ス。
一　社務所廳參等例之通リ。山田役人、宮仕、社役人等禮ニ來。
一　松室大隅方初節句(供)被レ招、夕方より行向。酒貳升送レ之。
六日、丙辰。陰晴。
一　午後、嶋村へ行、申剋比歸宅。
七日、丁巳。曇、夕方雨。
一　野村宅稽古能早朝ヨリ行、初更比歸宅。
八日、戊午。晴。
九日、己未。陰晴。
一　午後、出京。野村へ行、今井へ行、菱甚へ行、二更比歸宅。
十日、庚申。曇、時々晴。
一　午剋比より今井謡講、丸山正阿彌行向。夜半比歸宅。
十一日、辛酉。晴、入レ夜雨。
十二日、壬戌。半晴。
十三日、癸亥。陰晴。
十四日、甲子。晴、雷鳴夕立。
一　早朝より嶋村へ兵藏連行向。申剋比歸宅。
十五日、乙丑。晴。

一　早朝より出京。野村囃子ニ行向。初更比歸宅。
十六日、丙寅。晴。
御千度
一　御千度無事執行之由。饗飯持來。
十七日、丁卯。陰晴。
十八日、戊辰。陰雨。
十九日、己巳。半晴。
一　午後、出京。野村へ行、入レ夜歸宅。
二十日、庚午。陰雨。
一　明廿一日江州膳所城内ニ而能御催ニ付、早朝ヨリ野村社中同道ニ而行向。申下剋比膳所へ着ス。
廿一日、辛未。陰晴。
廿二日、壬申。晴、夕立。
一　申剋比膳所より歸宅ス。
廿三日、癸酉。晴。
一　信州岩村田壹萬五千石内藤豊後守殿先年より伏見奉行被二勤居一候處、息女當年貳才此度當家へ貰受申候ニ冶(治)定ニ相成候。世話人者富小路竹屋町下ル近江屋和助ト申者、山田玄番心安キ(ク)致居候ニ付當家へ申參リ候。右之者伏見奉行へ呉服者(物)賣參リ者ニ有レ之候。來ル廿五日ニ結納差向候冶(治)定之事。
廿四日、甲戌。晴。
一　出京。伊勢久へ行、後藤へ行、夫ヨリ竹内能見物ニ行、一宿ス。
廿五日、乙亥。晴。
一　山田玄番、侍兵藏、下部善太郎辰剋比より伏見へ遣ス。結納松魚箱入十本、三本入扇子箱、長のし送也。和助伏見公事宿山崎屋ニ而待合之約定也。玄番酉下剋比歸宅、無事相濟也。家老白井平格殿方へ結納持參之由。公用人高橋東太同席之由。中飯・酒等出ル由。爲二祝儀ト一玄番へ金貳百疋、兵藏へ三百文、下部貳百文出ル。結納者無レ之樣子ニ而、公用人ヨリ玄番へ申參リ候へ共、祝儀之事故當方より押而申入候處承知之事也。
廿六日、丙子。晴。
一　牛ケ瀬村八郎兵衛方へ行、午時比歸宅。
廿七日、丁丑。晴。
廿八日、戊寅。晴。
廿九日、己卯。晴。
一　出京。伊勢久へ行、野村へ行、入レ夜歸宅。
三十日、庚辰。晴。
一　山田次部姨死去ニ付、十日、三十日引籠可レ申段申來。
一　廣幡前内大臣（基豊）薨去ニ付、昨廿九日より明朔日迄鳴物停止申來。
閏五月朔日、辛巳。陰雨。
二日、壬午。晴。
三日、癸未。陰雨。
四日、甲申。半晴。
一　午後、出京。野村へ行、今井へ行、入レ夜歸宅。
五日、乙酉。陰晴。時々雨。
六日、丙戌。晴。
一　呉服所北ノ方ニ六尺之雪陰一ノ井川近ク江立直シ、昨日ヨリ大工人足取掛ル。
七日、丁亥。晴。
一　野村稽古ニ行、初更比歸宅。
八日、戊子。朝小雨、晴定。
九日、己丑。晴。
十日、庚寅。陰雨。
一　今井勘五郎宅ニ而囃子相催ニ付、早朝ヨリ行向。二更比歸宅。
十一日、辛卯。晴。
十二日、壬辰。晴。
一　出京。いせ久へ行、嶋本へ行、近和へ行、野村へ行、入レ夜歸宅。
十三日、癸巳。晴。
十四日、甲午。晴。
十五日、乙未。晴。

十六日、丙申。晴、夕立、雷壹貳聲。
一　野村ニ而岡次郎右衛門能相催ニ付行向。二更
比歸宅。
十七日、丁酉。晴、夕立。
社務所集會
一　朝飯後、社務所集會。午時比相濟。
十八日、戊戌。陰雨。
一　野村稽古能行向。二更比歸宅。
十九日、己亥。半晴、時々雨。
二十日、庚子。陰雨。
廿一日、辛丑。陰晴。
廿二日、壬寅。晴。寅剋比地震。
廿三日、癸卯。晴。
廿四日、甲辰。晴。
廿五日、乙巳。晴。
廿六日、丙午。晴。
一　松榮院様御逝去ニ付、昨廿五日より來ル二日
迄鳴物停止申來。
一　山田玄番、兵藏同道ニ而嶋村へ行、午時比歸
宅。
廿七日、丁未。晴。未剋比曇。
廿八日、戊申。晴。
一　嶋村深見彦左衛門入來。山一件。中飯・酒出
ス。
廿九日、己酉。曇、午後晴。
六月朔日、庚戌。半晴。
一　観音坂道谷川出水ニ而崩落。東勢州同道ニ而
見分。
二日、辛亥。晴。
一　予出京。西七條へ行、野村へ行、今井へ行、
近和へ行、入レ夜歸宅。
三日、壬子。晴。
四日、癸丑。晴。
一　早朝、西七條村鍋與へ行、巳剋比歸宅。
五日、甲丑(寅の誤)。晴、夜來夕立。
社務所集會
一　社務所集會。午時比相濟。
六日、乙寅(卯の誤)。晴。

七日、丙卯（辰の誤）。晴。
八日、丁辰（巳の誤）。晴。
一　西七條村へ早朝ニ行、巳剋比歸宅。
九日、戊巳（午の誤）。晴。
十日、己午（未の誤）。晴。
十一日、庚申。晴。
一　伏見奉行内藤豊後守殿息女、來ル十八日ニ入輿次（治）定。親類へ申遣ス。
十二日、辛酉。晴。
十三日、壬戌。晴。
一　宮仕、御神事催ニ來。

御田植神事

御田植御神事、未剋出仕。外陣相命・榮祐、大床相愛・相推、階上房武・種道、階下重吉・重孝勤行。神供獻進、無事執行。權神主房式不參。
御能　翁　枕士（慈カ）童　放下僧　松山天狩（狗カ）　隱笠竹の子。戌下剋ニ相濟。予御神事相濟退出。
一　野村社中、岡社中來宿。酒出ス。
十四日、癸亥。晴。
一　社務所囃子例之通リ。
一　御神事無事。予暑氣當リ不參ス。
御能　翁　小鍛次（治）　忠則　烏頭　鐵輪　橋辨慶　鍋八鉢（撥カ）　胸突　まんちう　宗論。酉剋比相濟。
一　來ル十八日入輿一件ニ付、近江屋和助來。
十五日、甲子。晴。
十六日、乙丑。晴、夕立、雷二三聲アリ。
十七日、丙寅。晴。
十八日、丁卯。晴。
一　辰剋比壬生お篤入來。暑中時分故、乘物六尺三人當家へ遣ス。青侍上女來。飯・酒出ス。直ニ歸京。
一　三好筑州、松尾伯、加藤新五右衛門、東遠、山田玄番入來。
一　巳剋比荷物來。タンス壹ツ、長持壹ツ。酒飯不レ出。
一　巳剋下比、上ノ野茶迄入來之由、世話人近江屋和助申來。

一　未剋比、上ノ野橋迄迎ニ遣ス。使者中澤要
人、着二麻上下(裃)一。青侍羽織袴。小野忠次、下部
淺次郎。
未下剋比入輿。列書左之通り。

御徒士壹人　　　　　脇貳人
　長刀持壹人　乗物　六尺四人
御徒　壹人　　　　　脇貳人

箱持壹人
　御次女中駕六尺三人　老女駕六尺三人
そうり取壹人　但シ、是ハ乳母也。

若黨壹人　　　　　　　若黨壹人
　そうり取壹人　醫師駕三人　薬箱持壹人
若黨壹人　　　　　　　草り取壹人

押壹人　惣供貳人　釣臺貳荷六人
合羽籠貳荷貳人　公用人 高橋東太　駕三人　若黨壹人
　　　　　　　　　　　　　　　　　〃　壹人
鑓持壹人
　草(履脱カ)取壹人
箱持壹人
乗物斗玄關ヨリ座敷へ通ス。其餘者内玄關より
座敷へ。玄關青侍貳人平伏。河原泉之丞、小林寛

次暫休足(息)。上ノ間南側北面。留姫、老女、公用人
高橋東太、乳母北側ニ南面。母公、予、直、勝千
代丸、三好筑、篤、松尾伯、吉田隱、西側東面。
東遠、加藤新五右衛門。茶、烟草盆。次ニ嶋臺、
熨斗昆布、蛤吸物、土盃貳組、三種組重結(詰)盃相
濟。本膳獻立左之通り。
　座敷、次ノ間、脇四人、醫師壹人、南側ニ北
面。羽織袴、茶、烟草盆、直ニ本膳上ノ間ニ獻
立、同し事。
　土産物干鯛一箱、金五百疋予へ。干鯛壹折、金
三百疋母公へ。干鯛壹折、金五百疋妻直へ。干鯛
壹折、金三百疋勝千代丸へ。親類中片岡駿、嶋田
近、三好筑、壬生篤、松尾伯、吉田隱、東遠、加
藤新五右衛門〆八人へさらし壹反ツヽ、金百疋
ツヽ、小林貫(寛)次、西村兵藏。金三百疋東侍六人へ。金貳百疋東下
女七人へ。金三百疋下男六人へ。
　持參當日入用金五十兩、乳へ年ニ金拾兩ツヽ來
由也。中澤要人へ金百疋祝義(儀)遣ス也。

若黨之下宿、谷村與平次之隱居三之助宅、下部
之下宿伴右衞門、利兵衞兩家之宅借用ス。御カチ(徒士)
目付内玄關。
上分獻立本膳中程ニ而酒出ス。中分下部も御斷。
本膳　鱠生盛　汁　平　菓子わん
　燒物
酒　吸物(フクサ)　臺肴　同　鉢肴　大平　造リ身
吸物　水物　したし物
中分獻立　若黨ノ席也。内玄關カチ(徒士)目付御斷。
吸物蛤　八寸　鉢肴　吸物　小鉢　したし物
鱠　汁　平　燒物
　下部之分
八寸　吸物　鉢肴　水物　したし物　鱠　汁
平　燒物
　上分十人前　中分十人前　下部五十五人前
一　乳母、乳兩人暫逗留、東ノ方新建居間ニ定
　置。
一　當家より祝儀徒士貳人へ金五十疋ツヽ。長刀
持三百文。
脇四人へ金百疋ツヽ。乳へ金百疋。次女中・乳
母へ金百疋。老女へ金貳百疋。醫師へ金百疋。
押三百文。才領(宰)三百文。公用人へ金三百疋。若
黨へ三百文ツヽ。下部・六尺へ貳百文ツヽ。
子半刻比散座。桂ノ橋迄小林源右衞門羽織袴、
下部壹人爲レ送也。
一　利兵衞・三之助宅借用ニ付、酒貳升送レ之遣
ス。
一　料理人はすや次助へ金貳朱、外ニ三人へ金壹
朱ツヽ送レ之遣ス。
十九日、戊辰。晴。
一　壬生篤夕景歸京、乘物六尺者當地より來。
一　京都親類各夕方ニ歸京。
一　東家ニ而十八日ニ加具(家)之類借用ニ付酒貳升送
也。
廿日、己巳。晴。夕立、雷鳴數聲アリ。四五所江
落ル由也。

廿一日、庚午。晴。
一　留姫始而社參。乳母、乳、下女壹人、青侍壹人着二麻上下一。下部壹人、吉田隱岐守召連之事。
廿二日。辛未。晴。
廿三日、壬申。晴。
廿四日、癸酉。晴。
廿五日、甲戌。晴。
一　伏見屋敷より醫師入來。留姫見舞、直ニ歸宅。
廿六日、乙亥。晴。
廿七日、丙子。晴。
廿八日、丁丑。曇、雷四五聲、巳剋比雨、申剋比より雷四五聲夕立。
廿九日、戊寅。晴、夕立、雷二三聲。
三十日、己卯。半晴、夕立。
一　留姫初誕生ニ付、内祝。山田玄番入來。
七月朔日、庚辰。風雨甚シ。
一　伏見乳母おふえ歸宅ニ付、伏見より迎ひ來。
若黨壹人、駕貳人、辨當持參ニ付、酒出ス。
乳母おふえへ金貳百疋、ゆか多（浴衣）料として遣レ之。
女中、中間へすいくわ（西瓜）貳ッ、まくわ（甜瓜）七ッ送レ之。
二日、辛巳。晴。
三日、壬午。晴。
一　予出京。伊勢久へ行、野村へ行、今井へ行、入レ夜歸宅。
四日、癸未。晴。
一　若州屋敷囃子催。予早朝ヨリ行向。二更比歸宅。
五日、甲申。晴。
六日、乙酉。晴。
七日、丙戌。晴。

七夕神事

一　七夕御神事、辰剋出仕。
外陣相命・榮祐、大床相愛・房式、階上相推・房武、階下種道・重吉、重孝勤行。神供獻進、無事執行。社務所朝參不參ス。
八日、丁亥。風雨、午後晴、涼シ。

新嘗會神事

一　谷川勘定。重右衛門宅ニ而、酒飯アリ。入ㇾ夜
相濟。
九日、戊子。晴。
十日、己丑。晴。
一　阿部伊勢守殿(正弘)卒去ニ付、昨九日より十一日迄
鳴物停止申來。普請者不ㇾ苦旨申來。
但シ、御老中之國者備後福山。
十一日、庚寅。晴。
十二日、辛卯。半晴。
一　新嘗會御神事。社司、神方惣參例之通。具立
日供獻進、無事執行。神方八人不參也。
十三日、壬辰。半晴。入ㇾ夜雨。
十四日、癸巳。陰晴、時々雨、入ㇾ夜雨強シ。
十五日、甲午。陰晴、夕立。
一　近邊回禮、各入來。社役人、村役人禮ニ來。
十六日、乙未。晴。
十七日、丙申。晴。
一　出京。近江和へ行、野村へ行、今井へ行、北
尾へ行、三更比歸宅。
一　伏見おふえ入來。飯・酒出ス。申剋比歸宅
也。
十八日、丁酉。晴。
一　東家月次當座ニ行。酒アリ。
十九日、戊戌。晴。
二十日、己亥。晴。
一　伏見内藤豊後守殿へ生鮎大十、茄子三十斗爲ㇾ
持、使下部進上ス。
廿一日、庚子。陰晴、夕立二三度アリ。
廿二日、辛丑。半晴。
廿三日、壬寅。陰晴、時々夕立。
廿四日、癸卯。陰晴、夜來夕立、雷鳴數聲アリ。
一　養女引取候ニ付、丸大より鯣貳連、酒料金百
疋來。
廿五日、甲辰。雨。
廿六日、乙巳。半晴。
廿七日、丙午。晴。

社務所集會

廿八日、丁未。晴。
廿九日、戊申。雨、入レ夜より甚シ風雨。
八月朔日、己酉。陰晴。
一　神事相撲、日蝕ニ付、安永之例ヲ以延引之事
也。
二日、庚午(イヌ)。晴。
三日、辛未(亥)。晴。
四日、壬申(子)。晴。
五日、癸酉(丑)。晴。
一　出京。いせ久へ行、野村へ行、今井行、初更
比歸宅。
六日、甲戌(寅)。晴。
七日、乙亥(卯)。曇、午後雨。
一　野村囃子ニ行、三更比歸宅。
八日、戊子(丙辰)。陰晴。
九日、己寅(丁巳)。晴。
十日、庚卯(戊午)。晴。出京。野村へ行、今井へ行、二
更比歸宅。
十一日、辛辰(己未)。晴。
一　谷川筋萬石村源助之軒幷観音坂、去廿九日之
出水ニ而切込、村方より願出候ニ付、社務所ニ而
集會、幷ニ見分八間ニ候間之打出シ三ヶ所拵
可レ申次(治)定也。
十二日、庚巳(申)。陰晴。
一　上ノ山町請山サブ谷地藏院門前請替ニ付、東
家へ行向。村役來。二更比歸宅。
十三日、癸酉(辛トリ)。陰晴。
一　午後出京。いせ久へ行、野村へ行、山川宅ニ
而仕舞有レ之ニ付行向。二更比歸宅。
十四日、壬戌。陰晴。
十五日、癸亥。陰晴、夕方雨。
一　出京。野村へ行、二條山城や(屋)へ行、菱甚行、
一宿ス。
十六日、甲子、陰晴。
一　東本願寺東殿ニ而御内能有レ之、行向。三更
比歸宅。

十七日、乙丑。陰晴。
一　伏見老女初瀬入來。中飯・酒出ス。夕方歸宅。
豊後守殿よりうなきから積壹箱、初瀬より白砂糖壹箱持參也。
十八日、丙寅。半晴。
十九日、丁卯。陰晴、時々雨。
二十日、戊辰。陰雨。
一　野村稽古能ニ行、三更比歸宅。
廿一日、己巳。陰晴。
廿二日、庚午。半晴。
廿三日、辛未。晴。
一　午後二條山城屋へ行、後藤へ行、山城屋ニ而一宿ス。
廿四日、壬申。晴。
一　申剋比ニ歸宅ス。
廿五日、癸酉。晴。
廿六日、甲戌。晴。

廿七日、乙亥。陰晴、夜來雨。
一　宗門集會例之通リ。中飯・中酒アリ。
廿八日、丙子。半晴、朝時雨。
廿九日、丁丑。晴。
三十日、戊寅。晴。
九月朔日、己卯。晴。
御千度
一　御千度、風邪ニ付不參ス。
二日、庚辰。晴。
京都造酒家太々神樂奉納
一　京都造酒家太々御神樂獻進。予風邪不參ス。
三日、辛巳。晴。
四日、壬午。晴。
一　吉田隱岐守國居役居候處、此度東洞院二條上ル所へ借宅、今日家移リ預リ之道具類爲レ持遣ス。
五日、癸未。晴。
六日、甲申。晴、午後曇。
七日、乙酉。雨、午後、晴定。
八日、丙戌。半晴。

九日、丁亥。晴。

重陽神事

一　重陽御神事如レ例。予風邪不參ス。神供受ニ遣ス。

一　社務廳參例之通リ。山田役人、宮仕、社役人禮ニ來。

十日、戊子。晴、入レ夜時雨。

十一日、己丑。晴。

十二日、庚寅。晴。

一　予出京。後藤へ行、吉田へ行、野村へ行、入レ夜歸宅。

十三日、辛卯。晴。

一　予出京。近和へ行、吉田へ行、野村へ行、今井へ行、初更比歸宅。

十四日、壬辰。晴。

十五日、癸巳。時雨。

一　所司代本多美濃守殿被二仰付一候由、方内より申來ニ付申來。

十六日、甲午。時雨。

御千度

一　御千度如レ例。御殿昨二月神講之節御拂除有レ之、其後御拂除不レ仕。御千度相濟、御拂除。淨衣着用ニ而出勤ス。予風邪ニ付不參ス。

十七日、乙未。晴。

十八日、丙申。晴。

社務所集會

一　朝飯後社務所集會。十月十一日ヨリ八講會太秦供僧出勤可レ致人體無レ之、壹人宗覺院ト申人者師匠之服中、其外ニ者壹人も人體無レ之ニ付、當年之處者延引之相談也。三井寺斗ニ而者、廣隆寺八講會執行難二出來一由、右之段東越州より三井寺へ掛合ニ被レ及候筈也。神供獻進之義(儀)も延引之事、十六日ニ者獻進之相談也。宗覺院昨日東家へ入來ニ而相談之由也。

一　東家へ當座ニ行、酒アリ。

十九日、丁酉。晴、夜來時雨。

一　午後出京。野村へ行、角菱ニ而一宿ス。

二十日、戊戌。晴。

一　入レ夜歸宅。
二十一日、己亥。晴。
一　伏見内藤家より用人高橋東太入來。酒飯出
ス。
豊後守殿より氷砂糖壹箱土産也。
廿二日、庚子。晴。
一　小工小山一學長病之處、養生不レ叶、昨夜死
去致候ニ付、にしめ壹重、酒貳升遣ス。
廿三日、辛丑。曇。
一　午後出京。野村へ行、今井謡講ニ行、二更比
歸宅。
廿四日、壬寅。晴。
廿五日、癸卯。晴。
廿六日、甲辰。晴。
一　野村稽古能、早朝ヨリ行向。三更比歸宅。
廿七日、乙巳。雨。
廿八日、丙午。晴、時雨度々アリ。
廿九日、丁未。晴、時雨度々アリ。

一　今井勘五郎稲荷御旅所ニ而能相催ニ付、早朝
ヨリ行向。二更比歸宅ス。
三十日、戊申。半晴。
十月朔日、己酉。晴、時雨。
一　御藏附例之通リ。祝酒アリ。
二日、庚戌。晴、時雨。
三日、辛亥。時雨アリ。
四日、壬子。時雨。
一　大佛・新日吉社奉納能兩日有レ之、行向。止
宿ス。
五日、癸丑。時雨。
一　日吉社奉納能ニ行。
六日、甲寅。晴。
一　三更比歸宅ス。
七日、乙卯。晴。
八日、丙辰。晴。
一　午後出京。野村へ行、伊勢久へ行、吉田ニ而
一宿ス。

九日、丁巳。晴。
一　申剋比歸宅ス。
十日、戊午。陰雨、夕方時雨、晴定。
十一日、己未。晴。
一　今日より八講會廣隆寺ニ相勤可レ申人體無レ之ニ付、當年者延引之由社務より申來。去十八日集會相談有レ之事。
十六日朝、御神事例之通り執行。當番出勤之事。
十二日、庚申。晴。
一　内藤豐後守殿遠馬ニ而極忍嵐山江紅葉見物として明十三日當家へ入來之由、山田玄番方へ使ニ而申來。
一　老女初瀬午剋比ニ入來。今晩一宿也。
十三日、辛酉。晴。
一　巳剋比内藤殿嵐山へ入來。三軒屋迄迎之人出。笹川儀平羽織袴。巳剋比當家へ光來。玄關より座敷へ通ス。
豐後守殿着ニ野袴一。用人高橋東太、キンジユ（近習）三人、馬五疋、下部十壹人。予麻上下、青侍小林寛次麻上下、其餘者繼上下（裃）。母公、妻カイドリ（搔取）不レ用。山田玄番早朝より點儉（檢）也。皆々辨當持參ニ付、酒肴斗ニ而飯不レ出。家來向へ夕方ニ茶漬出ス。豐後守殿斗本膳出ス。土器蓋白木膳。
爲ニ土產一金五百疋、羊かん壹箱、母公へ眞綿壹重、家來中へ金貳百疋。昨夕初瀬より被レ惠。
申剋比歸宅。桂ノ橋迄迎之通ニ送ル。

献立

硯蓋五品　吸物　鉢肴　大平　吸物　作り身
小鉢　したし物

下部

鉢肴　したし物
十四日、壬戌。晴。
一　早朝、初瀬伏見へ歸宅。迎來。
十五日、癸亥。晴、午後曇。
一　午後出京。野村へ行、初更比歸宅。

東家日待

一　東家日待ニ行。例之通リ吸物、肴、酒アリ。

十六日、甲子。陰雨。

一　西町奉行淺野中務少輔、和泉守と名改被レ申申來。

十七日、乙丑。半晴。

一　午後出京。松伯方ニ而吉田隱岐守方相談ニ行。三更比歸宅。

十八日、丙寅。半晴。

一　夕方より東家當座ニ行。

十九日、丁卯。時雨度々アリ。

二十日、戊辰。初雪二三分積。

一　松ノ前堤カサヲキ二百八拾間出來ニ付見分。社司、神方午後行向。村役案内ス。

廿一日、己巳。半晴。

一　午後出京。野村へ行、後藤へ行、吉田ニ而一宿ス。

廿二日、庚午。時雨。

一　午時比歸宅ス。

一　酉刻比より上桂武田へ當座ニ行。酒アリ。三更比歸宅。

廿三日、辛未。晴。

廿四日、壬申。陰雨。

廿五日、癸酉。曇、午後晴定。

一　野村稽古能ニ行、一宿ス。

廿六日、甲戌。晴。

一　東六條東殿能有レ之、行向。三更比歸宅。

廿七日、乙亥。半晴。

廿八日、丙子。晴。

一　小川頭念正寺ニ而近衛樣御内袴能有レ之、野村同道ニ而早朝ヨリ行向。三更比歸宅。

廿九日、丁丑。晴。

十一月朔日、戊寅。半晴。御藏附例之通リ。

江戸酒問屋太々神樂奉納

一　江戸酒問屋より太々御神樂獻進。惣參。予風邪不參ス。

二日、己卯。晴。午後出京。野村へ行、初更比歸宅。

三日、庚辰。晴。
四日、辛巳。晴。
一　午後出京。野村へ行、後藤へ行、二更比帰宅。
五日、壬午。晴。
六日、癸未。半晴。
七日、甲申。雨。
八日、乙酉。晴、度々時雨。
九日、丙戌。薄雪、申剋比吹雪。
一　午後出京。野村へ行、入レ夜帰宅。
十日、丁亥。半晴。
十一日、戊子。半晴、時々小雨。
十二日、己丑。陰雨。
一　野村宅稽古囃子、早朝ヨリ行向。初更比帰宅。
十三日、庚寅。晴。
一　所司代本田（本多忠民）美濃守殿昨十二日京着、巳剋比之由。先所司代脇坂（安宅）淡路守殿引渡シ去八日ニ上京、土州屋敷ニ逗留之由。
十四日、辛卯。晴、薄雪。
十五日、壬辰。晴、薄雪。
十六日、癸巳。晴。
十七日、甲午。晴。
十八日、乙未。晴。
一　午後、出京。野村へ行、入レ夜帰宅。
十九日、丙申。陰雨、夜來止。
一　若州屋敷ニ而囃子有レ之、早朝より行向。二更比帰宅。
二十日、丁酉。半晴。
一　七日御酉御神事、酉剋出仕。例之通リ無事執行。
社務所夕飯例之通リ。
廿一日、戊戌。半晴。
廿二日、己亥。半晴。
一　野村稽古能ニ行、三更比帰宅。
廿三日、庚子。陰晴。

御神樂神事

廿四日、辛丑。晴。
廿五日、壬寅。雨、未剋比より止。
廿六日、癸卯。陰晴。
一　未剋比樂人多攝津守着二狩衣一入來。玄闗云置。
一　御神樂御神事、酉剋出仕。
内陣相命・榮祐、外陣相愛・房式、大床相推・房武、階上種道・重吉、階下重孝勤行。神供獻進、無事執行。
新宮社、攝社神供獻進、無事。
御神樂例之通り無事。樂人參向例之通り。
予御神事相濟、直ニ退去。
廿七日、甲辰。陰雨。
一　伏見御奉行所へ始行向。御母公、予、留姫、青侍貳人、下男三人、山田玄番、下部壹人。留姫駕早朝迎ニ來。下部貳人、六尺四人。留姫者直ニ白井平格宅へ着ス。母公、予、玄番公事宿油屋へ着、暫休足(息)、白井宅へ行、夫ヨリ奉行所へ行向。
豊後守殿居間ニ而本膳祝酒出ル。玄番者内玄闗之邊ニ而飯出ル由也。夕方より酒、吸物、肴色々出ル。酒ノ時玄番者次ノ間へ來ル。三更比公事宿へ戻ル。母公、留姫者止宿也。
丑下剋比皆々歸宅。
豊後守殿へ　生鯛壹、内板貳ッ
千代松へ　御所風ノ紙入
事姫へ　同斷
用人　白井平格、髙橋東太、老女初瀬
右　三人へブリゴ大壹本、内板壹ッ　ッヽ三組。
家來、女中へ若菜、まんぢう百。
右　土産ス。
一　予、玄番着二麻上下一、母公者カイドリ。
一　金三百疋、狹ちりめん(縮緬)壹反、酒ノ座ニ而豊後守殿より予へ貰、玄番へハ和紙壹〆、ラシヤ烟草入、きせるツヽ貰。
廿八日、乙巳。半晴。

廿九日、丙午。曇、午時比より雨。
一　伏見御奉行所へ一昨日之禮ニ使出ス。御神樂神供雉壹わ(羽)獻上ス。
一　母公、留姫亥剋比歸宅。乳母おふえ、賄　堀江次郎送リ來。飯・中酒出ス。直ニ歸宅。下部十壹人、駕貳丁。
一　母公へ白さや(紗綾)壹反、勝千代丸へ髪置之祝義(儀)金貳百疋、留姫へ坂メちりめん四五尺斗、外ニ鰹節十本、干鯛箱、大手まんちう百貫持歸ル。
三十日、丁未。半晴。
十二月朔日、戊申。晴。

外寇祈禱

一　十一月廿五日ニ被二仰出一候。今日ヨリ一七ケ日御祈權祝房武御用召ニ出頭也。御教書左之通リ。

去月亞墨利加登城。雖二平穩一此後應接彌無二異變一、天下泰平國家安靜之御祈一七ケ日之間一社一同可レ抽二丹誠一可下令レ下二知于　松尾・稲荷等社一給上被二　仰下一候。仍早々申入候也。

十一月廿三日　　經之

伯少將殿(白川資訓王)

追申、自二來月一日一御祈始之事。滿座翌日卷數獻上之事等、同可下令二下知一給上候也。

一　御祈辰剋、社司、神方惣參無事。
二日、己酉。半晴。
一　御祈辰剋、社司、神方惣參無事。
一　午後内々出京。野村へ行、初更比歸宅。
三日、庚戌。陰晴。
一　御祈辰剋、社司、神方惣參無事。
四日、辛巳(イ)。晴。
一　御祈辰剋、社司、神方惣參無事。
五日、壬午(子)。晴。
一　御祈辰剋、社司、神方惣參無事。
六日、癸未(ウシ)。晴。
一　御祈辰剋、社司、神方惣參無事。
一　御祓拵、午後各社務所へ集會。

節分神事

七日、甲寅。晴、巳剋比吹雪、午後木枯甚シ。
一　御祈満座、御日米獻進　無事執行。
八日、乙卯。晴、雪五分程積。
一　太麻獻上。權祝房武、櫟谷祝重孝出頭。逗中繼(袴)上下、着二狩衣・立烏帽子一。無事相濟由也。
九日、丙辰。半晴。
一　谷川勘定例之通リ。重右衞門宅ニ而有レ之、出席。酒飯アリ。
十日、丁巳。晴。
十一日、戊午。晴。
一　御社納例之通リ。予不參ス。
十二日、己未。陰晴。
十三日、庚申。雪貳寸餘リ積、時々吹雪。
一　拂除例之通リ、無事。
十四日、辛酉。雪壹寸程積。
十五日、壬戌。薄雪、晴。
十六日、癸亥。陰晴、亥剋比より雨。
一　御社納例之通リ、二更比相濟、退出。
十七日、甲子。陰雨。
十八日、乙丑。晴。
一　夕方東家へ當座ニ行。酒アリ。
十九日、丙寅。晴。
一　御社納例之通リ、二更比退出。
二十日、丁卯。晴。
一　節分御神事例之通リ、神供獻進、無事執行。
二十一日、戊辰。晴。
廿二日、己巳。晴。
一　御神山字者園尾德大寺村・千代原村・下山田村・谷村・松室村・萬石村・今堂村元請山之處、先年東・南兩家より松室村重右衞門取次ヲ以、去ル文政九戌より亥年迄五十ヶ年季ニ相渡代銀十七貫五百目請取。年季ニ遣シ置候處、右之山東家一家より買戻シ、右七ヶ村之内三ヶ村者下山田村嘉兵衞方へ文政度ニ五十年季ニ遣シ、殘リ三ヶ村山者、東家ニ而支配被レ致候處、弘化元年ニ當家臺所向不都合故、殘年之外ニ七十五ヶ年東家江爲レ任、金子請取有レ之候處、下山田村嘉兵衛方遣し置候年限五十年之内、當年ニ而三十二ヶ年相立、十九年殘年ニ相成(ナリ)候故、嘉兵衛以二應對ヲ一此度年増相頼、十九年之殘年共ニ百五十ヶ年差遣シ代銀八貫五百目請取申候。此内四貫五百目東家へ相渡し、永久三ヶ村山ツヽニ分山ニ相定候。爲二取替一之一札左之通リ。弘化元年ニ東家へ七十五ヶ年爲二相任一候節、金子請取高者壹貫五百目餘ニ有レ之候處、證文ニ者八貫目請取申候趣ニ認メ有レ之候。一切相分リ不レ申候得共、何分私者若年之事故、右様之事ニ有レ之候。此度之義(儀)も不得心ニ候へ共、無レ據承知致候事。追而年過之上、急度勘考ニ可レ及事也。

弘化元年ニ東家へ相渡し申候證札左之通リ。

年季山證文之事

一 字者園尾 松木山七ケ所　今堂村・谷村・萬石村・松室村・下山田村・千代原村・徳大寺村

元者右七ヶ村之受山也。

右者御神山之内兩家直持場所ニ候處、先年兩家申合、松室村十右衛門取次ヲ以、去ル文政九戌年より亥年迄五十ヶ年之間年季ニ相渡、爲二代銀一十七貫五百目兩家へ受取、右山爲二相任一置候處、近年貴家へ御買戻シ被レ成、右年限中者其御一家之御支配相違無レ之候。然ル處當方借財之内下桂村義(儀)兵衛、同利兵衛方より銀高八貫目借入有レ之、爲二利米一米四石五斗ツヽ年々相渡來候處、此度右銀子貴家之御引受被レ下候上者、右利米當方食用手當ニ相成深忝存候。然ル處右銀子返濟之手當無レ之間、右園尾山年季當辰年ヨリ三十二ヶ年相立候得者、年滿崩ニ相成、兩家互之支配ニ相成候ニ付、其後年數七拾五ヶ年、尚又貴家御一家へ爲二御任一可二申入一候間、當辰年より來ル寅年迄都合百七ヶ年之間諸事右證文通リ御勝手ニ御支配

可レ被レ成候。右ニ付毛頭故障之義(儀)無二御座一候。尤年限相滿、立木被二代(伐)取一候上者、尚又互ニ支配可レ致候。爲二後日一年季證文如レ件。

弘化元年辰十二月　本人 南播磨守印
　　　　　　　　　證人 松尾伯耆印

東三位殿

右之通リ金子者壹貫五百目程之事、證文ニ者八貫目ト認メ有レ之候故、無レ據不得心ニ候へ共、右濟方可レ致候事也。何分私共若年之事故か仕方も無レ之、殘念之事ニ候。下桂村義(儀)兵衛方者濟切ニ相成候。利兵衛者唯今ニ借用金有レ之候。一切相分リ不レ申候事。

東家へ爲二取替一一札左之通リ。

爲二取替一一札之事

一 御神山之内字者園尾山壹式者、東・南兩家直持支配所ニ候處、去ル弘化元辰年南家ヨリ被二差入一候證文之通リ、銀高八貫目東家へ引受申候料ニ、當巳年ヨリ九拾四ヶ年之間者、東一家之支配ニ約定有レ之候處、此度南家ヨリ銀高四貫五百目被レ致二出銀一、自來永久分山ニ相定候處左之通リ。

一 元 谷村山　萬石村山
　　松室村山　合三ヶ所　東家分

一 元 下山田村山　千代原村山
　　德大寺村山　合三ヶ所　南家分

一 今堂村山　是者元來下桂村下草受場所之處、近年立木一式五十ヶ年季中也。年滿之上者、此度南家ヨリ之出銀之殘リ三貫五百目之料ニ東家支配之筈ニ候事。

右之通約定候處、永々相違無レ之候。依爲二取替一狀如レ件。

安政四巳年十二月　東三位印

南 三位殿

當家ヨリ東家へ渡し差入證文取替之事故同し事

也。今堂村山之一件者不得心ニ候へ共無レ據認ル。
追而勘考可レ致心得也。
　下山田村嘉兵衛へ遣ス證文之寫左之通リ。

　　年季山證文之事

御神山字者園尾山之内　但シ、元
一　松木山三ヶ所
　　　　　　　　　　　下山田村
　　　　　　　　　　　徳大寺村
　　　　　　　　　　　千代原村
　　　　　　　　　　　　　合三ヶ所
　　年貢米貳斗宛

右者、當家直持支配所ニ候處、去ル文政九戌年銀八貫目請取、其元へ年季ニ相渡置候處、當時殘年十九ヶ年有レ之候上、尚又此度百三拾壹年致二年増一此代銀百四十兩代銀八貫四百目慥ニ請取申候。然ル上者、當巳年ヨリ來ル戌年迄都合百五十ヶ年之間年季ニ相渡候處、實正相違無レ之候。右年中立木・下草共勝手ニ支配可レ被レ致候。年滿之上者、立木切取可レ被二差戻一候。尤右山ニ付親類者勿論其外故障之義(儀)者毛頭無レ之候。爲二後日一年季證文依如レ件。

　　安政四年巳十二月　　南　三位印
　　　　　　　　　證人　小林寛次印
　　　　　　　　　世話人谷村勘七印
　　下山田村嘉兵衛殿

右之通相違無レ之候。奥書依如レ件。
　　　　　　　　　東　三位印

廿三日、庚午。晴。
一　御神藏御拂例之通リ、無事。丑剋比退出。
　御殘金八拾五兩餘、御米廿五石餘。
廿四日、辛未。晴。
廿五日、壬申。晴。
廿六日、癸酉。陰晴、曉天雨。
一　餅つき無事。出入者來。
一　夕方ヨリ出京。正月用之買物行、三更比歸宅。
廿七日、甲戌。半晴。
廿八日、乙亥。晴。
廿九日、丙子。晴。

大三十日、丁丑。晴。

一　山田役人、宮仕歳末ニ來。

一　大小工しらけニ來。

祝々大幸

弘化二年日次記

一一七三　弘化二年日次記

（表紙）

弘化二年

日次記　正禰宜従四位上秦榮祐

正禰宜秦榮祐

乙巳正朔

（本文）

正大　　二大　　三小
四大　　五大　　六小
七大　　八小　　九大
十小　　十一大　十二小

凡三百五十四日

見出目録

正月十六日　松尾武州氏人入之願之事。
二月　三日　東美濃守相周死去之事。
二月　五日　神輿道筋普請見分之事。
同三月十二日　神講當屋之事。
同月十七日　沙汰人山田主計居宅普請ニ付御神山松木拝領之事。
三月十三日　例年之御囃子止メ之事。
　　神方老分依レ願淺沓御貸渡相成事。
三月十四日　神輿道筋出來見分之事。
四月十二日　御神山カヤ尾東梅津村山焼火之事。
同月廿六日　權神主房式之息虎千代丸従五位下宣下之事。
五月十六日　神方淺沓御貸渡相成ニ付請書取置事。
六月　九日　神方老分敍位願書ス事。
同月十二日　御田神能野村三次郎相成事。
同月十四日　社務所集會社家定役之事。
同月廿四日　廣橋侍従殿神能拜見ニ御出之事。
七月　七日　宮仕要人越後ト改名之事。
同月十一日　宮仕越後養母こと盗人ニ切殺サレ之事。
同月十六日　宮仕越後幷下女社中へ御預ヶ相成事。
　　神方敍位願書執奏家より差戻シニ相成事。

御千度

宮仕越後御神藏ヨリ無利足(息)ニ而金子拜借之事。

七月三十日　尾張大納言殿(齊莊)薨ニ付鳴物停止之事。

八朔相撲六日延引之事。

十月　三日　御神山天龍寺境見分之事。

胤宮御方逝去ニ付鳴物停止事。

六日　御神山南筋見分之事。

十一月十八日　十善(師)神社御普請ニ付下遷宮。

廿五日　松尾武藏殿以二舊例一氏人入之願ニ付神方中ヨリ不承知申來事。

十一月廿一日　十善(師)神社正遷宮之事。

正月元日、晴。

一　箱番正禰宜。半紙十二折、杉原廿枚宮仕へ相渡、鍵受取ル。

一　辰上剋各束帶ニ而出仕之由。

一　朝夕御神事、無事執行之由。

二日、晴。

一　御千度無事。宮仕、社役人、邑役人、百性(姓)年禮來。

一　御神事如レ例無事。

一　謡始、酒肴例之通差出ス。

三日、陰雨、申剋比ヨリ晴定。

一　御神事如レ例。

一　大登、雨儀ニ付無レ之。大小工年禮來。

四日、晴。

一　當番正禰宜代權神主房式出仕。

一　山田役人攝津　大和　將監　主計　山田山廻リ役來。

一　御節如レ例。服中者不レ受。

五日、晴、入レ夜ヨリ強雨。

一　神方惣禮。和泉　玄番　若狹　造酒　治部

御前役新吾來。

六日、半晴、時々吹雪。

一　伯家年玉米服中者不レ出。

一　東三品、房式年禮入來。

七日、半晴。
一 御神事如レ例、無事執行之由。神供受遣ス。
神馬各參向。
八日、半晴、時々吹雪。
一 松室村預リ役山下喜内杉原貳百枚、半紙百五
枚相渡ス。
九日、晴。社參。近邊年禮過(廻)。
十日、曇。
一 午時後、金毘羅參詣、入レ夜歸宅。
十一日、晴。

斧始

一 斧始。大小工來、如レ例。
十二日、晴。

亥狩宵祭

一 亥狩宵祭リ例之通。
十三日、半晴、入レ夜小雨降。

亥狩神事

一 亥狩當番權禰宜代榮祐出仕。神方若狹 左衛
門 縫殿 主祝(稅) 兵部不參。沙汰人主計屆レ之。
諸事如レ例。
一 入レ夜社務所青侍、下部招レ之。如レ例酒・肴
出ス。
十四日、陰雨。
一 入レ夜參籠。侍者廣三郎。

御千度

一 御千度如レ例。
十五日、晴。

桂湯、御千度饗飯

一 桂湯。口祝。御千度饗飯如レ例。
一 内陣相命、外陣榮祐、大床房式、階上種道、階
下重吉勤行。
神供獻進、無事執行。如二例式一。
十六日、半晴、未剋比雨、申下剋晴。
一 社務所朝夕節如レ例。
一 當番正祝相愛代神主相命、櫟谷祝相惟(推カ)代正禰
宜榮祐、無事執行。

氏人

一 去十四日松尾武藏より先例有レ之ニ付、氏人入
之願書被二差出一候處、今日一統相談致披露有レ
之候處、色々ト被レ申候方も有レ之、相談難レ調
候ニ付、今日之處延引、當冬七日御酉迄延し置
也。

神講

十七日、晴。
十八日、晴。
十九日、半晴、時々吹雪。
二十日、晴。
廿一日、陰晴、時々雨降。
廿二日、晴。
一　年禮出京。松尾伯州中飯・酒アリ。道正庵、田中正藏、百々御所、細川家、松尾日向守、松室尾張、女院御所、伊賀殿、伯家、廣橋家、松室能登、同攝津、橋本安藝、北小路、松室豐前守、北小路大炊頭、北小路下總、丸太町北小路、嶋田。夕飯・酒アリ。二更比歸宅。
廿三日、晴。
一　伯家年禮。神主相命、月讀禰宜種道出頭。
廿四日、晴、時々吹雪。
一　午時後大行事。中村民部方へ行、入レ夜歸宅。
廿五日、曇、夕景雪。
一　天滿宮參詣。仙助能見物行。
廿六日、晴。
廿七日、曇。
廿八日、晴。
廿九日、晴、時々雨。
二月朔日、晴、時々吹雪。
二日、晴。
三日、雪三四寸餘リ積。
一　東越州同道ニ而稲荷社參詣ス。
一　東美濃守相周長病之處、今午時比死去。予夕景より行、ニシメ二重送レ之。
四日、時々吹雪。
一　申下剋葬式、予見立。社家中披露有レ之。
五日、晴。
一　神輿道筋轅下より見分願出。依レ之今日見分。社家中、神方、沙汰人兩人出頭。辨當持參。申下剋比相濟。予不參。
六日、晴。
一　神講、御日米、神方出勤。朝飯如レ件。

七日、晴。
一　神講廻章。今日京都江松尾雲州出番ニ付相
頼。
來ル十二日於二松尾豊州宅一神講相勤申候間、巳
剋無遅ニ御出席可レ被レ下候。以上
　二月七日　　榮祐
松尾伯耆殿　松尾備後殿　松尾壹岐殿
松尾掃部殿
松尾日向守殿　同但馬殿　假中ニ付不參加。
八日、陰晴。
九日、晴。
一　亡父忌日、西寺參詣ス。
十日、晴。
一　神講調物ニ行、入レ夜歸宅。
一　明後十二日松尾豊州宅ニおゐ(い)て神講相勤申候
間、朝飯後早々御出席可レ被レ下候。以上
　二月十日　　榮祐
東三位殿　東越中守殿　松尾周防殿
松尾武藏殿　松尾出雲殿　松尾豊前殿
小林源右衛門袴着用ニ而廻章持行。
十一日、晴。
一　夕景各入來。例之通リ豆腐味噌汁・花カツ
ヲ・鰤・大こん・アラニボヲ(ウ)ダラ・コンニヤ
ク・酒出ス。
一　當講より東遠江守殿入講、東三品より披露有レ
之。
十二日、晴。
一　神講當屋、巳下剋時分案内ニ遣ス。各入來。
東三品　越州　遠州　伯州　防州　備州　武州
雲州　壹州　豊州　掃部也。
京都之衆中銀貳貫五分ツヽ持參。
神拜、神酒頂戴畢、烟草盆、火鉢、茶等出□(ムシ)、
掛物　常信ホテイ、花梅、中飯、焼物、塩小鯛、
汁豆腐 細々叩菜、猪口水菜 からしあへ、
鱠大こん 人しん　するめ ケン　九年母、平鰤 水菜、香物、中酒、
三獻　重肴　初　數の子　二　叩牛蒡

三嫁菜シタシ　はり〳〵畢。菓子、薄茶。後段、島臺　三
組盃、吸物　蛤　干サンシヤ□□(ムシ)、硯蓋たこ　かま　ぼこ　小串
ちりめんふ、同伊勢海老　焼鳥　高野とうふ　あつやき　くわゐ、吸物、いかけ魚、
鉢肴　鯛こう竹　うとん　あ、　んかけ　針しょうが　吸物　赤ミそ　鮎
わさび　大平鳥　あわび　よふろふ　ゆりね　菊ら
げ、吸物あわび　じゅんさい　鉢肴　ぐし　作リ
身　いかけ魚　うど　わさび　吸物竹の子　薄雪こんぶ、小
鉢　赤貝　れんこん　大根　すづけ　小鉢春菊　したし、
水物　作リ花なし　九年母　かき。夜比借座。
十三日、晴。
一　出入之者來。昨日残リ、酒出ス。伯州歸京。
十四日、晴。
一　松尾豊州宅借用ニ付、東越州方へ桂川名酒、
巻そうめん三送レ之。
十五日、晴。
一　宗門僧滅改集會、午時後相濟。
十六日、晴。
十七日、晴。
一　社頭松植。社司・神方早朝ヨリ出勤。
一　神輿道、過日見分所今日村ニ出役。
一　沙汰人山田主計此迄長尾彈正方ニ同居致候
處、此度居宅修覆ニ付、御神山ニ而松木五間半
二本、末口六寸五分、長サ六間半壹本拜領仕度
願書差出ニ付、去十五日相談ニ付、今日山目附
見分ニ付遣ス。且亦柱石三拾斗拜領仕度由是亦
同様遣ス事。松植相濟後申度(渡)ス事。
十八日、晴。
十九日、陰晴。
廿日、陰雨。
廿一日、陰雨。
廿二日、陰雨。
廿三日、半晴、申剋比より曇。
廿四日、晴。
廿五日、陰雨、午時後晴。
一　天満宮參詣、入レ夜歸宅。
廿六日、晴。

播州造酒家太々神樂奉納

初草神事

氏子中太々神樂奉納

廿七日、晴。
廿八日、晴。
一　樫木原ニ而鎧形鶴之助相撲興行ニ付、見物ニ行。初更比歸宅。
廿九日、晴。
三十日、晴、俄ニ陰雨。
三月朔日、半晴。
二日、晴。
三日、晴。
一　初草御神事辰剋出仕。神方彈正左衛門不參之由、沙汰人攝津居レ之。外陣相命榮祐、大床房式、階上種道、階下重吉、神供獻進、無事執行。社務所朝參如レ例。山田役人、宮仕、社役人、近邊衆中禮ニ入來。
四日、晴。
五日、陰雨。
一　檜皮屋七兵衛親父七左衛門方、正午茶事被レ招東三品、予、松尾武州同道ニ而行、二更比歸宅。
六日、晴、午時比霰降。
七日、晴。
八日、晴。
九日、晴。
十日、陰晴。
一　播州造酒家中太々神樂獻進。社司・神方惣參。無事執行。
十一日、晴。
一　予出京。松尾伯州方へ行、川勝へ行、二更比歸宅。
十二日、晴。
十三日、晴。
一　氏子中太々御神樂。辰下剋出仕。神供獻進、無事執行。例年御囃子執行有レ之、兩年程ハ仕舞・狂言執行有レ之候へ共、場所無レ之候ニ付、當年暫場所出來候迄延引之治定之事。

一　宗像神輿昨年より御普請出來ニ付、今日本宮江持來。此度新造卯ノ鳥成事申剋比。

一　從前ニ神方中出仕之節ハ繭履着用仕來之處、雨儀之節ハ別而難澁ニ付、淺沓御免之事此度歎願有㆑之候。右者前代より數度申立も有㆑之候得共、段々差支之筋有㆑之候間、今度も難㆑及㆓御沙汰㆒。因㆑茲願書返却也。併老分之族者別而難澁之節可㆑有㆑之推量候間、更ニ六十才已上之輩雨雪之節ハ臨期拜借之願有㆑之者、一日限御貸渡可㆓相成㆒候事。

巳三月

神方先達而より段々以㆓願書㆒願立候ニ付、相談之上右之通リ書取、太々御神事相濟後、呉服所へ老分三人、沙汰人ヨビ寄申渡事。

十四日、半晴。

一　神輿道筋普請出來ニ付見分。社司、神方、沙汰人、年寄三人出役。轅下依㆑願年寄上桂村・德大寺村・上野村役人方へ挨拶遣ス。

十五日、陰晴、時々小雨降。

十六日、陰晴、時々小雨降。

十七日、陰晴、午時後陰雨。

十八日、晴、未下剋比風雨、暫シテ晴。

一　神幸御神事午剋出仕。神方兵部不參之由沙汰人主計屆㆑之。神方老分淺沓差被㆑認候。今日ハ昨夜雨ニ而足本悪シク(キ)ニ付、淺沓拜借申度旨老分より依願、貸渡ス。

神供獻進、無事執行。

外陣相命榮祐、大床房式、階上種道、階下重吉勤行。

一　過日社務所へ轅下呼寄、神輿遷宮時、カザリ物無㆑之、遷宮相濟後ハダカニ而カザリ物掛ケ不都合事故、轅下江相談有㆑之候處、左樣之義(儀)ナレハ、カザリ物掛大長柄へ被㆑付、釣殿へカキ込メルダケカキ込マセテ遷宮ヲ御願申入度申㆑之ニ付、當年カザリ物掛ケ且亦大ナガ(轅)へ付遷宮相成事。

一　大宮神輿遷宮。神主相命、其餘公文種道。無事執行。御渡舟申剋比無事。
一　上野村新舟例年御用相成候處、昨年五月ニ舟小屋ニ而死去致候者有レ之ニ付、當年より不レ用。
今堂村舟借用ニ而御用相成候事。
一　殘リ番神主相命、正禰宜榮祐。申下剋退出。
十九日、晴。
二十日、晴。
廿一日、晴。
一　東三品入來。明日より下坂致度ニ付、留主(守)中相頼可レ申候様被レ申候事。
廿二日、陰晴、時々雨降。

宗門改帳

廿三日、陰晴。
廿四日、晴。
一　旅所七日開神能拜借ニ行、入レ夜歸宅。

旅所

廿五日、晴。
廿六日、晴。
廿七日、晴。
廿八日、晴。
一　下山田村百性(姓)清兵衛、一世一代淨ルリ(瑠璃)傳之丞方ニ而有レ之、家内不レ殘見物行。
廿九日、晴。
四月朔日、晴。
一　御日米獻進。神主代榮祐出仕。手長攝津、造酒。神供片料來。
一　御留主(守)詣如レ例。神主不參。
二日、晴。東三品浪華より歸宅。
三日、陰雨。
四日、晴、時々曇雨。
一　西役所宗門増減改帳面持行。
五日、晴。
六日、晴。
一　綸旨申出シ、神主出頭、無事。
七日、晴、申下剋曇。
一　社務所葵受ニ遣ス。
一　未下剋月讀社案内有レ之由ニ而各出仕。
御舟御神事、朝參等如レ例。本宮參着無レ程還幸。葵掛替、御掃除如レ例。
大宮神輿神主遷宮、無事。
一　神方淺沓今日快晴ニ付拜借難二出來一候へとも、雨氣催、曇申候間、何時雨之程難レ斗候間、拜借仕度旨、老分呉服所へ參リ依願。一統相談、雨雪之節ハ貸渡し相成候へとも、今日ハ格別之御神事故御貸渡し相成候事。
内陣相命、外陣榮祐、大床房式、階上種道、階下重吉勤行。
神供獻進、無事。祝詞相命、奉幣正祝相愛代相命、新宮社御神事、諸事如レ例。無事執行。亥剋比退出。
一　當所ねリ番、昨今來。
一　松尾伯州　松室濃州　吉田對州入來。
八日、晴。
九日、晴。
十日、晴。
十一日、晴。
十二日、晴。
一　申剋比山廻リ政右衛門來。今巳剋ヨリ御神山カヤ尾ヨリ火出てカモメ谷へ燒失之由申來ニ付、暮時比ヨリ登山、初更比ニ燒場へ參リ申候處、火納リ、山方退出ニ付、直ニ戻ル。村方各登山。山方ハ今日東梅津村山見分之由ニ而早朝より出勤之由。東梅津村山より火出ト知レ申候事。
十三日、晴。
十四日、晴。

大坂・攝津造酒家
太々神樂奉納

十五日、晴。
一　大坂十二部郡幷攝州造酒家太々神樂獻進。社司・神方惣參。無事執行。
十六日、晴。
十七日、晴。
十八日、晴、夕景雨。
十九日、曇、時々雨、午時比晴定。
二十日、半晴。

一　谷川見分、各出頭。山下喜内方ニ而酒・中飯アリ。未下刻相濟。
廿一日、晴。
廿二日、晴。
廿三日、半晴、時々曇。
廿四日、陰晴、時々小雨降、入レ夜陰雨。
廿五日、陰雨。
廿六日、晴。
一　予出京。松尾伯州方行、中飯アリ。天満宮へ參詣。川勝行、初更比歸宅。
一　權神主房式息虎千代丸、昨廿五日從五位下被レ蒙二宣下一候間、御披露可二申入一旨社務所ヨリ申來。
廿七日、陰晴。
廿八日、曇、時々雨。
廿九日、陰雨。
三十日、晴。
五月朔日、半晴。

御千度

一　御日米獻進。神主出勤。御千度如レ例。
二日、半晴、午時後陰雨。
三日、陰晴、時々雨。
四日、晴。
五日、陰晴。

端午神事

一　端午御神事。辰剋出仕。神方兵部之由沙汰人屆レ之。
外陣相命榮祐、大床房式、階上種道、階下重吉。神供獻進、無事執行。
一　社務所朝參如レ例。山田役人、宮仕、村役人、社役人近邊衆中禮ニ入來。近邊廻禮。
六日、陰雨。
七日、半晴、二更比強雨、雷鳴四五聲アリ。
八日、晴、夕立。
九日、陰晴、入レ夜雨。
十日、陰雨。
十一日、陰雨、午時後陰晴。
十二日、半晴。

御千度

十三日、晴。
一　予出京。川勝江行、嶋田へ行、二更比歸宅。
十四日、晴。
十五日、晴。
十六日、陰晴、時々細雨降。
一　御千度如ㇾ例、無事執行。
一　神方老分江淺沓貸渡相成候ニ付、書付取置。
左之通り。
一　從二前々一神方中出仕之節、藺履着用來候處、雨雪之節者別而難澁仕候ニ付、淺沓御免之事難二願仕一候處、右者於二前代一子細有ㇾ之候ニ付、難ㇾ被ㇾ及二御沙汰一趣畏入候。乍ㇾ併老輩之者雨雪之節ハ難澁之體御賢察被ㇾ下、六十歳以上之輩へ雪雨之——コノアト中にイレヲク也。
（一葉挿入）
「砌段期拝借ニ願出候ハヽ、御社頭より御貸渡可ㇾ被ㇾ下趣、以二御書付一被二仰聞一深有難奉ㇾ存候。以上。
弘化二年巳三月　　神方中惣代
山田攝津印
岩崎土左（佐）印
御社司中
本社・末社御神事出仕之節、神方中列座列立之前御通行之砌、輕卒ニ不二相成一様ニ相心得御禮節可ㇾ仕候事。
一　社頭勤番所ニ私共義（儀）罷在候節、其邊御官服者勿論其列御上下體ニ而御通行御座候節、早速ニ輕卒ニ不二相成一様ニ急度御禮節可ㇾ仕候。且格別遠隔之所者御猶免之義（儀）兼而願置候。以上。
弘化二年巳五月　　神方惣代
山田攝津印
岩崎土左（佐）印
御社司御中
一　右之通り此度書付取置候事。」
十七日、晴。
十八日、陰雨。
十九日、陰雨、時々晴、不定。

一　予出京。川勝へ行、未剋比歸宅。
二十日、半晴、午時後陰雨。
廿一日、陰雨。
廿二日、陰晴、時々雨。桂川八尺餘リ出水。
廿三日、晴、午時後雨。
廿四日、陰晴、時々細雨降。
廿五日、晴。
一　天滿宮へ參詣。川勝へ行、入レ夜歸宅。
廿六日、晴。
廿七日、半晴。
廿八日、曇、時々雨、夜半比強雨。
一　大宮御所太麻獻上。近衞殿、松室濃州所勞ニ付代勤。夫ヨリ川勝へ行、松尾伯へ行、一宿ス。
廿九日、陰晴。桂川七尺斗出水。
一　午時後歸宅。
卅日、陰雨。
六月朔日、陰晴、時々雨降。
二日、晴、入レ夜小雨降。
三日、晴、夕立。
四日、晴、夕立。
五日、晴、夕立。
六日、晴。
七日、晴。
八日、晴。
一　予出京。川勝へ行、入レ夜歸宅。
九日、晴。
一　過日神方老分より願書差出ス。左之通。是迄度々差出候得共、勘老(考)不レ能候故、願書戻ス處、亦候差出ス。左之通リ。

再歎願申口上書

一　當御社境内御建物綱而追々結講(構)ニ相成恐悦ニ奉レ存候。將又當御社司方御昇進之次第も追々御早進候爲レ有、就レ中上席家之御例ヲ以格別之御昇進御願望候成二御愁一綱而結講(構)ニ相成候段、偏ニ御社頭之御威光難レ有大慶奉レ存候。隨而私

共義(儀)従二若年一及二老年一候共、大祭祀・小祭祀とも乍レ毎無位之同服ニ而罷在候義(儀)、何共無條力歎敷次第ニ御座候。因レ茲乍レ憚任叙御取立之義(儀)兼々歎願仕度存念ニ御座候得共、思召之程も如何与差控罷在候内、星霜相過、銘々及二老年一願望空敷此儘相果候も甚以心外殘念至極ニ御座候。御存知之通従二古來一賜二俸禄一血脈連綿相續仕、年中　御神事ハ勿論　神前勤番、宿直無二怠惰一相勤、就レ中近比者諸役向夫々承リ奉二大慶一候。抑叙位御取立近來他社ニも御座候由、惣而當時之人情与相見え、官・武・諸社共古例ヲ以位階再興相望申時節之趣、兼々傳承仕候。尤驕奢ニ而申望候譯ニ而者無二御座一、乍レ恐　叡願之御祈禱毎事御同事ニ相勤申候。神仕之身分ニ而御座候得者、何卒叙位申候而勤行仕度本意ニ奉レ存候。且五位之神方与申舊名御座候義(儀)ハ古代之事ニ而自稱之事歟難二相分一御座候得共、永正・永録(禄)・天正・元和之比迄ハ私共先代官名之者有レ之候事諸記禄(録)ニ殘リ、于レ今相見え申候。旁以兼々多年之舊慕願望之義(儀)ニ御座候間、御憐察被二成下一、格別(ベツ)　大社之御義(儀)ニ而御座候得ハ、廣大之思召ヲ以御許容被二成下一御推擧之程奉レ願候。何卒御厚慮之御執成ヲ以老輩連名之者共は六位幷國介任叙奉レ蒙二　宣下一候様、乍レ恐幾重ニも奉二歎願一候。右前顯格別御慈憐之思召ヲ以御推擧御取立被二成下一候ハヽ　大社之御威光位階之次第下官ニ至迄相揃、神庭之御賑御繁榮之御事、乍レ恐御神忠与も奉レ窺候。且私共於二身上一も老年之勤功冥加ニ相叶、深厚難レ有仕合、實ニ當代御社司方之御厚恩萬々歳ニ至迄如何斗リ難レ有大慶至極ニ可レ奉レ存候。右前條年來舊義(儀)ヲ相慕候念願ニ御座候間、不レ顧二思召一再歎願仕候。何卒々々無二御見捨一御憐情ヲ以御取立之程幾重ニも伏奉レ願候。以上

弘化二年五月　神方老分

山田攝津藤原好玄印　七十四才
岩崎土左(佐)藤原孝雅印　六十五才
山田越前藤原師延印　六十三才
山田大和藤原玄慶印　六十五才
山田和泉藤原信道印　六十二才

御社司御中

乍レ憚口上書

一　去ル天保十二年六月以來御社司中江別紙歎願書差上候ニ付、再三御評義(議)被二成下一候處、不二容易一願ニ付、御執上ニ相成、尚又　御社頭御大禮御座候御時節迄願之義(儀)差扣候樣被二仰渡一願書御下ケニ相成奉レ畏候。然ル處御時節ヲ不レ辨押而再願仕候義(儀)、恐不レ少奉レ存候得共、兼々多年之願望、是迄段々籠蟄仕候處、追々與及二老變一後年御大禮之御時節迄此儘ニ而打過候ハヽ、當時之愚老共命數之程無二覺束一御座候間、何卒以二御憐憫一此度之歎願御聞屆被レ下、御推擧被二成下一候ハヽ冥加ニ相叶、御大禮之御用長壽仕相勤候ハヽ、如何斗難レ有仕合奉レ存候。右前顯不レ顧二思召一亦者願書差上申候。何卒格別之御憐察ヲ以宜御執成之程偏ニ奉レ願候。以上

弘化二年五月

山田攝津藤原好玄◯
岩崎土左(佐)藤原孝雅◯
山田越前藤原師延◯
山田大和藤原玄慶◯
山田和泉藤原信道◯

御社務所

十日、晴、入レ夜夕立。

十一日、晴。

十二日、晴。

一　野村三次郎御田神能申付候ニ付、今日右御請ニ來。是迄川勝權之進致居候處、斷ヲ申スニ付、野村へ申付ル事。

一　神方老分願書差出スニ付、東三品、廣橋家へ内々御相談及候處、猶勘老(考)跡(後)より返事可レ申旨被二仰渡一候事。

十三日、晴。

一　予出京。松尾伯州方へ引籠見舞行、名酒持參ス。川勝江行、高橋へ行、酒アリ。二更比歸宅。

十四日、晴、夕立。

社務所集會

一　社務所集會。先達而神方老分願書之一件廣橋家、東三品參殿被レ申候處、執奏家へ願出候樣御申被レ遊候ニ付、下書廣橋家ヨリ參リ相認、明後十六日東三品、松室薩州兩人參上之治定也。

定

一　此度社家中評談之上自來老人・童形除、在勤之内より鬮ヲ以貳人宛、左之通之御用相勤可レ申事。

一　臨時御用召之節幷一社御祈、太麻獻上等之節可二罷出一候事。

一　神方老分歎願へ敍位願書ニ兩人宛加印之事幷執奏家往來之事。

右之兩用者引受可レ申候。尤爲二此役料一社納より米五斗年々可レ被二相渡一候間、貳人之社司可レ致二分配一事。

一　社頭建物爲二巡見一老中、所司代、奉行、目附等被二差越一候節者、社務、公文之外ニ當番之社司も可二罷出一候事。

一　右之條今日集會ニ而治定之事。當年鬮ハ東三品相命、松室薩州重吉。

十五日、晴。

十六日、晴、夕立。

十七日、晴、夕立、遠雷。

十八日、晴、夕立、雷鳴四五聲。

十九日、晴、夕立、雷鳴二三聲。

調進講

一　當社調達講廿壹會。朱雀丹波屋おゐ(い)て相勤、東三品同道ニ而午時後行。二更比歸宅。

廿日、晴、夕立、雷鳴二三聲。

廿一日、晴、夕立、入レ夜ヨリ雨。

廿二日、半晴。
廿三日、晴。
一　沙汰人神事催來。
申下剋出仕。榮種所勞本復ニ付付(マヽ)、御日米獻
進。今日者不參。
外陣相命榮祐、大床房式、階上種道、階上(下)重吉勤行。
神供獻進、無事執行。
神能翁千三、小鍛治(冶カ)、墨ぬり、三輪じしやく、橋辨
慶。二更比退出。八木弟子二三人來。
廿四日、晴。
一　社務所囃子例之通リ、無事。
一　廣橋従侍殿神能拜見ニ御出被レ遊候ニ付、廻
ロウ(廊)南ノ方社家中拜見所之上ニ置。御家來之衆
中ハ社家中之侍ノ所へ置。本願所ニ而御休足(息)神
能相濟、東家へ御立寄、直ニ御歸宅。ようかん(羊羹)
壹棹進上ス。
巳下剋出仕。神供獻進、無事執行。
翁　氷室寶ノ槌、恒政蚊角力、邯鄲武悪　鐵輪、
鎌ばら、海人。初更比相濟、初更半比退出。無
事執行。
廿五日、晴。
廿六日、晴、夕立、雷鳴二三聲アリ。
廿七日、晴。
廿八日、晴。
廿九日、晴、巳剋比ヨリ小雨降、夕立。
一　上加茂(賀)神能ニ行。一宿ス。
七月朔日、晴、午剋比小雨降。
一　二更比加茂(賀)ヨリ歸宅。
二日、晴。
三日、晴。
一　予出京。暑中見舞ニ行、初更比歸宅。
四日、晴。
五日、陰晴、曇、時々雨、不定。
六日、陰雨、午時後ヨリ曇、時々雨、不定。
七日、曇、時々雨、不定。
一　七夕御神事、辰剋出仕。神方左衛門・兵部不

七夕神事

參之由、沙汰人主計居レ之。
外陣相命榮祐、大床房式種道、階上・階下重吉。神供獻
進、無事執行。
近邊廻禮。山田役人、宮仕、社役人禮ニ來。
社務所廳參、如レ例。
一　宮仕要人過日越後と改名之願書差出ニ付、社
司相談之處、先例安永八年ニ元服致候間、直ニ
改名之例も有レ之ニ付、子細無レ之候由。要人元
服中候而廿ヶ年ニも相成候由。依レ之廳參之席
ニ而越後申遣之事。
八日、陰晴、夕立、深更強雨。
一　谷川普請出來見分。各出勤。松ノ前川筋見
分。是亦出勤。山下喜内方ニ而例之通酒飯有。
一　宮仕昨日之改名之禮ニ來。
九日、曇、時々雨、不定。
十日、晴、夕立。
十一日、晴。
一　丑剋比宮仕越後之本宅へ盗人ハイリ、故越後
之妻こと、下女壹人兩人居リ候處、刀ヲぬきは
いリ候由ニ而、下女ハ驚、隣家太右衞門方へに
け行、其まにことヲきりころし、着用物三拾品
斗持行にけ去ル由、曉天越後東家へ屆ニ來ル
由。
早速沙汰人長尾彈正役所屆行由。
十二日、晴。

新嘗會神事

一　新嘗會御神事。社司、神方惣參。予風邪氣不
參ス。神供東家より持來。
申剋比見使來由。見使居所□(ムシ)松室村西光寺、筆
耕中座ハ宮ノ前茶屋ニ居ル由。
十三日、晴、入レ夜雨降。
一　見使申下剋比歸宅之由。中座番人等之者諸方
へ吟味ニ行由。
十四日、曇、時々雨。
一　當番權禰宜代予出勤。具立日供獻進、無事執
行。宮仕代預リ山下喜内勤レ之。
十五日、陰晴、時々雨。

一　社司非藏人禮ニ入來。予廻禮。
社役人、村役人禮ニ來。
十六日、晴、夕景雨降。
一　宮仕越後一昨日役所へ罷出候處、越後下女かめ社中へ御預り相成候。こと義(儀)、假埋(カリウヅミ)相成候。沙汰人ヨリ社務所へ申來ニ付、廻章ニ而申來。
十七日、陰晴、時々雨風吹。
十八日、晴。
一　今曉天、社務所集會申來。午時後出席候處、神方中敍位之義(儀)、過日執奏家へ願差出候處、昨日伯家へ東三品參殿之處、以二書付一願書差戻シ相成候。依レ之神方老分土佐、越前、和泉社務へ召寄右之趣申渡ス。此儘ニ而置候へハ、再願難二出來一候故、押而相願格語(覺悟)ニ候故、今一應願書神方ヨリ差出シ可レ申候様、是亦申渡ス。此旨承知ニ而神方三人共退出ス。
一　宮仕越後内々ニ而松尾武州方へ參リ、此度ハ不レ寄レ存難澁ニ而、物入等も多分有レ之、誠ニ仕方無レ之候故、御貸附方ニ而金子壹貫目斗拜借仕度、此段社務所へ御願被レ下候様願來ルニ付、一統相談之處、不レ寄レ存難澁之事故、格別以二御憐愍一此度御社より金拾兩無利足(息)ニ而五ケ年之間年々當冬ヨリ貳兩宛返納可レ申候様、其上入用義(儀)有レ之候へハ、當リ前之御定リニ御貸渡相成候様宜哉、一統相談、右治定ニ付、明日親類松室村百性(姓)宇右衛門召寄、右之條申渡ス事。
十九日、晴。
一　松室村宇右衛門、昨日一件禮ニ來。
二十日、晴。
一　廣橋家御講釋長々不參致居候處、過日東三品相頼今日ヨリ參殿之義(儀)申上、今日ヨリ出席ス。御講釋相濟、御酒・肴・吸物等出ル。夜半比歸宅。何れも同道ス。
廿一日、晴。
廿二日、晴。
一　予出京。川勝江行、金毘羅參詣、入レ夜歸宅。

廿三日、晴。
廿四日、晴。
廿五日、晴。
一　天滿宮へ參詣、入レ夜歸宅。
廿六日、晴。
廿七日、曇、時々小雨降。
廿八日、陰晴。
廿九日、陰晴。
一　予出京。松尾伯州方へ行、入レ夜歸宅。
三十日、晴。

八朔相撲

一　尾張大納言（齊莊）薨ニ付、昨廿九日ヨリ普請者明朔日迄、鳴物來五日迄停止之旨、武邊ヨリ申來ニ付、社務所ヨリ申來。

氏子

明日相撲停止ニ付、文政十三寅年通リ六日ニ延引、此段申來。當年者氏子相賴、相撲取少々斗

氏子

買調格語（覺悟）之處、是等モ六日迄延引也。
八月朔日、陰雨。
一　社參ス。
二日、半晴、時々小雨降。
三日、半晴。
一　上ノ御所大介樣ヨリ東三品今日參殿可レ致旨申來。三品差支ニ付、予名代出頭處、大宮御所御いミ月ニ付、一七ヶ日之間御祈禱被ニ仰出一事。申下剋歸宅。東家ニ而酒出ル。
四日、晴。
五日、陰雨。
六日、陰晴。
一　去八朔相撲今日興行。同心・目附森善次郎、太田五郎太夫、下雜式（色）小島　筆料來。予長尾彈正挨拶出。
一　相撲取鳥目五貫文淺尾山方ニ而買調、氏子ヨリ各寄進持來。夕景相濟。
七日、強雨、巳剋比ヨリ陰晴、時々小雨降。
八日、半晴、時々雨降。
九日、晴。
十日、半晴。

一　金毘羅參詣。夫ヨリ伯州方へ行、一宿ス。
十一日、半晴。
一　夕景歸宅ス。
十二日、晴。
十三日、晴。
十四日、晴。
十五日、晴。
十六日、晴。
一　東三品、東越州同道ニ而大相撲見物行。初更
比歸宅。
十七日、晴。
十八日、晴。
十九日、晴。
二十日、晴、午時小雨降。
廿一日、半晴。
廿二日、曇、時々雨。
廿三日、晴。
一　宗門集會。朝飯後出席。例之通リ中飯・中酒
有。初更比迄相掛ルニ付、東家ヨリ夕飯出ル。
初更半比退出。
廿四日、晴。
廿五日、半晴、入レ夜強雨、雷四五聲アリ。
一　天滿宮へ參詣。川勝江行、二更比歸宅。
廿六日、晴、時々曇、小雨降。
廿七日、半晴。
廿八日、陰雨、強風。
廿九日、陰晴、吹風。
九月朔日、晴。午時後出京。一宿ス。
一　御日米獻進。神主出仕。御千度例之通リ。午
時後歸宅。
二日、陰晴。
三日、晴。
四日、晴。
五日、晴。
七日、陰晴。
八日、陰晴。

御千度

九日、晴、吹風。
一　重陽御神事例剋出仕。神方若狹・縫殿不參、沙汰人主計屆レ之。
宗門集會
重陽神事
外陣相命、榮祐　大床房式、階上種道、階下重吉勤行。
神供獻進、無事執行。
社務所朝參如レ例。山田役人、宮仕、社役人等禮ニ來。近邊廻禮。
十日、晴。
一　金毘羅參詣。入レ夜歸宅。
十一日、半晴、午時後陰雨。
十二日、陰晴。
十三日、晴。
十四日、晴。
十五日、晴。
一　下嵯峨渡月橋北詰ニ而花相撲興行。予午時後見物ニ行、入レ夜歸宅。
十六日、晴。
一　御千度如レ例、無事執行。
十七日、陰雨。
十八日、晴。
十九日、曇、巳剋比ヨリ陰雨。
二十日、晴、俄ニ曇、時々雨。
廿一日、晴。
廿二日、半晴。
廿三日、陰雨。
廿四日、半晴。
廿五日、晴。
一　予出京。大宮御所御禳行、川勝行、入レ夜歸。
廿六日、半晴。
廿七日、晴。
廿八日、晴。
一　川勝行、入レ夜歸宅。
廿九日、晴、曉天稻光、雷四聲、強雨。
三十日、晴。
十月朔日、晴。
一　當番御藏附、午時後出勤。例之通祝酒・肴、

御千度

社務所集會、氏人入

年寄ヨリ調進ス。申下刻退出。
二日、晴、午時後出京。入レ夜歸宅。
三日、晴。
一 御神山北筋天龍寺サカへ(ヒ)石四寸角長サ三尺餘リ、今朝ヨリ社司、神方登山山廻リ三人、村人足壹ヶ村ニ付壹人ツヽ五人、法輪寺サカへ(ヒ)二三本入置也。初更比退出。
一 胤宮御方逝去ニ付、昨二日ヨリ明四日迄三日之間鳴物停止、普請不レ苦候。此旨落(洛)中落(洛)外可ニ相觸一もの候也。社務所ヨリ申來。
四日、強雨、巳剋比靜、時々雨。
五日、晴。
一 川勝へ行、松尾伯州方行、入レ夜歸宅。
六日、半晴、時々時雨。
一 御神山南筋見分。社司、神方出役。山廻リ村人足。入レ夜相濟。
七日、晴。
一 東常陸介殿一周忌被レ招行、豆腐十丁備レ之。
八日、晴、夕方時雨。
九日、半晴、時雨。
十日、晴。
一 金毘羅參詣。入レ夜歸宅。
十一日、晴。
一 社務所集會。神方敍位再願松尾武州氏人入。十善神(師)(社)下遷宮。風早三位殿金子拜借。神山南筋サカへ(ヒ)權禰宜・祝闕職ニ付出勤。割方之事相談治定之事。
十二日、晴。
十三日、晴。
十四日、晴。
十五日、晴、二更比強雨、雷鳴三聲アリ、暫晴。
一 東家日待被レ招行。例之通リ。
十六日、晴。
十七日、晴。
一 十善神(師)社下遷宮明日ニ付、午時後社司、神方御拂除等勤レ之。申下刻各退出。

氏人入

十八日、晴。
十善(師)神社下遷宮。天保十一年四ノ大神、三ノ宮通り、諸事先例通り。假殿神供寺用レ之。
十九日、晴。
二十日、晴。
廿一日、晴。
一　廣橋家講釋、午時後出席。酒・御肴等出ル。東三品、薩州、武州同道ニ而夜半比歸宅。
廿二日、曇。
廿三日、晴。
廿四日、晴。
廿五日、晴。
一　天滿宮江參詣。入レ夜歸宅。
一　神方中惣代トシテ將監、兵庫兩人來。松尾武藏殿此度氏人入御願被レ成候處、神方中ヘハ今日迄御沙汰無レ之風便之樣ニ承候得共、表向御沙汰無レ之候故、御尋申入度旨以二書付一申來。社務所江罷出筈之候得共、兄弟之事故、御當家江罷出候。神方中江承知不レ仕候故、此段申入候ト申也。左樣之義(儀)候ヘ者、神主ヘも相談致置申也。猶明日御返事承參上可レ致旨申歸。
廿六日、晴。
一　辰下剋比神方將監、左京、縫殿來。去正月十六日御神事後沙汰人主計ヘ此由御達し申有レ之趣、来月朔日二番納、社司、神方中出勤之事故、其砌神主より披露有レ之樣子ニ神主被二申居一候間、先夫迄此書付御持歸り宜哉申レ之。左樣之義(儀)ニ御座候ヘハ一統相達し可レ申旨申レ之歸ル。
廿七日、晴。
廿八日、晴。
廿九日、晴。
十一月朔日、晴。
一　貳番御藏附。早朝ヨリ出勤。
一　神方一件内々松室相州より岩崎土左(佐)ヘ被レ尋候事。

二日、晴、初雪少々斗積。
三日、晴。
四日、陰晴、時々時雨アリ。
五日、晴。
六日、晴。
一　上ノ山開キ町喜平次宅焼失。申剋比壹軒ニ而止メ。予淨住寺延華庵見舞ニ行。
氏人入
一　社務所集會。神方敍位一件、御神山法輪寺境目石杭之一件、松尾武州氏人入之一件。申剋比退出。
社務所集會
氏人入
七日、晴。
八日、晴。
一　予出京。大黒彦へ行、川勝へ行、入レ夜歸宅。
九日、晴。
十日、晴。
一　金毘羅參詣。大彦へ行、入レ夜歸宅。
十一日、晴。
十二日、晴。
一　廣橋家御會出頭。二更比東三品同道歸宅。
十三日、陰晴。
十四日、晴。
松尾武州氏人入之義(儀)、神方中ヨリ不承知之旨申來ニ付、今日社司、神方集會社務所ニ而有レ之事。
十六日、晴、時々雨。
十七日、晴。
十八日、晴。
十九日、晴。
二十日、晴。
廿一日、晴。
一　十善神社御屋根出來ニ付、今晩正遷宮。社司、神方、大小工、御前役、年寄、預リ役、出役勤。
十善神社、正遷宮
諸事天保十一年四ノ大神、三ノ宮正遷宮通リ。
社司、神方中、朝飯後早々繼上下(裃)ニ而場所拂除等出勤。酉上剋出仕。着用物下遷宮之通リ、齋服・ヒトエ(單)。清祓幷遷宮等公文種道勤レ之、二度ニ遷レ之。十善神(師)(社)御方數多有レ之ニ付、杉四分板ニ而大工申付、箱四ツ拵、其中江納レ之。四御方程ハ其儘ニ而納レ之。遷宮亥剋比。祝酒社司中へ壹升、神方中江三升、社役人へ壹升先例之通リ。亥半剋比退出。具立日供獻進、公文勤レ之。

廿二日、晴。

御神樂神事

一　御神樂御神事、正酉剋出仕。神方兵部不參之由沙汰人主計屆レ之。

東遠江守始而出仕。吉服後御日米獻進無レ之故、附御日米今日獻進ス。

内陣相命、外陣榮祐、大床房式、階上種道、階下重吉・相雄勤行。神供獻進、無事。新宮社、四ノ大神、三ノ宮、衣手社、十善神(師)社如レ例獻進、無事。亥剋退出。

廿三日、晴。

一　カラ入社務所過、十善神(師)(社)正遷宮。祝酒社司、神方幷宮仕、御前役、預リ役、大小工、年寄赤飯、吸物、鉢肴、作リ身天保十一年之通リ。各麻上下着用。社司ハカラ入有レ之ニ付、午時前ヨリ行。其餘ハ午時後各來。酉剋比退出。

廿四日、晴。

廿五日、雪二寸餘リ積。

廿六日、晴、時々吹雪アリ。

廿七日、晴。

廿八日、晴。

御酉神事

氏人入

一　七日御酉神事、酉剋出仕。無事執行。社務所夕飯如レ例。東遠江守殿氏人入跡廻シニ相成候事故、今日着定文相渡。權禰宜故相周息要丸氏人入着定文相渡。遠江守殿御日米獻進。要丸ハ來年ニ治定。御日米今日不レ獻。

廿九日、晴。

三十日、晴。

十二月朔日、晴。

一　午時後出勤。御相場八拾六貫、十六日ヨリ壹貫上リ八拾七貫治定。
二日、晴。
三日、晴。予出京。入レ夜歸宅。
四日、晴、時々吹雪。
五日、曇、時々雨降。
六日、半晴、時々細雨降。
七日、晴。
八日、晴。

谷川勘定

一　谷河（川）勘定例之通。初更比歸宅。
九日、晴。
十日、晴。
十一日、晴。
一　社納、午時後出仕。初更比歸宅。
十二日、晴。
十三日、晴。
一　掃除如レ例。
十四日、晴。
十五日、晴。
十六日、晴。
一　大宮御所御撫物引替太麻獻上。萬男輔出頭。
白銀壹枚頂戴ス。無事。
十七日、晴。
一　社納如レ例。早朝ヨリ出勤。夜半比退出。
十八日、晴、曉天ヨリ雨。
十九日、陰雨。
一　社納、早朝ヨリ出勤。二更比退出。
廿日、曇、時々強雨。
廿一日、吹雪。
廿二日、半晴。
廿三日、陰雨。
一　御諸拂、早朝ヨリ出勤。曉天歸宅。近邊寒中
見舞至。
廿四日、晴、時々吹雪。
廿五日、晴。
一　午時後天滿宮へ參詣。二更比歸宅。
廿六日、晴。

一　中澤越後下女かめ、昨廿四日東役所へ罷出申
　候處、押込申付候ニ付、社務所より申來。
廿七日、晴。
廿八日、晴。
廿九日、晴。
一　山田役人、宮仕歳末ニ來。
大小工しらけニ來。
入レ夜歳末至。
　祝々大幸

弘化三年日次記

一一七四　弘化三年日次記

（表紙）

弘化三年

日次記　正禰宜従四位上秦榮祐

丙午正朔

正禰宜秦榮祐

（本文）

正大巳　二小亥　三大辰
四小戌　五大卯　閏五小酉
六大寅　七大申　八小寅
九大未　十小丑　十一大午
十二小子　凡三百八十四日

節分　正月　八日
彼岸　二月廿一日
八十八夜　四月　七日
入梅　五月十八日
半夏生　閏五月九日
小暑　同月十四日
大暑　六月　朔日
二百十日　七月十一日
彼岸　同月　卅日
冬至　十一月五日
小寒　同月　廿日
大寒　十二月四日
節分　同月十八日

見出シ目録

正月　六日、伯家年玉米月讀禰宜當リ番之事。
十六日、神主次男權禰宜弟月讀祝次男氏人入之事。
廿二日、國役集會之事。
廿六日、松尾武藏氏人入之相談、社司、神方集會之事。
廿七日、（仁孝天皇）禁裏御違例ニ付、伯家年禮延引申來事。
二月　六日、禁裏御所崩御ニ付、鳴物停止自身番申來事。
七日、兩祭延引之屆書差出事。
十日、來ル十四日より觸穢ニ付申來事。
三月　四日、御葬式。
八日、日野義(儀)同殿逝去ニ付停止之事。
十三日、觸穢中氏子太々(マヽ)延引之事。
十六日、土砂留手入之事。
十九日、兩家直持上桂村山村方へ請事。
四月　四日、觸穢鳴物被レ免候事。
十八日、神幸之事。
廿二日、大宮御所御違例ニ付、御祈被ニ仰出一候事。
五月　七日、遷幸執行之事。
閏月十三日、紀伊大納言殿(齊順)逝去ニ付鳴物停止之事。
十九日、四條通大火之事。
六月廿一日、大宮御所　崩御之事。
鳴物普請停止申來事。
廿三日、御撫物返獻之事。
廿七日、來三日ヨリ触穢被ニ仰出一候事。
廿九日、岩倉之宮家中江縁談結納來事。
七月　四日、圓照寺宮(文成入道女王)逝去ニ付鳴物停止之事。
八日、強風、桂川出水之事。
十日、三條・五條大橋流失申來事。
八月　朔日、角力觸穢中ニ付、當年無レ之事。
九日、伯川(マヽ)(資敬王)二位殿室薨去之事。
五條橋出來ニ付十九日ヨリ往來之事。

(以下白紙二枚)

正月

元日、晴。箱番正祝。
一　辰上剋各束帶出仕。神方兵部正月御神事中不參之由沙汰人主計屆レ之。櫟谷禰宜榮種所勞ニ而不參之處、今朝ヨリ出勤。
先於ニ釣殿一舞沓(踏)如レ例。口祝如レ例。
内陣相命、榮祐、外陣房式(推カ)、相雄、大床種道、階上重吉、階下榮種勤行。神供獻進、無事。神供其儘ニ而御戸開(閉カ)メル。巡參等如レ例。
膳部方禮ニ呉服所來。
一　掛リ湯如レ例。夕御神事酉上剋。社司、神方
今朝之通リ神供但(組)替、獻進如レ例、無事。四ノ
大神、三ノ宮、衣手社、十善(師)神社神供獻進、無
事。諸式如レ例。俵粢例之通來。
二日、雪。

御千度

一　御千度。口祝如レ例。宮仕、社役人、村役人
禮來如レ例。

掛湯神事

掛リ湯御神事酉上剋。大床獻進、無事。月讀社
參向、朝參等如レ例。俵粢來。
謡始正祝ヨリ例之通。酒肴等來。
三日、曇。
一　朝掛リ湯、口祝如レ例。
御神事巳剋。神供獻進、無事執行。

大登

大登神主相命、月讀祝重吉、櫟谷禰宜榮種、其
餘ハ不參。申剋比退出。
一　東家節被レ招行。
四日、陰雨。
一　山田役人大和將監、外記主計、宮仕禮來。松
室相州、薩州、壹州、土器師禮來。
一　御節例之通リ。
一　早朝當番正禰宜辰剋出仕。神供獻進、無事。
手長大和主殿。雉不調ニ付鴨獻。
五日、晴。
一　神方惣禮。土佐　彈正　玄番　式部　伊織
大炊、御前役新吾例通來。
六日、晴。
一　伯家年玉米、月讀禰宜、當リ番米壹斗松室
爲レ持遣ス。近邊年禮ス。
一　入レ夜參籠、侍者清次郎。東家ヨリ箱番ニ付、
酒肴持參。
七日、半晴。
一　掛リ湯、口祝如レ例。

神馬揃神事

午剋神馬相揃御神事。神供獻進、無事執行。申
剋比退出。

八日、晴。

節分神事

一　近邊僧年禮來。節分御神事如ㇾ例無事。

九日、晴。

一　予出京。年禮過(廻カ)。大宮御所　伯家　廣橋家　實誠院殿　北小路兩家　細川家　道正庵　松尾伯耆酒・中飯アリ。松尾日向守　松室能登　同攝津　橋本安藝　田中正藏　松室豐前守　北小路大炊頭　福井駿助　川勝　松尾備後　嶋田夕飯アリ。二更比歸宅。

十日、陰雨。金毘羅參詣。初更比歸宅。

十一日、晴。

斧始

一　斧始。大小工來。例之通酒・組重出ス。鏡餅遣ㇾ之。

十二日、晴。

十三日、晴。

十四日、晴。

御千度
氏人入着狀

一　入ㇾ夜參籠。侍者清次郎。御千度如ㇾ例。

十五日、半晴。

一　掛リ湯、口祝、御千度饗飯如ㇾ例。神方、越前、彈正、大炊、兵部不參之由、沙汰人主計屆ㇾ之。宮仕越後悴靫負所勞之由ニ付、宮仕預り喜内代勤ス。内陣相命・榮祐、外陣房式・相推、大床種道、階上重吉、階下榮種勤行。神供獻進、無事執行。

一　宮仕越後、去冬十二月廿四日東役所ニ而押込申被ㇾ付候處、昨夜召書到來、今明六ツ時罷出候樣申來ニ付、沙汰人長尾彈正付添罷出候處、今日ニ事濟相成候由、沙汰人主計呉服所へ申來。

十六日、晴。

一　社務所朝節例之通リ、夕節如ㇾ例。當番權祝要丸代權神主房式、櫟谷祝秀丸代月讀祝重吉、神供獻進、無事執行。諸式如ㇾ例。社務所朝參如ㇾ例。權禰宜相推弟祿彥、神主相命次男松千代、月讀祝重吉次男次雄、氏人新入着狀請文渡ㇾ之。

社務所、氏人入

一　松尾武藏昨年より以二舊例一氏人新入願望被レ致候處、神方中一統不承知ニ付、延引ニ相成事。

十七日、曇。

一　中澤越後、昨十五日ニ相濟候旨、本人屆ニ來。

十八日、晴。

一　石清水参詣。初更比歸宅。

十九日、晴。

亥狩神事

一　亥狩。酉上剋出仕。朝參如レ例。當番月讀禰宜種道、無事執行。

社務所青侍、下部例之通來。酒肴出ス。

二十日、晴。

廿一日、晴。

廿二日、晴、時々吹雪。

一　國役集會。中飯・中酒アリ。下集メ拾貳匁。

廿三日、薄雪積、晴。

廿四日、晴。

廿五日、晴、時々曇。

一　天滿宮へ參詣。川勝へ稽古行、初更比歸宅。

廿六日、晴、時々吹雪。

一　社務所集會。松尾武藏氏人入之一件神方老分三人、沙汰人來。

廿七日、晴、時々吹雪。

一　伯家年禮今日之處、昨夕景、伯家より　禁中御違例被レ致、延引之段申來ニ付、社務所ヨリ申來。

廿八日、晴、入レ夜陰雨。

一　大宮御所太麻獻上。東三品。月次太麻獻上被レ出ニ付、相賴獻上ス。

廿九日、陰雨、午時後陰晴。

三十日、陰雨。

二月朔日、晴。

二日、時々吹雪。

三日、晴。

四日、陰雨。

五日、晴。

神講

一　神講例之通リ。朝飯アリ。出勤。
六日、陰晴。
一　禁裏(仁孝天皇)御所崩御ニ付、鳴物、普請停止ニ付、日數之義(儀)ハ追而相觸候。尤自身番晝夜致候旨、火之用心念入可ㇾ申旨武邊より申來ニ付、社務所ヨリ申來。上下京魚座賣買、今日より三日之間停止申來。
一　禁裏崩御ニ付、追々觸穢可ㇾ被二仰出一ニ付、當年兩祭延引之伺書、急ニ相認可二差出一旨。依ㇾ之明早朝集會致度旨申來。
七日、半晴。

宗門改

一　社務所集會、各出席。今日東三品御撫物返獻出頭ニ付、兩祭之届伯家へ持參之事。
届書左之通。

謹言上

一　當社神幸祭禮之義(儀)、今度崩御ニ付、執行延引仕候。觸穢解後、日限可ㇾ奉ㇾ窺候。
右之趣宜御披露頼入存候。以上

弘化三年二月

松尾社神主
東三位
同旅所預
渡邊美作守

(白川資敬王)
伯少將殿
御雜掌

八日、半晴。
九日、晴。
一　亡父忌日、西寺參詣。
十日、半晴。
一　金毘羅、嶋田へ行、夕飯アリ。初更比歸宅。
一　來ル十四日より觸穢被二仰出一候ニ付、社務所より申來。
一　來ル十三日宗門増減改集會申來。
十一日、晴。
十二日、陰雨、午時後陰晴。
一　宗門僧(増)減改集會出席。
十三日、晴。
一　明日より觸穢ニ付、沙汰人役所江届ニ行由幷兩祭延引之屆之事。
一　八幡社司紀大隅守方江縁談義（儀）ニ付行。入レ夜歸宅。
十四日、晴、午時後時雨。
一　觸穢札、門ニ竹ヲ入置事。
十五日、五分餘リ雪積、時々吹雪。
十六日、晴。
十七日、陰晴、入レ夜雨。
一　午時後内々ニ而西陣邊行、入レ夜歸宅。
十八日、陰晴。
十九日、曇、時々雨霰降。
廿日、晴。
廿一日、陰雨。
廿二日、吹雪。
廿三日、晴。
廿四日、半晴。
廿五日、晴。
廿六日、晴。
廿七日、陰雨。
一　先帝御謚號迄奉レ稱二大行天皇一。來月四日酉剋御甍（葬）式火之元念入候様申來。
廿八日、半晴。
廿九日、陰雨。
三月朔日、半晴。
二日、半晴、時々細雨降。
三日、半晴、時々霰、風吹。
一　初草御神事依二所勞一不參。社務所江屆レ之。山田役人大和將監、宮仕、社役人禮來。神供受遣ス。
四日、晴。
一　母公、萬男輔、大黒屋、御甍（葬カ）拜見行。御道筋蛤御門、烏丸通三條寺町、伏見海道（街）之由。
一　禁裏御謚號　仁孝天皇御改ニ付申來。
五日、曇、午時後陰雨。
六日、陰雨。

氏子中太々神樂延引

社務所集會

七日、陰晴、午時後雨。
八日、陰晴。
一　日野（藤資愛）儀同殿去二日薨去ニ付、鳴物停止、此節停止中ニ付別段觸不レ申由申來。
九日、晴。
十日、陰雨。
十一日、陰雨。
十二日、晴。
十三日、晴。
一　氏子中太々神樂、觸穢中ニ付獻進無レ之、觸穢解後執行之事。
十四日、晴。
十五日、半晴。
一　社頭松植、早朝ヨリ出勤。
十六日、半晴。
一　土砂留手入。予、人足壹人召つれ登山ス。
十七日、陰雨。
十八日、陰晴、時々雨。
十九日、晴。
一　兩家直持上桂村山四ヶ所、此度上桂村中へ爲レ請、立毛代金廿五兩庄屋東家へ持來ニ付、東家ニ而請取、下草者増年貢申付事。外ニ金貳歩當村百性（姓）之内右山請度ニ付、積（請）書差出ニ付、其もの江挨拶として持來候事。證文上桂村より來候。東家ニ有レ之也。兩家ヨリ爲レ任書一札之扣有レ之事。
二十日、陰雨。
廿一日、陰雨、午時後半晴。
廿二日、晴。
一　社務所集會。御貸附方御餘金百兩斗有レ之、差當り御貸渡之方も無レ之ニ付、一ノ井クノギ林溝料田地御買調相成可レ申三相二談之一也。
廿三日、陰雨。
廿四日、陰雨。
一　予出京。所護（聖カ）院、嶋田へ行、入レ夜歸宅。
一　昨夜松尾周防殿先年より中風之處、昨夜再病

ニ付、亥剋比死去之由。此節觸穢中ニ付庭迄悔ニ行。干湯葉廿、酒壹升送レ之。

廿五日、陰雨。

一　戌剋比密葬之由。

廿六日、陰雨。トセイノ鳴物其外鳴物來四日中差被レ免候。普請ハ明廿七日ヨリ被レ免候。社務所ヨリ申來。

廿七日、半晴。

一　御社頭溝米田地見分。社司出頭。谷・松室村庄屋溝米百性（姓）出。申下剋相濟。

廿八日、晴。

廿九日、晴。

卅日、曇、午剋比より雨。

一　山田左衛門老母今曉死去ニ付、左衛門十三ヶ月引籠ニ付、社務所ヨリ申來。

四月朔日、晴。

一　觸穢來ル三日ヨリ差被レ免候旨、伯家ヨリ申來ニ付、社務所ヨリ申來。

二日、強雨、雷鳴七八聲、大サ貳分程霰降、午時後陰晴、時々雨降、稲光リ甚シ。

一　松尾防州之薨（葬）式申剋。竹屋與助之前之立（マヽ）。

三日、陰晴。

四日、晴。

五日、晴。

六日、晴。

七日、陰晴、時々雨。

八日、半晴。

一　午時後集會。櫟谷山下サガ木屋藤兵衛受持山賣拂申度様子ニ付、外方へ賣拂申相談聞申候ニ付、明早朝ヨリ見分、各登山之相談治定之事。

九日、晴。

一　早朝ヨリ各登山。社司各登山、神方ハ山目附、沙汰人兩人出役。申下剋歸宅ス。

十日、陰晴、午時後雨。

一　集會、早朝ヨリ行。右之山昨日見分相濟後、年寄政右衛門、木屋藤兵衛方江引合遣シ申候處、拾八貫目金五兩御戻シ可レ申候様、昨夜政

（氏子安全太々神樂奉納）

（大坂三郷太々神樂奉納）

右衛門返事致候様、神主被レ申レ之候。依レ之御貸附方ニ金百五両昨冬より餘金有レ之候ニ付、今日百五両相渡シ、殘銀之處、唯今金子無レ之候ニ付、來ル三十日限リ可二相渡一旨手形渡レ之。右金東越中守、松室薩摩守山田ニ而御貸附方壹人持參也。年寄政右衛門一足先へ參リ、押付金子御持參之旨申レ之遣ス事。

一　文政元年より園尾村山幷村受山兩家直持之書付、社司、神方老分連判ニ而東南家へ取置有レ之。依レ之年々兩家積米として壹石五斗ツヽ合三石火常之手當可レ致契約之處、其後其儘相成、去冬迄滯米八拾四石斗モ有レ之。其儘ニ致置候事出來かたく（き）ニ付、東三品相談之上ニ而、六拾目米ニ而銀四貫目餘ニ相成候故、貳貫目ニ而御用捨（容赦）被レ下度、利足（息）等モ相掛ケ申候へハ、餘程之銀高ニ相成候事故貳貫目ハ此度上ケ切りいたし、當冬ヨリ急度三石ツヽハ積米可レ致候旨一統江先達而相頼候處、相談之上ニ而返事有レ之由

也。去十九日ニ請取申候。上桂村より金二拾五兩代壹貫六百七匁五分、貳貫目之内江今日貸附方江渡レ之。尤請取來東家ニ有レ之也。

文政元年兩家へ右山爲二御任セニ一相成書付之本紙ハ東家ニ有レ之也。

十一日、陰雨。

十二日、晴。

一　四ノ大神神輿修覆出來ニ付、申剋比歸宮。

十三日、陰晴、時々吹雨（雪カ）。

一　氏子安全之太々神樂、觸穢中ニ付延引之處今朝執行。例之通リ社司、神方物參也。

一　伯家講三本木茨木屋ニ而相勤。予午時後行、今夜島田ニ而一宿ス。

十四日、半晴。

一　午時後歸宅ス。笹川儀左衛門死去之由、谷村九郎兵衛居レ之。焼豆腐廿丁遣ス。

十五日、半晴。

一　大坂三郷太々神樂獻進。社司、神方物參。

播州造酒家太々神樂奉納

十六日、晴。
十七日、晴。
一　播州造酒家太々神樂獻進、無事執行。社司、
神方惣參。

神幸神事

十八日、晴。
一　神幸御神事、正午剋出仕。神方大炊不參之
由、沙汰人主計屆レ之。
外陣相命榮祐、大床房式相推、階上種道重吉、階下榮種勤行。
正祝鶉（鴿）丸、櫟谷祝秀丸見習出勤。神供獻進時ハ
濱床ニ着座ス。神供獻進、無事執行。
大宮神輿還宮。神主相命、其外公文櫟谷禰宜
勤レ之、無事。御渡舟申下剋。殘番權神主房式、
櫟谷禰宜榮種。
十九日、陰雨、巳剋比ヨリ曇。
二十日、晴。
廿一日、晴。
廿二日、陰晴、時々雨。
一　午時後伯家より御用義ニ付參殿之旨社務所へ
申來ニ付、月讀祝重吉出門之由。暮時比歸宅之
處、女院御所御違例ニ付、御祈禱被二仰出一、
唯今出仕之旨社務所ヨリ申來也。
酉下剋出仕。社司、神方惣參也。
女院頃日有二御惱一。依二神明加護一早令レ得二快
復一給遐齡愈長久御祈、自二今日一一七箇日一社
一同可レ凝二丹誠一之旨、可下令レ下二知于松尾・
稻荷等社一給上被二仰下一候。仍早々申入候也。
四月廿二日　　光愛
（白川資訓王）
伯少將殿
追申、滿座翌日女院江卷數獻上之事同可下
令二下知一給上候也。
廿三日、晴。
一　御祈、神主相命、正禰宜榮祐勤行。
廿四日、晴。
一　御祈、權神主房式依二所勞一代榮祐、權禰宜相
推勤行。
一　旅所七日開神能拜見行。

廿五日、陰晴。
一　御祈、月讀禰宜種道、同祝重吉勤行。
廿六日、陰雨。
一　御祈、櫟谷禰宜榮種、神主相命勤行。
廿七日、晴。
一　御祈、正禰宜榮祐、權神主房式代權禰宜相推出勤。太麻拵。予不參。
一　内々出京。伊勢久へ行、入レ夜歸宅。
廿八日、半晴。
一　御祈滿座。社司、神方惣參、御日米獻進、無事。
廿九日、陰雨。
一　太麻獻上。權神主房式、月讀禰宜種道出頭。
一　予出京。伊勢久へ行、川勝へ行、入レ夜歸宅。
五月朔日、陰晴。

御千度

一　御千度如レ例。御留主(守)詣如レ例。
一　過日見分致置候木屋藤兵衛請持山御神藏へ買戻シ相成候處、下桂村鍋屋嘉兵衛段々所望ニ付、御神藏モ山之御世話トテモ行難レ屆ニ付、此度鍋やへサガ(嵯峨)ヨリ買調申候直段ニ而讓リ渡ス。右金昨日持參之由。讓リ證文ニ外方へ讓リ申候ともサガ邊へハ讓申間舗事證札ニ書置事。神方中造酒山も右之内也。社司軒別ニ御酒トシテ金百疋ツヽ鍋屋より挨拶來。神方、沙汰人、山目附少々ツヽ挨拶有レ之由也。
二日、晴。
三日、晴。
一　予出京。川勝行、嶋田行、入レ夜歸宅。
四日、晴。
五日、晴。

端午神事

一　端午御神事、辰剋出仕。外陣相命榮祐、大床房式相推、階上種道重吉、階下榮種、神供獻進、無事執行。社務所廳參例之通。諒闇中ニ付廻禮ナシ。
一　松室相摸守殿孫初節句被(供)レ招、酒・吸物等アリ。　社司各繼上下ニ而行。其餘ハ同苗アリ。

還幸神事

六日、晴。
一　綸旨申出シ、神主出頭之由、無事。
七日、陰晴、雨午時後晴。
一　還幸御神事、未下剋。月讀社參向。御舟御神
事朝參等如レ例。本宮參着。
早朝葵受社務所へ遣ス。
酉剋還幸遷宮公文勤レ之。櫟谷社櫟谷禰宜勤レ
之。大宮神輿神主勤レ之。衣手神輿、三ノ宮神
輿カザリ物ヲ取、釣殿へカキコミ候故、約束ト
ハ相違致候間、遷宮一拜ニ而勤レ之。
御拂除、葵掛替如レ例。
内陣相命榮祐、外陣房式相推、大床種道、階上重吉、階下
榮種、神供獻進、無事。
奉幣房式、祝詞相命、新宮社神供如レ例。
朝參舞踏如レ例。子剋比退出。
八日、晴、夕立雷鳴三四聲アリ。
一　岡崎小泉玄蕃入來。酒出ス。
櫟谷神輿修覆ニ付、西七條東町江今日持歸ル。
九日、晴。
一　谷川見分、重右衛門方ニ而酒・中飯アリ。
十日、晴。
十一日、晴。
一　予出京。伊勢久へ行、嶋田行、中飯アリ。大
彦行、川勝行、初更比歸宅。
十二日、晴。
十三日、晴。
十四日、晴。
十五日、晴。
十六日、陰晴、時々雨。
一　御千度如レ例。
十七日、晴。
十八日、晴。
一　予出京。松尾伯州方へ行、中飯アリ。川勝へ
行、入レ夜歸宅。
十九日、晴。
二十日、晴。

大津造酒家中太々
神樂奉納

廿一日、晴。
廿二日、陰晴、時々雨。
廿三日、晴。
廿四日、陰晴、時々雨。
廿五日、半晴。
一　天滿宮參詣。川勝へ行、入夜歸宅。
廿六日、半晴。
廿七日、陰晴、時々雨。
廿八日、晴。
一　大津造酒家中太々神樂獻進。神主相命、正禰宜榮祐、月讀禰宜種道、同祝重吉、神方八人出仕。社司出仕。次第ハ當番跡（後）先キノ事。
廿九日、半晴、夕立。
三十日、半晴。
閏五月朔日、陰晴。
二日、晴、遠雷夕立。
三日、晴、遠雷。
一　予出京。松尾伯州方へ行、川勝へ行、初更比歸宅。
四日、晴、遠雷。
五日、半晴。
六日、半晴。
七日、陰晴、時々雨。
八日、陰晴、時々雨。
九日、陰晴、時々雨。
十日、半晴。
十一日、陰雨。
十二日、晴。
十三日、晴。
一　紀伊大納言殿御逝（齊順）去ニ付、普請者今十三日より明後十五日迄、鳴物者來ル十九日迄七日停止之旨、洛中・洛外可ニ相觸一者也。
右之通社務所ヨリ申來、申（サル）剋比。
十四日、晴。
十五日、晴。
十六日、半晴、申下剋比小雨降。

社務所集會

一　社務所集會。御神藏御餘金百兩餘リ、差當貸附無レ之ニ付、溝料田地御買上ケ相談之事。
十七日、陰晴、時々雨。
十八日、晴、時々雨降。
一　予出京。松尾伯州方行、一宿ス。
十九日、晴。
一　川勝行、島(嶋)田行、初更比歸宅。
一　初更半比京都出火。予暫シテ行、松室美濃殿宅へ行處、道場之内ヨリ火出、祇園御旅燒失、御旅町兩側四五軒斗燒失。夫ヨリ寺町江火寫(マヽ)四條通兩側高倉西江入迄燒失、上錦通下ハ綾小路通迄燒失。
二十日、晴。
一　今午剋比火納リ燒留ル也。初更比歸宅。
廿一日、晴。
廿二日、晴、夕立雷鳴數聲アリ。
一　去廿日溝料田地見分。社司出頭。予不參。今日於二社務所一集會。田地畝歩高作舗米吟味幷帳面引合之處、相分リ不レ申田地有レ之ニ付、明後廿四日神藏御帳箱吟味相談。申下剋比相濟、退出。
廿三日、晴、遠雷アリ。
廿四日、晴。

本願所

一　溝料田地畝歩高難二相分リ一ニ付、朝飯各本願所行、御帳面開キ吟味之事。
午時後社務所へ集會。溝料百性(姓)來、預リ山下喜内も來、吟味候處、未難二相分一田地貳ヶ所程有レ之ニ付、追而吟味之事。暮時比歸宅。
廿五日、晴。
廿六日、晴、夕立、雷四五聲アリ。
一　予出京。川勝行、入レ夜歸宅。
廿七日、半晴、入レ夜ヨリ雨。
廿八日、陰雨。
廿九日、晴。
六月朔日、晴、夕立。
二日、晴、夕立。

三日、晴。
四日、晴。
五日、晴。
一　近邊暑中見舞行。
六日、晴。
七日、晴、雷、夕立。
八日、晴、雷。
一　出京暑中見舞。川勝　松尾伯　松尾日　松尾
備　松室尾　松室筑　松尾豊　橋本安　細川家
北小路　北小路大　岡次　廣橋家　伯家　實誠
院殿　松室備　鴨脚　遠江　相摸　梨木　二更
比歸宅。
九日、晴、雷、夕立。
十日、晴。
十一日、晴。
十二日、晴。
十三日、晴。
一　早朝沙汰人神事催來。

一　未下剋出仕。外陣相命榮祐、大床房式相推、階上種道重吉、
階下榮種勤行。神供獻進、無事執行。植女例之
通。沙汰人役レ之。
御能千三　春日龍神　かうやくねり　百萬　宗論
葵上、二更比歸宅。
十四日、晴。
一　社務所ヨリ囃子爲レ知來。宮仕神事催來。川
勝權之進來。酒・飯出ス。
一　午剋出仕。社司昨日之通、大床ニ而神供獻
進、無事。
御能　翁千三　岩船水掛聟　八島花取角力　源氏供
養縄ない　鉢木むねつき　雷電。無事執行。初更
比歸宅。
十五日、晴。
十六日、晴、夕立。
一　川勝へ稽古行、入レ夜歸宅。
十七日、晴。
十八日、晴、時々風雨。

社務所集會

十九日、雨、時々強雨夕立、半晴。
一　社務所集會。溝料田地取しらべ之事。
二十日、雨。
廿一日、晴、夕立、雷鳴七八聲アリ。
一　未剋比上ノ御所ヨリ非藏人江　女院御所崩御之旨申來ニ付、予御薗江御機ゲン(嫌)窺ニ行、夜半比歸宅。
一　女院御所　崩御ニ付、自二今日一鳴物、普請停止。上下魚店三日之間停止、自身番可レ致旨、日數之義(儀)ハ追而可二相觸一旨、社務所より申來。
廿二日、晴。
廿三日、晴、入レ夜雨。
一　女院御所御撫物返獻可レ致旨、昨日申來ニ付、今日返獻ス。松伯へ行、二更比歸宅。
廿四日、陰晴、時々雨。
廿五日、晴。
廿六日、晴、夕立、雷四五聲アリ。
廿七日、晴。
一　來七月三日ヨリ觸穢被レ出レ仰ニ付、社務所ヨリ申來。
廿八日、晴。
廿九日、晴。
一　春以來ヨリ實相院宮防官(坊)岸之坊相讀(續カ)人無レ之ニ付、舍弟申受度旨、下北面山形美濃守ヨリ松尾武州ヲ以當家江申來ニ付、及二相談一候處、防(坊)官ハ本人不承知之由、且亦防(坊)官ニ而ハ差支之事有レ之哉之趣返答致處、防(坊)官御不承知之事ナレハ、諸太夫ニ而相讀(續カ)被レ致度ニ付、松尾武州ヨリ申來。依レ之岩倉邊へ聞合、松尾伯州及二相談一處、伯州江聞合之義(儀)相頼、随分宜方ニ付、聞合不レ悪方ニ而當時御聞及之通リ相談及候處、何ヲ以コシラエ(へ)難二出來一當家之事故、人體其儘ナレハ進上可レ申樣、武州へ返答致候處、右之通リ武州ヨリ山形江返答被レ申候處、承知之旨、山形ヨリ返答有レ之ナリ。依レ之今日日柄宜樣結納來。岸之防(坊)も當時儉約ニ而、目録斗之相談ナリ。遠方之事故松尾伯州方江下部使ニ而持來。
茶・煙草盆斗出ス。引貳百文遣ス。
　目録　左之通。
一　御麻上下地　壹巻
一　御まな　壹折
一　御酒　壹か
　目録
一　金百疋　九こん料
　但シ、親類書來。當家ヨリモ親類書遣ス。

社務所集會、人別改

三十日、晴。
一　社務所集會。人別改申來ニ付集會ス。
七月朔日、晴。
二日、半晴。
三日、陰雨。
　武邊觸書　社務所ヨリ來。
新清和院崩御ニ付、來月三日より觸穢之義(儀)被二仰
出一候間、前々之通相心得候樣、洛中洛外へ可二
相觸置一もの也。

午六月晦日
女院崩御ニ付、普請・鳴物停止申付置候處、普
請者明後四日より差免、御葬送迄者御間も有レ
之候間、以二御憐愍一渡世之鳴物も同日ヨリ差
免。來ル廿三日　御葬送御當日ヨリ猶又右鳴物
停止申付、且御所近邊者渡世たり共可レ有二遠
慮一候。右之通、洛中洛外へ可二相觸一もの也。
　午七月二日
四日、陰晴、時々雨。
一　圓照寺宮(文成入道女王)逝去ニ付、鳴物停止。此節停止中故
其心得可レ致旨申來。
一　道正庵より一昨日以二書面一面會致度旨申來ニ
付行向處、田中正藏面會ニ而先年より大坂和田
氏助成銀五ヶ年之間銀五百目被レ進候處、昨年
ニ而年限相滿候故、當年盆暮ニ午二經(輕)少一金千疋
ツヽ被レ進度旨、大坂ヨリ申越ニ付、右申入候
申レ之。不二存寄一忝旨申歸ル。觸穢中ニ付直ニ
歸宅ス。

五日、晴。

六日、晴、時々雨。

七日、陰雨、午時後ヨリ強風甚シ。曉天少シ納ル。

七夕神事

一　七夕御神事。辰剋出仕。神方若狭、兵部不參之由、沙汰人外記屆レ之。外陣相命・榮祐、大床房式・相推、階上種道・重吉、階下榮種勤行。神供獻進、無事執行。社務所朝參如レ例。

八日、晴。

山田役人大和　主計　宮仕禮來。

一　桂川出水壹丈貳尺斗出ル。今井堤流失。谷川筋松室村喜右衛門前土橋落ル。南ノ道半分流失。

九日、晴、申剋比雨。

一　谷川勘定、山下喜内方ニ而中飯・酒アリ。昨日之荒場所見分之事。

十日、陰晴。

一　三條大橋、五條大橋流失申候旨、三條大橋下ニ而往來難二相成一、舟渡し致居候旨、武邊より申來ニ付、社務所より申來。

十一日、晴。

本願所

一　桂川勘定、本願所ニ而勤レ之。酒肴アリ。

十二日、晴。

新嘗會神事

一　新嘗會御神事如レ例。予所勞不參。

十三日、晴。

十四日、晴。山田攝津死去之由、沙汰人屆レ之。

十五日、晴。

一　社參ス。中元之禮、觸穢中ニ付無レ之事。

十六日、晴。

十七日、晴。

十八日、陰晴、時々雨、午時後より未下剋比迄強風。

十九日、晴。

二十日、晴。

廿一日、晴、夕立アリ。

一　洛中洛外之地藏會、今明日可レ參旨觸來由。
廿二日、晴。
廿三日、晴。女院御所御葬式無事之由。
廿四日、晴。
廿五日、晴、遠雷アリ。
廿六日、晴、夕立、雷鳴數聲アリ。
廿七日、晴。
廿八日、半晴。
廿九日、晴。
三十日、晴。
八月朔日、晴。
一　觸穢中ニ付、二條御禮幷相撲執行延引之事。
　角力興行入用百六拾目斗相掛リ候故、當年ハ興
行無レ之治定ノ事也。早朝社參、禮ハ無レ之。
二日、半晴。
三日、陰雨、時々止、不定。
四日、陰晴、時々雨、不定。
五日、陰晴、時々雨、不定。
六日、陰晴、申剋比ヨリ陰雨、夜來強雨。
一　予出京。五條邊調物ニ過、入レ夜歸宅。
七日、晴。
八日、陰晴。
一　鳴物停止明九日ヨリ差被レ免候由申來。
九日、陰晴。
一　白川故二位殿（雅壽王）室薨去ニ付、一昨日より祖母續
定式之假服、伯殿（資敬王）斗受候旨、爲レ知來候間、此段
申入候。尤是迄引籠中ニハ社家中ヨリ見舞罷出
候樣相覺申候間、御年番之方御出被レ下度候。
仍此段爲二御知一旁申入候也。
　八月九日
　別紙
去七日加茂（賀）筋出水、五條橋之内流失、諸往來難二
相成一候ニ付、觸書差出置候處、右橋板御果セ請
出來致シ、明十九日より諸往來差支無レ之候。右
之趣、洛中洛外可二申通一事。
　右之通リ只今到來候ニ付、此段御達申入候也。

八月九日　　社務

社司御中

十日、晴。

十一日、晴。予出京。松尾伯州方へ相談ニ行、二更比歸宅。

十二日、晴。

十三日、晴。

十四日、半晴。

十五日、陰雨、午時後晴定。

一　山田外記、同左衞門喪中之爲二見舞一燒豆腐三十宛送レ之。内々縁も有レ之ニ付、予持參ス。

一　去四月兩家直持之山地文政元年ヨリ積米其儘ニ相成候ニ付、去四月一統江銀貳貫目ニ而御用捨（マヽ）被レ下度樣兩人ヨリ段々相賴候處、過日松室相州東家へ入來ニ而、先達而より御賴積米代銀一統相談仕候處、餘程之銀高之事故、貳貫目ニ而ハ御用捨（マヽ）難二出來一、先此度貳貫目御差入被レ成候而、殘銀ハ唯今御差入被レ成候トハ不レ申候聞、殘銀ハ又々山御賣拂被レ成候事も御座候節、御入金被レ成候樣相州被レ申候ニ付、東三品猶播磨守へも右可レ申旨被レ申候由也。右被レ申候而ハ仕方無レ之ニ付、殘金之處ハ先其儘ニ致置、當年ヨリ急度積米可レ致相談東家ニ而治定ノコト。

一　今堂村山三ヶ所此度村方江金廿五兩請取、立木、下草、松茸等爲レ任兩家ヨリ連名之爲レ任書遣ス。置金子盆前東家へ持來、證札寫有レ之事。依レ之右今堂村ヨリ入金之内、銀四百目御貸附方相渡し、都合貳貫目相成、殘金ハ兩家貳ツ割ニ而請取、壹軒分凡五百五拾目斗ニも相成事。

十六日、晴。

一　松尾伯州入來。縁談之相談ス。觸穢中ニ付、別火ニ而中飯・酒出ス。

十七日、晴。

十八日、陰雨。

十九日、曇、時々雨、夜來ヨリ強雨。

二十日、陰雨。

廿一日、陰晴、時々雨。
一　明日限リニ而觸穢相濟候旨、伯家ヨリ申來ニ付、社務所ヨリ申來ル事。
廿二日、晴。
廿三日、半晴。
廿四日、晴。
廿五日、陰雨。
廿六日、半晴。
廿七日、晴、入㆑夜陰雨。
一　予出京。五條邊へ調物行、一宿ス。
廿八日、曇、午時後晴定。早朝歸宅ス。
廿九日、晴。
九月朔日、晴。

御千度

一　御日米獻進。神主出勤。御千度如㆑例。房式不參。
二日、晴。
三日、曇、巳剋比ヨリ陰雨、入㆑夜晴定。

宗門改集會

一　宗門集會。中飯・酒アリ。初更比濟。
四日、晴。
一　出京。松伯へ行、中飯アリ。川勝へ行、入㆑夜歸宅。
五日、陰晴。
六日、半晴。
七日、晴。
八日、晴。
九日、晴。

重陽神事

一　重陽御神事。辰剋出仕。神方伊織、大炊不參、沙汰人主計屆㆑之。房式不參。外陣相命、榮祐　大床相推（二字抹消「種道」）、階上重吉、階下榮種勤行。神供獻進、無事執行。
山田役人、宮仕禮ニ來。長尾彈正　長門改名、
神主ヨリ披露有㆑之コト。

呉服所

一　山田攝津是迄沙汰人役持來候處、過日致㆓死去㆒候ニ付、山田左衞門江如㆑元ノ沙汰人役、今朝御神事後、呉服所ニ而神主被㆓申付㆒候事。
十日、曇、時々雨。

十一日、曇、時々雨。
十二日、曇、午時半晴。
十三日、曇。
十四日、半晴。
十五日、晴。
十六日、晴。
一　和田久左衞門方ヨリ岩角縁組祝義(儀)金三百疋、
南鐐壹片使ニ而持來。
十七日、晴。
一　予出京。調物ニ過、入レ夜歸宅。
十八日、晴。
一　東家此度江州水口松平越中守殿息女當年六歳
相成候由、鶚(鴿)丸殿爲レ嫁家老之息女トシテ入家、
先速(達カ)而より岡崎謹吉世話ニ而相談有レ之候處、今
日日柄ニ付、未剋比引越之由。夜半比相濟由
也。
十九日、陰雨。
二十日、曇、巳剋比ヨリ晴定。
一　角倉三好家江今日舎弟引越之荷爲レ持遣ス。
簞笥壹棹、長持壹棹、釣臺壹荷。青侍小林源右
衞門、下部六人早朝ヨリ出立ノコト。尤目録文
庫入ル也。松尾武州ヨリ藏之防(坊)江書面付添也。
上野橋江祝義(儀)トシテ貳百文遣スコト。二更比歸
宅。皆々祝義(儀)、青侍白銀壹對、其外六人江貳百
文ツヽ、當家ヨリ三百文遣レ之。
廿一日、晴。
一　明日引越ニ付、内祝、東遠州、松室隅州、松
室濃州、片岡彦也。世話人松尾武州、同壹州、
吉田對州、波多野彌三郎。中飯・中酒出ス。夕
飯出入者來、中酒・中飯出ス。
廿二日、曇、時々時雨アリ。
一　未剋比出立。予、萬男輔、侍小林廣三郎、下
部貳人。松尾武州　禁中御用ニ付、申剋比ナラ
テハ退出難ニ出來一ニ付、松尾伯州方ニ而待合、
暫シテ入來同道ス。三好家へ直ニ着ス。彼是初
更比。土産物左之通リ。

目録
一御樽　一荷
一御肴　一折
一御帯料　金百疋
右三好家江送レ之。

目録
一金貳百疋
右者御殿幷家中江披露進物也。

目録
一文匣
眞諒院様へ
一扇子　壹箱
椙原　二帽(帖カ)
盃　山形美濃守様
一盃
衿　お民様
一盃
衿　觀壽院様
一盃
衿　お三衞様

一扇子　壹箱
筆洗
小舅様
一扇子　壹箱
椙原
盃
藏之防(坊)様
右之通リ送レ之。

目録
一扇子　壹箱
風呂敷
九兵衞殿
一鳥目五十疋
家來中
右目録之通リ、玄關次ノ間ニ而松尾武州ヨリ渡レ之。

丑剋比相濟、玄關ニ而着用物取シカヘ三好家出ル。當時三好家儉約之様子故、硯蓋壹ツ、吸物貳ツ、鉢肴、大平、水物等也。武州同道ニ而翌六ツ半時歸宅。家來祝義(儀)、侍白銀壹對、下部貳百ツヽ、當家ヨリ百文ツヽ遣レ之。

廿三日、半晴。

廿四日、陰雨。

廿五日、晴。

一　角倉三好江爲ニ見舞一カマス十五枚、酒貳升爲レ持遣ス。藏之防（坊）法印へ書面遣ス。

廿六日、晴。

一　松尾伯州方江縁談一件禮過、川勝江行、入レ夜歸宅。

廿七日、晴、時雨アリ。

廿八日、晴、時雨アリ。

廿九日、晴。

一　予出京。大彦へ行、入レ夜歸宅。

三十日、晴。

十月朔日、晴、入レ夜ヨリ曉天迄雨。

一　御藏附午時後出勤。拾四石斗社納。例之通酒肴アリ。初更前退出。

一　松尾武州先達而より舎弟縁組爲レ禮鱧大壹本、アハビ貳ツ送レ之。

二日、晴。

三日、晴。

四日、晴、未下剋比ヨリ雨、曉天ヨリ雪。

一　天龍寺嵐山境杭、天龍寺ヨリ打替呉候樣申來ニ付、早朝ヨリ社家中、神方山廻リ見分登山ス。

五日、吹雪、壹寸餘積、午時後雨。

六日、半晴。

七日、半晴、未剋比ヨリ雨。

八日、晴、時雨。

九日、半晴。

十日、晴。

一　午時後金毘羅參詣。川勝へ行、入レ夜歸宅。

十一日、晴。

十二日、晴。

十三日、晴。

十四日、晴。

十五日、晴。

一　東家日待例之通リ執行、出席ス。

十六日、晴。
十七日、晴。
十八日、晴。
十九日、晴、時雨アリ。
二十日、晴。
廿一日、晴。
廿二日、晴。
廿三日、晴、曉天時雨アリ。
廿四日、晴。
一　片岡駿河守殿同伴ニ而東本願寺家中石原中將方行向。拜借銀願ニ至中ノ體、赤貝三ッ土産ス。中飯出ル。面會無レ之、取次ヲ以委細申述、願書ヲ差出處、願書差戻ニ相成、夫ヨリ山本榮吉方ニ而酒アリ。二更比歸宅ス。
廿五日、陰雨。
廿六日、晴。日光隱居宮薨去ニ付、自二今日一廿八日迄三日之間鳴物停止、普請不レ苦旨申來事。
廿七日、晴。
廿八日、晴。
廿九日、晴。
十一月朔日、晴、時雨。
一　御藏附。午時後出勤。入レ夜歸宅。
二日、時雨度々アリ。
三日、晴。
四日、晴。
五日、晴。
一　三好萬男輔殿、此度諸太夫席ニ願濟、改二名大藏ト一相濟、午時比入來。鯣壹連、名酒二土產也。止宿。
六日、晴。
七日、晴。
八日、陰雨。
九日、晴。中山殿家領田地改、田中近江介此間入來ニ付、午時後御帳箱水帳吟味ニ付、立會、各出勤之由、予不參ス。
一　予出京。松尾伯州方へ相談ニ行、一宿ス。

十日、晴。午時比歸宅。
十一日、晴。
十二日、晴。中山殿田地改出役松室薩州、沙汰人
左衞門、主計。此間見分之由。
十三日、晴。
十四日、晴。
十五日、半晴。
一　午時後筑山江行、夕景歸宅。
十六日、晴。
十七日、晴。
十八日、晴。
一　午時後出京。聖護院、嶋田へ行、二更比歸
宅。
十九日、晴。
二十日、晴。
廿一日、晴。
廿二日、曇、午時後陰雨。
一　御神事。酉剋出仕。神方左京、大炊不參、沙
汰人、主計居レ之。
内陣相命榮祐、外陣房式相推、大床種道、階上重吉、階下
榮種勤行。神供獻進、無事執行。神主祝詞勤レ
之。新宮社幷小社等如レ例公文勤レ之、無事執
行。二更比退出。
廿三日、陰雨。カラ入リ不參。
廿四日、陰雨、時々風雨、午時後晴定。
一　妹於婉殿縁談之義(儀)ニ付、昨日ヨリ御母公　女
院御所ヨリ申來ニ付、松尾伯耆殿方江向ヶ御出、
夫ヨリ御薗御出有レ之候處、丸太町壬生ヨリ申受
度旨、常陸殿江向ヶ被レ賴候ニ付、昨夜下男伯
州ヨリ書狀持歸リ、今日相談致度旨ニ付、早朝
ヨリ伯州方へ行向。委細承リ候處、實誠院殿、
東三品、松尾武藏殿同服(腹)申合、東家之養女トシ
テ縁組之存心之様子ニ相聞へ(エ)、壬生江ハ實誠院
殿ヨリ伊豫之薗江咄合有レ之由。伊豫之薗ハ壬
生ヨリ上リ被レ居候由。何共餘リフミツケガ間
敷義(儀)ニ付、伯州相談之上、常陸殿へ四五日之處

返事延引之書状御母公ヨリ爲レ持上置也。東三品松尾武州度々面會致候而も此一件知ぬカヲ（ホ）ニ而何も咄シ無レ之也。何共餘リ之仕方也。壬生ハ當時之當家振合承知之趣候得共、右三人ヨリ色之事、且亦養女之事も三人より咄込之様子ニ聞ルコト也。二更比京都ヨリ歸宅。

廿五日、半晴、時雨アリ。今宮佐々木近江守殿息八重丸今日元服ニ付、午時比可レ參旨申來候へ共、予斷遣ス。片岡駿州御出ノコト。

廿六日、晴、時雨アリ。

廿七日、晴、時雨アリ。

一　正祝相愛従五位上、予榮祐正四位下小折紙東三品同伴ニ而伯家へ差出ス。雜掌出勤無レ之ニ付、取次へ預ケ置歸ル。入レ夜歸宅。

廿八日、曇、時々時雨霰降。

御酉神事
氏人入

一　七日御酉御神事。酉剋出仕。神供獻進、無事執行。東要丸氏人入神供昨年獻進之處、故障中故今日獻上ス。祝詞公文勤レ之。社務所廳參例之通。

廿九日、晴。

一　予出京。妹縁談之義（儀）ニ付、松尾伯州方へ相談ニ行。伯州被レ申候ニハ、此度之事北小路大炊頭殿江内談、近衞様へ窺被レ下候様頼置、豐岡殿へ右一件咄置候處、壬生より豐岡殿江右縁談之義（儀）取結申度候間、宜御頼取計被レ下候様申參リ、女院常陸殿度々面談致候處、常陸殿被レ申候ニハ、此度之事ハ女ノ手ニアイ（ヒ）不レ申候間、貴家宜御取計被レ下候様被二申居一候。依レ之明日常陸殿方へ參リ相談可レ致旨物語也。一宿ス。何カ（ト）相談ス。

三十日、晴。

十二月朔日、晴。

一　午時後出勤。御相場七拾六匁十九日より壹匁上リ治定。入レ夜退出。

二日、曇、巳剋比ヨリ陰雨。

三日、晴、時雨。

四日、晴。
五日、曇。今宮佐々木八重丸元服相濟ニ付、初官位小折紙差被レ出候處、今日三好ノ宣下ト一□(不明)ニ相濟由。
一　角倉三好大藏殿此度諸太夫小折紙差出シ被レ申候處、今日宣下有レ之、無レ滞相濟由、筑前守改名ノコト。
六日、晴。
一　予出京。寒中見舞至。松尾伯州方ニ而壬生之縁談咄合ノコト。二更比歸宅。
七日、晴。
八日、晴。
一　谷川勘定例之通リ。喜内方ニ而酒飯アリ。朝飯後松尾前鰻流之場所見分之事。
一　去廿七日ニ小折紙執奏家へ差出シ申候處、書直シ昨日申參リ候ニ付、認替、今日松尾武州參番ニ付、賴レ之持參ノ事。
九日、晴。
十日、晴。
一　妹縁談之義(儀)ニ付、松尾伯州方へ行、入レ夜歸宅。
十一日、晴。
一　社納、出勤。桂川勘定例之通、酒アリ。
十二日、晴。
十三日、晴。
一　掃除例之通リ。
一　入レ夜東家ヨリ呼ニ來行向處、今日上ノ御所へ松尾武州伯家より呼ニ來リ、伯家へ被レ行候處、雜掌申ニハ、此間小折紙差二出之一被レ申候處、伯少將殿(白川資敬王)妹死去被レ致候間、職事江差出申候事難二出來一、先例御座候哉ト色々ト吟味致候得共先例無レ之、當家ニおゐ(い)てハ名代ヲ被レ賴申義(儀)ハ先例無レ之、甚御氣毒ニ存候得共、御戻し申候。時岡肥後面會申レ之。尚兩人江右之趣申聞セ可レ申由武州申歸。依レ之明日廣橋家へ參殿、御勘考之義(儀)願ニ參上可レ致旨、東二品相談、二更比歸宅。
十四日、晴。
一　早朝三品同道ニ而廣橋家へ參殿。雜掌面會、委細咄シ致候處、暫シテ大納言(胤保、權大納言)様御逢被レ遊度旨申來ニ付、奥へ通リ委ク申上候處、伯家之雜掌呼ニ遣シ、相談可レ致、明午時比兩人返事承參殿可レ仕由、何分宜御勘考願度ト申、歸宅ス。
十五日、晴。
一　午時比廣橋家へ參殿。雜掌申ニハ、大納言殿御出勤、御留主(守)中、昨日歸宅後、雜掌安部田備前呼ニ遣シ委細咄シ致置候。今ニ返事無レ之候間、後(未カ)剋迄ニ定而返事可レ致ト存居候間、申下剋比ニ御出可レ被レ成旨申レ之ニ付、歸ル。夫ヨリ伯家へ參リ、雜掌時岡肥後面會申ニハ、昨日廣橋家より呼ニ參リ同役參リ申候處、勘考可レ致旨承リ歸り、實ハ夫迄ニも色々ト吟味致候へ共、頓と先例無レ之、當家ニハ名代被レ賴候事先例無レ之、防(坊)城頭辨(俊克)様へ直々ニ色々ト申上、辨様ニも色々御勘考殿下(關白鷹司政通)様へ御内談被レ遊候得共、何分故障ニハ此義(儀)難ニ相成一、職事江表向被レ付候跡(後)ナレハ、子細モ無レ之候へ共、故障中ニ而ハ色々ト勘考被レ遊候へ共、此義(儀)ハ相濟がたく、於ニ當家一も色々ト勘考居候得共、右之仕合故、甚御氣毒ニ存候得共、宜御斷申入候旨申レ之ニ付、歸ル。夫より又々廣橋家へ參殿、雜掌面會候處、申ニハ伯家より返事致候處、迚も仕方難ニ出來一頭辨様より關白(鷹司政通)様江御内談無レ之内ナレハ勘考御座候得共、甚御氣毒ニ存候へ共、宜御斷可ニ申入一旨申レ之、段々御面働(倒)存候旨禮申、歸宅。
十六日、晴。
一　社納、例之通。夜半比退出。
十七日、晴。
十八日、陰晴。
十九日、陰雨、午時後晴定。
一　社納、例之通。早朝より出勤。二更比退出。
二十日、晴。

廿一日、晴、夕方吹雪。
廿二日、晴。
一　東三品同伴ニ而、此間之加級一件見當リ候書付、廣橋家幷伯家持參。例年之鴨壹掛ヶ廣橋家江五人ヨリ進上ス。二更比歸宅。
廿三日、晴、時々吹雪。
一　御拂。早朝ヨリ出勤。曉天退出。殘米拾石餘リ、殘四拾兩餘金子ハ貸附方へ御渡シ可レ成事。
廿四日、晴。
廿五日、晴。
廿六日、晴。
一　予出京。松尾伯州方へ行、入レ夜歸宅。
廿七日、晴、午時後陰雨。
一　東三品加級一件ニ付、昨日廣橋家、伯家ヨリ沙汰有レ之ニ付、殿下幷兩家江出門也。
廿八日、晴定。
廿九日、晴。
一　山田役人主祝(税)、宮仕歳末ニ來。
一　大小工しらけニ來。
一　社參ス。諒闇中近邊歳末なし。
祝々大幸

弘化四年日次記

一一七五　弘化四年日次記

（表紙）

弘化四年

日次記　正禰宜従四位上秦榮祐

　二月十三日敍正四位下

　丁未正朔

正禰宜秦榮祐

（本文）

正大巳　二小亥　三大辰
四小戌　五小卯　六大申
七大寅　八小申　九大丑
十大未　十一小丑　十二大午
　　凡三百五十五日

二月　二日　彼岸
　十六日　月帶そく（蝕）
三月十八日　八十八夜
四月廿三日　入夜
五月　廿日　はんけしやう（半夏生）
六月　九日　土用
七月廿二日　二百十日
八月十五日　月そく（蝕）四分半
　十二日　彼岸
十一月十五日　冬至
十二月　朔日　小寒
　十六日　大寒
　三十日　節分

見出シ目録

正月六日　年玉米當番ニ付、為レ持遣ス事。
廿七日　松室相州孫死去之事。
二月六日　仁孝天皇御一周忌ニ付、自身番鳴物停止申來事。
十日　家來源右衞門忰元服之事。
十三日　榮祐申正四位下、相愛申従五位上宣下之事。
十八日　伯（白川資敬王）殿兩人加級一件ニ付、御トガメ之事。

三月二日　立后御祈被レ出レ仰候事。
十一日　權神主息元服之事。
十三日　山田和泉河原畑無年貢ニ而永々被レ下候事。
十四日　盛姫君逝去ニ付、停止申來事。
十五日　妹婉殿壬生へ引越之事。
十七日(八)　神講相被レ勤候事。
二十一日　月讀祝息元服之事。
廿一日　月讀祝重吉息元服賀儀之事。
四月四日△　房式申正四位下、種道申正四位下、重孝申從五位上宣下之事。
△二十二(マヽ)
五日　壬生官務從三位勅許之事。
七日　同彈正大粥(弼カ)勅許之事。
八日　同斷薨去之由告來事。
十日　桂川筋出水之事。
二十八日　二條殿(齊信)薨去申事。
五月九日　東家養女死去之事。
十五日　德川民部卿殿薨去、停止申來事。
七月八日　千代原村上リ山谷村へ直持申付事。
九日　御卽位ニ付、御祈被ニ仰出一候事。
八月三十日　德川昌丸殿薨ニ付、停止申來候事。
九月四日　宗門改集會之事。
十七日　御卽位上使來ル事。
十月十日　松尾武州死去ニ付、東三品引籠之事。
大宮御所御違例ニ付、御祈被ニ仰出一候事。
十一日　御祈御差留メ申來事。
十四日　女院崩御ニ付、停止申來事。
十九日　今舊ヨリ觸穢之事。
十八日　二番納、今日ニ拂成事。
廿七日　百日目附巡見之事。
十一月六日　實母死去ニ付、松室兩家引籠之事。
十二月朔日　當年納服中之人有レ之ニ付、客屋ニ而勤レ之。
二十四日　仁和寺宮(濟仁親王)薨去ニ付、鳴物停止、申來。

正月元日、晴。箱番權神主。

大登

一　早朝各束帯出仕。口祝例之通。

一　先於二釣殿一舞踏如レ例。正祝相愛、櫟谷祝重考(孝の誤)見習出勤。内陣相命・榮祐、外陣房式・相推、大床種道、階上重吉、階下榮種勤行。神供獻進、無事。大床之御戸トヅル。巡參等如レ例。

一　膳部方　主祝(税)　主計　大炊禮來。

一　掛湯如レ例。夕御神事、酉下剋。社司今朝之通神供組替、獻進、無事執行。四ノ大神、三宮、衣手社、十善(師)神社神供獻進、無事。公文勤レ之。

俵筭例之通來。

二日、晴。

御千度

一　御千度、口祝如レ例。宮仕、社役人、村役人禮來。俵筭例之通來。掛湯。御神事、酉下剋。神供獻進、無事。月讀社參向。廳參等如レ例。

一　謡始、酒・肴・吸物等權神主ヨリ來。

三日、晴、午時後時々細雨。

一　掛湯、口祝如レ例。御神事、午上剋。神供獻進、無事。大登　權神主房式、公文種道、其餘ハ不參也。申剋退出。東家節被レ招行。

四日、半晴、時々細雨。

一　當番正禰宜榮祐辰剋出仕。神供獻進、無事。手長次部(治)・主殿。雉不調ニ付、鴨壹羽獻ス。

一　山田役人、宮仕禮來。種道、重吉、榮種禮來賀。

一　御節如レ例。土器師禮來。

一　非藏人當年ハ凉闇(諒)中ニ付、年禮ハ壹人モ無レ之。

五日、半晴、夕方吹雪。

一　神方惣禮。左京　玄番　式部　造酒　伊織次部(治)、御前役櫻井新吾來。

六日、半晴。

一　各年禮來賀。非藏人凉闇(諒)中故不レ行、社中斗

御千度饗飯
白馬神事

釜始　大小工

呉服所
左義長　御千度

行向。
一　伯家年玉米當リ番ニ付、爲レ持遣ス。書面左之通リ。
新春之御慶目出度申納候。(白川資敬王)伯様益御安泰可レ被レ成御重歳奉ニ恐悦一候。隨而如ニ例年一正禰宜、正祝、月讀禰宜三職より御年玉米壹斗宛進ニ上之一仕候。此段宜御披露頼入存候。以上
正月六日　松尾社正禰宜
南播磨守
伯家御雜掌
如ニ御示一改年之慶賀無ニ際限一申納候。彌御堅固被レ成ニ御越年一目出度御事候。抑従ニ正禰宜、正祝、月讀禰宜等一被レ任レ例御禮米壹斗宛御進上。不ニ相變一義(儀)追而可レ及ニ披露一候。以上
正月六日　伯家雜掌
松尾社
正禰宜殿
一　入レ夜参籠、侍者河原熊次郎。
一　權神主房式箱番ニ付、酒肴呉服所へ持參也。

七日、半晴、午時比ヨリ吹雪。
一　掛湯、口祝。御千度饗飯如レ例。
未剋比神馬相揃、御神事相催。大床ニ而神供獻進、無事執行。申下剋比退出。
八日、半晴。近邊僧禮來。
九日、半晴。當年ハ涼(諒)闇中ニ付、京都親類年禮不ニ行向一。
十日、半晴、午時後時雨。
一　金毘羅參詣。入レ夜歸宅。
十一日、晴。
一　釜始如レ例。大小工來。酒出ス。
十二日、雪。
十三日、晴。
一　今宮佐々木近江守殿妹於ミち長病之處、不レ可ニ養生一昨夜死去之由ニ付、告來候得共、神事中故斷申遣ス。
十四日、晴。
一　左義長如レ例。入レ夜参籠、御千度如レ例。

一　松室薩州去冬溝料米不レ寄レ存宛米壹石五斗餘も納リ相成、夫ニ付、右百性(姓)段々願出事濟相成、依レ之祝酒・肴呉服所へ持參。

十五日、晴。

御千度饗飯

一　掛湯、口祝。御千度饗飯如レ例。

内陣相命・榮祐、外陣房式・相推、大床種道、階上重吉、階下榮種勤行。神供獻進、無事。

十六日、晴。

一　社務所朝節(マヽ)例之通リ。

一　昨日社務所ヨリ富久米粥獻上之使江、舊冬御内談申入置候。加級之一件ニ而、面談申度旨申來ニ付、予巳剋比ヨリ出頭。雜掌安部田備前面會申ニハ、舊冬差出シ被レ成候願書悪シク所(キカ)有レ之ニ付、認替可レ被レ成、且亦御調印有レ之候樣伯殿(白川資敬王)被レ申候承リ候。尚神主へ可レ申旨申レ之。明日巳剋迄ニ御差出可レ被レ成旨申レ之ニ付、是亦承知致候。申剋比歸宅。

一　夕節如レ例。酉剋御神事出仕。射手組權祝代權神主房式、櫟谷祝重考(孝)代月讀祝重吉。神供獻進、無事執行。社務所廳參如レ例。

十七日、晴、薄雪アリ。

一　早朝東三品同伴ニ而伯家參殿。雜掌安部田面會、願書認替雜掌へ預置。來ル廿日御尋ニ御參殿可レ被レ成旨申レ之。夫ヨリ廣橋殿參殿、大納言樣(廣幡基豊)御逢被レ遊候ニ付、委細願置。夫ヨリ關白樣(鷹司政通)へ參殿。予ハ御玄關ニ而暫待居、三品ハ諸太夫ニ面會願被レ置候由也。夫ヨリ外用ニ而千種殿へ參殿、酒・吸物等アリ。曉天歸宅。

十八日、晴。

十九日、雪壹寸餘積。

亥狩神事

一　亥狩御神事、當番月讀禰宜種道、無事執行。雪中ニ付、着座、廳參等ナシ。

二十日、晴。東三品伯家へ出頭。兩人之小折紙舊冬之儘ニ而差出可レ申旨雜掌申ニ付、小折紙實誠院殿方ニ預ケ有レ之ニ付、其儘ニ而三品伯家へ差被レ出候事、明日御窺被レ成候樣申レ之。

一　東三品同道ニ而伯家參殿候處、取次申ニハ關白様御留主(守)中ニ而御内覧不㆓相濟㆒故、明日カ明後日御窺ニ御出被レ成候様申レ之ニ付、退出。夫ヨリ廣橋家ヘ參殿、雜掌面會、委細頼置、二更比歸宅。

廿二日、半晴、夕景雨風、初雷四五聲アリ。

一　國役集會。中飯・中酒アリ。

廿三日、晴。

一　東三品同道ニ而伯家參殿、雜掌安部田面會、申ニハ、此間御差出シ被レ成候小折紙舊冬之儘ニ而關白様御内覧相濟、傳奏江相廻リ候。尤伯殿(白川資敬王)ヨリも添願書差被レ出候。此上ハ御上之御次第御座候申レ之、段々御面會之義(儀)、伯様宜御禮申上候、兩人退出。夫ヨリ廣橋家ヘ參殿、是亦雜掌迄御禮申置、初更比歸宅。

廿四日、晴。

廿五日、陰雨。伯家ヨリ書狀到來。明日辰刻迄ニ御參殿有レ之度候。外事ニ而ハ無レ之、小折紙書替ニ御座候間、其御積ニ而御參殿有レ之候、東家ヘ申來ニ付、申來。

廿六日、晴。

一　東三品同道ニ而伯家ヘ參殿、雜掌面會。此間舊冬之儘御差出シ、關白様御内覧相濟、傳奏江御廻シ相成候處、舊冬儘ニ而ハ難㆓相濟㆒、當年ニ御書替被レ成度由申レ之ニ付、直ニ引取實誠院殿方ニ而書替、伯家江差出ス處、雜掌申ニハ唯今職事江差被レ出候間、頭辨様小番之程も難レ斗候間、後刻今一應御尋ニ御參殿被レ成度、頭辨様御落手御返事可レ致旨申ニ付、暫シテ伯家ヘ參殿候處、頭辨様慥ニ御落手被レ遊候旨申レ之ニ付、退出。夫ヨリ東三品ハ下邊ヘ調物ニ被レ行。予　女院御所御藹ヘ行、夫ヨリ松尾伯州方ヘ壬生之縁談之義(儀)ニ付、相談ニ行、二更比歸宅。

廿七日、半晴。

一　松室相州孫二歳壹兩日跡(後)ヨリホウソウ(疱瘡)之處、昨夜死去ニ付、今夕葬式。依レ之酒壹升送レ之。

神講

弔悔ニ行。
廿八日、晴。
廿九日、晴。
三十日、晴。
二月朔日、半晴、夕方雨、遠雷アリ。
二日、晴。
一 予出京。百々御所上﨟殿所労ニ付、見舞ニ行、松尾伯州方ニ而夕飯・酒アリ。入レ夜歸宅。
一 三好筑前守殿來宿。
三日、半晴。
一 仁孝天皇御一周忌ニ付、今日ヨリ六日迄自身番、六日ハ鳴物停止、武邊ヨリ申來ニ付、觸來。
四日、陰雨。
五日、晴。
一 神講。予風邪ニ而不參ス。
六日、晴。
一 壬生家之縁談之一件ニ付、御母公、予、松尾伯州方ヘ相談ニ行、一宿ス。
七日、晴。午時比歸宅。
八日、陰雨。予出京。松尾伯ニ而一宿。
九日、陰雨。早朝歸宅。
一 正三位秦榮親卿忌日、御膳・御酒等備レ之。
十日、陰晴。
一 當村百性(姓)改名今朝各來。酒肴・白飯持來。
一 家來小林源右衞門忰廣三郎改名元服ニ付、源右衞門改寛次、廣三郎改源右衞門當家ヨリ遣レ之。此節服中故不レ來、跡より罷可レ出旨也。
十一日、晴。
十二日、半晴。
一 妹於婉壬生家江縁談、先達而より豊岡家江引合ニ相成候得共、是非養女ト申受度旨、此義(儀)者何方たり共養女ト申事ハ難二出來一、直々之御相談ナレハ進上可レ申旨、豊岡家ヘ書付ニ而松尾伯州持參被レ致候處、壬生家より何共返事不レ致、且亦 女院御所御局夫々退參之拵も有レ之ニ付、御局ヨリハ度々之催促有レ之候ヘ共、未次(治)定不レ

致候ニ付、常陸殿ヨリ近衞様江　女院御所江御
參リ之節、早々取定メ可レ申候様御願被レ申ニ
付、諸大夫北小路大炊頭江御申被レ遊取アツカ
イ之義(儀)候ニ付、大炊頭方より伯耆殿方江申來ニ
付、予、御母公行向。伯州同道ニ而行。是迄之
成行實子ナレハ何時成共御相談可レ致旨賴置也。
曉天歸村。
一　廣橋家ヨリ兩人加級、明十三日ニ宣下有レ之
候由申來。
十三日、陰雨。
一　午時後予出京。東三品ハ外用有レ之ニ付、早
朝ヨリ出京也。伯家參殿、取次面會。今日兩人
之加級宣下相成候由承リ候間、若御沙汰御座候
ヘ共兩人共實誠院方ニ居候間、御使被レ下候ヘ共
右之方江御差越シ被レ下候様申置、夫ヨリ實誠
院殿方ニ而休足(息)。酉剋比伯家江參殿候處、今ニ
御沙汰無レ之由申ニ付、例席ニ持居、戌剋比職
事ヨリ宣下之旨伯家ヘ申來。暫シテ雜掌面會、
職事ヨリ之書狀持出ル。左之通リ。
追執達賜。去年十二月十七日位記之旨
　勅許候。不レ可レ爲レ後例事可下令二下知一給上
候也。
松尾社祠官等申位之事
勅許候。早可下令二下知一給上候也。恐々謹言
　二月十三日　俊克
伯少將殿(白川資敬王)　俊克(マヽ)
一　去冬兩人段々歎願、且亦別願も差出、伯家ヨ
リも添願書被二差出一ニ付、右之通リ相成、深有
難旨申退出。
職事防城(坊)殿　關白様　廣橋殿　御禮ニ行、曉天
退出。
十四日、陰晴。
一　口宣被レ渡候日限今日尋ニ參殿可レ申旨雜掌申
ニ付、松尾武州小番ニ付、相賴候處、申下剋比
書面ニ而申來ル。明後十六日ニ被レ渡候由申來。
十五日、半晴。社領馬場松植。予不參ス。

十六日、曇、午時後陰雨。
一　東三品息鶴(鴿)丸殿予同道ニ而伯家へ參殿。雜掌時岡面會、伯樣御逢被レ遊候處、少シ遲剋ニ相成候事故、御他行被レ致候間、私より御渡可レ申旨申レ之、雜掌より口宣案渡ス。口宣左之通リ。

口宣案

上卿新大納言(廣橋光成)

弘化四年二月十三日　宣旨

從四位上秦榮祐宿禰

宣(宜)レ賜レ敍ニ正四位下一。去年

十二月十七日位記

藏人頭左中辨藤原俊克奉

伯殿金百疋、雜掌青銅二十疋、職事防(坊)城殿青銅三十疋、雜掌青銅十疋。此度者格別之御沙汰之事故、京都出掛ケニ三品同道ニ而朱雀村丹波屋ニ而生鯉八本調、伯家へ生鯉二本、雜掌へ酒五升、防(坊)城殿へ生鯉貳本、廣橋殿へ燒物火鉢壹ツ、生鯉二本、雜掌へ酒五升、關白樣へ生鯉二本、伊丹酒五升、諸大夫　小林、種田、青木三人へ酒五升。右之通三人連名ニ而獻上ス。廣橋大納言樣(光成)御逢ニ而御酒・吸物等出ル。亥剋比歸宅。

十七日、陰雨。

十八日、晴。

一　故松室淡路善師(マヽ)去十六日十七回忌年回(會カ)申來處、予不參ニ付、料理物來。割昆布壹袋送レ之。

十九日、晴。

二十日、曇、午時後より陰雨。

二十一日、陰雨。

二十二日、晴。

二十三日、陰晴。午時後雨、夜來強雨。

一　予出京。松尾伯州方へ旅所渡邊養子之義(儀)ニ付行、入レ夜歸宅。

二十四日、陰晴。

二十五日、晴。

二十六日、晴。

宗門改
初草神事

一　去十八日ニ執奏家伯殿舊年榮祐、相愛兩人加級小折紙差出處、不二取計一ニ付、御トガメ被二仰付一候。内々承リ候得共、毎々大酒被レ好、沈醉ニ而右小折紙延日被レ遊、右等之事之由也。

二十七日、晴。凉(諒)闇今日中ニ而相濟事。

一　壬生家縁談之事、去十二日御内命ニ而、北小路大炊頭殿被二取扱一被レ申候處、今日松尾伯州方ヨリ呼ニ參リ、行向。戌剋比北小路入來被レ申ニハ、當御殿ヨリ御局江直々之相談可レ致旨、御内命被レ遊、壬生家へ參リ、委細承リ、引合候處、直々ニ申受由申レ之ニ付、其上ハ直々之御相談ナレハ扱可レ申哉被レ申候ニ付、直々之相談ニ致度事ナレハ、宜御取扱願度旨、伯州者兩人頼置也。曉天被レ歸也。

廿八日、晴。早朝歸宅。

廿九日、晴。

一　宗門増減改集會之コト。

三月朔日、晴。

二日、晴。

一　曉天明六ツ時前社務所ヨリ伯家御用之義(儀)ニ付、唯今參殿可レ仕旨申來ニ付、予、遠江守兩人出門。

一　伯家へ參殿、稲荷社待合申處、左之通。

來十四日可レ有二　立太后一。無二風雨難一可レ被レ遂二行無爲之節一之由、從二來四日一一七箇日一社一同可レ抽二精誠一之旨、可レ令レ下二知于松尾・稲荷等社一給上之事。

滿座翌日巻數　禁中、准后等江獻上之事。

但、准后江獻上分茂、禁中奏者所江獻上之事。

御祈始剋限辰剋之事。

御祈奉行柳原右中辨光愛殿、伯家ヨリ添使ニ而御受ニ行。稲荷遲參ニ付、未剋比歸宅。

三日、晴。

一　初草御神事。辰剋出仕。神方主計不參屆レ之。外陣相命・榮祐、大床房式・相推、階上種道・重吉、階下榮種勤行。神供獻進、無事執行。
社務所廳參例之通。各禮入來、廻禮ス。山田役人、宮仕等禮ニ來。
一 東家初節句（供）被レ招行。貳本入扇子箱、竹葉壹片送レ之。社家中、非藏人、神方親類同席也。
四日、晴。壬生家縁談之義（儀）ニ付、伯州方ヨリ呼ニ來ルニ付、母公暮時比ヨリ御出、止宿也。
一 御祈。社司、神方惣參。辰剋出仕、常例之通リ。
五日、陰雨、晴。
一 御祈。神主相命、正禰宜榮祐、神方四人出勤。
一 去廿七日壬生家縁談直々之相談ニ相成候ニ付、御祈中故、暮比ヨリ松尾伯州方江相談ニ行向處、明後七日ニ結納持來由。當時當方假宅之事故、伯州方江向ケ持來契約也。何カ伯州江賴置曉天歸宅。
御局常陸殿方江引越之荷物幷御差圖萬事宜願度旨、明日御母公御出之契約也。最初豐岡家江咄合有レ之ニ付、右一件相談ニ相成候趣。壬生家ヨリハ過日被レ參候得共、當方ヨリハ未參リ不レ申候間、壹兩日之內、伯州被レ參候契約之事。右一件ニ付、御局常陸殿、實誠院殿方江伯州過日被レ參候コト。
一 壬生家ヨリ結納之品物幷引越當夜之樣子次第、昨日伯州方江北小路ヨリ申來、諸事伯州方ニ而相調也。當時當方之成行、書付ニ而差出シニ付、承知之受書來。由緒書來ニ付、明日當方ヨリ差出樣申來ニ付、伯州へ賴置被二差出一候。
契約ノコト、當夜之祝義（儀）幷ニ土產物、行向之人數諸事書付ニ而申來コト。
六日、陰晴、申剋比強雨。
一 御祈。權神主房式、權禰宜相推勤行。
七日、晴、午時後風雨、夜來風甚シ。
一 御祈。月讀禰宜種道、同祝重吉勤行。
八日、半晴、時々雨風。

一　御祈。櫟谷禰宜榮種、神主相命出仕。
九日、晴。
一　御祈。正禰宜榮祐、權神主房式出勤。
一　權神主房式息(ソク)寅千代丸、來ル十一日元服ニ付、宮仕廻章持參コト。
十日、晴。
一　壬生家縁談次(治)定ニ付、來ル十三日午時後松尾伯州方へ退散。十五日ニ引越ニ相成候ニ付、予伯州方へ相談ニ行向。

御祈満座

一　御祈満座。社司、神方惣參。御日米獻進、無事。
十一日、晴。
一　太麻榮祐、相推出頭。狩衣・立烏帽子。實誠院殿方ヲ中宿ニ頼借用ス。伯家へ參殿。暫シテ稲荷社參殿。夫ヨリ添使ヲ給、禁中奏者所へ獻進ス。無事。夫ヨリ　女院御所御局江行、常陸殿方ニ而此度無ㇾ滞退散相成、縁談次(治)定ニ付、萬事宜頼置。夫ヨリ裏松殿、梅小路殿、長門殿、安藝殿、年寄千代浦、右狩衣之儘ニ而禮ニ行、午ノ下剋比歸宅。
一　權神主房式息元服賀義(儀)ニ付、過日松尾武州ヨリ稲荷社へ今日少シ早ク獻進被ㇾ下候様頼置候得共、巳下剋比ニ伯家へ參殿被ㇾ申、不都合之コト也。
一　未剋比各狩衣ニ而東家ニ而相揃、權神主家へ行。玄關青侍貳人平伏、各玄關ヨリ座舗へ着、口祝。蛤吸物土器ニ而引。盃、巻鯣、數ノ子。房經盃相濟、茶・烟草盆出ル。慶儀挨拶相濟、本膳、二ノ膳、嶋臺、羽盛、舟盛、硯蓋壹ツ、鉢肴壹ツ、吸物六ツ、水物、作花。宮仕、大小工次ノ間ニ而座ス。戌剋比散座。慶義(儀)貳匁送ㇾ之。退出後、太夫殿挨拶ニ入來。
一　元服之式巳剋比之由。加冠相命、理髪松尾豊前。夫ヨリ御日米獻進之由。無事。新冠・狩衣ニ而入來云置也。

一　取持、松尾武州、廣庭丹州、松尾豐州也。
十二日、強雨、午時後止ル。
一　中家ヨリ今夕何れも被レ招、母公御出。予斷申遣ス。鰑五連、三本入扇子箱送レ之。
十三日、晴、入レ夜雨。
一　氏子中太々神樂。社司、神方惣參、無事執行。房式、相推、神方大炊、兵庫、兵部不參也。

氏子中太々神樂奉納

一　妹今夕伯州方江退散ニ付、母公午時後御出、止宿。
一　山田和泉母見江、先年御神藏江預金有レ之、去天保七申年ニ銀五貫貳百目獻金ニ相成、殘リ之分ハ御戻シニ相成、其後御神藏追々御手直ニ相成候ニ付、右爲レ賞此度本人受地河原畑、國木林（櫪）壹ヶ所永々無年貢ニ而被レ下候事。御神事相濟後、呉服所ニ而和泉所勞故、悴式部江右書付、繪圖等相渡ス。繪圖書付左之通リ。

山田和泉

右養母民江存生中、御社用ニ相立置候銀高之内、五貫貳百目者、右民江兼而申殘置候趣ヲ以、去ル天保七申年十二月獻銀在レ之候段、神妙之事ニ候。然ル處、近來丞々御神藏御手直ニ付、此度右爲ニ獻銀之賞一

上堤外河原本人受地之内
一櫟（櫪）林　畑五反壹ヶ所
右繪圖相添、永無年貢ニ相定被レ下之候事
（弘化四年丁未）未三月
社　務判
正禰宜同
公　文同

此度被レ下地繪圖之事
字ハ河原畑本人受地之内
一櫟林畑壹ヶ所

下圖、西側南北六十四間、東側南北六十間。斜線の東側の方が間數が短い。但し、原本のマヽ圖示。

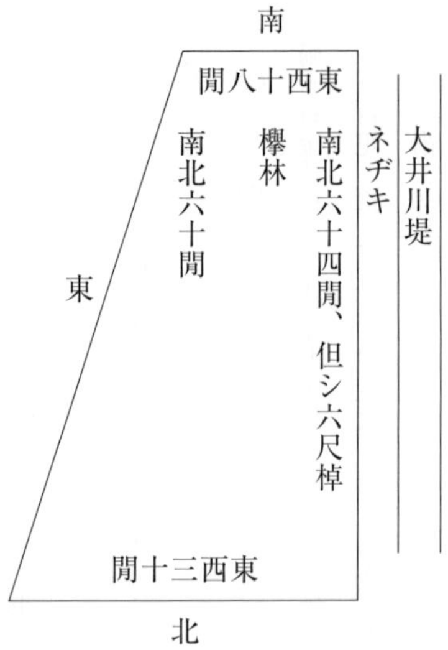

右者、上堤外河原畑地之内、爲二無年貢地一被レ下候事。永々相違無レ之候事。

弘化四未年三月

社務　三位　印
正禰宜播磨守印
公文　相摸守印
神方一﨟土左(佐)印
同沙汰人主計印

山田和泉殿

十四日、陰雨。

一　盛姫君逝去ニ付、今日ヨリ廿日迄七ヶ日之間鳴物停止申來。

十五日、晴。

一　早朝ヨリ伯州方江行。侍貳人、下女壹人、下男五人行。

一　十三日、未剋比、伯州方江退散之由。岩倉三好家ヨリ奉書巻紙貳百枚、盃壹ツ、北小路刑部権大輔殿ヨリ和紙五束、三本入扇子箱、橋本安藝殿ヨリ鯣五連、海苔巻壹重、ちりめんのふくさ、伯州ヨリ杉原(奉書)壹帖、美濃紙壹帖、墨貳丁、日向半切百枚、扇子貳本、嶋田ヨリ鰡壹本、蛤壹升、右祝義(儀)として來。物而伯州方ニ而諸事取調。

一　未下剋比於婉實誠院殿方江行。乗物六尺三人、侍貳人、下部貳人行。暮時比母公、予實誠院殿方へ向行。侍貳人、下女壹人、下部三人、酒・吸物等出ル。暫シテ婉殿壬生家へ引越。常陸殿之老女付添。先箱チウ(ヨ)ウチン貳ツ、下部侍貳人、六尺三人、老女鳰、下部壹人、暫シテ母

公、予行。玄關ヨリ座鋪(敷)之次ノ間ニ而休足(息)。予狩衣着用。北小路・壬生家へ申下剋比被レ行候由也。夫ヨリ座鋪(敷)へ着。予、母公、婉、北小路、新左大史狩衣着用。挨拶有レ之。茶・烟草盆等出ル。待女郎、御乳之人家來由也。挨拶相濟。麻上下着用。先達而より官務所勞ニ付、今夜婚義(儀)之式略レ之、三寶ニ而結盃、土器ニ而冷酒三獻斗、夕飯、平焼物、なます、香物。官務所勞餘程六ヶ鋪樣子故、質素之契約。依レ之麁末之事也。丑剋比退出。北小路堺町御門之前ニ而別。夫ヨリ實誠院殿へ立寄、伯州方江引取。當家ヨリ壬生家へ鯛壹尾、海老三ツ送レ之。申剋比ニ爲レ持遣ス置(シカ)コト。實誠院殿へ鯛壹尾、亦(赤)貝五ツ送レ之。

一　妹ヨリ壬生家へ土産物。左大史羽二重壹反、扇子料金貳百疋、新左大史へ狩衣壹具、扇子料金三百疋、宮町へヒザヤ(緋紗綾)壹反、扇子五本、光賀院へ白絹チヾミ壹反、扇子五本、於基へヒノイ(緋の板締)タジメ壹反、扇子五本、盛江へ嶋チリメン(縮緬)壹反、扇子五本。

伊豫局ヒノセイゴ付帶壹ツ、箱入扇子五本、御乳人右同斷、雜掌兩人へ金三百疋ツヽ、侍貳人へ金貳百疋ツヽ、針女金貳百疋、下女金百疋、下部金貳朱。右土産物申剋比釣臺ニ乘、侍壹人付添爲レ持遣スコト。

一　退散之土産物、母公へ地墨白小袖壹ツ、嶋シ□(不明)ス閒帶壹ツ、予へ白御ユカタ貳ツ、伯州へ白小袖壹ツ、於さめへ御ユカタ壹ツ、筑前守へ白サラシ壹反、壹岐へ同斷、對馬へ同斷、竹若へ守入扇子三本、禪月院へ白羽二重御ヒトへ壹ツ、眞錦(綿)御ジハン(襦袢)壹ツ、右女院之局ヨリ來。

伯州方勝手手傳淺野伊三郎へ銀三匁、手ぬくひ壹ツ、正藏へ右同斷、下女へ銀貳匁遣ス。土産物釣臺之節、侍へ白銀壹兩、下部四人へ五百文、引越之節、侍三人銀三匁ツヽ、女へ三匁、下部五人へ貳百文ツヽ、六尺三人へ貳百文ツヽ

壬生家ヨリ遣ス由也。
十六日、陰雨、時々止、夜來風雨。
一　近衞様江御禮ニ參殿。使者閒へ通、北小路ニ面會、御禮申置、夫ヨリ北小路へ禮ニ行、女院常陸殿へ御禮ニ行、實誠院殿へ御禮ニ行。繼上下ニ而行コト。壬生家へ饅頭六十、母公より書面ニ而見舞ニ遣ス。實誠院殿へ饅頭廿、針女・下女へ十五送レ之。申剋比歸村ス。
母公女院局江禮ニ御出。常陸殿へ蝋燭三十目掛五十丁、廿目掛五十丁、キビシヤウ（急須）壹ツ、茶碗五ツ、伯州より廿十（マヽ）目掛三十丁、梅小路殿へキビシヤウ壹ツ、茶碗五ツ、安藝殿、長門殿、年寄千代田へコケラズシ（柿葉鮨）壹重、シタ（ヒ）シ物壹重、常陸殿老女鳰へ糸入嶋壹反、花色ツヤ木綿壹反、針女貳人へアイ帶、ムラサキノイタシメ壹ツヽ、下女河内嶋壹反母公御持參也。
家來寛次、妻、兵助へ銀三匁ツヽ、下部四人へ三百文ツヽ、多助へ金貳朱三百文。是ハ十三日より十七日迄伯州方ニ而使候故遣ス。
十七日、陰晴、時々細雨。

神講

一　神講當座。松尾豊州本家、中家ニ而相被レ勤。當年ハ涼（諒）闇中故、明日被レ勤。昨日廻章等來。夕景ヨリ手傳ニ行。例之通酒アリ。
十八日、晴。

神講當屋

一　巳下剋比、當屋ヨリ案内有レ之、社參。神拜、神酒相濟、茶・烟草等出ル。人數東三品、榮祐、越州、遠州、松尾日州、東大夫、松尾伯州、松武州、松雲州、松但州、松掃部、亭主。

入講

備州、壹州不參也。東大夫入講。越州ヨリ被レ申二之席一之處、松尾日向守ノ次ニ座、三品相談有レ之也。中飯・中酒・肴例之通。後段酒・吸物・硯蓋・鉢肴・臺肴・作身・水物・した（ひ）し物例通。二更半比退出。伯州來宿。
十九日、曇、夕景雨。
一　來ル廿一日月讀祝重吉息重孝元服ニ付、被レ招。廻章宮仕越後持來。伯州歸京。

二十日、晴。

廿一日、晴。

一　午剋月讀祝家ヨリ案内有レ之。各狩衣東家ニ而相揃着。東三品、予、越州、遠州、東鶺（鴿）丸、相州、東大夫也。東要丸、壹州所勞不參。慶儀貳匁送レ之。玄關鋪（敷）臺青侍貳人出迎、平伏。出迎、日向、出羽、伊豫。鋪（敷）居之内ニ薩州新冠出迎。座定而慶義（儀）之挨拶。新冠改名大夫之旨披露。熨斗昆布持出ル。薩州銘々江挾レ之。次ニ蛤吸物、向ヘ土器壹枚ツヽ引レ之。一里塚冷酒一行相濟、新冠盃酬答。畢而諸具撤レ之、茶・烟草盆持出ル。取持之衆挨拶ニ被レ出、肥後、若狹、筑前、志摩、河内、美濃、日向、出羽、伊豫。次ニ本膳、二ノ膳、引落、吸物五ツ、鉢肴、大平、引盃、羽盛、舟盛、嶋臺、硯蓋、作り身、立花、水物。大盃ニ而三獻。散座戌下剋。青侍禮ニ遣ス。新冠狩衣ニ而入來云置コト。

廿二日、晴。

播州造酒家中太々神樂奉納

一　播州造酒家中太々神樂獻進。惣參。無事。

廿三日、晴。

廿四日、晴。

神幸神事

一　神幸御神事。午正剋出仕。外陣相命・榮祐、大床房式・相推、階上種道・重吉、階下榮種・重孝。相愛見替出仕。神供獻進、無事執行。大宮神輿相命遷宮、無事。御渡舟申下剋。殘番權禰宜相推、月讀禰宜種道也。神供イカ不調ニ付、干イカ獻進。膳部主計屆レ之。

廿五日、晴。

廿六日、晴。

一　予出京。廣橋家ヘ蕨廿、千種家ヘ二十、百々御所ヘ二十獻上ス。福井ヘ廿、松伯ヘ廿送レ之。壬生官務殿去廿二日從三位被レ蒙二宣下一候告來ニ付、悦ニ行。内々承リ候ヘ者、廿二日比ニ被レ及二大切一候由也。百々御所ヘ參リ候處、敬光院殿被レ及二大切一候由、役人申レ之。初夜比歸

旅所

宅。
廿七日、晴。
一　土砂留手入人足壹人召連、登山ス。申下剋比濟。
廿八日、晴。
一　東本願寺家中壺坂文内方江行。入レ夜歸宅。
廿九日、陰晴。
三十日、晴。
一　旅所へ參詣。七日開神能拜見ス。大行事ニ而酒アリ。
四月朔日、晴。
一　御留主(守)詣。神主不參。御日米相推出勤、例之通。種道西奉行之初入出頭ニ付、不參也。
二日、晴。
三日、晴。
四日、晴。權神主房式申正四位下、月讀禰宜種道正四位下、櫟谷祝重孝從五位上、夕景執奏ヨリ敕許之旨申來由。
五日、陰雨。壬生從三位(小槻以寧)殿、彈正大粥(弼)被レ蒙ニ　敕許一候由申來。
六日、晴。壬生彈正大粥(弼)殿所勞之處、薨去告來。
七日、晴。房式、種道、重孝加級口宣、今日被レ渡候由也。
一　予出京。嶋田行、中飯アリ。壺坂文次方へ行、入レ夜歸宅。
八日、半晴、午時後雨。
九日、陰雨。
一　壬生家江悔ニ干湯葉三十使ニ而遣ス。神事前ニ付斷申遣ス。
十日、陰雨、八尺斗出水、曉天強風。
十一日、晴。
十二日、半晴。
一　綸旨申出、神主出門之由。
一　社務所葵受遣ス。
未下剋月讀社參向。御舟御神事。廳參等例之通リ。本宮參着、無レ程還幸、遷宮如レ例。

内陣相命・榮祐、外陣房式・相推、大床種道、階
上重吉・榮種、階下重孝勤行。
神供獻進、祝詞相命、奉帶(幣カ)榮祐、無事。
新宮社神供獻進。回廊聽參。舞踏如レ例。
亥剋比退出。伯州、筑州、壹州來宿。
十三日、陰雨。
十四日、晴。
十五日、晴、夕景曇。

灘造酒家太々神樂奉納

一　灘造酒家中太々御神樂獻進。社司、神方惣
參。
十六日、晴。
十七日、晴、午時比雷鳴二三聲アリ。
十八日、晴。
一　谷川筋普請出來并十日之出水荒場所一ノ井見
分。重右衛門方ニ而中酒・中飯アリ。午時後松
ノ前見分。申剋比相濟。
十九日、晴、夕景曇。
二十日、陰晴、午時後陰雨。
廿一日(マヽ)、曇、時々細雨アリ。
二十二日、晴。
二十三日、晴。
二十四日、晴、夕景曇、小雨降。
一　松伯へ行中飯アリ。川勝へ行、入レ夜歸宅。
二十五日、陰雨。
二十六日、晴。
二十七日、晴。
二十八日、晴。
一　二條前左大臣(齊信)薨ニ付、廿六日ヨリ廿八日迄三
日之間鳴物停止、普請不レ苦旨申來。
二十九日、陰晴、入レ夜雨。
五月朔日、陰雨。

御千度

一　御日米獻進。神主出勤。御千度例之通リ。
二日、半晴。
三日、晴。
四日、晴。
五日、晴。

端午神事

一　端午御神事。辰剋出仕。神方若狹、兵部不參。沙汰人屆レ之。
外陣相命・榮祐、大床房式・相推、階上種道・重吉、階下榮種・重孝勤行。神供獻進、無事執行。
社務所廳參例之通。近邊廻禮。
山田役人、宮仕、社役人等禮來。
一　松尾雲州息初節句被（供）レ招行。
六日、陰雨。
七日、陰雨、時々止。
八日、半晴。
一　東家養女秀姫殿、此間ヨリ疱瘡之處、今曉死去之由、悔ニ行。酉下剋比西寺へ養生下ヶ。
九日、陰晴、時々雨。
一　養女昨夜死去。依レ無ニ服殤一假二日引籠申候。
依ニ此段一宜御披露可レ給候也。
五月九日　相命
正禰宜殿
右東家ヨリ申來ニ付、社家中、神方中廻章ニ而披露ス。伯家江者屆不レ出。
一　東家江アゲこんぶ壹重見舞ニ送レ之。代百文。
西寺へアゲこんぶ壹重少之方送レ之。
十日、陰晴。
十一日、晴、夕立。
一　東家養女葬式、酉剋、予與左衞門之門ニ而見立。
十二日、晴。
一　片岡駿河守殿同道ニ而、東本願寺家中松井典膳方へ行、入レ夜歸宅。
十三日、晴。
十四日、晴。
十五日、半晴。
一　德川民部卿殿薨去ニ付、昨十四日ヨリ十六日迄普請停止、鳴物者廿日迄七日之間停止之趣武邊ヨリ申來ニ付、社務所ヨリ申來。
十六日、曇、時々雨、午時後晴定。

御千度

一　御千度例之通。出勤。

十七日、晴。
十八日、晴。
一　予出京。六條へ行、入レ夜歸宅。
十九日、半晴。
二十日、晴。
廿一日、晴、入レ夜風雨遠雷アリ。（マヽ）
二十二日、晴。
二十三日、晴、夜來雨。
二十四日、陰晴、時々雨。伯州來宿。
二十五日、陰晴、時々雨。歸京。
二十六日、陰晴、時雨風吹。
二十七日、陰晴、時々雨風吹。
二十八日、陰雨、時々止。
二十九日、同斷、夕景強雨。雷鳴七八聲アリ、陰雨。
六月朔日、陰雨、時々止。
二日、陰晴、時々雨。
三日、晴。
四日、晴、夕立、遠雷アリ。
五日、陰晴。
一　川勝へ行、東六條家中へ行、入レ夜歸宅。
六日、晴。嶋田江州入來。
七日、半晴。
八日、晴。
九日、陰晴。
十日、晴、夜來雨。
一　六條へ行、川勝江行、入レ夜歸宅。
十一日、晴。
十二日、晴。
十三日、晴。
十四日、晴。
十五日、晴。
十六日、晴。
一　吉田對馬月見被レ招、御母公御出。
十七日、晴。
十八日、晴。

十九日、晴。
二十日、晴、朝雨。
二十一日、晴、夕立。
一　予出京。川勝行、入レ夜歸宅。
二十二日、晴。
二十三日、晴。
一　沙汰人神事催來。

御田植神事

御田御神事。未下刻出仕。神方兵部不參。
外陣相命・榮祐、大床房式・相推、階上種道・重吉、階下榮種・重孝。勤行。神供獻進、無事執行。
御能　翁　小鍛冶　附子　玉葛　伊文字　殺生石。戌刻比退出。　三好筑州、吉田對州來宿。
二十四日、晴。
一　御神事宮仕催來。社務所囃子例之通リ。午刻出仕。神供獻進、無事執行。
御能　翁　加茂　福之神　經政　素袍落　藤戸　口まね　亂　梟山伏　飛雲　酉刻相濟、酉下刻退出。野村三次郎來、酒出ス。
二十五日、晴。
二十六日、晴。
二十七日、晴。
二十八日、晴、夕立。
二十九日、晴、夕立。
一　午時後鴨神能ニ行、止宿。
三十日、晴。
七月朔日、半晴、時々時雨アリ。
一　初更比鴨ヨリ歸宅。
二日、朝強雨、巳刻比止。
三日、晴、夕立。
四日、晴。
五日、晴。
六日、晴。
七日、晴、幽雷アリ。

七夕神事

一　七夕御神事。辰刻出仕。神方伊織不參。沙汰人届レ之。外陣相命・榮祐、大床房式・相推、階上

種道・重吉、階下榮種・重孝。勤行。
神供獻進、無事執行。近邊廻禮各入來。山田役人、宮仕、社役人等禮來。社務所廳參如レ例。
八日、晴。
九日、晴。
一　谷川勘定例之通。中飯・酒アリ。
十日、晴。
十一日、晴。
一　予出京。松尾伯州方中飯アリ。壬生家行、常陸殿へ行、梅小路殿へ行、實誠院殿へ行、北小路形(刑)部權少輔殿へ行、二更比歸宅。
十二日、晴、夕立。
一　新嘗會御神事。社司、神方惣參。房式不參。神供獻進。無事。
十四日、陰晴、時々強雨。
一　東鶚(鶴)丸殿、松室壹州、東大夫、松室大夫禮入來。
十五日、陰雨、時々止。
一　各中元禮入來。近邊廻禮。社役人、村役人禮來。
十六日、晴。
十七日、晴。
一　壬生故官務從三位(以寧)殿百ヶ日ニ付、被レ招行向。センコ(線香)五包送レ之。豊岡殿父子、東久世殿、大外記同席也。夜半比歸宅。
十八日、晴。
十九日、陰晴。
二十日、強雨、巳剋比ヨリ晴定。
二十一日、雨、午時後定。
二十二日、陰晴、時々強雨、不定。
二十三日、晴、夕立。
二十四日、晴、夕立。
一　午時後集會。入レ夜御立前向。松茸入札之事。
二十五日、晴。
二十六日、晴。
二十七日、晴。

一　予出京。松尾伯州方ニ而中飯アリ。壬生家へ行、常陸殿方へ行、川勝へ行、入レ夜歸宅。

二十八日、晴。

二十九日、晴。

三十日、晴、卯下剋地震。

八月朔日、半晴。

八朔相撲

一　社參。相撲興行例之通。

二日、雨、巳剋比ヨリ陰晴。

三日、陰雨。

一　予出京。松尾伯州方行向。入レ夜歸宅。

四日、晴。

五日、陰晴。

六日、晴。

七日、晴。

八日、陰雨。

御神領山

一　御神領山千代原村請山場所谷村江請持、年々是迄年貢米七斗七升増年貢爲レ致納來リ候處、此度段々吟味致候處、立毛村方へ直持ニ相成候書付互ニ無レ之候ニ付、此度村方江申付、立毛代金六両上納爲レ致、年貢米ハ是迄通リ爲レ任狀遣シ、村方ヨリモ書付取置事。

九日、半晴。

一　申下剋比東家ヨリ申來。伯家ヨリ御用義(儀)ニ付、唯今參殿可レ致旨ニ付、予、松室大夫重孝出門、亥下剋伯家參殿。

卽位御祈

來月可レ被レ行卽位禮日時、無二風雨難一可レ被レ遂二無爲之節一御祈、從二來十七日卯剋一到二廿三日一七(マヽ)ケ箇日、一社一同可レ抽二精誠一之旨、可下令レ下二知　松尾・稲荷等一給上被二仰下一候。仍早々申入候也。

八月九日　光愛

(白川資敬王)伯少將殿

追申、御卽位日時來月廿三日辰剋内々御治定之事。巻數翌日廿四日獻上之事等、同可下令二下知一給上候也。

十日、晴、曉天雨。

一　東遠州舅死去ニ付、十日三十日引籠披露有レ之也。
十一日、陰晴、時々細雨。
一　伯家江遠州假服屆ニ行。雜掌時岡肥後面會。
十二日、半晴。
十三日、晴。
十四日、晴。
十五日、晴。
十六日、晴。
一　廣道三條上ル杉浦ト申座鋪(敷)ニ而囃子有レ之。早朝ヨリ行向。二更比歸宅。
十七日、晴。
一　御祈、惣參。無事執行。
十八日、晴。
一　御祈。神主相命、正禰宜榮祐勤行。
一　昨曉天、伯家ヨリ飛脚社務所江來ニ付、予參殿可レ致樣社務ヨリ申來候得共、所勞故斷、房式、相頼出門候處、御卽位日限廿三日ニ御治定之申達ノコト。
十九日、晴。
一　御祈。權神主房式、月讀禰宜種道、權禰宜相推故障不參。
二十日、晴。
一　御祈。月讀祝重吉、櫟谷禰宜榮種。
廿一日、晴。
一　御祈。櫟谷祝重孝、神主相命。
廿二日、晴。
一　御祈。正禰宜榮祐、權神主房式。
廿三日、半晴。
一　御祓拵。予不參。
廿三日(四の誤)、晴。
一　御祈滿座。惣參。御日米獻進。
一　太麻獻上。榮祐、重吉出頭。途中繼上下、實誠院殿方中宿。狩衣・立烏帽子。侍壹人、下部壹人。重吉モ御斷(同カ)。傘、籠持、唐ヒツ(櫃)。社務ヨリ人足出。伯家ヘ巳剋前參殿。稻荷待居、添使

ニ而奏者所献進ス。無事御祈。柳原殿ヘ參殿、
無事相濟、入レ夜歸宅。
廿五日、陰晴、入レ夜ヨリ雨。
廿六日、晴。
廿七日、晴。
廿八日、晴。
廿九日、晴。
一 德川昌丸殿薨去ニ付、昨廿八日ヨリ三日之間
普請停止、鳴物五日迄七日之間停止旨申來。
九月朔日、晴。
御千度
一 御日米。神主出勤。御千度例之通。重吉、榮
種不參。
二日、晴、時雨。
三日、晴。
一 梶井宮家來水野内藏死去ニ付、御母公御出、
止宿。廿日九十日假服也。白銀四匁送レ之。
四日、陰晴。
宗門改
一 宗門集會例之通。中飯・中酒アリ。前向松茸
代割持歸ル。入レ夜相濟。
五日、陰雨。
六日、晴。
七日、晴。
八日、晴。
九日、陰雨。午時後止。
重陽神事
一 重陽御神事。辰刻出仕。櫟谷禰宜不參、神方
兵部不參。沙汰人屆レ之。
外陣相命・榮祐、大床房式・種道、階上重吉、階
下重孝。勤行。神供獻進、無事執行。
近邊廻禮各入來。山田役人、宮仕、社役人等禮
ニ來。社務所廳參例之通。
十日、晴。
一 松尾武州去廿六日ヨリ種物(腫カ)發、實誠院殿方江
養生被レ致候ニ付、予見舞ニ過。桂飴送レ之。松
尾伯州方中飯アリ。川勝江行、初更比歸宅。
十一日、曇、時々雨。
十二日、晴。

十三日、陰晴。
十四日、晴。
十五日、晴。
十六日、陰晴。
御千度
一　御千度例之通リ。
十七日、晴。
一　來ル廿三日御卽位ニ付、上使雲州松平出羽守殿今四ツ時ニ出頭。京都江來。
十八日、陰晴。
下嵯峨木屋仲間
太々神樂奉納
一　下嵯峨木屋仲ケ間(マヽ)太々神樂獻進。社司、神方惣參。無事執行。
十九日、晴。
藏入
一　宗門帳面兩役所江持行、相濟。夫ヨリ寺町邊行、入レ夜歸宅。
二十日、陰晴。
廿(マヽ)一日、半晴。
二十二日、半晴。
一　御卽位ニ付、今日ヨリ明後二十四日朝迄、洛中洛外自身番。當日拜見停止、二十四日・五日拜見之旨申來。
二十三日、陰晴、時々雨。
二十四日、晴。
二十五日、晴。
二十六日、晴。
二十七日、晴。
一　早朝ヨリ岩倉行、二更比歸宅。
二十八日、半晴。
二十九日、陰晴、時々雨。
三十日、晴。
十月朔日、時雨。
一　御藏附。出勤。例之通祝酒アリ。
二日、晴。
三日、晴。
四日、陰晴。
五日、晴。
六日、晴、午時後陰雨。

七日、晴、午時後雨。
一　予出京。川勝へ行、入レ夜歸宅。三好筑州來宿。
八日、陰晴。
一　姑死去ニ付、二十日假、九十日服。山田左京、同造酒昨七日ヨリ來正月七日迄。
從父弟死去、忌三日、服七日。山田大和。
昨七日ヨリ來十三日迄引籠申來。
九日、半晴。
十日、晴。
一　松尾武州種物(腫カ)之處、養生不二相叶一、去七日ニ死去之由、夜半比實誠院殿方ヨリ被レ歸由也。
一　東家ヨリ屆來、社家中江ハ當家ヨリ披露ス。
神方ハ社務所ヨリ披露之事。
伯家江東遠州出頭。左之通リ。
喪弟　　神主　相命
二十日假　自二昨九日一至二來二十八日一
九十日服　至二來正月九日一。
喪叔父　　正祝　相愛
二十日假　同斷
九十日服　同斷
右之通着服仕候。依御屆申上候。宜御披露頼入存候。以上
弘化四年十月十日　　松尾社正禰宜　南播磨守
伯少將殿(白川資敬王)
御雜掌
一　予弔悔ニ行。豆腐拾丁送レ之。
一　亥剋比伯家ヨリ書狀到來。左之通リ。
御用之義(儀)候間、唯今御出久萬有レ之候。此段早々可二申入一旨ニ付、如レ此御座候。以上
十月十日　　伯家　雜掌
松尾社
正禰宜殿
予直ニ出門、伯家へ子半剋參殿。時岡肥後面會。左之通。
皇太后宮頃日有二御恙一、宸襟不レ安。依二神明

之冥助速令平愈（癒）給、彌延壽長久御祈、自今日一七箇日、一社一同可抽懇之旨、可令下知于　松尾・稲荷等社給被仰下候。依早々申入也。

十月十日　光愛

伯少將殿（白川資敬王）

追申、滿座翌日大宮江巻數獻上之事、同可令下知給候也。

曉天歸宅。社家中江ハ當家ヨリ申達、神方、供僧、神子ハ社務所ヨリ被申達候事。

十一日、晴。

一　御祈。社司、神方惣參。神方若狹、兵部不參屆之。昨日ヨリ被仰出候ニ付、呉服所江引取、直ニ當番之正禰宜榮祐、權神主房式、神方四人出勤。

一　未剋比ヨリ伯家ヨリ御用之義（儀）ニ付、唯今參殿申來ニ付、東遠州出門、戌下剋比歸宅之處、左通。

皇太后宮御違例、依不被爲勝被上御祈候旨被仰下候。可令下知于　松尾・稲荷等社給候也。

十月十一日　光愛

伯少將殿（白川資敬王）

社家中へ直ニ披露ス。神方、供僧、神子ハ社務所ヨリ披露之事。

一　越前殿武州之假服ニ付、東家へ被下候處、昨日申剋比　大宮御所ヨリ召ニ來由ニ付、昨夕出門之由。

十二日、晴。

十三日、陰雨。

十四日、半晴。

一　女院　崩御ニ付、鳴物・普請停止ニ候。日數之義（儀）者追而可相觸候。□（ムシ）町中晝夜自身番、致火之用心等、随分可入念旨洛中洛外可相觸もの也。

未十月十三日

上下京魚棚買賣今日ヨリ日數三日之間停止申附
候事。
　　未十月十三日
右之通武邊ヨリ只今申來候間、此段御達申入候
也。
　　社司御中　　　　社　務

十五日、晴。
十六日、半晴。
一　松尾武州之葬式、見立。
十七日、晴。
一　來ル自二十九日一觸穢被二仰出一候旨、伯家ヨリ
申來。
一　社家中ハ當家ヨリ申達、其餘ハ社務所ヨリ申
達。
十八日、晴。
一　來朔日貳番納觸穢中ニ付、今日村々申渡ス。
早朝ヨリ出勤ス。拾石斗上納。
十九日、晴。
二十日、晴、午時雨。
二十一日、半晴、時雨。
二十二日、晴。
二十三日、晴。
二十四日、晴。
二十五日、半晴、午時後強雨、雷鳴七八聲アリ。
二十六日、晴、入レ夜雨。
二十七日、曇、夜來雨。
一　百日目附巡見。觸穢中ニ付社務ヨリ松村へ申
被レ遣候處、未下尅當社へ被レ參、鳥居前社司壹
人、沙汰人繼上下ニ而待受候處、鳥居前乗物之
儘ニ而通リ濟。尤拜モ無レ之、間數書モ不レ取。
二十八日、晴。
二十九日、晴。
三十日、晴。
十一月朔日、晴。
二日、晴。
三日、陰雨。

攝州伊丹酒造家太々神樂奉納

四日、陰晴。
一　攝州伊丹酒造家鹿嶋屋清太郎太々御神樂獻進。社司、神方惣參。午剋出仕。觸穢中之先例寛政二年三月十三日執行有レ之事。種道、重吉、重孝、老母所勞ニ付不參也。
五日、晴。

神樂神事

六日、晴。
一　實母死去ニ付、月讀禰宜種道五十日十三ヶ月假服、母死去ニ付、同祝五十日十三ヶ月假服、祖母死去ニ付、櫟谷禰宜榮種、同祝重孝自ニ今日ニ百五十日假服引籠社務より申來。
七日、晴。
一　松室薩州方へ悔ニ行。夕方葬式。木ノ末ニ而之見立ル。
八日、晴。
九日、晴。
十日、陰晴。
　是ヨリ壹枚奥ニ記レ之。

（この間、白紙壹枚）

十一日、陰雨。
十二日、晴。
十三日、晴。
十四日、晴。
十五日、半晴、入レ夜雨、戌剋比ヨリ強雨。
一　御神樂御神事。酉剋出仕。神方伊織、大炊、兵部不參、沙汰人屆レ之。内陣榮祐、外陣房式、大床相推、階上・階下房經勤行。神供獻進、無事。祝詞榮祐。新宮社・小宮等如レ例。公文代勤權禰宜相推勤レ之。月讀社神供獻進。權神主房式、權禰宜相推兩家江松室家ヨリ服中之間代勤賴ニ來ル由ニ付、貳番目之太鼓ニ而月讀社へ兩人出仕也。房經加勢ニ出仕。四ッ比退出。
十六日、晴、時々曇、夜來雨。
一　カラ入。社務所江行向。
一　先達而町中晝夜自身番申付候得共、新朔平門

院御葬送相濟候ニ付、明十四日ヨリ自身番差免
候間、此旨洛中洛外へ可二相觸一もの也。
未十一月十三日
右之通社務所ヨリ申來ル。
十七日、晴。
十八日、晴。
十九日、晴。
一 夜半比、萬石村源兵衛宅ヨリ火出、兵藏、彌
兵衛宅三軒焼失。近邊ノ衆見舞ニ入來。
二十日、晴。
一 壹兩日跡(後)より右之カイナ(ヒ)ノ付根ニ種(腫カ)物發、錦
小路烏丸東へ入竹中ト申醫師方へ行。
二十一日、曇、夕方ヨリ雨。
一 七日御酉御神事如レ例。無事執行。公文代權
禰宜相推勤レ之。社務所夕飯例之通リ。
二十二日、曇、時雨アリ。
二十三日、晴。竹中江行。
二十四日、晴。
二十五日、雨。竹中江行。
二十六日、晴。
二十七日、晴。
二十八日、晴。竹中江行。
二十九日、晴。
十二月朔日、晴。
一 御相場八拾貳匁治定。予所勞不參。
二日、晴。
一 鳴物停止。先達而より申來候處、明三日ヨリ
差被レ免候旨、武邊ヨリ申來ニ付、社務所より申
來。
三日、晴。
四日、晴。
五日、晴。
六日、晴。
七日、晴。
八日、晴。谷川勘定例之通リ。
九日、曇。

御酉神事

節分神事

十日、晴。
十一日、晴。
一 社納。早朝ヨリ出勤。桂川勘定、當年者服中之人有レ之ニ付、客屋ニ而勤レ之。
一 明十二日ヨリ觸穢被二差免一候旨申來。
十二日、陰晴。
十三日、晴。
一 除拂如レ例。
十四日、晴、薄雪。
十五日、晴。
十六日、晴。
一 社納如レ例。夜半比退出。
十七日、晴。
十八日、陰雨。
十九日、半晴。
一 御社納例之通リ。四ツ時比退出。
二十日、晴。
二十一日、時々雨。
二十二日、晴。
二十三日、晴。
一 御拂例之通リ。曉天退出。
二十四日、晴、時々曇雨。仁和寺宮(濟仁親王)薨去ニ付、廿六日迄三日之間鳴物停止、普請者不レ苦旨申來。
二十五日、吹雪。餅月(搗)。
二十六日、晴、雪壹寸餘リ積。
一 甘露寺頭辨(愛長)殿拜賀ニ付、嶋田より頼ニ付、御母公今夕より御出て。
二十七日、吹雪。
二十八日、半晴。御母公御歸リ。
二十九日、晴。
大三十日、晴。
一 山田役人主祝(税)、宮仕越後歳暮ニ來。
一 節分御神事。酉剋出仕。神方大和、長門、若狹、縫殿不參沙汰人屆レ之。
神方中心得違ニ而、今晩之御神事明日付御神供之積由ニ而壹人も出勤無レ之、社家中出仕後俄ニ催執行。
祝々大幸

文久二年日次記

一一七六　文久二年日次記

（表紙）
文久貳年
正禰宜秦榮祐
日次記　正禰宜従三位秦榮祐
壬戌正朔

（本文）
正大甲申　二小甲寅　三大癸未
四大癸丑　五小癸未　六大壬子
七小壬午　八大辛亥　閏八小辛巳
九大庚戌　十小庚辰　十一大己酉
十二小己卯　東金神南フサガリ
年徳亥子　凡三百八十四日
正月　五日　節分　十一日　小暑
二月十八日　彼岸　廿四日　とよう（土用）
四月　四日　八十八夜　廿七日　大暑
五月　十日　入梅　七月十三日　立秋
六月　六日　はけしやう（半夏生）　八月　八日　二百十日
廿七日　彼岸　十七日　小寒
十月十五日　月帯そく（蝕）皆既　十二月朔日　大寒
十一月　一日　日そく一分半　十五日　節分
二日　冬至　十六日　立春
天赦日
二月廿五日　五月十二日　七月廿七日
十一月十六日
甲　子
二月十一日　四月十二日　六月十三日
八月十四日　九月十五日　十一月十六日
庚　申
二月　七日　四月　八日　六月九日　八月十日
九月十一日　十一月十二日

見出シ目録
三月　三日　回廊内檜木賣拂之事
七日　御朱印被（マヽ）ㇾ為ㇾ渡候事
廿三日　彦根伊井殿上使ニ京着

四月廿五日　正祝正四位下氏人能登守宣下
五月十七日　神主正祝引籠之事
日光之宮御上京中
十六日　御殿御拂除之事
六月　五日　御領分百性(姓)博奕之事
此節諸國麻疹流行
七月廿三日　女子出生之事
八月十一日　松室村伊平次小屋焼失
理宮逝去ニ付停止申來
十二日　西奉行瀧川播磨守被二仰出一事
十五日　日光宮サガ(嵯峨)江被レ爲レ成候事
廿五日　女子死去之事
廿六日　所司代御次(治)定之事
閏八月朔日　日光宮御社參
二日　所司代牧野備前守(忠恭)被二仰出一候事
七日　廣橋殿(光成)薨去停止申來。
十四日　蓑内幸作葬式
廿八日　奥州會津上京之事

九月　十日　近衞殿中老太々御神樂獻上之事
十五日　壬生家老母死去ニ付葬式之事
永井主水正(尚志)京都町奉行之事
十八日　松尾伯耆家作ニ付松木拜領申度之事
廿五日　御神藏ヨリ社家神方拜領金之事
廿六日　御所表(孝明天皇)ヨリ御米御奉納之事
十月十六日　御奉納米被レ爲レ渡候事
廿七日　今日御奉納米ニ付七ヶ日御祈之事
十一月十一日　御奉納米供僧へ遣ス事

正月元日、甲申。薄雪。
一　箱番正祝。
一　正辰剋各着二束帯一出仕。口祝例之通リ。櫟谷禰宜榮種不參。
一　於二釣殿一二舞踏拜。例之通リ。階下内陣相命榮祐、外陣相愛房式、大床相推房武、階上種道重吉、重孝、神供獻進、無事。巡參等如レ例。
一　膳部方呉服所へ禮ニ來。朝飯宮仕より出ス。

俵桼如ㇾ例。

一　夕御神事。酉剋。社司之次第今朝之通リ。神供撤之組替、御拂除等如ㇾ例。攝社公文祝詞。

二日、乙酉。陰晴。

御千度

一　口祝、御千度如ㇾ例。宮仕、社役人、村役人禮ニ來。

一　勝千代丸社參、囘禮。俵桼掛リ湯如ㇾ例。

一　夕御神事。酉剋。神供獻進、無事。月讀社參向。拜殿ニ而廳參等如ㇾ例。謡始、酒肴例之通リ來。

三日、丙戌。半晴。

一　口祝、掛リ湯如ㇾ例。午剋御神事、神供獻進、無事。大登。正祝相愛、月讀禰宜種道、櫟谷祝重孝。其餘者不參。櫟谷祝足痛ニ而歩行。

一　東家より夕節申來、行向。

四日、丁亥。陰晴。

一　當番正禰宜出仕。神供獻進、無事。

一　山田役人土器師禮來。

一　御節例之通リ。松室兩家年禮ニ來賀。

亥狩神事

一　亥狩御神事。當番正禰宜。例之通リ無事執行。

一　社務所青侍、下部等來。例之通リ酒肴遣ス。

五日、戊子。曇時々晴。

一　神方惣禮。山田豊後介、山田勘ヶ由、山田玄番、山田大藏、山田左京、御前役櫻井源左衛門來。

節分神事

一　節分御神事。酉剋ニ出仕。神供獻進、無事。

一　伯家年玉米、月讀禰宜當リ番ニ付、壹斗松室へ爲ㇾ持遣ス。

六日、己丑。半晴。

一　近邊囘禮。各來賀。

一　入ㇾ夜參籠例之通リ。

七日、庚寅。晴。

御千度

一　掛リ湯、御千度、饗飯、口祝等如ㇾ例。

神馬神事

一　神馬揃御神事。神供獻進、無事執行。申剋比相濟、退出。

八日、辛卯。晴。
九日、壬辰。晴。
一　出京、年禮ニ行向。二更比歸宅。
十日、癸巳。晴、午後雨、入レ夜止、夜來風甚シ。
十一日、甲午。雪、午後晴。

斧始

一　斧始。大小工來。例之通リ組重、酒出ス。
十二日、乙未。雪五分餘リ積、午時比より晴。
十三日、丙申。晴、夜來雨、幽雷。
一　出京、年禮ニ行向。二更比歸宅。
十四日、丁酉。小雨、霰。

左義長

一　左義長例之通リ。

御千度

一　入レ夜參籠、御千度如レ例。
十五日、戊戌。雪壹寸餘リ積、曇。

御千度

一　口祝、御千度、饗飯、掛リ湯例之通リ。
一　内陣相命、榮祐　外陣相愛、房武　大床相推、房武　階上種道、重吉　階下榮種、重孝　神供獻進　無事執行。
申剋比退出。
十六日、己亥。半晴。
一　社務所朝夕節例之通リ。

結地才社神事

一　結地才社御神事。神供獻進、無事執行。
射手組權祝房武、櫟谷祝重孝代正禰宜榮祐。無事。
十七日、庚子。晴。
社務所廳參例之通リ。
十八日、辛丑。晴。
一　野村宅稽古能行向、二更比歸宅。
十九日、壬寅。晴。
二十日、癸卯。薄雪、時々吹雪。
一　東近江守妻去秋出産之處、其後所勞ニ而養生不レ叶死去之由。去冬十二月大三十日ニ死去、江州假服之屆、神事中ニ付神主預リ、彼（披）露今日申來。假廿日、服九十日、假ハ今日限リ。
廿一日、甲辰。半晴。
一　伯家年禮、正祝相愛、權禰宜相推出頭。着二狩衣一、例之通リ無事。
一　東江州之妻今夕葬式、唯（誰）れも當家よりハ見立

神講

ニ不レ行。
廿二日、乙巳。晴。
廿三日、丙午。晴。
一 午後出京。野村へ行、菱甚へ行、二更比歸宅。
廿四日、丁未。晴。
廿五日、戊申。半晴。

神講當屋

一 檢斷所初寄、組重ニ而酒アリ。
廿六日、己酉。雪五分餘リ積、吹雪。
廿七日、庚戌。時々吹雪。
一 午後新屋敷へ年禮ニ行向、初更比歸宅。
廿八日、辛亥。晴。
廿九日、壬子。半晴。
三十日、癸丑。曇、巳刻比より雨。

皇千度

一 皇千度、例之通リ無事執行之由。
二月朔日、甲寅。晴。
一 祇園社奉納能興行ニ付行向、二更比歸宅。
二日、乙卯。半晴。
一 神講近例具立。日供獻進。各齋衣ニ而社司惣參。朝飯例之通リ無事。
三日、丙辰。晴、時々吹雪。
四日、丁巳。半晴。
五日、戊午。晴。
六日、己未。晴。
一 午後出京。野村へ行、入レ夜歸宅。
一 當年神講當屋松尾雲州宅ニ候處、建物大破ニ相成、迚も神講當屋出來不レ申候。修覆も不レ被レ致候間、唯(誰)も行人も無レ之候。依レ之本家東越州宅借用ニ而、明後神講執行之由、例之通リ回章今日來。
七日、庚申。薄雪。
一 夕方神講。當屋へ行向。例之通リ酒アリ。
八日、辛酉。薄雪、時々吹雪。
一 神講案内有レ之、出席。人數 東三、予、東勢、東越、東遠、東筑、東近、松尾但、同伯、同上、同因、同掃部、亭主親子。例之通リ神拜、神酒畢、茶・烟草盆・火鉢・中飯・中酒三獻。暫休足(息)、後段例之通リ。
松尾豐前先年勤仕被レ止候後、神講出席無レ之候得共、年數相立候事故當年ヨリ出席。尤松尾家非藏人幷ニ一統相談次定(治)ナリ。豐前息山城入講、所労ニ付、不參、豐州後段より出席ナリ。松尾日向守、松尾備後不參。子剋比散座。
九日、壬戌。晴、薄雪。
一　正三位榮親卿忌日、家内墓參。
十日、癸亥。曇、夜來雨。
一　午後出京、野村へ行、入レ夜歸宅。
十一日、甲子。陰晴、時々小雨。
十二日、乙丑。薄雪、晴。
十三日、丙寅。晴。
一　野村稽古能行向、曉天歸宅。
十四日、丁卯。陰晴。
十五日、戊辰。薄雪、晴。
十六日、己巳。晴。
十七日、庚午。晴。
十八日、辛未。陰晴、午後雨。
一　祇園社奉納能有レ之候ニ付、見物ニ行向、一宿ス。
十九日、壬申。晴。
一　同上行向、三更比歸宅。
廿日、癸酉。半晴。
廿一日、甲戌。雨。
廿二日、乙亥。晴。
廿三日、丙子。晴。
廿四日、丁丑。晴、夜來雨。
廿五日、戊寅。陰晴。
一　檢斷所集會、出勤ス。
廿六日、己卯。陰雨。
廿七日、庚辰。半晴。
廿八日、辛巳。半晴。
廿九日、壬午。晴。
三月朔日、癸未。晴。

二日、甲申。晴。
三日、乙酉。晴。
一　初草御神事。辰剋ニ出仕。櫟谷禰宜榮種、權神主房式所勞不參。外陣相命榮祐、大床相愛相推、階上房武種道、階下重吉重孝。神供獻進、無事執行。廳參不參ス。
一　回廊内南ノ方檜有レ之。大小工兩人之請合ニ而大坂長堀材木屋江金五拾兩ニ而去廿日比ニ賣渡ス。杣手間代、高へ(塀カ)、石机等取拂直シ代、買主ヨリ如レ元出來可レ致約定。昨夕方ニ檜切取候處、木ノ中ハクチテウトロ、大小工・買主困リシ由也。右檜御建物ニ間近く故、風吹ナトニハアブナク候間、夫故賣拂之次定(治)ニ相成事。社内幷ニ桂川迄出場荒候て買主より如レ元直シ可レ申約定ナリ。
四日、丙戌。晴。
一　山田役人、宮仕禮ニ來。
一　出京、扇清ヘ行、野村ヘ行、入レ夜歸宅。
一　(徳川家茂)當將軍樣御朱印來ル七日ニ於二所司代ニ一被レ爲レ渡候由、去朔日ニ西役所ニ而被二申渡一、先例之通リ社務、公文、沙汰人出頭之筈ナリ。
五日、丁亥。晴。
一　御用所ヘ午後出勤ス。
六日、戊子。半晴、申剋比曇小雨。
一　今宮御旅所奉納能有レ之ニ付行向、三更比歸宅。
七日、己丑。晴。
一　神主、公文、沙汰人卯下剋ニ出門、乘物也。沙汰人ハ切棒。
無事ニ頂戴相濟由。先例歸宅之道筋上山田村舟渡シナレ共、近年道悪シク細道ニ而乘物ナトモ通行六ヶ敷候ニ付、上野橋ヲ(マヽ)神輿道(マヽ)。谷川尻太刀賣之辻御社呉服所ニ而休足(息)。掛リ湯、齋服ト着替、沙汰人ハ淨衣。大床ニ而獻進例之通リ。各社務所繼上下ニ而行向。
八日、庚寅。晴。

九日、辛卯。曇細雨。
一 先例之通リ御朱印被レ爲レ渡候ニ付、御日米獻進。正辰剋社司惣參。齋服。月讀祝重吉、櫟谷祝重孝不參。神方惣參。無事執行。
一 午後於ニ社務所ニ御朱印振舞。社司、神方中着ニ麻上下一、中門ヨリ座敷へ席ス。赤飯、にしめ、三種燒物、吸物貳ッ、三重之組重、鉢肴、作リ身、引盃。初更比散座。
十日、壬辰。時々雨、夕方ヨリ晴ニ定。
一 聖護院森神能ニ行向、三更比歸宅。
十一日、癸巳。晴。
一 觀音坂之道之付替之義(儀)願出候ニ付、今朝東勢州同伴ニ而見分、谷村、萬石村、谷奧町、南町村役案内ス。
一 舅死去ニ付、去八日ヨリ十日之假、三十日之服、櫟谷祝重孝引籠之義(儀)申來。
十二日、甲午。半晴。
一 午後野村へ行、扇清へ行、入レ夜歸宅。
十三日、乙未。晴。

氏子安全太々神樂奉納

一 氏子安全太々御神樂例之通リ。予風邪ニ付不參ス。
十四日、丙申。晴。
十五日、丁酉。晴、午後曇、夜來雨。

大坂十二郷太々神樂奉納

一 大坂十二郷太々御神樂獻進。社司、神方惣參。
十六日、戊戌。半晴、風。
十七日、己亥。晴。
一 出京、野村へ行、扇清へ行、入レ夜歸宅。
十八日、庚子。晴、夜來雨風甚シ。
十九日、辛丑。晴、風甚シ。
二十日、壬寅。晴。
廿一日、癸卯。晴。

神幸

一 神幸御神事。午剋出仕。
外陣相命榮祐、大床相愛房式、階上相推房武、階下種道重吉、同榮種。神供獻進、無事執行。大宮神輿遷宮例之通リ。

御渡舟申下剋無事。
一　大宮神輿之御詣(絹カ)伊賀局ヨリ奉納、緋ちりめん
壹枚、今朝東家ヨリ唐橋村請取由也。
廿二日、甲辰。雨時々止、夜來晴ニ定。
一　野村稽古能、早朝ヨリ行向、三更比歸宅。
廿三日、乙巳。晴。
廿四日、丙午。半晴。
廿五日、丁未。雨。
廿六日、戊申。晴。
一　東梅津川原ニ而相撲興行、午後見物ニ行向。
廿七日、己酉。晴。
廿八日、庚戌。半晴、申剋比より雨。
一　出京、野村へ行、扇清へ行、入レ夜歸宅。
廿九日、辛亥。晴。
三十日、壬子。陰雨。
四月朔日、癸丑。晴。
一　御留主(守)詣例之通リ。出勤ス。
二日、甲寅。半晴。
三日、乙卯。晴。
四日、丙辰。陰晴。
一　早朝ヨリ大津澤宅ニ而稽古能有レ之ニ付、野村
同道ニ而行向。
五日、丁巳。雨、午後止、夜來晴定。
一　二更比大津ヨリ歸宅。
一　彦根伊井(マヽ)少將殿此度御上使上京、三月廿三日
ニ京着、四月四日ニ歸府。
六日、戊午。晴。
七日、己未。晴。
八日、庚申。晴。
九日、辛酉。半晴、申下剋比より雨。
一　昨午後綸旨申出シ例之通リ。
一　葵桂受ケニ遣ス。
一　未下剋月讀社江參着。御舟御神事、拜殿着
座、朝參等例之通リ、本宮江參着。
一　葵掛替御掃除等例之通リ、無レ程還幸。
遷宮等例之通、無事執行。

本願所

氏人

内陣相命榮祐、外陣相愛房式、大床相推房武、階上種道重吉、階下榮種。神供獻進、無事執行。
奉幣正禰宜榮祐。新宮社例之通リ。舞踏拜等例之通リ。亥剋比退出。
十日、壬戌。雨、申剋比より晴ニ定。
一　大宮神輿修覆ニ付、唐橋村江持歸ル。
但シ、當方之物見ノ先迄持來。
十一日、癸亥。晴。
一　片岡駿河守殿所勞ニ付、東遠州同伴ニ而見舞ニ午後行向。
十二日、甲子。晴、夜來雨。
一　午後野村へ行、入レ夜歸宅。
十三日、乙丑。雨、午後晴定。
十四日、丙寅。晴。
一　立會所之御帳箱、去冬納中之取調ニ付、社司中、神方、沙汰人老分本願所へ朝飯後出勤ス。
十五日、丁卯。朝小雨、巳剋比より晴。
十六日、戊辰。晴。
一　谷川見分御用所ニ而中飯、中酒出ル。
十七日、己巳。晴。
十八日、庚午。晴。
十九日、辛未。半晴、申剋比雨、夜來時々小雨。
一　野村宅ニ而催二稽古能一有レ之行向、三更比歸宅。
二十日、壬申。陰晴、小雨。
廿一日、癸酉。晴。
廿二日、甲戌。半晴。
廿三日、乙亥。半晴。
廿四日、丙子。晴、午後曇、夜來雨。
一　午後出京、野村へ行、入レ夜歸宅。
廿五日、丁丑。晴。
一　正祝相愛申正四位下、氏人延種申能登守　宣下。
廿六日、戊寅。晴。
廿七日、己卯。晴。
一　今朝口宣案渡無事之由也。

廿八日、庚辰。晴。
廿九日、辛巳。晴。
一　午後出京、野村へ行、夜來歸宅。
三十日、壬午。晴。
五月朔日、癸未、陰雨。
御千度
一　御千度例之通リ、出勤ス。
二日、甲申。晴。
三日、乙酉。半晴、申剋比小雨。
四日、丙戌。晴。
五日、丁亥。晴。
端午神事
一　端午御神事。辰剋ニ出仕。櫟谷禰宜榮種不參。
外陣相命榮祐、大床相愛房式、階上相推房武、階下種道重吉、同重孝。神供獻進、無事執行。
一　山田役人、宮仕禮ニ來。廳參不參ス。
一　東家千鶴丸初節句（供）ニ付、過日ちまき（粽）三把來。
爲二祝儀一東遠州、東筑州當家組合ニ而臺傘立、傘鑓。但シ、ワク付三人より送レ之。代金三朱ナリ。
一　東家初節句（供）被レ招行向。着二繼上下一。
六日、戊子。半晴。
一　午後出京。野村へ行、扇清へ行、入レ夜歸宅。
七日、己丑。曇。
八日、庚寅。陰晴。
一　野村稽古能、早朝ヨリ行向。入レ夜歸宅。
九日、辛卯。晴。
十日、壬辰。晴。
一　早朝ヨリ岩倉三好家へ行、一宿ス。
十一日、癸巳。晴、遠雷小雨。
一　申剋比岩倉より歸宅。
十二日、甲午。晴。
十三日、乙未。晴。
十四日、丙申。晴、遠雷小雨。
一　出京、扇清へ行、四方田へ行、二更比歸宅。
十五日、丁酉。晴。
一　午後御用所へ出勤ス。

御千度

一　神主相命卿之實母老病之處、今申剋比ニ死去之由。
十六日、戊戌。晴。
一　御千度例之通リ。神主正祝不參。
一　御千度饗飯相濟。昨年之通リ外陣、大床、濱床、回廊御拂除。着淨衣ニ而出勤。神方、老分、壹兩人淨衣、其餘ハ繼上下。未剋比相濟。社務所ヨリにきり飯、香物社家、神方中へ來。先年御神藏御講滿會後御講掛リ社家、神方江御挨拶御神藏ヨリ被㆑遣候ニ付、其内ニ而社務、公文ヨリ四重之重肴、酒貳升代金貳百疋呉服所へ來。御拂除後呉服所ニ而酒宴ス。申剋比歸宅。
十七日、己亥。半晴。
一　東家ヨリ假服屆ニ來。左之通リ。
喪母
五十日假　自㆓昨十六日㆒至㆓七月六日㆒
十三ヶ月服　至㆓來年五月三十日㆒。　相命
喪祖母
三十日假　自㆓昨十六日㆒至㆓六月十六日㆒。
百五十日服　至㆓九月十八日㆒。　相愛
一　社家中者當家より年寄申付達ス。沙汰人者社務所ヨリ直ニ持行由也。
一　伯家屆權祝房武出頭、左之通リ。
喪母　神主相命
五十日假　自㆓昨十六日㆒至㆓七月六日㆒。
十三ヶ月服　至㆓來年五月三十日㆒。
喪祖母　正祝相愛
三十日假　自㆓昨十六日㆒至㆓六月十六日㆒
百五十日服　至㆓九月十八日㆒。
右之通リ着服仕候。依御屆申上候。宜御披露賴入存候。已上
五月十七日　松尾社正禰宜
南三位
(白川資訓王)
伯少將殿
御雜掌
但シ、杉原四ツ折半紙上包。
一　東家へ弔悔ニ行。入㆑夜母公御出、干湯葉五

十送レ之。
十八日、庚子。陰雨。
一　日光宮（公詔法親王）四月廿六日ニ御上京、川原御殿ニ御逗留、五月十六日ニ上嵯峨大覺寺御殿江御出之由。（御用所）
十九日、辛丑。晴。
一　東相愛殿葬式、母公ハ見立、予ハ不二見立一。
二十日、壬寅。半晴。
廿一日、癸卯。朝雨、巳剋比より陰晴。
一　於二野村宅ニ一狂言盡仕舞有レ之行向、二更比歸宅。
廿二日、甲辰。陰晴。
廿三日、乙巳。晴。
一　國役集會。社務假中ニ付、檢斷所ニ而勤レ之。（檢斷所）
中飯・中酒例之通リ。
一　東家引籠中見舞、粽五把送レ之。
廿四日、丙午。陰晴、夜來小雨。
一　茂山忠三郎於二竹内一能興行ニ付行向、二更比歸宅。
廿五日、戊（丁）未。陰晴。
一　午後御用所へ出勤ス。
廿六日、己（戊）申。時々雨。
廿七日、己酉。曇、時々雨。
廿八日、庚戌。雨、午後止。
一　伊賀局引籠見舞、花昆布貳袋送レ之。母公御持參。
廿九日、辛亥。陰晴。
一　神主引籠ニ付、月次太麻當家ヨリ獻上、東遠州出頭。
六月朔日、壬子。陰晴。
二日、癸丑。朝雨、午後止。
三日、甲寅。半晴。
四日、乙卯。陰晴。
五日、丙辰。陰晴、曉天強雨。
一　午後御用所へ出勤。上山田村・松室村・谷村三ヶ村百性（姓）十人斗春來博奕致候ニ付、本人村役呼出シ戸〆申付ル。
神方下野忰兵庫、右百性（姓）之内江立交候ニ付、閉
門、親下野差控へ申付ル。
六日、丁巳。陰雨。
七日、戊午。半晴。
八日、己未。雨、時々強雨。
九日、庚申。半晴。
一　出京、野村へ行、入レ夜歸宅。
十日、辛酉。晴。
十一日、壬戌。晴。
十二日、癸亥。晴。
十三日、甲子。晴。
十四日、乙丑。晴。
十五日、丙寅。晴。
一　午後御用所へ出勤ス。
十六日、丁卯。晴。
十七日、戊辰。晴。
十八日、己巳。晴。
十九日、庚午。晴。
二十日、辛未。晴。
廿一日、壬申。晴。
廿二日、癸酉。半晴、午後曇。
廿三日、甲戌。雨、午後止。
一　早朝沙汰人御神事催ニ來。
一　未剋出仕。外陣榮祐房式、大床相推房武、階上種道重吉、
階下榮種重孝、神供獻進、無事執行。
御能　翁千歳三番三、蟻通まんちう、班女口眞似、船
辨慶。戌下（剋）比相濟。
一　野村三次郎其外十人斗來宿。
廿四日、乙亥。半晴。
一　宮仕御神事催ニ來。
一　今朝社務所囃子、神主殿假中ニ付、御社舞臺
ニ而三番囃子勤レ之。朝飯ハ例之通リ社務所ニ而
被レ下レ之。
朝飯相濟、皆々御社へ引取、直樣囃子御神事迄
ニ勤レ之。

一　午正剋出仕。神供獻進、無事執行。
一　御能千三　翁　富士山　シビリ　田村　鉢木
縄ない　哥占　清水　海人　附、祝言。
申下剋ニ相濟
廿五日、丙子。晴。
廿六日、丁丑。晴。
廿七日、戊寅。晴。
一　出京、野村へ行、入レ夜歸宅。
廿八日、己卯。晴。月次大麻松室攝州相頼獻上ス。
廿九日、庚辰。朝雨、午後晴。
三十日、辛巳。半晴。
七月朔日、壬午。晴。

讃岐金毘羅造酒家献米

一　讃州金毘羅造酒家より御日米獻進、予出勤ス。東家より頼ニ來。御日米片料東家より來。
一　上加茂(賀)神能拝見ニ行、二更比歸宅。
二日、癸未。晴。
三日、甲申。晴。
四日、乙酉。晴。
五日、丙戌。晴、夕立。
一　御用所へ午後出勤ス。
六日、丁亥。晴、夕方小雨。
一　出京、野村行、祇園社金毘羅參詣。鈴木へ立寄入レ夜歸宅。
一　去五月上旬比より山城國はしか(麻疹)流行。當所も流行、養生不レ叶死去致候者數人有レ之。
七日、戊子。曇、時々照日。

七夕神事

一　七夕御神事。辰剋出仕。權祝房武、櫟谷禰宜榮種、神方五人不參也。
外陣榮祐房式、大床相推種道、階上重吉、階下重孝勤行。
神供獻進。無事執行。
一　社務所廰參。例之通リ。
八日、己丑。陰晴、夕立。
一　谷川勘定谷村儀兵衛宅ニ而勤。中飯・酒アリ。
九日、庚寅。晴。
十日、辛卯。晴。

十一日、壬辰。晴。
一　御用所集會勘定。午後出勤ス。
十二日、癸巳。晴。

新嘗會神事

一　新嘗會御神事例之通リ、神供獻進、無事。
　權祝、櫟谷禰宜、祝所勞不參。
十三日、甲午。曇、午後小雨。
十四日、乙未。曇、午後雨。
一　勝千代丸社參、回禮。
十五日、丙申。半晴。
一　近邊回禮、各入來。
十六日、丁酉。晴。
十七日、戊戌。晴。
十八日、己亥。晴。
一　出京、野村へ行、松尾伯江行、二更比歸宅。
十九日、庚子。晴。
二十日、辛丑。晴。
廿一日、壬寅。晴。
一　出京、野村へ行、吉田へ行、初更比歸宅。
廿二日、癸卯。晴。
廿三日、甲辰。時々次(マヽ)雨。
一　丑剋比、直安産、女子出生、兩人共無事。
廿四日、乙巳。時々風雨。
一　新屋敷加藤へ安産爲レ知遣ス處、流行はしかニ而入來無レ之。
廿五日、丙午。晴、時々曇、小雨。
廿六日、丁未。晴。
廿七日、戊申。晴。
一　去五月比より京都其外山城國はしか流行、當所も同樣。
當家も七月八日比より皆々はしかニ而引籠、直もはしか中ニ安産ナリ。
廿八日、己酉。半晴、時々小雨。
一　月次太麻獻上。東筑州出頭、無事。
廿九日、庚戌。晴。
八月朔日、辛亥。晴。

八朔相撲

一　相撲例之通リ執行。同心目附逗中ヨリ、暑氣

ニ當リ所勞之由ニ而東西共不參、下雜色小嶋吟
次郎傘持來、例之通リ。
一　未剋比より出勤ス。申下剋比歸宅。
二日、壬子。晴。
三日、癸丑。晴。
四日、甲寅。晴。
五日、乙卯。晴。
六日、丙辰。晴、夕立遠雷。
七日、丁巳。晴。
八日、戊午。晴。
一　社務所集會。上山田村領河原中山家領藪地御
神領江出張候間、持主江申達シ之事。
旅所權預リ渡邊太夫、渡邊家より之渡未出不レ
申ニ付、本宮江本人ヨリ願出シ之事。
九日、己未。晴、夕立、曉天夕立。
一　出京、寺之内松嘉ト申米屋へ行、野村へ行、
入レ夜歸宅。
十日、庚申。朝雨、辰剋比より晴。
十一日、辛酉。晴、丑剋比松室村伊平次小屋燒
失、火消出ル。
一　理宮御方逝去ニ付、昨十日ヨリ十二日迄三日
之間鳴物停止、普請者不レ苦旨申來。
十二日、壬戌。晴、夕立、雷鳴。
一　瀧川播磨守（具知）西町奉行被二仰付一候由申來。
但シ、是迄御所御附役也。
十三日、癸亥。晴、遠雷、小雨。
十四日、甲子。晴、夕立。
十五日、乙丑。晴、夕立。
一　日光宮上嵯峨大覺寺江被レ爲レ成候ニ付、東三
品、予御立入之事故、今午後大覺寺江參殿ス。
着二麻上下一。獻上物白木臺ニ加茂瓜、茄子、薩
摩いも、小いも、ゆりね、ぶどう、淺瓜〆七品
兩人ヨリ獻上ス。御對面有レ之、夕飯出ル。紙
入・烟草入・きせるつゝ拜領ス。兩人共同樣、
入レ夜歸宅。
十六日、丙寅。晴。

十七日、丁卯。晴、午後風雨甚シ。
十八日、戊辰。晴、小雨。
十九日、己巳。晴。
二十日、庚午。晴。
廿一日、辛未。晴、初更比夕立、又曉天夕立。
一　野村稽古能早朝より行向。入レ夜歸宅。
廿二日、壬申。曇、小雨。
廿三日、癸酉。晴、夕立。
廿四日、甲戌。晴。
廿五日、乙亥。陰晴。
一　御用所江午後出勤ス。
一　去廿三日出生之女子、はしか中ニ出生ニ付、種（腫）物發、養生不レ叶、丑剋比死去。西寺孝養軒江養生下ケ母親ハ無事。無二別條一。
廿六日、丙子。陰晴、夜來雨。
一　女子葬式。酉剋ニ送レ之。出入之者五六人來。夕飯・中酒出ス。村方之輿借用ス。谷村百性（姓）十人斗も登山致候ニ付、酒壹升、肴コハイジヤコ少々遣ス。親類江者別段不レ知、誰も入來無レ之。名ハ照姫ト付ル。棺其外入用之物、大工泉之丞方ニ而爲レ拵。
廿七日、丁丑。曇、小雨。
一　松平伯耆守（宗秀）上京迄ハ、酒井雅樂頭（忠義）所司代代勤之由被二仰出一候旨申來。
廿八日、戊寅。晴、夜來雨。
一　月次大麻獻上。予出京。松尾伯へ行、野村へ行、新屋敷へ行、二更比歸宅。
廿九日、己卯。曇、夕立、夜來雨。
三十日、庚辰。陰晴。
閏八月朔日、辛巳。曇、時々小雨。
一　日光准后宮（公詔法親王）當社江御參詣、巳剋比ニ梅宮、夫より當社江御出。案内予、東遠州着二狩衣一、鳥居内迄出迎。四ツ脚門ヨリ釣殿附床。但シ、四ツ脚之前ニ而御下輿、附床ノ上ニ者所司代巡見之書置（マヽ）、鳥居内迄送レ之。
東遠州者東三品ノ代也。

東家ニ而御社參後小休。予繼上下ニ而行向。御
對面有レ之、未剋比ニ御退出、嵯峨御所へ御出
之由。
御初穂金貳百疋御備有レ之。東南兩家貳ッ割拜
領ス。
二日、壬午。半晴。
一　松平伯耆守溜詰格被二仰出一、牧野備前守(忠恭)所司
代役被二仰出一候旨申來。
三日、癸未。半晴、曉天雨。
一　日光宮明四日ニ御出立ニ付、東三品、予同伴
ニ而河原御殿江參殿。着二繼上下一。御紋附燒物
御盃十箱入獻上ス。代金貳朱也。御對面願積之
處、大勢(多)御對面之人待居、跡廻(後)リニ相成候而者
困リ候故、内玄關ニ而云置。併御對面之振合ニ
致置トノ取次口上也。退出、四條邊ニ而休足(息)。
東三同道ニ而初更比歸宅ス。
四日、甲申。曇、雨。
五日、乙酉。曇、雨。
六日、丙戌。雨。
七日、丁亥。半晴。
一　廣橋大納言殿(光成)所勞之處及二大切ニ一候旨ニ付、
今朝東三、松室加州見舞ニ被二行向一、當家へ申
來候得共、風邪氣ニ付斷申達ス。金百疋四人よ
り送レ之。
一　亥剋比廣橋儀同殿薨去ニ付、昨六日ヨリ八日
迄三ヶ日之間鳴物停止申來。普請者不レ苦旨。
八日、戊子。半晴。
九日、己丑。陰晴、曉天ヨリ雨。
十日、庚寅。陰雨。
十一日、辛卯。陰雨、夜來強雨風甚シ。
十二日、壬辰。半晴。
十三日、癸巳。晴、入レ夜夕立。
一　石井孫兵衛於二竹内一能興行ニ付行向。二更比
歸宅。
十四日、甲午。晴。
一　蓑内幸作去七月廿一日ニ死去。依二差支之由

ニ今八ッ時葬式。予行向。香資金百疋送レ之。
名代中澤靫負青侍鎗、青侍箱、草リ（履）取、本善寺迄行。
予ハ蓑内之門ニ而見立。二更比歸宅。
十五日、乙未。晴。午後御用所へ出勤ス。
十六日、丙申。陰晴。
十七日、丁酉。陰雨。
十八日、戊戌。半晴。
十九日、己亥。曇。
二十日、庚子。雨、午後止、又夜雨。
一　野村稽古能ニ行向、三更比歸宅。
廿一日、辛丑。雨陰。
廿二日、壬寅。陰雨。
廿三日、癸卯。雨、午後晴ニ定。
廿四日、甲辰。半晴。
一　桂川六尺斗も出水、上野橋、桂ノ橋落ル。
廿五日、乙巳。陰雨。
廿六日、丙午。雨、午後より晴定。
廿七日、丁未。晴。
廿八日、戊申。陰晴。
一　松平肥後守（容保）殿奥州會津也。京都守護職被ニ仰付一候間申來。
一　神方山田越前子細所勞、去ル廿六日より來月三日迄引籠候旨屆出ニ付申來。

宗門改

一　來ル三日宗門改集會申來。
廿九日、己酉。陰晴。
一　予出京、野村へ行、古屋敷桂荘作方へ中東家之縁談之聞合ニ行向、三更比歸宅。
九月朔日、庚戌。陰晴。

御千度

一　御日米。予出勤。御千度如レ例。
二日、辛亥。陰晴。
一　午後古屋敷桂へ行向、二更比歸宅。
三日、壬子。晴。
一　宗門集會例之通リ。中飯・中酒アリ。
四日、癸丑。曇、細雨。
五日、甲寅。晴。
一　午後出京、野村へ行、二更比歸宅。

重陽神事

近衛家中老村岡太々神樂奉納

六日、乙卯。晴。
七日、丙辰。陰晴。
八日、丁巳。陰晴。
九日、戊午。陰晴。
一　重陽御神事。正辰剋出仕。櫟谷禰宜榮種所勞不參。
外陣榮祐房式、大床相推房武、階上種道重吉、階下重孝。
神供獻進、無事執行。
一　山田役人、宮仕等禮ニ來。
一　社務所廳參。不參ス。
一　午後古屋敷桂へ行、貳更比歸宅。
十日、己未。陰晴、未剋比ヨリ雨。
一　近衛殿中老村岡ト申人大覺寺宮家中ヨリ出勤被二致居一候處、先年ヨリ隱居ニ相成、當時里方ニ被レ居候處、先年近衞殿彼是ト關東ヨリ申達之義(儀)有レ之、依レ之右村岡關東被二行向一、其後上京何事も無事ニ相成、御禮トして當社江太々御神樂獻進被レ致度由、サガ(嵯峨)神子ヨリ申參リ、今午剋ニ惣參、太々御神樂獻進。社司、神方中惣參、例之通リ具立、日供獻進。神樂料白銀十枚奉納。本願所ニ而中飯・中酒、今堂村萬甚へ申付ル。上分七人、下分七人斗。未剋比相濟。
一　壬生官務之實母死去ニ付申來。
十一日、庚申。陰晴。
一　若州屋敷家中五人斗、古屋敷桂案内、當家へ入來、茸山ニ案内ス。午剋比入來。夕方下山。當方ニ而酒出ス。初更比歸京。
十二日、辛酉。半晴。
十三日、壬戌。晴。
一　山川正九郎於二竹内ニ一能興行ニ付行向、二更比歸宅。
十四日、癸亥。晴。
十五日、甲子。晴。
一　壬生官務殿母清探院殿死去ニ付、今酉剋葬式。名代遣ス。中澤靱負金百疋香資送レ之。母公より菓子送レ之。青侍貳人ハ當家より遣ス。外人足ハ壬生江相頼、京都ニ而拵、以前壬生江頼遣ス。

御千度

高張　箱提燈　中澤靱負　青侍　草リ取(履)　箱鎗
同　　同　　　　　　　　同

一　御用所集會出勤之處、入魂ス。
十六日、乙丑。陰晴、夜來小雨。
一　御千度如レ例。出勤ス。
一　永井主水正(尚志)京都町奉行被二仰付一、今十三日上京。大久保土佐守(忠薫)と交代候閒申來。
十七日、丙寅。小雨。
十八日、丁卯。半晴、夕方時雨。
一　出京、松尾伯へ行、野村行向、入レ夜歸宅。
一　松尾伯耆宅先年御所炎上之節類焼失。其後柳のずしニ借宅致居候處、此度武者小路舊地普請致度ニ付、上道具之松木當御神山ニ而拜領致度旨。社家中江私者(拙カ)より及二相談ニ一候處、松尾家幷松室家之京住之非藏人數軒有レ之候閒、後々之差支ニ相成候而ハ如何敷候閒、當家預リ山ニ而少々之事なれハ遣シ可レ申ニ次定(治)之事。當所住居なれハ御神山之内ニ而拜領出來可レ申候得共、京住之事故、願通リニハ出來不レ申。此段伯耆江申達ス。近々之内大工召連入來之由也。
十九日、戊辰。半晴。
二十日、己巳。晴、時々曇。
廿一日、庚午。晴。
廿二日、辛未。晴。
廿三日、壬申。晴。
廿四日、癸酉。晴。
廿五日、甲戌。晴。
一　當春以來ヨリ諸國大名方上京。其上追々屋敷建廣ヶ、上京幷ニ家來向多人數往來致居候閒、松尾社司幷神方中餘リ見苦敷體ニ而京都江之往來難二出來一、其上諸色高直ニ而着用物迄も難二行屆一候ニ付、此度御神藏より右往來ニ見苦敷體ニ而往來無レ之様、拜領金被レ下レ之。今午後檢斷所ニ而着二繼上下一各參集。拜領方左之通リ。
神主　正禰宜　權神主　權禰宜　祝

月讀禰宜　祝　〆七人江金貳兩宛。
正祝　金五百疋。是ハ依レ願正官之内故格別之
事也。
櫟谷禰宜、祝　金壹兩、同居部屋住。
櫟谷禰宜息氏人能登守　金貳百疋。
氏人
氏人東近江守權神主之息也。　金貳百疋。
正禰宜息南勝千代丸　金百疋。
神主之次男東松千代、權神主之三男八百千代、
氏人
月讀禰宜之孫　金五十疋ツヽ、氏人ニ先年新入
ニ付被レ下レ之。
神方壹人前ニ金壹兩ツヽ、忰、部屋住ハ金百疋
ツヽ、同居ハ金貳百疋ツヽ、同居之内山田兵部
ハ山田雅樂方宅ニ別ニ仕切居候事故貳百五十疋
被レ下レ之。
宮仕中澤越後　金貳百疋、忰要人　金百疋被レ
下レ之。
　合金四拾。
申剋比拜領相濟、退去。

廿六日、乙亥。陰晴。
一　昨夜亥剋比伯家より飛脚社務所へ來、御用之
義（儀）ニ付唯今參殿可レ致旨申來ニ付、權神主房式、
權禰宜相推出門、曉天歸宅。
此度薩州ヨリ御所江壹萬石米獻上ニ付、其内但
シ、百石之社も有レ之由。上七社へ米五十石ツヽ御
所表ヨリ御奉納之由、伯家雜掌被レ達候由也。
當家江五十石御奉納御藏御所ヨリ被レ爲レ渡候由
也。
野々宮樣江添使ニ而御禮參殿之由也。
右御米掛リ取次中鹿豐後守、土山淡路守兩人之
由、伯家ニ而被レ達候由。
早朝社務所へ各集會。不レ寄レ存有難旨一統相談
ス。神方中江者老分貳人、沙汰人呼寄申達ス。
一　御米掛リ中鹿・土山江正祝相愛出頭。
廿七日、丙子。陰雨。
近衞關白樣（家熈）伯家江も正祝出頭參殿。
廿八日、丁丑。晴。

一　出京、野村へ行、古屋敷桂へ行、二更比歸
宅。
廿九日、戊寅。晴、午後曇。
三十日、己卯。晴。
一　出京、吉田へ行、二更比歸宅。
十月朔日、庚辰。晴。
一　御藏附例之通リ。組重、酒アリ。上納無レ之。
二日、辛巳。陰晴、午後晴。
三日、壬午。半晴。
四日、癸未。曇巳剋比より雨。
一　巽龜太郎名弘メ能於二野村宅一有レ之、行向、
三更比歸宅。
五日、甲申。晴。
一　午後檢斷所へ出勤ス。
六日、乙酉。晴。
七日、丙戌。晴。
八日、丁亥。陰晴。
一　出京、松尾伯耆方へ行、入レ夜歸宅。
九日、戊子。晴、時雨。
十日、己丑。晴、朝薄初雪。
一　御所表より御奉納米五十石來ル十六日被レ爲レ
渡由。依レ之十三日ニ社司之内壹人内玄關迄罷
出候旨執次中ヨリ申來。
一　伊勢内宮百石、外宮百石、八幡社百石、鴨下
上百石ツヽ、松尾・平野・稲荷・春日社五十石
ツヽ之由ナリ。
十一日、庚寅。半晴。
十二日、辛卯。陰晴。
一　社務所集會。御奉納米、中山家藪地一件相
談。
十三日、壬辰。晴。
十四日、癸巳。晴、初薄氷。
一　社務所集會、御奉納米一件相談。
十五日、甲午。朝雨、午後晴。
一　午後出京、野村へ行、古屋敷桂へ行、二更比
歸宅。

十六日、乙未。晴。

一　御奉納米今卯剋ヨリ辰剋迄ニ被レ爲レ渡候旨、一昨日執次中より被レ達候ニ付、近例之御所年番正祝相愛、權禰宜相推今曉ヨリ出頭。着二繼上下一。武家御内玄關ニ而執次中より五拾石米請取、請取書差出ス。尤兩人之名前ナリ。御所御藏ヨリ米被レ渡候由。御領分五ケ村牛五拾疋相揃、今曉ヨリ出宰領。村役人五人羽織・帶刀・モヽヒキ・キヤハン(脚絆)。十疋ニ壹人ツヽ之宰領。道筋中立賣御門ヨリ烏丸通四條西。未剋比皆々社領へ着、正祝、權禰宜兩人繼上下ニ而牛ノ跡(後)より付添、歸宅。

一　道筋以前御役所江沙汰人ヨリ屆置。

一　牛駄賃壹疋ニ付五百文ツヽ、村役宰領金壹朱ツヽ。

外ニ人足五人壹人ニ付貳百五拾文ツヽ遣レ之。

一　牛ニエフ立。御奉納米　松尾社。

一　牛方ニ火消之皮色はつぴ(半被)着用、人足五人ハコン(紺)色之はつぴ。

一　拜殿間中ニ三十俵はへ五通リ、都合五十石積立置。

但シ、三俵ニ而壹石ナリ。

拜殿四方ニ白幕張レ之。拜殿積立之間、御社年寄晝夜兩人ツヽ番爲レ致ル。神樂所ニ出勤爲レ致置ナリ。

一　氏子中江御奉納米吹聽、廻狀ニ而達レ之。

一　午後出勤ス。宰領牛方人足被レ下錢於二社務所ニ一遣レ之。

十七日、丙申。曇、雨。

一　御奉納米ニ付、御日米獻進。社司、神方惣參。朝飯後早々出仕。着二衣冠一。大床之御戸開之神供、折方片料ハ社務、片料者社家、神方配分。御祓箱御祈禱之通リ仕二立之一奉レ備。明日御祓獻上。社司兩人之筈ナリ。

十八日、丁酉。晴。

一　御祓獻上。正祝相愛、權禰宜相推出頭。諸事御祈之太麻獻上之通り。着二狩衣一。奏者所へ獻上之由、無事相濟由。

禮物左之通り。

一　關白近衛様（家凞）

一　執奏伯家（白川資訓王）金百疋

雜掌金五十疋

取次添使

一　奉行野々宮家

一　禁裏御所執次虫（中）鹿織部正 土山淡路守　金百疋ツヽ、貳ツ。

一　執次之下役五人有レ之由ニ付、金五十疋ツヽ五ツ。

一　御藏番　中師　手廻り　金五十疋ツヽ三ツ。

右三役

右禮物今日可レ遣シ（マヽ）之處、今日之處ハ一寸見合。

十九日、戊戌。晴、曉天雨。

二十日、己亥。朝雨、巳剋比より曇止。

廿一日、庚子。曇、時々雨。

廿二日、辛丑。半晴、午後雨、夜來風雨。

一　社務所集會。中山家川原藪地荑出シ一件ニ付、過日以來西役所江中山家より出願ニ相成ニ付、何歟相談之事。御奉納米五十石之内貳拾五石、社家、神方中配分相談之事。

廿三日、壬寅。半晴、寒風。

廿四日、癸卯。半晴。

一　出京、吉田鈴鹿へ行、鈴木へ行、野村へ行、貳更比歸宅。

一　御奉納米ニ付、禮進物今日權禰宜相推持參。

廿五日、甲辰。曇、巳剋比より雨。

一　御奉納米ニ付、他社者一七ケ日御祈相勤候様子。當社ハ一日御祈禱、翌日御祓獻上相濟候へ共、他社向ハ右之次第故、此度格別之義（儀）ニ付、

一七ケ日之御祈、伯家へ過日より窺置候處、昨夕伯家より御用召ニ付、權禰宜相推出頭之處、御教書給、七ケ日之御祈被二仰出一候ニ付、今朝

正祝相愛御祈日限窺ニ出頭也。

一　御奉納米五十石之内、貮拾五兩(石カ)ハ神藏納、殘リ貮拾五石社家、神方中分配。社家中壹職ニ付壹石ツヽ都合拾石、神方ハ壹軒ニ五斗ツヽ都合拾石、殘リ五石ハ雜用ニ賣拂。今午後御神藏ヨリ何れ拜領ニ出勤。神方ハ老分沙汰人江相渡ス。

一　檢斷所へ出勤ス。

廿六日、乙巳。雨、午後晴定。

一　出京、野村へ行、鈴木へ行、初更比歸宅。

一　伏見宮(貞教親王)薨去ニ付、昨廿五日ヨリ廿七日迄鳴物停止申來。

廿七日、丙午。晴。

一　今日ヨリ七ヶ日之間御祈被二仰出一、社司、神方惣參。辰剋出仕。御教書左之通リ。

先年來攘夷之儀　叡慮到方今更御變動不ㇾ被ㇾ爲ㇾ在、於二幕府一追々新政ヲ施シ、改革等有ㇾ之、　叡旨遵奉之條、　叡感不ㇾ斜候。然處天下之人民攘夷一定無ㇾ之而者、人心一致ニ難ㇾ到、且國亂之程深被ㇾ惱二　叡慮一候間、於二幕府一彌攘夷決定有ㇾ之、速諸大名江可ㇾ有二布告一被二仰出一候。尤策略之次第者武將之職掌候間、早速盡二衆議一至當之公論決定有ㇾ之、醜夷拒絶之期限等モ相議、奏聞之樣御沙汰有ㇾ之候事。

廿八日、丁未。陰晴、時々晴。

一　御祈。正辰剋、社司、神方惣參。

廿九日、戊申。晴。

一　御祈。正辰剋、社司、神方惣參。

十一月朔日、己酉。晴、夕方ヨリ寒風。

一　御祈。正辰、社司、神方惣參。

一　御藏附例之通リ、貮拾八石餘米納。

二日、庚戌。雪五分餘リ積。

一　御祈。正辰剋、社司、神方惣參。

三日、辛亥。陰晴、入ㇾ夜雨。

一　御祈。正辰剋、社司、神方惣參。

一　御祓拵、午後於二社務所ニ一兩人出勤、予不參ス。
四日、壬子。雨。
一　御祈満座。御日米獻進例之通り。
五日、癸丑。半晴。
一　御太麻獻上、正祝相愛、權禰宜相推出頭。無事相濟由。
一　予出京、野村へ行、古屋敷桂へ行、二更比歸宅。
六日、甲寅。半晴。
七日、乙卯。晴。
一　出京。松尾伯耆方へ行、二更比歸宅。
八日、丙辰。晴、夜來雪。
一　午後古やしき桂宅へ東江州同道ニ而行向、初更比歸宅。
九日、丁巳。雪壹寸餘リ積、午後止。
十日、戊午。晴。
一　今井勘五郎於二竹内一能興行ニ付行向。三更比歸宅。
十一日、己未。曇、巳剋比より雨。
一　此度御奉納米頂戴致度旨、供僧中より歎願書差出ニ付壹石遣レ之。宮仕中澤越後へ貳斗、御前役新吾へ壹斗遣レ之。昨日於二社務所一集會次定（治）。予ハ不參ス。
十二日、庚申。晴、時雨アリ。
十三日、辛酉。晴。
十四日、壬戌。晴。
一　午後出京、野村へ行、古屋敷桂へ行、二更比歸宅。
十五日、癸亥。晴、夜來雨。
一　午後檢斷所へ出勤。
十六日、甲子。晴、時々曇、雨。
十七日、乙丑。半晴。
十八日、丙寅。半晴。
一　東相命卿息女お萬當年三十四才、淀家老田邊權太夫江縁談次（治）定ニ付、今朝入輿。巳剋比出立。

十九日、丁卯。晴。
一　出京、野村へ行、古屋敷桂へ行、二更比歸宅。

新嘗祭

一　新嘗會、無事執行。
二十日、戊辰。晴。
廿一日、己巳。晴。
廿二日、庚午。晴。
廿三日、辛未。晴。
廿四日、壬申。晴。
廿五日、癸酉。晴。
一　午剋比迄檢斷所へ出勤。
一　兩木ノ宮御神事。酉剋出仕。神供獻進、無事。
權神主房式、櫟谷禰宜榮種不參。
社務所廳參。夕飯如レ例。
廿六日、甲戌。曇、午剋比より雨。
廿七日、乙亥。曇、巳剋比より晴定ル。
廿八日、丙子。晴。
廿九日、丁丑。晴、夜來雨。
三十日、戊寅。小雨、午後晴定。
十二月朔日、己卯。薄雪、時々晴。

御神樂神事

一　御神樂御神事。正申剋出仕。櫟谷禰宜榮種不參。
内陣榮祐相愛、外陣房式相推、大床房武、階上種道、階下重吉、同重孝。神供獻進、無事。攝社神供例（之）通リ。御神樂例之通リ執行。樂人來。
一　松尾伯耆此度拜領米八石頂戴致候ニ付、今日御日米獻進致度由申來ニ付、付御日米獻進神供料金百疋來。外米三斗三升表（俵）壹表（俵）先代江備呉候樣申來。
非藏人者、此度壹軒ニ付八石頂戴之由。東家之分家者去廿一日ニ御日米獻進也。
二日、庚辰。半晴。
一　カラ入例之通リ、出席ス。
一　御収納米御相場立於二本願所一百五拾四匁御次（治）定。山年貢米百六拾目次（治）定。

三日、辛巳。晴、申剋比より雨。
一　午後出京、野村へ行、古やしき桂へ行、三更比歸宅。
四日、壬午。曇、細雨、時々雨。
五日、癸未。晴。
一　午後、檢斷所へ出勤ス。
六日、甲申。晴。
一　嵯峨法界門前佐野安之丞より御日米獻進。予當番出勤。片料者願主、片料者當番頂戴ス。
七日、乙酉。晴。
一　松室能州同伴ニ而廣橋家悔(クヤミ)行。當秋一位殿(廣橋光成)薨去ニ付、兩人より金百疋送レ之。二更比歸宅。
八日、丙戌。晴。
一　谷川勘定、谷村儀兵衛宅ニ而勤、例之通リ。中飯・酒アリ。
九日、丁亥。曇。
十日、戊子。晴、夜來雨。
一　野村稽古能行向。四條鈴木ニ而一宿ス。
十一日、己丑。晴。
一　御社納例之通リ。午後出勤ス。
一　午剋比京より歸宅。
十二日、庚寅。薄雪、晴。
十三日、辛卯。晴。
一　拂除例之通リ。
十四日、壬辰。半晴。
十五日、癸巳。晴。
一　朝之内檢斷所へ出勤。

節分神事

一　節分御神事。酉剋出仕。正祝相愛、櫟谷禰宜榮種所勞不參。神供獻進、無事執行。神供下方、日供片料者社務、片料者社家・神方中。
十六日、甲午。朝強雨、雷鳴五六聲アリ。
一　御社納、當年者神主殿重服中ニ付、檢斷所ニ而集會。三更比退出。
十七日、乙未。晴。

溝料

一　溝料集會。昨年之通リ檢斷所ニ而取立、午後出勤。
十八日、丙申。晴。
一　溝料渡シ方、檢斷所ニ而集會。午後出勤。
十九日、丁酉。晴。
一　御社納、檢斷所へ出勤。
二十日、戊戌。晴。
一　午後出京、野村へ行、入レ夜歸宅。
廿一日、己亥。半晴。
廿二日、庚子。晴。早朝より檢斷所勘定諸拂。
廿三日、辛丑。晴。
一　御社御拂、檢斷所ニ而無事。
廿四日、壬寅。半晴。
一　御拂卯下剋ニ相濟、退出。
廿五日、甲（癸）卯。晴、曉天地震。
廿六日、乙（甲）辰。雨。
廿七日、丙（乙）巳。晴、時々曇、雨。
廿八日、丁（丙）午。晴。
一　午後買物ニ出京、初更比歸宅。

廿九日、戊（丁）未。入レ夜雨。
一　山田役人、宮仕歳末ニ來、例之通リ。
一　大工・小工しらけニ來。

祝々大幸

文久三年日次記

一一七七　文久三年日次記

（表紙）

文久三年

日次記　正禰宜従三位秦榮祐

正禰宜秦榮祐

（本文）

癸亥正朔

正大（小）戊申　二大丁丑　三大丁未

四小丁丑　五大丙午　六小丙子

七大乙巳　八大乙亥　九小乙巳

十大甲戌　十一小甲辰　十二大癸酉

年徳巳午　西金神フサガリ

凡三百五十五日

正月廿九日　彼岸　六月　五日　トヨウ（土用）

三月十五日　八十八夜　八日　大暑

四月廿六日　入梅　廿四日　立秋

五月十七日　はんけしやう（半夏生）七月十九日　二百十日

廿三日　小暑　八月　八日　彼岸

十月十五日　月そく（蝕）九分半　十二月十三日　大寒

十一月十二日　冬至　廿六日　節分

廿七日　小寒　廿七日　立春

天赦日

二月二日　四月十八日　七月四日

九月四日　十一月廿一日

甲　子

正月十七日　三月十八日　五月十九日

七月廿日　九月廿日　十一月廿一日

庚　申

正月十三日　三月十四日　五月十五日

七月十六日　九月十六日　十一月十七日

見出シ目録

正月十八日　雑式（色）より社家・神方居宅間數尋之事。

廿二日　東筑州居所相知レ可レ申事。

二月　二日　中家之息嫁引越之事。

四日　東筑州閉門之事。

十一日　山田下野悴兵庫御咎之事。
十七日　非藏人御雇出勤之事。
廿二日　御上落（洛）ニ付御觸書之事。
廿九日　足利三將軍木像之事。
三月　四日　御上落（洛）御京着。
十一日　今上天皇（孝明）、大樹様（家茂）上加（賀）茂・下鴨江行幸。
十六日　東筑州閉門御免之事。
（マヽ）
朔日　片岡駿河守殿死去之事。
廿一日　神幸御所表より警固之事。
四月　九日　還幸警固之事。
十一日　石清水江行幸之事。
廿一日（マヽ）　大樹様（將軍家茂）石清水江御参詣。
五月　御神庫御普請、北ノ鳥居御修復。
六月廿三日　御能御延引之事。
廿四日　大樹様大坂より乘二着船一御歸府。
七月十一日　角倉鍋次郎先代年回忌ニ付志申來。
八月　朔日　角力御延引之事。
十一日　非藏人御雇ニ付相談之事。
十八日　御築地内大騒働（動カ）之事。
社家・神方拜領米之事。
九月　七日　宗門改天保度之通り申渡之事。
九日　御神庫上棟之事。
十四日　御觸申來之事。
廿三日　同上。
十月廿八日　東家次男松千代官位之事。
十一月十八日　櫟谷祝氏人勝千代丸、松千代小折紙差出ス。
廿七日　非藏人御雇相談之事。
十二月　八日　土砂留御褒美之事。
廿三日　社家氏人神方中拜領金之事。
大神事之節者氏人出勤之事。
大三十日　非藏人御雇相談書付東筑州一札書之事。

正月元日、戊申。曇。

一 箱番權神主。權祝房武所勞不參。
一 正辰剋、各着二束帯一出仕。口祝例之通リ。
一 於二釣殿一舞踏拜、例之通リ。

大登

一 内陣榮祐相愛、外陣房式相推、大床種道重吉、階上榮種、階下重孝。
神供獻進、無事。大床之御戸閉之巡參等如レ例。
一 朝飯、宮仕調進。膳部方、神子等呉服所禮ニ來。俵粢如レ例。
一 夕御神事酉剋、社司次第今朝之通リ。
神供獻進、無事。御拂除祝詞榮祐。攝社神供如レ例。
二日、己酉。半晴。

御千度

一 口祝、御千度如レ例。宮仕、社役人、村役人、百性(姓)禮ニ來。

亥狩神事

一 勝千代丸社參囘禮。俵粢掛リ湯如レ例。
一 夕御神事。酉剋神供獻進、無事。月讀社參向、拜殿ニ而着座、廳參等如レ例。謡始權神主家より來。
三日、庚戌。晴。
一 口祝、掛リ湯如レ例。
午剋神事。神供獻進、無事。
一 大登　權神主房式　月讀禰宜種道　櫟谷祝重孝　其餘者不參。未下剋ニ退出。
一 東家夕節被レ招、行向。
四日、辛亥。曇、午剋比雨、時々止。
一 當番正禰宜出勤。神供獻進、無事。
一 山田役人　山田大和　主祝(税)　將監　木工　大藏禮來。例之通リ。扇子壹本ツヽ持參。
一 松室相州、薩州、壹州、加州年禮來賀。
一 土器師例之通リ來、神供遣ス。
一 亥狩場棚拵ニ遣ス。例之通リ。
一 御節例之通リ。
一 亥狩御神事。當番正禰宜。狩場、廳參例之通リ。
一 入レ夜社務之青侍、下部等來。例之通リ酒出ス。

五日、壬子。半晴。
一 神方禮。長門介　下野　外記　主水　兵部
御前役喜右衛門、例之通リ扇子壹本ツヽ持來。
六日、癸丑。晴。
一 伯家年玉米當家より爲レ持遣ス。書面左之通
リ。
新春之御慶目出度申収候。（白川資訓王）伯様益御安泰可レ被レ
成二御重歳一奉二恐悦一候。隨而如二例年一正禰宜、
正祝、月讀禰宜三職より御年玉米壹斗宛進上之
仕候。此段宜御披露頼入存候。以上
正月六日　　松尾社正禰宜
南　三位
伯家御雜掌
一 近邊回禮、各入來賀。
一 入レ夜參籠例之通リ。
七日、甲寅。晴、午後少シ曇。

御千度

一 口祝、御千度、饗飯、掛リ湯例之通リ。

白馬神事

一 神馬相揃御神事例之通リ。神供獻進、無事執
行。當家馬間違ニ付不レ來。繪馬ニ而執行。未刻
退出。
八日、乙卯。晴。
一 出京、年禮西屋敷御所近邊、四條邊行向、二
更比歸宅。
九日、丙辰。半晴。
十日、丁巳。曇、巳刻比より晴。
十一日、戊午。半晴。
一 權祝東筑後守殿、去冬十二月廿一日より社納
立會之預リ金拾五兩斗所持ニ而行方しれす。去
冬より京都幷ニ大坂邊抔ヲ吟味致候得共、今日
ニ至リ行向方しらす。親類其外之人被二尋合一候
得共、行方しれす。表向ハ先所勞之體ニ而御神
事不參ナリ。

斧始

一 斧始例之通リ大小工來。組重・酒・鏡餅遣レ
之。
十二日、己未。晴。
一 出京、年禮ニ行向、初更比歸宅。
十三日、庚申。晴、夜來雨。

十四日、辛酉。小雨、曇。

左義長

一　左義長例之通り。

御千度

一　入レ夜參籠例之通り。御千度如レ例。

十五日、壬戌。半晴。

御千度

一　口祝、御千度、饗飯、掛り湯如レ例。

一　午剋御神事相催。内陣榮祐相愛、外陣房式相推、階上大床
種道、階上重吉、階下榮種重孝勤行。
神供獻進、無事執行。未下剋退出。

一　今曉四條通御旅町貮丁斗焼失。

十六日、癸亥。曇。

一　社務所朝夕節例之通り。

一　當番權祝房武所勞、代權禰宜相推、櫟谷祝重
孝。神供獻進、無事執行。
射手組權祝房武代權禰宜相推、櫟谷祝重孝代正
禰宜榮祐、無事執行。

一　社務所廳參例之通り。

十七日、甲子。半晴。

一　午後出京、野村行向、入レ夜歸宅。

十八日、乙丑。陰雨。

一　昨夜社務所へ雜式（色）より飛脚來。此度御上落（洛）ニ
付、松尾社中宅間數間數（マヽ）書取差出シ可レ申様、
大名へ借宅相成可レ申様子。朝飯後集會。社家
中七軒外ニ呉服所・本願所・客屋書付ヲ以雜式
之宅迄明十九日差出ス筈也。禁裏御所御撫物幷
ニ御朱印守護所ニ候間、御所表江窺申上候上、
御貸渡可レ申段、書付差出ス。外ニ御奉公ニ罷
出候社司之宅も有レ之旨書出ス。
神方中之宅も貸渡シ之趣申來由。

一　近邊之寺淨住寺・西芳寺・延慶菴三ヶ所も同
様申來由。

一　右書付神方沙汰人持參之筈也。

十九日、丙寅。曇。

二十日、丁卯。晴。

一　野村稽古能行向積之處、東家よりヘンネシ（マヽ）申
參り候間、見合在宅致居、近年勝手向直り金子
も多分ニ出來候間、我儘勝手斗被レ申事也。此

事ニ不レ拘、政事向諸事不揃之事斗ナリ。
廿一日、戊辰。晴。
廿二日、己巳。陰雨。
一　國役集會例之通リ。中飯・中酒ナリ。
一　東筑州去冬より行方しらす候處、攝州兵庫之宿屋ニ逗留之由心安者より告來ニ付、東江州下部壹人召連行向、一昨日同伴歸宅之由、松尾豊州宅迄被レ歸、本家幷ニ親類相談之由ナリ。
廿三日、庚午。半晴、午後時々時雨。
一　出京、野村へ行、古屋敷桂へ行、二更比歸宅。
廿四日、辛未。晴。
廿五日、壬申。半晴。
一　檢斷所初寄合。午後出勤。例之通リ組重・酒アリ。
廿六日、癸酉。陰晴、夜來雨。
廿七日、甲戌。半晴。
廿八日、乙亥。半晴。
一　東筑州歸宅後本家東中家より差扣(控)江被レ達、玄關之戸閉レ之。追而一社より御沙汰之事ナリ。金子返納之義(儀)者、追而仕方可レ被レ致筈之由ナリ。
一　東中家之息江州去冬より古屋敷與力桂莊作之娘縁談致置候處、此度引取之約定候得共、東筑州右之次第故、入輿難二出來一。併　御上落(洛)前ニ而古屋敷與力皆々大取込、組ニハ與力之宅皆々明渡シ貸渡シニ相成候故、此比ニ是非共引取呉候樣申參リ、依レ之今日荷物當家江引取ル。宰領人足之者者、中家ニ而飯・酒・肴等差出シ相成候事。
廿九日、丙子。時々雨。
二月朔日、丁丑。半晴。
一　出京、買物ニ行、古やしき桂へ行。明日入輿申來ニ付、相談ニ行、二更比歸宅。
二日、戊寅。晴、時々小雨。
一　午下尅比、桂ノ家内縁女入來。當家ニ而休足（息）。夫より東中家へ入輿。予も直様行向、東筑州之一件ニ付密々内々之事。莊作者所勞ニ付不參。二更比歸宅。
桂より當家へ爲二土産一左之通り來。
呂ノ肩衣地　予へ　手ふくさ（袱紗）
扇子三本入　　白ゑり（襟）　母公
　　　　　　扇子三本入　直へ
召仕之者江南壹片來。
一　中家午ニ内々申一婚禮之式、結盃相濟。地走（馳）者世上幷之地走（馳）ナリ。
三日、己卯。半晴。
神講
一　神講近例之通り。日供獻進。社司、神方惣參。朝飯ハ例之通り年寄より差出ス。
四日、庚辰。晴。
一　社務所集會。東筑州今日より閉門。本家東越州今日より三ヶ日之間遠慮。玄關戸閉之筑州宅へ松室相州・東遠州行向、申渡シ之事。
五日、辛巳。晴。
一　午後御用所へ出勤。
六日、壬午。陰晴。
七日、癸未。陰晴。
神講延引
一　神講明後九日之處、東筑州閉門中ニ付延引。追而日限次（治）定之事。
八日、甲申。風雲上ル。巳剋比より風雨。
九日、乙酉。時々小雨。
一　正三位榮親卿忌日。
十日、丙戌。晴。
十一日、丁亥。晴。
一　神方沙汰人より屆書之寫、左之通り。
一　　　　山田下野忰
　　　　　　山田兵庫
右者戊春不行跡ニ付、御咎被二仰付一候後、去秋より他出仕居、方外（法カ）之至、段々相斷歎候ニ付、已後心得違無レ之様書付爲レ致、三十ヶ日之間遠慮差扣申渡、神方中席次三人下ヶ細々申付置候。
　　　　　　山田下野

上野國酒造家太々神樂奉納

右前文之次第ニ而、忰教示不行届ニ付、五ヶ日遠慮差扣仕居候。

　右之通り昨五日評定之上申渡候。依此段御届奉ニ申上一候。以上

　　亥二月六日　　　山田大和

　　　御社務所

右者兼而一社へ内々伺來候義(儀)ニ付、神方中之任ニ所存ニ一爲ニ取斗一候事ナリ。

十二日、戊子。晴。

十三日、己丑。晴。

十四日、庚寅。曇、巳剋比より雨。

十五日、辛卯。晴。

十六日、壬辰。半晴。

十七日、癸巳。晴、申下剋比小雨風。

一　出京、古やしき桂へ行、野村へ行、入レ夜歸宅。

一　社務所より集會申來。予不參ス。今朝松室隅州東家へ入來ニ而、此度御上落(洛)ニ付、諸大名禁裏御所江度々參殿有レ之處、非藏人當時大井ニ無人ニ付、鴨・加茂(賀)・松尾社司之内より加勢ニ御出勤被レ下度由、内々非藏人奉行よりも被レ達候ニ付、急々名前可ニ差出一旨。依レ之權禰宜東遠江守、氏人東近江守、松室能登守、正祝之弟東松千代都合四人名前差出ス。

十八日、甲午。晴。

十九日、乙未。晴。

二十日、丙申。曇、巳剋比より雨。

二十一日、丁酉。晴。

二十二日、戊戌。半晴、午後曇、申下剋より雨。

一　東家取次上野國臼井郡酒造家中より太々御神樂獻進。未剋出仕。社司・神方惣參。

一　今度(将軍家茂)御上落(洛)之節、下々不レ及ニ難儀一様との厚き御趣意ニ付、大坂・伏見・京都御通行筋屋敷ニ竈蓋等ニ不レ及、町家其外都而平常之通相心得、二條・大坂御在城中も市中商賣等相休候ニ不レ及。御警衛之外者諸事常之通り相心得、御

上落(洛)ニ付而屋敷々々、町々等一切取締閒敷(マヽ)儀仕
閒敷候。
但、御通行筋人留等ニ不レ及、往來人片寄下
座致罷在不レ苦候。
右御書付從二江戸一至來候條、洛中洛外へ不レ洩
樣早々可二相觸一もの也。
廿三日、己亥。半晴。
廿四日、庚子。晴。
一 午後出京、野村へ行、入レ夜歸宅。
廿五日、辛丑。曇。
一 午後御用所へ出勤ス。
廿六日、壬寅。晴。
一 野村稽古能ニ行向、初更比歸宅。
廿七日、癸卯。晴。
廿八日、甲辰。晴。
廿九日、乙巳。陰雨。
一 當月廿二日夜、尊王之名義(儀)ヲ假リ、私意ヲ以
て横行ニ及ひ、足利之將軍木像之首ヲ抜取、梟
首致し、種々之雜言ヲ書顯候聞有レ之者共召捕
候。畢竟 朝廷官位之重ヲ不レ憚、奉レ輕二蔑
天朝一之至宥免難二相成一、猶吟味之上罪科ニ可レ
處事ニ候。乍レ去精忠正義實ニ暮(尊カ)攘ヲ志候者ハ、
於二 朝廷一固より被レ遊二御滿足一、幕府ニ而も御
採用相成候事候得共、聊無二疑心一愈忠義ヲ励、
心得違無レ之樣、一統江急度可レ被二申聞一候事。
二月
右之通松平肥後守(容保)殿御沙汰ニ付、洛中洛外へ
不レ洩樣可二相觸一もの也。
三十日、丙午。晴。
一 片岡駿河守殿先達而より所勞之處、不二相勝一
何時急變之程も難レ斗由ニ付申來。
三月(朔日)、丁未。半晴。
一 駿河守殿及二大切一候由申來。
一 來ル四日御上落(洛)。大津街道御城道筋三條通ヲ
室町通、二條通、御城御道筋去廿二日ニ御觸通
リ相心得可レ申段申來。火之元第一心得可レ申

初草神事

事。
二日、戊申。陰雨。
一　築山村片岡家へ東遠州同伴ニ而弔悔ニ行、に
しめ貳重送レ之。今晩密葬見立、二更比歸宅。
三日、己酉。半晴。
一　假服届差出ス。左之通リ。
喪叔父
二十日假　自二一昨朔日一至二來ル廿日一。
九十日服　至二六月朔日一。
右之通リ引籠申候。宜御披露可レ給候。已上
三月三日　　榮祐
　　　　　　相推
神主殿
正祝殿
但シ、神主者重服中ニ付、正祝江差出
ス。
一　初草御神事例之通リ。無事執行之由。
神供受ニ遣ス。
一　山田役人、宮仕、大小工禮ニ來。
四日、庚戌。晴、夜五ツ時比より雨。大樹公(家茂)今五
ツ時(辰剋)比ニ無事ニ二條城江御入城之由。
一　出京、伯耆方へ行、野村へ行、入レ夜歸宅。
五日、辛亥。曇、小雨。
六日、壬子。半晴。
七日、癸丑。晴。
一　片岡駿河守殿葬式。午剋比より築山村へ行
向。香資東遠州ト連名ニ而金百疋送レ之。名代
左之通リ。
名代小山左兵衛麻上下、侍壹人羽織袴、草リ(履)取
壹人、カンハン(看板)　鑓　箱壹人。
酉下剋比、皆々同伴ニ而歸宅ス。
八日、甲寅。半晴。
一　今日ヨリ七ケ日之間御祈被二仰出一候由。
九日、乙卯。曇、時々雨。
十日、丙辰。陰雨。
一　明日鴨下上江　行幸(孝明天皇)。大樹將軍(家茂)樣供奉之由ニ
付、母公、勝千代丸拜見ニ松尾伯耆方迄御出

て。
十一日、丁巳。陰雨。
十二日、戊午。晴。
一　爲二引籠一酒貳升伊賀局より、酒貳升東家より
見舞ニ來。
十三日、己未。半晴、午後曇。
十四日、庚申。曇、小雨。
十五日、辛酉。半晴。
一　出京、野村へ行、吉田江行、勝千代丸連入レ
夜歸宅。
十六日、壬戌。晴。
一　東筑後守殿先達而より閉門之處、今日ヨリ御
免ニ相成、社家中も故障之人有レ之候ニ付、無
人故、以二御憐愍ヲ一被レ免候事ナリ。
十七日、癸亥。曇、時々小雨。
一　昨未下剋大宮神輿修復出來ニ付、當方之物見
之先迄持來。
十八日、甲子。晴。
十九日、乙丑。晴。
二十日、丙寅。陰晴、三更比より雨。

神幸の件

一　大樹(家茂)公此比御發足之由ニ付、御用之人足何時
御入用難レ斗ニ付、明日之神幸辰半剋ニ御神事
相始可レ申段、社務所ヨリ申來。尤轅下村々より
願出候由也。
一　御社領御用之人足昨日罷出候由、今午剋比ニ
皆々歸村致候由。
廿一日、丁卯。雨、午剋比より晴定。

神幸

一　神幸御神事。正午剋　神供獻進、無事執行之
由。
社司無人ニ付、氏人東江州、松室能州出勤之
由。
御渡舟申下剋比無事。神供受ニ遣ス。
一　此度京都江諸大名上京ニ付、往來有レ之ニ付、
神幸道筋行逢之節混雜致候ニ付、稲荷社ハ以前
願出行逢之節禮節如何可レ致哉窺候處、御所表
ヨリ所司代江御達ニ相成、警固被レ立候由ニ付、

當社及レ聞、稲荷社江問合伯(マヽ)川家江願出候處、兩三日以前ヨリ取掛リ候事故、餘日も無レ之候間、今日之處ハ御沙汰ニ不レ被レ及候由、追而御沙汰可レ有レ之趣ナリ。

右一件ニ付、於二社務所ニ一而度々集會有レ之由也。予者假中故不二行向一候得共、内々聞合ナリ。

一　昨日社務所ヨリ觸來。刻限之處、御用之人足先見合ニ相成候様子故、例刻ニ御神事執行之由ナリ。

一　申刻比、東家へ新屋敷同心貳人來申ニハ、今午刻比所司代牧野備前守殿(忠恭)被レ達候。今日松尾神幸ニ付警固ニ罷出候様被レ達候ニ付、與力五人騎馬、同心も四五人西七條村御旅所へ罷出候處、御旅所ニ者何ニも御承知無レ之趣如何可レ致哉。途中警固致候事者、是迄寺社ニ者頓と無二御座一如何可レ致哉。銘々麻上下用意致居候ト申ニ付、御旅所江御出被レ成度旨東家ニ而引合有レ之様子ナリ。

廿二日、戊辰。晴。

一　近邊忌明ニ行向。

廿三日、己巳。陰晴、申刻比より雨、曉天強雨。

一　出京、野村へ行、寺町邊買物ニ行、入レ夜歸宅。

廿四日、庚午。雨、午刻比より晴定。

廿五日、辛未。晴。

廿六日、壬申。晴。

社務所集會

一　朝飯後社務所集會。還幸之節、所司代より警固出役致候ニ付、社司并ニ神方供奉相談。綸旨・神寶等唐櫃ニ而執行。諸事相談。神方兩人旅所之社人等も來何歟相談。粗(治)次定。明後廿八日太麻獻上之節、伯家江申出之事。明日稲荷社之神幸之節問合之筈也。

廿七日、癸酉。晴。

廿八日、甲戌。晴。

一　北ノ御門前鳥居、川端村より奉納有レ之處、此度大破ニ付、柱壹本根ツキ、カサギ(笠木)惣年寄江

段々頼承知ニ付、則昨夕右之木社頭江着致候故、右爲二挨拶一予、山田下野年寄貳軒江酒五升ツヽ持參ニ而禮ニ行向。大工泉之丞召連、御神庫之木福田利兵衛方ニ而買求。

廿九日、乙亥。晴。

一　朝飯後還幸之節、警固一件ニ付集會。

三十日、丙子。半晴、申剋頃より小雨。

一　出京、野村行、新屋敷へ還幸之節警固出役之相談ニ行、入レ夜歸宅。

四月朔日、丁丑。小雨。

御留守詣

一　御留主(守)詣例之通リ執行之由。

二日、戊寅。雨。

三日、己卯。半晴。

社務所集會

一　朝飯後集會。昨夜御旅所預リ渡邊播州親類九條殿諸大夫、石井次部(治)少輔殿、西七條村之役人中平同伴ニ而東家江入來。此度御祭之節御所より之警固幷ニ社司御迎ニ罷出候事、何分新規事故、旅所ニおいてハ一統不承知之旨ニ付、此義(儀)者御請申かたく由返答ニ入來ニ付、掛合之義(儀)相談之事。

四日、庚辰。晴。

五日、辛巳。陰雨。

一　午後御用所へ出勤ス。

六日、壬午。陰雨。

一　巳剋比より東家より集會申來、行向候處、此度還幸ニ付警固幷ニ社司御迎ニ罷出候一件ニ付、唐橋村より役人兩人來ニ付、掛合之儀相談。右役人面會、旅所預江引合之義(儀)申渡ス。

七日、癸未。曇時々雨。

一　午後於二社務所一集會。御旅所ヨリ新規之事ハ是非共不承知ニ付、社司兩人御迎之義(儀)者止メ、神方六位壹人、沙汰人兩人騎馬ニ而御迎、着用者沙汰人ヒタヽレ(直垂)、綸旨・神寶辛(唐)櫃貳荷宰領、社役人六人黄衣着用次定(治)ナリ。

八日、甲申。晴。

一　綸旨正祝出頭之由。

社務所集會

九日、乙酉。晴。
一　葵東家江受ニ遣ス。
一　神方沙汰人御迎、山田大和大紋騎馬、綸旨櫃ワクニ入ル。社役人貳人付添、御太刀箱社役人貳人付添。山田越前大紋騎馬、長尾長門介衣冠單騎馬。巳剋比より出頭。右道筋タライノ木ヲ下、片木原、地藏、川嶋村、今堂村、七條通。
一　月讀社御舟御神事、例之通リ無事執行之由。
一　氏人東江州、松室能州加勢出勤、衣冠單着用。
一　申下剋比、御渡舟無事還幸。
一　神供獻進、無事執行之由。神供受ケニ遣ス。奉幣正祝相愛、無事例之通リ。
一　警固上雜式(色)、下雜式(色)出役之由也。
一　所司代より之警固者、御所表より被レ止メ候由、諸事稲荷社同様ニ被二仰渡一候事。
十日、丙戌。半晴。
十一日、丁亥。晴。
一　石清水八幡宮江行幸。大樹(家茂)様供奉。御所労之由ニ而御不參。其外堂上・大名方供奉。御道筋堺町御門、三條油小路通、稲荷御旅所小休、城南離宮小休、下鳥羽村小休。諸人拜見人留無レ之、三月十一日下鴨江行幸之通リ。
十二日、戊子。朝曇、巳剋比より晴。
十三日、己丑。半晴。
十四日、庚寅。晴。
十五日、辛卯。陰晴。
一　午後檢斷所へ出勤ス。
十六日、壬辰。半晴。
十七日、癸巳。雨。
十八日、甲午。晴。
十九日、乙未。半晴。
一　出京、新屋敷へ行、野村へ行、二更比歸宅。
二十日、丙申。雨、午後止、曇。
一　午後社務所集會。
廿一日、丁酉。晴。

一　大樹様(家茂)石清水八幡宮江御參詣、坊ニ而御中
飯、夫ヨリ御乘船ニ而、大坂之城江御出之由、
尤觸書來。
廿二日、戊戌。晴。
廿三日、己亥。晴。
廿四日、庚子。晴。
廿五日、辛丑。晴。
一　午後檢斷所へ出勤。東筑州去冬心得違ニ付檢
斷所調方御取上ケ、後役氏人東江州調方被二申
付一候。去十八日ニ予より申達ス。
廿六日、壬寅。半晴、夕方より雨。
廿七日、癸卯。雨、午後晴。
廿八日、甲辰。晴。
一　出京、松伯へ行、野村へ行、入レ夜歸宅。
廿九日、乙巳。晴。
五月朔日、丙午。陰雨。
御千度
一　御千度例之通リ、無事執行之由。饗飯持來。
二日、丁未。晴。
一　此度武邊より申來觸書左之通リ。
攘夷之儀、五月十日、可レ致二拒絶一段御達相成
候間、銘々右之心得ヲ以自國海岸防禦筋彌以嚴
重相備、襲來候節者掃攘致し候樣可レ被レ致候。
右之通リ山城國中江御達ニ相成候事。
三日、戊申。半晴。
四日、己酉。半晴。
五日、庚戌。陰雨。
端午神事
一　端午御神事。御神供受ニ遣ス。無事執行之
由。
山田役人、宮仕、大小工禮ニ來。
六日、辛亥。陰晴、時々小雨。
七日、壬子。晴。
一　出京、野村へ行、金毘羅へ參詣、入レ夜歸宅。
八日、癸丑。陰雨。
九日、甲寅。陰晴。
十日、乙卯。晴。
十一日、丙辰。晴、夕立、曉天貳度夕立。

十二日、丁巳。晴。
一　築山村片岡五十日之日明(忌カ)被レ招行向。三十日掛ヶろうそく(蠟燭)貳丁送レ之。
十三日、戊午。半晴。
十四日、己未。夕立、遠雷。
十五日、庚申。晴。
一　神庫柱石幷ニ石掛ヶ(垣カ)石見分。予、山田主税、大工泉之丞、人足貳人同伴ニ而山間江出役行向。明日角倉へ申付、小屋少(小)舟三船出、積下シ傘屋茂兵衛方迄着舟之筈申付、申下剋比歸宅。
十六日、辛酉。晴。
十七日、壬戌。晴。
十八日、癸亥。晴。
十九日、甲子。晴、夜來夕立。
一　朝飯後集會。此度御普請神庫一件、御田神能、當年之處ハ御時節柄ニ付、延引可レ致宜哉相談ナリ。
二十日、乙丑。雨、夕立。
廿一日、丙寅。晴。
廿二日、丁卯。晴。
廿三日、戊辰。陰晴、夜來小雨。
一　野村稽古能ニ行向、二更比歸宅。
廿四日、己巳。晴。
廿五日、庚午。晴。
一　午後、檢斷所へ出勤ス。
廿六日、辛未。晴。
廿七日、壬申。晴。
廿八日、癸酉。晴、夕立、雷鳴四五聲アリ。
廿九日、甲戌。晴。
三十日、乙亥。半晴。
六月朔日、丙子。陰晴、時々雨。
二日、丁丑。時々雨。
一　九十日服相濟ニ付、社參。御寶庫作事場へ出勤。
三日、戊寅。晴。
四日、己卯。晴。

五日、庚辰。晴。
一　出京、野村へ行、入レ夜歸宅。
六日、辛巳。晴。
七日、壬午。晴、遠雷、夕立。
八日、癸未。晴。
九日、甲申。晴。
十日、乙酉。晴。
十一日、丙戌。晴、午刻比小雨。
十二日、丁亥。陰晴、時々小雨。
一　出京、三條屋敷、古屋敷、新屋敷暑中見舞ニ
　行向、野村へ行、二更比歸宅。
十三日、戊子。陰晴。
十四日、己丑。晴。
十五日、庚寅。晴、夕立。
一　檢斷所へ出勤ス。
十六日、辛卯。晴。
十七日、壬辰。晴。
十八日、癸巳。晴。
十九日、甲午。晴。
二十日、乙未。陰晴風、午後時々小雨。
一　此度御寶庫建作ニ付、普請方神方之内三人出
勤致居候處、無レ程上棟前ニ而職人も數人出入
致居候間、今日予、松室薩州兩人隔日ニ朝より
出勤相談ス。予今日より出勤。
廿一日、丙申。晴。
廿二日、丁酉。晴、遠雷。
一　御普請所へ出勤ス。
廿三日、戊戌。晴。
一　朝沙汰人御神事催ニ來。
一　予昨夕より流行之眼病ニ付、不參ス。家内不レ
殘眼病。
一　御神事無事執行之由。神供受ケニ遣ス。諸事
例之通リ。
一　御能當年者御所表江御遠慮ニ付、止メ、翁
斗。野村久□(馬カ)藏外ニ三人入來。當方ニ而一宿。
植女拜殿江三度廻リ之節囃子方例之通リ。

一　御能御下行。今明日兩日ニ而近例之通リ米壹石遣シ可レ申約定。近例者御普請之節御假殿ニ而翁執行、其節者御假殿之釣殿、此度者舞臺ニ而勤レ之。

廿四日、己亥。晴。

一　朝宮仕御神事催ニ來。予不參。

一　神供獻進、無事執行。神供受ケニ遣ス。

翁昨日之通リ野村勤レ之。

一　大樹（家茂）公去十三日ニ大坂表より乘着船ニ而御歸府之由ナリ。

廿五日、庚子。晴。

廿六日、辛丑。晴。

一　御普請所へ出勤ス。

廿七日、壬寅。晴。

一　御普請所へ出勤ス。

廿八日、癸卯。晴。

一　出京、野村へ行、松伯へ行、二更比歸宅。

廿九日、甲辰。晴。

一　御普請所へ出勤ス。

七月朔日、乙巳。晴。

一　御寶庫柱立。御祝酒。大工手傳人足等酒肴遣ス。

御普請掛リ五人共未剋比より出勤。

二日、丙午。晴、午後雨、申剋比より晴。

一　御普請所へ出勤ス。

三日、丁未。陰晴、時々雨。

四日、戊申。時々雨。

一　御普請所へ出勤ス。

五日、己酉。朝雨止ル。

六日、庚戌。晴。

一　御普請所へ出勤ス。

七日、辛亥。晴。

七夕神事

一　七夕御神事。辰刻出仕。權祝房武、櫟谷禰宜榮種所勞不參。

外陣相命榮祐、大床相愛房式、階上相推種道、階下重吉重孝。神供獻進、無事。

一　山田役人、宮仕、大小工禮ニ來。
一　社務所廳參例之通リ。
八日、壬子。陰晴。
一　御普請所へ出勤ス。
一　未下剋比より檢斷所へ出勤。
九日、癸丑。雨。
一　御普請所大工之勘定ニ行。
一　午時より谷川勘定於二檢斷所ニ一而相催（モヨヲス）、例之通リ中飯・酒アリ。
十日、甲寅。陰晴。
一　御普請所へ出勤。
十一日、乙卯。晴。
一　嵯峨角倉鍋次郎殿方より先代珪應干（了カ）以貳百五拾回忌ニ付、過日赤飯持來ニ付、三拾掛ケ之ろ（匁脱カ）うそく拾丁送レ之。下部ニ而爲レ持遣ス。東家も同様。
十二日、丙辰。晴。
一　新嘗會御神事例之通リ無事執行。
正祝相愛、權祝房武所勞不參。
一　御普請所へ出勤ス。
一　御普請方社司兩人、神方三人出勤之者へ、壹日ニ付米壹升ツヽ五人江被レ下、七夕之節相談次（治）定。今夕御藏ヨリ銘々頂戴ス。予十二日之出勤ニ付、米壹斗貳升被レ下レ之。
十三日、丁巳。晴、午後時々小雨、夜來雨。
一　未剋比より出京、買物ニ行向、入レ夜歸宅。
十四日、戊午。雨。
一　勝千代丸囘禮。近邊之息入來。
十五日、己未。陰晴、小雨。
一　近邊囘禮、各來賀。
十六日、庚申。陰晴、時々小雨。
十七日、辛酉。晴。
十八日、壬戌。晴。
十九日、癸亥。晴、時々曇。
一　御普請所へ出勤ス。
二十日、甲子。陰晴、時々細雨。

廿一日、乙丑。雨、夜來強雨。
一　御普請所へ出勤ス。
一　桂川八尺斗出水。上野橋、桂ノ橋落ル。渡月橋出水ニ而悪シクナル。
廿二日、丙寅。半晴。
廿三日、丁卯。晴。
一　御普請所へ出勤ス。
廿四日、戊辰。陰雨。
廿五日、己巳。晴。
廿六日、庚午。晴。
一　御普請所へ出勤ス。
廿七日、辛未。半晴、暮時比より雨。
廿八日、壬申。陰雨。
一　御普請所へ出勤ス。
廿九日、癸酉。陰晴。
三十日、甲戌。雨。
一　御普請所へ出勤ス。
八月朔日、乙亥。陰雨。

一　例年之相撲執行之處、當年者　御所表江御遠慮ニ付、御田神能之通リ相止メ、樓門前ニ四本竹立、土表(俵)形拵、上山田村より下山田村迄十五才以下之子共(供)ニ三番爲レ取。壹人ニさらし木綿六尺ツヽ六人ニ遣スニ次(治)定ノ事。
奉行所江ハ過日沙汰人より角力延引之屆差出ス。無事相濟。
二日、丙子。半晴、時々小雨。
一　御普請所へ出勤ス。
三日、丁丑。晴。
一　午後出京、野村へ行、入レ夜歸宅。
四日、戊寅。晴。
一　御普請所へ出勤ス。
五日、己卯。半晴。
一　檢斷所へ出勤ス。
六日、庚辰。半晴。
一　御普請所へ出勤ス。
七日、辛巳。晴。

一　御普請所へ出勤、薩州代。

八日、壬午。晴、申剋比より曇、曉天小雨。

一　野村稽古能ニ行向、初更比歸宅。

九日、癸未。曇。

十日、甲申。晴。

一　長州之家中於二神山ニ一獅(猪)々狩致度由申來ニ付、村役より申來。昨今登山之由、凡百人斗も來。

一　御普請所へ出勤ス。

十一日、乙酉。晴。

一　於二社務所ニ一朝飯後集會。權禰宜相推、氏人命雄、同房經春以來より非藏人御雇ニ御所表江出勤有レ之候處、此比神方中之内追々ト堂上方江雇出勤致度由沙汰人より屆出候ニ付、非藏人出勤之義(儀)者、此比より所勞長斷差出シ辭退可レ致歟可レ然。左候へ者神方中も堂上方江出勤者止メ可レ申。

（以下原本約九行分空白）

十二日、丙戌。半晴。

一　御普請所へ出勤ス。

十三日、丁亥。曇、夜來雨。

一　出京、野村へ行、古やしき桂へ行、入レ夜歸宅。

十四日、戊子。陰雨。

一　御普請所へ出勤ス。

十五日、己丑。陰晴。

一　朝飯後社務所集會。神山、松茸山割分配、御神藏拜領米之相談、左之通リ次(治)定。

社司皆勤玄米五斗（但シ、壹ケ年ニ貳ケ度ハ用捨、文久二年ヨリ當八月迄。）

同　五ケ度迄之不參者三斗

同　十ケ度迄之不參者貳斗五升

但シ、十ケ度巳上者不レ被レ下。

右神方中ハ此半分貳斗五升

尤昨春より當八月迄勘定。

右米渡來ル十八日朝飯後被レ下レ之事。

十六日、庚寅。曇、夜來雨。

一　御普請所へ出勤ス。
十七日、辛卯。晴。
十八日、壬辰。晴。
一　御普請所へ出勤ス。
一　去十五日集會相談拜領米左之通リ。
昨春より當八月迄出精出勤賞被レ下。
一　神主相命、權禰宜相推、月讀禰宜種道皆勤。
一　正禰宜榮祐、正祝相愛、權神主房式、櫟谷祝重孝貳ヶ度不參。
一　月讀祝重吉壹ヶ度不參。
右社司五斗ッヽ拜領也。
外ニ權祝房武拾貳ヶ度不參、櫟谷禰宜榮種十七ヶ度不參、右兩人者不レ被レ下レ之。
一　神方中皆勤之者江貳斗五升ッヽ、三ヶ度より五ヶ度迄不參之者江者壹斗五升ッヽ、六ヶ度より十ケ度迄不參之者江者壹斗貳升五合ッヽ。
一　豊後介　越前　因幡　大和　外記　主祝(稅)
右皆勤。
一　下野　主水　壹ヶ度之不參。
一　左衛門　將監　貳ヶ度之不參。
一　長門介　次部(治)　兵部　雅樂　三ヶ度之不參。
一　大炊　四ヶ度之不參。
一　大藏　五ヶ度之不參。
一　縫殿　十ヶ度之不參。
一　藏人　六ヶ度之不參。
外ニ勘(解)ヶ由　十一ヶ度之不參、是ハ何ニも不レ被レ下レ之。
一　右社司、神方中於二本願所ニ一而集會拜領ス。
故障者不參之數ニ不レ入。
十九日、癸巳。陰雨。
二十日、甲午。時々雨。
一　御普請所へ出勤ス。
廿一日、乙未。晴。
一　出京、野村へ行、新屋敷へ行、入レ夜歸宅。
廿二日、丙申。晴。
一　御普請所へ出勤ス。

廿三日、丁酉。晴。
廿四日、戊戌。晴。
一　御普請所へ出勤ス。
廿五日、己亥。晴。
廿六日、庚子。曇。
一　御普請所へ出勤ス。
廿七日、辛丑。晴。
廿八日、壬寅。晴。
一　御普請所へ出勤ス。
廿九日、癸卯。晴。
一　出京、野村へ行、松伯江行、入レ夜歸宅。
三十日、甲辰。晴。
一　御普請所へ出勤ス。
一　弟死去ニ付、山田下野二十日假、九十日服、
叔父死去ニ付悴兵庫二十日、九十日服申來。
九月朔日、乙巳。晴。

御千度

一　御千度例之通リ、社司九職出勤。權祝房武所
労不參。
二日、丙午。晴、申剋比雨、直ニ止メ。
一　御普請所へ出勤ス。
三日、丁未。晴。
四日、戊申。晴。
一　御普請所（へ）出勤ス。
五日、己酉。晴。
六日、庚戌。雨、午後曇。
一　御普請所へ出勤ス。
七日、辛亥。晴。

宗門改

一　宗門改集會。例之通リ中飯・中酒アリ。過日
宗門改之義（儀）、天保十四年度之通リ相改差出シ可
レ申段、觸書來ニ付、當年より如二以前一人數書ニ
而差出ス積。兩三日以前雑式（色）松村三吾方へ及二
内談一處、先ハ差出シ可レ被レ成旨申ニ付、其積
ニ而帳面拵可レ申積ナリ。
八日、壬子。晴、時々曇。
一　御普請所へ出勤ス。
九日、癸丑。晴。

重陽神事

一　重陽御神事。辰剋出仕。神方縫殿、勘ヶ(解)由不參、沙汰人大和居レ之。
外陣相命、榮祐、大床相愛、房式　階上相推、房武　階下種道、重吉　同榮種、重孝。神供獻進、無事執行。
社務所廳參、予不參ス。

一　御寶庫御普請出來ニ付、棟上之式執行可レ及(致歟)之處、御時節柄御遠慮ニ付、大小工江御祈禱申付、上棟之式延引。大小工之御祈禱御寶庫中ニ而備レ之。神供御日米之御飯貳ッ、カマス、松茸、青豆白木具ニノセ備レ之。貳通リ。大小工白淨衣ニ而御祈禱相勤。
本宮江ハ別段神供不レ獻。今朝御神事相濟、直ニ大小工勤レ之。
大工泉之丞國名ヲ先達而より願出、一社江及二相談一候處、他社向モ國名有レ之樣子ニ而此度御寶庫之精トシテ國名差ユルス。今朝改而國名若狹ト遣ス。但シ、(十四字朱)社務所ニ而書付ヲ以申達ス。
　御寶庫出來ニ付祝儀物左之通リ。

一　金貳百疋ッヽ　棟梁貳人大小工へ。
一　〃百疋　泉之丞忰木工之助へ。
一　〃五十疋ッヽ　大小工之番匠九人へ。
一　〃同斷ッヽ　屋根師七兵衛、手傳寅右衛門兩人へ。
一　〃百疋肴料・祝酒　大小工番匠手傳遣ス。
　酒五升　棟梁之宅ニ而頂戴致候由也。

十日、甲寅。晴。

十一日、乙卯。晴。
一　御普請所へ出勤ス。

十二日、丙辰。晴。
一　出京、野村へ行、古やしき桂へ行、二更比歸宅。

十三日、丁巳。曇。
一　御普請所へ出勤。

十四日、戊午。陰晴。
　觸書之寫左之通リ。
浮浪之者一宿又者同居爲レ致候義(儀)不二相成一段

者、先前より相觸置候處、近來猥ニ相成、殊ニ
當節柄諸藩式者正義之士抔ト僞名ヲ唱候止宿致
居候ものも有レ之哉ニ相聞、以之外之事ニ候。
依レ之町役人等日々見廻リ、此上右様之者有レ之
候ハヽ、聊無二斟酌一速ニ月番御役所へ訴出へし。
若等閑ニ相心得候ものも有レ之候者、宿主ハ勿
論、町役人等迄嚴重ニ可二申付一條、此旨可二相
心得一候。

右

御所ヨリ御沙汰之趣も有レ之ニ付、洛中洛外へ
不レ洩様、早々急度可二相心得一もの也。

亥八月廿三日

中山家公達之由、浪士相交、多人數具足差、
抜身・鎗・長刀ヲ携、河州路ニ而　勅命ト僞、
武具・馬具等ヲ借受、和州路へ立越、御代官陣
屋等放火及二亂妨一輩者、全徒黨一揆ヲ企候もの
共ニ付、取鎮方嚴重、大名江被二立入一、如何體
申あさむき（欺き）いさなひ（誘う）候とも、まとわされ（惑わされ）間敷
候。若心得違、右ニ徒黨いたし候もの有レ之候
者、嚴重ニ可レ及二沙汰一候。

右之趣急度相守、違背有レ之間敷候。此旨
早々山城國中へ可二相觸一もの也。

十五日、己未。晴。
一　御普請所へ出勤ス。
十六日、庚申。曇、夕方より雨。
一　御千度例之通リ。權神主房式代息氏人房經。
其餘者出勤。饗飯如レ例。
十七日、辛酉。雨、巳剋比より晴定。
一　御普請所へ出勤ス。
一　桂莊作始而中東家江入來。當方へ向テ入來。
入輿之節ハ、所勞ニ而不參ニ付、俄ニ入來。暫
休足（息）、中家へ行向。予モ行向。御時節柄ニ付、
羽織・袴。此度縁談取組爲二挨拶ト一、當方江肴
料金五百疋、扇子料金百疋持參也。
十八日、壬戌。陰晴。
十九日、癸亥。晴。

一　御普請所へ出勤ス。
二十日、甲子。晴。
一　出京、野村へ行、寺町邊へ買物ニ行、入レ夜歸宅。
廿一日、乙丑。陰雨。
一　御普請所へ出勤ス。
廿二日、丙寅。半晴。
一　出京、野村へ行、古屋敷桂へ行、二更比歸宅。
廿三日、丁卯。曇、巳剋比より雨。
九月廿二日到來觸書之寫。
　三條西中納言（季知）　三條中納言（實美）
　東久世少將（通禧）　壬生修理權太夫（基修）
　四條侍從（隆謌）　錦小路右馬頭（賴德）
　澤主水頭（宣嘉）（正）
右七人去十八日以後同伴及二他國一候段、不レ憚二朝威一甚如何ニ被二思食一、被レ止二官位一候。
和州五條一揆之中山之如く何方江手寄、僞名を唱、諸人を恐惑ハし候も難レ斗候。何方江罷越、僞名を唱候共、聊無二斟酌一取押可レ有レ之御沙汰候事。
　但、若亂暴ヶ間敷有レ之候者、臨機之處置召捕可レ有レ之候。
右之御書付松平肥後守（容保）殿御渡ニ付、此旨洛中洛外へ不レ洩樣、早々可二相觸一もの也。
　九月三日
元中山侍從（忠光）、去五月出奔官位共返上、祖父以下義絶、當時庶人之身分候處、和州五條之一揆中山中將或者中山侍從與名乘、無謀之所業有レ之由候得共、敕諚之旨相唱候故、斟酌いたし候者も有レ之哉ニ相聞候。當時稱二官名一者全僞名、且不レ憚二朝權一唱二敕諚一候段、國宗之亂賊ニ而、朝廷より被二仰付一候者ニ而者一切無レ之候間、早々打取、鎭靜可レ有レ之、討手之面々江不レ洩樣可二相達一事。
右之書付松平肥後守殿御沙汰ニ付、此旨洛中

洛外へ不レ憚（洩歟）様、早々可二相觸一者也。
一　御普請所へ出勤ス。
廿四日、戊辰。陰晴。
廿五日、己巳。半晴、時雨アリ。
一　御普請所へ出勤ス。
廿六日、庚午。半晴。
一　今宮御旅所神能ニ行、三更比歸宅。
廿七日、辛未。晴、時雨アリ。
一　御普請所出勤、入魂。

京酒造家太々神樂奉納

一　京酒造家中より太々御神樂獻進。社司、神方惣參。午剋ニ出仕。櫟谷禰宜榮種所勞不參。
廿八日、壬申。晴、時雨アリ。
廿九日、癸酉。晴。
一　東越州、江州始而古屋敷桂へ行向ニ付、予同伴行向。二更比相濟、歸宅。
十月朔日、甲戌。曇。
一　御藏附例之通リ。午後出勤。祝酒・肴アリ。米納壹石餘リ上納。權神主、櫟谷禰宜不參、氏人東江州、松室能州出勤。
二日、乙亥。晴。
一　御普請所へ出勤ス。
三日、丙子。晴。
一　御普請所へ出勤ス。
四日、丁丑。晴。
一　御普請所へ出勤ス。
五日、戊寅。曇。
一　檢斷所へ出勤ス。
六日、己卯。曇、巳剋比より風雨、午後晴定。
七日、庚辰。半晴。
一　午後御普請所へ出勤ス。
八日、辛巳。半晴。
一　午後出京、野村へ行、入レ夜歸宅。
九日、壬午。晴。
十日、癸未。晴。
一　於二野村宅一寺田追加能相催ニ付行向、三更比歸宅。

十一日、甲申。曇。

八講會　一　八講會之義(儀)、昨年通り今日一日執行之義(儀)三井寺より申來ニ付、諸事昨年之通り執行。

十二日、乙酉。晴。

十三日、丙戌。晴。

十四日、丁亥。晴、午後より雨。

一　午後出京、野村へ行、入レ夜歸宅。

十五日、戊子。晴。

一　午後檢斷所へ出勤ス。

十六日、己丑。半晴。

一　野村稽古能行向、初更比歸宅。

十七日、庚寅。半晴。

十八日、辛卯。晴。

十九日、壬辰。半晴。

二十日、癸巳。半晴、時々曇、寒風初氷。

一　勢州・越州・遠州同伴ニ而愛宕山江參詣、入レ夜歸宅。愛宕山者雪降寒風。

廿一日、甲午。晴。

一　出京、松伯へ行、古屋敷桂へ行、二更比歸宅。

廿二日、乙未。晴。

廿三日、丙申。晴。

廿四日、丁酉。半晴。

廿五日、戊戌。晴、曉天時雨。

一　午後檢斷所へ出勤ス。

廿六日、己亥。晴。

廿七日、庚子。晴。

廿八日、辛丑。晴。

一　東家相命卿次男此度官位申願度(一字朱)由、過日願書被二差出一候ニ付、午後於二當家ニ一社家中集會。越州・遠州・相州・薩州・加州入來。東家ニ而集會之義(儀)頼出候得共、當家ニ而致呉候樣東家より頼ニ付、無レ據相催ス。然ル處、相談致候處、神主殿より被二差出一候願書且亦被二申居一候事、勝手宜樣之事斗(五字朱)及二相談一候處、東筑州不參ニ付、相談次定(治)難二出來一、酉剋比ニ皆々歸宅。來

二日ニハ不參無レ之樣、午後當家江集會之約定ニ而被レ歸ナリ。

一　官位宣下之上、當家之別家享保年中ニ東家より養子ニ被レ參、其後絶家ニ相成候松尾大學之家ヲ、此度東家之別家トシテ取立申度由(一字朱)、過日以來より私(拙カ)者へ相談有レ之候得共、當家之別家トシテ御取立被レ下事ナレハ承知致候得共、貴家之別家トシテ御取立之義(儀)者承知難二出來一候段(一字朱)、度々春來相談致候ニ付(四字朱)、依レ之一家取立之義(儀)者止メ、氏人ニ而官位申願度、自然闕職ニ相成候へ者、櫟谷之禰宜、祝ハ勿論、權禰宜、祝タリ共申願度神主之積、左候へ者、三軒ニ相成候而ハ舊家・新家之談合不二相立一(八字朱)、權禰宜、祝之兩家之内一家ハ無祿ニ相成候間、自然左樣ニ相成候時之仕方之義(儀)ハ如何可レ致哉(六字朱)、神主江及二相談一ニ候得共、夫ハ頓とトンジヤクモ無レ之由、權職兩家江得ト御勘考有レ之候樣(一字朱)、私(拙カ)者よりも申達ス。

廿九日、壬寅。曇、辰下剋比より雨。

三十日、癸卯。晴。

十一月朔日、甲辰。晴、夕方曇。

一　貳番納御藏附例之通リ。出勤ス。四拾五石餘(五字朱)收納。

二日、乙巳。曇、午剋比より晴。

一　午後於二當家ニ一社家中集會。去廿八日之一件、今朝東筑州より願被二差出一候。各入來之上、取々相談ニ相成候得共、何分權兩職一家ハ無祿ニ相成候義(儀)歎ヶ敷段、當時權祝筑州歎願被レ致候。東遠州者東家之別家故、其時ニ相成候節者、助力被レ致候樣子、筑州之處ハ權神主之別家故、助力之出處(デドコロ)無レ之、銘々相談次(治)定難レ調、櫟谷兩職之處ハ一闕ニも相成候へ者、被二相望一候而も宜候得共、權兩職之處ハ一闕ニ相成候共被レ望不レ申樣次(治)定ニ相成候子ハ(「ハネバ」カ)、社中混(コン)亂致候間(一字朱)、此段神主殿へ返答可レ及旨ニ付(二字朱)、夕方予松室相州同伴ニ而東家へ行向。神主面會、右之次第及㆓返答ニ㆒候處、神主取々色々ト被㆑申候得共、兩人より色々ト取押へ、當家ニ而相談之趣ニ次（治）定ス。神主より被㆓差出㆒候願書（一字朱）及㆓返却ニ㆒ナリ。被㆓差出㆒候願書左之通リ。

神主二男氏人松千代

右去ル弘化三年正月氏人新入仕候處、去ル天明四年十二月于㆑時氏人房良官位初而蒙㆓宣下㆒候以來之例ヲ以、此度官位申願度候。且當時及㆓絶家㆒候得共、延寶年中社司一家御取立之例も有㆑之候。旁一家御取立奉㆑願候。右者不㆓容易㆒願ニ候得共、不肖之相命三百有餘年御中絶之遷宮奉仕幷社務在職及㆓二十七ケ年ニ㆒候勤勞等、聊御表賞被㆓成下㆒預㆓御許容㆒者深畏入奉㆑存候。以上

文久三年

亥十月　社務相命印

一社御中

右之通リ被㆓差出㆒候奉書三ツ折、今夕兩人行向之節返ス。當家之別家取立之義（儀）者止メ、當時氏人ニ而官位斗之事、權禰宜、祝家へ被㆓差入㆒候一紙左之通リ。

一札

一　此度私官位之儀申願候處、於㆓社職㆒者自然櫟谷職闕有㆑之節者、相願申度奉㆑存候得共、權禰宜、祝職之儀者、譬一闕有㆑之候共、決而相望申間鋪候。依而爲㆑念一書差出置申候處如㆑件。

年號月日　氏人　東松千代印

權禰宜　東遠江守殿

同　祝　同筑後守殿

右之通リ認メ本人より被㆓差入㆒筈也。

三日、丙午。晴、夜來寒風。

一　出京、松尾伯方へ行向、野村へ行、入㆑夜歸宅。

四日、丁未。晴、寒風。

一　東勢州入來。親共申居候二日ニ御返シニ相成候願書之表ニ、左之通リ認メ呉候様下書持參ニ而入來。無レ據承知認メ返ス。

今般氏人松千代殿官位被レ願候ニ付、此一紙御差出有レ之候得共、右松千代殿官位被二相願一候儀者、御取立之先例も在レ之、惣官殿御勤勞之賞ニ相競候程之義(儀)ニ而も無レ之候間、一社評定之上令二返上一候也。

亥十月二日　　正禰宜
　　　　　　　　榮祐書判

神主殿

右之通リ書認メ返渡ス。社家中江ハ見セ不レ申候故、跡(後)ニ而彼是申人有レ之哉ニ存候得共、私(拙カ)者壹名故一存意ニ而認ル也。

一(五十七字朱)　此度氏人官位之義(儀)者、神主相命卿三百有餘年中之中絶之遷宮、且ニハ往古より中絶之御神樂御再興之聊依レ賞、社家中及二承知ニ一事ナリ。

五日、戊申。初雪、巳剋比より晴。

一　檢斷所へ出勤ス。

六日、己酉。晴、時々曇、アラレ降。

七日、庚戌。晴、時々曇、見曽連(ミゾレ)降。

八日、辛亥。寒風雨、時々雨。

一　御寶庫御普請掛リ出勤。辨當料被レ下レ之。

一　四十日　南三位　米四斗
一　同　松室薩摩守　同上
一　三拾四日　山田豊後介　米三斗四升
一　同　同　主祝(税)　同上
一　十三日　同　下野　米壹斗三升

御神藏當年之収納米ヲ以被レ下レ之。神藏鍵預リ松室相州出勤ニ而請取。

九日、壬子。晴、朝時雨。

一　今井勘五郎、中村寛次郎相合ニ而野村宅ニ而能相催ス。早朝ヨリ行向、入レ夜歸宅。

十日、癸丑。晴。

十一日、甲寅。晴。

十二日、乙卯。半晴、時々時雨。

一　此度相命卿二男松千代官位申願候義(儀)ニ付、神
方中より新規御取立ニ相成候。唯今之御當職者
格別之御勤勞も有レ之候間、神方中何共不二申
上一候得共、御社司方之御二男追々ト官位御申
願ニ相成候而ハ、神方中彼是ト申者有レ之候間、
此度限リニ而以後御社司方之御二男、右様ニ
不二相成一候様、御書付ニ而も御差入被レ下度段、
過日以來より度々當家へ願出候ニ付、及二相談
ニ一、左之通リ達書渡し置事。

申達

一　弘化三年正月十六日新入
　　　　氏人東松千代
右氏人新入以來當年十八ヶ年ニも相成候ニ付、
此度官位申願候事不二易容(マヽ)一儀ニ候へ共、實父社
務(二十五字朱)三百有餘年御中絶之遷宮御神樂御再興之勤勞
も有レ之候旁社司中評議之上、令二許容一候。尤
不レ可レ爲二後例一候。依此段令二早達一候也。
　文久三年亥
　　十一月　　　　　正禰宜(三字朱)
　　　　　　　　　　正禰宜(三字抹消、三字朱「南三位」)書判
　　神方中

右之通リ(七十四字朱)認メ候處、朱書之通リ書加へ呉候様神
方中より願出候ニ付書改メ遣ス。切紙ニ而認メ
候處、奉書か杉原ニ而も書呉候様願出候間、奉
書貳ツ折、ミの紙ニ而上包シテ渡レ之。
十三日、丙辰。晴、薄雪。
一　昨日次定(治)之神方中江之達書、山田次部(治カ)入來ニ
付、切紙ニ認メ渡シ置事。
十四日、丁巳。晴。
十五日、戊午。晴。
一　午後検斷所へ出勤ス。
十六日、己未。晴寒風。
十七日、庚申。晴。
十八日、辛酉。晴、薄雪。
一　櫟谷祝重孝申從四位上、氏人勝千代丸、勝榮
申從五位上、氏人松千代申從五位下、備前守小
紙(マヽ)折差出ス。予、東勢州、松室加州同伴ニ而早

朝より伯家へ出頭。雑掌安部田面會、伯殿落手（白川資訓王）之旨。夫ヨリ壬生家へ行向、寺町邊江買物ニ行向、入レ夜歸宅。

十九日、壬戌。薄雪、半晴。

二十日、癸亥。晴。

一　野村稽古能ニ行向、入レ夜歸宅。

廿一日、甲子。晴。

廿二日、乙丑。晴。

廿三日、丙寅。晴。

廿四日、丁卯。晴。

廿五日、戊辰。晴。

廿六日、己巳。晴。

廿七日、庚午。薄雪、午後時々吹雪。

一　一條左大臣殿（忠香）薨去ニ付、去廿五日より廿七日迄三日之間鳴物停止、普請者不レ苦旨申來。

一　午後於二社務所一集會。春以來社司、氏人之内三人非藏人御雇ニ出勤致居候處、神用ニ差支ニ付、此度非藏人番頭へ小番御免ヲ一社より差出ス。左之通リ。

松尾社權禰宜
相推
同　氏人
房經
同　同
相嗣

右者當春以來　宮中御用多ニ付、暫非藏人御雇被二仰出一難レ有出勤仕居候處、元來社司人少之上、當時所勞人等も有レ之無人ニ而、當十二月より至二正月一繁二神用一難二相達一候間、右御雇出勤之儀御理申上度候。此段宜御取成可レ給候。以上

十一月

相命
榮祐
種道

松尾備後殿
松室攝津殿
松室大隅殿
松室豐後殿

右杉原四ッ折ニ而、當所松室隅州へ明日社務之（「所」闕歟）

氏人新入

青侍ヲ以差出シ可レ申筈約定ナリ。
廿八日、辛未。雪、時々晴。
右(マヽ)非藏人出勤理申ニ付、御神藏より少々米被レ下
候筈、被レ下高之義(儀)ハ追而次(治)定可レ致事也。
一　去十八日ニ差出シ申候小折紙加級、願之通リ
勅許之旨、今日御沙汰之由。兼而非藏人江勅
問之日限頼置候處、今日之由申來ニ付、三人同
伴ニ而午半剋比より伯家へ出頭。勝千代丸代予、
東松千代代東勢州、松室加州暮六ツ時比伯家へ
參リ候處、未御沙汰無レ之ニ付、暫待居候處、
戌下剋比より職事より御沙汰用人時岡雅樂出會、
願之通リ　勅許、左之通リ。
　氏人東松千代申備前守従五位下、　櫟谷祝重孝
従四位下申従四位上、氏人勝千代丸勝榮従五位
下申従五位上。
添使給、關白様鷹司殿(輔熙)　御内覽、二條様(左大臣、齊敬)　職事
清閑寺殿御禮ニ參殿。着ニ麻上下一。添使給禮入
魂。口宣案、來ル朔日中ニ職事より伯家へ被レ
渡候由ニ付、二日ニ頂戴ニ罷出候様申歸ル。子
半剋比歸村。
廿九日、壬申。雪壹寸餘積、晴。
十二月朔日、癸酉。晴。
一　木ノ宮兩社御神事例之通リ。神供獻進無事。
權祝房武所勞不參。神主相命卿孫千鶴丸氏人新
入、例之通リ。社務所夕飯例之通リ。
二日、甲戌。晴。
一　勢州、加州同伴伯家へ參殿。禮物先例之通
リ。金百疋伯殿へ、青銅二十疋雜掌へ玄關ニ而
差出ス。夫ヨリ例席、伯殿所勞ニ付、雜掌より
口宣案頂戴。夫ヨリ添使給職事清閑寺殿へ參、
禮物青銅三十疋辨殿へ、青銅十疋雜掌へ。無事
相濟、添使禮入魂。夫ヨリ寒中見舞ニ御所近邊
行向、二更比歸宅。
三日、乙亥。晴。
四日、丙子。晴。
五日、丁丑。晴。

一　午後検斷所へ出勤ス。
六日、戊寅。晴、午後時雨。
七日、己卯。曇、巳刻比より吹雪。
一　御神樂御神事。申刻ニ出仕。權祝房武、神方勘〔解〕ケ由、藏人不參。
内陣相命・榮祐、外陣相愛・房式、大床相推・種道、階上重吉・榮種、階下重孝・房經、同延種・相嗣。神供獻進、無事執行。
氏人房經、延種、相嗣衣冠、單着用出勤。
攝社神供獻進、無事。神樂例之通リ、樂人參向。
相命、房式、種道、重吉、榮種、相嗣御神事相濟、早出。
子刻比神樂相濟、退出。
八日、庚辰。雪壹寸餘リ積、晴。
一　カラ入例之通リ。房式、重吉不參。
一　今六ッ時西役（マヽ）御役所江御召ニ付、山田大和罷出、午下刻比歸宅。於二白洲ニ一奉行直ニ申渡シ。近年土砂留手入念入候ニ付、褒美トシテ青銅拾貫文松尾社へ被レ下レ之趣申渡、持歸ル。カラ入之席へ持參ニ付、各相談之上五貫文ハ社家中、五貫文ハ神方中被レ下レ之。則五貫文ハ大和へ相渡ス。社家中之分ハ社務ニ預ル。追而分配之事。
九日、辛巳。半晴。
十日、壬午。晴。
一　出京、新屋敷へ寒中見舞ニ行、野村へ行、入レ夜歸宅。
十一日、癸未。晴。
一　御社納例之通リ。午後出勤ス。
十二日、甲申。晴。
十三日、乙酉。晴。
一　拂除例之通リ。
十四日、丙戌。晴、曉天小雨、遠雷。
一　谷川勘定。谷村儀兵衛宅ニ而催。例之通リ中飯・酒アリ。
十五日、丁亥。晴。

一　午後檢斷所出勤ス。
十六日、庚子。晴。
一　御社納檢斷所ニ而相勤、二更半頃歸宅。
十七日、辛丑。曇、午後より雨。
一　溝料米取立近例之通リ。午後檢斷所へ出勤ス。
夕飯・中酒アリ。二更比歸宅。
十八日、壬寅。晴。
一　溝料米百性（姓）江内渡シ近例之通リ。午後檢斷所へ出勤。夕飯・酒アリ。二更比歸宅。
十九日、癸卯。曇、申剋比より吹雪。
一　非藏人御雇三人御理之書付、一社より去朔日比ニ番頭江差出シ候處、本人よりも書付差出シ可レ申樣子ニ非藏人内より心添申來リ候ニ付、本人三人連名ニ而今日差出被レ申候由。東江州持參之由也。
一　御社納檢斷所ニ而勤レ之、二更比歸宅。
二十日、甲辰。曇、雪解。
廿一日、乙巳。半晴。
一　午後御寶庫勘定、普請方集會。於二當家一酒出ス。
廿二日、丙午。晴。
一　檢斷所之勘定。午後出勤。
廿三日、丁未。晴。
一　御拂、午後檢斷所へ出勤、子剋比歸宅。
一　春以來諸色高直ニ付、社家中、氏人、神方中、宮仕へ給金左之通リ御拂相濟被レ下レ之。八ヶ年八講會省略積米、御田神能當年省略凡貳拾三兩貳歩程餘金有レ之ニ付被レ下レ之。
一　社家中壹職ニ付金壹兩ツヽ。
一　氏人出勤之人三人有レ之ニ付、金三百疋ツヽ。
一　未元服氏人勝千代丸金貳百疋。
一　神方中貳拾人へ金拾兩、壹人前貳百疋ツヽ。
一　宮仕越後へ金百疋。
右之通リ何れも御拂後被レ下レ之。
一　氏人内陣御神事之節ハ加勢出勤ニ付、當年よ

り装束料五斗被レ下レ之。櫟谷祝重孝是迄装束料
壹石ツヽ年々被レ下候處、昨年ニ而相滿候處、
依レ願當年より貳石ツヽ年々被レ下レ之事也、
一　御拂殘金百壹兩餘、銀貳貫三百目餘、米三拾
石餘リ。有金御貸附所へ差出ス。
廿四日、戊申。晴。
一　去八日ニ公儀より被レ下候土砂留褒美錢割方
左之通リ。
一　右入用貳百五拾文、飛脚賃三匁五分代貳
百八拾文。被レ下之節出頭之沙汰人辨當料
〆五百卅四文　社司中、神方中、貳ツ割貳
百六拾七文。神方中之五貫文、去八日ニ山田大
和へ渡ス。
五貫文社家中
内貳百六拾七文　入用引
殘リ四貫七百廿九文
此七家ニ割六百七拾五文王(黄カ)金壹朱トセニ貳百七拾五文共
右昨廿三日夜御拂渡被レ下レ之。
一　午後御米出渡シ。予不參ス。
廿五日、己酉。晴。
廿六日、庚戌。半晴、薄雪、午後時々吹雪。
一　餅つき例之通リ。
一　節分御神事。酉尅出仕。神供獻進、無事執
行。
權祝房武所勞不參、神方五人不參。
廿七日、辛亥。壹寸餘雪積、曇。
廿八日、壬子。晴。
一　午後買物ニ出京、夜レ入歸宅。
廿九日、癸丑。晴。
三十日、(甲脱カ)寅。晴。
一　山田役人、宮仕歳末ニ來。大小工しらけニ
來。
一　非藏人御雇三人春來出勤之處、神用ニ差支ニ
付、過日番頭江書付差出候處、唯今御理ハ取斗
難二出來一ニ付、段々及二相談ニ一、左之通リ書付
差出ス。

奉書四ッ折、半紙ニ而上包。今朝松尾因幡小番ニ付差出ス。東三品去廿四日ニ非藏人口へ被レ參相談之事。

松尾社權禰宜
相推
同社 氏人
房經
同社 氏人
相嗣

右三人之輩爲二御雇一春來出勤被二仰付一難レ有奉レ存候。然ル處例年十二月より正月ニ懸リ神務繁多ニ付、出勤仕居候而者、人少之社中故神用難二相達一候間、無レ據書取ヲ以御雇之儀御理申願候處、此儀御取斗難レ被レ成趣ヲ以、右書付御差返被レ成候故、無レ據東三位罷出段々御内談申候得者、神用差支之儀者難二黙止一候。左候ハヽ其節々小番御免歟、亦者番代等之義(儀)可レ然御取斗可レ被二成遣一旨被二仰聞一候間、其旨早速一同江申談候得者、右様被二仰下一候上者、於二一社一子細無二御座一候間、何等之御用ニも相立申間敷候得共、御用閑迄御雇勤仕被二仰付一可レ被レ下候。併永勤之義(儀)者御理申上度候間、此條兼而御含被レ下宜御取成可レ被レ下候。以上

十二月
種道
榮祐
相命

松尾備後殿
松室攝津殿
松室大隅殿
松室豊後殿

一 東筑後守殿春以來不心得之事有レ之、去冬神物携出奔被レ致候後、改心之體も無レ之ニ付、此度左之通リ書付被二差入一候事。書付之義(儀)ニ付、彼是中家より當方江申參リ候得共、一統承知難二出來一ニ付、無レ據書付被二差出一、拙者取扱ニ而一札被二差入一事。今夕當方へ持參也。

一札之事

一　房武儀

舊冬者法外之心得違仕候處、出洛(格)之御憐情ヲ以穏便之御沙汰ニ預リ、厚辱奉レ存候。因レ茲其後者進退相愼可レ申處、左も無レ之行状之段御聞被レ成、御察當之趣、何共申開キ無レ之、深畏入候。向後者急度改心仕、常々旦暮ニ行跡ヲ顧、精勤可レ仕候。若相違之儀御座候ハヽ、位職返上被二仰付一候共、全　神敕ト相心得、聊御恨ミ申間敷候。爲二後念一證書誓約依而如レ件。

文久三亥年

十二月　　　　權祝

東筑後守

御一社中

前書之通相違無二御座一候。於二房式一も深畏入候。依レ之自今者不斷教誡ヲ加江、風諫仕、無二麁末一爲二相愼一可レ申候。若相背之義(儀)御座候ハヽ、　神敕ヲ以思召次第ニ御高量可レ被レ下候。依而奥書如レ件。

文久三亥年

十二月　　　　　東越中守

御一社中

文久四年日次記

一一七八　文久四年日次記

（表紙）

文久四年

二月二十日元治改元

日次記　正禰宜従三位秦榮祐

正禰宜秦榮祐

三月廿八日敍正三位

甲子正朔

（本文）

正小癸卯　二小壬申　三大辛丑
四小辛未　五大庚子　六小庚午
七大己亥　八大己巳　九大己亥
十小己巳　十一大戊戌　十二小戊辰

歳徳寅卯　西金神フサガリ

凡三百五拾四日

二月　十日　彼岸　五月　三日　入梅
三月廿六日　八十八夜　五月廿九日はんけしやう（半夏生）
四月　朔日　日そく（蝕）五分　六月十六日　とよう（土用）
但シ、辰剋より巳剋迄　七月　六日　立秋
七月三十日　貳百十日　十二月　八日　小寒
八月　廿日　彼岸　廿三日　大寒
十一月廿三日　冬至

天赦日

二月七日　四月廿四日　七月十日
九月十日　十一月廿七日

甲子

正月廿二日　三月廿四日　五月廿五日
七月廿六日　九月廿六日　十一月廿七日

庚申

正月十八日　三月　廿日　五月廿一日
七月廿二日　九月廿二日　十一月廿三日

見出シ目録

正月二十日　御祭御再興ニ付、御役人之堂上方江
願書差出ス事
廿一日　將軍様（家茂）大坂より御上落（洛）
廿八日　二條殿江御館入願之事

松尾皇太神

二月十七日　同參殿之事
三月十七日　甲子敕使參向、内々被二仰出一候事
廿四日　榮祐正三位、權禰宜從四位上、正祝
男敍爵、小折紙差出ス事
廿八日　同敕問之事
四月　三日　敕使參向、來ル廿四日ニ被二仰出一候
事
五日　神方上座四人官位申願之事

氏人

十日　神方之息三人元服之事
十三日　正禰宜、正祝當年ヨリ御下行米被レ
下候事
十四日　神方官位敕許之事
廿一日　氏人勝千代丸元服之事
廿四日　敕使參向之事
五月十五日　同參向ニ付、御下行被レ下候事
六月　十日　壬生家より梅宮へ入輿之事
七月　八日　長州サガ(嵯峨)江上京之事
十三日　同御祈執行之事
十九日　御築地内ニ而大變之事
二十日　天龍寺、法輪寺燒亡之事
松尾皇太神樓門迄御立退之事
京都大火燒失之事
八月十四日　今日より御祈被二仰出一候事
九月　朔日　權祝房武退職申達之事
九日　供僧退職之事
廿三日　權祝辭職伯家より申來事
十月　朔日　氏人勝榮權祝入職之事
廿二日　壬生新大左史六位藏人　宣下ニ付、
拜賀之事
十一月四日　月讀禰宜引籠之事
八日　權神主同上
廿七日　伯中將殿(白川資訓王)從三位　宣下之事

正月元日、癸卯。半晴、寅剋比、地震。
一　箱番正神主。櫟谷禰宜榮種所勞不參。
一　神方勘ヶ由、藏人不參屆レ之。

一　正辰剋各束帯出仕。口祝例之通リ。
一　於二釣殿一舞踏拜例之通リ。氏人房經、延種加
勢出勤。相嗣所勞不參。
内陣相命榮祐、外陣相愛房式、大床相推房武、階上種道重吉、階下重孝房經、同延種。
神供獻進、無事。大床御戸閉之巡參等如レ例。
一　朝飯、宮仕より差出ス。膳部方呉服所へ禮ニ
來。氏人御神事後退出。俵柔如レ例。氏人兩人
申下剋ニ出仕。
掛リ湯如レ例。夕御神事、社司之次第今朝之通
リ。
神供組替、御拂除、御簾掛替、神供獻進、無事
執行。
攝社神供獻進、無事。例之通リ亥剋比相濟、氏
人退出。
二日、甲辰。晴。

御千度

一　口祝、御千度、朝飯如レ例。勝千代丸社參回
禮。
一　宮仕、社役人、村役人、百性（姓）禮ニ來。
一　俵柔、掛リ湯、夕御神事。社司人數昨日之通
リ。神供獻進、無事。月讀社參向。拜殿着座、
廳參等如レ例。
一　謡始。組重、吸物、酒東家より來。
三日、乙巳。晴。
一　口祝、掛湯、朝飯如レ例。
一　御神事午剋。神供獻進、無事。社司人數元日
之通リ。

大登

一　大登　正祝相愛　櫟谷祝重孝　其餘ハ不參。
公文種道腹痛、俄ニ不參。未剋比退出歸宅。
一　東家より夕節申來候得共、斷申遣シ不レ行。
四日、丙午。晴。
一　辰剋御神事出仕。神供獻進、無事。神方豊後
介、雅樂神供受レ之。土器師禮ニ來。
一　山田役人大和　將監　木工　左近　大藏例之
通リ來。松室兩家禮ニ來賀ス。
一　御節風邪ニ而不參ス。

五日、丁未。曇、午剋比より雨。
一　神方中禮。越前　大和　木工　大藏　造酒。
御前役喜右衞門。例之通リ玄關云置。
一　伯家年玉米、正祝當番ニ付、米壹斗東家へ
爲レ持遣ス。
六日、戊申。薄雪、半晴。
一　近邊回禮。各來賀。
一　入レ夜參籠如レ例。
七日、己酉。半晴。

御千度
斧始

一　口祝。御千度。饗飯、掛リ湯如レ例。
一　御神事。午剋神供獻進、無事執行。
一　社司十職共出勤。神方、外記、縫殿不參、沙
汰人屆レ之。

白馬神事

一　神馬相揃、於二釣殿一奉幣如レ例。申剋比退
出。

左義長

八日、庚戌。晴。

御千度

一　三條屋敷、古屋敷、新屋敷年禮ニ行向、入レ
夜歸宅。
一　近邊之僧侶年禮ニ來。
九日、辛亥。薄雪、曇、夜來雨。
一　亥狩場所棚祭。下男遣ス。
一　當番正祝相愛、酉剋ニ出勤。廳參等如レ例。
月讀禰宜種道所勞不參、神方十人斗不參。
十日、壬子。陰雨。
一　入レ夜社務所青侍、下男等來。例之通リ酒遣
ス。
十一日、癸丑。曇。
一　斧始例之通リ、大小工來。組重、酒出ス。
十二日、甲寅。曇。
一　出京、年禮ニ行向、初更比歸宅。
十三日、乙卯。曇。
十四日、丙辰。曇、巳剋比より雨、夜來風、晴
定。
一　左義長、例之通リ。
入レ夜參籠如レ例。權祝房武不參、御千度如レ例。
十五日、丁巳。晴。

御千度

一　口祝。御千度。饗飯、掛リ湯如レ例。神方不參三人屆レ之。
一　御神事午剋。
内陣相命・榮祐、外陣相愛・房式、大床相推・種道、階上重吉・榮種、階下重孝・房經、同延種。
神供獻進、無事執行。未下剋比退出。
一　氏人房經・延種・加壽出勤。相嗣不參。
十六日、戊午。晴。
一　社務所朝夕節例之通リ。
一　酉下剋、御神事。社司十職共出勤。諸事如レ例。
一　射手組權祝房武、櫟谷祝重孝。執行無事。
一　社務所廳參等如レ例。櫟谷祝賴ニ付臨時予代弓。
十七日、己未。曇。
十八日、庚申。晴。
一　出京、野村へ行、入レ夜歸宅。
十九日、辛酉。晴。

勅祭再興の件

二十日、壬戌。曇、巳剋比より雨。
一　春以來參籠中ニ、御祭御再興歎願可レ然哉相談有レ之ニ付、内願書傳奏、議奏、職事其外御役人、御攝家、金百疋之菓子持參ニ而、早朝より東三品、予、松室相州代孫能登守三人同伴ニ而行向。尤内願書持參。奉書四ッ折、美濃紙上包。何方も雜掌面會ニ而賴置、御攝家ハ諸太夫面會、執奏家江ハ明日年禮ニ付、年番之人持參之筈也。三更比歸宅。行向左之通リ、

(朱)△關白二條様(齊敬)　傳奏　(朱)⊠野々宮殿　議奏　(朱)□久世殿
(朱)△前關白鷹司様(輔熙)　同　(朱)⊠飛鳥井殿　同　(朱)□阿野殿
(朱)△同　近衞様(忠熙)　同加勢　(朱)⊠坊城殿　同　(朱)⊠六條殿
(朱)⊠太閤鷹司様(政通)　議奏　(朱)△廣橋殿　同　(朱)⊠正親町殿
同　(朱)○柳原殿　同　(朱)○正親町三條殿
議奏加勢　(朱)△倉橋殿　外ニ當時懇意ニ付別段　(朱)△庭田殿
同　(朱)⊠葉室殿　同　(朱)△綾小路殿
同　(朱)△日野殿　同　(朱)○中山殿
同　(朱)⊠中院殿　同　(朱)□大原殿

敕祭の件

同　(朱)□堤殿　(同の字脱カ)　(朱)☒橋本殿
職事　(朱)△中御門殿　(八字分朱)△印(相命榮祐行向)
同　(朱)☒清閑寺殿　(八字分朱)☒印(相愛重孝行向)
(六字分朱)○印　延種行向
(六字分朱)□印　房式行向

右何方も百疋之むし菓子
内願書添、奉書四ッ折、美濃上包。

今日皆々行向出來不レ申ニ付、明日伯家禮相濟之上、東勢州、松室加州行向之筈ナリ。内願書左之通リ。

當社御祭之事、例年四月上酉日　綸旨頂戴仕、一社一同難レ有仕合奉レ存候。然處舊例四月上申日内侍御參向、御幣御奉納、辨官以下着二行事座一、社司捧二葵桂一被レ行二祭祀一候樣相見候。然者如二當時一於下被レ附二于社家一候上茂可レ爲二申日一候哉。乍レ恐近代南北御祭御再興　敕使御參向有レ之、年中二ヶ度御祭被二遂行一候ニ付、何卒於二當社一茂、夏冬之中一ヶ度ニ而茂被レ納二　官幣一候樣相願度懇願ニ付、取調候處、右申上候通　綸旨申下候茂、非申ノ日先斷絶之姿ニ而、翌酉日申ノ日稱二國祭一、酉ノ日稱二社家祭一。候由。然處、右酉ノ日綸旨申下來候仕合如何仕候事哉。私共歴代預二其事ニ一候得共、自二何頃一酉日ニ申下候樣相成候哉書記不二分明一候ニ付、是迄發願茂仕兼何共恐入罷在候。乍レ去被レ納二　官幣一候儀茂斷絶仕、年々被レ附二于社家一雖二略儀之神事一如二古例一餝二葵桂一執行仕候。支干迄茂相違之段深歎ヶ敷、且　神慮之程奉二恐入一候間、辨官以下申日御參向之儀御再興奉二願上一度候。併往古之莊園茂無二御座一、神領微々ニ御座候故、萬事用途調兼候間、時節相應之御神事御再興被二仰出一候者、彌天下泰平、國家安全、寶祚長久御祈ニ茂相成、一社一同難レ有奉二畏入一候。殊ニ當社者當國一宮、被レ准二三社一、異二于他一爲二御崇神一之旨明應年中被二仰出一茂御座候。

文久四年正月　　松尾社司等

廿一日、癸亥。陰雨、午後雨止。
一　伯家年禮、正祝相愛、月讀祝重吉代櫟谷祝重孝出頭。例之通り着二狩衣、立烏帽子一。
一　大樹(家茂)公過日大坂御城江御着、去十五日ニ御上落(洛)、二條御城江御着、大坂表より伏見奉行屋敷ニ而十四日御宿之由。夫より御道筋被二仰渡一、昨亥年三月之通リ可二相心得一旨以レ前御觸書來。
今日　禁中江御參代(内)之由ナリ。
一　御祭御再興之願書、立文ニ而、年禮相濟後、伯家へ差出ス。尤むし菓子壹箱進上ス。
一　勢州、加州年禮相濟、昨日殘リ之堂上方江行向。
廿二日、甲子。曇、巳剋比より雨。
一　東越州一昨日より殘リ之堂上方へ被二行向一。
廿三日、乙丑。薄雪、時々吹雪。
一　國役集會。例之通リ中飯・中酒アリ。
廿四日、丙寅。半晴、寒風、午後薄吹雪。
一　午後出京、野村へ行、入レ夜歸宅。
廿五日、丁卯。晴。
一　檢斷所初集會。午後出勤、組重・酒アリ。
廿六日、戊辰。晴。
一　山川正九郎於二野村宅ニ一狂言仕舞相催ニ付行向、入レ夜歸宅。
廿七日、己巳。晴。
廿八日、庚午。晴。
一　此度二條様御立入願出候處、願書差出候様御沙汰ニ付、予今日參殿、濱崎内記ト申人江預ケ置、落手也。
北小路家江年囘ニ行向、入レ夜歸宅。願書左之通リ。

奉レ願口上覺

御館入之儀兼而懇願罷在候ニ付、此度奉レ願候間、宜御沙汰奉二願上一候。以上

正月

松尾社司南　三位
東伊勢守
東越中守
東遠江守
東近江守

二條様
諸大夫御中

右奉書四ッ折、美濃紙ニ而上包。

東越州者先年御館入相濟有レ之由、聞違ニ而出名ナリ。先年息女二條様御表江奉公致被レ居故、其節相濟有レ之由、不二しらべ一之由ナリ。

廿九日、辛未。晴。

二月朔日、壬申。半晴。

二日、癸酉。晴。

神講

一　神講近例之通リ、予風邪ニ而不參ス。

三日、甲戌。晴。

一　谷村百性（姓）元服拾五人、白飯、貳重、酒三升、かます貳拾枚持參。内玄關ニ而予逢。タメ半紙遣レ之。

四日、乙亥。晴。

五日、丙子。曇、細雨。

一　午後檢斷所へ出勤之處、風邪ニ付入魂ス。

六日、丁丑。曇、時々雨。

七日、戊寅。曇、時々雨。

一　二條様御館入之義（儀）被二聞食一候由、昨夕濱崎主計より以二幸便一申入來。來ル十七日巳剋ニ參殿之義（儀）申來。

八日、己卯。陰晴。

神講

一　神講當日ニ候得共、非藏人之内松尾家、但馬・伯耆・上野、右三人昨年秋より國司掛リニ付、引籠、出勤被レ止、今ニ御沙汰も無レ之候間、當年者神講延引。松室家之内ニも信濃ト申人同様引籠居候由。同様延引之由也。

九日、庚辰。晴。

十日、辛巳。晴。

一　正三位榮親卿忌日。

十一日、壬午。晴。

十二日、癸未。晴。

十三日、甲申。雨、巳剋比より止。

十四日、乙酉。時々雨。
十五日、丙戌。晴、夕方雨。
一　出京、二條様御館入之義（儀）ニ付參殿。吉田へ行、初更比歸宅。
十六日、丁亥。半晴。
十七日、戊子。晴。
一　二條様御館入御禮參殿。早朝より予相愛、相推、房經同伴、御勝手通りも相濟。獻上物三本入扇子箱壹箱ツヽ、交魚壹折、四人より壹臺、諸大夫隱岐兵部少輔、濱崎主計面會、御祝酒出ル。御參内中ニ付、御對面ナシ。未剋比相濟退出、初更比同伴歸宅。
十八日、己丑。晴。
十九日、庚寅。半晴。
二十日、辛卯。晴。
廿一日、壬辰。晴。
廿二日、癸巳。晴。
一　出京、野村へ行、後藤へ行、入レ夜歸宅。
廿三日、甲午。陰晴。
廿四日、乙未。晴。
廿五日、丙申。陰晴。
一　檢斷所へ出勤ス。
廿六日、丁酉。曇、辰剋比より雨、申剋比より止。
一　野村稽古能ニ行向、入レ夜歸宅。
廿七日、戊戌。晴。
廿八日、己亥。曇、巳剋比より雨。
一　野村稽古能、昨今兩日行向、入レ夜歸宅。
廿九日、庚子。晴。
三月朔日、辛丑。曇。
二日、壬寅。半晴。
三日、癸卯。晴。

初草神事

一　初草御神事。辰剋出仕。權祝房武不參。外陣相命 榮祐、大床相愛 房式、階上相推 種道、階下重吉 榮種、同重孝。
神供獻進、無事執行。
一　山田役人、宮仕禮來。社務所廳參。不參ス。

四日、甲辰。陰雨。
五日、乙巳。時々雨。
六日、丙午。晴。
一　出京、野村へ行、入レ夜歸宅。
七日、丁未。晴。

紀州造酒家太々神樂奉納

一　紀州伊都郡造酒家中より太々御神樂獻進。社司、神方惣參、無事執行。
八日、戊申。陰晴、小雨。
九日、己酉。晴。
十日、庚戌。晴。
一　去ル廿日元治改元之旨觸來。
十一日、辛亥。晴。

京酒家太々神樂奉納

一　東中家取次京受酒屋中より太々御神樂獻進。社司、神方惣參。
十二日、壬子。晴。
十三日、癸丑。晴。

氏子太々神樂奉納

一　氏人中太々御神樂如レ例執行。予風邪不參ス。
十四日、甲寅。晴、申剋比より小雨、夜來雨。
一　出京、野村へ行、寺町邊買物行、入レ夜歸宅。
十五日、乙卯。雨、巳剋比より雨止、曇。

神幸

一　神幸御神事。巳剋ニ出仕。櫟谷禰宜榮種不參。外陣相命榮祐、大床相愛房式、階上相推房武、階下種道重吉、同重孝房經、同延種勤行。氏人房經、延種加勢出仕、相嗣不參。神供獻進、無事、遷宮等如レ例。以前轅下より、是迄剋限ニ而ハ遲剋ニ相成候ニ付、早ク遷宮致呉候樣申來ニ付、御渡舟未剋比、無事。
一　昨年還幸之節より　御所表より警固被二差出一候ニ付、神方六位騎馬御供、神輿之先江　綸旨櫃幷ニ神寶右守護。神方是迄之川番兩人大紋、騎馬御旅所迄出頭。當年より社司兩人殘番止レ之。
十六日、丙辰。晴。

大坂十二郷太々神樂奉納

一　大坂十二郷太々御神樂社司、神方惣參。
十七日、丁巳。陰雨。
一　昨夜伯家より御用之義(儀)ニ付罷出候樣申來ニ付、

勅使參向の件

権禰宜、祝相推・房武両人出頭。來ル四月中下旬之内甲子　勅使御參向被二仰出一候ニ付、社頭之次第書近々之内ニ差出可レ申旨、雑掌被レ達候事。

十八日、戊午。陰晴。

社務所集會

一　朝飯後社務所集會。　勅使御參向之相談ナリ。延享度之通リ被二仰出一候由也。

十九日、己未。陰晴、日入比より雨。

二十日、庚申。陰晴。

廿一日、辛酉。曇、時々細雨。

廿二日、壬戌。晴。

廿三日、癸子(亥の誤)。半晴。

一　装束附於二野村二能相催ニ付行向、入レ夜歸宅。

廿四日、甲子。陰雨。

一　正禰宜榮祐申正三位、権禰宜相推申従四位上、正祝男氏人千鶴丸申従五位下、小折紙何れも相伴ニ而伯家江差出ス。初更比歸宅。

一　勅使御參向之手續次第書可二差出一旨申來ニ付、今日持參ス。雑掌江渡置、落手也。

一　神方老分四人此度　勅使御參向ニ付、六位歎願過日社司江差出候書付、今日伯家江持參ニ而窺置、雑掌落手。追而御沙汰之事。

廿五日、乙丑。陰晴。

廿六日、丙寅。晴。

廿七日、丁卯。晴。

廿八日、戊辰。晴。

一　過日差出シ候小折紙今日　勅問之由、兼而非藏人ニ頼置候處申來ニ付、何れも同伴ニ而行向。申剋比伯家江參殿、先例正三位之節狩衣ニ候へ共、麻上下ニ而行向。雑掌村上出雲守面會、職事より之達文左之通リ。

松尾社正禰宜従三位秦榮祐卿申正三位、同権禰宜従四位下秦相推宿禰申従四位上、同氏人秦相良申従五位下等之事各　勅許候。早可下令二下知一給上候也。恐々謹言

三月廿八日　　　　豊房
伯少將殿（白川資訓王）
添使二條（齊敬）關白様、職事清閑寺殿御禮參上。
二更比歸宅。
廿九日、己巳。晴。
三十日、庚午。晴。
一　口宣案頂戴、早朝より出京。何れも同伴。松尾伯耆方ニ而着二狩衣、立烏帽子一。巳刻比伯家江參殿、御禮物玄關ニ而進上。雜掌面會。夫より三人共奥江行、伯殿（資訓王）直ニ口宣頂戴。東勢州、遠州兩人ハ使者間江引取、予ハ跡（後）ニ殘リ、御茶・烟草盆・御菓子等出ル。伯殿御盃有レ之積之處、何も無二御座一、雜掌江尋可レ申ト存候へ共、先例得（マヽ）ト吟味不レ致ニ付、何共申ス。暫御咄申上引取ル。夫より添使給回禮。
　進上禮物左之通リ

禁裏御所奏者所江　太麻箱（十二字朱）御祓箱之ソトニシメ縄ナシ。
　熨斗（七字朱）サヾイのし臺乘。
二條關白様　（三字朱）長熨斗　十帖壹束壹本
職事清閑寺殿　（二字朱）同上　金貳百疋　目録臺
　雜掌へ（三字朱）付のし　鳥目三十疋　へき（折板）
伯家江
　（二字朱）同上　金五百疋　目録臺
　堅魚料　金五十疋　同斷
　雜掌兩人江（三字朱）付のし　鳥目五十疋ツヽ　へキ
　取次江（三字朱）付のし　鳥目三十疋　へキ
未刻比御禮相濟添使御禮入魂。伯耆方江引取、何れ同伴ニ而初更比歸村ス。
一　神方老分四人此度六位願之義（儀）、去廿四日ニ伯

家江伺書差出シ申候處、去廿八日ニ先貮人小折紙差出シ可レ申旨被レ達、早速神方江此旨申達候處、當年者格別之大禮之事故、都合四人願度由、廿八日後度々願出候ニ付、今日四人召連伯家江參殿、内玄關ニ為レ待置、伯殿江直ニ予より御咄且願候處、尚今一應勘考及ニ内談ニ一候而返事可レ申旨被ニ仰聞一、明日より十五日迄葵之御神事故、敕問も無レ之、來ル五日比ニ返事聞ニ參殿可レ致旨得ト歎願置、神方江ハ雜掌面會ニ而伯殿之御思召申達之由ナリ。

四月朔日、辛未。晴。

一　御留主(守)詣。例之通リ出勤ス。

二日、壬申。晴。

一　綸旨申出シ、例之通無事之由。

三日、癸酉。晴。

一　早朝葵受ニ東家江遣ス。

一　神方、沙汰人御迎、昨年之通リ。六位壹人、大紋貮人騎馬。　綸旨櫃・御太刀箱昨年之通リ。金棒引壹人、雜色松村より申遣ス(シ)來。川迄(十一字朱)

神方兩人御迎ハ止レ之。

一　午下刻、月讀社參向、御舟御神事、拜殿着座。廳參等如レ例。

一　本宮へ參着。葵掛替、御拂除等如レ例。

一　未下刻比還幸、遷宮等無事。

内陣相命榮祐、大床相愛房式、階上相推房武、階下種道重吉、同重孝延種

櫟谷禰宜榮種、氏人相嗣不參。氏人房經、伯家より御用義(儀)申來ニ付午後出頭ナリ。

神供獻進、無事。奉幣權神主房式、新宮社神供公文勤レ之。於ニ釣殿ニ一而舞踏拜如レ例。酉下刻比退出。

一　氏人房經伯家江出頭、酉刻比歸宅。御達之義(儀)者甲子　敕使參向日限四月廿四日、　敕使清水谷宰相中將、次官藤谷越前權介參向之由、雜掌被レ達由ナリ。

一　神方官位過日四人伯家江願置候處、急ニ四人

共小折紙可二差出一旨雜掌達之事、房經歸宅後呉服所へ入來、卽剋神方老分江神主より達之事。

四日、甲戌。晴。

謹言上

一 當社神方二十人之内上座兩人、近來以二御憐愍一官位蒙二　敕許一一社之光耀ニ相成難レ有奉レ存候。然處此度甲子年　敕使御參向之折柄ニ付、老者共尚亦四人藤原季延・藤原伴壽藤原道榮・藤原玄敬。（四字抹消、四字朱「勘例・傍例」）申正六位下國介之事以二家例・勘例等一奉二願上一候。於二一社一子細無二御座一候間、何卒御執　奏被二成下一、願之通蒙二　敕許一候者難レ有可レ奉レ存候。

（十一字朱）右朱書之通リ認メ替申來。

右之趣宜御披露賴入存候。以上

元治元年四月　松尾社神主

正三位秦相命印

正禰宜

正三位秦榮祐印

正祝

正四位下秦相愛印

（四字朱）奉書立文

（五字朱）美濃紙上包

權神主

正四位下秦房式印

權禰宜

從四位上秦相推印

權祝

正五位下秦房武印

月讀禰宜

正四位下秦種道印

月讀祝

正四位下秦重吉印

櫟谷禰宜

從四位上秦榮種印

櫟谷祝

從四位上秦重孝印

（二十五字朱）明五日小折紙差出ス筈也。正祝相愛附添此願書持參之筈也。

（四十六字朱）伯家今日中ニ小折紙差出ス可レ申候樣昨日達（シ）申候へ共、小折紙シタヽメ出來兼候間、明早天ニ差出シ可レ申事也。

（白川資訓王）伯少將殿

御雜掌

五日、亥乙（マヽ）。晴、巳剋比より小雨。

一 神方四人正祝相愛召連、小折紙一社より之連判之書付等持參ニ而伯家江出頭也。

一 檢斷所へ出勤ス。

六日、子丙（マヽ）。晴。

七日、丑丁（マヽ）。陰雨。

一　谷川見分。谷村儀兵衛方ニ而中飯・酒アリ。
八日、戊寅。晴。
一　出京、後藤へ行、野村へ行、入レ夜歸宅。
九日、己卯。陰晴。
十日、庚辰。晴。今巳剋比女子出生。兩人共無
事。
一　於二野村宅一川勝之追善能相催ニ付行向、
入レ夜歸宅。
一　神方元服岩崎藤太郎改刑部祐孝、山田外記悴
右門好種、山田大炊悴帯刀友澄、右三人元服以
前屆來事。
十一日、辛巳。晴。
一　昨日神方元服巳剋比父召連三人共來。玄關よ
り座敷江通シ、予面會、直ニ歸ル。熨斗昆布遣
スノ處頓と失念、跡(後)より斷申遣ス。
一　昨十日未剋比神方使者來、酒三升、かます拾
枚持來。進物儉約之義(儀)以前沙汰人より願來。
一　未剋比東家之青侍同伴ニ而、小林寛次下部壹
人、神方元服之祝酒會所へ爲レ持遣ス。
酒三升　社務　　酒貳升　正禰宜
酒貳升　正祝
祝酒料トシテ青侍ニ貳百文、下部ニ百文持歸
ル。
十二日、壬午。晴。
一　敕使御參向之道造、御社領村々勤レ之。
十三日、癸未。晴。
一　社務、月讀禰宜、祝三職者先々より御神藏よ
り御神供御下行米等拝領候。正禰宜、祝者職領
内より神供下行米差出シ、御神藏よりハ壹合も
拝領無レ之ニ付、去冬より段々相願、正禰宜江貳
石、正祝へ壹石都合兩職江三石頂戴、當年より
被レ下レ之ニ次定(治)。四月朔日御留主(守)詣之節、御社
呉服所ニ而次定(治)之事也。
十四日、甲申。晴。
十五日、乙酉。晴。
一　過日差出候神方老分四人六位之小折紙昨日

敕許之旨執奏家より申來ニ付、爲二一社惣代一櫟谷祝重孝、神方四人召連出頭。職事者清閑寺殿之由。

（正六位下越前介）藤原季延　（正六位下下野介）藤原伴壽
（正六位下安藝介）藤原道榮　（正六位下大和介）藤原玄敬

右之通リ　宣下。口宣　案ハ明十六日ニ被レ渡由。

母死去ニ付
　假五十日
　服十三ケ月　岩崎刑部

右昨十四日より引籠申候段、沙汰人より屆來。

十六日、丙戌。晴。

一　神方官位　宣下。口宣案被レ渡候ニ付、正祝相愛召連出頭。無事獻物。伯家職事近例之通リ。

一　社家中江近例之通リ金貳百疋、官位昇進ニ付、惣代山田外記、山田主祝（税）兩人入來。

十七日、丁亥。晴。

一　氏人勝千代丸甲子敕使御參向ニ付、此度元服、是迄者呉服所ニ而元服仕來候得共、宅ニ而爲レ致可レ申積。先代より入職之上元服、此度者氏人來ル廿一日ニ次定（治）之事。（二十二字朱）氏人ノ事故、振舞之義（儀）者暫延引之事、社家中江申述置。

元服ニ付祝到來物

一冠料　金百疋　松尾伯耆
一〃　同斷　吉田隱岐守
一　羽二たい（重）壹反　（伊賀局
　相命卿之妹ナリ。
一御萬（魚）な料　金三百疋　大御乳人
一　羽二たい壹反
一御萬な料　金貳百疋　伊豫局
一白地　あや（綾）壹反
一　御笏壹柄
一　〃　紙入壹　壬生家
一　〃　差袴壹腰

一　敕使清水谷宰相殿家來三人、社頭へ内見ニ來。
東三品、予、松室相州案内ス。
十八日、戊子。陰雨。桂川出水、筏流、川筋橋皆々落。
十九日、己丑。晴。
一　東遠州方より忰元服祝沓壹足來。
二十日、庚寅。晴。
一　山田越前介より元服祝足袋壹、引すり壹足來。
廿一日、辛卯。晴。
一　勝千代丸元服。玄關次ノ間ノ板間ニ而元服式。着座相命卿、相愛宿禰、房式宿禰衣冠・單、新冠、黒紋付、長絹加冠。予理髪、渡邊太夫殿、東備前守理髪兼而頼置候處、所勞ニ付斷申來ニ付、旅所權預リ先年より當所ニ被レ居候ニ付、一昨日頼處、承知ニ付、早朝より入來。何れも衣冠・單。元服式相濟、上ノ間ニ而鈴(冷)酒三盃獻。各新冠。盃畢、神主より予へ盃納。着座之各退出。
一　御日米獻進。正祝相愛出仕。新冠。同道渡邊太夫殿扶持ニ出勤。正祝相愛息千鶴丸着袴ニ付、兩家より御日米壹通リ獻供、下行米五升ツヽ差出ス。
一　勝榮衣冠・單、雜色寛次、沓持白丁、傘持白丁。
一　貳本入扇子箱、さらし壹反東家より元服祝來。
一　金五十疋小林寛次へ、金壹朱小林源右衞門へ、金壹朱喜右衞門へ、〃(金)壹朱四郎兵衞へ、鳥目貳百文下女もとへ、鳥目貳百文下男儀兵衞へ元服祝儀遣ス。
廿二日、壬辰。晴。
一　去ル十七日ニ先例之通リ御内々判金貳枚　勅使御參向ニ付御奉納ニ付、櫟谷祝重孝出頭。着二狩衣一。今辰剋ニ大床ニ而奉レ備。御參向之翌日太麻獻上之御祓箱も大床ニ而奉レ備。御祈禱社

家中、神方中物參。着二齋服一。午剋ニ退出。午後社頭見分。

廿三日、癸巳。陰晴。

一　過日伯家江差出ス社頭之次第書左之通リ。

社頭次第

剋限祠官等參進、神殿開二御扉一。奉レ備二進神饌一。畢供レ葵。

次　社司下レ殿、釣殿着二圓座一。

次　神方六位二人起、一ノ鳥居代下奉レ迎二　敕使之尊輿一。

次　敕使於二鳥居外一御下輿。

次　櫟谷祝、氏人壹人起レ座鳥居内奉レ迎。

次　敕使手水屋入給、有二手水之儀一。氏人壹人神方六位二人候レ之。

次　次官手水之儀同前。

次　敕使着二祓屋一給。權祝候レ之。

次　敕使昇二拝殿一着レ座給。

次　次官置二御幣物於案上一、設二案于唐門前一。入二給幄屋一。

次　敕使讀二　宣命一給。

次　神主起レ座昇二拝殿一、請二　宣命一奉レ置二　神殿案上一。

此時正祝・權神主起レ座、應神主登二　神殿一捲二御簾一。

次　正禰宜起レ座傳二　御幣物於神主一。々々（神主）奉レ備二之同案上一。

次　神主下レ殿而申二祝詞一。両段再拝訖出二唐門一着レ軾、申二返祝詞一。畢拍手。

敕使應レ之給。

次　神主捧二葵於　敕使一。

次　敕使退下給。

次　次官退下給。

此時權神主・權禰宜奉レ送二鳥居下一。先レ是神方六位二人鳥居外候居、奉レ送二客館一。

次　社司等昇レ殿奉レ納二　宣命・御幣物内殿一。

次　退去。

一　早朝より出勤。社頭之拵。點儉（檢）各午後出勤。

廿四日、甲午。半晴、未刻比より雨、晴、夜來強雨。
一　正巳剋各着二束帶一出仕。人數相命、榮祐、相愛、房式、相推、房武、種道、重吉、榮種、重孝、氏人房經、延種、勝榮也。相嗣所勞不參。社司、氏人同服二束帶一。
一　敕使清水谷殿、次官藤谷越前權介殿午下剋ニ御着、直ニ拜殿江御着、式相濟、客館江御休足(息)。御茶・御菓子等差出ス。其餘者何も不レ出。饗應料トシテ　敕使江者銀五枚、次官江者銀三枚、伯家雜掌へ銀壹枚、備士へ銀壹枚差出ス。以前約定致置候ニ付、何方江も何も不レ出。茶・烟草盆・菓子斗ナリ。客館ニ而暫御休足(息)。直ニ御退去。
社頭之拵左之通り。
一　回廊上ノ間南北上段間、組戸上ケ、御簾掛ル。
一　同南北五色之マン(幔)張、神方番所之玄關南ノ門同斷。
一　拜殿四方ニ御簾掛ル。間中ニ疊壹置。
一　同東ノ方ノ辰角方次官之休所。(十字朱)中家ノ御田棧敷ヲ用ユ。
一　南ノ高塀より神輿舍ノ西ノ角迄幄。
一　北ノ方番所之角より御築地迄幄。(十六字朱)土屋半分仕切、水屋ノ前より御築地迄。
一　神樂所ト神輿舍ト之辰巳角幄。
一　神樂所之北ノ方玄關　敕使清祓之場所。(十字朱)前ニ御簾、間中ニ疊壹ツ。
一　同北ノ角より樓門迄幕。(四字朱)三ツ葵紋。
一　樓門ノ内北ノ方板屋拵、伯家之雜掌。(十四字朱)東家之御田棧敷用ユ。菊ノ紋付幕。
一　備士幷ニ御警固休所、北ノ茶や利左衞門之宅。(十一字朱)下雜式(色)壹人來。上下五人斗。
(二十一字朱)松室相州方ニ而借用ノ幕、北ノエン先へ立葵ノ幕。
一　伯家雜掌休所、本願所。

一　中ノ茶屋、次官之下陣。（四字朱）段ダラ幕。
一　南ノ茶屋、敕使ノ下陣。（五字朱）段ダラノ幕。
一　客屋之前、南寄北面、火消番所西脇ヤライ。（五字朱）三ツ葵紋幕。
一　北ノ方利左衞門ノ西ノ方南向、火消番所兩脇ヤライ。（二字朱）同斷。
一　客屋、敕使次官御休所。（二十六字朱）門ニ三ツ葵紋紫チリメンノ幕。東ノレンジニ紫菊チリメン幕。（十六字朱）南ノ方普請小屋有レ之ニ付、幄ニ而仕切。
一　鳥居前石橋より五間程東、一ノ鳥居代朱ノ柱貳本立。
一　棒杭請取渡シ所江壹本、八寸角。
一　同　小山ノ口壹本。
一　同　北、北ノ門ノ上壹本。
一　同　七日前より立。往來道假上山田村小竹屋前ヲ東、桂川堤ヲ南請取渡シ江出、西ハ月讀社前中溝ヲ東松尾前堤ヲ北。
一　敕使御辨當、客屋ニ而相濟、御退出未下剋。
一　社家、神方退出申下剋。
廿五日、乙未。晴。
一　早朝より片付物。出勤ス。檢斷所集會休。
一　昨日之御禮回リ。着二狩衣一。神主相命、權神主房式出頭。先例之通リ、奏者所御祓箱ニ（熨斗）のし、伯家へ金三百疋、雜掌江金百疋、敕使清水谷殿へ御肴料金百疋、次官藤谷殿へ金百疋進物。
廿六日、丙申。晴、夜來雨。
一　岩倉三好家より元服之祝儀三本入扇子箱、冠料金百疋來。
廿七日、丁酉。陰晴、時々小雨。
一　松室薩州より三本入扇子箱守元服之祝儀來。
一　早朝より　敕使御參向ニ付、諸勘定社務所へ集會。申剋比相濟。
廿八日、戊戌。陰晴、時々雨。
廿九日、己亥。陰晴。
五月朔日、庚子。半晴。

御千度

一　御千度如レ例。房式、相推不參。
一　午後梅宮橋本家江縁談之義(儀)ニ付行向。
二日、辛丑。陰雨。
一　新屋敷加藤より元服之祝儀來。白カスリ(絣)、帷子、麻上下一具、使ニ而持來。
一　山田大和介より元服祝儀酒貳升、貳本入扇子箱來。
三日、壬寅。晴。
一　出京、壬生家へ縁談之一件ニ付行向、夜來歸宅。
四日、癸卯。晴。
一　松室薩州之孫初節句(供)。過日粽來ニ付、毛槍壹本送レ之。
五日、甲辰。晴。

端午神事

一　端午御神事。辰剋出仕。權神主房式不參。
一　外陣相命、榮祐　大床相愛、相推　階上房武、種道　階下重吉、榮種　同重孝。
神供獻進、無事執行。
一　去廿四日　敕使御參向節、　宣命・御幣物外陣ニ今日迄備置。神供前ニ内陣之唐櫃奉納。
一　社務所廳參如レ例。出席。
一　娘死去ニ付、權神主房式去二日より十日假。三十日服。姉死去ニ付、氏人房經去二日より二十日假、九十日服、引籠。廳參之席ニ而神主より披露有レ之事。
一　山田大和介、宮仕、大小工禮ニ來。
一　松室薩州之孫初節句(供)ニ付被レ招、申剋比より東三品、勢州同伴ニ而行向。
六日、乙巳。半晴。
七日、丙午。陰雨。
八日、丁未。半晴。
一　石井孫兵衛野村宅ニ而能相催ニ付行向、夜來歸宅。
九日、戊申。晴。
十日、己酉。陰晴。
一　松室相州より元服之祝儀酒貳升、三本入扇子箱來。

十一日、庚戌。陰晴、時々小雨。

一　出生之女子宮參リ社參ス。

十二日、辛亥。曇、申剋比より雨。

十三日、壬子。陰雨。

十四日、癸丑。晴。

一　出京、野村へ行、入レ夜歸宅。

十五日、甲寅。晴。

社務所集會

一　朝飯後社務所集會。去廿四日敕使御參向諸入用勘定。内々御奉納之判金貳枚、大藪村酒屋次郎兵衞方ニ而兩替。壹枚ニ付三拾壹兩三歩貳朱、都合六拾三兩三歩昨日請取。社司、氏人、神方中、宮仕、社役人被レ下物、參向之人々饗應料幷ニ進物、御所行之社司辨當料、社頭之拵、大工幷ニ諸職人之入用諸勘定引殘リ五兩餘リ殘金被レ下之物左之通リ。

一　金三百疋ツヽ　社司出勤十職江被レ下レ之。

一　〃百五十疋ツヽ　出勤之氏人三人へ被レ下レ之。

一　〃三朱ツヽ　神方中出勤貳拾人江被レ下レ之。

但シ、外ニ老分六位六人へ金三百疋被レ下レ之。

一　〃壹朱　宮仕中澤越後へ。

一　鳥目貳百文ツヽ　社役人。

一　米壹斗八升　御普請方

金百疋　山田主祝(税)へ被レ下レ之。

敕使前ニ社頭之拵、日數十八日之出勤。

一　金五百疋　大工河原若狹被レ下レ之。

但シ、敕使前ニ諸職人之點檢出勤ニ付、別段作料者不レ被レ下候ニ付、御褒美トシテ被レ下レ之。

一　社頭鳥居内外砂持人足五ケ村貳拾人斗も出勤ニ付、壹人ニ付鳥目貳百文ツヽ被レ下レ之。

一　火消人足上山田・松室・萬石・谷村・上ノ山町都合貳拾四人、壹人ニ付鳥目貳百文ツヽ被レ下レ之。

右勘定申剋比相濟、歸宅。

敕祭再興の件

一　當春以來當社御祭御再興之儀内々願出候。其後何等之御沙汰も不(「被」脱カ)レ爲レ有候處、過日廣橋家より社司之内壹人罷出候樣申來ニ付、神主相命卿昨日出頭候處、廣橋樣直々御逢ニ而被レ仰候ニハ、春以來出願之御祭御再興之義(儀)、内々被二聞召一候ニ付、取調之義(儀)被二仰付一候。松尾・北野兩社御用掛リ被二仰付一候。依レ之舊記　宣命も有レ之候ハヽ、早々差出シ可レ申段被レ仰候。手續も出來候上者、當年分當年ニ被二仰出一候樣子ニ有レ之候。集會之事故、色々相談之事、銘々取調心掛ケ可レ申段許容ノ事也。

十六日、乙卯。雨。

御千度

一　御千度如レ例。出勤。神主不參、權神主故障。

十七日、丙辰。晴。

十八日、丁巳。晴。

一　西梅津村百性(姓)三軒斗も燒失ニ付、當社之火消差出ス。橋本家江見舞ニ予行向。未半剋比より出火。申下剋比ニ納ル。

十九日、戊午。晴。

二十日、己未。半晴、午後曇、戌剋比より雨。

一　予出京、壬生家へ縁談之義(儀)ニ付行向、夜來歸宅。

廿一日、庚申。雨、巳剋比より止。

廿二日、辛酉。晴。

廿三日、壬戌。晴、午下剋比より雨。

廿四日、癸亥、雨。

廿五日、甲子。雨。

一　午後檢斷所へ出勤ス。

廿六日、乙丑。曇。

一　朝飯社務(「所」脱カ)ニ而集會。御祭御再興之相談。廣橋家へ差出ス書付拵、來ル廿八日神主持參之筈也。

廿七日、丙寅。曇、小雨、夜來強雨、度々甚シ。

廿八日、丁卯。曇、時々小雨、強雨甚シ。桂川九尺斗も出水。今井堤水下村々集ル。谷川出水ニ付二又橋落ル。
廿九日、戊辰。曇、午時比雨、夜來強雨。
三十日、己巳。曇、時々雨。
六月朔日、庚午。曇、時々小雨、午後止、半晴。
二日、辛未。半晴、夜來強雨。
三日、壬申。雨。
四日、癸酉。半晴。
五日、甲戌。陰晴、時々小雨。
一　朝飯後集會。室谷之土砂出掘上ケ、上野橋落ニ付、谷川尻ニ而舟渡シ相談。
六日、乙亥。晴。
一　出京、廣橋家江御祭御再興之書付持參ス。夫より壬生家江縁談之一件ニ付行向、入レ夜歸宅。
七日、丙子。晴。
八日、丁丑。晴。
一　壬生家より橋本家江荷物來ニ付、未剋比より梅津江行向、初更比歸宅。
九日、戊寅。晴。
十日、己卯。晴、朝曇。
一　壬生家より橋本家江今夕酉剋入輿ニ付、午後早々行向。壬生家より兩親不參ニ付、母公親代ニ而召連、壬生家より方角悪シク候故、昨夕サガ(嵯峨)三軒茶屋迄入來。一宿ニ而今夕入輿。諸事無事相濟、曉天歸宅。當家より爲レ祝鯣壹連、三本入扇子箱送レ之。
十一日、庚辰。晴。
一　橋本家江部屋見舞遣ス。使者壹人、下部壹人、酒貳升切手送レ之。
十二日、辛巳。晴。
一　壬生家より縁談無レ滯相濟ニ付、使者壹人、下部壹人來、鯣貳連來。
十三日、壬午。朝小雨、巳剋比より晴。
十四日、癸未。晴。
十五日、甲申。晴。
一　橋本泉州婚儀無レ滯相濟ニ付、禮ニ入來。酒・中飯出ス。三本入扇子箱、嶋臺、丹酒三

升、爲ニ肴料一金貳百疋持參。引貳百文貳折遣ス。

十六日、乙酉。晴。

一　午後検斷所へ出勤ス。

十七日、丙戌。晴。

一　出京、野村へ行、松伯へ行、入レ夜歸宅。

十八日、丁亥。晴。

十九日、戊子。晴。

二十日、己丑。晴。

廿一日、庚寅。晴。

廿二日、辛卯。半晴。

廿三日、壬辰。晴。

御田植神事

一　御田植御神事。未剋出仕。早朝沙汰人御神事催ニ來。例之通リ。

外陣相命榮祐、大床相愛房式、階上相推房武、階下種道重吉、同榮種重孝。

神供獻進、無事執行。植女例之通リ來。

一　神能昨年之通リ御時節柄ニ付御延引。翁斗執行。野村久馬造、巽龜太郎來宿。申下剋比退出。

廿四日、癸巳。晴。

一　宮仕御神事催ニ來。辰下剋比出仕。

神供獻進、無事執行。

廿五日、甲午。晴。

一　神能昨日之通リ巳下剋比相濟、退出。

人別改集會

一　人別改申來ニ付集會。予不參ス。

一　早朝より悴召連、北野天滿宮へ參詣。新屋敷加藤へ立寄、暮時比歸宅。

廿六日、乙未。晴。

廿七日、丙申。晴。

廿八日、丁酉。晴。

廿九日、戊戌。晴。

七月朔日、己亥。晴。

一　早朝より上加茂(賀)神能ニ行向、初更比歸宅。

二日、庚子。曇、夕立、雷鳴四五聲。

三日、辛丑。午時比夕立、遠雷、跡(後)ハ晴。

一　権祝房武祖母死去ニ付、房武子細之所労ニ而去廿九日より霜月下旬迄引籠之由也。祖母ハ故石見守殿之妾ナリ。依レ之所労引ナリ。

四日、壬寅。半晴。

五日、癸卯。晴。

一　午後検断所へ出勤ス。

六日、甲辰。晴。

七日、乙巳。晴。

七夕神事

一　七夕御神事。辰剋出仕。外陣（相命、榮祐）、大床（相愛、房式）、階上（相推、種道）、階下（重吉、榮種）、同重孝勤行。神供献進、無事執行。

一　山田役人、宮仕、大小工禮ニ來。社務廳參如レ例。

八日、丙午。晴。

一　谷川勘定谷村儀兵衛宅ニ而相催ス。中飯・酒アリ。

毛利勢上京一件

一　昨亥年（文久三、辛亥）八月十八日、御築地内九門内大變迄長州毛利宰相殿之家來かため被二仰付一相被レ勤候處、十八日大變ニ付、かため引拂被二仰出一、其後堂上七人召連、國元江皆々引取ニ相成、上京無レ之候處、去六月廿四日より昨年より旅宿ニ相成候サガ（嵯峨）天龍寺江家來向七八百人斗上京、御所表江七人之堂上元々幷ニ攘夷宰相殿參内、三ケ條被二願立一候様子。依レ之願之趣被二聞食一候様松尾社江御祈禱願度由ニ而、今午剋比長州之家來社務所江入來、御初穂トシテ金拾兩奉納。尚一社江披露可レ致旨申處、承知ニ而天龍寺へ引取ル。

一　西國道筋長州家來度々通行ニ付、茶水杯ノミ（ム）者有レ之候ハヽ、振舞呉候様、夫ニ付村々酒肴料トシテ金子差遣シ可レ申由也。谷・松室村・萬石村へ金千疋、今日谷村役文次方へ入來之由也。社務所來入ト同體之由。又々金貳兩家數も數軒有レ之由ニ而、今日村役江來由也。都合六兩貳歩來。

九日、丁未。晴。

新嘗会神事

長州人士祈願

社務所集會

十日、戊申。晴。

十一日、己酉。晴。

十二日、庚戌。晴。

一　新嘗會御神事例之通リ無事。

一　去八日長州より願出候御祈禱、新嘗會之御神事相濟後勤レ之。此間より天龍寺江兼而今日獻進之由申遣ス(シ)置。宰相殿、長門守殿江御祓箱貳ッ、其餘ニ懐中ニ所持致度趣ニ付、小キ御禮(札)貳千五百枚。御所表より之御祈滿座之節同樣御日米獻進。長州之家來サガ(嵯峨)より巳剋比ニ兩人來。釣殿ニ薄へ(ベ)リ引置(敷)ナリ。又々今日金千疋主人兩(カ)人より御初穗獻進ニ付持參ナリ。巳剋比相濟、神供・御札等相渡ス。持歸ルナリ。

一　神方中江都合拾貳兩貳歩之内金千疋渡レ之。神子四人出勤ニ付、金壹朱ッヽ遣レ之、宮仕へ金壹朱遣ス。

十三日、辛亥。晴。

一　朝飯後社務所集會。長州より之御初穗分配。

一　金貳兩貳歩社納　一　金千疋　社家中

一　〃千疋　神方中　一　〃貳百疋　氏人四人へ

一　〃壹朱　宮仕　一　〃貳百疋　神子四人へ

一　〃壹兩三歩三朱　御札幷ニ諸入用　一　〃貳百疋　長州家來度々東家入來ニ付酒肴料東家へ渡

但シ、社家中壹人百疋ッヽ分配。

權祝房武故障不參ニ付、半分貳朱渡レ之、殘リ貳朱、社家中九人へ割。

一　昨日持參金千疋之割。

一　金三百疋　社家中　一　金三百疋　神方中

一　殘リ壹兩、是ハ前之勘定分配之内へ入ル。

十四日、壬子。晴。

一　大夫社參回禮。近邊之息禮入來。

十五日、癸丑。晴、午後曇、幽雷。小雨。

一　近邊回禮。各來賀。

一　長州より鳥居前茶屋壹軒警衛致度ニ付借度由賴來ニ付、承知ニ而貸渡ス。源助宅兩家之内壹軒ハ明家ニ相成候由、貸遣ス。人數廿人斗も出役致居、一昨日より差出シ之由。今晩より蚊遣火致度由、是も長州家來より屆來。承知之返答ス。

十六日、甲寅。晴。

十七日、乙卯。晴。

十八日、丙辰。半晴、小雨。

十九日、丁巳。陰晴。

禁門の變

一　辰剋比より京都ニ大筒之音度々相聞候。近邊之牛、百性(姓)抔途中より皆々歸宅。何歟不二相分一候處、追々京都より參リ候者申居候。長州上京ニ付會津ト合戰之由、御築地内ニ而戰之由巳剋比長州屋敷燒失、堺町御門邊之大筒之殘火ニ而町屋付段々火もへ(え)上リ、下東江燒失、御築地内上京大名出役ニ而大混雜。皆々甲鎧之由。午剋比鷹司殿江長州參リ候由ニ而、會津より大筒打込燒失。だいご(醍醐)殿も同様。火ハ追々ニもへ(え)下リ甚シ。御築地内者大合戰也。

二十日、戊午。晴。

一　火ハ追々ニもへ(え)上リ甚シ。御築地内者今ニ合戰。午剋比長州者引取ル由ニ而、天龍寺より山崎之陣所江引取ル。門前追々ト引取ル。午剋比長州旅宿天龍寺燒亡。大筒之音甚シ。依レ之松尾皇太神御立退、御ほうれん(鳳輦)ニ而樓門迄御立退。見合居ル鳥居前茶や源助之宅長州ニ貸置候故、燒打之様子ニ而大混雜。天龍寺・法輪寺川邊之三軒茶や燒亡。夫より松尾江行ト申事ニ而混雜。法輪寺より下江ハ不レ來無事。併大筒之飛火ニ而櫟谷山幷ニ御神山壹町斗も燒失。櫟谷社ハ無事。樓門内江火ノこ折々來。水鐵砲杯ヲ用ユ。昨日より社家、神方淨衣ニ而詰切ル。社役人兩人ツヽ、人足壹人出勤ス。

一　申剋比東本願寺燒失。火ハ今ニ甚シ。

一　禁裏御所御立退ハ無レ之。

廿一日、己未。晴。

一　未下剋比山崎天王寺其外寺々燒失亡。山崎八

幡宮之社家宅貸渡シニ相成候ニ付焼亡之由。
一 焼亡之大名ハ薩州・會津・松山之由也。
一 京都焼失、今酉剋比ニ火納ル、消ル。月番火役不レ出由也。夫故焼次第。
一 長州者皆々國元江引取ル由。壹人も上京ハ無レ之由。長州之者イヨカト諸所々近邊聞タヾシニ見廻ル。御築地内外此度之死人凡千五百人餘、内貳百五拾人餘ハ長州之由、其餘ハ諸大名之家來之由也。
廿二日、庚申。晴。
一 京都之親類幷ニ心安キ方江見舞ニ使遣ス。
廿三日、辛酉。晴。
廿四日、壬戌。陰晴。
廿五日、癸亥。雨、午後晴。
一 大坂表之長州屋敷、藏屋敷焼亡之由也。
一 下サガ(嵯峨)川端村材木屋福田利兵衛是迄長州之用達致居候處、此度之大變ニ而二十日比より行方しらす。依レ之居宅タヽキクダク由。土藏も同様。本人行方聞タヾシ混雜之由。
廿六日、甲子。晴。
廿七日、乙丑。晴。
一 京都幷ニ近邊諸色高ジキ(直)ノ上、猶又高直ニ相成、ゲンギン(現金)ナラデハ賣不レ申、米ナドハ小賣ハ不レ致由。諸人之歎澁(難)大方ナラズ大歎澁(難)也。
廿八日、丙寅。晴。
廿九日、丁卯。晴。
三十日、戊辰。晴。
八月一日、己巳。晴。
一 去廿日樓門迄御立退ニ相成、御輿之儘外陣ニ納置候。今朝内陣江御遷座無事ニ相濟、御日米獻進。社司齋服惣參、神方惣參、櫟谷禰宜榮種代氏人延種出仕。今日より詰切ハ見合。當番之社司壹度淨衣ニ而出勤之約定。神方中者晝夜ニ三人ツヽ之出勤之旨申達ス。御日米獻進貳通リ、壹通リハ東家ヨリ例年之通リ、壹通リハ近衛殿大乳人、大覺寺宮家中より出勤之人ニ付、此度之大變上サガ(嵯峨)村ハ無事ニ付、金百疋奉納故、御日米獻進。片料ハ大乳人江送レ之、片料者社家中江受レ之。

一　過日伊賀局より此度之大變ニ付、他社より太(大)麻獻上有レ之候故、松尾社も太(大)麻獻上可レ然哉心添有レ之ニ付、伯家江窺出候處、左樣之義(儀)ナレハ獻上可レ然旨雜掌申ニ付、廿五日より御祈禱之日限ニ而明日御祓獻上之約定。今朝御日米之節太(大)床へ御祓箱備レ之。明日年番正祝相愛着ニ狩衣一ニ而獻上之筈ナリ。

神宮寺

一　十九日大變後供僧より神宮寺江參勤も無レ之如何之事哉ト申達存心之處、非常之事故、其儀ニ不レ及、社司兩人幷ニ神方中四五人斗ニ而舍利堂へ下遷宮致置、太秦よりハ唯今ニ何之沙汰も無レ之事ナリ。

一　八朔之相撲之義(儀)、當年ハ延引之旨、過日以ニ沙汰人ヲ一奉行所へ届置。昨年者爲ニ御角力ト一十五才迄之子共(供)三番爲レ取候得共、當年者其儀ニ不レ及、何ニ(マヽ)も執行無レ之、平常之通リ。

二日、庚午。晴。

一　内丸太町壬生家燒失ニ付、臺所用之物爲レ持遣ス。

三日、辛未。晴、雷鳴四五聲、夕立。

一　京都へ行向。親類幷ニ心安キ所へ燒失之見舞ニ行向。

上ハ中立賣室町邊、西ハ別條ナシ。鷹司殿・ダイゴ(醍醐)殿燒失。夫ヨリ内丸太町、内椹木町、寺町迄燒失、西ハ出水邊より堀川迄、堀川通リよリ七條通リ野へ燒ヌケル。堀川より西江ハ火不レ來無事。東ハ丸太町、寺町燒ヌケ下御靈社ハ無事。コウ堂殘ル、門ハ燒失。夫ヨリ寺町東側寺々四條迄燒失。錦天神燒失。道場之内皆々無事。祇園御旅所無事。四條より下寺町東側皆々燒失。五條邊ニ而ハ加茂(賀)川江燒ヌケル。夫ヨリ野へヌケル。東本願寺幷ニキコク(枳穀)御殿燒失。西本願寺ハ無事。七條之エタ皆々燒失。誠ニ淺間敷者ナリ。入レ夜歸宅。
四日、壬申。晴。
一 當番ニ付、見廻リニ出勤ス。
五日、癸酉。晴。
一 同上。
六日、甲戌。晴。
一 同上。
一 有栖川宮父子、鷹司殿父子、外ニ堂上拾壹人此度之大變ニ付被レ止二參朝一候由ナリ。何共不二分相一（「相分」カ）。當時中川宮、守護職會津松平肥後守（容保）兩人禁中之諸事仕體儘之由ニ而、此度之大變者兩人不二取斗一故、此度之大變出來之樣子、兩人者惡逆盛成ル由ナリ。
七日、乙亥。晴、夕立。
八日、丙子。曇、午剋比より雨、夜來時々強雨、從二曉天一風甚シ。

社務所集會

一 昨日社務所集會。過日非常出勤之社司、神方中幷ニ宮仕、社役人等へ辨當料被レ下。今朝神藏より御米出シ渡シ、予も出勤ス。左之通リ。

社家中江　玄米壹升ツヽ、南鐐壹片ツヽ。
　但シ、九人へ、權祝房武ハ故障不參也。
神方中へ　玄米壹升ツヽ、金貳十五疋ツヽ。
宮仕へ　玄米三升、鳥目貳百文。
社役人へ　玄米壹升ツヽ。
人足へ　同上。

一 未下剋比、伯家より御用義（儀）有レ之ニ付、唯今參殿可レ致旨申來。年番正祝相愛、櫟谷祝重孝兩人共今朝ヨリ所勞之由ニ付、無レ據賴ニ來ニ付、予、氏人延種出頭。伯家へ參リ候處、來十四日より一七ヶ日之間御祈被二仰出一候。亥半剋比歸宅。
九日、丁丑。曇、風甚シ。巳剋比より止、半晴。
十日、戊寅。晴。
十一日、己卯。晴。
一 出京、野村へ行、松伯へ行、入レ夜歸宅。
十二日、庚辰。晴。

神宮寺

一　來ル十四日之御祈御教書左之通リ。
頻年戎虜數來航、頗被レ惱二　宸襟一之處、豈料
去月十九日於二　禁闕下一有二騒擾之儀一。加レ之祝
融爲レ祟延燒數里、人心洶(恟)々、哀憫殊深。因二神
明之冥助一速雖レ屬二鎮靜一、猶以擁二護四海人一、
安二　寶祚延長一、武運悠久之御祈、一七ケ日、
一社一同可レ抽二丹誠一、可下令レ下二知于松尾・稲
荷等社一給上被二仰下一候。仍早々申入候也。
八月七日　　俊政(坊城)
(御祈奉行坊城殿)
伯少將殿(白川資訓王)
追申、來十四日辰剋御祈始之事。
滿座翌日巻數獻上之事、同下知可レ令レ給候
也。
十三日、辛巳。晴。
十四日、壬午。晴、時々曇雨。
一　御祈。社司、神方中惣參。辰剋ニ出仕。
八月八日供僧中江申渡
一　此度大變不二容易一形勢、已ニ去十九日以來
社頭御近火ニ付御退去之手當等茂有レ之、一社
一同詰切居候處、於二供僧中一者不參、殊ニ神宮
寺御鎰等預居、于レ今無二拜參一。元來日々天下泰
平之御祈參勤之筈ニ候處懈怠而已、全不レ恐二
神慮一儀、依レ之六人共永御假(暇)被レ下、職領被二召
上一候事。
一　神宮寺御正體者、此度大變ニ付舍利殿江
令二遷座一、供僧中御假(暇)被レ下候上者、神宮寺之建
物不用ニ相成候處、是迄供僧兼勤之法輪寺、此
度兵火ニ不レ殘燒失ニ付、右建物被レ下レ之候間、
假堂ニ可レ被二相用一哉之事。
一　供僧中より一札有レ之、取置寫シ。本紙ハ東
家ニアリ。左之通リ。
松尾社神宮寺御讀經所供僧中知行事
高拾七石八斗
此田地壹町三反四畝六歩
右收納申處無レ紛候。

本地堂

於二御本地堂一朝夕天下泰平之御祈禱、正月修
正無二懈怠一相勤申候。十月八講於二神前一相勤、
其外臨時之御祈禱社家一統勤修仕候。以上。

享保六辛
　丑年閏七月　　松尾供僧
　　　　　　　　太秦廣隆寺印

供僧中江及二相談ニ一尚跡(後)より返答可レ致旨申引
取ル。

十五日、癸未。雨、巳剋比より止。
一　御祈。辰剋出仕。社司、神方惣參。
十六日、甲申。雨。
一　御祈。辰剋出仕。社司、神方惣參。
十七日、乙酉。強雨、午剋比より止、半晴。
一　御祈。辰剋出仕。社司、神方惣參。
十八日、丙戌。曇、時々雨、曉天遠雷。
一　御祈。辰剋出仕。社司、神方惣參。
十九日、丁亥。雨、巳剋比より止、曇。
一　御祈。辰剋出仕。社司、神方惣參。午後御祓
捹、不參。

二十日、戊子。晴。
一　御祈滿座。御日米獻進、無事執行。
廿一日、己丑。晴。
一　御祈滿座。御祓獻上。正祝相愛櫟谷祝重孝出
頭。着二狩衣・立烏帽子一例之通り。無事相濟
由。
廿二日、庚寅。晴。
廿三日、辛卯。曇、時々雨、夜來強雨。

社務所集會

一　此度御祈御初穗白銀五枚、一昨日御沙汰ニ
付、執奏家ニ而請取、御奉納。依レ之午後社務
〔所〕脱カニ而集會、分配。諸入用相濟、殘リハ社司、神
方、宮仕、神子分配。社司壹人分金壹朱程ニ成
ル。五枚共分配ナリ。
廿四日、壬辰。小雨、巳剋比より止、陰晴。
廿五日、癸巳。曇、時々雨。
廿六日、甲午、曇、巳剋比より半晴。
廿七日、乙未。晴。
廿八日、丙申。半晴、申剋比より雨。

一　出京、新屋敷へ行、入レ夜歸宅。
廿九日、丁酉。陰雨。
一　桂川八尺斗も出水、今井堤・新堤水下村々寄集ル。
三十日、戊戌。半晴、時々雨。
一　巳剋比より少々引水ニ成ル。渡月橋・上野橋落ル。其外橋々皆々落ル由ナリ。
九月朔日、己亥。半晴。

御千度

一　御千度如レ例。出勤ス。
一　權祝東筑州房武、五月比より子細之所勞ニ而引籠罷在候處、松尾因州方妻死去被レ致混穢致居候處へ立寄、酒飯抔も同火ニ而日々行向候ニ付、内々ニ而爲二申聞一候得共、聞入不レ被レ申候ニ付、無レ據表向ニ相成、先々より之社司之約定も相違致候ニ付、此度退職之義(儀)本家東越州江相談之事。後々之差支ニも相成候事故、御氣毒ニ存候へ共、權祝退職可レ被レ成段、今日於二御千度後呉服所ニ一一統申達之事。

呉服所

二日、庚子。晴。
三日、辛丑。晴。
四日、壬寅。晴、朝飯後着淨衣ニ而出勤ス。

宗門改集會

一　宗門之集會。例之通リ中酒・中飯アリ。
一　社家中當番之日割(ハリ)も有レ之候ニ付、此度相改、淨衣ニ而三日之間社參可レ然相談ニ付、拜參之事ナリ。
五日、癸卯。晴。
一　午後淨衣ニ而出勤ス。
六日、甲辰。晴。
一　朝飯後、着二淨衣一出勤ス。
七日、乙巳。曇、申剋比より雨、夜來時々強雨。
八日、丙午。小雨、午剋比より晴定、夜來遠雷。
九日、丁未。晴。

重陽神事

一　重陽御神事。辰剋出仕。外陣相命榮祐、大床相愛房式、階上相推種道、階下重吉榮種、同重孝。
神供獻進、無事執行如レ例。

一　山田役人、宮仕、大小工禮ニ來。社務所廳參如レ例ニ而予不參ス。

神宮寺・供僧廃止

一　太秦廣隆寺供僧職不勤ニ付、此度段々引合申候處、當社より申通リ承知ニ付、過日東家ニ而引合濟ニ相成候ニ付、金子五十両相渡シ、神供(宮カ)寺勝手ニ引取趣申達、供僧職領米之義(儀)者當年より返納之由申達處、是も承知。神供(宮カ)寺建物ハ暫其儘致呉候様得ト及二相談一、引取可レ申段申レ之。此度取置一札左之通リ。

左之通リ取置。

一札之事

一　此度御大變ニ付、已ニ神宮寺　御正體御退去之砌、供僧中不參蒙二御察當一恐入候得共、實者近來於二二山一茂無人之上、遠隔之神宮寺兼勤之儀者、迚茂難二行屆一候間、一同退職仕候。然處御憐情ヲ以此度御不用ニ相成候神宮寺一宇幷金五拾両等下給辱致二拝領一候上者、向後何之申分無レ之候。依如レ件。

附、供僧職領尤返納仕候事。

元治元年

子八月　　供僧中惣代

尊覺院印

勝鬘院印

松尾御一社中

十日、戊申。晴、雷鳴四五聲、雨戌剋比也。

一　東遠州方淀家中より縁談次定(治)ニ付、今夕引取リ、爲二客分ト一入輿。予暮時比より行向。扇子三本入、酒三升送レ之。

十一日、己酉。半晴、暮時比幽雷、小雨。

十二日、庚戌。晴。

十三日、辛亥。晴。

十四日、壬子。晴。

十五日、癸丑。晴。

検断所

一　午後検断所へ出勤ス。

一　祖母様之廿五回忌ニ付、配リ物親類江送レ之。西寺へ料理物爲レ持遣ス。時節柄ニ付不レ招。

十六日、甲寅。晴。

御千度
一　御千度如レ例。出勤ス。権禰宜相推不參也。
一　山田勘ヶ由(解)死去ニ付、引籠之神方左之通リ。
長尾長門介　甥　三日、七日
山田將監大炊　弟　廿日、九十日
同　左近雅樂　従父弟　三日、七日
同　相讀(續)人政次郎　五十日、十三ヶ月
但シ、山田縫殿之次男ナリ。
十七日、乙卯。晴。
一　出京、野村へ行、買物ニ行、二更比歸宅。
十八日、丙辰。晴、亥剋比雷鳴七八聲、夕立。
氏人
一　権祝當番代勤氏人ニ而勤レ之。當時氏人三人有レ之ニ付、日割ヲ以出勤。今日勝榮出勤ス。
十九日、丁巳。晴。
二十日、戊午。晴。
社法
一　権祝房武退職ニ付、親類より執奏家へ歎願書被二差出一候ニ付、伯家より申達有レ之。朝飯後集會。
廿一日、己未。晴。
廿二日、庚申。晴。
廿三日、辛酉。陰晴、小雨。
一　東筑後守親類より伯家江差出シ被レ申候書付寫。
奉二歎願一口上之覺
松尾社司
東筑後守
右同人義(儀)、七月中祖母服中ニ御座候處、同斷松尾因幡義(儀)も混穢之引籠中ニ付、自分服中之事と相心得、右因幡方江罷越、若輩ニ而何等之辨も無レ之、穢ニ混し、奉レ對二神慮一恐入候譯ニ御座候。右ニ付、今度右穢所へ罷越候罪狀ヲ以、社職幷ニ拜領山、預リ山も取上ケニ可二相成一談し有レ之趣承リ、右様申達し有レ之候節者、一家及二斷絶一不二容易一義(儀)ニ付、一族一同より當社務江穏便ニ取斗ニ可二相成一様申立、猶又親族共よりも同様申立候處、社法

不二相立一、宥方も無レ之趣返答有レ之。然處同人も權祝者家付ニ而家録(禄)迆も無レ之、職料斗ニ而辭職被二仰付一候節者、右職料も取上ケニ可二相成一義(儀)故、一家及二斷絶ニ一候趣申入候處、此節何歟明キ米出來ニ相成候ニ付、右明キ米ヲ以五石御救として可レ被レ下候樣可二取斗一旨申居候得共、御救之義(儀)ニ付、何時御取上ケ之義(儀)も難レ斗、殊ニ拜領山、預リ山等ヲ差入借財有レ之ニ付、右山取上ケニ相成候節者、借財元右米被レ引候義(儀)も目前之事と存、左候得者、飯米も無レ之可レ及二斷絶ニ一。尤前文申上候通、職料并拜領山、預リ山等取上ケニ相成候程之罪狀と不二相心得一。然ヲ絶家ニ相成候而ハ誠ニ以歎敷存候。大罪之義(儀)ニ候ハヽ及二絶家ニ一候共致方も無二御座一候得共、右穢ニ混し候廉ヲ以前件之取斗ニ相成候義(儀)、實ニ以歎敷心外ニ奉レ存候ニ付、何卒一家御取立ト思召、穢ニ混し候邊ニ而更ニ其咎位ニ而穩ニ事濟候樣、當社務并ニ社中へ程能御利解(理)可レ被レ下候樣、内々親族一同伏而奉二歎願一候。何卒願之通御聞屆ニ相成候ハヽ、莫大之御恩、誠ニ以深難レ有仕合奉レ存候。此段宜御取斗可レ被レ下候樣偏奉レ賴候。以上

九月九日　　幸徳井陰陽介
　　　　　　今小路師

白川神祇伯樣(資訓王)
　御雜掌中

右之通リ差被レ出候ニ付、伯家より達しニ相成候間、兩三日前より社司之内兩三度伯家へ行向之事。

一社より差出ス書付左之通リ。

實ハ内々所勞引ニ而辭職爲レ致可レ申積之處、色々ト六ケ敷相成候故、無レ據一社より書付差出ス。左之通リ。

爲レ伺言上

當社權祝
東筑後守

氏人

右同人儀一昨戌年(文久二、壬戌)十二月廿一日神物之金銀相携脱走仕、翌年正月下旬歸村仕候。此節携出候金銀者社務相償、脱走心得違之廉ヲ以、五十日閉門後出勤爲レ致候事。

一 昨亥年(文久三、辛亥)七月以來不行狀之聞江有レ之候間、取調候處、博奕之場江立交、其上神職禁止之鹿食等仕候趣ニ付、令二察當一候處、自今急度改心可レ仕候。若相違之儀有レ之候得者、位職返上可レ仕旨相認、當時稱二本家與一申候東越中守加印之一紙差入候故、出勤爲レ致候事。

一 當年七月一社之犯二禁止一混穢所ヘ立交、及二合火ニ一候趣相聞申候間、一社より及二風諫ニ一處不二相用一數度右混穢仕候事。但、於二一社混穢之輩一先例解官仕候事。

右本人進退所置之儀如何仕候而可レ然哉、於二一社一決定難レ仕依レ之奉レ伺候。

右之趣宜御披露頼入存候。以上。

子(甲子)九月　　松尾社司中

伯中將殿(資訓王)
御雜掌

右書付、正祝、櫟谷祝伯家ヘ持參也。

一 昨廿二日伯家より達シ、左之通リ切紙ニ而、被レ達候。但シ、伯殿、殿下樣江被レ窺候由也。

東筑後守義(儀)、格別之宥免ヲ以解官之沙汰ニ不レ及辭職可レ被二申渡一候事。

九月廿二日

一 朝飯後集會。東越州ヘ申達、本人ヘ越州より申達之事。權祝跡職氏人も有レ之ニ付、氏人之内ニ而入職併今日評定ニ相成候筈之處、彼是色々ト申人有レ之ニ付、不治定ナリ。當家ニハ權祝之例有レ之、中家ニも有レ之樣子、相讀(續)人者無レ之事故中家より返答有レ之筈ナリ。

廿四日、壬戌。陰晴。

廿五日、癸亥。半晴、時々小雨。

一 集會。權祝跡職人體慶長年中ニ家例も有レ之事故、若年ニ者候得共、氏人勝榮江入職之義(儀)願

度段、一統江及ニ相談ニ候處、外ニ者例も無レ
之事故、尤之由ニ付、權神主より色々取合も有レ
之候得共、忰勝榮ニ治定ニ相成ル。明日伯家書
付差出ス旨、一統へ申述ル。
廿六日、甲子。晴。
一 出京、伯家江入職之書付差出ス。伯様(資訓王)御留主(守)
中雜掌村上出雲守落手。夫より壬生家行向、二
更比歸宅。
家例左之通り。

南家

慶長十四年八月廿六日權祝入職、久尉丸
元和年中ニ正祝轉任。

社法

右之例ニ而差出ス。
廿七日、乙丑。陰晴、小雨、夜來雨。家内山行。
廿八日、丙寅。晴。
一 一昨差出ス願書、今日東勢州太(大)麻獻上ニ伯家
へ行向候處、何歟權神主家より行違之義(儀)も有レ
之様子、且松室加州過日伯家へ被レ參候節、權
神主之息申望度由承り候間、右願書返上被レ致
度由、雜掌申レ之ニ付、勢州被ニ持歸一候。夕方
當家へ持參。
廿九日、丁卯。晴。
一 予松室加州同伴ニ而伯家へ出頭。雜掌面會。
昨日伊勢守江御返しニ相成候如何事哉。他家ニ
例無レ之、當方ニ一例有レ之候事故、家例ヲ以願
立候事ニ御取扱難ニ出來一由、左候へ者權神主よ
り何そ願立申居候事有レ之哉。松室加賀守ハ權
神主家ニ一例有レ之積ニ而申上候事、補任狀吟
味致候處、南家ニ一例、外ニハ無レ之、家例ニ而
御取扱無ニ出來一候ハヽ、正官之内自然闕致候
節、他家より競望難レ斗、左様相成候而ハ是迄社
法相崩レ申候段歎ヶ敷、雜掌江及ニ相談一、伯様へ
度々申入有レ之、補任狀之本紙持參ニ而兩人相
談致候處、左様承り候へ者、慥成事ニ候間、明
後朔日補任狀御渡し可ニ申入一段申レ之ニ付、兩
人共引取、夕景歸宅。
三十日、戊辰。晴。

十月朔日、己巳。晴。
一　早朝より伯家出頭。巳刻比ニ行向。雑掌安部田備前守出會、補任狀持出ル。拜見請取、玄關ニ而先例之通リ獻物。伯殿（白川資訓王）江桐三本入扇子箱壹臺、雑掌へ杉貳本入扇子箱、壹ツヘギ（折木）ノセル。伯家限リ、外ニ禮ニ者不レ行。松尾伯耆ニ而飯酒。初更比歸宅。
一　房武之辭職之屆書差出ス。奉書四ッ折、美の（濃）紙ニ而上包。
一　御神藏藏附。不參。貳石餘上納之由。
二日、庚午。晴。
一　勝榮着麻上下ニ而社參爲レ致也。
三日、辛未。晴。
四日、壬申。曇、巳刻比より雨。
一　當番、巳刻比ニ出勤ス。
五日、癸酉。曇、午後晴定。
一　當番、巳刻比出勤ス。
六日、甲戌。晴、時雨アリ。
一　當番。巳刻出勤ス。
七日、乙亥。晴。
八日、丙子。晴。
一　出京、野村へ行、入レ夜歸宅。
九日、丁丑。晴。
十日、戊寅。晴。
十一日、己卯。晴。
十二日、庚辰。晴。
一　壬生（小槻氏）官務殿息新左大史、此度六位藏人被レ蒙二宣下一候ニ付、當所之非藏人番頭、番頭代宅江官務殿何カ世話ニ相成ニ付、頼ニ被二罷出一候ニ付、午刻比入來乘物、着二継上下一、青侍貳人、六尺四人、下部貳人。中飯・酒・吸物等出ス。家來向も同様。當方より爲レ致二案内一非藏人宅へ被二行向一。申刻比歸京（宅カ）。當方へ酒肴持參。
十三日、辛巳。晴。
十四日、壬午。晴。
十五日、癸未。雨、時々止。

一　東家日待。行向。
十六日、甲申。晴。
一　恒例御神事具立、日供献進。権祝勝榮代予出勤ス。着二齋服一。神供献進、無事。神供片料受レ之。
十七日、乙酉。晴。
一　權祝勝榮當番。午後出勤。
一　勝榮當番。出勤ス。
一　午後出京、入レ夜歸宅。
十八日、丙戌。晴。
一　勝榮當番。出勤ス。
十九日、丁亥。晴。
二十日、戊子。晴。
廿一日、己丑。晴。
廿二日、庚寅。晴、午剋比風雨、雷鳴四五聲。
一　壬生家六位藏人拜賀行向。着二衣冠一。壬生家ニ而着用ス。肴料金百疋送レ之。寅剋比より行向、二更比歸宅ス。
廿三日、辛卯。晴。
廿四日、壬辰。晴。
廿五日、癸巳。晴。
廿六日、甲午。晴、入レ夜時雨。
一　出京、松伯へ行、入レ夜歸宅。
廿七日、乙未。曇、夜來時雨。
廿八日、丙申。晴。
廿九日、丁酉。晴。
十一月朔日、戊戌。晴。
一　貳番御藏附。兩人共午後出勤ス。
二日、己亥。晴。
一　梅宮橋本家、壬生家江初入。早朝より着二麻上下一、壬生家行向、一宿ス。
一　松室相州之妻、昨朝死去之由。
三日、庚子。晴。未剋比京都より歸宅。
四日、辛丑。晴。
一　當番。巳剋比出勤ス。
妻死去ニ付、

二十日假　去二日ヨリ　月讀禰宜種道
九十日服
母喪
五十日假　去二日ヨリ　櫟谷禰宜榮種
十三ヶ月服
祖母喪
三十日假　去二日ヨリ　氏人延種
百五十日服
右之通リ引籠由申來。
五日、壬寅。晴、風。
一　當番、巳剋比出勤ス。
六日、癸卯。曇、巳剋比より雨。
七日、甲辰。半晴。
八日、乙巳。曇。
一　中東家老母所労之處、不レ相（叶）ニ養生一、一
昨夜死去之由、假服之屆左之通リ。
實母
五十日假　自ニ昨七日一十二月(マヽ)廿五日至。　權神主房式宿禰
十三ヶ月服　來丑十一月晦日。

喪祖母
三十日假　自ニ昨七日一至ニ十二月六日一。　氏人房經宿禰
百五十日服　來丑四月九日至。
九日、丙午。晴。
一　中家江干うとん壹袋兩人より送レ之。勝榮持
參也。
一　申剋比、葬式。忰見立ル。
一　壬生家より拜賀之答禮。忰入職之歡左之通
リ。
御太刀　一腰
御馬　代金百疋　一疋
拜賀之答禮
御末廣　一柄
御肴　代金百疋　一折
勝榮入職歡
右之通リ使者來。中飯・中酒出ス。タメ使者貳
百文一折、下部百文一折遣ス。
十日、丁未。晴、午後曇。
一　當番。權神主代權祝勝榮出勤ス。
十一日、戊申。雨、午後止。
一　當番、權神主代權祝勝榮出勤ス。

兩木ノ宮神事
御神樂神事
十二日、己酉。晴。
一　梅宮橋本家より火たきニ付被レ招、松室加州同
伴ニ而行向。酒アリ。二更比歸宅。
十三日、庚戌。晴。
十四日、辛亥。晴。
十五日、壬子。晴。
一　檢斷所勝榮代勤ス。
十六日、癸丑。晴。
一　權祝勝榮當番。出勤ス。
十七日、甲寅。晴。
一　當番。權祝勝榮出勤ス。
十八日、乙卯。晴。
一　當番。權祝勝榮出勤ス。
十九日、丙辰。陰雨、曉天風甚シ。
一　月讀禰宜代權祝勝榮出勤ス。
二十日、丁巳。晴。
廿一日、戊午。曇、申剋比より雨、暮方止。
廿二日、己未。陰晴。月讀祝代勝榮當番出勤。
廿三日、庚申。時々吹雪。
一　出京、野村行向、入レ夜歸宅。
廿四日、辛酉。半晴。
一　兩木ノ宮御神事。酉剋出仕。神供獻進、無事
執行。房式、種道、榮種故障、重吉所勞不參。
公文代櫟谷祝重孝勤レ之。
一　社務所夕飯如レ例。
廿五日、壬戌。晴。
一　當番。櫟谷禰宜代權祝勝榮。出勤ス。
廿六日、癸亥。半晴、時々雨。
廿七日、甲子。晴。
一　伯中將殿（白川資訓王）去廿三日従三位被レ蒙ニ　勅許一候由
申來ニ付、社務所より申來。
廿八日、乙丑。晴。
一　出京、二更比歸宅。
廿九日、丙寅。晴。
三十日、丁卯。晴。
一　御神樂御神事。申下剋出仕。房式、種道、榮

種、房經、延種故障、勝榮相嗣所勞不參。
内陣相命榮祐、外陣相愛、大床相推、階上重吉、階下
重孝、公文代月讀祝重吉。
神供獻進。攝社神供等如レ例、御神樂如レ例執
行。亥下剋比退出。
十二月朔日、戊辰。雨。
一　伯家江昨日御神樂屆、社司之内無人ニ付、神
方六位之内壹人屆ニ罷出候樣、昨日呉服所ニ而
申達スニ付、山田越前介着ニ繼上下一ニ而出頭ナ
リ。

カラ入

一　カラ入。予不參ス。
一　御相場立貳百六拾目、十九日より三匁上リ、
廿三日より五匁上リ、山手五匁上リ、貳百六拾
五匁治定。午後出勤ス。
一　伯中將殿去廿三日三位被レ蒙二　宣下一候由、
吹聽申來。
二日、己巳。晴。
三日、庚午。晴、時雨。
一　出京、松伯へ行、買物ニ行、入レ夜歸宅。
四日、辛未。晴。
一　當番。正禰宜出勤ス。
五日、壬申。晴、時々雨。
一　當番。正禰宜出勤ス。
六日、癸酉。晴。
一　當番。正禰宜出勤ス。

檢斷所にて溝料集會

一　溝料集會。檢斷所ニ而相勤。取立斗。
七日、甲戌。晴。
八日、乙亥。晴。
一　谷川勘定。谷村儀兵衛方ニ而中飯・中酒アリ。
九日、丙子。晴。
一　檢斷所ニ而溝料之取しらへ。午後出勤。
十日、丁丑。半晴、寒風。
十一日、戊寅。晴。
一　當番。權神主代權祝勝榮出勤ス。
一　御社納。午後出勤ス。
十二日、己卯。晴。

十三日、庚辰。晴。
一 拂除例之通リ執行。
十四日、辛巳。晴、初雪。
十五日、壬午。晴、薄雪。
一 午後検斷所へ出勤ス。
十六日、癸未。雪三寸斗積、時々吹雪。
一 當番。權祝勝榮出勤。御社納検斷所出勤。二更比歸宅。
十七日、甲申。晴。
一 當番。權祝勝榮出勤。
十八日、乙酉。晴。
一 當番。權祝勝榮出勤。
十九日、丙戌。晴。
一 早朝嶋村亮左衛門方へ行向、申剋比歸宅。
一 御社納。検斷所へ出勤。三更比歸宅。
二十日、丁亥。晴。
廿一日、戊子。陰晴。
廿二日、己巳。晴。
一 検斷所之勘定。午後出勤ス。
廿三日、庚寅。朝雨、晴。
一 御拂於二検斷所ニ一。三更比歸宅。御米廿石斗御金貳百十五兩程残リ、有金。
一 權祝勝榮裝束料月割三ヶ月分壹斗四升壹合餘頂戴ス。當年者御神藏より何も不レ被レ下。明年より被レ下候筈ナリ。
廿四日、辛卯。晴。
一 御米渡シ。午後出勤ス。
廿五日、壬辰。半晴。
一 當番。櫟谷禰宜代勝榮出勤ス。
廿六日、癸巳。陰晴。
一 當番櫟谷禰宜代勝榮出勤ス。
一 餅つき執行。
廿七日、甲午。晴。
廿八日、乙未。晴。
一 午後出京、買物ニ行、二更比歸宅。
廿九日、丙申。晴。

一　山田役人、宮仕歳暮ニ來。例之通リ。

一　大小工しらけ（精）ニ來。

祝々大幸

元治二年日次記

一一七九　元治二年日次記

（表紙）

元治二年

慶應改元

正禰宜秦榮祐

日次記　正禰宜正三位秦榮祐

乙丑正朔

（本文）

正大丁酉　二小丁卯　三小丙申
四大乙丑　五小乙未　閏五大甲子
六小甲午　七大癸亥　八大癸巳
九小癸亥　十大壬辰　十一大壬戌
十二小壬辰

歳徳申酉　西フサガリ　凡三百八十四日

正月　八日　節分　閏五月　十日　はんけしよう（半夏生）
二月　廿日　彼岸
四月　八日　八十八夜　廿七日　とよう（土用）
五月十八日　入梅　六月十六日　立秋
七月十二日　二百十日　十二月　四日　大寒
八月　朔日　彼岸　十八日　節分
十一月　五日　冬至　十九日　立春
十九日　小寒

天赦日
二月十二日　四月三十日　八月十六日
十一月　三日

甲子
正月廿八日　三月廿九日　閏五月朔日
七月　二日　九月　二日　十一月三日

庚申
正月廿四日　三月廿五日　五月廿六日
六月廿七日　八月廿八日　十月廿九日
十二月廿九日

正月元日、丁酉。晴。

一　箱番正禰宜。半紙十二折、杉原貳拾枚下行ス。

一 正辰剋出仕。口祝例之通リ。
一 於二釣殿一舞踏拝例之通リ。房式、種道、榮
種、外ニ氏人房經、延種故障不レ參、相嗣所労
不參。

大登

一 内陣相命、榮祐、外陣相愛、大床相推、階上勝榮、重吉、階
下重孝、勤行。神供獻進、無事執行。大床之御
戸閉之巡參等如レ例。
一 朝飯宮仕調進。膳部方呉服所江禮來。俵粢等
如レ例。申下剋ニ掛リ湯如レ例。
一 夕御神事。社司之次第今朝之通リ。神供組替
御拂除等如レ例。御簾掛替無レ之、神供獻進、無
事執行。攝社神供獻進、無事。
公文故障ニ付、月讀祝代勤。酉剋比ニ相濟。
二日、戊戌。晴。

御千度

一 御口祝、御千度如レ例。俵粢例之通リ。
一 夕御神事。社司人數昨日之通り。神供獻進、
無事。月讀社參向、拝殿着座、廳參等如レ例。
一 謡始。組重・酒貳升差出ス。

三日、己亥。陰晴、時々雨、申剋比より雨。
一 口祝、掛リ湯、朝飯如レ例。
一 御神事巳剋、神供獻進、無事執行。
大登權祝勝榮、櫟谷祝重孝。其餘ハ不參。
例年馬美濃屋七兵衛方より來候處、昨春より諸
大名方多上京ニ付、借馬壹疋も無レ之様子ニ而、
以前頼遣シ候得共、斷申來ニ付、無レ據歩行ニ而
參向。併馬上之體ナリ。未剋比勝榮歸宅。
四日、庚子。陰晴。
一 當番。御神事出仕。神供獻進、無事。當番ニ
付、御神事後番所ニ暫出勤ス。
一 山田役人 大和介 將監 主祝(税) 大藏 木工
禮例之通リ。
一 御節。榮祐、勝榮出席ス。松室薩州・加州來
賀。
五日、辛丑。晴。
一 神方禮 長門介 安藝介 玄番 雅樂 左京
御前役櫻井喜右衛門來。

一　當番。巳剋比ニ出勤ス。
六日、壬寅。陰晴、午後時々雨。
一　近邊榮祐、勝榮同禮。各來賀。
一　當番正禰宜代權祝勝榮出勤ス。
一　入レ夜參籠。榮祐、勝榮出勤。勝榮始而參籠
ニ付、組重詰持參。代金壹歩貳朱ナリ。
七日、癸卯。陰晴、時々小雨。

御千度

一　朝口祝、掛リ湯、御千度、饗飯等如レ例。
一　神供獻進、無事執行。社司人數元日之通リ。
一　神馬奉幣如レ例。未下剋退出。
八日、甲辰。半晴。

節分神事

一　節分御神事。酉剋出仕。神供獻進、無事執
行。
九日、乙巳。雨。
十日、丙午。半晴。
十一日、丁未。晴。

斧始

一　斧始。大小工例之通リ來。酒・組重出ス。
一　當番權神主代權祝勝榮出勤ス。
十二日、戊申。曇、午後雨。
一　出京、年禮行向、二更比歸宅。
十三日、己酉。曇、午後晴。
十四日、庚戌。曇、巳剋比より雨。

左義長延引

一　左義長。雨儀ニ付今夕延引。
一　入レ夜參籠。榮祐、勝榮出勤。
十五日、辛亥。雨、未下剋比より止。

御千度

一　口祝、掛リ湯、御千度、饗飯　如レ例。
一　内陣相命榮祐、外陣相愛、大床相推、階上勝榮重吉、階
下重孝。神供獻進、無事執行。

左義長

未下剋比退出。申剋比左義長執行。
十六日、壬子。陰晴。當番勝榮出勤。
一　社務所朝夕節例之通リ。
一　結地才社神供獻進、無事。公文代櫟谷祝重
孝、射手組當番權祝勝榮、櫟谷祝重孝代權禰宜
相推執行。社務所廳參例之通リ。戌剋比歸宅。
十七日、癸丑。陰晴、寒風。當番勝榮出勤。
十八日、甲寅。曇、時々少々雪。當番勝榮出勤。

亥狩神事

國役集會

神講

十九日、乙卯。晴。
一 西屋敷邊江禮ニ行向、初更比歸宅。
二十日、丙辰。晴。
一 當番月讀禰宜代權祝勝榮出勤。
廿一日、丁巳。晴。當番月讀禰宜代勝榮出勤。
一 伯家年禮、正禰宜榮祐、櫟谷祝重孝、着二狩衣一。伯殿(白川資訓王)者今日武家參内ニ而出勤之由、面會ナシ。使者之間ニ而稻荷社ト同席ニ而祝酒、雜煮等出ル。雜掌村上雲州面會。先年より儉約ニ付、鈴(冷)酒斗之處、去冬段々申立、當年よりカン(燗)酒出ル。一寸鳥・肴有レ之ナリ。初更比歸宅。
廿二日、戊午。晴、夕方曇、夜來雨。
一 午後於二檢斷所一而國役集會。中飯・中酒アリ。
廿三日、己未。雨。
廿四日、庚申。晴。
廿五日、辛酉。半晴、寒風、時々アラレ。
一 檢斷所初集會。午後出勤、祝酒アリ。
廿六日、壬戌。晴。
一 當番櫟谷禰宜代權祝勝榮出勤。
廿七日、癸亥。晴。
一 亥狩御神事。酉剋出勤。當番、櫟谷禰宜榮種代櫟谷祝重孝、如レ例。供僧當年より不參。廳參等如レ例。
一 入レ夜社務所青侍、下部來。例之通リ酒肴出ス。
廿八日、甲子。晴、寅半剋比地震甚シ、三頬アリ。
廿九日、乙丑。半晴。
三十日、丙寅。晴。
一 出京、野村へ行、寺町邊へ行、入レ夜歸宅。
二月朔日、丁卯。朝曇、巳剋比より晴。
一 神講御神事。近例之通リ。榮祐、勝榮出勤。
二日、戊辰。晴。
三日、己巳。晴。
四日、庚午。半晴。

溝料田地

一　當番正禰宜巳剋比出勤。
五日、辛未。晴、午後小雨。
一　午後溝料之田地、元供僧料之田地見分。檢斷所掛り出勤。東江州ハ不參。村役田主出雨天ニ付、半分見分相濟、歸宅。
一　當番正禰宜代神主出勤。
六日、壬申。晴、午後曇。
一　當番正禰宜代勝榮出勤ス。
七日、癸酉。半晴。
八日、甲戌。晴。
一　當番正祝代權祝勝榮出勤。
一　午後出京、野村へ行、入レ夜歸宅。
九日、乙亥。半晴。
一　正三位榮親卿忌日祭レ之。
十日、丙子。半晴、時々曇。
十一日、丁丑。半晴、時々曇。
一　當番權神主代權祝勝榮出勤ス。
一　出京、東邊へ行、二更比歸宅。
十二日、戊寅。曇。
十三日、己卯。半晴。
一　出京、野村行、入レ夜歸宅。
十四日、庚辰。晴。
十五日、辛巳。晴、未剋比より曇、曉天より雨。
十六日、壬午。陰雨。
一　當番權祝勝榮出勤。
十七日、癸未。半晴。
一　當番權祝勝榮出勤。
一　德川壽千代殿逝去ニ付、普請者十二日より十四日迄、鳴物ハ同十八日迄七日之間停止之旨、洛中洛外へ可ニ相觸一由申來。
十八日、甲申。半晴。
一　當番權祝勝榮出勤。
十九日、乙酉。半晴。
二十日、丙戌。薄雪、時々吹雪。
一　於ニ竹内ニ一片山稽古能相催ニ付行向、二更比歸宅。

廿一日、丁亥。半晴。
一　中宮寺宮薨去ニ付、去十九日より廿一日迄鳴物停止、普請者不レ苦旨申來。
廿二日、戊子。晴。
廿三日、己丑。晴。
廿四日、庚寅。晴。
廿五日、辛卯。晴。
一　檢斷所へ勝榮午後出勤ス。
廿六日、壬辰。晴。
一　當番櫟谷禰宜代權祝勝榮出勤。
一　野村三次郎宅舞臺類焼後普請出來ニ付、今明兩日舞臺開能相催ニ付、早朝より行向、初更比歸宅。
廿七日、癸巳。晴。
一　早朝より野村へ行、二更比歸宅。
廿八日、甲午。陰晴、午半刻比地震、未半刻比より雨。
廿九日、乙未。晴。

三月朔日、丙申。晴。
二日、丁酉。半晴、薄雪。
三日、戊戌。晴。

初草神事

一　初草御神事。辰刻出仕。
一　外陣相命榮祐、大床相愛相推、階上勝榮種道、階下重吉重孝勤行。神供獻進、無事執行。
一　山田役人、宮仕禮ニ來。
一　梅(マヽ)宮橋本家初節句(供)ニ付、母公、勝榮行向。
四日、己亥。晴。
一　當番正禰宜出勤ス。
五日、庚子。半晴。
一　當番正禰宜代權祝勝榮出勤。
一　午後檢斷所へ出勤ス。
六日、辛丑。雨、午後半晴。
一　當番正禰宜代權祝勝榮出勤ス。
七日、壬寅。朝雨、午後止、又夜雨。
八日、癸卯。半晴。
九日、甲辰。晴。

一　御領分百性(姓)家見分、巳剋比より罷出、例之通リ中飯・中酒有レ之。萬石村多兵衞方ニ而休足(息)、申剋比相濟、歸宅。

十日、乙巳。晴。

十一日、丙午。晴。

一　出京、野村へ行、入レ夜歸宅。

十二日、丁未。晴、夜來雨、雷鳴四五聲アリ。

十三日、戊申。雨遠雷。

氏子中太々神樂奉納

一　氏子中太々御神樂。例剋ニ出仕。予風邪不參、勝榮出勤ス。

十四日、己酉。晴。

十五日、庚戌。陰晴、午後雨。

大坂十二郷太々神樂奉納

一　大坂十二郷太々御神樂。社司、神方惣參。予風邪不參、勝榮出勤ス。

一　朝飯後檢斷所へ勝榮名代ニ出勤ス。

十六日、辛亥。晴、午後雨。

一　當番權祝勝榮出勤。

十七日、壬子。晴。

一　當番權祝勝榮出勤。

一　長岡天神神能有レ之ニ付、行向、初更比歸宅。

一　去九日正祝相愛當番歸宅後、齋服・白袴着用ニ而伯(マヽ)川殿御内日比野大輔ト申者參詣致度由、神前江參リ度神方番所へ申參リ候ニ付、山田豐後介取斗ニ而、附床ノ上へ神方之圓座ノセ南ノ門ヨリ爲レ參、圓座ノ上へ座シ、暫時拜シテ直樣退出之由。元來伯(マヽ)川殿御内之者ニ而ハ無レ之、何方之者ヤラ知レ不レ申。豐後介甚不レ得二其意一。當番之社司江も相談も無レ之、誠ニ不二取斗一。無官之者ヲ右樣取斗致候段不二相濟一。依レ之十五日ヨリ豐後介閉門、山田式部、同雅樂差扣申付ル。當番之社司、正祝相愛今日ヨリ三ケ日自分差扣之由ナリ。

十八日、癸丑。晴。

十九日、甲寅。晴。

一　正祝相愛、神方式部、雅樂今日中ニ而差扣被レ免候事ナリ。

二十日、乙卯。雨、午後止、時々日照。

神幸

一　神事神幸。正午剋出仕。權神主房式、櫟谷禰宜榮種故障不參、氏人房經、延種、相嗣故障不參。
外陣相命榮祐、大床相愛相推、階上勝榮種道、階下重吉重孝勤行。
神供獻進、無事。遷宮例之通リ無事。近例之通リ六位壹人、沙汰人兩人旅所迄參向、騎馬之處、馬不出來ニ付不レ來、歩行。申剋比退出。

廿一日、丙辰。雨。
一　土砂留手入。人足貳人差出ス。
一　日光御法事ニ付、廿六日ニ壬生官務殿(小槻氏)出立ニ付、金貳百疋棧(餞)別トシテ送レ之。

廿二日、丁巳。晴。
廿三日、戊午。晴。
廿四日、己未。晴、曉天ヨリ雨。
廿五日、庚申。雨。桂川橋皆々落、七尺斗出水。
廿六日、辛酉。晴。
一　當番櫟谷禰宜代權祝勝榮出勤。
廿七日、壬戌。晴。
廿八日、癸亥。晴、曉天雨。
廿九日、甲子。晴半(マヽ)。
四月朔日、乙丑。半晴。

御留守詣

一　御留主(守)詣。辰半剋、榮祐、勝榮出勤、例之通リ。

二日、丙寅。晴。
一　去廿六日夜酉剋比より川東祇園町焼失。新地皆々焼失。加茂(賀)川迄西ハ焼失、東ハ祇園之樓門迄、南ハ建仁寺藪限リ、北ハ古門前邊迄、丑半剋比迄焼失。

三日、丁卯。晴。
四日、戊辰。雨、午後止。
一　當番榮祐出勤。
五日、己巳。晴。
一　當番榮祐出勤。
一　午後檢斷所へ勝榮出勤。
六日、庚午。半晴、遠雷、朝雨。

攝州造酒家太々神樂奉納

七日、辛未。陰晴。
八日、壬申。曇、時々小雨。
一 綸旨申出シ例之通リ。
九日、癸酉。半晴。
一 早朝葵受ニ遣ス。
一 神方御迎。昨年之通リ出勤。借馬拂底ニ付歩行、無事。近例之通リ。
一 未剋月讀社へ參向。御舟御神事、拜殿着座、廳參等如レ例。本宮參着、葵掛替、御拂除等如レ例。
一 申剋比還幸、遷宮等無事如レ例。
一 内陣相命、榮祐、外陣相愛、相推、大床勝榮、種道、階上重吉、重孝、階下延種、勤行。權神主房式、櫟谷禰宜榮種故障不參、氏人房經故障、氏人相嗣所勞不參、氏人延種出勤。神供獻進、無事執行。奉幣正禰宜榮祐。新宮社神供獻進、無事。於二釣殿一舞踏拜如レ例。酉下剋退出。
十日、甲戌。半晴、午後雨、時々時曇(マヽ)。
十一日、乙亥。晴。
十二日、丙子。晴。
十三日、丁丑。陰晴。
十四日、戊寅。雨、午後晴定。
一 權禰宜代權祝勝榮出勤。
十五日、己卯。晴。
一 午後檢斷所へ出勤。
十六日、庚辰。晴。
一 出京、吉田へ行、野村へ行、二更比歸宅。
十七日、辛巳。晴。
一 當番權祝勝榮出勤。
十八日、壬午。晴。
一 攝州富田・茨木邊之造酒家より太々御神樂獻進。社司、神方惣參。辰剋出勤。予種(腫)物出來不參、勝榮出勤ス。
一 當番權祝勝榮出勤ス。
十九日、癸未。雨、午後晴。
二十日、甲申。晴。

廿一日、乙酉。雨、午後晴定。
廿二日、丙申（イヌ）。陰晴。
廿三日、丁酉（イ）。陰晴、午後吹雨時々アリ。
一　予出京、松伯へ行、入レ夜歸宅。
廿四日、戊戌（ネ）。晴。
廿五日、己亥（ウシ）。晴。
廿六日、庚子（トラ）。晴。
一　谷川見分。兩人共出役。谷村儀兵衛宅ニ而中飯・中酒アリ。未剋比相濟。
廿七日、辛丑（ウ）。陰晴、酉剋比より雨。
廿八日、壬寅（タツ）。朝強雨、午後晴定。
廿九日、癸卯（巳）。晴。
一　年號改元慶應之旨被二仰出一候ニ付、申來。
三十日、甲辰（ウマ）。朝曇、巳剋比より晴。
五月朔日、乙未。晴。

御千度

一　御千度如レ例。榮祐、勝榮出勤ス。
二日、丙申。曇、夜來雨。
三日、丁酉。朝雨、巳剋比より止、陰晴、夜來雨。
四日、戊戌。雨、午後晴定。
一　當番正禰宜榮祐、朝飯後出勤。
五日、己亥。晴。

端午神事

一　端午御神事。辰剋出仕。權神主房式故障不參、櫟谷禰宜榮種所勞不參。外陣（相命・榮祐）、大床（相愛・相推）、階上（勝榮・種道）、階下（重吉・重孝）、神供獻進、無事執行。
一　去子四月廿四日　敕使參向之節之　宣命、外陣ニ而寫レ之、神主預リ、社家中順達。
一　當番榮祐、御神事後出勤、午剋比退出。
一　山田役人、宮仕禮ニ來。
一　中東家孫初節句（供）ニ付被レ招行向、酒貳升送レ之。
六日、庚子。晴。
一　當番正禰宜榮祐出勤。
七日、辛丑。晴。
一　出京、野村へ行、寺町邊へ行、入レ夜歸宅。

神講當屋
御千度

一　壬生官務殿三月廿六日ヨリ日光御年忌ニ付下向之處、今夕歸宅之旨申來ニ付、名代遣ス。青侍壹人、下部壹人ケアゲ(蹴上)迄遣ス。壬生家ニ而酒飯出ル由也。

一　二月神講昨年ヨリ延引ニ相成非藏人之内國事掛リニ而不取調之義(儀)有レ之由ニ而、松尾家・松室家之内引籠居候得共、餘リ延引も神慮も恐入候事故、明後九日執行相催度旨、以前相談有レ之、今日回章ニ而申來。當屋松尾豊州宅ナリ。

八日、壬寅。晴。

九日、癸卯。雨。

一　神講當屋豊州方ヨリ案内有レ之、午時半比出席。勝榮入講。例年中飯相濟、後段有レ之處、檢(儉)約ニ付、中飯・中酒・肴重組金貳百疋。申剋比相濟、退出。

十日、甲辰。雨、朝強雨。

一　桂川八尺斗出水、新堤切込由ニ而、水下村々寄集。橋者皆々落ル由ナリ。

十一日、乙巳。陰晴、夜來小雨。

十二日、丙午。陰晴。

十三日、丁未。晴。

十四日、戊申。晴。

一　當番權禰宜代權祝勝榮出勤。

十五日、己酉。晴。

一　午後、檢斷所へ出勤ス。

十六日、庚戌。晴。

一　御千度例之通リ。相命、房式、相推、榮種不參。

一　當番權祝勝榮出勤。

十七日、辛亥。晴。

一　京都見回(廻)り役松平出雲守殿松尾社へ見廻りニ參入ニ付、町奉行巡見之通リニ付、床江圓座敷置。梅宮より入來ニ付、中飯、小休。出雲守殿敕使舎ヲ貸渡ス。中分本願所下部之分兩茶屋貸渡。凡百卅人斗。茶菓子・烟草盆等出ス。客屋西玄關前三ツ葵紋幕、東中連事(櫺子)三ツ葵紋幕張レ之。當社相濟、淨住寺・西芳寺へ巡見之由ナリ。
案内當番權祝之處、十四日ト振替ニ相成候事故、
權禰宜出勤。神方當番鳥居前迄出迎。白淨衣。
十八日、壬子。晴。
十九日、癸丑。晴。
一　出京、吉田へ行、野村へ行、入レ夜歸宅。
二十日、甲寅。晴。
廿一日、乙卯。晴。
廿二日、丙辰。晴、曉天ヨリ雨。
廿三日、丁巳。雨時々止。
廿四日、戊午。朝強雨、巳剋比より止、半晴。
廿五日、己未。陰晴。
廿六日、庚申。陰晴、時々小雨、夜來小雨。
一　出京、吉田へ行、壬生家江日光より歸宅行向
不レ申ニ付行向、野村へ行、初更比歸宅。
廿七日、辛酉。晴、時々曇。
一　御普請方勘定、朝飯後より私宅ニ而集會。
廿八日、壬戌。晴。
廿九日、癸亥。陰晴、午後雨。
閏五月朔日、甲子。朝強雨、午後止。
二日、乙丑。雨、午後止、夜來雨。
三日、丙寅。強雨、午後止。午後又雨、夜來強
雨。
四日、丁卯。半晴。
一　當番正禰宜榮祐出勤、午時比歸宅。
五日、戊辰。晴。
一　當番榮祐出勤。
一　午後檢斷所へ出勤ス。
六日、己巳。半晴。
一　當番榮祐出勤ス。
七日、庚午。陰雨、時々甚強雨。
八日、辛未。陰晴。夜來雨。
九日、壬申。陰晴。
十日、癸酉。半晴。
十一日、甲戌。晴。
一　出京、野村へ行、入レ夜歸宅。

十二日、乙亥。半晴。
十三日、戊子。半晴。
十四日、己丑。晴。
十五日、庚寅。半晴。
一　午後檢斷所へ出勤ス。
十六日、辛卯。雨。
一　當番權祝勝榮出勤。
十七日、壬辰。半晴、時々雨。
一　當番權祝勝榮出勤。
十八日、癸巳。晴。
一　當番權祝勝榮出勤。
十九日、甲午。晴。
二十日、乙未。晴。
廿一日、丙申。雨、午後晴。
廿二日、丁酉。雨。
廿三日、戊戌。雨、時々止。
廿四日、己亥。雨、夜來強雨、雷鳴四五聲。
廿五日、庚子。半晴。
一　出京、野村へ行、入レ夜歸宅。
廿六日、辛丑。半晴。
廿七日、壬寅。晴。
一　集會。朝飯後兩人共出席、午剋比退出。
廿八日、癸卯。曇、午後より雨。
一　出京、東邊江參ニ詣竹内一二更比歸宅。
廿九日、甲辰。朝雨、強雨、巳剋比止。
三十日、乙巳。半晴、夜來強雨。
一　御社領谷・上ノ山・松室村・下山田村百性（姓）博奕致候ニ付、取調。檢斷所江呼出シ、朝飯後出勤ス。名前之もの村預ケ申付ル。
六月朔日、甲午。陰晴。桂川出水ニ付、皆々落橋。
二日、乙（キノヘ）（丁）未。陰晴。
一　出京、野村へ行、入レ夜歸宅。
三日、丙（キノト）（戊）申。半晴、時々小雨。
四日、丁（ヒノヘ）（己）酉。陰晴。
一　當番正禰宜榮祐出勤。

神能中止

五日、戊戌（ヒノオト）（庚）。半晴。
一　當番正禰宜榮祐出勤。
六日、己亥（カノヘ）（辛）。晴。
一　當番正禰宜榮祐出勤。
七日、庚子（カノト）（壬）。半晴、夕方雨。
八日、辛丑（カノヘ）（癸）。半晴、朝強雨。
九日、壬寅（カノト）（甲）。曇、辰刻比より雨。
十日、癸卯（キノヘ）（乙）。半晴。
一　出京、野村へ行、入レ夜歸宅。
十一日、甲辰（ミツノト）（丙）。晴。
十二日、乙巳（キノヘ）（丁）。晴。
一　朝飯集會。當春東木ノ宮ケヤキ木貳本金貳拾三兩ニ而賣拂、代金者兩家江請取。元來兩家之持場故金七兩者上納、殘リハ、金八兩ツヽ兩家江配分致置候處、松室相州被レ申候ニハ、天明元年ニケヤキ木賣拂之節者、社家中分配致有レ之樣子、當方之日次ニ有レ之。此度者如何哉ト被レ申候ニ付、兩家之日次吟味致候處、何も書留も無レ之候故、無ニ是非一社家中分配左之通リ。
今日社務ニ而分配之事。
社家中十職江金壹兩ツヽ、前權祝幷ニ氏人三人江金貳百疋ツヽ、金八兩ハ御社納、金三兩木ノ宮御屋根修復瓦代、都合金貳拾三兩也。
十三日、丙午（キノト）（戊）。晴。
一　朝、沙汰人御神事催ニ來。
一　未下刻出仕。勝榮出勤。予ハ腹痛不參ス。
一　神供獻進、無事執行之由。
一　神能止レ之、翁斗勤レ之。
十四日、丁未（ヒノヘ）（己）。晴。
一　辰下刻出勤。權神主故障、櫟谷禰宜所勞不參。
一　神供獻進、無事執行。諸事例之通リ。
一　今日者翁無レ之、昨日斗ナリ。
十五日、戊申（ヒノト）（庚）。雨。
一　於ニ檢斷所一御社領百性（姓）此比博奕致候樣子ニ而取調之事。外ニ東筑後守、松尾豊前兩人立交、

其席江被二行向一樣子ニ而、是も取しらへ之事。
十六日、己酉（ツチノヘ）（辛）。半晴。當番權祝勝榮出勤ス。
一 出京、野村へ行、二更比歸宅。
十七日、庚戌（ツチノト）（壬）。半晴。當番權祝勝榮出勤ス。
一 氏人從五位下養相良一昨夜急變病ニ而死去之由。昨夕東家江悔ニ行向。當年六才ナリ。屆書今朝東家ヨリ申來。社家中、神方中當家ヨリ申達ス。
伯家之屆左之通リ。社家中之内所勞人有レ之。伯家之屆行向之人壹人も無レ之ニ付、神方六位六人之内罷出候樣申遣シ候處、承知ニ而山田越前介出頭ナリ。

氏人相良
右昨夜卒去仕候。依
此段御屆申上候。宜御
披露賴入存候。以上
六月十七日　松尾社正禰宜
南三位
伯家
御雜掌

喪嫡孫
依二無服殤一　相命
假二日 昨十六日ヨリ今十七日迄
喪嫡子
依二無服殤一　相愛
假三日 昨十六日ヨリ明十八日迄
右之通リ引籠申候。依
此段御屆申上候。宜御披
露賴入存候。以上
六月十七日　松尾社正禰宜
南　三位
伯家
御雜掌

右之通リ差出ス。奉書四ッ折、半紙上包。
十八日、辛亥（癸）。晴。
一 當番權祝勝榮出勤ス。
十九日、壬子（甲）。半晴。
二十日、癸丑（乙）。半晴。
廿一日、甲寅（丙）。朝夕立、午剋比より晴、夜來雨。
一 出京、入レ夜歸宅。
廿二日、乙卯（丁）。雨。
廿三日、丙辰（戊）。半晴。
廿四日、丁巳（己）。晴。
廿五日、戊午（庚）。半晴。
一 朝飯後、檢斷所へ出勤。
廿六日、己未（辛）。半晴。
廿七日、庚申（壬）。晴、夕立。

一　出京、入レ夜歸宅。
廿八日、(癸)辛酉。晴。
廿九日、(甲)壬戌。晴。
七月朔日、(乙)癸亥。晴。
二日、(丙)甲子。晴。
三日、(丁)乙丑。晴。
四日、(戊)丙寅。晴。
一　當番正禰宜代權祝勝榮出勤。
一　出京、入レ夜歸宅。
五日、(己)丁卯。晴。
一　當番正禰宜代權祝勝榮出勤。
一　檢斷所へ出勤ス。
六日、(庚)戊辰。晴。
一　當番正禰宜榮祐出勤。
七日、(辛)己巳。晴。

七夕神事

一　七夕御神事。辰剋出勤。權神主故障、櫟谷禰宜所勞。
外陣相命・榮祐、大床相愛・相推、階上勝榮・種道、階下重吉・重孝。神供獻進、無事執行。
一　山田役人、宮仕禮來。社務所廳參、兩人共不參。
八日、(壬)庚午。晴。
一　嶋村深見彦左衞門方へ行向、申剋比歸宅。
一　谷川勘定。谷村儀兵衞宅ニ而相勤。中飯・酒アリ。勝榮朝より行向、予ハ申剋比より行向。
九日、(癸)辛未。晴。
十日、(甲)壬申。晴。
十一日、(乙)癸酉。晴、入レ夜夕立。幽雪
一　嶋村へ行、夫より京都へ行、入レ夜歸宅。
十二日、(丙)甲戌。雨。

新嘗會神事

一　新嘗會御神事。辰剋出仕。
一　神供獻進、無事執行。
一　月讀祝重吉、正祝相愛、權禰宜相推、櫟谷禰宜榮種所勞不參也。權神主房式故障。
一　午後檢斷所へ勘定出勤。
十三日、(丁)乙亥。晴。

十四日、丙（戊）子。晴。
一　勝榮同禮。
十五日、丁（己）丑。晴。
一　近邊同禮。各入來。
十六日、戊（庚）寅。晴。當番權祝勝榮出勤。
一　出京、一宿ス。
十七日、己（辛）卯。晴、夕立。當番權祝勝榮出勤。
一　清水寺へ參詣、入レ夜歸宅。
十八日、庚（壬）辰。晴。
一　權祝代正禰宜榮祐出勤。
十九日、辛（癸）巳。晴。
二十日、壬（甲）午。晴、夕方小雨。
廿一日、癸（乙）未。曇。
廿二日、甲（丙）申。晴、風、夕立。
一　檢斷所ニ而公文田藪之儀ニ付集會。松室兩家ハ沙汰不レ致、神方中一統ニ入來之義（儀）申遣シ候處、兩人來、色々ト申談シ有レ之、追而相談之事。

廿三日、乙（丁）酉。晴、夕立。
廿四日、丙（戊）戌。晴。
廿五日、丁（己）亥。晴。
一　午後、檢斷所へ出勤ス。
廿六日、戊（庚）子。晴。
一　去廿二日朝、東家ノ門ノ戸ニ張紙致候由ニ而、親類兩三人集會相談之由。依レ之朝飯後社司集會申來、行向候處、勝手之宜樣ニ神主殿被レ申、頓と何か相分り不レ申、一統不審ニ而午剋比ニ引取ル。
廿七日、己（辛）丑。晴。
一　午後出京、一宿ス。
廿八日、庚（壬）寅。晴。
一　入レ夜京都より歸宅ス。
廿九日、辛（癸）卯。晴。
三十日、壬（甲）辰。晴、夕方雨。
一　出京、入レ夜歸宅。
八月朔日、癸（乙）巳。陰晴。

一　相撲昨年之通リニ延引。
二日、甲午(丙)。晴。
三日、乙未(丁)。晴、夕方より雨。
一　尾崎伊平於二野村宅ニ一能相催スニ付行向、一宿ス。
四日、丙申(戊)。雨。
一　入レ夜歸宅。當番正禰宜代權祝勝榮出勤。
五日、丁酉(己)。陰晴。
一　當番正禰宜榮祐出勤。
六日、戊戌(庚)。時々強雨、折々止。
一　當番正禰宜榮祐出勤。
七日、己亥(辛)。晴。
八日、庚子(壬)。晴。
一　新屋敷加藤故三郎七回忌法事ニ付、母公、勝榮御出、香資金五十疋備レ之。
九日、辛丑(癸)。晴。
一　出京、野村へ行、入レ夜歸宅。
十日、壬寅(甲)。晴。
一　岩倉三好之家内死去之由告來。
十一日、癸卯(乙)。晴。
一　朝飯後集會。諸色高ジキ(直)ニ付、新米出來迄之取續六ヶ敷由ニ付、神方中より歎願書差出スニ付、相談之上、金貳拾兩神方中江被レ下レ之。松室薩州御貸附役三拾五年被二相勤一候ニ付、銀三貫目年賦崩ニ而拜借ヵ、又ハ年々米貳石ツヽ拜領ヵ兩樣之内願度由。尤薄録(祿)故、是も諸色高ジキ(直)故願書差被レ出候。相談之上、銀壹貫五百目此度限リニ御貸附役之爲二御褒美一被レ下レ之次(治)定ナリ。
十二日、甲辰(丙)。雨、午後晴。
一　神方中物代山田越前介、山田民部兩人、今朝社務所ニ而金貳拾兩被レ渡候ニ付禮ニ來。
十三日、乙巳(丁)。晴。
一　出京、入レ夜歸宅。
十四日、丙午(戊)。半晴。
十五日、丁未(己)。晴。

一　午後、検斷所へ出勤。
十六日、（庚）戊申。晴。
一　當番權祝勝榮出勤。
十七日、（辛）己酉。曇、午後雨。
一　當番權祝勝榮出勤。
一　昨日神主殿廣橋家へ御祭御再興願被レ出候處、早々内願書被二差出一候様、雜掌申ニ付、明日松室加州廣橋家江持參之筈也。左之通リ。

勅祭再興の件

　内願言上
一　當社御祭御再興之儀昨春以來奉レ願候處、未御沙汰茂無二御座一、一社一同歎箇敷奉レ存居候處、其後於二他社一者追々御祭御再興被二仰出一候趣拜承仕候間、何卒於二當社一茂舊例之通被二仰出一候様、一社一同奉三懇二願之一候。以上

慶応元年八月　松尾社司
東　三位印
南　三位〃
東伊勢守〃
東越中守〃
東遠江守〃
南　大夫〃
松室相摸守〃
松室薩摩守〃
松室壹岐守〃
松室加賀守〃

右奉書四ッ折。社務所ニ而集會（治）次定。
十八日、（壬）庚戌。曇。
一　出京、野村へ行、一宿ス。
一　當番權祝勝榮出勤。
十九日、（癸）辛亥。晴、巳刻比歸宅ス。
二十日、（甲）壬子。晴。
廿一日、（乙）癸丑。晴。
一　觀行院様御逝去ニ付、今日より廿六日迄鳴物停止申來。
廿二日、（丙）甲寅。晴。
廿三日、（丁）乙卯。陰雨。

廿四日、(戊)丙辰。半晴。
一　出京、野村へ行、入レ夜歸宅。
廿五日、(己)丁巳。晴。
一　午後、檢斷所へ出勤。
　　假十日　　母服重ル服
　　服三十日　喪二男　　　房式
　喪弟
　　假二十日　至二九月九日一。
　　服九十日　至二十一月二十日一。　房經
右者他家江爲二實子一相續ニ遣置候ニ付、稱二所勞一引籠候。此段屆申上候。以上
　　八月廿三日　　　房式
　　　　　　　　　　房經
　　　神主殿
右之通り申來。
廿六日、(庚)戊午。晴。
廿七日、(辛)己未。晴。
一　三村勝五郎、野村宅ニ而稽古能相催ニ付行向、一宿。

廿八日、(壬)庚申。晴。入レ夜歸宅ス。
廿九日、(癸)辛酉。晴。
三十日、(甲)壬戌。晴。
九月朔日、(乙)癸亥。晴。
御千度
一　御千度如レ例。榮祐、勝榮出勤。
二日、(丙)甲子。曇、午後ヨリ晴。
一　出京、野村へ行、入レ夜歸宅。
三日、(丁)乙丑。晴。
四日、(戊)丙寅。晴。
一　當番正禰宜榮祐出勤。
五日、(己)丁卯。晴。
一　當番正禰宜榮祐出勤。
六日、(庚)戊辰。晴。
宗門改集會
一　宗門集會。例之通り。中飯・中酒アリ。
七日、(辛)己巳。晴、午後曇、入レ夜雨。
一　出京、入レ夜歸宅。
八日、(壬)庚午。小雨、時々晴。

重陽神事
御千度

九日、辛未（癸）。晴。
一 重陽御神事。辰剋出仕。權神主房式故障、櫟谷禰宜榮種所労不參。
一 外陣相命榮祐、大床相愛相推、階上勝榮種道、階下重吉重孝勤行。神供獻進、無事執行。
一 社務所廳參、兩人共不參。
一 山田役人、宮仕、社役人禮ニ來。
十日、壬申（甲）。晴。
十一日、癸酉（乙）。雨、入レ夜止。
一 出京、野村へ行、一宿ス。
十二日、甲戌（丙）。半晴、夕方時雨、暫シテ晴。
一 山崎虎造於二野村宅ニ一能相催ニ付行向、夜入（マヽ）歸宅。
十三日、乙亥（丁）。晴、曉天時雨。
十四日、丙子（戊）。晴。
一 出京、入レ夜歸宅。
十五日、丁丑（己）。晴。
一 檢斷所へ午後出勤ス。
十六日、戊寅（庚）。晴。
一 御千度如レ例。出勤ス。正祝相愛所労不參。
一 當番權祝勝榮出勤ス。
十七日、己卯（辛）。半晴。
一 當番權祝勝榮出勤ス。
一 出京、野村へ行、入レ夜歸宅。
十八日、庚辰（壬）。朝小雨、午剋比より雨。
一 當番權祝所労代榮祐出勤。
一 將軍様（家茂）去十六日ニ大坂之城より二條城江御上京。
十九日、辛巳（癸）。時々時雨。
二十日、壬午（甲）。晴、風甚シ。
一 梅宮橋本三品幷ニ家内嫁始而入來。酒・吸物・夕飯出ス。
廿一日、癸未（乙）。晴。
一 野村へ行、京都ニ而一宿ス。
廿二日、甲申（丙）。晴。
一 申剋比歸宅ス。

廿三日、乙（丁）酉。晴。
廿四日、丙（戊）戌。晴。
廿五日、丁（己）亥。半晴。
一　將軍樣大坂城江御下坂。
廿六日、戊（庚）子。時々雨。
廿七日、己（辛）丑。曇、夕方雨。
一　出京、野村へ行、入レ夜歸宅。
廿八日、庚（壬）寅。雨。
廿九日、辛（癸）卯。半晴、時々雨。
一　石井孫兵衞野村宅にて能興行ニ付行向、夜入（マヽ）
歸宅。
十月朔日、壬（甲）辰。初雪五分餘リ積。
一　御藏附例之通リ。兩人共出勤、祝酒アリ。八
石餘米納。
二日、癸（乙）巳。晴。
一　茂山千五郎於二竹内一能相催ニ付行向、一宿
ス。
三日、甲（丙）午。晴。
一　夕方歸宅ス。岩倉三好家之老母所勞之處、昨
日死去之由申來。
四日、乙（丁）未。晴。
一　三好家葬式ニ付、早朝ヨリ行向、二更比歸宅。
香資金百疋送レ之。
五日、丙（戊）申。晴。
一　當番正禰宜榮祐代權祝勝榮出勤。
一　當番正禰宜榮祐出勤。
一　午後、檢斷所榮祐代勝榮出勤ス。
一　伯家より社務所へ飛脚來、御用之義（儀）ニ付罷出
候樣申來。丑剋比より予出門。
六日、丁（己）酉。晴、夕方曇。
一　早天伯家江參殿、雜掌面會。明七日より七ケ
日之間御祈被二仰出一候。御祈奉行カデケ（勘解由）小路御
請參ル。午剋比歸宅。
七日、戊（庚）戌。晴。
一　午後、當番正禰宜榮祐出勤。
一　御祈。正辰剋出仕。權神主房式、櫟谷禰宜榮

種故障不参、月讀禰宜種道所労不参、其餘ハ出勤。

近來國家多事被レ悩二宸襟一候。偏依二神明之冥護一四海泰平、寶祚延長、萬民娯樂之御祈一七箇日、一社一同可レ抽二丹誠一、可下令レ下二知于松尾・稲荷等社一給上被二仰下一候。依早々申入候也。

十月五日　　資生

伯三位殿（白川資訓王）

追申、明後七日御祈始之事、滿座翌日巻數獻上之事、同可下令二下知一給上候也。

八日、己亥（辛）。曇、小雨。

一　御祈、正辰尅社司、神方惣参。不参、昨日之通リ權禰宜相推忌日不参。

九日、庚子（壬）。晴。

一　御祈。正辰尅社司、神方惣参。權禰宜相推出勤不参、初日之通リ。

十日、辛丑（癸）。半晴。

一　御祈。正辰尅社司、神方惣参。不参初日之通リ。

一　午後、内々出京、入レ夜歸宅。

十一日、壬寅（甲）。半晴。

一　御祈。正辰尅社司、神方惣参。不参初日之通リ。

十二日、癸卯（乙）。曇、時雨アリ。

一　御祈。正辰尅社司、神方惣参。不参初日之通リ。

一　御祓拵。午後勝榮出勤、予不参ス。

十三日、甲辰（丙）。晴、時々曇。

一　御祈滿座。御日米獻進、無事。不参初日之通リ。

十四日、乙巳（丁）。晴。

一　御祈滿座巻數獻上。正禰宜榮祐、櫟谷祝重孝出頭。着二狩衣一。無事相濟。入レ夜歸宅。

十五日、丙午（戊）。卯尅比地震、雨。

一　東家日待申來候得共斷不参ス。

本願所

一　本願所より豆腐切手拾枚ッヽ兩人ニ來。

十六日、丁未(己)。時雨アリ。時々晴

一　當番權祝代日供獻進。予出勤ス。幷ニ當番相勤、午時比歸宅ス。

一　午後出京、一宿ス。

十七日、戊申(庚)。晴、時々時雨。當番權祝勝榮出勤。

一　於ニ野村宅ニ一能相催ニ付行向、夜入(マヽ)歸宅。

十八日、己酉(辛)。晴。

一　當番權祝勝榮出勤。

十九日、庚戌(壬)。半晴。

二十日、辛亥(癸)。晴。

一　出京、入レ夜歸宅。

廿一日、壬子(甲)。曇、午時比より雨。

一　東寺江勝榮召連參詣、夕方歸宅。

廿二日、癸丑(乙)。晴、時雨時々アリ。

廿三日、甲寅(丙)。晴。

廿四日、乙卯(丁)。晴。

廿五日、丙辰(戊)。晴。

一　出京、野村へ行、一宿ス。

廿六日、丁巳(己)。晴。

一　入レ夜歸宅。

廿七日、戊午(庚)。晴。

社務所集會

一　集會社務(所、脱カ)ニ而催。朝飯後行向。當年參向之樂人下行米、是迄四拾目がへニ而相渡來候處、高米幷ニ諸式高直ニ付、增米願出候ニ付、相談之事、粗次(治)定。樂人ニ相談引合之事也。

廿八日、己未(辛)。晴。

廿九日、庚申(壬)。晴。

一　出京、野村へ行、入レ夜歸宅。

三十日、辛酉(癸)。晴。

十一月朔日、壬戌(甲)。陰晴。

一　御藏附。午後兩人共出勤。貳拾五石餘米納。

二日、癸亥(乙)。陰晴、曇。

三日、甲子(丙)。晴、時々時雨甚シ。

一　氏人東備前守致ニ家作一今日上棟ニ付、酒貳升送レ之。

一　今井勘五郎稽古能野村宅ニおゐて相催ニ付、早朝より行向、二更比帰宅。

四日、乙丑(丁)。半晴。

一　當番正禰宜榮祐出勤。

五日、丙寅(戊)。曇、午時比より雨。

一　當番正禰宜榮祐出勤。

一　檢斷所出勤之處、風邪入魂申遣ス。

六日、丁卯(己)。晴。

一　當番正禰宜榮祐出勤。

七日、戊辰(庚)。晴、時雨アリ。

八日、己巳(辛)。曇、午後半晴。

一　出京、二更比帰宅。

九日、壬午。晴。

十日、癸未。晴。

十一日、甲申。半晴。

十二日、乙酉。半晴、入レ夜雨。

一　竹内達三郎能相催ニ付行向、一宿ス。

十三日、丙戌。雨、時々止。

一　二更比帰宅ス。

十四日、丁亥。雨、時々止、晴。

一　當番權禰宜相推代權祝勝榮出勤。

十五日、戊子。晴。

一　當番權禰宜代權祝勝榮出勤。

十六日、己丑。半晴、時雨アリ。

一　昨十五日午後檢斷所出勤。元供僧分、深草分藏附七石餘米納。

十七日、庚寅。半晴。

一　當番權祝勝榮代權禰宜出勤。

一　同上。

一　出京、吉田へ行、一宿ス。

十八日、辛卯。半晴。

一　當番權祝勝榮出勤ス。

一　三宅八幡宮へ參詣、入レ夜帰宅。

十九日、壬辰。晴。

二十日、癸巳。半晴。

一　岡次郎右衞門於二野村宅一能相催ニ付行向、二更比歸宅。

廿一日、甲午。陰晴。

廿二日、乙未。晴。

廿三日、丙申。吹雪、午後止、晴。

廿四日、丁酉。晴。

兩木ノ宮神事

一　兩木ノ宮御神事。酉剋出仕。神供獻進、無事執行。正祝相愛、月讀禰宜種道所勞不參、權神主房式、櫟谷禰宜榮種故障不參。社務所夕飯例之通リ。

一　夕飯相濟後、神主殿被レ申候ニハ、御貸附所役人社司之内三人、神方三人出勤候處、當時御貸附金多分有レ之候間、私(拙カ)者ニ取締旁出勤立會可レ申段被レ申候間、外ニ御人體も有レ之候事故、斷申立候得共、聞入無レ之ニ付、無レ據承知、出勤可レ致旨返答ス。

廿五日、戊戌。半晴。

一　檢斷所ニ而御貸附之集會。早朝ヨリ出勤。戌半剋比相濟、歸宅。

一　檢斷所御用日兼帶ニ而出勤ス。

廿六日、己亥。半晴。

一　御貸附之集會。早朝より檢斷所へ出勤。二更比歸宅。

廿七日、庚子。半晴。

一　出京、二更比歸宅。

廿八日、辛丑。半晴。

廿九日、壬寅。晴。

三十日、癸卯。陰晴。

御神樂神事

一　御神事御神樂。申剋出仕。權神主、櫟谷禰宜故障不參、氏人相嗣所勞不參。內陣(相命 榮祐)、外陣(相愛 相推)、大床(勝榮 種道)、階上(重吉 重孝)、階下(房經 榮延)勤行。氏人兩人出勤。

一　神供獻進、無事。攝社如レ例。公文種道足痛ニ付櫟谷祝重孝祝詞勤レ之。

一　御神樂例之通リ執行。相命、相推、種道、重吉早退出。子剋比相濟、退出。

一　樂人下行、是迄銀四十目、米壹石相渡置候處、諸色高色(直)ニ付、壹石ニ付金百疋ッヽ増金、酒飯料是迄金貳歩渡シ置候處、是も高色(直)ニ付、御社より茶屋源助方江當年ハ申付ル。尤兩様共以前及二掛合一候事。

十二月朔日、壬(ミツノヘ)(甲)辰。晴。

一　執奏家江御神樂之届、山田大和介出頭。昨夜呉服所ニ而申付ル。

一　カラ入。兩人共出席。

一　午後、御収納米御相場銀三百三拾目、金九拾八匁、銭拾四匁次(治)定。山年貢五匁上リ三百三拾五匁。

二日、癸(乙)巳。晴、夜來吹雪。

一　出京、野村へ行、入レ夜歸宅。

三日、甲(丙)午。雪壹寸餘リ積、半晴、時々吹雪。

四日、乙(丁)未。半晴。

一　當番正禰宜榮祐出勤。

五日、丙(戊)申。半晴、時々雨。

一　當番正禰宜代權祝勝榮出勤。

一　朝飯後於二檢斷所一而溝料米取立調方六人共出勤、酒・夕飯アリ。初更比相濟。

一　東遠州方男子出生ニ付、宮參リ被レ招、初更比より行向。名酒壹升、三本入扇子箱送レ之。

酒・吸物アリ。

六日、丁(己)酉。半晴。

一　當番正禰宜榮祐出勤ス。

七日、戊(庚)戌。半晴。

八日、己(辛)亥。半晴。

一　出京、二更比歸宅ス。

九日、庚(壬)子。晴。

十日、辛(癸)丑。晴。

一　谷川勘定。谷村儀兵衛宅。兩人共出席。中飯・酒アリ。

十一日、壬(甲)寅。晴。

一　御社納。早朝ヨリ出勤ス。是迄御社納餘リ深更ニ相成候ニ付、當年より年番ニ而、社司之内

三人、神方中之内ニ而五人、早朝より出勤ニ而、
夕暮時比迄出勤之筈次(治)定ノコト。
十二日、癸(乙)卯。晴。
一　出京、二更比歸宅ス。
十三日、甲(丙)辰。晴。
一　拂除例之通リ、出入之者來。
十四日、乙(丁)巳。晴。
十五日、丙(戊)午。雨。

溝料渡

一　朝飯後溝料内渡。檢斷所へ出勤。酒・夕飯アリ。
十六日、丁(己)未。雨。
一　朝飯後社納。檢斷所へ出勤。二更比歸宅。
一　當番權祝代櫟谷祝重孝出勤。
十七日、戊(庚)申。朝吹雪後晴。
一　當番權祝代正禰宜榮祐出勤。
十八日、己(辛)酉。雨。
一　當番權祝勝榮出勤。

節分神事

一　節分御神事。酉剋出仕。神供獻進、無事執行。兩人共出勤ス。
十九日、庚(壬)戌。時々雨。
一　御社納。於二檢斷所ニ一而勤レ之。
廿日、辛(癸)亥。半晴、時々吹雪。
一　出京、二更比歸宅。
廿一日、壬(甲)子。半晴。
廿二日、癸(乙)丑。晴。
廿三日、甲(丙)寅。晴。
一　御拂。於二檢斷所ニ一。寅剋比相濟、歸宅。
一　御拂有金貳百六拾八兩餘、錢四拾貫匁、米貳拾五石餘殘リ金也。
廿四日、乙(丁)卯。晴。
廿五日、丙(戊)辰。晴。
一　御米渡シ。午後出勤。祝番江御藏米渡ス。
廿六日、丁(己)巳。晴。
一　嶋村深見へ行、未剋比歸宅。
一　餅(搗)月例之通リ。
廿七日、戊(庚)午。半晴。

廿八日、（辛）己未。晴。

一　出京、二更比歸宅。

廿九日、（壬）庚申。晴。

一　山田役人、宮仕等歳末ニ來。

一　大小工志らけニ來。

慶應二年日次記

一一八〇　慶應二年日次記

（表紙）
慶應二年
正禰宜秦榮祐
日次記　正禰宜正三位秦榮祐
丙寅正朔

（本文）
正大辛酉　二小辛卯　三大庚申
四小庚寅　五小己未、六小戊子
七大丁巳　八大丁亥　九小丁巳
十大丙戌　十一大丙辰　十二大丙戌
年德巳午　凡三百五十五日
二月　二日　彼岸　八月十六日　月そく（蝕）、皆既。
三月十八日　八十八夜
四月廿三日　入梅　十二日　彼岸
五月　廿日　はけしやう（半夏生）　十一月十六日　冬至
六月　八日　土用　十二月　二日　小寒
廿八日　立秋　十五日　大寒
七月廿三日　二百十日　廿九日　節分

天赦日
正月十八日　三月十九日　四月五日
八月廿二日　十一月　九日
甲子
正月四日　三月五日　五月六日
七月八日　九月八日　十一月九日
庚申
三月朔日　五月二日　七月四日
九月四日　十一月五日
見出シ目録〈○記載ナシ〉

正月元日、辛酉。晴。箱番正祝。
一　正辰剋出仕、着㆓束帯㆒。口祝例之通リ。

釣殿
一　於㆓釣殿㆒舞踏如㆑例。氏人房經、延種加勢出勤。内陣相命榮祐、外陣相愛房式、大床相推勝榮、階上種道重吉、階下榮種重孝、同房經延種勤行。神供獻進、無事執行。
大床御戸閉之巡參等如㆑例。

呉服所
一　朝飯宮仕調進。膳部方呉服所へ禮來。俵粢如レ例。申下剋掛リ湯。
一 夕御神事。社司之次第今朝之通リ。神供組替獻進、御拂除等如レ例。
攝社神供獻進、無事執行。
二日、壬戌。晴、午後曇、夜來雨。

御千度

一 口祝、御千度如レ例。
一 夕御神事。社司人數元日之通リ。神供獻進、無事。月讀社へ參向、拜殿着座、廳參等如レ例。俵烝例之通リ來。予風邪ニ付、月讀社不參ス。
一 謡始、例之通り東家より來。
一 朝飯後宮仕、社役人、村役人、百性(姓)禮來。
三日、癸亥。半晴。
一 口祝、掛リ湯如レ例。
一 御神事。巳剋神供獻進、無事執行。
予風邪ニ付、御神事不參。

大登

大登正祝相愛、櫟谷禰宜榮種、同祝重孝。其餘ハ不參。未剋比退出。
四日、甲子。晴。
一 當番正禰宜所勞代權禰宜相推出勤。神供御飯半分、丸カマス壹枚、半分カマス壹盃送レ之。
持日當番相推代勤。
一 山田役人大和介　將監　木工　大藏來。
一 御節。予不參。勝榮出席。
一 松室兩家禮來賀。
五日、丁丑。晴。
一 當番、正禰宜代權祝勝榮出勤。
一 神方禮。下野介　將監　主馬　左近　左京、御前役櫻井喜左衞門。
一 伯家年玉米、正祝番ニ付、東家江爲レ持遣ス。
六日、丙寅。晴、夕暮より雨。
一 當番正禰宜代權祝勝榮出勤。
一 入レ夜參籠、勝榮參勤。予所勞不參。
七日、丁卯。晴。
一 神事。無事執行之由、神供受ケニ遣ス。
神馬貳疋來。勝榮申剋比歸宅。
八日、戊辰。晴、巳剋比より雨、入レ夜強雨。

九日、己巳。曇、入レ夜雨。
十日、庚午。雨、午剋比より晴定。
一　當番、權神主代權祝勝榮出勤。
十一日、辛未。雨、午剋比より晴。

斧始

一　出京一宿ス。斧始。例之通リ、大小工來。組重出ス。
十二日、壬申。半晴、夕方歸宅。
十三日、癸酉。半晴、午剋比より雨。
一　近邊回禮ス。
十四日、甲戌。雨、申剋比より晴定。

左義長

一　左義長。例之通リ。

御千度

一　入レ夜參籠。御千度如レ例。兩人共出勤。
十五日、乙亥。晴。

御千度

一　口祝、掛リ湯、御千度、饗飯如レ例。
一　御神事。午剋。氏人房經不參。
內陣相命榮祐、外陣相愛房式、大床相推勝榮　階上種道重吉、階下榮種重孝、同延種相嗣。神供獻進、無事執行。
未下剋比退出。

十六日、丙子。半晴。
一　當番權祝勝榮代正禰宜榮祐出勤。
一　社務所朝夕節、例之通リ。
一　酉上剋御神事。出仕。神供獻進、無事執行。
一　射手組權祝勝榮、櫟谷祝重孝代權禰宜相推、無事執行。社務所聽參如レ例。
十七日、丁丑。半晴、午後曇。
一　東家孫宮參リ申來ニ付、母公、勝榮被レ招。酒出ル。
十八日、戊寅。半晴、夜來雨。
一　出京、野村へ行、二更比歸宅。
十九日、己卯。雨。

勅祭再興の件

一　一昨春御祭御再興歎願致置候處、其後御沙汰無二御座一ニ付、去八日　關白様（二條齊敬）執奏家、傳奏、儀奏、職事、廣橋家是迄內々御相談一社より致居候ニ付、伊丹酒貳斗ツヽ、內願書持參ニ而行向。出頭之人數、東三品、東勢州、東越州、東遠州、松室相州、松室能州、神方越前介同伴ニ而出頭。予ハ風邪ニ而不參ナリ。
二十日、庚辰。半晴。
一　野村宅能、早朝より行向、一宿ス。
廿一日、辛巳。曇、入レ夜雨。
一　二更比歸宅ス。
一　東三品廣橋家江社頭繪圖持參可レ致候樣申來ニ付、持參之由ナリ。
廿二日、壬午。雨、未剋比より止。
一　朝飯後集會。昨日廣橋家より内々御祭御再興急々被二仰出一候樣子ニ付、何歟相談之事。
廿三日、癸未。晴。
一　片山九郎三郎宅能相催ニ付行向、二更比歸宅。
廿四日、甲申。半晴。
一　社内繪圖昨日大工拵出來ニ付、今朝廣橋家江差出ス。東新三位殿持參。
一　去十五日東勢州從三位　宣下、當家之廿九才之例貸進ス。
一　御祭一件ニ付、兩茶屋建物北ノ方道附替見分。午後出勤。御普請方下野介主祝(税)、大工若狹出勤。
廿五日、乙酉。晴。

檢斷所

一　午後檢斷所之初集會。惣出勤。祝酒アリ。
廿六日、丙戌。晴。
一　國役集會。例之通リ、中飯・中酒アリ。兩人共出席。
廿七日、丁亥。雨、午後晴定。
一　早朝より廣橋家江御祭出勤之社司、神方中其外宮仕、神子、社役人等之名前書予持參。雜掌詰合無レ之ニ付、用人ニ渡ス。大納言殿落手之由申出ル。申剋比歸宅。

亥狩神事

一　亥狩御神事。當番櫟谷禰宜榮種狩場。廳參等如レ例、無事執行。
一　入レ夜社務所青侍、下部等來。例之通リ酒肴出ス。
廿八日、戊子。晴。

一　出京、野村へ行、二更比歸宅。

廿九日、己丑。晴。

三十日、庚寅。晴。

一　出京、新屋敷へ年禮ニ行、二更比歸宅。

二月朔日、辛卯。晴。

神講

一　神講。近例之通リ日供獻進。榊掛ケ御日米付添獻進。社司、神方惣參、朝飯例之通リ。

二日、壬辰。曇、巳刻比より雨風甚シ。

三日、癸巳。晴。

一　嶋田元千代廳官幷官位之義（儀）ニ付親類集會。當時川東岡崎村ニ住居ニ付、早朝より行向、二更比歸宅。

四日、甲午。晴。

一　當番正禰宜榮祐出勤。

五日、乙未。晴。

一　當番正禰宜榮祐出勤。午後檢斷所へ勝榮出勤。

神講當屋

一　神講當屋松尾因州宅より回章來。

六日、丙申。曇。

一　當番正禰宜榮祐出勤。

七日、丁酉。雨。

一　神講當屋松尾因州方より案内有レ之、出席。神拜・神酒等例之通リ。昨年之通リ諸色高直（式）（値）ニ付、中飯・中酒・三種肴重組。人數相命卿、予、相愛卿、房式、相推、勝榮、房經、相嗣出席。房武不參也。非藏人日向、下野、駿河、出羽、亭主。備後、掃部不參。但馬、伯耆、上野、國司掛リニ而三ケ年以前より引籠。

一統出席。中飯中ニ松尾豐州より書狀來。文久貳年戌年ニ後段より出席可レ有レ之候樣一同相談之上ニ而申達シ置候處、神拜より出席致度旨、度々講席へ申參リ候得共、差掛リ候事故其儘ニ致置候處、酉刻比相濟、皆々歸宅致居候處、豐州立腹ニ而東家江沈碎ニ而被レ參、大取合之由。段々取合之上刀ぬき候由故、東三品家内不レ殘當方江浦ノ野より入來。早速ニ東家江私共參リ

豊州へ面會、段々及二相談一、子剋比豊州被二引
取一被レ歸、東家之一統直様浦ノ野より歸宅。子
剋比迄東家皆々當家ニ入來。今晩限之事ニ而
色々ト取斗致、相濟ナリ。
八日、戊戌。半晴、夜來小雨。
一　出京、二更比歸宅。
九日、己亥。晴。
一　正三位榮親卿忌日。
十日、庚子。晴、未剋比より吹雪ミゾレ。
十一日、辛丑。半晴。
十二日、壬寅。晴。
一　出京、野村へ行、二更比歸宅。
十三日、癸卯。晴、亥半剋比地震。
十四日、甲辰。晴。
一　當番權禰宜相推代榮祐出勤。正月四日之返
番。
十五日、乙巳。陰雨。
一　出京、入レ夜歸宅。
十六日、丙午。曇。
一　當番權祝勝榮出勤。
十七日、丁未。晴。
一　當番權祝勝榮出勤。
一　予出京、野村へ行、一宿ス。
十八日、戊申。晴。
一　當番權祝勝榮出勤。
一　平岩源兵衞於二野村ニ一能相催ニ付行向、二更
比歸宅。
十九日、己酉。晴。
一　御祭御再興歎願致置候處、何之御沙汰も無レ
之候ニ付、昨日東新三品、松室加州同伴ニ而二
條(齊敬)殿下様へ竹の子貳貫目、廣橋殿江菓子壹箱、
竹の子壹貫目、執奏伯州殿江竹の子壹貫目持參
ニ而罷出候處、廣橋家ニ而内々昨日被二聞召一候
由、今日伯家より御達可レ有レ之筈之由、雜掌申
ニ付、伯家江罷出候處、唯今飛脚遣シ可レ申處、
雜掌面會、願之通り被二聞召一由被レ達候。夫ヨ

リ麻上下着用ニ而　殿下奉行清閑寺殿御禮出頭
之由也。
一　伯家より飛脚來。十八日ニ奏者所江御禮之義(儀)
伯家雜掌申落候ニ付申來。東新三品、松室加州
直様出頭、無事相濟ナリ。
二十日、庚戌。曇、未剋比より雨。
一　早朝ヨリ御祭御再興一件ニ付、諸事相談。神
方御用掛リ山田越前介、同大和介、同主祝(税)來。
申下剋比相濟。
廿一日、辛亥。雨、午後晴定。
一　御祭御用掛リ社務所ニ而集會。日記、諸雜記
帳面拵記レ之。午後出席、初更比相濟。神方ハ
不レ招。
廿二日、壬子。晴。
廿三日、癸丑。晴、午後曇、夜入雨。
一　出京、壬生家へ行、初更半比歸宅。
廿四日、甲寅。雨。
廿五日、乙卯。雨。
一　午後検斷所へ出勤。御祭御用掛リ於二社務所
へ(三)集會。神方者不レ招
廿六日、丙辰。晴。
廿七日、丁巳。晴。
一　御祭御再興被二聞召一候ニ付、御禮廻リ出頭人
數左之通リ。
(朱)☒二條關白様(齊敬)江　生鯛壹掛ヶ代金壹兩三歩
むし菓子　壹箱代金三百疋
右諸大夫　(朱)一隱岐兵部少輔江金五百疋
(朱)一西村大藏少輔へ同三百疋
(朱)☒近衛前關白様(忠煕)へ　むし菓子壹箱代金三百疋
(朱)☒清閑寺殿江　生鯛壹掛ヶ代金壹兩壹歩貳朱
むし菓子壹箱代金三百疋
右雜掌中へ金五百疋
右者此度御祭之御奉行也。
(朱)☒執奏伯川殿江生鯛壹尾代金三歩貳朱
むし菓子壹箱代金三百疋

初草神事

（六字朱）
御祭御用掛り
（朱）╳廣橋殿へ生鯛壹掛ヶ代金壹兩壹歩貳朱
むし菓子代金三百疋
狩衣地壹巻代金拾貳兩餘
右家來雜掌兩人江金五百疋ツヽ
用人中へ　金三百疋
取次中へ　金三百疋
（朱）△鷹司大閤様江むし菓子壹箱代金三百疋（輔熙）
（朱）△同　前關白様へ同上（近衛忠熙）
其外ニ、
（朱）╳橋本殿（朱）╳明日香井殿（朱「傳奏」）（朱）△甘露寺殿（朱「職事」）（朱）△倉橋殿（朱「議加」）
（朱）△大原殿（朱）△中御門殿（朱）△綾小路殿（朱）△日野殿（朱「義加」）
（朱）○野宮殿（朱「傳」）（朱）○中山殿（朱）○柳原殿（朱「義」）（朱）○六條殿（朱「義」）
（朱）○堤殿（朱「義加」）（朱）○葉室殿（朱「加」）（朱）○正親町三條殿（朱「義」）（朱）○池尻殿（朱「加」）
（朱）｜梅溪殿（朱）○久世殿（朱「義」）（朱）一庭田殿
右拾九軒江むし菓子壹箱ツヽ代金貳百疋
一　廣橋殿、相命卿、予出頭。大納言殿（胤保）御逢、何歟御咄シ申置。御祭一件之事。

出頭之人數相命卿、予、相愛卿、相推、重孝、房經、延種、山田越前介、點檢方山田大和介、山田主税。釣臺三荷、村人足申付ル。
右出頭割付、左之通リ合印
（二字朱）╳印　相命、榮祐　（二字朱）○印　重孝、延種　（二字朱）｜印　山田越前介
（二字朱）△印　相愛、房經　（二字朱）一印　相推、山田大和介
廿八日、戊午。晴。
一　壬生官務殿（小槻家）、お篤殿始而梅宮橋本家江初入。
予早朝より行向、入レ夜歸宅。
廿九日、己未。陰雨。
三月朔日、庚申。雨、巳剋比より止。
二日、辛酉。晴。
一　出京、入レ夜歸宅。
三日、壬戌。晴。
一　初草御神事。辰剋出仕。
外陣相命・榮祐、大床相愛・房式、階上相推・勝榮、階下種道・重吉、同榮種・重孝、同延種。氏人延種見習出勤。

神供獻進、無事執行。
一　山田役人、宮仕、大小工禮ニ來、社務所廳
參、不參。
氏人
四日、癸亥。晴。當番正禰宜代氏人相嗣出勤。
一　御祭一件ニ付、廣橋家江内談ニ行向、二更比
歸宅。
五日、甲子。晴。當番正禰宜代權祝勝榮出勤。
檢斷所
一　檢斷所休日。別段御用無㆑之ニ付休。
一　來ル九日天晴ニ候得共、廣橋大納言殿(胤保)、清閑
寺頭辨殿、壬生官務、押小路大外記出納。
御祭御參向見分へ被㆑參候由、執奏家より被㆑達
候事。松室加州出頭。
六日、乙丑。晴。當番正禰宜代權祝勝榮出勤。
七日、丙寅。晴。
一　出京、山本市次郎於㆓片山㆒能相催ニ付、行
向、入㆑夜歸宅。
八日、丁卯。曇。午後雨。
一　明日内見御參向之拵ニ出勤。

九日、戊辰。風雨、午後止晴。
一　巳剋比廣橋大納言殿(胤保)、清閑寺頭辨殿、社頭之
客館江御着。三催者鳥居前茶屋源助之宅着。内
見相濟、東家江二方共御出。御飯・御酒等進上
ス。
獻立生盛　燒物　鯛　汁　平　肴　硯蓋　鉢
肴　吸物　大平　作り身　水物　したし物。
家來向雜掌始其外侍分中飯・中酒出ス。
三催者檢斷所中飯・中酒出ス。廣橋家、清閑寺
家之家來ト同樣之料理ナリ。下部向者何方も一
統ニ割ゴ(籠)ニ而遣㆑之。未半剋比ニ皆々歸㆓宅京㆒。
一　内見案内之社司者、着㆓狩衣㆒。人數相命卿、
榮祐、相愛、相推、重孝、神方山田越前介、山
田大和介、布狩衣、山田主税、山田式部、大小
工、年寄着㆓麻上下㆒。外ニ房經御道具點檢、着㆓
麻上下㆒ニ而出勤。
一　廣橋殿、清閑寺殿傳奏奉行也。御狩衣。三催
も同樣狩衣ナリ。廣橋殿より御初穗銀貳枚御奉

納。
一　東家江御出ニ相成社司各繼上下(カミシモ)ニ而取持ニ行
向。
十日、己巳。晴。

社務所集會

一　午後於二社務所一而集會。
十一日、庚午。晴。
一　内見御禮。予、重孝出頭。着二繼上下一。廣橋
家、清閑寺家江鮎百疋ツヽ、白(伯)家江鮎五十疋、
　葉室家へ竹の子貳貫目進上ス。初更半比歸宅
ス。
　葉室殿者此度上卿被二仰出一候ニ付、禮ニ行向。
十二日、辛未。曇、時々晴、夕方より雨。

氏人

一　葉室中納言殿(長順)俄ニ御社參。下山田村淨住寺境
内之鎮守江御社參之御序之由也。暫客館ニ而御
休足(息)、夫より東家ニ而暫御休足(息)、申剋比御歸京。
十三日、壬申。雨、午後晴。

氏子中太々神樂奉納

一　氏子中太々御神樂例之通リ。予不參、勝榮出
勤。

一　東新三位相愛卿、明日十四日從三位加儀相催
被レ申候ニ付、昨日回章來。
十四日、癸酉。晴。
一　巳剋比東家より案内有レ之。中東家ニ而松室家
ヲ待合セ、着二狩衣一行向。玄關より座敷、のし
昆布　茶　烟草盆。慶儀禮畢、直樣本膳　二ノ
膳　取肴貳臺　鉢肴　羽盛　舟盛　嶋臺　大手
　作リ身　水物　したし物。先ニ蛤吸物　鈴(冷)酒
三獻　壹里塚。
吸物三ツ程出ル。茶菓子。申下剋比散座。
慶儀四貫七分餘兩人より送レ之。
人數榮祐、房式、相推、勝榮、種道、重吉、榮
種、重孝、氏人延種。相命卿、相愛卿、氏人相
嗣、氏人房經、前權祝房武不參。
取持松尾備後、松尾因幡、中川紀伊守、山科能
登介。
一　御祭一件ニ付、執奏家、傳奏廣橋家より呼ニ
來ニ付、早朝松室加州、山田越前介罷出候處、

氏人

今日何歟ト取極メ申度候ニ付、御老分之内參殿可レ致旨兩家共申被レ達候ニ付兩人共歸宅。申下刻比より相命卿、予、房式、相推同伴ニ而廣橋家へ出頭、大納言(胤保)様御逢ニ而御下行幷ニ諸入用諸事御相談。荒方取極リ可レ申事、餘ハ奥ニ記レ之。曉天何れも歸宅。

十五日、甲戌。晴。

大坂十二郷造酒家太々神樂奉納

一　大坂十二郷造酒家太々御神樂獻進。社司、神方惣參。予、不參、勝榮出勤。

一　嶋村彦左衞門方へ行向。

十六日、乙亥。晴、未刻比俄雨。當番權祝勝榮出勤。

一　出京、野村へ行、入レ夜歸宅。

十七日、丙子。晴。

一　當番權祝勝榮出勤。

十八日、丁丑。晴。

一　當番權祝勝榮代正禰宜榮祐出勤。

十九日、戊寅。晴。

二十日、己卯。曇、未刻比より小雨。

一　神幸御神事。正午刻出仕。神方長門介、豊後介、下野介、左衞門、大炊、織部不參。沙汰人屆レ之。　外陣相命榮祐、大床相愛房式、階上相推勝榮、階下種道重吉、同榮種重孝、同氏人房輕延種、同氏人相嗣。神供獻進、無事執行。遷宮如レ例。沙汰人御旅所迄騎馬、山田大和介出頭。御渡舟申下剋、無事。近例之通リ殘リ番止レ之。

廿一日、庚辰。時々雨。

一　神殿之大床、階下回廊、四ツ脚門御拂除。社司惣參、淨衣。神方六位ハ淨衣、其餘ハ繼上下。朝飯後出勤。申刻比退出。月讀祝重吉不參。

廿二日、辛巳。晴、未刻比俄ニ雨、雷鳴二聲斗、直ニ晴。

一　出京、初更比歸宅。

廿三日、壬午。晴。

廿四日、癸未。晴。

御留守詣

廿五日、甲申。晴。
一　御祭聞合ニ上加茂（賀）社司宅ヘ早朝ヨリ行向、二更比歸宅。
廿六日、乙酉。晴。
廿七日、丙戌。雨。
一　出京、一宿ス。
廿八日、丁亥。陰雨、巳剋比歸宅。
廿九日、戊子。晴。
三十日、己丑。晴。
一　出京、買物ニ行向、二更比歸宅。
四月朔日、庚寅。晴、夕方曇。
一　御留主（守）詣榮祐、勝榮出勤。
一　神方山田勘ヶ由（解）死去ニ付、後相讀（續）人無レ之ニ付、山田縫殿之次男政次郎ヲ以相讀（續）。今日元服十四才。朝御日米獻進相濟後、使來。酒貳升、かます十枚。時節柄ニ付目録斗。以前父縫殿願來ニ付、昨日承知返答致遣ス。東家、松室家も同樣之事。尤相談有レ之事也。
二日、辛卯。曇、午後より雨。
三日、壬辰。晴。
四日、癸巳。半晴、夕方より雨。當番勝榮出勤。
五日、甲午。雨、午後晴定。同上。
一　御祭御再興ニ付葵獻上。着二狩衣一。乘物予出頭。辰剋出門、先唐櫃白丁貳人麻上下、侍貳人、山田民部麻上下、守護人侍壹人袴・羽織、下部壹人カンバン（看板）。□（先カ）松榮祐乘物、侍貳人、六尺四人、傘持・沓持。釣臺・笠籠。道筋、四條通烏丸蛤御門、右道筋過日東町奉行組與力西尾瀧之助社頭之假建物見分之節面會ニ而、加茂（賀）同樣ニ道筋町々江觸置可レ申樣申居候ニ付、跡（後）より奉行所へ願書差出シ候ニ付、手桶、ほうきなど出置候町も所々有レ之ナリ。
　献上左之通リ。
奏者所、御所・長橋局、准后樣、親王樣、二條關白（齊敬）樣、其外攝家四軒、武家傳奏、御祭傳奏、上卿・辨・執奏家。

右葵桂献上。執奏家添使無レ之、直々献上之事。
一御撫物申出シ、奏者所ニ而受取ル。請書差出ス。御初穂白銀弐枚御奉納。
一八日酉ノ日御祭綸旨申出シ、執奏家是迄通リニ被レ渡。當年より改文言也。以前廣橋家願出置候事。
一所司代・兩町奉行葵桂進上。山田越前介出頭。着二麻上下一。無事相濟。
一四月朔日より神事入之事。御祭之棒杭今日竪置、僧尼不淨之者往來止之事
一葵桂献上當日之前日ナレ共、明日ハ御日柄ニ付今日献上之事。
六日、乙未。晴。
一午後齋服ニ而社司之内正官三人、公文出勤。御殿内廻リ取ツクライ（ロヒ）、其餘者淨衣、神方ハ上下之事。

此度之休所
式方共葉室殿
氏人

上卿　辨　東家　下陣　多助 庄兵衛
傳奏廣橋殿　南家　下陣　利兵衛
執奏伯家　中東家　下陣　伴右衛門
奉行清閑寺殿　東遠州　同　平兵衛
三催　壬生 押小路 出納　檢斷所　同　德右衛門
六位史已下　東筑州
神祇祐已下　（利兵衛 新藏）
宮内録已下　宇八　樂人　松室薩州
下宿　十右衛門

七日、丙申。晴。
一辰剋社司各束帶出仕。人數相命、榮祐、相愛、房式、相推、勝榮、種道、重吉、榮種、重孝、氏人房經、延種、相嗣着。呉服所へ無レ程大膳職神饌膳部所江持來ル。社司神殿進、神供献進、御所より之神供物献進。
内陣相命 榮祐、外陣相愛 房式、大床相推 勝榮、階上種道 重吉、階下

榮種、重孝　同房經、延種　同相嗣、神供獻進。祝詞相濟、大床之御戸閉之空。

一　神供獻進、前ニ内見、無事相濟、敕使其外巳剋比ニ鳥居前客館へ御着。

一　武家警固、鳥居内外假番所五ヶ所也。出口ニ者雜式番所、行事屋三ノ鳥居北ノ方貳間半ニ貳間之假建物、御所より御下行御渡之事。上卿之屋神輿舍用之間口ニケン（懸）簾之事。

一　社司之着座、釣殿庭上左右、神方着座、囘廊外左右、神樂所幄ニ而半分ニ仕切。大膳職、造酒司、上卿・辨・史供物之事。

一　神方六位六人當日出勤。着用物白張淨衣ニ而出勤爲レ致可レ申段、廣橋大納言殿（胤保）被レ命候間、早々神方へ申達候處、夫ハ不レ寄レ存事、御大禮之御神事故、猶更衣冠着用致度旨社司中江歎願致ニ付、伯家へ内々願出候様心添致遣シ候處、伯家之雜掌前日より罷出候由故、參上之上御社司方江及二御相談ニ一返答可レ致旨雜掌申ニ付、神方罷歸宅之由。昨夜雜掌入來之上及二内談一候處、元來神方之名ニ不レ得二其意一、御下行米御次（治）定ニ相成候後、神方拜領高スクナイト申、伯家之用人時岡へ歎願差出シ、其書付廣橋殿江參リ大納言樣大立腹之由。夫故着用物彼コレ被レ仰候義（儀）ト存候。伯家之雜掌中ニハ、衣冠着用ナレハ囘廊内外ニ而、囘廊外江ハ罷出不レ申樣一段敕許ニ相成候事故、夫ガキラレヌトハ歎キハ尤ニ候間、伯殿（白川資敬王）着ふくン之被レ居候由雜掌申。六位江社司よりも色々ト取斗致遣シ候處、當日相成、六位六人共稱二所勞一不參之屆沙汰人より差出シ、社家中も不レ寄レ存事、沙汰人ヲ以テ聞足シ申達シ心得違之段申遣シ候處、時剋ニも相成迚も唯今ニ相成致方無レ之、無レ據其儘ニ致置也。

供二神饌一。　御幣奉納（神主、禰宜）

神主已下奉仕如二例祭一。

宣命　神主　　葵　上卿　禰宜
祝詞　　　　　　　辨　　祝

氏人

史　權神主
官掌　氏人
召使　氏人

上御前（權禰宜
　　　　權　祝）
辨前（月讀禰宜
　　　同　祝）
史前　氏人

社司居レ饌。

獻二上卿・辨一
盃　神主
瓶子　禰宜

史
盃　氏人
瓶子　氏人

右但、雨儀之節者、神方六位已下執二朱蓋一。

一　參向節ごか領分境迄、着二素袍一、社役人出迎。案内一ノ鳥居代迄、社役人着二黄衣一出迎案内。右社役人貳人、壹方ニ付置。尤休所々江も付置事。二ノ鳥（居）ト三ノ鳥居之間ニ氏人出迎。是ハ參向之節斗也。諸式相濟　勅使退出之節、社司貳人三ノ鳥居邊送レ之。

八日、丁酉。晴。

還幸

一　還幸御神事。未剋出仕。月讀社參着。御舟御神事拜殿着座、廳參等如レ例。本宮へ參着。無レ程還幸遷宮如レ例。

内陣相命榮祐、外陣相愛房式、大床相推勝榮、階上種道重吉、階下榮種重孝、同房經延種、同相嗣。神供獻進、無事執行。祝詞神主相命、奉幣正祝相愛、新宮社如レ例。

舞踏拜當年より勅使參向につき中止

舞踏拜、當年より御祭御再興　勅使御參向ニ付止レ之。

一　遷宮中程ニ伯家より飛脚來。神方昨日出勤之二臈、三臈兩三人召連、早々參殿可レ致旨申來ニ付、榮祐、相推兩人直様退出。神方三人召連出頭。亥半剋比伯家參着。雜掌村上出雲守出會申ニハ、昨日上卿拜殿ニ而　宣命之節幷ニ神殿へ奉納之節、神方平伏致居候。不二一定一無禮之者も有レ之、傳奏、奉行、執奏拜殿之北方庭上ニアグラニ掛リ被レ居候節、御前神方之者通行候由。一禮も無レ之如何之心得方候哉承度。今日伯殿　御所ニ而傳奏、奉行より伯殿江被レ仰候由ニ付、御達シ可レ申旨申レ之。斷ヲ申候ヘハ一札書差出シ可レ申旨申レ之。誠ニ恐入候ト申、一社へ御達之由申付、早々書付ニ而御斷申上候旨申レ之、退出。神方ハ内玄關ニ爲レ待置、雜掌面會ニ而申達由ナリ。尤一社江ハ書付ニ而達レ之事。

九日、戊戌。晴。

一　卯半剋比歸宅。直様神方七日ニ出勤之者不參無社務所へ來。社司中も集會。昨日伯家より達し之由申渡ス。一統恐入由、早々書付持參可レ致旨申達ス。

一　御祭無レ滞相濟ニ付、御禮太麻獻上。正祝相愛出頭。着二狩衣一騎馬。獻上之方々左之通リ。

（朱）・奏者所江　大祓箱　熨斗
（朱）・親王様　　同上
（朱）・二條關白様（齊敬）　包御祓太麻　熨斗
　　但シ、奉書　松ノ折枝立（竪）ニサス。
　武家傳奏貳軒　（朱）・傳奏廣橋家　（朱）・奉行
（朱）・清閑寺家　（朱）・執奏伯川家（白）　（朱）・上卿葉室家
（朱）・辨葉室家　右關白様ニ同シ事
　外ニ紅葉ノ鉢植御所御□（藏カ）方　（朱）・關白様　（朱）・再興
（朱）・傳奏廣橋家獻上ス。鉢木ノ石臺檜ナリ。

一　御撫物今日返納。

一　神方一件ニ付、社司中集會。神方出勤之者不參無レ之様社務所江入來之義（儀）申遣ス。申剋比各々來。一統ニ平ニ不調法之段何共恐入候由申譯無レ之、此義（儀）ハ御社司中より可レ然御取斗幾重ニも御願申度段申居、今日中ニ書付ニ而御侘申上度段申レ之ニ付、左様之義（儀）ニ候へ者早々連印ニ而書付被二差出一候段申レ之。社司中よりも添書ニ而御斷申上候心得申達ス。申剋比皆々引取ル。

一　御祭御下行米、今日正祝相愛、櫟谷祝重孝伯家ニ而請取、御渡シニ相成。重孝傳奏・奉行へ御禮ニ行向。着二麻上下一。壹歩銀ニ而渡レ之。重孝御所ニ而此度簾・幔等拝借今日返上納ナリ。唐櫃ニ入二御下行米代一相愛歸宅。

十日、己亥。雨。

一　御下行米配分、傳奏より御治定。割方左之通リ。今日拜領。

　五石四斗　社務　　五石　正禰宜
　五石　　　正祝　　四石　権神主

氏人

四石　権禰宜　四石　権祝
三石　月讀禰宜　三石　月讀祝
三石　櫟谷禰宜　三石　櫟谷祝
壹石五斗　氏人房經　壹石五斗　氏人延種
壹石五斗　同相嗣
神方六位六人七斗ツヽ。無位神方五斗ツヽ。
神方部屋住四斗ツヽ。宮仕四斗
同部屋住三斗
神樂男三斗　神子三斗　山守貳斗ツヽ。
大小工貳斗ツヽ　大工部屋住壹斗、社役人壹
斗ツヽ
土器師壹斗ツヽ。
右之通り今日配分　米相場　石ニ付　五百八拾六貫貳分
金同　壹兩ニ付　九拾四貫八分九厘
十一日、庚子。晴。出京、二更比歸宅。
十二日、辛丑。晴、朝曇。
十三日、壬寅。晴。

十四日、癸卯。雨、未剋比より止、半晴。
一御祭無㆑滞相濟ニ付、内々御禮。着㆓継上下㆒。
相命卿、予、房式同伴ニ而行向。進上物左之通
リ。
一ひろうどせん貳屋敷貳枚　廣橋殿
代　金拾貳兩貳歩
伊丹酒嶋臺二樽二丁
右雜掌貳人へ金五百疋ツヽ
用人江同　同三百疋ツヽ
取次中へ　同貳百疋
一伊丹酒嶋臺二丁　二條關白様
同　壹丁　葉室殿
紅葉鉢植　石臺　根本葵
一同上　伯(白)川殿
伊丹嶋臺　壹丁
右雜掌兩人へ金三百疋ツヽ、用人へ金貳百疋
取次中へ金百疋
一同上　清閑寺殿

同上
右雜掌へ金三百疋
一　蒸菓子壹箱三十入
　代　金貳歩貳朱　柳原殿
包太麻
　右者、當日御初穂トシテ白銀十枚御奉
　納ニ付御禮。
未剋比相濟、予者一宿ス。
十五日、甲辰。半晴。入レ夜歸宅。
十六日、乙巳。晴。
一　當番權祝勝榮出勤。
十七日、丙午。晴、午後雨。

川端村太々神樂奉納

一　川端村太々御神樂獻進。社司、神方惣參。予
　風邪ニ付不參。勝榮出勤。
一　當番權祝勝榮出勤。
十八日、丁未。陰雨。
一　當番權祝勝榮出勤。
十九日、戊申。陰雨。
二十日、己酉。半晴、時々細雨。
一　出京、野村へ行、入レ夜歸宅。
廿一日、庚戌。晴。
一　午時比より東寺へ參詣、夕方歸宅。
廿二日、辛亥。晴。
廿三日、壬子。晴。
一　出京、野村へ行、入レ夜歸宅。
廿四日、癸丑。曇、午後晴。
廿五日。甲寅。晴。
一　朝飯後御祭掛リ集會。諸入用幷社役人、百
性（姓）、人足辨當料渡レ之。社家中休所之挨拶被レ
下レ之。諸勘定。夕方歸宅。
　左之通リ
社家中堂上方壹軒ニ付三斗五升
神方　山田安藝介宅
　　同　豐後介宅
　　同　主稅　宅
東筑後守宅諸史
松室薩摩守宅樂人

検断所三催
谷村　宇八
　　　利兵衛宅　諸史
　　　新藏
　下陣
　下宿
廿六日、乙卯。晴。
一　神方六位御祭當日心得違ニ而稱二所勞一不參。其後從二執奏家、傳奏一及二掛合一御詫申上。過日以來社司より申上候處、御聞濟ニ相成。今日御禮。予召二連六位五人一同伴。伯家、廣橋家江參殿。雜掌面會無事相濟。伯家より添使給リ、廣橋家江出頭。一社江取置一札樣々書付左之通リ。
　御請口上書
一　去七日御祭御當日私共出勤可レ仕筈ニ御座候處、不レ計臨期持病差起、無レ據不參仕、不都合之段深奉二恐懼一候。右ニ付向後急度相心得可レ申候樣被レ爲二仰渡一奉レ畏候。依此段奉二御請申上一候。以上
　寅四月　山田大和介印
　　　　　山田安藝介印
　　　　　山田越前介印
　　　　　山田豐後介印
　　　　　長尾長門介印
　御社務所
右奉書四ッ折、美の(濃)紙上包、社務所本紙止レ之。
六位之内壹人、山田下野介ハ故障ニ而除レ之。
廿七日、丙辰。晴。
廿八日、丁巳。晴
一　出京、野村へ行、吉田へ行、入レ夜歸宅。
廿九日、戊午。晴。
五月朔日、己未。晴。
御千度
一　御千度如レ例。榮祐、勝榮出勤、正祝不參。
二日、庚申。陰雨。
一　午後出京、一宿ス。

端午神事

三日、辛酉。曇、午後晴。入レ夜歸宅。
四日、壬戌。晴。
一　當番正禰宜榮祐出勤。
五日、癸亥。晴。
一　端午御神事。辰剋出仕。正祝相愛、權神主房式所労不參、氏人延種出勤。櫟谷禰宜榮種不參。
外陣（相命 榮祐）、大床（相推 勝榮）、階上（種道 重吉）、階下（重孝 延種）。神供獻進、無事執行。當番榮祐出勤。
社務所廳參、兩人共出勤。
山田役人、宮仕、社役人禮ニ來。
六日、甲子。晴。
一　東家孫初節句（供）被レ招行向、鎗三本送レ之。
一　當番正禰宜代權祝勝榮出勤。
一　平田嘉一郎於ニ野村宅ニ一能相催ニ付行向。夜（マヽ）入歸宅。
七日、乙丑。曇、夜來雨。
一　東遠州方初節句（供）ニ付被レ招行向。三ツ道具送レ之。
八日、丙寅。雨。
九日、丁卯。出京、吉田へ行、一宿ス。
十日、戊辰。半晴、時々風雨、午後止。夜入（マヽ）歸宅。
十一日、己巳。晴、入レ夜雨。
十二日、庚午。雨。
十三日、辛未。曇、時々雨。
一　朝飯後御祭御用掛リ集會。御用掛リ被レ下物左之通リ。
一　七斗　御用掛リ元方　社務
一　五斗　榮祐
一　五斗　相愛
一　五斗　相推
一　五斗　重孝
一　貳斗　神方山田主祝（税）
一　壹斗　〃　山田越前介
一　壹斗　〃　山田大和介

一　金壹兩　　　　葵獻上之社司
一　〃壹兩　　　　御祓獻上之社司
　　諸勘定相濟、夕方歸宅。
十四日、壬申。陰雨。出京、入レ夜歸宅。
十五日、癸酉。強雨風。桂川壹丈貳尺斗出水、
皆々落橋。
十六日、甲戌。晴。
御千度
一　御千度如レ例。出勤ス。神主忌日不參。
一　當番權祝勝榮出勤。
十七日、乙亥。晴。
一　當番權祝代正禰宜榮祐出勤。
一　十五日之出水壹丈貳尺斗、桂川邊田地荒、上
山田村領中山家之堤藪西切込貳ヶ所。
十八日、丙子。晴。
十九日、丁丑。晴。
二十日、戊寅。曇陰、夕景より雨、夜入(マヽ)強雨。
一　出京、二條關白様(齊敬)へ參殿、入レ夜歸宅。
廿一日、己卯。陰雨。
廿二日、庚辰。陰雨、午後止、半晴。
廿三日、辛巳。半晴。
一　松室相州此度上階之競望、同苗松室河内、松
室丹波兩人柳原家江賴込之様子ニ付、去廿日ニ
二條關白様(齊敬)へ東南兩家より内願差出ス。左之通
リ。諸大夫西村大藏權少輔面會。委細ニ賴置
爲二肴料ト一金貳百疋送レ之。
一　松尾社攝社職月讀禰宜秦種道儀、家例從四位
下限昇進仕來候處、一社格別之以二憐情一本社權
職之准レ例ニ、當時家例ニ無レ之、正四位下迄昇
進仕居候處、尚亦近頃從三位拜敍之儀懇願仕候
而、既ニ當節追々内願仕居候趣、乍二不取留一承
知仕、若拜敍仕候節者、權職之族超越ニ相成歎
ヶ敷旨申立、彼是一社混雜仕候間、若内願之筋
御聞ニ達候共、御取上被レ下間敷樣伏而奉二願
上一候。以上
　　五月　　　　松尾社東　三位
　　　　　　　　　　　南　三位

東新三位

右奉書四ッ折、美濃紙上包。

廿四日、壬午。晴、夕立。出京、野村へ行、一宿ス。

廿五日、癸未。陰晴、時々雨。申剋比歸宅。

廿六日、甲申。陰雨、午後止曇、入ㇾ夜雨甚シ。

廿七日、乙酉。陰晴。

廿八日、丙戌。半晴、午剋比より雨。

一　御祭御再興ニ付、上加茂(賀)社司鳥（居）大路江過日聞合ニ行向、其後禮ニ不ㇾ行ニ付、早朝より予行向。肴一折持參、金百疋送ㇾ之。夕景歸宅。

廿九日、丁亥。曇。

六月朔日、戊子。半晴。

一　午後出京、野村へ行、一宿ス。

二日、己丑。晴。夕方歸宅。

三日、庚寅。陰雨、入ㇾ夜強雨。

四日、辛卯。曇、時々雨。

一　當番正禰宜榮祐出勤。

五日、壬辰。半晴。

一　當番正禰宜榮祐出勤。

六日、癸巳。晴、午後雨。

一　當番正禰宜榮祐出勤。

七日、甲午。雨、巳剋比より半晴。

八日、乙未。晴、夜來遠雷、夕立。

一　出京、入ㇾ夜歸宅。

九日、丙申。陰晴、入ㇾ夜夕立。

十日、丁酉。雨、巳剋比より止、午後晴。

十一日、戊戌。晴。

一　攝州住吉社津守より從三位例借用之義(儀)、二條關白様(齊敬)諸大夫、西村大藏權少輔殿より賴來ニ付、東家江及二相談一貸進之義(儀)ハ斷申候處、其後度々西村より賴來、一昨日津守之執奏勸修寺家雜掌速水左兵衛大尉入來ニ而、此度限リ借用之義(儀)領掌賴來ニ付、後々之差支ニも相成候而ハ惡シク事故、無ㇾ據承知致、今日予二條様へ參殿、西村へ面會、東家之相村卿之從三位舊例書取持參、

西村へ渡置。津守攝津守當年三十七才之様子。
相村卿従三位三十四才例ナリ。二更比歸宅。
十二日、己亥。晴。
十三日、庚子。半晴。
一　當番權禰宜代權祝勝榮出勤。
十四日、辛丑。晴。
一　朝飯後集會。桂川筋切所相談。
一　出京、午後行向、一宿ス。
十五日、壬寅。晴、入レ夜歸宅。
十六日、癸卯。晴。
一　梅宮橋本家、太秦江行向。
一　當番權祝勝榮出勤。
十七日、甲辰。晴。
一　當番權祝勝榮出勤。
十八日、乙巳。晴。
一　當番權祝勝榮代權禰宜相推出勤。十三日之
替。
一　出京、野村へ行、入レ夜歸宅。

十九日、丙午。晴。
二十日、丁未。晴。
廿一日、戊申。晴、午後曇。
一　出京、野村へ行、夫より同伴ニ而新橋柴本へ
行、一宿ス。
廿二日、己酉。陰晴、夕立。早天歸宅。
廿三日、庚戌。半晴。
一　朝沙汰人御神事催來

御田植神事

一　御田植御神事、未剋出仕。櫟谷祝重孝所労不

氏人

參。氏人延種加勢ニ出仕。
外陣相命 榮祐、大床相愛 房式、階上相推 勝榮、階下種道 重吉、同榮種 延種。神供獻進、無事執行。
御能當年者執行有レ之之處、舞臺無レ之ニ付、翁
斗唐門前石階之上ニ而勤レ之。野村三次郎悴久
馬藏弟子三人斗來。今夜當家ニ而一宿ス。
翁今日斗、明日ハ止レ之。下行米五斗。

三ケ村植女

一　三ヶ村之植女例之通リ來。日暮比歸宅。
廿四日、辛亥。雨、午剋比より止、陰晴。

一　朝、宮仕御神事催來。
一　辰下剋ニ御神事出仕。神供獻進、無事執行。

氏人

櫟谷祝重孝所勞不參、氏人加勢無レ之。
野村久馬藏今朝歸京。巳剋比退出。
廿五日、壬子。晴。

御貸附集會、檢斷所

一　御貸附集會。檢斷所へ立會ニ出勤。從二早朝一。
一　檢斷所集會。兼勤。
廿六日、癸丑。晴。
一　御貸附集會。立會出勤。
廿七日、甲寅。晴。
一　出京、野村江行、入レ夜歸宅。
廿八日、乙卯。半晴、夜來雨。
廿九日、丙辰。雨。
七月朔日、丁巳。雨。
二日、戊午。晴。
三日、己未。晴。
一　出京、野村へ行、一宿ス。
四日、庚申。晴。早天歸宅。
一　當番正禰宜榮祐出勤。
五日、辛酉。晴。
一　當番正禰宜榮祐出勤。
六日、壬戌。晴。
一　當番正禰宜榮祐出勤。
七日、癸亥。晴。

七夕神事

一　七夕御神事。辰下剋出仕。
外陣相命・榮祐、大床相愛・房式、階上相推・勝榮、階下種道・重吉、同榮種・重孝。
神供獻進、無事執行。
御衣拜例之通リ。廳參。予不參、勝榮出席。
八日、甲子。晴。
一　葬(墓)參リ例之通リ。

谷川勘定

一　谷川勘定於二檢斷所一中飯・酒アリ。兩人共出席。
一　非藏人松室紀州長病之處死去。相讀(續)人無レ之、妹貳人有レ之。同家之内ニ次男無レ之ニ付、松室河州入來ニ而三好筑前守方ニ十五才之次男有レ

新嘗會神事

之ニ付、申受度由、當方江頼ニ付、早速岩倉へ申遣シ候處、何れ他家江遣シ可レ申積ニ付、承知ニ相成、筑前守午時比入來。早々松室河州方江及二内談一、彌次（治）定、返答ス。筑前守午後歸宅。盆後早々召連入來之約定也。

九日、乙丑。晴。

一　住吉社津守家より上階之例、去十一日ニ東故相村卿上階例貸進申候處、當家之榮親卿例ニ而去五日被レ蒙二　敕許一候由。二條殿幷ニ勸修寺家江私（拙カ）者罷出候處相違無レ之。勸修寺家雜掌速水ニ面會申シニ付、御約束トハ相違、當方ハ相村卿上階中五年、此度御願之津守家之中置六年之事故、中五年之例御貸申事ニ、中三年之例ニ而御願之義（儀）者如何哉。彼是申候而も　敕問相濟候故以後決而右様之義（儀）ニ相成不レ申候様、此度ハ無レ據　關白様より之御内命も有レ之事故承知致候事。此度限リ之書付御差入ニ相成候様致度旨、速水江申置。四五日御待被レ下度書認メ持參可レ致旨申居。行違之義（儀）二條殿西村幷ニ速水何分彼是間違候段不二取斗一斷申居。

一紙書付當方より下書拵渡置。入レ夜歸宅。

十日、丙寅。晴雨、午後晴、

十一日、丁卯。晴、夕立。

十二日、戊辰。晴。

一　新嘗會御神事。辰下刻出仕。神方四人不參。神供獻進、無事執行。月讀祝重吉、櫟谷禰宜榮種所勞不參、其餘ハ出勤。

十三日、己巳。晴、朝曇。

一　出京、入レ夜歸宅。

一　女子喪山田大和介假十日、服三十日。妹喪同民部假二十日、服九十日。山田織部同上。山田大藏同上。姪喪山田主税假三日、服九日。從父姉喪同左近同上。

右之通リ沙汰人より屆出候ニ付申來。

十四日、庚午。晴。

一　勝榮岡禮。息入來。

十五日、辛未。晴。
一　回禮、各入來。
一　當番權禰宜代權祝勝榮出勤。
十六日、壬申。晴。
一　當番權祝勝榮出勤。
十七日、癸酉。晴。
一　當番權祝代權禰宜ニ頼置、東家より出勤之由。
一　出京、清水寺へ參詣、一宿ス。
十八日、甲戌。半晴。入レ夜歸宅。
一　當番權祝勝榮出勤。
十九日、乙亥。曇、午時比より雨。
二十日、丙子。陰晴。
一　昨夕岩倉三好家より二男茂千代松室紀州方江入家引越。混穢ニ付向イ利兵衛方借二用座敷壹間一、利兵衛方ニ而着二麻上下一、筑前守召連行向。
廿一日、丁丑。半晴。
廿二日、戊寅。半晴。
一　出京、渡邊大夫殿義(儀)ニ付伯家江行向、入レ夜歸宅。
廿三日、己卯。朝小雨、巳刻比より陰晴。
廿四日、庚辰。晴。
廿五日、辛巳。晴。
一　午後檢斷所へ出勤。
廿六日、壬午。晴。
一　八朔相撲兩三年延引致居候得共、當年者執行可レ致旨過日相談有レ之處、社家、神方之内當年も延引宜哉ト申人も有レ之候得共、氏子之人氣惡シク候事故、當年者如レ例執行ニ次(治)定。朝飯後社家中、神方老分兩人社務所ニ而集會次(治)定。相撲場所是迄鳥居前ニ而土表(俵)拵候處、當年より御祭ニ而模様替ニも相成候事故　敕使舍之南ノ方ニ土表(俵)拵可レ申事。
一　相撲場ニ而折々口論有レ之事故、下雜式小嶋吟次郎へ頼込、鳥目貳十貫文角力取買入、右引合予より小嶋へ内談致事ナリ。

一　午後出京、入㆑夜歸宅。
廿七日、癸未。晴。
二十八日、甲申。晴。
二十九日、乙酉。晴。
三十日、丙戌。晴。
一　權禰宜相推宿禰依㆓子細所勞ニ㆒、去廿七日よ
り三十日之間引籠申來。内々ハ母方之叔母之由
ナリ。
八月朔日、丁亥。雨。
一　相撲雨天ニ付延引届差出ス由、武邊出禮。沙
汰人例之通リ勤㆑之由。
二日、戊子。雨、巳剋比より晴定。
一　於㆓片山宅ニ㆒關口富三郎能相催ニ付行向、一
宿ス。
三日、己丑。晴。入㆑夜歸宅。
四日、庚寅。陰晴。
一　當番正禰宜榮祐出勤。
一　從弟死去ニ付三日七日引籠、朔日より届來。

山田越前介
五日、辛卯。陰晴、小雨。
一　當番正禰宜榮祐出勤。
一　氏人延種七月中旬比より風邪之處、追々差
もつれ(縺)及㆓卒去㆒之由。依申來。
嫡孫卒去　十日假自㆓廿四日㆒至㆓來十三日㆒。三十日服至㆓九月三日㆒。　種道宿禰
嫡子卒去　二十日假自㆓昨四日㆒至㆓當月廿三日㆒。九十日服至㆓十一月四日㆒。　榮種宿禰
右之通リ被㆓引籠㆒候旨申來。
一　松室相州方へ干湯葉廿送㆑之。
六日、壬辰。陰雨。
一　當番正禰宜榮祐出勤。延種葬式申剋。
七日、癸巳。雨、桂川五尺斗出水、戌剋比より
未・申風甚シ。至㆓亥剋比ニ㆒彌甚、大風曉天少々
止。
八日、甲午。雨。桂川壹丈六尺斗出水、今井堤水
下村々集ル。二ノ井堤五月十五日之出水ニ而流失

故、今井堤水先故大混雜。然ル處上ノ伏(罧)原堤、五月十五日之出水後水留致不レ申故、八分ハ東へ水流、生田・髙田・東梅津村水先故大難澁哀成事之由也。

一　巳剋比社參候處、鳥居前大松木貳本、南ノ方馬場松木、外ニかし・しい拾本斗、都合所々ニ而十四五本大木たおれ(ふ)こける。樓門内ハ無二別條一無事。結地才社前大松木壹本田ノ中江たお(ふ)れこける。其外所々小木數本たお(ふ)れる。

一　當家ハ無事。柿木壹本折、新建瓦五六枚落ル。

九日、乙未。晴。

十日、丙申。晴。

十一日、丁酉。晴。

一　出京、野村へ行、一宿ス。

一　就一橋中納言(慶喜)殿出陣之儀ニ付、來十八日より一七ヶ日御祈被二仰出一候趣申來。十八日巳剋御祈始之由ナリ。

十二日、戊戌。半晴。巳剋比歸宅。

十三日、己亥。晴。

十四日、庚子。晴。

一　東本願寺家中宮谷映於二野村宅ニ一能相催ニ付行向、一宿ス。

十五日、辛丑。朝細雨、曇。午時比歸宅。

午後雨、夜入曉天比迄強雨甚シ。

十六日、壬寅。強雨。桂川巳剋比六尺斗出水、所々切込所有レ之ニ付、去八日出水ニ而水留皆々流失、村々大歎澁(難)之由。谷川筋二ノ井樋浮上リ候由ニ而村々集居。

十七日、癸卯。半晴。十六日、當番權祝代正禰宜出勤。十七日、同權祝出勤。

一　昨日出水ニ而谷川筋所々切込、今午後見分。村役案内早々取掛リ可レ申旨申渡。

十八日、甲辰。晴。當番權祝勝榮出勤。

一　御祈辰下剋ニ例之通リ出勤候處、伯家より御祈御延引之段以二書面一申來ニ付、各直ニ退出。白銀五枚奉納有レ之ニ付、階下ニ而備レ之。社務預置也。
十九日、乙巳。晴。
二十日、丙午。半晴。
公方様（家茂）今二十日　薨御被レ遊候。町中鳴物、普請等堅令二停止一候。尤安政五（戊）午年度之通リ町々自身番仕、火之用心入念、諸事穏便ニ可レ仕旨、洛中洛外へ可二相觸一者也。
一　諸殺生此節令二停止一候。上下魚店賣買可二差扣一候。乍レ然賣不レ申候而者、不レ叶義（儀）在レ之候得者、其段致二了簡一賣候様可レ仕事。
一　諸社・佛閣開帳者不レ及レ申、人集候義（儀）ハ、此節遠慮可レ致候事。市中ハ不レ及レ申、町々群集大勢寄合物騒敷無レ之様可レ及候事。
一　他國より旅人等烏亂之者不レ致二徘徊一様ニ其所々急（氣）ヲ付可二申付一。尤旅人等久數留入置候義（儀）氣ヲ付可レ申候事。
一　惣而町々ニ而人集致閙敷候。四條川原傾城町其外遊興所々之義（儀）ハ、猶以相愼候様入念可二申渡一候。且又瓦幷茶碗焼候義（儀）可二差扣一候事。
右之通リ觸書寫シ申來。
廿一日、丁未。曇、午後雨。
一　出京、野村へ行、入レ夜歸宅。
廿二日、戊申。晴。
一　花山院前大臣（家厚）殿薨去ニ付、普請者去廿日より廿二日迄、鳴物者廿六日迄七日之間令二停止一候様申來。
廿三日、己酉。晴。
一　一橋中納言殿、去廿日より御相讀（續）御次定（治）、上様ト奉レ稱候旨申來。
廿四日、庚戌。晴。
廿五日、辛亥。晴。
一　検斷所出勤、予代勝榮。
廿六日、壬子。晴。出京、野村へ行、入レ夜歸宅。
廿七日、癸丑。半晴、曇、午後より雨。
廿八日、甲寅。晴。
一　午後出京、一宿ス。普請者去廿五日より被レ免候由觸來。
廿九日、乙卯。晴。
三十日、丙辰。晴。
九月朔日、丁巳。晴。

御千度

一　御千度例之通リ、兩人共出勤。
二日、戊午。半晴。
一　巳剋比、山科宮様（言成）御社參。本願所ニ而御中飯、御休足（息）。
　武邊觸書之寫
一　魚鳥商賣之事　一　瓦幷茶碗焼之事
一　諸商賣ニ付、人集之事　一　婚禮、宿替之事
一　町中自身番之事　一　寺社境内差出來之商人見世幷市中夜分店事
右六ヶ條、當節柄下々可レ及二難儀一候間差免、此旨洛中洛外へ可二相觸一者也。
　寅八月廿九日
三日、己未。半晴、時々小雨、午後晴。
一　出京、野村へ行、入レ夜歸宅。
四日、庚申。晴。
一　當番正禰宜榮祐出勤ス。
五日、辛酉。晴。
一　當番正禰宜榮祐出勤ス。
一　一ッ橋中納言様此度　上様ト奉レ稱、今日大坂之御城より御上落（洛）之由申來。
六日、壬戌。晴。
一　當番正禰宜榮祐出勤。
七日、癸亥。曇、巳剋比より雨。
一　出京、入レ夜歸宅。

宗門改集會

八日、甲子。晴。宗門之集會。兩人出席。例之通中飯・中酒肴。
九日、乙丑。晴。

重陽神事

一　重陽御神事。例剋出仕。神方大和介、大炊、兵部不參之由、沙汰人屆レ之。權禰宜相推所勞不參、櫟谷禰宜榮種故障不參。外陣相命榮祐、大床相愛房式、階上勝榮種道、階下重吉重孝。神供

献進、無事執行。
一　社務所、廳參。勝榮出席、予不參。
一　山田役人、宮仕等禮ニ來。
十日、丙寅。晴。
一　出京、野村へ行、入レ夜歸宅。
十一日、丁卯。晴。
一　禁裏御所へ献上石一件ニ付、御所へ參殿、
入レ夜歸宅。
十二日、戊辰。晴。
一　北脇善助於二野村宅ニ一能相催ニ付行向、一宿
ス。
十三日、己巳。晴。巳下刻比京都より歸宅。
十四日、庚午。曇、辰下刻比より雨。
十五日、辛未。晴。
十六日、壬申。晴。
御千度
一　御千度如レ例。出勤ス。
一　當番權祝勝榮出勤。
十七日、癸酉。晴。
一　當番權祝勝榮出勤。
一　予出京、野村へ行、入レ夜歸宅。
十八日、甲戌。曇。
一　當番權祝勝榮出勤。
十九日、乙亥。朝霧深、巳下刻比より晴。
一　當夏御祭御再興無レ滯被レ爲レ濟候ニ付、禁裏御所へ内御禮トシテ山石・植木等ヲ献上之義(儀)御内儀より内々窺置候處、常御殿之御庭江御用ニ相成由、内々御沙汰も有レ之ニ付、過日修理式兩人山間大瀨迄見分ニ入來。角倉へ舟ヲ申付、見分相濟、今日献上。予、東新三品出頭。神方三人召連、今曉天より出頭。下サガ(嵯峨)園部屋敷之前江過日舟ニ而出置、人足上山田村・松室村・萬石村・谷村、十五才より五十才迄之者差出ス。都合人數百八十人斗。社役人皆々出、付添。石數七ツ内四十人持石三ツ、後ハ十人持。下サガ(嵯峨)川端より三條通烏丸蛤御門、夫より日ノ御門之北穴門より常御殿之御庭迄荷込午下刻比

検斷所

着ス。
社司、神方出頭、着二麻上下一。
二十日、丙子。曇。
一　過日修理式入來之節、東家江被二立寄一、東家之庭ニ有レ之松木壹本、紅葉壹本、飛石二ッ斗、外ニ次(接)木壹本、木ノトウロウ(燈籠)壹ッ、獻上ハ如何哉之相談も有レ之由ニ而是も窺候處、御獻上宜様ニ御沙汰有レ之由ニ而、今日獻上。東三品、松室加州、神方三人出頭之由。人足下山田村六十人斗出頭之由。社役人ハ昨日之通り付添由。
廿一日、丁丑。晴。
一　近衞様奥向御能御催有レ之ニ付、野村同道ニ而行向。着二繼上下一。子剋比相濟、一宿ス。
廿二日、戊寅。晴。夕方歸宅。
廿三日、己卯。晴。
廿四日、庚辰。曇、申剋比より雨。
廿五日、辛巳。曇、半晴。
一　午後検斷所へ出勤。
廿六日、壬午。曇小雨、午後強雨。入レ夜止。
廿七日、癸未。晴。
廿八日、甲申。晴。
一　出京、野村へ行、入レ夜歸宅。
廿九日、乙酉。晴。
一　今井、中村兩人於二野村ニ一能相催候ニ付行向、一宿ス。
十月朔日、丙戌。晴。巳下剋比歸宅ス。
一　壹番御藏附。例之通り。午後兩人共出勤。米納無レ之。例之通り祝酒アリ。神主風邪不參。
二日、丁亥。晴。
一　愛宕山恠召連參詣。
三日、戊子。晴。
一　廣橋大納言殿(胤保)ヨリ昨日東家江今日參殿可レ致旨申來ニ付、予行向候處、過日石・植木等御獻上之御禮として白銀五十枚　御所表ヨリ被レ下レ之。雜掌被レ達請書認メ差出ス。尤調印御内々

之義(儀)ニ候得共、傳奏飛鳥井殿、御局伊賀殿江御
禮ニ罷出候樣雜掌被レ達、直樣行向。玄關云置、
伊賀殿ハ面會ナリ。初更比歸宅。銀五十枚ハ東
家へ預ケ置。
四日、己丑。曇小雨。
一 當番正禰宜榮祐出勤。
五日、庚寅。半晴、入レ夜時雨。
一 當番正禰宜代權祝勝榮出勤。
一 予出京、於二片山宅一能相催ニ付行向、夜入(マヽ)
歸宅。
六日、辛卯。晴。
一 當番正禰宜榮祐出勤。
七日、壬辰。晴。
一 於二野村宅一茂山・野村相組ニ而狂言組仕舞相
催ニ付行向、一宿ス。
八日、癸巳。晴。申剋比歸宅ス。
九日、甲午。晴。
十日、乙未。晴。

社務所集會

一 朝飯後集會。社務所へ兩人共行向。
十一日、丙申。半晴、時雨。
十二日、丁酉。晴、入レ夜時雨。
一 出京、野村へ行、一宿ス。
十三日、戊戌。霧深シ、後晴。早天歸宅。
十四日、己亥。晴。午後出京、一宿ス。
十五日、庚子。晴、少々時雨。
一 今宮御旅所神能ニ行向、入レ夜歸宅。九月延
引今明。

日待

一 東家日待斷申遣ス。本願所より豆腐切手兩人
へ來。
十六日、辛丑。晴。
一 例之通リ御日米神供。權祝代榮祐出勤。當番
も勤レ之。午剋比退出。
十七日、壬寅。晴。
一 當番權祝勝榮出勤。
十八日、癸卯。晴。
一 當番權祝勝榮出勤。

十九日、甲辰。半晴。
二十日、乙巳。晴、風、夕方止、酉剋比初雪降。
一　野村於レ宅能相催ニ付母公御出。忰、政兩人召連早天より行向、二更半比歸宅。
廿一日、丙午。晴。
廿二日、丁未。晴。
廿三日、戊申。晴。
一　出京、入レ夜歸宅。
廿四日、己酉。晴。
廿五日、庚戌。晴。
一　午後檢斷所へ出勤ス。
一　結地才社之西萬石村太兵衞之所持之藪見分。午後予山田次部（治）兩人行向。
廿六日、辛亥。晴。
廿七日、壬子。陰晴、寒風。
一　出京、野村へ行、一宿ス。
廿八日、癸丑。朝吹雪、午後時雨、寒風。
一　午後歸宅。

廿九日、甲寅。晴、曉天時雨。
三十日、乙卯。晴。
十一月朔日、丙辰。晴。
一　貳番御藏附。午後兩人共出勤。三拾六石餘米納。
二日、丁巳。晴。
三日、戊午。晴、時々時雨。
一　田中耕作於二野村ニ一能相催ニ付行向、一宿ス。
四日、己未。晴、時雨アリ。申剋比歸宅ス。
一　當番正禰宜代權祝勝榮出勤。
五日、庚申。陰晴。午下剋比地震二度アリ。
一　當番正禰宜榮祐出勤。
六日、辛酉。曇、時々時雨アリ。
一　當番正禰宜榮祐出勤。
一　水野出羽守殿（忠誠）卒去ニ付、去四日ヨリ六日迄鳴物停止申來。
七日、壬戌。晴、時々時雨。

結地才社下遷宮、氏人

八日、癸亥。晴。
一　出京、入レ夜歸宅。
一　結地才社御屋根大破ニ付葺替。明九日下遷宮。酉剋。先例嘉永六年丑五月十日之通リ。
九日、甲子。晴、時々時雨。
一　結地才社下遷宮。酉剋出仕。社司、氏人淨衣單、神方白張淨衣、宮仕黄衣、大小工白張淨衣、社役人年寄、松室村壹人、谷村壹人麻上下。
一　社司、神主相命、正禰宜榮祐、正祝相愛、權神主房式、權禰宜相推、權祝勝榮、月讀禰宜種道、櫟谷禰宜榮種、櫟谷祝重孝、氏人房經、神方結地掛リ山田主祝(税)、大炊、將監、次部(治)、玄番、衞門、沙汰人山田、木工大藏、宮仕越後、大工河原若狹、小工ハ故障。
月讀祝重吉、氏人相嗣所勞不參。

戌剋比、無事相濟。神折式、神供、洗米、カマス公文拜領ス。
錦蓋代　榊氏人房經勤レ之。遷宮二度ナリ。
一　結地才社後西ノ方藪萬石村多兵衞所持致居候處、御地面セバク、正月十六日ニ者着座出來兼候ニ付、此度西ノ方藪多兵衞江及二相對ニ一三十坪斗多兵衞より奉納ニ相成候故、此度御屋根ニ付、御殿西ノ方江引移之事ニ付、昨日より黒鍬ニ爲レ開可レ申事。
十日、乙丑。晴、時々時雨。
十一日、丙寅。吹雪、時々晴。
十二日、丁卯。晴寒風。

御神樂神事

檢斷所

一 御神樂御神事。未下剋出仕。月讀禰宜種道忌日不參、月讀祝重吉所勞不參。内陣相命、榮祐、外陣相愛、房式、大床相推、勝榮、階上榮種、重孝、階下房經、相嗣、氏人房經、相嗣加勢見習出勤。神供獻進、無事。攝社神供例之通リ。公文代櫟谷禰宜榮種勤レ之。御神樂無事相濟、子剋比退出。御神供者酉剋ニ相濟候處、樂人參向遲剋ニ相成、夫故深夜ニ相成事。

一 今日初卯ニ御神樂執行之義(儀)者、過日以來より執奏家江伺候處、伺濟ニ相成候事故、今日執行。然ル處八幡宮今日之樣子、樂人大困リ之由。明年より日限御次(治)定之節者一應御沙汰被レ下候樣申居事也。

一 午下剋比樂人多能登守、安倍修理權亮入來。玄關ニ置ナリ。

十三日、戊辰。朝吹雪、巳刻比より晴。

一 御神樂之屆、權禰宜相推伯家出頭。

一 カラ入。予不參、勝榮出席。

十四日、己巳。晴。

一 出京、野村へ行、入レ夜歸宅。

十五日、庚午。晴。

一 午後檢斷所へ出勤ス。

十六日、辛未。半晴。

一 當番權祝勝榮出勤。

十七日、壬申。晴。

一 當番權祝勝榮出勤。

十八日、癸酉。晴。

一 當番權祝勝榮出勤。

一 午後出京、一宿ス。

十九日、甲戌。晴、時雨。

一 於二片山一ニ北村郁次郎、佐々米籌之助兩人能相催ニ付行向、二更比歸宅。

二十日、乙亥。曇。

廿一日、丙子。晴。

一 野村稽古能行向、一宿ス。

廿二日、丁丑。半晴、午剋比歸宅。

氏人

惣市、神子

廿三日、戊寅。晴。
廿四日、己卯。晴。
一　午後出京、野村へ行、入レ夜歸宅。
廿五日、庚辰。晴、曉天雨、直ニ晴。
一　御貸附所之勘定ニ出勤。
一　此度請取渡シ之所へ鳥居奉納。今日棟上、當八月ニ風ニ而たお(ふ)れ木之松ニ而拵ナリ。
一　娘政カツキ始メ艶カミ置。社參、内祝。
廿六日、辛辰(朱「巳」)。晴。
一　朝飯後より御貸附之勘定。檢斷所へ出勤。
廿七日、壬巳(朱「午」)。晴。
廿八日、癸午(朱「未」)。半晴。
廿九日、甲未(朱「申」)。雪五分餘リ積、後晴。
一　出京、入レ夜歸宅。
三十日、乙申(朱「酉」)。晴。
一　兩木ノ宮御神事。酉剋出仕。神供獻進。例之通リ。月讀祝重吉所勞不參。(以下、四十三字朱)出勤之社司、相命、榮祐、相愛、房式、相推、勝榮、種道、榮種、重孝也。出勤沙汰人、膳部方四人、神方四人。其餘ハ不參。
一　社務所夕飯・中酒例之通リ。月讀禰宜種道之孫死去ニ付、次孫非藏人江差遣シ被レ置候處、此度取返シ相成、今日氏人入新入。十五才、實名龜種。
一　御日米獻進。惣市故障ニ付、川嶋村神子勤レ之。
十二月朔日、丙戌。半晴。
一　御相場立。午後兩人共出勤。米相場當年ハ格別ニ高直ニ付、社司、神方及二相談一候得共、御次(治)定六ケ數、天龍寺も今ニ次(治)定無レ之樣子、外本所も次(治)定無レ之。先九百五拾目ニ石ニ付三升ツヽ之御救粗次(治)定致候得共、村役之者彼是ト申居、鳥居前兩茶屋へ御領分之百性(姓)寄集リ、御相場高直ナレハ願出候樣子故、今日之處ハ延引。追而御次(治)定之相談ニ而、初更比退出。
二日、丁亥。曇、午後雨、入レ夜風雨。
一　出京、野村へ行、入レ夜歸京。

三日、戊子。晴。
一　當番正禰宜榮祐代權祝勝榮出勤。
四日、己丑。晴。

検斷所集會

一　朝飯後於二検斷所一社司、神方集會。去朔日之御相場立之義(儀)、村方之者、村役より段々取しらへ、彼是ト申者召連罷出候樣申達候處、先しづまり候ニ付、九百卅目石ニ付三升ツヽ御救被レ下之次(治)定。御憐愍之御相場候得共、村方之内ニ兩三人程ハ悪人有レ之樣子。夫故彼是ト申立候由也。初更比皆々退出。

社納

五日、庚寅。半晴。
一　當番正禰宜榮祐出勤。
一　巳剋比より溝料水下村々取立。検斷所へ出勤ス。
六日、辛卯。半晴、時々薄吹雪。
一　當番正禰宜榮祐出勤。
七日、壬辰。半晴。
一　出京、入レ夜歸宅。
八日、癸巳。半晴。
九日、甲午。半晴。
一　片山於レ宅ニ能相催ニ付行向、一宿ス。
十日、乙未。晴、午剋比歸宅。
十一日、丙申。風雨。
一　御社納。勝榮出勤、予風邪不參。
十二日、丁酉。晴。
十三日、戊戌。晴。
一　拂除例之通リ。
十四日、己亥。晴。
一　出京、入レ夜歸宅。
十五日、庚子。曇、辰剋より小雨。
一　朝飯後検斷所へ出勤、權禰宜代權祝勝榮出勤。
十六日、辛丑。晴。
一　當番權祝勝榮出勤。
一　御社納。午後出勤。今日より検斷所ニ而勤也。
十七日、壬寅。晴。當番權祝勝榮出勤。

一 溝料渡米於二檢斷所一而相催。朝飯後出席。
一 今上皇帝(孝明天皇)御痘瘡之由、非藏人より聞レ之。
一 西下剋比伯家より使來。御用之義(儀)ニ付罷出候樣、權神主房式、權禰宜相推出門。丑剋比歸宅。右御痘瘡ニ付御祈被二仰出一候。昨十七日より一七ヶ日之間ナリ。
十八日、癸卯。晴。
一 御祈。辰剋。社司、神方惣參。月讀祝重吉不參。昨日之義(儀)相勤、貳度出勤、釣殿迄退參。
一 當番權祝代權禰宜出勤
十九日、甲辰。半晴。
一 御祈。辰剋。社司、神方惣參。重吉不參。
社納
一 御社納。例之通り。
二十日、乙巳。曇。
一 御祈。辰剋。社司、神方惣參。重吉不參。
廿一日、丙午。雨。
一 御祈。辰剋。社司、神方惣參。重吉不參。
廿二日、丁未。半晴、時々雨。會所勘定。例之通り。
一 御祈。辰剋。社司、神方惣參。重吉不參。
廿三日、戊申。半晴。
一 御祈。辰剋。社司、神方惣參。滿座御日米獻進。重吉不參。
一 御拂例之通り。丑剋比歸宅。
一 御祈御初穗銀五枚。諸入用引殘り五拾三貫餘、社司、神方、神子、宮仕等配分。社司壹人ニ付一二百文ッヽ。
廿四日、己酉。晴。
一 太麻獻上。權神主房式、權禰宜相推出頭。着二狩衣一。例之通り無事相濟由。
廿五日、庚戌。陰雨。
一 出京、入レ夜歸宅。午後御米渡シ出勤。
廿六日、辛亥。風雨、時々晴、不定。
一 御大乳人より此度之御痘瘡ニ付、廿一日より內々御祈禱賴來ニ付、榮祐、勝榮兩人相勤。御初穗金貳百疋來。

廿七日、壬子。晴。朝薄雪。
一　御祈禱滿座。御祓拵御祈禱ス。予出勤。
一　餅ツキ例之通リ。
一　今上皇帝御痘瘡誠ニ御六ケ數由ニ付、月讀社御祈被二仰出一候處、昨夜止メニ來由ナリ。
廿八日、癸丑。晴。
一　出京、入レ夜歸宅。
廿九日、甲寅。晴。
大三十日、乙卯。晴。
一　禁裏　崩御ニ付、鳴物、普請停止ニ候。日數之義（儀）ハ追而可二相觸一候。尤町中晝夜自身番致二火之用心等一可レ入レ念候由申來。
上下京魚店商賣今日ヨリ日數三日之間停止候。
煤拂、餅搗幷豆はやし、且松錺、住錺之義（儀）も遠慮致候。右洛中洛外相觸可レ被レ申段申來。
一　宮仕歲末ニ來。大工しらけニ來。小工ハ故障不參。

（裏表紙）

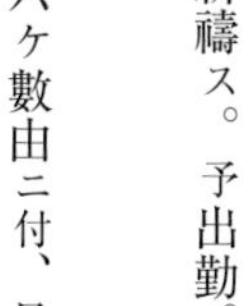

慶應三年日次記

一一八一　慶應三年日次記

（表紙）

慶應三年

日次記　正禰宜正三位秦榮祐

正禰宜秦榮祐

丁卯正朔

（本文）

正小丙午　二大乙酉　三小乙卯
四大甲申　五小甲寅　六小癸未
七小壬子　八大辛巳　九小辛亥
十大庚辰　十一大庚戌　十二大庚辰

年徳亥子　凡三百五十四日

北ふさがり

二月十三日 彼岸　七月　九日 立秋
十五日 月帯そく（蝕）　八月　四日 二百十日
三月廿八日 八十八夜　八月廿三日 彼岸
五月　九日 入梅　十一月廿七日 冬至
六月　朔日 はけしよう（半夏至）　十二月十二日 小寒
十九日 土用　廿七日 大寒

釣殿

天赦日

正月廿三日　三月廿四日
四月十一日　十一月十五日

甲子

正月　九日　三月　十日　五月十一日
七月十三日　九月十四日　十一月十五日

庚申

正月五日　三月六日　五月　七日
七月九日　九月十日　十一月十一日

見出シ目録〈○記載ナシ〉

正月元日、丙辰、曇。箱番權神主。

一　正辰剋出仕、着二束帯一。口祝、例之通リ。

一　於二釣殿一舞踏如レ例。月讀祝重吉所勞不參。氏人房經、相嗣加勢出勤。神方長門介不參、沙汰人屆レ之。内陣相命・榮祐、外陣相愛・房式、大床相推・勝榮、階上種道・榮種、階下重孝・房經、同相嗣。

大登
呉服所
御千度

神供獻進、無事執行。大床御戸閉之巡參等等（マヽ）如レ例。朝飯宮仕調進、膳部方主税　將監　大藏　呉服所へ禮ニ來。神子同斷。

一　夕御神事。社司之次第今朝之通り。神供徹（撤）レ之。

御拂除、神供獻進、無事。祝詞神主相命、攝社神供獻進、公文種道勤レ之。

二日、丁巳。晴。

一　口祝、御千度如レ例。俵粢昨今社務より例之通來。

一　夕御神事。社司人數元日之通り。神供獻進、無事。月讀社へ參向、拜殿着座、廳參等如レ例。

一　謠始例之通り。權神主家より酒・肴・吸物等來。停止中ニ付、発聲無レ之。

一　宮仕、社役人等禮ニ來。併停止中ニ付禮者不定。

三日、戊午。晴。

一　口祝、掛り湯、朝飯例之通り。

一　御神事。午剋。社司之次第昨日之通り。神供獻進、無事。大登　櫟谷禰宜、祝榮種、重孝等其餘ハ不參。主上　崩御ニ付馬不レ來。

未下剋比退出。

四日、己未。晴。

一　御神事。辰下剋出勤、神供獻進、無事。

一　當番正禰宜榮祐出勤。

一　山田役人大和介　將監　木工　左近禮來。宮仕來。例之通り。

一　御節、例之通り。兩人共出席、月讀禰宜、祝不參。

一　禁裏崩御ニ付、松室家年禮無レ之。

五日、庚申。晴、午剋比より曇。

一　神方禮　山田大和介　外記　主水　速水藏人岩崎刑部　御前役櫻井喜左衛門例之通り扇子持參。

一　東遠州・東江州兩人三ヶ年以前より非藏人御雇トシテ　禁中江出勤致居候處、此度　崩御ニ

社法
御千度

付、無レ程觸穢被二仰出一候間、日限中小番御免之義（儀）ヲ番頭江願書差出候處、下鴨・稲荷より出勤之者觸穢ニ混シ候故、其振合ナラテハ取斗六ヶ敷由申來ニ付、於二當社二一者、混穢候者往古より退職致候社（法）方ニ候由、春來兩三度も以二書付ヲ一及二掛合ニ一候得共、取成六ヶ敷由故、無レ據御雇御免之義（儀）願書差出ス。今朝より集會。松室相州孫氏人主殿非藏人口へ持參。

混穢立交。依レ之退職之例左之通リ。

天正年中　正祝相秀
元治元年　權祝房武

右書付惣而神主、正禰宜、月讀禰宜連名非藏人番頭四人名前ナリ。書付ハ奉書切紙。

一　當番正禰宜代權祝勝榮出勤。

六日、辛酉。曇、午剋比より小雨、夜入（マヽ）風雨。

一　主上　崩御ニ付、回禮止レ之。

一　伯家年玉米月讀禰宜家當リ番ニ付、松室家へ米壹斗爲レ持遣ス。

一　當番正禰宜榮祐出勤。

一　入レ夜參籠。兩人共出勤。權禰宜相推、月（讀）禰宜、祝種道、重吉、櫟谷禰宜榮種所勞不參。

七日、壬戌。半晴、時々風雨、午後晴定。

一　口祝掛リ湯、御千度饗飯例之通リ。

一　神供獻進、無事執行。停止中ニ付、神馬繪馬ニ而執行ス。巳剋比退出。

一　此度御雇非藏人、小番御免歟。御雇御免之義（儀）、去五日ニ以二書付一願出シ候處、番頭より昨夜松尾因幡ヲ以被レ申候ニ者、觸穢ト私之穢ト同樣之心得方如何候哉。且ニ者過日より此一件ニ付、社司之者壹人も罷出不レ申、如何心得方哉。非藏人奉行より被レ達候由申來ニ付、今朝御神事辰剋比ニ獻進退出。直樣予、東新三品同伴ニ而非藏人口江行向、番頭出會候處、非藏人奉行伏原殿大井（マヽ）ニ立腹之由。兩人より段々御斷申上。尤以二書付ヲ一申上ル。殿下御聞濟ニ相成

斧始

處、相推、房經兩人義(儀)者觸穢混シ候而も、於二一社ニ一別心無レ之由返答ス。未剋比より夜ノ四ツ半時比迄非藏人口ニ罷居、明日より本人兩人出勤爲レ致可レ申段、番頭より被レ達也。明午剋東三位、東越中守兩人罷出候樣奉行被レ達由也。丑剋比歸宅。右一件ハ全ク非藏人一統より奉行伏原殿江松尾社家惡シク申上候事ト推察ナリ。

八日、癸亥。曇。

一　東三品、東越州同伴ニ而、昨日非藏人御雇之一件ニ非藏人口江出頭、段々御斷申上候而相濟候得共、御禮回可レ致段、番頭より被レ達候處、遲刻ニ相成、日暮候而行向出來不レ申。且ニハ過日より書付四人之名前ニ候間、四人相揃回禮可レ致由ニ而、東三品、越州今晩京都ニ而止宿、明日、予、松室相州同伴ニ而罷出可レ申段、京都より申來。

九日、甲子。半晴。

一　予、松室相州代松室加州同伴ニ而出京。東三品、越州、松室加州、予四人同伴ニ而御斷回禮ス。傳奏貳軒、儀奏八軒、非藏人奉行三軒、非藏人番頭四軒行向。初更半比同伴ニ而歸宅。

十日、乙丑。半晴。

一　今自二十日一觸穢被二仰出一候間、先例之通可二相心得一旨伯家より被レ達候事。

一　大行天皇(孝明天皇)崩御ニ付、今十日より觸穢被二仰出一候。

弘化三午年　仁孝天皇崩御之節之通可二相心得一旨、洛中洛外被レ觸候旨奉行所より申來。

一　當家門柱竹入觸穢札出置、内玄關門口竹入、出入家來之者紙ニ而札拵遣ス。

一　出京、金毘羅江參詣、入レ夜歸宅。

十一日、丙寅。曇。

一　斧始。大工例之通來。組重・酒出ス。鏡餠遣ス。小工者故障中ニ付不參。

十二日、丁卯。曇。

十三日、戊辰。曇。

十四日、己巳。曇、時々晴、入レ夜吹雪。

左義長

一　左義長。例之通候得共觸穢中ニ付如二先例一高三尺。

御千度

一　入レ夜參籠。兩人共出勤。御千度如レ例。

十五日、庚午。薄雪、時々吹雪。

御千度

一　口祝、掛リ湯、御千度、饗飯如レ例。

一　權禰宜相推觸穢混火、月讀禰宜祝種道、重吉、櫟谷禰宜榮種所勞不參。

氏人

一　内陣相命・榮祐、外陣相愛、大床房式、階上勝榮、階下重孝・相嗣。氏人相嗣加勢出勤。

一　神供獻進、無事執行。未下剋退出。

氏人

一　結地才社御屋根出來ニ付正遷宮。今酉剋。齋服單。神方結地組幷ニ沙汰人具立、御日米獻進。社内之御掃、去冬下遷宮之通リ。社司人數相命、榮祐、相愛、房式、勝榮、重孝、氏人相嗣、其外大工年寄貳人。宮仕去冬帶刀御免ニ相成候。萬石村多兵衛着二麻上下(裃)一。月讀禰宜祝不參。公文代櫟谷祝重孝勤レ之。神供片料者公文、片料ハ社家中受レ之。無事相濟。

一　結地才社御假殿者、木ノ未床ノ東田中ノ森サイノ神御社大破ニ付用レ之。サイノ神ハ何も御體無レ之由也。社務所より支配ス。

十六日、辛未。陰晴。

一　結地才御神事。社務所朝夕節如レ例。

一　酉剋出仕。神供獻進、無事執行。月讀禰宜・祝、櫟谷禰宜所勞不參。公文代櫟谷祝重孝代勤。射手組權祝勝榮、櫟谷祝重孝代正祝相愛。無事執行。

一　社務所廳參例之通リ。

一　結地才社正遷宮無レ滯相濟ニ付、祝酒料社家中金五百疋、神方結地才仲間ヘ三百疋、宮仕ヘ金廿五疋、大工年寄四人江金百疋、御神事後被レ下レ之。是迄攝社之遷宮祝酒被二下置一候得共、當時ハ何歟高買ニ付、料ニ而被レ下レ之ナリ。

十七日、壬申。雪。

十八日、癸酉。雪解、曇。

十九日、甲戌。半晴。
一 出京入レ夜歸宅。
二十日、乙亥。陰晴。
二十一日、丙子、晴。
一 先帝御號迄奉レ稱ニ 大行天皇與一。來ル廿七日酉剋御葬送有レ之候條、火之元義（儀）彌無ニ油斷一隨分可レ入レ念候由觸書來。
二十二日、丁丑。曇、午下剋比より雨、入レ夜止、晴。
二十三日、戊寅。半晴。
二十四日、己卯。晴。出京、入レ夜歸宅。
二十五日、庚辰。晴、夕方より曇。

検斷所集會

一 午後検斷所集會。例之通リ祝酒アリ。出席ス。
二十六日、辛巳。曇、午後晴。

國役集會

一 午後國役集會。検斷所ニ而催。兩人共出席。諸式（色）高直ニ付酒斗ナリ。
二十七日、壬午。晴、入レ夜小雨。
二十八日、癸未。晴。
二十九日、甲申。晴。

皇千度

一 皇千度。社務代正祝、公文代櫟谷祝出勤之由。
一 出京、入レ夜歸宅。
二月朔日、乙酉。晴、午時比より曇。

神講

一 神講。近例之通リ。齋服出勤。社司、神方惣參。
權神主房式、月讀祝重吉、櫟谷禰宜榮種所勞不參。神供獻進、無事執行。
二日、丙戌。曇、小雨。巳剋比より晴、時々曇。
三日、丁亥。晴。
四日、戊子。半晴。
一 當番正禰宜榮祐出勤。
五日、己丑。晴。
一 當番正禰宜榮祐出勤。

検斷所

一 午後検斷所、予代勝榮出勤ス。
六日、庚寅。晴、未下剋比より風雨。

一　神方長尾長門介雅好昨五日死去之由。依レ之
假服左之通リ引籠届來。
檢斷所
父喪
　假五十日　服十三ヶ月　長尾主馬
伯父
　同二十日　同九十日　山田將監　大炊　雅樂
　　但シ、昨五日より引籠ナリ。
一　當番正禰宜榮祐出勤。
七日、辛卯。半晴。出京、一宿ス。
八日、壬辰。半晴。未剋比歸宅。入レ夜小雨。
九日、癸巳。曇、時々不定。
一　正三位秦榮親卿忌日。
十日、甲午。晴。
十一日、乙未。晴。
十二日、丙申。晴、午後俄ノ曇風雨、霰降、申剋
比止、後曇。
一　出京、入レ夜歸宅。
十三日、丁酉。晴。
十四日、戊戌。晴、午後風甚シ。
十五日、己亥。晴。
一　午後檢斷所ヘ出勤ス。
十六日、庚子。晴。普請者昨十五日より差被レ免
由申來。
一　當番權祝勝榮出勤ス。
十七日、辛丑。晴。
一　當番權祝勝榮出勤ス。
一　出京、入レ夜歸宅。
十八日、壬寅。雨時々止。
一　當番權祝勝榮出勤ス。
十九日、癸卯。時々雨、時々晴。今日より渡世之
鳴物被ニ差免一由申來。
二十日、甲辰。曇、時々小雨。
廿一日、乙巳。曇、未剋比より雨。
一　觸穢來ル廿七日限りニ被ニ差免一由申來。
廿二日、丙午。雨、夕方雪、四方之山々雪降。
廿三日、丁未。半晴、寒風時々吹、雨。

廿四日、戊申。晴。出京、一宿ス。
廿五日、己酉。半晴、未下尅比より雨。午時比歸宅。
一　長尾長門介過日死去ニ付、神方六位六人之内一闕致候ニ付、次座山田左衞門官位願度願書差出ス。左之通リ。山田下野介、山田安藝介兩人持參。

　　奉レ願口上書

一　先年以來格別御懇配被二成下一候御蔭ヲ以、老分之者六人官位蒙二　宣下一、誠ニ以難レ有仕合奉二畏存一候。然處長門介雅好死去仕候ニ付、此度山田左衞門壹人官位申願度奉レ存候間、何卒厚御憐愍ヲ以宜御推擧被二成下一度、一同伏而奉二願上一候。此段御許容被二成下一候者、深難レ有仕合可レ奉二畏存一候。以上

　　慶應三年二月　　山田豐後介印
　　　　　　　　　山田越前介印
　　　　　　　　　山田下野介印
　　　　　　　　　山田安藝介印
　　　　　　　　　山田大和介印
　　　　　　　　　山田左衞門印

　御社司御中

　右杉原四ツ折、半紙上包。
廿六日、庚戌。雨。
廿七日、辛亥。半晴。
一　觸穢今日限リ被レ達候事。
廿八日、壬子。半晴。
一　當番櫟谷祝重孝代榮祐出勤ス。
廿九日、癸丑。曇、遠雷、午後雨、入レ夜止。
一　當番櫟谷祝重孝代勝榮出勤。出京、入レ夜歸宅。
一　准后樣御違例ニ付、昨廿八日より御祈被二仰出一候。今日執奏家より被レ達候ニ付、二度御祈出勤之由。予ハ出京ニ付不二存申一故不參。勝榮ハ出勤ス。
三十日、甲寅。曇。

一 御祈。辰下刻、出仕。社司、神方惣參。月讀祝重吉、櫟谷禰宜榮種兩人御祈中依所勞ニ不參由(油)斷アリ。權禰宜相推自廿八日今日迄不參。

御敎書左之通り。

准后頃日有御恙。依神明冥助早令得快復給、遐齡彌長久御祈自今日一七ヶ日、一社一同可抽丹誠可令下知于　松尾・稻荷等社給。攝(二條齊敬)政殿御氣色之所候。仍早々申入候也。

二月廿八日　資生

伯(白川資訓王)三位殿

追申、滿座後卷數　禁中江可爲獻上候也。

謹言上

一 當社御祭之儀御執行可被爲在哉。當御年柄ニ付乍恐奉窺之候。

右之趣宜御披露賴入存候。以上

慶應三年三月　松尾社司

東　三位印

南　三位印

東新三位印

伯三位殿

御雜掌

氏人

去廿八日ニ廣橋大納言(胤保)殿より執奏家江早々可相窺御沙汰ニ付、明日氏人伯家江持參之筈ナリ。

三月朔日、乙卯。半晴。

一 御祈。辰下刻出仕。社司、神方惣參。權禰宜不參。

一 御祈ニ付、御初穗白銀五枚奉納。

二日、丙辰。朝強雨、午後止、半晴、又入夜雨。

一 御祈。辰下刻出仕。社司、神方惣參。

一 午後内々買物ニ出京、夕方歸宅。

三日、丁巳。曇、巳刻比より雨。

一 御祈。辰下刻出仕。社司、神方惣參。

初草神事

一 初草御神事。例之通り。

外陣相命・榮祐、大床相愛・房式、階上相推・勝榮、階下種道・重孝。

神供獻進、無事執行。

一　山田役人、宮仕禮ニ來。廳參。予不參、勝榮出席。

一　酉下剋比伯家より達之義（儀）有レ之ニ付、罷出候樣申來。依レ之重孝、房經出頭之處、過日窺御祭、願之通り四月朔日被二仰出一候由被レ達候事。

四日、戊午。朝雨、午剋比より晴。

一　御祈滿座。例之通り御日米獻進、無事執行。

一　當番正禰宜榮祐出勤。

五日、己未。晴。

氏人

一　太麻獻上。櫟谷祝重孝、氏人房經出頭。着二狩衣一。

一　當番正禰宜榮祐出勤。

檢斷所

一　午後檢斷所へ出勤ス。

六日、庚申。晴。

一　當番正禰宜榮祐出勤。

七日、辛酉。晴。

一　出京、一宿ス。

八日、壬戌。晴。早天歸宅。

一　神方六位一闕ニ付、來ル十日伯家江小折紙差出スニ付、社司中連判之願書東家より持參、兩人共調印ス。

九日、癸亥。晴、午後曇、風。

十日、甲子。曇、細雨。

十一日、乙丑。晴。

十二日、丙寅。晴。

氏子安全太々神樂奉納

一　氏子安全之太々御神樂、明日神幸ニ付、爲レ任二近例ニ一今朝執行。例之通り。月讀祝不參。

一　午後出京、夕方歸宅。

十三日、丁卯。晴。

神幸

一　神幸御神事。巳下剋ニ出仕。月讀祝重吉不參。

外陣（相命／榮祐）、大床（相愛／房式）、階上（相推／勝榮）、階下（種道／榮種）、階下（重孝／房經）、階下相嗣。神供獻進、無事執行。

大宮遷宮如レ例。無事。攝社同上。

御渡船未下刻比無事。
當年ハ凉(諒)闇中ニ付神輿鈴、其外鋳物遠慮、五ツ
ノ物七ツハ貳ツ付レ之。以前轅下村々江申達ス。
先例取調候處右之通リナリ。
十四日、戊辰。曇、辰刻比より雨。
十五日、己巳。曇、辰下刻比より晴。
十六日、庚午。晴。當番、權祝勝榮出勤。
一　朝飯集會。昨日執奏家より使來ニ付相愛出頭。
御祭參向勅使被レ達候。左之通リ。
　上卿　六條中納言
　辨　　坊城
　其餘者諸司
十七日、辛未。晴、午後曇、曉天雨。當番勝榮代
重孝出仕。
一　伯家より使來ニ付、申下刻比より予出頭。雜掌
面會。過日御達之節三催參向無レ之候樣申入置
候得共、矢張參向有レ之候趣、奉行より被レ達候
由申也。三更比歸宅。
十八日、壬申。曇、小雨。
一　當番權祝勝榮出勤。
十九日、癸酉。晴。
一　出京、入レ夜歸宅。
一　月讀禰宜孫昨冬より小折紙差被レ出候處、御
凶事ニ付其儘ニ相成候處、一昨日從五位下佐渡
守被レ蒙二　勅許一候由申來。
二十日、甲戌。曇、朝小雨、午後半晴。
廿一日、乙亥。晴。
一　御祭御當日神方六位之輩出勤。衣體之儀布
袴、束帶ニ而出勤可レ致樣、今日被二仰渡一候間、
神方江申渡由、社務所より申來。
正祝相愛伯家へ參殿候處、右之申達。
廿二日、丙子。晴、午後より曇。
廿三日、丁丑。晴、申刻比俄風雨、遠雷、入レ夜
晴。
廿四日、戊寅。晴。
一　來ル朔日御祭ニ付、今朝御留主(守)詣。御殿大床

以下御拂除。社家中淨衣出勤。神方ハ神幸之翌
日回廊御拂除相濟。
廿五日、己卯。晴。
一　出京、入レ夜歸宅。
一　昨朝より御祭棒杭五ヶ所立レ之、領分昨日より
自身番昨年之通り。
廿六日、庚辰。曇。
一　去廿四日　敕問神方六位　宣下、山田左兵衛
門改名駿河介　宣下。
廿七日、辛巳。晴。
一　神方六位　宣下禮爲レ任二近例ニ一、正禰宜、權
祝兩職江金五十疋ツヽ持參。
廿八日、壬午。晴。
廿九日、甲未。曇、申剋比より雨。
一　昨廿八日葵獻上。權禰宜相推出頭。着二狩衣、
立烏帽子一、乘物。無事相濟。御撫物　綸旨昨年
之通り。
四月朔日、乙申。雨、午後強雨、遠雷。

一　樓門内鎊付方昨年之通り。
一　卯半剋社司着二束帶一出仕。
一　巳剋比上卿六條中納言殿(有容)、辨坊城殿(俊政)、執奏
白川殿(資訓王)客館江御着。三催。其外諸司追々着。暫
御休足(息)有レ之。御内見相濟、休所江御退。
内陣相命榮祐、外陣相愛房式、大床相推勝榮、階上種道重吉、階下
榮種重孝、同房經相嗣、同龜種。神供獻進、無事。樂人
着座。北ノ方高へ麓(塀)。
一　上卿拜殿ニ而　宣命之節、神方着座。雨儀ニ
付回廊之兩脇難二出來一ニ付、土ノ屋ニ着座、南
面。社司ハ釣殿、昨年之通り。
一　御幣物之臺置所、雨儀ニ付、四ッ脚門戸開之
内シキより貳尺斗内。行事屋強雨ニ而内江水流
込。俄ニ雨障子ニ而屋根ツギタス。宣命請取神
主、其餘諸役昨年之通り。
一　鳥居前番所武家警固昨年之通り。
御休所
上卿六條中納言殿　東三位宅

同　坊城辨殿　南三位宅
同　執奏白川殿　東越中守宅
同　三催　壬生出納　押小路　檢斷所
同　六位史已下　東筑後守宅
同　神祇祐已下　東遠江守宅
同　宮内録已下　笹川利兵衛宅
同　樂所　松室薩摩守宅

一　御所より之神供幷酒壺、神供箱、當年ハ神主、正祝兩職江拜領。申剋比相濟。

二日、丙酉。晴。

還幸

一　還幸御神事。未剋。月讀社江參着。御舟御神事、拜殿着座。廳參等如レ例。本宮江參着。無レ程還幸。遷宮無事如レ例。

内陣相命榮祐、外陣相愛房式、大床相推勝榮、階上種道榮種、階下重孝房經、同相嗣龜種。月讀祝重吉所勞不參。

祝詞神主、奉幣權神主。神供獻進、無事。

新宮社如レ例。戌下剋退出。

三日、丁戌曇、巳下剋比より雨。

一　奏者所幷ニ御役人方太麻獻上。松室加賀守出頭。狩衣・乘物昨年之通り。

一　所司代（松平定敬）・町奉行小堀太麻、山田主税出頭。麻上下。

四日、戊亥。晴。當番代權祝出勤。

一　御祭無レ滞相濟ニ付、東三品予同伴ニ而、内々御禮ニ行向。左之通り。

廣橋大納言殿（胤保）　再興ニ付、川マス壹本　鮎　二籠　壹ッ七十入
上卿六條中納言殿　鮎三籠、壹籠ニ七十入
坊城辨殿　同上
執奏白川殿　同上

五日、己子。晴。

一　當番正禰宜榮祐出勤。

六日、庚丑。曇、小雨、午後晴定。
一　當番正禰宜代櫟谷祝重孝出勤。返番ナリ。
七日、辛寅。晴。
八日、壬卯。晴。
一　出京、一宿ス。
九日、癸辰。晴、夕方歸宅。
十日、甲巳。晴。
十一日、乙午。晴、午後曇、夕方小雨。
一　出京、野村へ行、入ㇾ夜歸宅。
十二日、丙未。晴、夕方風雨、入ㇾ夜晴。
一　此度御國表ニ付鳴物停止之義(儀)、御百ヶ日御法被ㇾ爲ㇾ濟ニ付、昨十一日より鳴物不ㇾ苦旨申來。
十三日、丁申。晴。
十四日、戊酉。晴。
一　御祭御下行米執奏家被ㇾ渡候由、昨日社務所江申來ニ付、予請取ニ出頭。繼上下(裃)。唐櫃爲ㇾ持宰領壹人伯家ニ而請取。壹石ニ付金六兩相場、伯家之下行七石代雜掌江渡ㇾ之、殘金六百四拾兩餘、銀壹貫八百目。未剋比歸宅。
一　未下剋比より御下行米渡シ。社家、神方中、社役人、下陣之百性(姓)家ニ有ㇾ之渡也。
十五日、己戌。晴。
太々神樂
一　太々御神樂。未剋比出勤。社務、權禰宜、權祝。
檢斷所
一　檢斷所へ午後出勤。
十六日、庚亥。晴。
一　出京、入ㇾ夜歸宅。當番權祝勝榮出勤。
十七日、辛子。晴。
一　當番權祝勝榮出勤。
一　御祭御修復勘定。檢斷所ニ而普請方集會。
十八日、壬丑。晴。
一　當番權祝勝榮出勤。
一　谷川筋荒所見分。檢斷所ニ而中飯・中酒アリ。
十九日、癸寅。晴。
一　御祭御用掛リ集會。朝飯後、東家へ行向。
二十日、甲卯。晴。

廿一日、乙辰。曇、入レ夜雨。
一　出京、入レ夜歸宅。
廿二日、丙巳。曇、時々小雨、風。
廿三日、丁午。晴。

端午神事

廿四日、戊未。陰晴。
廿五日、己申。陰晴、時々細雨。
一　出京、入レ夜歸宅。
廿六日、庚酉。曇陰、小雨。
廿七日、辛戌。晴。
一　於二竹内達三郎宅ニ一而能相催ニ付行向、入レ夜歸宅。

京都造酒家太々神樂奉納

廿八日、壬亥。晴。
廿九日、癸子。晴。
三十日、甲丑。晴。
五月朔日、乙寅。晴、未下剋比より雨。

御千度

一　御千度如レ例。出勤。勝榮種物（腫カ）發、不參ス。
二日、丙卯。晴、朝曇。
三日、丁辰、曇、午後細雨。
一　出京、野村へ行、入レ夜歸宅。
四日、戊巳。晴。
一　當番正禰宜榮祐出勤。
五日、戊（改）午。晴。
一　端午御神事。辰剋出仕。權神主房式、權祝勝榮、月讀祝重吉所労不參。
外陣相命、榮祐　大床相愛、相推　階上種道、榮種　階下重孝。
神供獻進、無事執行。
一　社務所廳參。不參ス。
一　山田役人、宮仕等禮ニ來。當番正禰宜出勤。
六日、己未。晴、午後遠雷、夕立、風。
一　京都造酒家中太々御神樂。正禰宜榮祐、正祝相愛出仕。當番正禰宜榮祐出勤。
七日、庚申。晴。
八日、辛酉。晴、午後少シ曇。
一　野村宅ニ而能相催ニ付、行向、一宿ス。
九日、壬戌。陰晴。夕方歸宅。
十日、癸亥。陰雨。

御千度

十一日、甲子。晴。
十二日、乙丑。半晴、夕方より小雨。
一　出京、野村へ行、入レ夜歸宅。
十三日、丙寅。陰雨。
十四日、丁卯。陰晴。
十五日、戊辰。朝雨、巳剋比より止、陰晴。檢斷所へ出勤。
十六日、己巳。半晴。
一　御千度例之通り、出勤。相命卿忌日不參。相推、重吉、榮種所勞不參。
一　當番權祝勝榮出勤。
十七日、庚午。朝雨、巳剋比より止、陰晴、曉天雨。
一　出京、壬生家江行向、入レ夜歸宅。
十八日、辛未。雨。
十九日、壬申。陰晴。
二十日、癸酉。雨、入レ夜止。
廿一日、甲戌。晴。
廿二日、乙亥。晴。
一　出京、入レ夜歸宅。
廿三日、丙子。晴、午後夕立。
廿四日、丁丑。陰晴、夕方雨。
廿五日、戊寅。陰晴。
廿六日、己卯。陰晴。
廿七日、庚辰。朝雨、午後止。
一　野村稽古能行向、一宿ス。
廿八日、辛巳。半晴。夕方歸宅。
廿九日、壬午。曇、夕方小雨。
六月朔日、癸未。雨。
二日、甲申。半晴。
三日、乙酉。晴。
四日、丙戌。晴。
一　當番正禰宜代權祝勝榮出勤。
一　出京、野村へ行、入レ夜歸宅。
五日、丁亥。半晴、午後陰。
一　朝飯後檢斷所入魂ス。

一　當番正禰宜榮祐出勤ス。
六日、戊子。曇小雨、入レ夜雨。
一　當番正禰宜榮祐出勤。
七日、己丑。陰晴、小雨。
八日、庚寅。陰晴、時々雨。
一　出京、入レ夜歸宅。
九日、辛卯。曇、小雨、三更比より雷鳴四五聲、夕立。
十日、壬辰。曇、小雨、巳剋比より陰晴、時々小雨。
十一日、癸巳。半晴、時々小雨。
十二日、甲午。半晴。
十三日、乙未。曇、時々雨。
一　御祭諸勘定東家ニ而相催。朝飯後行向。
十四日、丙申。晴。
一　祇園會祭行向、一宿ス。
十五日、丁酉。晴、巳剋比京都より歸宅。
一　當番權禰宜代權祝勝榮出勤ス。
十六日、戊戌。晴、午剋前暫夕立。
一　當番權祝勝榮代榮祐出勤。
十七日、己亥。晴。
一　當番權祝勝榮出勤。
十八日、庚子。晴、申剋比雨。
一　當番權祝勝榮出勤。出京、入レ夜歸宅。
十九日、辛丑。晴、巳剋比遠雷夕立、午後度々夕立。
二十日、壬寅。朝曇、辰下剋比より晴。
廿一日、癸卯。半晴。時々小雨。
廿二日、甲辰。晴。
廿三日、乙巳。晴、夕立三度アリ、雷鳴二三聲アリ。
一　朝、沙汰人山田木工御神事催來。
一　未剋出仕。權禰宜相推、月讀祝重吉所勞不參。
外陣（相命榮祐）、大床（相愛房式）、階上（勝榮種道）、階下（榮種重孝）。
神供獻進、無事執行。

植女

一　植女三ヶ村より例之通リ。昨年之通四ッ脚門前ニ而翁執行。野村三次郎備後へ下向ニ付、寺田左門次入來。名代ニ而勤レ之。當家ニ而一宿。

廿四日、丙午。晴。

一　朝、宮仕御神事催來。社司出仕。昨日之通り不參。昨日之通リ。

神供獻進、無事執行。例之通リ。

廿五日、丁未。晴。

一　御貸附之集會。朝飯後より立會ニ出勤。檢斷所行。

廿六日、戊申。晴。

一　御貸附之勘定。朝飯後檢斷所へ出勤。

廿七日、己酉。半晴、夕立。

一　出京、一宿ス。

廿八日、庚戌。半晴。夕方歸宅。

廿九日、辛亥。朝夕立。

七月朔日、壬子。晴。

二日、癸丑。晴。

一　當番神主相命代權祝勝榮出勤。

孫松丸所勞之由ニ付賴ニ來。

三日、甲寅。晴。

一　東家孫松丸死去之由ニ付屆來。社家中へ當家より相達ス。

喪衆孫　　神主相命

依二無服殤一假一日

喪庶子　　正祝相愛

依二無服殤一假二日

喪甥　　氏人相嗣

依二無服殤一假一日

神方中江も當家より相達ス。

一　松丸無位ニ付、伯家江ハ屆不レ出。

一　當番神主代榮祐出勤ス。

四日、乙卯。晴。

一　出京、入レ夜歸宅。當番正禰宜代勝榮出勤。

五日、丙辰。晴。
一　當番正禰宜榮祐出勤。
六日、丁巳。晴。
一　當番正禰宜榮祐出勤。
七日、戊午。晴、夕立遠雷。午後出京、一宿ス。
一　御神事。辰剋出仕。權禰宜相推、權祝勝榮、
月讀祝重吉所勞不參。
外陣相命、榮祐　大床相愛（チカ）、房式　階上種道、榮種　階下重孝。神供
獻進、無事執行。
山田役人、宮仕禮ニ來。廳參不參ス。
八日、己未。朝夕立、午下剋比遠雷。
一　巳下剋比京都より歸宅。
九日、庚申。晴。
十日、辛酉。晴。
十一日、壬戌。晴。
十二日、癸亥。晴。
一　新嘗會御神事。例之通リ無事執行。
權禰宜、祝相推、勝榮、月讀祝重吉所勞不參。
十三日、甲子。晴。
一　出京、入レ夜歸宅。
十四日、乙丑。晴。
十五日、丙寅。晴。
一　凉（諒）闇中ニ付、回禮無レ之。先例也。
一　當番權禰宜代正禰宜榮祐出勤。
十六日、丁卯。晴、夕立、雷鳴三四聲。
一　當番權祝勝榮出勤。
十七日、戊辰。晴。
一　當番權祝勝榮出勤。
十八日、己巳。晴。
一　當番權祝勝榮出勤。
十九日、庚午。晴。
一　出京、吉田へ行、一宿ス。
廿日、辛未。晴。午時比歸宅。
廿一日、壬申。晴。
廿二日、癸酉。晴。
廿三日、甲戌。晴。

一　出京、野村へ行、入レ夜歸宅。
廿四日、乙亥。晴。
廿五日、丙子。晴。
廿六日、丁丑。晴。
廿七日、戊寅。半晴、雷鳴四五聲、夕立甚シ。
廿八日、己卯。晴。

社務所集會

一　社務所集會。去八月出水ニ而二ノ堤切込、當春より普請方取掛リ、此節普請出來致候處、土方杭方之請負致候者大工若狹、萬石村五兵衛、長兵衛、仁兵衛四人、下働谷村太兵衛、松室村伊兵衛日々出勤致居、大分金子ヲ私ニ相用、凡四拾文目餘も取込候由、當春來より爲二川方一東遠州、松室加州兩人引請被レ居候ニ付、色々ト取調候處、右様之次第。尤普請場所ニ手ヌキ數ケ所も有レ之様子。集會相談之上御トガメ。右之者江明日社務所ニ而可レ付レ申事。左之通リ。
一　國名御取上ケ　大工河原若狹
永蟄居（チイキヨウ）
一　トジメ　社務付役人 荒木仁兵衛
一　同上　中家家來 荒木長兵衛
一　同上　萬石村庄屋五兵衛
一　同上　松室村　伊兵衛
一　同上　谷村　太兵衛
廿九日、庚辰。晴。
一　出京、一宿ス。
八月朔日、辛巳。晴。巳剋比京都より歸宅。
一　相撲凉（諒）闇中ニ付延引。
二日、壬午。晴。
三日、癸未。晴。
一　出京、入レ夜歸宅。
四日、甲申。晴、入レ夜風吹。
一　當番正禰宜榮祐出勤。
五日、乙酉。晴、時々小雨風。
一　當番正禰宜榮祐出勤。
一　朝飯後檢斷所へ予代勝榮出勤。
一　此度　近衛様より神馬御奉納被レ成度由申來

ニ付、一社相談之上、承知之返答可レ致旨次(治)定。
本願所穴門之下北ノ方ニ馬部屋建場所次(治)定。昨
四日神主相命卿　近衞様へ參殿、承知之御返答
申上、急々馬部屋拵、御馬申出シニ罷出候旨申
上ル由。
六日、丙戌。晴。
一　當番正禰宜榮祐出勤。代勝榮。
一　北野天滿宮九條様より御馬御奉納之由。依レ
之木材サガ(嵯峨)・梅津・桂三ケ所より木材方より木
奉納致候由聞及候間、多分建物ニ入用候間、下
サガ生田村平左衞門方江木寄之帳面持參ニ而、
予木奉納之義(儀)頼ニ行向。干菓子壹箱、酒五升
送レ之。
七日、丁亥。晴。
一　東梅津村材木屋年寄與右衞門方へ材木奉納之
義(儀)予頼ニ行向。酒五升送レ之。
八日、戊子。半晴、曉天夕立。
一　出京、野村へ行向、入レ夜歸宅。

九日、己丑。朝夕立遠雷、午剋比より晴。
十日、庚寅。晴。
一　野村於レ宅ニ能相催ニ付行向、一宿ス。
十一日、辛卯。晴、巳剋比歸宅ス。
十二日、壬辰。晴。
十三日、癸巳。晴。
十四日、甲午。晴。
一　出京、入レ夜歸宅。
十五日。乙未。晴。
一　當番權禰宜相推代權祝勝榮出勤。
十六日、丙申。晴、午後小雨。
一　朝飯後集會。去廿九日より戸〆申付置候内、
萬石村長兵衞、仁兵衞明日より被レ免候。大工
忰木工之助家督相讀(續)、屋敷地木工之助へ被レ下レ
之。御社御用ハ追而御沙汰之事明朝申渡之事。
十七日、丁酉。晴、夕立遠雷。
一　當番權祝勝榮出勤。

御千度

一　昨日之次定(治)申渡、朝飯後社務所へ予行向。
十八日、戊戌。晴。
一　當番權祝代權禰宜相推出勤。
十九日、己亥。晴。
二十日、庚子。半晴。
廿一日、辛丑。陰晴。
一　出京、野村へ行、一宿ス。
廿二日、壬寅。曇、時々雨。
一　石井孫兵衛片山於レ宅ニ能相催ニ付行向、入レ夜歸宅。
廿三日、癸卯。雨、未剋比より止。
廿四日、甲辰。晴。
一　昨日伯家より使來由。午後御祭御用掛リ於ニ社務所ニ一而集會。御祭御下行米配分方明細ニ書付差可レ出旨申來。依レ之社司、氏人、神方、神子、社役人被レ下米弁ニ三拾五石當日休所役物諸事入用書取、美の(濃)紙竪帳面拵、明廿五日松室加州伯家へ持參之筈也。

一　此度御馬舍木材奉納之義(儀)、材木屋年寄江頼出候處、柱向數合三拾九本、笠木壹本一統より奉納之義(儀)、生田村平左衛門去十四日ニ入來ニ而次(治)定之義(儀)申來。
廿五日、乙巳。晴。
一　朝飯後檢斷所江出勤ス。
廿六日、丙午。陰雨。
一　神馬舍御普請。今日より辨當持參出勤ス。
廿七日、丁未。朝雨、午後止陰。
一　竹內達三郎宅ニ而能相催ニ付行向、一宿ス。
廿八日、戊申。曇、午剋比より雨。
一　朝歸宅ス。御普請所へ出勤ス。
廿九日、己酉。小雨。
三十日、庚戌。晴。
一　御普請所へ出勤ス。
九月朔日、辛亥。晴。
一　御千度如レ例。兩人共出勤ス。御普請所へ出勤。

二日、壬子。晴。出京、入レ夜歸宅。
三日、癸丑。晴。
一　谷川勘定。盆前ニ集會之處、二ノ井堤普請混雜有レ之ニ付、今日檢斷所ニ而盆前之勘定集會。中飯・酒アリ。初更半比相濟。
四日、甲寅。晴。
一　御普請所へ出勤ス。
一　當番正禰宜代權祝勝榮出勤。
五日、乙卯。朝雨、午剋比より晴。
一　當番正禰宜代權祝勝榮出勤。
一　御普請所へ出勤ス。
六日、丙辰。晴。
一　當番正禰宜榮祐出勤。
七日、丁巳。陰雨。
一　御普請所へ出勤。
八日、戊午。半晴。
一　出京、入レ夜歸宅。
九日、己未。晴。
一　重陽御神事。辰剋出仕。月讀祝重吉、櫟谷祝重孝所勞不參。
外陣（相命榮祐）、大床（相愛房式）、階上（相推勝榮）、階下（種道榮種）。
神供獻進、無事執行。
一　山田役人、宮仕禮ニ來。廳參。予不參、勝榮出席。
十日、庚申。雨。
一　御普請所へ出勤ス。
十一日、辛酉。晴。
一　於二野村宅一今井勘五郎能相催ニ付行向、一宿ス。
十二日、壬戌。晴。早天歸宅。
一　御普請所へ出勤ス。
十三日、癸亥。晴。
十四日、甲子。晴。
一　御普請所へ出勤ス。
十五日、乙丑。晴。
一　出京、入レ夜歸宅。

御千度

十六日、丙寅。晴。當番權祝代權禰宜相推出勤。
一　御千度。例之通リ。出勤、勝榮不參。
一　御普請所へ出勤ス。
十七日、丁卯。半晴。
一　當番權祝代正禰宜榮祐出勤。
十八日、戊辰。晴。
一　御普請所へ出勤ス。
十九日、己巳。朝雨、午後止。
一　御普請所へ出勤ス。
二十日、庚午。晴。
一　寺田於二野村宅一能相催ニ付行向、一宿ス。
廿一日、辛未。晴。入レ夜歸宅。入レ夜雨。
廿二日、壬申。半晴。御普請所へ出勤。
廿三日、癸酉。陰晴。
一　出京、入レ夜歸宅。
廿四日、甲戌。曇、午後晴。
一　御普請所へ出勤ス。
一　昨廿一日　上様(徳川慶喜)御事　公方様與奉レ稱、御簾中様御事　御臺様與可レ奉レ稱。右洛中洛外へ可二相觸一候事。
廿五日、乙亥。晴。
一　此度神馬舍建物御用木月讀神山ニ而、松木末口尺餘之大木貳本もらひ受候ニ付、爲二先例一ニ一書差出ス。左之通リ。

證

一　松大木貳本

右者

御神馬舍御普請ニ付、月讀御神山ヨリ御伐出シ集慥ニ受取候處如レ件。

慶應三年九月　御普請奉行
東備前守印
南　三位印

松室相摸守殿

右奉書四ツ折、美の(濃)紙上包。予持參ス。
廿六日、丙子。晴。
一　御普請所へ出勤ス。

廿七日、丁丑。晴。
一　出京、入レ夜歸宅。
廿八日、戊寅。晴。
氏人
一　御普請所へ出勤。
廿九日、己卯。晴。
十月朔日、庚辰。晴。
一　御普請所へ出勤。
一　御藏附。例之通リ。榮祐、勝榮出勤。米納無レ之。例之通リ組重・酒アリ。
二日、辛巳。晴。
一　御普請所へ出勤。
三日、壬午。晴。
一　權祝勝榮申正五位下申肥後守小折紙差出ス。早天より予出京、伯家へ罷出、雜掌出會落手也。
呉服所
一　當四月　御祭前ニ小折紙差出シ可レ申筈ニ而、三月三日御神事後御呉服所ニ而一統江及二相談ニ一候處、神主始別心無レ之返答有レ之候處、權神主、權禰宜兩人より當時權祝職被レ預候事故、權職同樣ニ中四年ニ而御願被レ成度由、東家江申被レ參候故、早々當方江申參リ候間、私(拙カ)者中家へ參リ職ニかゝわり候義(儀)ニ而ハ無レ之、氏人ニ而も中三年ニ而東・南兩家より連々ト家例ニ而願申候事故、夫ハ御不當ト申者ニ而御座なく候哉。段々權家へ相談ニ及候處、左候へハ中三年之例か、七八才ニ而初官位之例か兩樣之内御貸被レ下間敷哉。左候へハ此度彼是申事ニ而ハ無レ之、夫ハ當方一存ニ而返答難レ申、東家へも相談之上返事可レ申旨申歸ル。東家へ及二相談ニ一候處、新規之事故、左樣之事始リ候へ者、後々之差支ニも可二相成一哉。其趣及二返答一候處、左樣之事ナレハ權職兩人承知難レ致由度々及二相談ニ一候得共、難レ調ニ付、無レ據來年之事ト結心致居候處、此比松尾但州、同伯州餘リ歎ケ數次第故、去御方へ及二相談ニ一候處、夫レハ誠ニ不都合之事故一社之内不承知存心申者有レ之候へハ、名前差出シ可レ申旨内々御沙汰有レ之ニ付、去朔日ニ神主始一統江申候處、權神主、權禰宜不參ニ付、權神主之息出勤故右之由申、明朝返答承度由申候處、二日朝東家へ權神主息江州入來ニ而、別心無レ之旨被レ申候ニ付、今日執奏家へ小折紙差出ス。入レ夜歸宅。

四日、癸未。雨。御普請所へ出勤ス。

一　當番正禰宜代權祝勝榮出勤。

五日、甲申。半晴、入レ夜雨、遠雷。

一　當番正禰宜代權祝出勤。

一　谷村谷嵐寅吉追善角力、當村文次之門ニ而相催。

午後見物ニ行向。金貳朱送レ之遣ス。

六日、乙酉。陰晴。

一　當番正禰宜代權祝勝榮出勤。

一　御普請所へ出勤。

七日、丙戌。陰雨。

八日、丁亥。晴、時雨アリ。

一　御普請所へ出勤。

九日、戊子。晴、時雨アリ。

一　社務所ニ而朝飯後集會。

謹言上

一　近來諸國々藩士滯京ニ而遊覽旁多分致二參詣一中ニ者、夷人似寄候着服仕、鐵砲ヲ持、社内致二徘徊一候輩御座候而、神慮之程恐入候間、何卒奉二畏入一候得共、右體異服着用且鐵砲ヲ携候者社内江參入不レ仕候樣　敕裁禁止之御制札被二成下一度奉二願上一候。此段聞食被レ爲レ分御聞濟爲二成下一候者、一社一同難レ有仕合ニ可レ奉レ存候。

右之趣宜御披露頼入存候。以上

慶應三年十月

松尾社神主正三位秦相命印

正禰宜正三位秦榮祐印

十職　―――　―――

伯（白川資訓王）三位殿
御雜掌

十日、己丑。晴。
一　御普請所へ出勤ス。
十一日、庚寅。曇小雨、午後晴、止。
一　出京、入レ夜歸宅。
十二日、辛卯。曇霧。
十三日、壬辰。晴。
一　去三日小折紙差出スニ付　敕問非藏人賴置候處、今夕　敕問之由申來ニ付、予名代ニ出頭。申下剋比伯家江參殿之處、無レ程御沙汰有レ之。二條關白様（齋敬）、職事坊城殿（俊政）御禮ニ行向、二更比歸宅。
　左之通り。
松尾社權祝從五位上秦勝榮申
肥後守正五位下等之事
宣下候。早可下令二下知一給上候也。
恐惶謹言
　　十月十三日　　俊政
上書
　伯（白川資訓王）三位殿　　俊政

十四日、癸巳。晴。
一　御普請所へ出勤ス。

社務所集會

一　社務所午後集會。御祭御下行米割方之帳面過日差出シ置候處、昨日御沙汰有レ之、相違之義（儀）有レ之、依レ之集會。
十五日、甲午。晴。
一　口宣案頂戴。勝榮召連早朝より出京。
伯家江進物先例之通り。
一　加級 金百疋　目録臺ノセル　　一　加級 當百三十疋へキ（折）臺ノセル
右伯家へ　　右職事坊城殿
一　受領 金百疋　同上　　一　受領 同　三十疋同上
一　加級 當百二十疋　へキ　　一　加級 當百十疋　へキ

検斷所

一　同（受領）　二十疋　〃　　一　同（受領）　十疋　〃
右伯家雜掌へ　　　　職事雜掌へ
一　口宣案伯様（白川資訓王）直ニ御渡し被ㇾ下候事。
一　御祭御下行米之義（儀）ニ付、松室佐渡守同伴ニ而
伯家へ行向、二更比歸宅。
十六日、乙未。晴。
一　御普請所へ出勤。當番權祝勝榮出勤。
十七日、丙申。晴。
一　當番權祝勝榮出勤。
十八日、丁酉。晴。申下剋比より出京、一宿ス。
一　當番權祝勝榮出勤。
一　御普請所へ出勤ス。
十九日、戊戌。半晴。入ㇾ夜歸宅。
二十日、己亥。曇。
一　御普請所へ出勤ス。
廿一日、庚子。半晴。
一　出京、造酒家之義ニ付、伯家時岡ニ面談ニ行
向、入ㇾ夜歸宅。
廿二日、辛丑。晴、時雨貳度アリ。
一　御普請所へ出勤ス。
廿三日、壬寅。晴。月讀祝代權祝勝榮出勤。
一　於㆓片山宅㆒糟谷粂次郎能催ニ付行向、一宿
ス。
廿四日、癸卯。晴。早天歸宅。
一　御普請所へ出勤ス。
廿五日、甲辰。雨、午後止。
一　檢斷所予代勝榮出勤ス。
廿六日、乙巳。朝時雨、午後晴。
一　御普請所へ出勤ス。
廿七日、丙午。晴。
廿八日、丁未。晴、巳下剋比地震。
一　御普請所へ出勤ス。
廿九日、戊申。晴、時雨、入ㇾ夜風甚シ。曉天止。
一　出京、入ㇾ夜歸宅。
三十日、己酉。晴。

神札降下

一　御普請所へ出勤ス。

十一月朔日。庚戌。晴。

一　御藏附。午後兩人共出勤。四拾六石餘米納。

二日、辛亥。朝時雨。

一　御普請所へ出勤ス。

三日、壬子。晴、朝薄初雪。

一　出京、一宿ス。

四日、癸丑。晴。早天歸宅。

一　御普請所へ出勤ス。當番正禰宜代權祝勝榮出勤ス。

五日、甲寅。晴。

一　當番正禰宜代勝榮出勤ス。

檢斷所元供僧分

一　檢斷所へ出勤。深草分、元供僧分藏附米納。

六日、乙卯。雨。

一　御普請所へ出勤ス。

七日、丙辰。半晴。

一　御普請所へ出勤ス。夕方より出京、一宿ス。

八日、丁巳。晴。早天歸宅。

一　十月上旬比より京町々幷村々諸神之御札天下リ、町々村々ヒライ(ロヒ)祭ヲトリナド致居候。此比ニ而も不審ニ御札所々落有レ之處、當家門内今辰剋比ニカシノ木ニ石清水八幡宮天下リ、直様新造ニ御祓箱拵、玄關ニ祭ル。

九日、晴(マヽ)。午戊。

一　御普請所へ出勤ス。

一　東家幷ニ近邊之人各々入來。出入之者來、酒出ス。

十日、晴(マヽ)。未己。

十一日、申晴(マヽ)。庚。

一　御普請所へ出勤ス。

十二日、酉晴(マヽ)。辛。

社務所集會

一　來ル十五日　神馬舍上棟之式一件於二社務所一集會。午下剋比相濟。

一　今夕東家江　天照皇太神宮天降ノ由也。

十三日、壬戌。晴。

一　御普請所へ出勤ス。

神馬舎棟札

神馬舎上棟

氏人

十四日、癸亥。晴。
一　御普請所へ出勤處、明日之買物ニ出京、入レ夜歸宅。
十五日、甲子。雨、巳剋比より時々止、夕方より半晴。
一　神馬舎上棟。御日米獻進。當番權禰宜相推出仕。膳部方御下行、御藏より米壹斗渡レ之。
一　早朝より出勤。
一　御上棟式供物、御幣三本。供物ハ壹ッ分備略レ之。
上下共同斷。
一　棟梁小山政次郎依願ニ一學ト先代之通改名。若年ナレ共此度之稱ニ依而被レ下レ之。
一　大工着用小山一學淨衣、白袴、助工藤田上總大掾、小山左兵衛、稲生伊右衛門右三人ハ黄衣、其外番匠素袍（襖）、上下黄衣、素袍（襖）ハ　御祭之節御用ニ拵有レ之品ヲ相用ユ。不足之分ハ神方六位之内ニ而借用。

一　棟札之寫シ左之通リ。

慶應三丁卯年十一月十五日吉辰良日上棟

奉造立　神馬舎一宇天長地久棟柱萬々歳懇祈之所

神主正三位秦宿禰相命

普請奉行

正禰宜正三位秦宿禰榮祐

氏人従五位下秦宿禰相嗣

普請方

山田主税藤原知美

山田式部藤原俊道

棟梁

小山一學藤原義政

助工

藤田上總大掾平直方

小山左兵衛藤原義孝

稲生伊右衛門藤原清道

檜皮師

淺井七兵衛源爲定

一　御祝酒・赤飯・取肴・鉢肴・作身・したし物。
右社家中、氏人、神方中幷部屋住・呉服所、丁（廳）屋。
一　社役人、宮仕之臺所勝手向、赤飯・にしめ。
一　神子、神樂所、赤飯・にしめ・酒三升、屋根屋、神樂所ニ而神子一所ニ而被レ下レ之。
一　大工、左官、瓦師、杣人足、木挽、金物屋、手傳凡六十五人斗、北ノ茶屋被レ下レ之。赤飯・にしめ・酒三斗。
一　材木屋三拾人斗參詣。南茶屋源助宅、赤飯・四重之重組・肴・酒壹斗。

一　近村之寄進之者貳拾人斗、本願所玄關之次ノ間ニ而被レ下レ之。赤飯・にしめ・酒。

一　仕出シ所、本願所之臺所今堂村萬甚より勤レ之。

一　小餅凡二千斗、壹升ヲ五十斗ニ取、錢三貫文三文ツヽ結也。

一　御祝儀　金三百疋　南　三位
　同上　東備前守
　金百五十疋　山田主税
　同上　山田式部
　金五十疋　山田木工
　同　山田民部
　右兩人ハ俄ニ手傳ニ當日一日賴レ之。

一　棟梁小山一學金三百疋、藤田上總大掾金五百疋、金貳百疋小山左兵衞　金貳百疋稻生伊右衞門　金壹歩貳朱萬次郎　其外番匠金百疋ツヽ　大工之人數江足袋料トシテ金壹朱ツヽ遣ス。

金百疋ツヽ、手傳大佐　瓦師　金物屋　黒鍬
　左官　木挽
人足杣ハ金貳朱ツヽ被レ下レ之。

一　諸職人午剋迄ハ拂除。上棟之拵ニ付、半日ハ手間一統ニ被レ下レ之。

一　此比御札天降リニ付、世上一統ニおどり有レ之。谷村・松室村・上山田村引物・おどり來ニ付、一村ニ酒五升被レ下レ之。
上山田村より金六百疋、谷村より三(マヽ)
松室村ヨリ金三百疋　奉納。

一　此度御祭御再興之御祝、昨年より無レ之ニ付、今日上棟之御祝ト兩樣。

一　御馬掛リ南三位、東新三位兩人ヘ金百疋ツヽ、山田式部金五十疋被レ下レ之。

十六日、乙丑。半晴。

一　御普請所へ出勤。

一　下サガ(嵯峨)川端村よりおとり・引物等來。昨日雨天故今日ニ成ル樣子也。下山田村よりおとり・

引物來。酒五升遣ス。金五百疋奉納。
十七日、丙寅。半晴。
十八日、丁卯。晴。
一 御普請所へ出勤ス。
十九日、戊辰。晴。
一 出京、一宿ス。
二十日、己巳。朝雨、午後晴。
一 御普請所へ出勤ス。
廿一日、庚午。半晴、夕方より雨。

検斷所

一 御貸附方集會。検斷所へ行向。
廿二日、辛未。朝時雨。
一 御普請所へ出勤ス。
廿三日、壬申。陰晴、時々小雨。
一 出京、入レ夜歸宅。
廿四日、癸酉。陰晴。
一 御普請所へ出勤ス。

御神樂神事

一 兩木ノ宮御神事。酉刻出仕。
神供獻進、無事執行。月讀祝重吉所勞不參、榮祐、勝榮出勤。社務所、廳參如レ例。
廿五日、甲戌。晴。
廿六日、乙亥。晴。
一 御普請所へ出勤ス。
廿七日、丙子。晴、時雨少々アリ。
一 去八日當家江石清水八幡宮天降リニ付、早天より石清水江勝榮召連參詣。谷・萬石村若者おとり半天着用ニ而召連。二更比歸宅。
廿八日、丁丑。半晴。
一 御普請所へ出勤ス。
廿九日、戊寅。半晴、午後曇。
三十日、己卯。陰晴、申刻比より時々雨。
一 御普請所へ出勤ス。
一 御神樂御神事。未下刻出仕。月讀祝重吉、櫟谷祝重孝所勞不參。
内陣相命、榮祐、外陣相愛、房式、大床相推、勝榮、階上種道、榮種、階下房經、相嗣、同種龜。
神供獻進。無事執行。攝社神供兩社一度ニ獻進。
祝詞壹度、雨儀ニ付、近例公文勤レ之。
一 御神樂如レ例、亥半剋比相濟退出。
一 樂人催。奉行安倍　多。着ニ繼上下一ニ而入
來。
十二月朔日。庚辰、小雨。
一 御神樂伯家之屆年番出頭。
一 例年御神藏御相場立、今日午後御次(治)定之處、
當年ハ米高下有レ之ニ付、諸本所相場見合之樣
子故、當社も暫延引、十一日ニ次(治)定之旨、昨
呉服所
夜、呉服所ニ而神方中幷ニ村役江申達ス。
一 カラ入。予不參、勝榮出席。
二日、辛巳。晴。
一 御普請所へ出勤。夕方より出京、一宿ス。
三日、壬午。陰晴。入レ夜歸宅。
四日、癸未。晴。
一 當番正禰宜代權祝勝榮出勤。
一 御普請所へ出勤ス。
五日、甲申。半晴、寒風。
一 當番正禰宜代權祝勝榮出勤。
六日、乙酉。晴。
一 當番正禰宜代權祝勝榮出勤。
一 御普請所へ出勤。
七日、丙戌。陰雨、時々止。
八日、丁亥。晴。
一 御普請所へ出勤。
九日、戊子。晴。
一 出京、一宿ス。
十日、己丑。晴。早天歸宅。
一 御普請所へ出勤ス。
十一日、庚寅。晴。
一 此度一橋大樹樣(將軍慶喜)幷ニ守護職松平肥後守(容保)、所司
代松平越中守(定敬)御役御免。御所表より御達ニ相
成。
十二日、辛卯。晴。
一 御普請所へ出勤。

十三日、壬辰。曇、午後より雨。
一　權禰宜代權祝勝榮當番出勤。
一　掃除當年者　御所表京都町々取込ニ付、御祝
儀トシテ少々斗臺所向掃除ス。
一　出京、新屋敷見舞行向。此度與力一統御假ニ
相成候由、何歟手傳、入レ夜歸宅。
十四日、癸巳。陰雨。出京、一宿ス。
十五日、甲午。陰雨。早天歸宅。
一　御普請所へ出勤ス。
一　當番權禰宜代權祝勝榮出仕。
一　溝料取立。檢斷所へ出勤ス。
十六日、乙未。雨。
一　當番權祝勝榮出勤。
一　御社納。檢斷所へ出勤ス。
十七日、丙申。雨。
一　御普請所へ出勤ス。
一　當番權祝勝榮出勤。
十八日、丁酉。晴、午後時雨。

谷川勘定

一　谷川勘定。檢斷所ニ而相催。出席。
一　當番權祝代權禰宜相推出勤。
十九日、戊戌。晴。
一　御普請所へ出勤ス。
一　御社納。檢斷所へ出勤ス。
二十日、己亥。晴。

溝料渡

一　溝料渡シ。檢斷所へ出勤ス。
廿一日、庚子。晴。
一　出京、一宿ス。
廿二日、辛丑。晴。早天歸宅。
一　當番月讀祝代權祝勝榮出勤ス。

檢斷所

一　檢斷所之勘定。出勤。
廿三日、壬寅。晴。

社納

一　輪王寺准后宮（慈性親王）御方薨去ニ付、去廿日ヨリ來ル
廿二日迄三日之間鳴物停止之義（儀）申來。
一　御神藏御拂。無事子剋比相濟退出。
一　御米三拾石餘、金貳百八十兩餘餘有。
廿四日、癸卯。晴。

一　御米渡し。午後本願所へ出勤ス。
廿五日、甲辰。晴、午後時雨。
廿六日、乙巳。晴。
廿七日、丙午。晴。
一　餅つき如ㇾ例。
一　出京、入ㇾ夜歸宅。
廿八日、丁未。陰雨。
廿九日、戊申。半晴、入ㇾ夜時雨。午後出京、入ㇾ夜歸宅。
大三十日、己酉。晴、薄雪。
一　山田役人、宮仕年暮ニ來。
一　小工しけら(マヽ)ニ來。大工ハ故障ニ付不ㇾ來。
　　祝々大幸

御一新後日記見出シ目録

一一八二　御一新後日記見出シ目録

（表紙）

慶應四年戊辰正月ヨリ

（二十七字朱）
明治五年壬申正月十二日神祇省出仕。
松尾神社禰宜被二仰付一候也。

御一新後日記見出シ目祿（録）

（八字朱）
明治六年一月一日

（十五字朱）
明治四辛未年六月廿二日爵位返上

正禰宜正三位秦榮祐

正禰宜秦榮祐

（本文）

慶應四年戊辰正月ヨリ見出シ目録

但、明治ト九月ニ改元。

慶應四戊辰正月三日、禁中御元服ニ付御祈禱被二仰出一候事。

同　年　四日、伏見表ニ而戰争之事。

同　年　五日、大變ニ付昨今之神方禮止レ之。

同　年　十五日、大坂城内燒失。

同　年　十七日、徳川慶喜之件ニ付御達。

慶應四年戊辰正月十九日、禁中江一社ヨリ米百石獻米之事。

同　年　廿一日、執奏家ヨリ三職分課御達之事。

同　年　廿五日、舊臘事變幷ニ當春戰争御祈被二仰出一候事。

同　年　廿八日、社司、神方中御預山之内切拂之事。

同　年二月　六日、徳川慶喜以下江御達之事。

同　年　七日、大工泉之丞永蟄居御免ニ相成候事。

同　年　十五日、近衛殿ヨリ神馬御奉納之事。

同　年　三十日、異人參　朝之事。

同　年三月　五日、大坂江行幸被二仰出一候處、御延引被二仰出一候事。

異人參　朝之事。

同　年　八日、例年之御祭被二仰出一候事。

（七字朱）
慶應四戊辰三月（編者注、本文右端に年號の書き込みがある。本文途中である場合も同様の書き込みがなされて

神祇官江書付出ス。
執奏白川家被レ廢止一候事。別段御達無レ之。
（七字朱）
慶應四戊辰四月
同　年　十四日、大坂江　天氣窺、社司貳人下
坂之事。
同　年　十八日、大坂ヨリ歸宅之届、神祇官江
差出事。
十九日、牛頭天王之類　敕祭神社御宸
翰・仏像ヲ以神體致居候。神祇
官より御達之事。
同　年　廿四日、月讀祝重吉卒去。
同年閏四月　朔日、石清水　宇佐　山崎八幡大神
ト被レ改候事。
同　年同月　八日、大坂ヨリ　還御。
九日、還御ニ付御機嫌伺、社司兩人
奏者所江出頭。
同　年同月十七日、御祭延引之處來五月七日ニ
被二仰出一候。未ノ日ニ當リ候ニ

おり、編者の判断で、書き込みの位置を当該月日の位置に
移した。但し、年號・月が重複している場合は、そのま、
の位置に記した。）
同　年　十一日、二條御城江　行幸。
同　年　十四日、明十五日ヨリ　立太后ニ付、御
祈被レ仰候事。
同　年　十八日、鳥居前之制札御取替之事。
二條御城ニ而太政官之事。
同　年　十九日、神幸、無事執行。
同　年　同日、大坂　行幸自二廿日一御祈被二
仰出一候事。
同　年　廿一日、大坂江　行幸。
同　年四月　四日、御祭御延引被二仰出一候事。
山城國中之諸社江觸頭被二仰
出一候事。
同　年　六日、觸頭之五社雙林寺勘阿彌ニ而
集會之事。
同　年　八日、大坂江　天氣窺ニ下坂之義（儀）、

付、再願及候得共御治定之事故
敬承ス。
（八字朱）
慶應四戊辰閏四月
同　年同月廿九日、神職之者家内ニ至迄神葬祭ニ
相改御達之事。別當、社僧還俗
之事。
同　年五月　二日、神祇官今日迄二條御城内ニ而
有レ之處、野々宮殿之宅假官ニ
相成事。
同　年同月　三日、御祭御下行米被レ減候様子故
歎願差出事。
同　年同月　七日、御祭、無事執行。
八日、神輿還幸、桂川出水ニ付、御
渡舟御延日。
十日、未剋比神輿御渡舟無事遷宮。
同　年同月十二日、桂川九尺餘出水、二ノ井堤二
十間流失、橋々落橋。
同　年同月廿七日、太秦廣隆寺之役人江八講田地
取戻シ之相談之事。
（七字朱）
慶應四戊辰六月
同　年六月十二日、御祭御下行米神方中増米之義（儀）
歎願之事。
同日、御祭御下行米被レ渡候事。
同　年七月十八日、桂川壹丈五尺斗出水、二ノ井
堤、今井堤流失。
同　年同月廿二日、御祭御下行米之義（儀）ニ付、神方
中江社務所ニ而理解申渡之事。
神祇官江神方兩人出頭致候
事。
同　年同月廿五日、神祇官ヨリ當時存命之社司官
位入職等年同日差出達之事。
廿七日、御祭御下行米ニ付、神祇官江
歎願之事。
同　年八月　一日、久我殿越後國江軍靜ニ御下
向、吉田遠江附添。
四日、東家伊賀局及二大切一。神主、

正祝氏人相嗣引籠。

（七字朱）慶應四戊辰八月

同　年同月十八日、御即位ニ付御祈被二仰出一候事。

二十八日、昨日御即位之恐悦奏者所江社司出頭。

三十日、御即位被レ為レ済候由ニ付、獻上物神祇官より御達之事。

（七字朱）慶應四戊辰九月

同　年九月　五日、神祇官ヨリ被レ達候當社被レ免二參　朝一候由、願書明朝可二差上一日達之事。

六日、讃州ヨリ崇德天皇御歸京。今日京着。

同　年九月　九日、九日之神供、是迄御青（精）進ニ而獻供之處、今度鰤（鰤）・目黒等御肴添。

十一日、年號明治ト改元、自今御一代ニ一號ニ被レ定候事。

十二日、明十三日參朝被二仰出一候事。

正禰宜參朝、奉二　天顔一。

同　年同月十七日、來廿日御東幸ニ付、御祈被二仰出一候事。

今日迄神祇官野々宮殿假官ニ相成候處、今日ヨリ日ノ御門前學習所ヲ轉官ニ相成候事。

同　年十月　六日、御厄年ニ付、内々御祈、東家故障ニ付當家出勤。

同　年同月廿三日、大覺寺宮御内野口左門、今日ヨリ當社ニ而論語之講釋席。検斷所也。

廿九日、東京江　天氣伺願書差出ス事。

御門通行之鑑札願之事

同年十一月十八日、新嘗會　行幸ニ付、吉田社ニ而執行之事。

三十日、御神樂執行。

（五字朱）
慶應四戊辰

同年十二月　三日、東京ヨリ　還幸御達之事
　廿二日、東京ヨリ今巳剋比　還幸也。
　廿五日、來廿八日　女御入内卽立后仰
　　被レ出。依レ之御祈被ニ仰出一候
　　事。
　廿七日、東京ヨリ　還幸ニ付、御機嫌
　　參朝今巳剋也。

同　年同月廿九日、御祭御下行米、昨年通リニ分
　　配可レ致段、神祇官ヨリ達ニ付、
　　分配之事。

明治二年己巳正月七日、萬石村彌五郎妻盗人ニ切
　　殺之事。
　十二日、女御入内ニ付、太麻獻上之事。
　　廿日、社家參　朝之事。

（七字朱）
明治二己巳二月
　二月朔日、制札ハ其藩より掲示之事。
　　村々役人進退共總而其藩ニ而
　　可ニ取計一事。
　　宗門人別帳ハ村々より直ニ其
　　藩江可レ爲ニ差出一事。
　　年貢之儀ハ年々於ニ其藩一取極
　　可ニ相達一事。
　　村々江夫役・用金等地頭ヨリ
　　勝手ニ申付間敷事。
　　東京江　御再幸被レ仰。
　二月　七日、神講東家當屋。
　十一日、神主正祝氏人相嗣引籠。
　十二日、御祭被ニ仰出一候事。
　十九日、東京江御發輦日限達之事。
　廿二日、初官位出願御規則之事。
　廿四日、御東幸ニ付、御祈被ニ仰出一候
　　事。

（七字朱）
明治二己巳三月
　三月　朔日、行司舍造立願書差出シ之事。

十日、神輿還幸之綸旨申出シ之事。
十五日、大宮御所御撫物御下ヶ之事。
廿九日、榮親卿三十三回忌之事。
四月　六日、御祭、無事執行。
（マヽ）朔日、山田將監忰元服之事。
七日、神輿還幸、無事。
廿六日、京都府ヨリ神領収納米ヲ尋之
事。
五月十九日、行幸中　天氣伺參朝之事。
廿八日、社役人森隼多漢學所之玄關番
被二召出一候事。
（七字朱）明治二己巳六月
六月　三日、行事舎本建ニ御所より取掛之
事。
十三日、京都府より収納取方取調之事。
十四日、二條殿ニ而皇學所へ社司、神
方聽講之事。
十九日、出生之女子死去。

七月　三日、川嶋村佳居之人當所之學校所
へ出勤之事。
八日、東中家家内死去。
八月　三日、百官各受領被二廢止一候事。
九月　五日、梅辻平格當社之學校所へ出勤
之事。
十一日、御所之皇漢學所被レ止候事。
廿七日、菊之紋被（「廢」抹消、三字朱「當社ハ」）二廢止一候事。
（十八字朱）賀茂上下、泉涌寺之其餘ハ菊
御紋被レ止候事。
十月　朔日、神藏御藏附延引之事。
五日、皇宮御所東京江　行啓之事。
（八字朱）明治二己巳十一月
十一月十七日、租税米納方被レ減候事。
廿八日、租税米被レ減候ニ付、拜借金出
願之事。
十二月三日、御神樂御下行米、御所ヨリ被レ
下候御沙汰之事。

六日、御神樂執行。
十一日、大宮御所御撫物引替。
廿三日、租税被レ減候ニ付、御神藏御拂
　來年二月晦日拂、社司、神方も
　同樣之事。
廿八日、御神藏神供御下行米渡方、一
　社集會之事。
大晦日、大小工シラゲ來處、當年者延
　引之事。

氏人

明治三年庚午
（七字朱）
明治三庚午正月
正月　元日、注連之内并ニ年中御神事、近年遲剋
　ニ付早ク相成事。
六日、今晩之參籠止メ之事。

斧始延引

十一日、大小工斧始延引之事。
二十日、社家參　朝。

神講

二月　朔日、神講出勤。朝飯止メ之事。

八日、權神主房式、櫟谷祝房經引籠。
九日、去冬ヨリ御所表江出願之拜借金不レ
　及二御沙汰一旨御達之事。
十日、御崩日祭日達之事。
廿四日、御祭之古例達之事。
三月十四日、社家之性（姓）名神祇官江差出事。
二十日、大嘗會、東京より還幸御延引御達
　之事。
（七字朱）
明治三庚午四月
四月　朔日、今日ヨリ樓門内淨衣着用之事。
　山田次作悴元服之事。
二日、正祝相愛、氏人相嗣引籠。
三日、御祭被二仰出一候事。
十二日、御祭、無事執行。
十三日、神輿還幸、無事執行。
廿八日、用度司ヨリ租税米納方取調。
　御祭典之御下行米取調帳面差出シ之
　事。

御神樂之御下行、御祭御下行米神祇
官江催(促)役之事。
五月　二日、古文書記祿(録)類取調之事。
六日、用度司より収納米取調申來ニ付、一
社集會。月讀社ト彼是取合之事。
八日、檢斷所ニ而皇學校次(治)定之事。
十日、支干書載願届共社家幷一社之交名書
差出可レ申旨達ノ事。
十五日、古文書記(録)、御寄附物、神領之収
納、御祭下行米内譯帳面差出事。
(七字朱)
明治三庚午六月
(二十一字朱)
六月　一日、非常鑑札是迄ハ返上、改而三枚被レ
渡請取。
六月　二日、御祭神饌器械圖面等神祇官・用度司
兩所へ差出事。
十四日、戸籍調帳差出事。
十八日、提燈合印屆之事。
(二十四字朱)
六月　廿日、御祭御下行米内譯巨細取調、神祇官
へ差出ス事。
廿四日、一社之諸役改正之事。
廿九日、神祇官より十ヶ條取調御達如レ左。
位階
古代造營年限之有無
今時府藩縣又ハ産子造營或ハ勸進等總
テ造營之先例。附、造營料之髙
社頭現米髙。附、地方或ハ切米雜租等
之別
一社中之職名
古來より官位家系
家系
今時之格式
今時之家祿。附、社頭祭料之分配或ハ
地方切米雜租等収納實數
一社中男女人員
右合十ヶ條。
(七字朱)
明治三庚午七月

七月　朔日、昨日ノ夕立、雷鳴甚敷數聲(五字朱)アリ。禁中之御臺所、仙洞御所空地、二條御城内、千本火ノ見ノ邊、松原大宮其餘三四ヶ所も落雷、所ニ寄兩人斗死去之者有レ之由。

櫟谷社玉垣破損見分之事。

八月　八日、嶋田之儀ニ付、京都府ヨリ呼ニ來事。

廿二日、六月廿九日ニ被レ達候十ヶ條今日落手事。

廿三日、山田頼母死去ニ付、相續人之事。

廿四日、御祭典之節、神饌品書申來事。

(七字朱)明治三庚午九月

九月　朔日、松尾伯耆東京ヨリ御用召出立事。

二日、去廿四日ニ御達之御祭之節神饌品書帳、今日落手相成候。

八日、東京風雨大荒之事。

十九日、桂川出水、東海道筋木曽路風雨大荒、山城國所々少々荒之事。

二十二日、御誕生日祭祝之事。

二十三日、御祭典之節御下行米内譯帳面可二差出一旨御沙汰之事。

二十四日、此度東京大荒ニ付、聖皇於二東京ニ一行幸、還幸之節津波之事。

(七字朱)明治三庚午十月

十月　三日、用度司ヨリ神領収納幷神職之姓名書取調申來事。

五日、谷村文藏相撲興行之事。

七日、神祇官用度司江神領収納帳、御祭典之下行帳差出ス事。

八日、御祭典之節神饌品直段書之帳面、神祇官江差出事。

十四日、東京ニ而松尾伯耆下鴨・松尾兩社之昨巳年(二年)租税納高幷御祭典之節御下行米之帳面、早々東京江可二差出一旨申來事。

同日、神祇官ヨリ御用召兼務被二差止一候旨御達之事。
十六日、下鴨社江去十四日ニ申來義(儀)ニ付、行
向之事。
十九日、兼務之願書落手之事。
同日、松尾御旅所直支配御達之事。
二十日、旅所預入來、及二相談一事。
同日、去十四日東京ヨリ申來帳面、兩社共
今日飛脚江差出ス事。
廿二日、旅所之一件來ル廿九日迄神祇官江猶
豫願之事。
當社兼務非藏人御引抜之事。
閏十月二日。櫟谷禰宜榮種辭職之儀、月讀禰宜江
應接之事。
廿七日、本社幷末社建物箱繪圖可二差出一旨御
達之事。
廿九日、松尾伯耆之娘死去ニ付、引籠届之事。
(八字朱)明治三庚午十一月
十一月朔日、當年も租税納方被レ減候ニ付、集會
之事。
二日、本社幷末社箱繪圖差出シ落手之事。
但シ、祭神書取別紙可二差（出）一事。
四日、當社旅所預之義(儀)御尋ニ付、本宮より
神祇官江返答之事。
五日、當年御神樂用途御下ケ金之義(儀)歎願之
事。
松尾神領當年も納方被レ減候ニ付、
神祇官書取ニ而差出ス事。
御祭御下行米内譯巨細書可二差出スー
ニ付、差出ス事。
七日、御神樂用途當年者難レ及二御沙汰ニ一
旨、歎願書ニ附紙ニ而御達之事。
十日、山田多仲之母死去ニ付、五十日十三
ヶ月引籠之事。
十六日、御神樂延引之集會之事。
十九日、御祭典之御下行米御渡ニ付、達之
事。

節分神事

二十日、二條御藏ニ而下行被レ渡、請取ニ行
　向之事。
廿五日、御下行米、二條藏ヨリ今夕牛車ニ而
　引取ル。
廿六日、御下行米社司、神方、社役人分配。
（八字朱）
明治三庚午十一月
　廿九日、松尾伯耆東京ヨリ改名申來。
三十日、兩木ノ宮例之御神事執行。
　非藏人一統國名被二廢止一候事。
（八字朱）
明治三庚午十二月
十二月三日、此度外國人上京ニ付、諸社江參詣致
　候事、神祇官ヨリ御達之事。
御神樂東京ヨリ御沙汰無レ之ニ付、次之
　支干迄延引御達之事。
八日、當社御旅所之神幸・還幸神式之廉々
　神祇官ヨリ被レ尋候事。
十日、御神山藥師原幷ニ社家、神方中之預
　山切賣拂之事。

十二日、當年御神樂延引不二相成一、從前通り
　ニ來ル十八日可二相勤一旨、神祇官ヨリ
　被二仰渡一候事。
同　夜、御神山入札之事、當家預ケ山切拂。
十四日、節分御神事。
十八日、御神樂ニ付、樂人淨衣ニ而參向事。
廿二日、旅所之義（儀）ニ付、本宮へ尋合之事。
廿四日、京都府ヨリ舊幕之御朱印、社司・神
　方拜領米高、山林取調申來事。
廿五日、昨日政府ヨリ御達之義（儀）ニ付、集會事。
廿七日、政府江右帳面差出ス事。
明治四辛未年正月ヨリ
（七字朱）
明治四辛未正月
　元日　兩日之俵粢、社務ヨリ差出處、當年
　二日、より止レ之。
四日、御節之御下行之内ニ而、御日米貳通
　献進之事。

神講　當屋

御千度　白川家

六日、若菜富久米粥、七月六日之御花獻上
被ㇾ止候事。
去冬十二月廿九日ニ參　朝、外ニ十
四ヶ條御達之事。
七日、社司十職之神馬、絵馬ニ而執行之事。
九日、亥狩廳參饗飯止ㇾ之。獻斗。正禰宜
宅江社務所之士（江）酒肴被ㇾ下候義（儀）
止ㇾ之。置木料六拾目不ㇾ被ㇾ下。玄米
五升ニ而狩場入用被ㇾ下ㇾ之候事。
十一日、大小工斧始止ㇾ之事。
十二日、十四ヶ條之集會之事。
十四日、神祇官來ル十七日引拂御達之事。
來ル廿日社家之參　朝京都府ヨリ
被㆓仰渡㆒候事。
入ㇾ夜御千度。呉服所ニ而雑煮、社
務、公文之盃等止ㇾ之事。
十六日、社務所ニ而貳度之飯、社司、神方共
午時壹度、廳參（マヽ）者從前通リ事。

十八日、學校講釋始之事。
二十日、社家參　朝、京都府ニ而相濟事。
（十四字朱）但シ、正禰宜榮祐着㆓衣冠㆒差（止脱カ）メナ
リ。
月讀禰宜種道長病之處、一昨夜大切
之由ナリ。
二十八日、太麻獻上。京都府より兼印出ル事。
（七字朱）明治四辛未二月
二月　七日、神講。當屋權神主家。
十日、月讀禰宜隱居、櫟谷禰宜月讀禰宜ニ
被ㇾ補、假服屆之事。
十四日、御免除地政府ヨリ取調申來ニ付、巡
行、坪數改之事。
十五日、同上集會。
十六日、白川家ヨリ執奏之節、官物取調申來
事。
（七字朱）明治四辛未三月
三月　三日、社務所之廳參（マヽ）止ㇾ之事。

十二日、明十三日之神幸、旅所ト行違之義(儀)ニ
付延引、東京伺ニ相成事。
來ル廿五日之延引政府ヘ差出事。
十七日、去十五日ニ政府ヨリ尋ニ付、神服御
祭之節、宣命紙之義(儀)、書付ニ而差出ス
事。
十九日、旅所之社人政府江歎願書差出ニ付、
本宮江取調申來事。
二十日、月讀山去冬賣拂ニ付、代金月讀祝ヘ
本宮ヨリ尋之事。

松尾祭

廿二日、松尾祭被仰出候事。
神方役替之事。
廿三日、去十九日ニ出願ニ相成候旅所之社人
之義(儀)ニ付、本宮ヨリ政府ヘ出願之事。
神幸來ル二十五日ニ被仰出候事。
廿六日、神方中、丁屋(聽カ)ニ而神幸之後日御垣園
被廢止候事。
廿八日、旅所之社人、去十九日ニ政府江差出
候願書御下ヶニ相成候事。
御祭下行米、御祭前ニ頂戴致度段願
出候事。

神領上知

廿九日、御神領上ヶ知ニ相成候ニ付、田畑竹
木取調之事。

(七字朱)
明治四辛未四月

四月 朔日、御留守詣被廢止候事。
二日、旅所七日開之神饌模様替之事。
三日、東權禰宜相推、此度御引秡(マヽ)達事。
御祭葵獻上従前通之事。
宮仕要人次男橋本家之家従ニ被申
付候事。

神主東相命辭職願

五日、東神主相命卿辭退願之事。
神武天皇御祭達之事。
御祭諸假建諸器械用度營繕。
六日、兩司ヨリ取建之事。

下行米廢止

十日、御祭下行米被廢止改正之事。
十三日、一昨巳(己巳二年)年願立置候御神樂用途御下ヶ

金之事。
十六日、御祭ニ付、一社之假建物、器械共營繕司ヨリ取建設達之事。
十九日、同上御下行米御祭後被レ爲レ渡候ニ付、請書政府へ差出シ之事。
廿二日、同上村々觸出シ之事。

例祭次第改正

廿三日、葵獻上昨年之通。御祭次第書御改正之事。
廿五日、御祭。無事執行之事。
廿六日、神輿還幸如レ例。無事執行。
廿七日、太麻獻上如レ例。
廿九日、神武天皇拜所之事。
（七字朱）明治四辛未四月
五月　朔日、御千度田上知ニ相成候ニ付、御千度止之事。
二日、御祭御下行米配當高、神饌買入用途高、用度司ヨリ差出シ之義（儀）申來ニ付、帳面拵之事。

十八日、大風吹荒之事。
三十日、月讀禰宜家より權職江任二先例一禮之事。
（七字朱）明治四辛未六月
六月　朔日、京都府江出頭之人員有位之輩出ス次（治）定之事。
三日、先達而被二仰渡一候六ヶ年平均之帳面落手ニ相成事。
六日、天龍寺領嵐山御取上ケニ相成、此度改而上山田村へ支配被二仰出一候事。
御神藏不用之幕・幔幄、其外器械類賣拂之事。
八日、去十八日之大風ニ而御境内立木、タヲレ木、政府ヨリ申達ニ付届出候事。
十三日、旅所之社人梶原身寄之者、兵隊被レ免候ニ付、本宮へ引渡シ之事。

御田植神事

御田植神事如レ例執行。

當社官幣大社に列せらる

十九日、當社大社之列被二仰出一候事。

神社規則

神社祿米

八朔相撲

例祭下行米分配

本社・攝社・末社境内圖提出

諸大社之社司爵位返上御達之事。
神社御規則書被レ為レ渡候事。
廿二日、爵位返上之書附、政府へ持參、落手
ニ相成候事。
去八日ニ差出置候例(倒)木、月讀山・中
山伐拂、是迄願書御下ケニ相成、更ニ
詳細書可ニ差出一旨御達之事。
去四月御祭典之御下行米被レ為レ渡候
事。
廿三日、御下行米分配之事。
廿四日、旅所本宮へ附屬不承知ニ付、其意政
府へ届出候事。
(六字朱)明治四辛未年
六月廿七日、吉田良榮御用召ニ付出立之事。
廿八日、月讀山社司、神方中之預リ山、附紙
ニ而被レ達候事。
七月　七日、門跡宮規則、祿制御達之事。
十一日、東家女子死去之事。

廿二日、御撫物被ニ廢止一候ニ付、返上之事。
廿五日、祠政局集會。社司、神方中江御救金
被レ下事。
廿七日、神社之家祿被レ達候事。
幷ニ御規則書御布告。
廿八日、月次太麻被レ止候事。
月讀山社司、神方中預リ山御尋之
事。
八月　朔日、角力例年之通リ執行之事。
二日、社司、神方中預山之帳面、政府落手
之事。
藥師原山取戻シ之事。
廿日、本社幷攝社、末社、境内除地繪圖面
可ニ差出一旨達ニ付、今日差出ス。上ケ
置ニ相成事。
廿二日、神方將殿精一郎、六郎、巖多仲引籠
之事。
廿四日、此度東京ニ而神祇官、神祇省ト被レ

御立山、預り山、
造酒山、下請山
貢米立毛取調帳

改候事。

(六字朱)明治四辛未年

八月廿九日、京都府ヨリ本社、攝社、末社除地境
　　内檢分ニ入來之事。

(八字朱)明治四辛未年九月

九月　朔日、從前社司之當番御改正ニ相成事。

二日、松室榮種縁談御聞屆之事。

二日、本社鳥居前去五月之倒木一社より取
　　片付被レ達候事。

二日、鳥居前下馬札窺之事。

七日、社家、神方中之住居除地坪數・間數
　　圖面差出事。

七日、元御直持御立山、社司、神方中之預
　　り山、造酒山、兩家支配園尾山、村々
　　之下請山字名貢米立毛取調帳面書差出
　　事。

七日、御神藏之御有金・御貸附金社司、神
　　方中江配當之事。

　　除地間數・坪數圖面御直持之山、社
　　司、神方中之預リ山、造酒山、村々下
　　請山、兩家持園尾山取調、京都府江差
　　出ス事。

九日、九日ノ神供、田地上知ニ相成候故
　　不レ獻。

十一日、伶人之御規則御布告之事。

十五日、京都府ヨリ出張役人逗留之事。

二十日、京都府之役人調濟ニ付、本府へ引取
　　之事。

廿二日、御祭日近例之通リ。

廿三日、祠政局之役々江被レ下金之事。

廿四日、界紙ニ認方御布告之事。
　　刄殺スル等被二仰渡一之事。
　　婚姻願方之事。
　　散髪・制服・脱刀之事。
　　穢多非人之事。

廿五日、荒神松、正月門松之事。

譜代家來縣之事。
牧牛之事。
社司、神方請山之義（儀）ニ付、社司十人、神方廿人、自今神用之外禁足被二仰渡一候事。
廿七日、松室亀種政府留置ニ相成候事。
但シ、伐木之一件ニ付。
社司、神方請山賣拂之一件ニ付、詳細書可二差出一被レ達候事。
廿八日、學校所之聴講、禁足中ニ付暫延引之事。

榊掛神事

（八字朱）
明治四辛未年十月
十月　二日、山之詳細書政府へ持參、上ケ置ニ相成事。
（六字朱）
明治四辛未年
十月　四日、傅（マヽ）信柱御取開之事。
穢多非人稱被二廢止一之事。
商業之事。

祈願所（元本願所）

辻藝、門芝居禁止之事。
府廳ヨリ役用差免之事。
悲田院之事。
小屋組子、下役番人等被二廢止一之事。
市中塵芥・小便桶之事。
楮（マヽ）幣改所相廢止候事。
今般貨幣御發行被二仰出一候事。
〆拾箇條
五日、榊掛ケ御神事如レ例執行之事。
但シ、朔日も同様也。
十一日、三好長經東京へ引越、乗（マヽ）氣船ニ而今朝出立之事。
十六日、新貨條例御布令之事。
十九日、鳥居前下馬札従前通被レ達候事。
當社司、神方爵位返上御沙汰之事。
二十日、元本願所當時祈願所改正之事。
社司出勤之着用物ノ改正之事。

廿七日、恒例之御神樂伺書、氏子守牘伺書差
出事。
廿九日、御布告三拾ヶ條御達之事。
明治四辛未十一月（八字朱）

大嘗會奉幣使の件

十一月四日、大嘗會ニ付奉幣使參向御達之事。
五日、社家白張上下、風折烏帽子着用御達
之事。

東相命隱居

社頭建物繪圖面、神饌品書等差出
事。
十日、敕使參向。
十二日、同上無レ滯相濟候ニ付、御禮罷出候
事。
大嘗會御布告之事。
山田玄敬去十日不調法致候事。
十五日、政府江拜借米歎願之事。
同居人・逗留人・雇入居之事。
十六日、山田玄敬贖罪金被二仰付一候事。
十七日、大嘗會ニ付、神饌獻進之事。

（十七日の日付上に書込）
大嘗會ニ付十七、十八、十九日三ヶ
日政府ハ休日。十六日休日ハ無レ之。
二十日、大神事之節神饌品書色目書出ス事。
相命隱居再願之事。
一社一統禁足京都往返願之事。
廿一日、東房經差扣へ一社ヨリ申付候事。
廿三日、兩木杵宮神事、例之通リ執行。
廿四日、東元神主相命隱居聞届ニ相成候事。
政府ヨリ被レ下米之内百石被レ爲レ渡候
事。
廿五日、報剋鼓之義（儀）、猶豫聞濟ニ相成候事。
元神主ニ而取扱候事件、當家ニ而取扱
候ニ付、一社江觸書差出ス事。
廿七日、被レ下米百石上山田村より請取候事。
廿八日、恒例御神樂御沙汰無レ之ニ付、延引
之事。
廿九日、政府ヨリ被レ下米之内社司、神方中
拜借之事。

御神樂執行難二出來一御達之事。

社家着用物御達之事。

（九字朱）明治四年辛未十二月

十二月二日、報効鼓梅宮社ト申談シ之御達之事。

五日、御布告五ヶ條之内當未年之被レ下米御達之事。

八日、神祇省ヨリ御布告之事。

鞠獄掛ヨリ一社禁足之義（儀）ニ付被レ尋候事。

十日、元正官三職ヨリ神供下行米直渡之事。

十二日、御神樂伶人參向被レ止、神饌斗執行之事。

カラ入止レ之。

元正祝頂戴之神饌、元權神主以下出勤之社司分配之事。

十三日、例年之拂除少々略レ之事。

十八日、祠政局之人員増之事。

廿二日、御布告到來之事。

廿三日、同上。

廿四日、六ヶ年平均之五歩通被レ為レ渡候事。

報効鼓聽届之事。

社司、神方中之禁足差含之事。

廿五日、節分御神事如レ例執行之事。

廿六日、大三十日之御神事、來ル晦日ニ執行之事。

正月餝之事。

正月元日ヨリ一社御改正次（治）定候事。

正月手慰之事。

廿七日、神祇省ヨリ社印影、外ニ皇太神宮之大麻之事。

當社御改正ニ付、久我様御用掛リ被二仰出一候事。

六ヶ年平均五歩通配當之事。

明治五年壬申正月ヨリ

（八字朱）明治五年壬申正月

正月　四日、久我家江十ヶ條、十四ヶ條差出事。
神祇省江一社之役々書差出事。
六日、年始禮、社家止レ之。
京都府ニ而參　朝之式有レ之事。
七日、十職ヨリ神馬不レ出。
十日、神祇省ヨリ御用召申來事。
京都府ヨリ一社順列宿所申來。
十一日、京都府ヨリ御用召申來。
十二日、當社御改正、神祇省出仕禰宜已下
被二仰付一候事。
但シ、神勤被レ止候人員江も御達。
加藤友三死去申來事。幷假服之事。

亥狩神事

十四日、亥狩御神事從前通執行之事。
御用掛リ勤方御達之事。
十五日、御神事從前通執行之事。
等外出仕被二仰付一候事。
十六日、結地才社御神事執行之事。
御用掛リヨリ尋問手扣御下ケ之事。

元神山の件

十七日、元神山之義(儀)ニ付、元社司、元神方共
へ政府より謹愼被二仰付一候事。
京都府へ今般出仕屆之事。
十八日、社役人倉田直右衞門已下十五人社役
人之稱被レ止候事。
報刻鼓役・神馬飼更ニ雇入之事。
東相愛謹愼屆之事。
出仕之人員勤方屆之事。
十九日、金穀什機(器)諸經費取調ニ付、引渡之譯
書御達事。

(八字朱)明治五年壬申正月

廿一日、權禰宜長尾六郎已下本姓、實名、年
齢等差出ス事。

公千度、榊掛神講の件届出

廿七日、公千度、榊掛ケ、神講、神饌御用掛
江屆差出事。
御尋之七ヶ條返答、御用掛差出ス。

公千度

廿九日、公千度執行。

(八字朱)明治五年壬申二月

榊掛神講

二月　朔日、榊掛ヶ神講執行。

年中祭祀取調の件

二日、元宮仕中澤要人之義(儀)ニ付、御用掛り江歎願之事。

五日、松室重彦姉寄留届之事。

七日、代數并家督隱居任官等年月日取調可ニ差出一旨申來事。

(十二字朱)但シ、二日ニ京都府より申來。

呉服所の件

呉服所繪圖面御用掛り江差出事。

古器・舊物の件

古器・舊物神祇省ヨリ被レ尋候事。

十日、社家町之北、田中之道祖神社樹木伐拂、京都府より被レ達候事。

祈年祭奉幣使

古器・舊物之義(儀)、御用掛り江返答之事。

十一日、松室龜種府止メ被レ免候事。

十五日、代數帳面出來ニ付、京都府へ差出候處落手ニ相成候事。

壬生從三位輔世京都府貫屬掛り被レ免候事。

(十二字朱)但シ、昨十四日ニ被レ免候由也。

此度當社年中祭日之日限、官祭・私祭式取調可ニ差出一御達ニ付、則差出候處落手ニ相成事。

十八日、正月十七日ニ被ニ仰付一候謹愼之人員各被レ免候事。

(十七字朱)相愛謹愼被レ免候ニ付、御用掛リへ屆レ之事。

廿二日、金穀・什器・竹木等取調引渡シ之帳面、御用掛リ江差出事。

廿三日、祈年祭被レ行候ニ付、幣使御參向被レ達候事。

廿四日、銃砲并外ニ御布告申來事。

廿六日、神祇省江出頭、過日引渡シ帳面義(儀)ニ付御尋有レ之事。

祈年祭ニ付、雜事用トシテ金五兩御下ケ之事。

廿八日、此度外國人上京、神社向參詣御達之事。
祈年祭三月六日ト御治定御達之事。
三十日、外國人參詣ニ付、御修復料半金御下ケニ相成候事。
明治五壬申年（六字朱）
三月　朔日、社頭樓門内外修復掃除等、今日より職人出勤之事。
二日、土砂留同様之御布告之事。
四日、西枠宮樹木入札之事。
六日、祈年祭御幣使參向之事。
宮司代榮祐相勤候事。
古器・舊物有無屆之事。
一族之神講於二當家一而相勤候事。
九日、今般官幣大社・中社出仕之人員官祿、神祇省ヨリ被レ達候事。
十四日、山田玄忠、山田知美、山田伴次假服屆之事。
十七日、神幸從前通執行、聽屆之事。
十九日、神幸無事執行之事。
廿三日、元社司、神方八人謹愼被二仰付一候事。
廿四日、七日開ニ付、旅所へ送ル神饌之事。
廿六日、御用掛リ被レ免候事。
廿八日、神祇省廢シ、教部省被レ置候事。
明治五年壬申（六字朱）
廿九日、鐵砲御改ニ付、書取差出事。
四月　三日、東相愛娘死去ニ付、引籠之事。
神祇省ヲ被レ廢候ニ付、祭事式部寮ニ於テ執行候事。
七日、元社司、氏人新入年月日差出ス（マヽ）候事。
來ル二十日神輿還幸被二仰出一候事。
十日、來ル十九日官祭被二仰出一候事。
葵桂獻上不レ及候事。
十九日、十九日官祭無事執行之事。
但シ、貫屬之内四人拜借之事。

二十日、神輿還幸。同上。
廿四日、謹愼被レ免候事。
三十日、貯藏寶物・武器ニ屬スル品有無尋之
事。
(七字朱)
明治五壬申五月
五月　三日、元社司、神方謹愼被二仰付一候事。
一社ニ貯藏寶物・武器ニ屬スル幷貫
屬中ニも有無申出候事。
(二十四字抹消、六月四日條に掲載)
四日、山一件ニ付謹愼被レ仰候處、被レ免山
之一件者事濟之事。
十六日、來ル廿三日東京御發輦被二仰出一候
事。
二十日、元社司當時存命之人員、家主敍爵上
階幷四位迄進尋之事。
廿七日、元社司、元神方幷其外境外之除地賣
下ヶ見込之事。
三十日、主上大阪ヨリ今日京都御着。
六月　四日、山一件ニ付、謹愼被二仰付一處、今日
被レ免山一件者事濟之事。
五日、敎部省ヨリ御達之事。
七日、元檢斷所郡中小學校ニ賣下ヶ村方よ
り願之事。
九日、元一社中貫屬神領之外別朱印等無レ
之趣屆出候事。
十三日、等外之月給御達之事。
廿三日、谷村百性(姓)宇八、三ノ鳥居南ノ方ニ而
地面拜借。角力興業之事。

御田植神事

御田從前通。植女谷村不參之事。
廿四日、正二位久我建通卿當社大宮司被二仰
付一事。
廿五日、來ル晦日大祓被二仰出一候事。

八朔神事相撲の件

廿九日、八朔神事角力聽屆之事。
(七字朱)
明治五壬申七月
七月　二日、大社・中社之大宮司御達之事。
四日、大宮司建通卿御參勤之事。
五日、當春以來神饌料幷出仕中之官祿御下

新嘗會神事

九月九日神事

東相命歿

教導職兼補

ヶ金出願之事。
八日、東側三軒門ノ棟小瓦菊紋之事。
十二日、神官月給京都府ニ而被レ為レ渡候事。
新嘗會神饌従前通供進之事。
十四日、中元之神饌同上。
十七日、神官一統ニ出仕之二字被レ免候事。
五分通神藏米賣拂聴屆之事。
十八日、神葬祭被レ達候事。
廿二日、四月御祭典之節、貫屬雇入會釋之者
被レ達候事。
賽物御守札神官配當願書差出ス事。
廿五日、伊勢神官當社之詰所ニ而村々江御牘
為レ請候事。
廿九日、元神官會議所小學校ニ拂下ケ聞屆之
事。
（八字朱）明治五壬申年八月
八月　朔日、角力聞屆ニ相成候事。
三日、當社禰宜兩人兼權中講義補之事。

境内馬場之枯木屆之事。
四日、出納掛リより昨未五分通仕拂入費之
件々荒辻可二差出一之事。
一社ニ朱黒印幷舊新神官朱黒之寫之
事。
八日、鐵砲府江持參之事。
十二日、舊幕朱印之寫シ差出候事。
十四日、元會議所郡中小學校金二百兩ニ而拂
下ケ引渡之事。
廿七日、拝借地見込直段書差出ス事。
九月三日、月讀社之枯木、外ニ境外一ノ鳥居内土
橋道筋願立之事。
九日、神饌従前通供進之事。
十日、大祓式費用被レ下御達之事。
十五日、東相命死去之事。
十七日、伊勢兩宮遥拝之事。
十八日、大宮司久我家ニ而講義稽古之事。
廿一日、賀表之寫シ差出ス事。

廿九日、今般教導之三ヶ條帳本順達之事。

（八字朱）
明治五壬申年十月

榊掛け

十月　朔日、榊掛ヶ従前通リ。

三日、神官免職之節被ㇾ下物之事。

五日、榊掛ヶ従前通リ。

六日、山田知延死去之事。

十日、天長之節酒饌料神官へ被ㇾ下候事。

十二日、報刻鼓打ニ不ㇾ及段御達之事。

十三日、神葬祭式判本府より被ㇾ渡事。

十一日・十五日・十六日、神饌従前通供備之事。

十七日、當春祈年祭之節被ㇾ下候金五両精算申來。

大祓式

十九日、御神樂伺書差出ス。東相嗣實家へ同居之届之事。

廿四日、當地貫屬籍差出シ之事。

三十日、六月大祓式入費御下ヶ之事。

攝社祭神調

本社、攝社之祭神取調之事。

（九字朱）
明治五壬申年十一月

十一月四日、本社月讀社松木伐木ニ而伺之事。

七日、祭神之帳面差出ス事。

十日、一ヶ年之精算帳差出ス事。

十一日、文部・教部両省合併之事。

等外出仕御廢之事。

十六日、両杵宮神事之事。

十七日、本社・月讀社境内松木鐵道掛リより伐木之事。

十八日、今般御改正新暦之事。

十九日、賽物守札御規則御達之事。

廿二日、正月中神饌従前通届差出事。

大祓式十二月二日執行御達之事。

新暦御達之事。

廿三日、教部省より昨今年五分通之御達事。

新歳式御達之事。

廿五日、内陣・外陣・大床其外御掃除之事。

亥狩神祭
公千度
榊掛け
節分
新嘗祭奉幣使

廿六日、神武天皇遙拝之事。
　神官月給祿被レ為レ渡候事。
廿八日、加藤幸、山田季延方江入輿之事。
十二月　二日、大祓式執行之事。
　大三十日之神饌従前通供進事。
　　月讀社も同上。
明治六年一月
　一日、三ヶ日之本社、攝社、末社神饌従
　　前通リニ供進之事。
　　但シ、四日・七日モ同様之事。
　二日、賀表大宮司殿江差出ス。
　三日、元始祭神供内陣ニ而供進之事。
　　御神樂之神饌供進之事。
　七日、大禮服被二仰出一并着用日御達之
　　事。
　十日、新嘗祭被二仰出一敕使參向之事。
十五日、上元之神饌従前通供進。

　今般支干御廢之事。
十六日、歩射神事執行之事。
十七日、今般人日・上巳・端午・七夕・重
　陽五節御廢。
十八日、神官へ酒饌料下賜候事。
　新嘗祭神饌料被レ下候事。
廿二日、上賀茂神社説教開莚。
廿三日、光明天皇遙拝。
　亥狩神祭。
廿六日、八坂神社説教開莚。
廿九日、神武天皇遙拝。
三十一日、公千度従前通執行。
二月　一日、榊掛ヶ神饌供進。
　二日、上賀茂神社説教。
　三日、節分神饌供進。
　五日、榊掛ヶ神饌供進。
　十日、皇國地誌書差出ス事。
神官へ酒饌料被レ下事。

東相愛・同相嗣出仕

十五日、攝社祭神取調書差出事。
　山ノ圖面、一ノ鳥居内圖面大宮司
殿へ差出ス。
十六日、稲荷神社説教開莚。
廿一日、除服出仕之事。
廿二日、北野神社説教開莚。
廿三日、東相愛、東相嗣今日より出仕。
廿五日、玉垣皆(改)造詰所髙塀願之事。
廿八日、定雇入聽居之事。

（以下闕）

慶應四年（明治元年）日次記

一一八三　慶應四年（明治元年）日次記

（表紙）

慶應四年
明治改元

正禰宜秦榮祐

日次記正禰宜正三位秦榮祐

戊辰正朔

（本文）

正月小庚戌　　二月大己卯　　三月大己酉
四月小己卯　　五月大丁丑　　六月小丁未
閏四月小戊申
七月小丙子　　八月大乙巳　　九月小乙亥
十月大甲辰　　十一月大甲戌　十二月小甲辰
年徳巳午　　　凡三百八十三日
北ふさかり辰年ニ而終。
二月二十四日　彼岸　　　六月十九日　立秋
四月　九日　八十八夜　　七月朔日　日そく（蝕）
閏四月十五日　入梅　　　同月十四日　二百十日
五月　十三日　はけしやう（半夏生）　八月　五日　彼岸

氏人

同月　三十日　土用　　　十一月廿三日　小寒

十一月　八日　冬至　　正月　十日　節分
十二月　八日　大寒　　十二月廿二日　節分
天赦日
正月廿九日　　三月三十日　　四月十六日
八月　四日　　十一月廿一日　十二月廿一日
甲子
正月十五日　　三月十六日　　閏四月十七日
六月十八日　　八月二十日　　十月廿一日
十二月廿一日
庚申
正月十一日　　三月十二日　　閏四月十三日
六月十四日　　八月十六日　　十月十七日
十二月十七日

正月元日、庚戌。半晴。
一　正辰尅出仕。着二束帶一。箱番正神主。
一　口祝如レ例。月讀祝重吉、櫟谷禰宜、氏人房經、右三人所勞不參。

一　於二釣殿一舞踏拜如レ例。
内陣相命榮祐、外陣相愛房式、大床相推勝榮、階上種道相嗣、階下種龜。神供獻進、無事執行。大床之御戸閉之巡參等如レ例。

呉服所

一　朝飯宮仕調進。膳部方主税。將監、大藏、呉服所へ年禮ニ來。神子同斷。

呉服所

一　昨夜大三十日子剋比伯家より使來。直樣櫟谷祝重孝出門。今午剋比歸宅ニ付、呉服所へ着二麻上下一ニ而入來。被レ爲二御元服一候ニ付、明後三日より七ヶ日之間御祈被レ仰候旨、御教書左之通リ。
　來年正月可レ有二御元服一。日時無二風雨難一可レ被レ遂二行無爲之節一、殊又玉體安穩、寶祚長久事、從二來年正月三日一、一七箇日、一社一同抽二丹誠一可レ申二祈請一之旨、可下令レ下二知于松尾・稻荷等社一給上被二仰下一候。仍早々申入候也。
　十二月三十日　資生
伯三位殿（白川資訓王）
追申、滿座翌日卷數獻上之事。
同令二下知一給候也。

一　夕御神事。社司之次第今朝之通リ。但シ、櫟谷祝重孝出仕、神供撤レ之。但、替御掃除等如レ例。
　神供獻進、無事。祝詞神主相命卿。攝社神供獻進、祝詞公文代櫟谷祝重孝勤レ之、無事執行。

二日、辛亥。半晴。

御千度

一　口祝、御千度如レ例。俵粢昨今例之通リ社務より來。
一　夕御神事。社司人數昨夜之通リ。神供獻進、無事。月讀社參向、拜殿着座、廳參等如レ例。

謡始

一　謡始例之通リ。酒肴箱番より來。
一　宮仕、社役人、村役人、百性（姓）例之通禮ニ來。

三日、壬子。曇。

一　口祝、掛リ湯、朝飯如レ例。
一　御神事。巳下剋社司昨日之通リ、神供獻進、無事。

釣殿

神供獻進相濟、釣殿迄退、直様御祈ニ出仕。社司、神方惣參。未下剋退出。

大登

一　大登。權祝勝榮、櫟谷祝重孝、其餘ハ不參。但シ、馬ハ不レ來、歩行ナリ。公文老變ニ付、重孝兼勤。

四日、癸丑。晴。

一　御祈。社司、神方惣參。月讀祝重吉、櫟谷禰宜榮種一七ヶ日之間不參、權禰宜相推不參。

一　御神事御祈相濟、直様神供獻進。予勝榮出勤。例之通リ執行。

一　當番正禰宜榮祐出勤。

一　去冬十二月九日ニ一ッ橋内大臣(慶喜)將軍職御免、守護職會津松平肥後守(容保)御役御免、桑名松平越中(定敬)守所司代御免、御所表より御達ニ相成候ニ付、二條御城大取込、京都市中大さわき、道具類も近村へ預ル者有レ之。居宅片付者も有レ之處、十二月十二日夜右三方大坂表江引取被レ申候ニ付、市中静ニ成候處、昨三日申剋比より伏見表ニ而合戰始リ、間合候處、一ッ橋、會津ト申合、上京之國司大名ト取合合戰、大炮(砲)小炮(砲)今午剋ニ至音甚シク、伏見町家昨夜より今燒失、火シズマリガタク、鳥羽攘内之者近邊江ニゲ來、大變ナリ。

一　山田役人幷ニ宮仕、山守例年之禮、右大變ニ付、今日之處ハ延引、明日神方惣禮も同樣延引。

五日、甲寅。晴。

一　御祈。辰剋、社司、神方惣參、權禰宜相推不參。

一　曉天より淀ノ方ニ而小鐵炮(砲)、大筒音甚シ。午剋比ニ相成少シ静ニ相成、三日之夜より折々大筒ノ音有レ之事ナリ。當番出勤ス。

一　淀城下未下剋比燒失。黑烟甚シ。

六日、乙卯。半晴。

一　御祈。辰剋、社司、神方惣參、當番出勤ス。

一至二今朝ニ一淀邊黑烟立燒失之由故、社家中之年禮止レ之延引。

一伯家年玉米當リ番ニ付、當家より爲レ持遣ス。

一新春御慶目出度申收候。伯家益御安泰可レ被レ成御重歲奉二恐悅一候。隨而如二例年一正禰宜、正祝、月讀禰宜三職より御年玉壹斗ツヽ進二上之一仕候。此段宜御披露賴入存候。已上

正月六日　松尾社正禰宜

南　三位

伯家

御雜掌

一入レ夜參籠、榮祐、勝榮出勤、月讀禰宜種道、權禰宜相推、櫟谷禰宜榮種不參也。

七日、丙辰。半晴、申剋比小雨、直ニ止。

御千度

一口祝、掛リ湯、御千度、饗飯等如レ例。御祈昨日之通リ。

白馬神事

一午下剋御神事如レ例。神供獻進。白馬奉幣神主、無事例之通リ。

一月讀禰宜、櫟谷禰宜今朝出勤、權禰宜不參、月讀祝重吉中氣ニ而長ク不參之届有レ之ナリ。

一山田將監一昨年より預リ山松木伐取持歸リ(ル)由ニ而、永ク山留ヲ申付置候處、今日より御免ニ相成旨、呉服所へ呼寄申達ス。

八日、丁巳。薄雪積晴。

一御祈。社司、神方惣參、權禰宜相推不參。

九日、戊午。半晴。

一御祈滿座、御日米獻進、無事。

一午後出京、入レ夜歸宅。

十日、己未。半晴。

一御祓獻上。權祝勝榮、櫟谷祝重孝着二狩衣一、逗中麻上下(裃)。無事。申下剋比歸宅。

節分神事

一節分御神事。酉剋出仕。神供獻進、無事執行。

權禰宜相推、月讀祝重吉不參。

十一日、庚申。晴。

斧始

一斧始如レ例。大工ハ故障ニ付不參、小工小山一學來。谷村伊右衞門去冬御馬舍御用被二仰付一

社務所
氏人入
御千度
氏人

候ニ付、着麻上下（裃）ニ而京引（マヽ）ニ出勤ス。如レ例組重ニ而酒・鏡餅遣ス。

十二日、辛酉。晴。出京、一宿ス。

十三日、壬戌。半晴。申剋比帰宅。戌下剋比より雨。

一 當番權禰宜代權祝勝榮出勤。

十四日、癸亥。雨、午剋比より晴定。

一 入レ夜參籠。榮祐、勝榮出勤。御千度如レ例。

十五日、甲子。半晴。

一 口祝、掛リ湯、御千度饗飯等如レ例。

一 午剋御神事、神供獻進、無事執行。
内陣相命榮祐、外陣相愛房式、大床相推勝榮、階上種道榮種、階下重孝相嗣、同龜種。氏人房經不參。申下剋退出。

一 山城南ニ而大亂此比ニ至靜成樣子。大坂城内燒失之由。一橋・會津・桑名去七八日之夜行方しらす落行樣子。殘右三藩之人體吟味甚シ（キ）樣子ナリ。

十六日、乙丑。薄雪積、晴。

一 社務所朝夕節如レ例。榮祐、勝榮出席。

一 櫟谷祝重孝息恒丸氏人新入。

一 御神事。酉剋出仕、神供獻進、無事執行。權禰宜不參、射手組 權祝勝榮、櫟谷祝重孝。無事執行。社務所廳參如レ例。

一 當番權祝代權禰宜相推出勤。

十七日、丙寅。晴。

一 當番權祝代櫟谷祝重孝出勤。

一 此度御大變ニ付、御所表江寺社幷ニ市中町々獻米・獻金等有レ之由ニ付、當社過日ヨリ一社及二相談一、米百石獻上致度旨一社次定（治）ニ付、今早朝ヨリ右之旨 御所表へ予申出ル。尤非藏人此度之御用掛リ之人江申達願出ル。松尾伯耆御用掛リニ付、及二相談一。明後十九日・廿日兩日ニ百石之都合ニ獻上之筈ナリ。御領分之牛五十疋差出ス積申置。夫より御神馬舎出來ニ付、近衞樣江屆出候處、近々之内御奉納被レ遊度旨御馬掛リ之人申レ之。伯家江此度之獻米之旨雜掌江申置、添使ハ不レ受旨、是又申置ナリ。

一　此度御達之趣左之通リ。尤制札ニ出寫シ。

一　徳川慶喜天下之形勢不レ得レ已ヲ察シ大政返上、將軍職辭退相願候ニ付、朝議之上斷然被二聞食一候處、唯大政返上與申而已ニ而、於二　朝廷一土地人民御保不レ被レ遊候而者、　御聖業難レ被レ爲レ立候ニ付、尾・越二藩ヲ以其實効御訊問被レ遊候節、於二慶喜一者奉二畏入一候得共、麾下幷會・桑之者共承服不レ仕、萬一暴擧可レ仕哉も難レ斗候ニ付、只管鎭撫ニ盡力仕居候旨、尾・越ヨリ及二言上一候間、　朝廷ニ者、慶喜眞ニ恭順ヲ盡シ候樣被二　思食一、既往之罪不レ被レ爲レ問寛(マヽ)太之御處置可レ被二仰附一之處、豈圖ンヤ大坂城江引取候者素ヨリ之詐謀ニ而、去三日麾下之者ヲ引率シ、剩江前ニ御暇被レ遣候。會・桑等ヲ先鋒トシ、　闕下ヲ奉レ犯候勢、現在彼ヨリ兵端ヲ開キ候上者、慶喜反狀明白、終始奉レ欺二　朝廷一候段大逆無道、最早於二　朝廷一御宥怒(恕カ)之道も絶果、不レ被レ爲レ得レ已追討被二仰附一候。兵端既ニ相開キ候上者、速ニ賊徒御平治、萬民塗炭之苦ヲ被レ爲レ救度　叡慮ニ候間、今般仁和寺宮(軍事總裁小松宮彰仁親王)征討將軍ニ被レ任候付而者、是迄偸安怠惰ニ打過、或ハ兩端ヲ抱キ候者ハ勿論、假令賊徒ニ從ヒ譜代臣下之者タリ共、悔語(悟)(マヽ)憤發國家之爲二盡忠一之志有レ之候輩者、寛太之(マヽ)　思召ニテ御採用可レ被レ爲レ在候。依二戰切(功カ)一此行末徳川家之儀ニ付歎願之儀も候得者、其筋ヨリ御許容可レ有レ之候。然ルニ此御時節ニ至リ、不レ辨二大義一、賊徒ト謀ヲ通シ、或ハ潛居爲レ致候者ハ朝敵同樣嚴刑ニ可レ致レ處候間、心得違無レ之樣可レ致候事。

　但シ、征討大將軍ヲ置シ候上者、卽時前件號令可レ被レ發者勿論候得共、猶亦旗下粗暴之徒擁蔽爰ニ至リ候事哉與、彼是深重之　思召ヲ以御遲延之處、三日より今七日ニ至リ坂兵日々雖二敗走一益二出兵一呉々不レ被レ爲レ得レ止、斷然本文之通被二仰出一候。各藩陪從、吏卒ニ至迄方向ヲ定爲二天下一奉公可レ有レ之候事。
十八日、丁卯。晴。
一　當番權祝勝榮出勤。
十九日、戊辰。晴。
一　獻上米百石之内五拾石今早朝より　御所表江牛ニ而着レ之。村役人五人宰領、社司、予、東新三品、東備州出頭。着二麻上下（裃）一。日ノ御門前金穀御役所江着レ之ス。目録竪書。一社惣代正官三人名前ニ而差出ス。御門内ニ積置。土山淡路守、木村東一（市カ）正面會、落手ナリ。午剋比ニ相濟。入レ夜歸宅。
二十日、己巳。晴。
一　獻上米儀五拾石今早朝より牛出ル。宰領五ケ村役人、社司、松室加州、同佐州。着二麻上下一出頭。
廿一日、庚午。雪壹寸餘積、午後止、晴。
一　伯家より使來。達之義（儀）ニ付、早々罷出候様出頭候處、左之通リ書付ヲ以被レ達候事。入レ夜歸宅。

三職分課

総裁
　有栖川帥宮（熾仁親王）
副総裁
　兼外國事務総督
　三條前中納言（實美）
　海陸軍會計事務総督
　岩倉前中將（具視）
神祇事務総督
　有栖川中務卿宮（幟仁親王）
　中山前大納言（忠能）
　白川三位（資訓）
同掛
　六人部雅樂（是香）
　樹下石見守（茂國）
　谷森大和介（善臣）
内國事務総督
　正親町三條前大納言（實德）
　德大寺中納言（實則）
　越前大藏大輔（松平慶永）
　土佐少將
同掛
　辻　將曹
　大久保市藏
　田宮如雲
　廣澤兵助
　神山左兵衞
　中根雪江
外國事務総督
　山　階　宮（晃親王）
　三條前中納言（實美）
　東久世前少將（通禧）
　宇和嶋少將（伊達宗城）

同掛
後藤象次郎
岩下佐次右衛門
海陸軍務総督
仁和寺宮（小松宮彰仁親王）
岩倉前中將
薩摩少將（島津忠義）
同掛
廣澤兵助
西郷谷之助（吉カ）
會計事務総督
中御門中納言（經元）
岩倉前中將
安藝少將（淺野長訓）
西四辻大夫
同掛兼刑度掛
三岡八郎

小倉仁兵衛　原（ハラ）
刑法事務総督
長谷三位
細川右京大夫（護久）
同掛
十時攝津
津田山三郎
制度寮総督
萬里小路右大辨宰相（博房）
同掛
福岡藤次
田中國之助
三岡八郎

右地奉書四ッ折、雜掌持出ル寫取ナリ。
廿二日、辛未。朝薄雪、直様晴。
廿三日、壬申。晴。

久我中納言（建通）
今般爲二大和國鎭臺一下向被二仰付一候ニ付、近々下向被レ致。此旨相達候事。
正月

右之通リ伯家より被レ達候ニ付申來。
廿四日、癸酉。晴。
一　子剋比伯家より御用之義（儀）ニ付罷出候樣申來ニ付、予出門候處、明廿五日より一七ケ日之間御祈被二仰出一候。左之通リ。
舊臘事變發動今春忽開二戰爭一、日夜宸憂增二深願一。依二神明冥眷一速滅二逆賊巨魁一、政令維一新、國内藩鎭朝二帝畿一、海外夷狄歸二王化一、天下昇平、萬民安堵御祈一七箇日、一社一同可レ凝二丹誠一之旨、可下令レ下二知于　松尾・稻荷等社一給上被二仰下一候。仍早々申入候也。

正月廿四日　　　　資生

伯三位殿（白川資訓）

追申、従二明日廿五日一御祈始之事。

滿座翌日巻數獻上之事。

昨日分被二仰下一候。同可下令二下知一給上候也。

職事勘ヶ由小路家江御請罷出候事。伯家より添使給候事。

廿五日、甲戌。朝薄雪、巳剋比より晴。

一　辰下剋比歸宅ス。

一　御祈。午下剋出勤。社司、神方惣參、正祝相愛、權禰宜相推、月讀祝重吉不參。正祝ハ獻米百石之請取書御所表より今日被二差出一候ニ付出京ナリ。

廿六日、乙亥。晴。

一　御祈。辰下剋、社司、神方惣參、相推、重吉不參。

一　亥狩御神事例之通リ。
廳參等例之通リ。重吉不參。

一　入レ夜社務所青侍、下部等來。組重・酒遣ス。

廿七日、丙子。曇、巳剋比より雨。

一　御祈。辰下剋、社司、神方惣參、重吉不參。

廿八日、丁丑。陰晴。

一　御祈。辰下剋出勤。社司、神方惣參、重吉不參。

一　去冬御神馬舎御入用多分相掛リ候ニ付、金五六百兩斗御借入ニ相成、至二當春一返濟方手當無レ之候ニ付、御神山・御立山幷社司、神方中之預リ山之内、古木ノ向ヲ切拂返濟方可レ然ニ付、御祈後右山見分。予、東新三品幷ニ社司、神方之山方山守登山。下より上へ見分、暮時比下山歸宅。

廿九日、戊寅。雨、曉天強雨。

一　御祈。辰下剋出仕。社司、神方惣參、重吉不參。

一　昨日見分之山之内ニ而松室薩州、山田豐後介、山田縫殿三ヶ所之預リ山スソ切可レ致ニ今

呉服所

朝於二呉服所一相談、近々之内杣ニ内積爲レ致可レ申ニ次(治)定ナリ。

二月朔日、己卯。雨。

神講

一 神講、近例之通リ。着二齋服一出仕。日供獻進。社司、神方中惣參、重吉不參。飯・中酒アリ。

二日、庚辰。半晴。

一 御祈。辰剋、惣參、重吉不參。

一 御祈滿座。御日米獻進、無事執行。重吉不參。

三日、辛巳。半晴。

一 御祈滿座、御祓獻上。權祝勝榮、櫟谷祝重孝出頭。着二狩衣一途中繼上下(裃)。無事相濟。

四日、壬午。曇。

一 當番正禰宜代權祝勝榮出勤。

一 出京、入レ夜歸宅。

一 萬石村百性(姓)十四人改名幷ニ元服。白飯壹重、湯すゞ壹對持來。

五日、癸未。雨。

一 當番正禰宜榮祐出勤。

六日、甲申。雨、午剋比より晴定。

一 當番正禰宜榮祐出勤。

一 今日伯家より被レ達候。左之通リ。

今度慶喜以下賊徒等江戸城江遁(ノガ)レ益暴逆(ボウギヤク)ヲ恣(ホシヒマヽ)ニシ、四海鼎沸(テイフツ)、萬民塗炭(トタン)ニ墮(ヲチイラ)ムトスルニ忍給ハス。　叡斷ヲ以　御親征被二仰出一候。就而者御人撰ヲ以被レ置二大総督一候間、其旨相心得、畿内七道大小藩各軍旅用意可レ有レ之候。不日軍議御決定、可レ被二仰出一御旨趣可レ有レ之候間、御沙汰次第、奉レ命馳集ルヘリ候。宜諸軍勠(アハセ)レ力、一同勉勵(ベンレイ)可レ盡二忠戰一旨被二仰出一候事。

七日、乙酉。半晴。

一 大工職河原泉之丞、昨秋より川普請一件ニ付永蟄居申付置候處、今未剋比長州之藩辻井鐵藏ト申者東家へ入來ニ而申ニハ、四ヶ年前七月十九日之大變之節、長州人壹人泉之丞抱一宿爲レ致國元江歸し申候ニ付、重役之者爲レ稱ニ右泉之丞一、自今急度改心爲レ致可レ申候間、永蟄居之義（儀）御免ニ預リ度由申ニ付、東家より呼來、行向面會致候而、是迄之譯柄篤ト申述候處、尤之由承知之旨、右無レ據承知之返答。社家中江ハ以レ使申達ス。東遠州ト同席ニ而及ニ相談ニ一、無レ據方より頼ニ付、承知之由申候へハ、夕方ニ引取、直様村役幷ニ親類、尤本人呼寄、東家内玄關ニ而申達ス。予、東新三品立會ニ而申渡ス。泉之丞長州屋敷江程能頼込之様子ニ而、以ニ手筋ヲ一拵候事ナリ。

八日、丙戌。晴。

九日、丁亥。晴。

一　正三位秦榮親卿忌日。例之通リ供物備レ之。

十日、戊子。雨。

十一日、己丑。陰晴、寒風。

一　出京、一宿ス。

十二日、庚寅。半晴。入レ夜歸宅。

十三日、辛卯。半晴。

十四日、壬辰。半晴、時々吹雪降。

一　當番權禰宜代權祝勝榮出勤。

一　近衞殿より之神馬御奉納明十五日ニ御奉納之義（儀）、昨日御馬掛リより申來ニ付、東三品御迎ニ出頭之筈也。

十五日、癸巳。曇、午後晴。

一　近衞様より之奉納神馬、東新三品、山田式部、宰領壹人、御迎ニ早朝より出門。口付兩人白丁。未下刻比社領江着。毛色青。近衞殿より當座之御奉納白銀壹枚。予早朝より出勤、申下刻比歸宅。御迎之人兩人麻上下。

十六日、甲午。半晴。

一　當番權祝代權禰宜相推出勤。

十七日、乙未。陰雨。

一　當番權祝代櫟谷祝重孝出勤。去冬返番也。

十八日、丙申。小雨、午後半晴。

一　當番權祝勝榮出勤。午後出京、一宿ス。

十九日、丁酉。晴。
一　神馬御奉納ニ付、近衞様へ御禮參殿。内玄關ニ而申置。御馬掛リ役人渡邊主祝(税)、木村衞門宅へ禮ニ行向、夫より壬生家江行向、二更比歸宅。
二十日、戊戌。晴。
廿一日、己亥。雨、午後晴定、夕方小雨。
廿二日、庚子。陰晴、時々曇、申刻比より雨。
廿三日、辛丑。半晴、時々小雨。
一　野村宅ニおゐて能相催ニ付、行向、一宿ス。
廿四日、壬寅。半晴。午刻比歸宅ス。
廿五日、癸卯。晴、時々曇。
一　午後、天滿宮へ勝榮召連參詣。
廿六日、甲辰。晴。
廿七日、乙巳。晴。
廿八日、丙午。曇、午後より雨。出京、一宿ス。
廿九日、丁未。雨時々止、曇。午刻比歸宅。
三十日、戊申。陰晴。
一　今午刻ニ異人　禁裏御所南門より參入之由。扨々珍しき事ナリ。
一　來ル五日大坂表江行幸爲レ被レ在候ニ付、壬生家親子共松尾伯耆、吉田遠江御供被二仰出付一候ニ付、御母公暇乞ニ御行向、兩三日逗留。
三月朔日、己酉。晴。出京、入レ夜歸宅。
二日、庚戌。晴。
三日、辛亥。曇、午後より雨。
一　御神事。辰刻出仕、神方下野介、兵部不參、權祝勝榮、月讀祝重吉所勞不參。外陣相命榮祐、大床相愛房式、階上相推種道、階下榮種重孝。神供獻進、無事執行。
一　來ル五日大坂表江　行幸、昨夜御延引被二仰出一候由、此義ニ付　御所表大混雜之由ナリ。
一　今日も又異人　御所表江參入之由ナリ。去三十日異人川東縄手大和橋邊ニ而、誰とも不レ知異人切殺サレタル由、三人四人斗ナリ。
一　山田役人、宮仕等禮ニ來。社務所廳參出席。

四日、壬子。曇。

松尾祭四月六日

一　當番正禰宜榮祐出勤。

五日、癸丑。半晴。

一　當番正禰宜榮祐出勤。

檢斷所

一　午後檢斷所勝榮出勤。

一　胡服着用之輩參宮之義(儀)、昨年御制禁之旨被二仰渡一、制札鳥居前ニ建置有レ之候へ共、夷人徘徊致候哉も難レ斗、追々花も咲出シ候へ共、猶更難レ斗候ニ付、如何可レ致哉伺二執奏家江一今日松室加州持參。

一　當社御祭、昨年之通リニ被二仰出一候哉、是も以二書付一伺差出ス。

六日、甲寅。晴。

一　當番正禰宜榮祐出勤。

七日、乙卯。晴、午後寒風吹、雪、後雨、夕方止。

氏子中安全太々神樂奉納

一　出京、入レ夜歸宅。

八日、丙辰。晴。

一　昨夜伯家より飛脚來、今辰半刻迄罷出候樣申來ニ付、予早朝ヨリ出門。雜掌面會。松尾祭四月六日ニ例年之通被二仰出一候。中院大納言(通富)殿より被レ達候旨。添使給、御請御禮ニ行向。伯家雜掌申ニハ當年者　朝廷御改革ニ付、是迄武家警固場所口上書ニ而差出候樣申ニ付、直樣伯家ニ而認メ差出ス。葵獻上之家所、是迄ト振合相替リ候ニ付、是も口上書ニ而是迄獻上之家所差出ス。夕方歸宅。

九日、丁巳。晴。

十日、戊午。曇、巳剋比より小雨、午後強雨。

十一日、己未。半晴。

一　去九日午剋ニ二條御城江　行幸被レ爲レ在候由也。

十二日、庚申。晴。

十三日、辛酉。晴、未剋比俄曇、雨、直ニ晴。

一　氏子中安全太々御神樂例之通リ。辰剋出仕。予風邪不參、勝榮出勤ス。

大坂十二郷造酒家太々神樂奉納

一　子剋比伯家より使來ニ付、申來御達之義(儀)早々參殿可レ致旨。予風邪ニ付東筑州、相頼出頭。

十四日、壬戌。晴。

一　卯半剋比筑州歸宅。明後十五日より御祈被二仰出一旨。御教書左之通り。

來ル十八日可レ有二　立太后一。無二風雨難一可レ被レ遂二無爲之節一之由、自二明後十五日一一七ケ日二一社一同抽二精誠一可レ申二祈請一可下令レ下二知于　松尾・稲荷社一給上之旨被二仰下一候。仍早々申入候也。

三月十三日　資生

伯三位殿(白川資訓)

追申、滿座翌日巻數獻上之事、同可下令二下知一給上候也。

一　午後出京、入レ夜歸宅。

十五日、癸亥。晴。

一　御祈。辰剋出仕。社司、神方惣參、予風邪不參ス。

一　午下剋大坂十二郷太々御神樂獻進。惣參。予不參ス。

十六日、甲子。晴。

一　御祈。辰剋出仕。社司、神方惣參。出勤ス。

一　當番權祝勝榮出勤ス。

十七日、乙丑。晴。

一　御祈。辰剋。社司、神方惣參。權禰宜相推不參。

一　當番權祝勝榮出勤ス。

一　明日巳剋二條御城太政官代江東三品、予兩人之内罷出候様申來。

十八日、丙寅。晴、午後より雨、及二深夜一強雨。

一　當番權祝勝榮出勤。

一　早朝より繼上下ニ而二條御城へ出頭。非藏人羽倉越中面會。昨年被二仰下一候胡服之制札此度御取替ニ相成候ニ付、是迄之所司代之制札之寫シ兩三日之内ニ持參可レ致候様申達之事。

一　御祈。辰剋。社司、神方惣參。予出京ニ付不參。

十九日、丁卯。半晴。

一　神幸。御神事辰下剋。出仕。轅下村々より巳剋ニ神輿出門爲レ致度由、以前賴ニ來ニ付、其心得之事。

一　御祈。社司、神方惣參。束帶之儘勤レ之。内(外)陣相命榮祐、大床相愛房式、階上相推勝榮、階下種道榮種、同重孝・氏人房經、同氏人相嗣・氏人種龜也。月祝重吉不參。

神供獻進、無事執行。遷宮等如レ例。

御渡舟未下剋比。未剋比退出。

一　二条御城太政官代より御用之義(儀)ニ付罷出候樣申來處、夕暮ニ使來故、明早朝ニ罷出候樣申返ス。然ル處子剋比又々使來。明朝迄難レ延候由申來ニ付、予出頭候處、明自二廿日一一七ケ日之間御祈被レ仰候。御教書左之通り。

御親征　行幸中玉體安穩之御祈、一七ケ日之間可レ抽二丹誠一之旨被二仰下一候也。

三月十九日

追申、御祈始明自二廿日一一七ケ日之事。翌日卷數獻上之事。御祈奉行勘ケ由小路。御請禮ハ無レ之。卯半剋比歸宅。

廿日、戊辰。半晴、午後曇。

一　御祈。辰下剋。社司、神方惣參。相推不參。月讀祝重吉所勞御祈中不參。

廿一日、己巳。晴。

一　明廿一日、大坂表江　行幸御次(治)定之由ナリ。

一　御祈。辰剋。社司、神方惣參。相推不參。御日米不レ獻。

一　今日大坂表江　行幸之由。(十一字朱)八幡ニ而御泊之由ナリ。

一　昨夜丑剋比女子出産、無事。

廿二日、庚午。半晴、申剋比より雨。(十字朱)今夜森口御泊之由ナリ。

一　御祈。辰剋。社司、神方惣參。相推不參。

一　去十五日より之御祈滿座。御祓獻上。權祝勝

氏人

榮、櫟谷祝重孝出頭。途中繼上下着二狩衣一、立烏帽子。此度一新御改革ニ付、執奏被レ止候由、過日二條御城太政官代神祇局より被レ達候ニ付、伯家江ハ不レ參、直ニ奏者所江獻上。尤添使無レ之、奉行之御禮も無レ之。無事相濟、申剋比歸宅。

一　午後出京、入レ夜歸宅。

廿三日、辛未。陰雨、夕方より止。

一　御祈。辰剋。社司、神方惣參。相推不參。

廿四日、壬申。晴。

一　御祈。辰剋。社司、神方惣參。予、相推不參。

廿五日、癸酉。晴。

一　御祈。辰剋。社司、神方惣參。相推、重孝不參。

廿六日、甲戌。晴。

一　御祈滿座。御日米獻進。社司、神方惣參。無事。

權禰宜相推、櫟谷祝重孝不參。

廿七日、乙亥。半晴、時々小雨、入レ夜大雨。

一　御祈滿座。御祓獻上。正禰宜榮祐、氏人種龜着二狩衣一、二條御城太政官出頭。夫より奏者所へ獻上ス。添使不レ附。無事相濟。御祈奉行禮ニ行向、夕方歸宅。

一　當年御祭　行幸中ニ付、可レ被二一社附一觸、太政官より以二書付一今日被レ達候事。

廿八日、丙子。陰晴、申剋比より雨。

一　御祭一件ニ付、早朝集會。東新三位殿太政官江御祭之義（儀）ニ付出頭。

廿九日、丁丑。陰雨、午後晴定。

一　御祭被二一社附一候振合、於二一社一仕方無二御座一候ニ付、鴨祭も同様被二一社へ附一候由ニ付、予、松室佐渡守殿同伴ニ而下鴨鴨脚二品之宅へ問合セニ行向。夫より二條御城太政官へ出頭候處、羽倉越中面會ニ而、松尾祭諸事御延引之由、大坂表江今日伺候。壹兩日之内慥成表向ニ

御沙汰可レ有レ之由。尤翌日社家祭之義(儀)も同様延引之事。申剋比歸宅。

山城國諸社觸頭

三十日、戊寅。晴。

一　昨年被二渡置一候胡服之制札取片付候樣、昨日太政官代神祇局より被レ達候間、今朝大工へ申付取片付候事。以後胡服ヲ軍服ト申事ナリ。昨日予聞取歸ル。

御留守詣

四月朔日、己卯。晴。

一　御留主(守)詣。例之通り。予不參、勝榮出勤。大床階段御掃除ニ付、淨衣ニ而出勤。併當年ハ御祭御延引之由故、掃除少々略レ之。神方中ハ神幸之翌日釣殿囘廊等勤レ之。

釣殿

二日、庚辰。曇、辰下剋比より晴、申剋比曇、小雨。

一　出京、入レ夜歸宅。

三日、辛巳。晴。

四日、壬午。雨、午後止、又夜來雨。

一　當番正禰宜代權祝勝榮出勤。

一　二條御城神祇局より昨日御用召ニ付、今朝予出頭。御祭御延引御還御之上可レ被レ爲レ行旨達之事。

山城國中諸社御用之節、觸頭左之通り五社へ被二仰付一候ヶ所分ケ、五社相談之上可二申出一旨達之事。

松尾　稲荷　今宮　下御靈　離宮八幡宮

右被二仰付一候事。　申剋比歸宅。

五日、癸未。曇。

一　當番正禰宜榮祐出勤。

一　社務所五社之觸頭一件ニ付集會。

六日、甲申。曇、入レ夜雨。

一　出京、入レ夜歸宅。當番正禰宜代權祝勝榮出勤。

一　雙林寺内勘阿彌ニ而觸頭五社集會。東新三品、東越州兩人出頭。稲荷社大西三品(眞典)より申來。

七日、乙酉。雨。

八日、丙戌。半晴。
一　太政官より使來。過日大坂表江御機嫌伺下向致度旨書付ヲ以願置候處、東備州出頭候。勝手ニ罷下り可レ申段、神祇局より申達之事。
九日、丁亥。晴。
十日、戊子。半晴、申剋比より雨。
一　出京、入レ夜歸宅。
一　當番權神主代權祝勝榮出勤。
十一日、己丑。曇、午剋比より雨。
十二日、庚寅。半晴。
十三日、辛卯。晴。
十四日、壬辰。晴。當番權禰宜代權祝勝榮出勤。
一　大坂表江御機嫌伺、正禰宜榮祐、正祝相愛早朝より出立。先唐櫃宰領社役人三人、侍貳人ツヽ、下部四人、兩(マヽ)掛貳荷、傘籠貳荷。途中侍高袴・羽織。淀へ向テ行向。淀家老田邊權太夫周旋ニ而屋形舟借用、外ニ下部之舟壹叟(艘カ)。午剋比乘舟。大坂表江暮六ッ時半比ニ着ス。嶋町貳丁目芦屋勘助方江着ス。
十五日、癸巳。晴。
一　西本願寺御堂御假御所ニ付、早朝ニ伺候處、今日太麻獻上可レ致旨御沙汰ニ付、午下剋比御祓箱熨斗獻上ス。石州ツハノ(津和野)龜井隱岐守(茲監)殿落手。奏者所代江參り獻上ス。直垂・立烏帽子、社役人青侍ハ侍高羽織、下部ハカンバン(看板)・ハツピ(法被)唐櫃荷も同樣。無事相濟。
十六日、甲午。晴。當番權祝勝榮出勤。
一　北小路極﨟殿、壬生官務殿、松尾伯州、吉田遠江、東江州、松室三河旅宿江見舞ニ行向。干菓子箱壹ツヽ送レ之。料金百疋。申下剋比より夜舟ニ而上京。
一　辰巳屋江行向。川マス魚送レ之。
十七日、乙未。晴。當番權祝代權禰宜相推出勤。
一　巳剋比淀江着ス。田邊權大夫宅へ行向。中飯・酒・吸物等出ル。申剋比歸宅ス。
一　淀家老田邊權大夫、東家之親類相命卿娘當時

權大夫之家内故、舟之義(儀)以前頼出候事ナリ。
十八日、丙申。陰晴。
一　當番權祝勝榮出勤。
一　櫟谷祝重孝江月讀祝願之通今日入職相濟申候由申來。
重吉所勞大井(マヽ)ニ六ヶ敷申也。
一　大坂より夕昨(マヽ)歸京。太政官江予屆ニ出頭。入レ夜歸宅。

　口上覺

去ル十五日下坂　行在所江爲レ窺二　御機嫌一御祓獻上相濟、昨十七日歸京仕候。依而此段御屆申上候。以上

　四月十八日　　松尾社惣代
　　　　　　　　　南　三位

右之通リ切紙寫シ共貳通差出ス。辨事役落手也。
十九日、丁酉。晴。
一　此度二條御城太政官より御達。左之通リ。

中古以來某權現或ハ牛頭天王之類、其外佛語を以神號ニ相稱候神社不レ少候。何れも其神社之由緒委細書付早々可二申出一候事。
坦(但)　敕祭之神社、御宸翰　敕額等有レ之候向者、是又可二伺出一、其上ニ而御沙汰可レ有レ之候。其餘之社者裁判・鎭臺・領主・支配頭等江可二申出一候事。
一　佛像を以神體と致し候神社ハ、以來相改可レ申事。
附、本地抔ト唱、佛像を神前ニ掛、或ハ鰐口・梵鐘・佛具等之類差置候分ハ早々取除可レ申事。
右之通リ被二仰出一候ニ付、諸神社之向者、當局より布告可二相成一筈ニ候得共、先達而執奏被レ免候後、國々觸頭等未御取極無レ之事故、先各鎭臺・裁判・領主支配頭等より不レ洩樣可レ被レ達候事。
　三月　　　　神祇事務局

紀伊田邊造酒家
太々神樂奉納

氏人

自今大小之神社社家江布告之爲相應之社家とも觸頭被二申付一度候間、一郡ニ而一兩人程人撰有レ之、書附可レ被二差出一候。其上ニ而御治定可レ被二仰出一候事。

神祇事務局

三月

廿日、庚戌(朱「戊」)。半晴。
一　出京、入レ夜歸宅。
廿一日、辛亥(朱「己」)。陰晴、申剋比より雨、入レ夜強雨。
廿二日、壬子(朱「庚」)。強雨、午剋比止。桂川七尺斗出水、上野橋落。申下剋比より晴定。
廿三日、癸丑(朱「辛」)。陰晴。
一　當番月讀祝重孝代正禰宜榮祐出勤。
廿四日、甲寅(朱「壬」)。半晴。
一　當番月讀祝代權祝勝榮出勤。
一　前月讀祝重吉長病之處、今曉卒去之由申來。
月讀禰宜種道自二今日一二十日、九十日假服、月讀祝重孝五十日、十三ヶ月假服櫟谷禰宜榮種二十日、九十日假服、右引籠之段申來。
廿五日、乙卯(朱「癸」)。半晴、入レ夜雨。
廿六日、丙辰(朱「甲」)。陰晴、曉天強雨。
一　紀州田邊酒造家より太々御神樂獻進。辰下剋ニ出仕。正禰宜榮祐、正祝相愛、權神主房式、氏人相嗣。
廿七日、丁巳(朱「乙」)。雨。
廿八日、戊午(朱「丙」)。朝雨、午剋比より半晴。
一　去廿六日松室薩州葬式。申剋比木ノ末江勝榮見立遣ス。
廿九日、己未(朱「丁」)。晴。
一　出京、一宿ス。
閏四月朔日、庚申(朱「戊」)。晴、巳下剋比歸宅。
一　此度大政御一新ニ付、石清水・宇佐・山崎等八幡菩薩之稱號被レ止、八幡大神與奉レ稱候樣被二仰出一候事。
右之通リ二條御城太政官神祇局より被レ達事。
二日、己酉。晴。
一　谷川、一ノ井、室溪川筋見分。兩人共行向。

検斷所ニ而中飯・中酒アリ。申刻比相濟。
三日、庚戌。半晴、入レ夜強雨。
四日、辛亥。晴、當番正禰宜代權祝勝榮出勤。
一　此度神社之觸頭、過日五社江被二仰付一處、昨日上御靈・御香宮・向日明神三社坊被二仰付一、都合八社ニ相成候ニ付、今日御幸町高辻上ル大津屋利兵衞宅ニ而各集會。郡分幷ニ何歟相談。
予早朝より出京出席。二更比歸宅。
五日、壬子。曇。
一　當番正禰宜代權祝勝榮出勤。
一　午後検斷所へ勝榮出勤ス。
六日、癸丑。半晴、入レ夜小雨。
一　當番正禰宜榮祐出勤。
七日、甲寅。晴、亥剋比より雨、曉天強雨。
(九字朱)
八日、乙卯。半晴、入レ夜雨。
一　出京、入レ夜歸宅。
一　今上皇帝今未剋比大坂より還御、無事。
淀迄御舟、昨夜淀城ニ而御一宿之由。

八(朱「九」)日、乙(朱「丙」)辰。雨、午後より止、時々小雨。
一　還御ニ付、御機嫌伺且恐悦、奏者所江予正祝相愛卿一社惣代罷出、玄關申置。夫より壬生家江行向。官務殿昨日歸宅ニ付見舞。二更比歸宅。
一　桂川五尺斗出水、筏上野橋掛リ落橋。
九(朱「十」)日、丙(朱「丁」)巳。晴。
十一日、丁(一字朱)(朱「戊」)午。半晴、午時比より雨。
十二日、己未。半晴、出京、入レ夜歸宅。
十三日、庚申。半晴、朝曇。
一　觸頭社司死。泉(水カ)人町若狹屋宅集會。東越州出頭。
十四日、辛酉。陰晴。
十五日、壬戌。曇、小雨。
一　權禰宜代權祝勝榮出勤。
一　検斷所へ出勤。
一　集會。還御被レ爲レ有候ニ付、當社御祭執行致(治)度ニ付、來五月八日被レ行候願書差出ス次定。

氏人

氏子中へ回達

明後十七日太政官へ予持參之約定。申剋比相
濟。
十六日、癸亥。晴。
一　當番權祝勝榮出勤。
十七日、甲子。晴、午後曇。
一　御祭之願書太政官江持參候處、來五月七日ニ
被二仰出一有レ之候。昨日使來ニ付、今日兼帶ニ而
罷出候。
右被二仰出一有レ之ニ付、願書差出シ不レ申。然ル
處、七日ハ未ノ日故八日申ノ日ニ執行被二仰出一
度段願候得共、八日ハ八幡之御祭且ニハ七日ト
被二仰出一候事故、日限振替之義(儀)ハ難二出來一由、
神祇局被レ達候故、無レ據承知ニ而申下剋比歸宅
ス。
一　當番權祝代權禰宜相推出勤。
十八日、乙丑。雨。
一　御祭被二仰出一候ニ付、社司、神方、神子、社
役人、旅所轅下村々氏子中回達、今朝社務所よ
り差出ス事。
一　當番權祝勝榮出勤。
十九日、丙寅。陰晴。
一　午後御祭掛リ集會。社頭次第、御下行米、獻
上物、休所、社内繪圖、手續キ書等拵、明日太
政官江正祝持參筈也。
廿日、丁卯。雨。
一　氏人房經昨日櫟谷祝入職相濟候由申來。
廿一日、戊辰。陰晴。
一　出京、入レ夜歸宅。
廿二日、己巳。陰晴、午下剋比より雨。
廿三日、庚午。雨。
廿四日、辛未。半晴不定。
廿五日、壬申。雨。
廿六日、癸酉。雨、夕方止。
一　三月廿一日出生之女子乳無レ之ニ付、川嶋村
半兵衛ト申百性(姓)之宅へ預ケル。下女・下男送レ
之。

廿七日、甲戌。雨不定。
廿八日、乙亥。朝半晴、午剋比より雨不定。
廿九日、丙子。雨。
一　神職之者、家内ニ至迄、以後神葬祭ニ相改可レ申事。
一　今度別當、社僧還俗之上者、神職ニ立交候節も、神勤順席等先是迄之通相心得可レ申事。
右之通被二仰出一候事。
御所表より右之通リ御達之事申來。
五月朔日、丁丑。半晴、午剋比より雨。
御千度
一　御千度如レ例。榮祐、勝榮出勤。
二日、戊寅。陰晴。
一　予、東遠州同伴ニ而御祭手續書差出置候處、今ニ御沙汰無レ之ニ付、神祇官へ出頭。二條御城御修復ニ付、神祇官野々宮殿假館ニ相成候事。
昨秋御下行米神方彼是ト申立候故、今日神祇官より尋被レ申候ニ付、是迄通リニ被二差置一度段歎願致置、其儘ニ相成候由申述ル。明日願書差出シ可レ申段被レ達候間、承知ニ而引取ル。夫より廣橋家江罷出、右御下行米之一件雜掌面會ニ而賴置、入レ夜歸宅。
三日、己卯。陰晴。
一　新三品、東遠州神祇官へ出頭。御祭一件ニ付御下行米願書差出ス。左之通リ。

奉二歎願一言上書

一　當社御祭御下行米之内、御休所以下設物其外社司御下行米可レ被レ減哉之趣、昨年十月御内意ニ付、其節別紙歎願仕候。何卒是迄通リニ御差置被二成下一候得者、一社静謐難レ有可レ奉レ存候。
以上

辰五月　　松尾一社惣代
東新三位印
東遠江守印

神祇官
御役所

右奉書四ツ折差出ス。

四日、庚辰。曇、午後より雨。
一　當番正禰宜代權祝勝榮出勤。
五日、辛巳。雨、夕方少シ止。

端午神事

一　端午御神事。辰剋出仕。神供獻進、無事。
權祝勝榮出勤。當番權祝勝榮代勤。

松尾祭

一　葵獻上。正禰宜榮祐出頭。例之通リ乘物輿、
脇侍貳人、沓持、傘持、傘籠。
先辛櫃白丁、宰領侍貳人。
一　禁中奏者所、准后奏者所。
當年ヨリ某餘ハ無レ之、不レ爲二獻上一。御撫物文
庫入、白銀貳枚例年之通リ奏者所ニ而受レ之。
綸旨者追而可レ被レ渡由神祇官より達有レ之。
今日ハ申不レ受。廣橋家江ハ一社より葵桂進上
ス。
參向之堂上并諸史樂所
神祇官より四ツ折ニ而被レ達。左之通リ。
上卿　清水谷中納言（公正）
辨　勸修寺（經理）
神祇官より植松少將（雅言）
〔其外樂人參向ナリ。　〔諸史參向ナリ。例年之通リ。　「三催ハ當年參向無レ之。
六日、壬午。雨。
一　當番正禰宜代權祝勝榮出勤。
一　午後各明日之拵出勤。
七日、癸未。陰晴、入レ夜雨。
一　卯下剋ニ着二束帯一。各出仕。
一　上卿　辨　神祇官　諸史　樂人　參着。暫客
館ニ而御休足（マヽ）。御内見相濟、御休所へ御引取御
休足（マヽ）。
内陣相命榮祐、外陣相愛房式、大床相推勝榮、階上房經氏人相嗣、
階下氏人龜種。
神供獻進、無事。大膳職より之神供如二近例一。
御幣物、上卿　宣命、着到殿行事舍御作法、社
司之諸役、奏樂等如二近例一。
葵掛替、神服召替御作法獻等相濟、神供撤レ之。
樓門内三ノ鳥居外是迄通リ、武家番所貳ケ所當

年不レ建。丹州笹山、江州膳所ナリ。
三ノ鳥居内南面北側壹ヶ所、二ノ鳥居外北側一
氏人
ヶ所、北ノ茶屋之前南面壹ヶ所、裏門玉垣貳所
壹ヶ所ツヽ建レ之。其餘ハ諸事近例之通リ。
一 昨年之以レ例雨儀之執行也。行事辨殿より御
沙汰之事。
一 清水谷殿、勸修寺殿、植松殿江昨日松室佐渡
守殿明日參向之檢撈(挨カ)ニ出頭。
一 朝葵桂受ケニ遣ス。
一 堂上方相濟候上、休所江檢撈(挨カ)ニ出頭。前權祝
房武昨年より被二行向一候處、當年者所勞ニ付、
櫟谷祝房經出頭。着二狩衣一、立烏帽子。未下剋
氏人
比相濟、退出。
八日、甲申。雨。
一 昨日之大膳職調進神供幷造酒坪。當年正禰宜
江觸レ之。其外神供近例之通リ。正官三職江受レ
之。
一 御迎之沙汰人例之通リ御旅所へ參向。

一 未剋月讀社參向。御舟御神事、拜殿着座、廳
參等如レ例。公文故障ニ付、權禰宜相推、櫟谷
祝房經、氏人龜種出勤。本宮へ參着候處、上桂
村役人呉服所へ來、御渡舟場所出水ニ付、迚も
今日御渡舟六ヶ敷由申來ニ付、神方兩人、社役
人召連見分ニ罷出候處、彌六ヶ敷六尺斗之出
水、御渡舟場瀬早ク、猶更六ヶ敷由申歸ル。神
輿ハ御旅所之神輿舍江納候由。延引之次(治)定。引
水次第ニ御渡舟可レ有レ之段、一統許定ナリ。
一 神供御肴物此比暑氣、明日迄ハ迚も此儘ニ而
ハ六ヶ敷由膳部方申來ニ付、酉剋比神供獻進相
濟、各歸宅ス。
一 内陣、外陣、大床、階上、階下出勤之社司、氏
人昨日通リ。
一 御迎之神方、沙汰人御旅所ニ而逗留也。
九日、乙酉。半晴。
一 桂川出水ニ付、御渡舟場所至二今日一二六ヶ敷
由故、明朝御渡舟ニ相成候由、沙汰人見分候處

申來。
一　神祇官へ還幸延引之届、幷ニ奏者所江御撫物
氏人
返納延引之届、氏人相嗣今日届ニ出頭。
十日、丙戌。半晴、午後少シ曇。
一　桂川引水ニ相成候間、今午剋比ニハ御渡舟出
勤可レ致由、上桂村居來。午下剋各束帯出仕。
御千度
一　未剋比御渡舟無事相濟、還幸遷宮無事。
神供昨日相濟候間、外陣ニ而御日米獻進。旅所
より之神供例之通リ。鹽鯛壹掛ケ、ツバナ青物
三品如レ例。
外陣相命榮祐、大床相愛相推、階上勝榮房經、階下相嗣龜種。權神
主房式所労不參。申剋比退出。
十一日、丁亥。雨、入レ夜強雨。
一　太麻獻上、御撫物返納。權禰宜相推乘物近例
之通リ無事相濟由。
十二日、戊子。強雨。桂川九尺餘出水、二ノ井堤
昨年普請出來之處、間中ニ而貳拾間斗流失。今ノ
井堤江水下村々集居也。

十三日、己丑。雨。渡月橋、上野橋、七條通桂橋
三ケ所共落橋。
十四日、庚寅。雨。
十五日、辛卯。雨、午後より時々止、不定。
一　出京、入レ夜歸宅。今日より上野舟渡シ。
十六日、壬辰。晴、入レ夜雨。
一　御千度例之通リ。兩人共出勤。神主相命卿忌
日、不參。權神主房式、權禰宜相推不參。
一　當番權祝勝榮出勤ス。
一　月讀祝重孝忌明入來。
十七日、癸巳。曇、巳剋比より半晴不定、夕方小
雨、又夜來雨。
一　當番權祝勝榮出勤。
十八日、甲午。雨、入レ夜強雨度々アリ。
一　當番權祝勝榮出勤。
十九日、乙未。雨。桂川出水ニ付、二ノ井堤去
十二日ニ切込、殘堤六ケ敷由ニ付村々寄集。
廿日、丙申。半晴。

廿一日、丁酉。晴、申刻比より雨。
一 於二野村宅一北脇善助能相催ニ付行向、一宿ス。
廿二日、戊戌。雨、午後止、不定。夕方歸宅。
廿三日、己亥。晴。
廿四日、庚子。晴、時々曇。
一 午後集會。法輪寺八講田ニ付相談。
廿五日、辛丑。半晴。
一 午後検斷所へ出勤。
廿六日、壬寅。晴。
一 出京、入レ夜歸宅。
廿七日、癸卯。晴。
一 太秦廣隆寺役人井上主殿入來。法輪寺八講田地取戻シ相談ス。東越州入來。兩人より談合。酒・中飯出ス。未刻比歸宅。
廿八日、甲辰。晴。
廿九日、乙巳。晴。
一 神祇官より昨日今巳剋ニ罷出候様申來ニ付、予出頭候處、昨日之太麻獻上聞違之義(儀)有レ之候ニ付達之事。夕景歸宅。
三十日、丙午。晴。
六月朔日、丁未。晴。
二日、戊申。晴。
三日、己酉。晴。
一 出京、吉田へ行、一宿ス。
四日、庚戌。晴。早朝歸宅ス。
一 當番正禰宜代權祝勝榮出勤。
五日、辛亥。晴、申刻比夕立小々。
一 當番正禰宜榮祐出勤。
六日、壬子。晴、夕方小々夕立。
一 當番正禰宜榮祐出勤ス。
七日、癸丑。雨、時々止。
八日、甲寅。晴。
九日、乙卯。陰晴。
一 出京、入レ夜歸宅。
十日、丙辰。晴、夕立、雷鳴二三聲アリ。

御田植神事

十一日、丁巳。陰晴、夕立。
一　御祭御下行米配當之義(儀)ニ付、朝飯後集會。昨日神祇官より呼ニ來、正祝相愛出頭也。昨日申渡シ(スカ)由。

十二日、戊午。晴。
一　御祭御下行米分配、昨年以來神方中彼是ト申立居候義(儀)も有レ之ニ付、此度神祇官より壹升ニ而も頂戴致候者迄も御下行米配當之義(儀)ニ付、自今違心無レ之趣調印ニ而差出ス可(マヽ)レ申旨被レ達候ニ付、今朝ニ至社家、神方、社役人迄も調印可レ致旨相達候處、神方中増米無レ之候而ハ調印不レ仕旨、如何體ニ相成候とも一統ニ承知不レ仕旨、神方一統相揃社務所へ來。社家中出會、御所表より被レ下候御下行米ヲスクナイナドト申立候而ハ強上(情カ)ニ相聞江候間、調印ハ承知致、其後ニ相成歎願之義(儀)ヲ致候様ニ申爲レ聞候へ共、中々承知不レ致、右之趣ヲ神祇官江正祝相愛、權禰宜相推兩人巳下尅比より屆ニ出頭ナリ。
一　御下行米代金十日ニ被レ爲レ渡候處、正祝印形失念ニ而候由。押小路大外記入魂ニ而今日迄預ケ被レ置候。社役人森隼多、人足壹人差添請取ニ遣ス。夕方歸宅。無事請取持歸ル。社務所預リ。

十三日、己未。晴。
一　神方、沙汰人御神事催ニ來。如レ例。
一　御田植御神事。御祭未尅出仕。權禰宜相推所勞不參。猿樂當年者止レ之、翁執行無レ之。外陣相命、榮祐　大床相愛、房式　階上勝榮、階下房經。神供獻進、無事執行。
公文代權神主房式、植女三ヶ村より例之通(リ)執行出勤。

十四日、庚申。半晴。
一　宮仕御神事催ニ來。
一　御神事。辰尅出仕。權禰宜相推、權祝勝榮、櫟谷祝房經所勞不參、神方六人不參、沙汰人屆レ之。

神供獻進、無事執行。
一　午後出京、祇園祭ニ行向、一宿ス。
十五日、辛酉。晴。
一　午時前ニ歸宅。檢斷所出勤之處入魂ス。
十六日、壬戌。半晴、曇小雨。
一　當番權祝勝榮出勤。
十七日、癸亥。晴。
一　當番權祝勝榮出勤。
十八日、甲子。半晴。
一　當番權祝代正禰宜榮祐出勤ス。
十九日、乙丑。晴。
一　出京、一宿ス。
二十日、丙寅。晴。早天歸宅。
廿一日、丁卯。半晴。
廿二日、戊辰。晴。
一　山田兵部實母死去ニ付、昨廿一日より五十日
假、十三ヶ月服引籠申候由申來。
廿三日、己巳。晴。
廿四日、庚午。晴。
廿五日、辛未。晴。
一　出京候處、川嶋村へ預ケ置候女子死去致候ニ
付、京都江申來ニ付、未剋比歸宅ス。
一　酉剋比葬式。出入之者來送レ之。
廿六日、壬申。晴、入レ夜小雨。
一　御貸附集會。予出席ス。昨日者不參。
廿七日、癸酉。晴、入レ夜雨、夕立。
廿八日、甲戌。晴、時々曇。
一　月次太麻獻上。昨日神祇官より呼ニ來ニ付、
予出頭。入レ夜歸宅。
一　松尾伯耆關東より歸宅ニ付、御母公肥後守行
向。
廿九日、乙亥。晴。
七月朔日、丙子。晴。
二日、丁丑。晴、午剋比夕立、直ニ止、雷鳴三
聲、夕方夕立。
三日、戊寅。晴。

一　川勝寺村房五郎宅へ行、午時比歸宅。
四日、己卯。晴。
一　當番正禰宜代權祝勝榮出勤。出京、入レ夜歸宅。
五日、庚辰。曇、時々雨。
一　當番正禰宜榮祐出勤。午後檢斷所へ出勤。
六日、辛巳。曇、時々雨。
一　當番正禰宜榮祐出勤。午後川勝寺村行。
七日、壬午。晴。
七夕神事
一　七夕御神事。辰刻出仕。
外陣相命、榮祐　大床相愛、房式　階上相推、勝榮　階下種道、榮種　同房經。
神供獻進、無事執行。
一　廳參例之通リ。兩人共出席。山田役人、宮仕禮ニ來。
八日、癸未。朝小雨、晴、時々曇。
九日、甲申。晴。
谷川勘定
一　谷川勘定檢斷所ニ而相催。兩人共出席。
十日、乙酉。晴。
一　出京、入レ夜歸宅。
十一日、丙戌。晴。
十二日、丁亥。晴。
一　雜掌會御神事。辰刻出仕。神供獻進、無事執行。榮祐、勝榮出勤。
十三日、戊子。晴。
一　出京、夕方歸宅。
十四日、己丑。晴。
呉服所
一　中元之囘禮當年者止レ之。去十二日呉服所ニ而次(治)定。
十五日、庚寅。陰雨、入レ夜強雨。
十六日、辛卯。陰晴、小雨、午後半晴。
一　當番權祝勝榮出勤。
十七日、壬辰。半晴。
一　當番權祝勝榮出勤。
十八日、癸巳。陰雨、午後より風雨、入レ夜強雨度々アリ。四月十九日ニ二ノ井堤流失之殘リ、戊

剋比ニ皆々流失。丑剋比壹丈三四尺斗出水。今井堤三拾間斗流失。水下村々水流込、居宅片付ル。上桂村・西代村大出水ナリ。

一　當番權祝勝榮出勤。

一　御祭下行米分配之義(儀)ニ付、内神祇官(々)より尋之義(儀)有レ之ニ付、松尾伯耆方江東新三品、予同伴ニ而行向。神方中之義(儀)委細内談ス。松尾伯耆關東より歸宅後、神祇官江去十二日より出勤致居候ニ付、植松殿より内談取調之事ナリ。暮時比歸宅ス。

十九日、甲午。半晴。

一　鳥居前差込水石階三四段迄水來、兩茶屋ハ床ノ上江水上ル由ナリ。

二十日、乙未。晴。

一　桂邊江水見舞ニ酒爲レ持遣ス。

廿一日、丙申。晴。

廿二日、丁酉。晴。

一　御祭御下行米之義(儀)ニ付、神方社務江以二書付一屆出。神祇官江山田越前介、山田外記罷出候ニ付、老分、沙汰人社務所へ呼寄セ、予東新三品、東越州面會理解申渡之事。

廿三日、戊戌。晴。

一　午後於二社務所一集會。神方昨日神祇官へ罷出候處、社司之添書なくてハ願書預りかたく(き)由申渡ニ付、神方、老分、沙汰人呼寄セ申達ノ事。

廿四日、己亥。晴、丑剋比地震。

一　東新三品、東遠州兩人、神祇官之役人福羽文三郎宅江内談ニ行向。

廿五日、庚子。朝曇、午後半晴。

一　御下行米之義(儀)ニ付、朝飯後社務所集會。神方中も呼寄セ段々相頼ニ付、壹兩日之内神祇官江神方之願書差出シ可レ申段申達ス。

一　一昨日神祇官より御用之義(儀)ニ付罷出候様申來ニ付、新三品、遠州出頭候處、當時存命之社司、官位・入職等之年月日書取可二差出一旨被レ

達候ニ付、明後廿七日ニ差出人次(治)定。神主始氏人迄書取今日認ル地奉書四ッ折美濃紙上包。神方六位も同様差出スニ付、神方江申達ス。入ㇾ夜歸宅。

廿六日、辛丑。晴。

一　御下行米之義(儀)ニ付、松尾伯方へ内談ニ予出頭行向。廣橋家江も右一件申出ル。大納言(忠禮)殿在宿雜掌中傳聞込之事。入ㇾ夜歸宅。

廿七日、壬寅。朝曇、午後半晴。

一　新三品、予、東越州同伴、曙比より福羽文三郎宅へ行向。夫ヨリ巳下剋比神祇官へ出頭。東遠州御所ヨリ退出日ニ付、予非藏人口へ參リ申述、四人同伴神祇官へ出頭。願書左之通リ。

奉二歎願一口上書

一　當社御祭之節　勅使始御休所設物以下并假建物等之御下行米三拾五石之内、昨年御減石ニ可二相成一旨御内意承候得共、元來御再興之節より總而神物費無ㇾ之樣御沙汰も有ㇾ之候處、御當日御休所設物并假建物等年々多分之御用途ニ付、右三拾五石ニ而者御賄申兼候義(儀)ニ御座候間、迚も御減石ニ相成候而者年々不足仕候間、何卒是迄之通被ㇾ下度偏奉二願上一候。以上

慶應四年七月　松尾社

東　三位印

南　三位印

東新三位印

神祇官

御役所

歎願口上書

一　御祭御下行米之義(儀)權神主以下七職之輩御減石ニ可二相成一哉之旨、昨年十月御内意被ㇾ爲ㇾ在候節歎願仕候次第ニ御座候。於二此度一も右同樣ニ御座候間、自然御減石之御樣子被ㇾ爲ㇾ在候ハヽ、精々御願被ㇾ下度伏而希入候。何分初年御定ニ相成、累年被二下置一候通頂戴仕候樣御取成之程奉ㇾ願度候。以上

慶應四年七月　權神主　東越中守印

権禰宜　東遠江守印
権祝　南肥後守印
月讀禰宜　松室相摸守印
氏人
同祝　松室加賀守印
櫟谷禰宜　松室壹岐守印
同祝　東近江守印

神主殿
正禰宜殿
正祝殿

歎願口上書

一　御祭御下行米年々私共茂拝領仕難レ有奉レ存

氏人

候。然ル處此度神方六位始部屋住ニ至迄右御下行米御加増歎願仕候趣、右御取成之上若御許容ニ相成候義（儀）ニ候ハヽ、私共者御祭御當日社司同様之諸役相勤候而、神方六位之輩ト者身分茂違候事故、何共恐入候事ニ御座候得共、従二　朝廷一格別之　御思召ヲ以下賜候義（儀）ヲ御加増相願候者、實以奉二恐縮一候得共、私共茂同様御増米奉レ願度候。何卒此段御聞分被レ下、私共身分相應之規則相立候様偏ニ御取成之程奉レ願候。以上

——七月　氏人
東備前守印
松室佐渡守印

神主殿
正禰宜殿
正祝殿

奉レ願口上書

一　御祭御下行之義（儀）ニ付権神主被レ下歎願之事。
一　氏人両人同様歎願之事。
一　神方共同様歎願之事。

右別紙之通願立申候。於二私共一歎能勘考仕候間、宜奉レ願二御裁斷一候。以上

——七月　松尾社
東　三位印
南　三位印

氏人
検斷所

東新三位印

神祇官
御役所

一 外ニ神方之社司江之歎願壹通。
一 右何れも奉書四ッ折、美濃紙上包。
一 官位次第書等社司、神方共差出ス。福羽文三郎落手。追而御沙汰可レ有レ之事。予一宿ス。
廿八日、癸卯。半晴。
廿九日、甲辰。晴、夜來雨、丑刻比ヨリ。
一 明朔日久我殿（建通）越後表江軍靜ニ御出立。依レ之吉田遠江附添ニ付、御母公見立ニ今日より御出。
予ハ八朔ニ付斷申遣シ不參。
一 明日之角力暫中絶候處、氏子之人氣悪敷候故、當年ハ執行別段武邊江ハ不レ願、京頭取江申遣ス。谷村百性（姓）文藏ト申者、西岡頭取致居候ニ付、金五兩ニ而、角力一式引請、土俵拵、頭取之禮、角力取十人斗買取。右金高之内ナリ。
八月朔日、乙巳。陰雨、時々強雨。
一 相撲、雨天ニ付御延引。
一 今井堤切所、水留出來かたく（き）故村々集。
二日、丙午。陰雨。
一 桂川四五尺斗出水ニ付、水下村々江水流行混雜之由也。
三日、丁未。曇、巳刻比より雨。
四日、戊申。陰晴、入レ夜雨。
一 伊賀局先達而より所勞之處、兎角不快、昨夜より急變ニ而今曉被レ及二大切一候由。
一 予出京、壬生家へ行向、初更比歸宅。
一 當番正禰宜代權祝勝榮出勤。
五日、己酉。半晴、曇、小雨、入レ夜強雨。
一 當番正禰宜榮祐出勤。
一 検斷所へ午後出勤。
六日、庚戌。晴。

相命

喪妹二十日假 自二昨五日一到二來二十四日一。
九十日服 到二十一月五日一。

相愛
喪姨二十日假　同上。
　九十日服　同上。
相嗣
喪姨二十日假　同上。
　九十日服　同上。
右之通引籠候。宜預㆓御披露㆒候。以上
八月六日　相命
相愛
相嗣
正禰宜殿
一　社司中回章、當家より年寄江申達ス。
一　昨夜曉天ニ孝養軒江養生下ケ之由ナリ。
一　神祇官之屆書、東遠州持參出頭。是迄伯家江之屆書同樣。奉書四ッ折、美濃紙上包。
一　神方、沙汰人當家より申達ス。
一　當番正禰宜榮祐出勤。
七日、辛亥。晴。
一　神祇官へ假服之屆、昨日遠州持參候處、昨日者休日ニ付役人唯(誰)も出勤無㆑之、今朝松室佐州持參ニ而出頭ナリ。
八日、壬子。晴。
一　出京、一宿ス。
伊賀局葬式、忰名代ニ見立ル。
九日、癸丑。晴、申剋比歸宅。
一　當番正祝代權祝勝榮出勤。
十日、甲寅。晴、未剋比暫雨、申剋比より止、曇。
一　午後大原野江相撲ニ忰召連行向、二更比歸宅。
十一日、乙卯。曇、小雨。
十二日、丙辰。陰雨。
一　今井堤切込ニ付、堤下より下邊御神領田地河原ニ相成候ニ付、見分村方より願出候。依㆑之今朝見分、予、松室加州、東江州出役見分ス。巳剋比相濟。

十三日、丁巳。晴。
十四日、戊午。陰晴。出京一宿ス。
十五日、己未。半晴。早朝歸宅ス。
一　午後檢斷所へ出勤ス。
十六日、庚申。雨、時々強、未下剋比止、入レ夜強雨度々、雷鳴四五聲、稻光。
一　當番權祝勝榮出勤ス。
十七日、辛酉。曇、午剋比より晴定。
一　當番權祝代正禰宜榮祐出勤。
一　桂川水増ニ付、今井堤切所水留、今ニ出來かたく、此比中間三四尺出水故砂流、水下村々出水。
十八日、壬戌。朝曇、巳剋比より晴。
一　當番權祝勝榮出勤。
一　夜四ッ時比神祇官より御用之義(儀)ニ付、唯今罷出候樣、東家江使來處、假中ニ付、當家へ來。
一　櫟谷祝房經神祇官へ出頭。曉天歸宅。　御卽位ニ付御祈被二仰出一候。御教書左之通。
一　社司中ハ當家より申達ス。神方中、神子ハ社務所より申達ス。
　來二十七日可レ被レ行二　卽位禮一。無二風雨難一可レ被レ遂二無爲之節一御祈一七箇日可レ抽二精誠一旨被二仰下一候事。
　　八月十八日　　神祇官
　從二明十九日一御祈始之事。
　滿座翌日大麻獻上之事。
十九日、癸亥。晴。
一　御祈。辰下剋出仕。社司、神方惣參。人數
榮祐　房式　相推　勝榮　種道　榮種　房經
也。
一　昨夜深更ニ付、神祇官役人引取ニ付、植松少將(雅言)殿宅ニ而取斗、今朝神祇官江御請之書差出可レ申段被レ達候間、東越州出頭。御祈相濟、出門。左之通リ。
　來二十七日就二　御卽位一自二今十九日一一七箇日之間御祈被二仰出一畏奉二御請一候。以上

八月十九日　松尾一社惣代
東越中守

神祇官
御役所

地奉書四ッ折、半紙ニ而上包。

二十日、甲子。陰晴。

氏人

一　御祈。社司、神方惣參。社司人數初日之通リ。

二十一日、乙丑。晴。

一　御祈。社司、神方惣參。權禰宜相推、櫟谷祝房經不參。其餘者初日之通リ。

二十二日、丙寅。晴、朝小雨、直ニ止、入レ夜小雨。

氏人

一　御祈。社司、神方惣參。相推不參。

一　加番權祝勝榮出勤。

二十三日、丁卯。陰晴。入レ夜雨。

一　御祈。社司、神方惣參。人數初日之通リ。

二十四日、戊辰。晴。

一　御祈。社司、神方惣參。房經不參。

一　桂川筋堤外之藪幷ニ林等堤より十四五間ハヨケ、夫より切拂之義(儀)、京役所より申來。田畑荒地ニ可レ致段申來ニ付、御社領松尾前河原藪林等有レ之ニ付、上山田村へ申渡ス。今日より五日間ニ切拂申渡ス。

一　御祈。御祓拵二於社務所一。榮祐、相推、氏人龜種行向、午後出席。

二十五日、己巳。晴。

一　御祈滿座。御日米獻進。社司、神方惣參。房經不參。

一　御日米神供者社務受レ之。

二十六日、庚午。曇、午剋比より雨。

一　太麻獻上。正禰宜榮祐、氏人龜種着二狩衣一、立烏帽子、途中羽織、待高。無事相濟、一宿ス。

二十七日、辛未。朝雨、巳剋比より晴定。早朝歸宅。

二十八日、壬申。晴。

一　出京。昨日御卽位之恐悦奏者所へ出參。着二麻上下一。月次太麻獻上。局（ツボネ）舎所へ昨年より獻上。松茸獻上ス。初更比歸宅。

二十九日、癸酉。朝霧、巳剋比より晴。

三十日、甲戌。時々強雨、午後晴定。

一　神祇官より御用義（儀）ニ付罷出候樣昨日申來ニ付、予出頭候處、達之趣左之通り。

御卽位被レ爲レ濟候ニ付獻上物。

禁中江　太麻、干鯛　一箱。

大宮御所江　太麻、鰑　一折三連。

先例ニ不レ拘獻上可レ致旨達之事。夕方歸宅ス。

九月朔日、乙亥。晴。

一　御日米獻上。予出勤。神供片料受レ之。

（御千度）御千度如レ例。勝榮出勤。相推不參、種道不參、代龜種出勤。加番正禰宜榮祐出勤ス。

一　昨日達之趣社司、神方披露ス。

一　御祓今朝拵、大床ニ而御祈禱ス。來ル三日獻上ナリ。

二日、丙子。晴。

三日、丁丑。晴。

一　太麻獻上。去三十日達之通り予出頭。着二麻上下一。無事相濟、一宿ス。

四日、戊寅。半晴。午時比京都より歸宅ス。

一　當番正禰宜代權祝勝榮出勤。

五日、己卯。晴。

一　當番正禰宜代權祝勝榮出勤。

（檢斷所）一　午後檢斷所へ勝榮出勤ス。

一　昨夕神祇官より御用召ニ付、予出頭候處、此度松尾社被レ免二參朝一候由ニ付、明朝願書可二差出一旨達之事。夕方歸宅。東家江及二相談ニ一願出認メ、明日予持參之事。

六日、庚辰。晴。

一　當番正禰宜代權祝勝榮出勤。

一　昨日願書予鷹司殿江持參。左之通り。

謹言上

一　此度熱田社大社神主等被レ免二參朝一奉レ拜二

重陽神事、氏人

天顔一候趣、於二當社一茂何卒同様被二仰附一
度奉二願上一候。以上

慶應四年九月　　松尾社正禰宜
　　　　　　　　　　　南三位

神祇官
　御役所　　奉書四ッ折
　　　　　　美濃紙上包

神主服中ニ付、正禰宜ヨリ奉二願上一候間、兩
人之内一人願之通被二仰附一候者難レ有奉レ畏候。
以上　　切紙添書ニ而
　　　　差出ス。

總而文言書取神祇官より差圖ナリ。
今日神祇官休日、且ニハ讃州より崇徳天皇金毘
羅此度御歸京、今日京着。神祇官より御迎ニ堂
上幷ニ官人淀出頭ニ付、鷹司殿神祇官之御掛リ
故、鷹司家江予持參。諸大夫高橋兵庫頭面會、
御落手被レ達、追而御沙汰可レ有旨被レ達引取ル。
夫ヨリ壬生家江行向、初更比歸宅。
七日、辛巳。晴、入レ夜小雨。
八日、壬午。晴、入レ夜時雨風甚シ。

一　午後出京、申刻比歸宅。
九日、癸未。朝時雨、午後晴。
一　重陽御神事。辰刻出仕。氏人龜種加勢出勤。
外陣榮祐房式、大床相推勝榮、階上種道榮種、階下房經龜種。神供
獻進、無事執行。
九日之神供、例年御青進（精）ニ而獻進候處、此度御
一新ニ付、佛前同様之供物故、昨日以二沙汰人
ヲ一カマス・目黒等獻進可レ致候様申達ス。

御本膳

鰤	昆布	大根
目黒	洗米	御箸
鰤	松茸	青豆

二ノ膳

鰤	丸鰤	大根
目黒	御盃	御汁
鰤	松茸	大根

其餘餅・御飯・御菓子等ハ是迄通リ。
右之通リ當年より改。
一　社務所廳參等例之通リ。予不參。勝榮出席。
十日、甲申。半晴。
十一日、乙酉。晴。
一　昨夜神祇官より御用之義（儀）ニ付、今巳刻ニ罷出

候様申來ニ付、松室佐渡守殿へ出頭。達之趣左之通リ。

今般　御卽位御大禮被レ爲レ濟、先例之通被レ爲レ改二年號一候。就而者是迄吉凶ノ象兆ニ隨屢改號有レ之候得共、自今　御一代一號ニ被レ定候。依レ之改二慶應四年一可レ爲二明治元年一旨被二仰出一候事。

九月

右之通相達候事。

九月十一日　　　　神祇官

右切紙ニ而被レ達候事。

十二日、丙戌。雨、午後晴定、又入レ夜雨。

一　神祇官より唯今罷出候様申來ニ付、予出頭候處、去六日ニ願出置候參　朝、明十三日ニ罷出候様被レ達候。過日差出候願書ニ張紙ニ而被レ達。左之通リ。

正禰宜
南三位

願之通九月十三日巳半剋參　内被二仰出一候事。夕方歸宅。

但、衣冠・差貫着用之事。

十三日、丁亥。晴。

一　早朝より裝束師奥田宗平宅へ向テ出門。若堂(黨カ)貳人、下部貳人神祇官へ向テ出頭。午剋比　禁中江參リ鶴ノ間ニ而着ス。内覽有レ之、大名十三四人斗。其後直様六社無事奉レ拜二　天顏一、神祇官より添使給。

御對面之次第

下鴨社　泉亭二位　　松尾社　南　三位

上賀茂社梅辻三位　　坂本日吉社生源寺三位

住吉社　津守三位　　石清水八幡社田中五位

右官位之次第ニ而御對面之事。

參　朝無レ滯相濟、衣冠之儘御禮左之通リ。

神祇官事務職　鷹司殿(煕通)

輔相　　　　　岩倉殿(具視)

辨事當番　　　葉室殿(長順)

右御禮無事相濟、神祇官江戻り禮申述退出。
一　物而獻上物無レ之。入レ夜歸宅。
十四日、戊子。半晴。
一　昨日之參　内之悦ニ各來賀。
一　當番權禰宜代權祝勝榮出勤。
十五日、己丑。晴。
十六日、庚寅。晴。
一　御千度例之通。出勤。權禰宜相推、月讀禰宜
種道、櫟谷祝房經不參、氏人龜種出勤。
一　當番權祝勝榮出勤。
一　神方山田下野介、山田大炊、山田民部去十三
日被レ免二參朝一候悦ニ爲二惣代一申來。予面會ス。
十七日、辛卯。陰晴、酉下剋比より雨。
一　當番權祝勝榮出勤。
一　昨夜神祇官より御用之義（儀）ニ付、明十七日罷出
候樣申來ニ付、予出頭候處、明十八日より御祈
被二仰出一候。左之通リ。入レ夜歸宅。
來二十日　御東幸前後到二于　還幸一無二風雨
難レ可レ被レ遂二萬事無異之節一、自二來十八日一七
ケ日之間、御祈一社一同可レ抽二精誠一旨被二仰
出一候事。
九月
追而御祈滿座翌日太麻獻上之事。
右之通相達候事。
九月十七日　神祇官
今日迄神祇官堂上野々宮殿表假官ニ相成候處、
今日より日御門前學習所ニ轉官ニ相成候事也。
十八日、壬辰。晴。
一　御祈。辰剋出仕。神方、社司惣參。權禰宜相
推不參。
一　當番權祝勝榮出勤。
十九日、癸巳。晴。
一　御祈。辰剋、社司、神方惣參。相推、櫟谷祝
房經不參。
一　明關東江彌行　幸之由。壬生官務殿御供ニ
付、お母公政壬生家江御出。

榊掛神事
西岡造酒家太々神樂奉納

一　東遠州、相推行　幸御供ニ付、今日より社頭御假(暇カ)被レ下也。
二十日、甲午。晴。
一　御祈。辰刻、社司、神方惣參。房經不參。
一　東幸、卯半刻ニ御出門之由。今晩大津驛迄也。
廿一日、乙未。晴。
一　御祈。辰刻、社司、神方惣參。
廿二日、丙申。晴。加番權祝勝榮出勤。
一　御祈。辰刻、社司、神方惣參。房經不參。
廿三日、丁酉。晴。
一　御祈。辰刻、社司、神方惣參。權神主房式不參。
廿四日、戊戌。晴。
一　御祈滿座。御日米獻進、無事。房經不參。
廿五日、己亥。晴。
一　太麻獻上。櫟谷祝房經着二狩衣・立烏帽子一。無事相濟。
一　出京、入レ夜歸宅。
廿六日、庚子。晴。
一　於二野村宅一平岩源兵衛能相催ニ付行向、一宿ス。
廿七日、辛丑。曇、入レ夜雨。
一　早朝歸宅ス。
廿八日、壬寅。雨、時々ニ止、入レ夜雨。
一　月次太麻獻上幷ニ東家より之御内儀之太麻獻上。予出頭。夫より壬生家江關東留主(守)見舞ニ行向、入レ夜歸宅。
廿九日、癸卯。晴。
十月朔日、甲辰。晴。
一　榊掛ケ。御日米獻進。榮祐出勤。
一　西岡造酒家太々御神樂獻進。榮祐出勤。召具料金五十疋東家より來。
一　加番神主代正禰宜榮祐出勤。
一　御藏附例之通リ。榮祐、勝榮出勤。
一　去廿八日より勝榮中桂村義右衛門宅へ手習文

讀遣ス。辨當持參。連日行向ノコト。

二日、乙巳。晴。

三日、丙午。陰晴、夜半比より雨。

一　出京、入レ夜歸宅。

四日、丁未。雨。

一　當番正禰宜榮祐出勤。

五日、戊申。朝曇、午後晴定。

一　榊掛ヶ。御日米獻進。榮祐出勤。

一　當番正禰宜榮祐出勤。

六日、己酉。晴。

一　當番正禰宜榮祐出勤。

一　今上皇帝御十七才御厄年ニ付、御内儀より被レ仰出レ候御祈、明日より一七ヶ日之間、東家江申來處、故障ニ付、予ニ出勤致呉候様、今朝東家より頼ニ來、承知返答ス。

七日、庚戌。曇。

一　御祈。辰剋出勤ス。加番正禰宜榮祐出勤。

八日、辛亥。曇、夕方小雨。

一　御祈。辰剋出勤ス。

九日、壬子。晴、夕方小雨。

一　御祈。辰剋、出勤ス。午後内々出京、入レ夜歸宅。

十日、癸丑。曇、小雨。

一　御祈。辰剋。出勤ス。

十一日、甲寅。半晴、愛宕山雪。

一　御祈。辰剋。出勤ス。

十二日、乙卯。晴、薄氷霜。

一　御祈。辰剋。出勤ス。

一　新屋敷加藤龜次郎之妹おこう、此度備前之岡山隱居之大名之召使ニ下向ニ付、明十三日大坂迄出立。悴肥後守悦ニ遣ス。肴料金貳百疋、三本入扇子箱送レ之ス。

十三日、丙辰。晴。

一　御祈滿座。辰剋出仕。權禰宜加番榮祐出勤

十四日、丁巳。晴。

檢斷所

一　御祈太麻獻上。松室佐州出頭。
一　出京、入レ夜歸宅。
十五日、戊午。晴。
一　檢斷所勝榮出勤。
十六日、己未。晴、曉天時雨。
一　日供獻進。權祝勝榮出勤。當番兼帶。
一　今宮御旅所神能有レ之ニ付行向、一宿ス。
十七日、庚申。朝時雨、直樣晴。
一　當番權祝代榮祐出勤。
十八日、辛酉。晴。
一　當番權祝代正禰宜榮祐出勤。
十九日、壬戌。晴、夕方曇、曉天雨。
二十日、癸亥。小雨。
一　山田縫殿悴右衞門死去ニ付、父縫殿、弟右近
廿日假、九十日服引籠屆來ニ付、申來。
廿一日、甲子。晴。
一　出京、壬生家へ行、下鴨へ行、初更半比歸
宅。
一　東寺ノ南門、初更比焼失。
廿二日、乙丑。晴。
一　加番正禰宜榮祐出勤。
廿三日、丙寅。晴、午後曇。
一　此度社司、非藏人、神方申合セ、サガ(嵯峨)大覺寺
宮家來野口左門ト申人受者之由ニ付、講釋相
賴、今日始而入來。席ハ檢斷所用之論語講釋。
月ニ六度三八ニ入來出席之筈。右學校御用掛リ
東江州、山田越前介兩人御神藏ヨリ米五石程ハ
年分野口へ被レ下之筈也。外ニ入用ハ出席之人
數江割付之コト。
廿四日、丁卯。晴。
一　一昨廿二日朝飯後、今井堤切込、田地見分。
予不參ス。
廿五日、戊辰。晴。
廿六日、己巳。晴。出京、入レ夜歸宅。
廿七日、庚午。晴。
廿八日、辛未。晴。檢斷所講釋。勝榮出席。

一　月次太麻獻上、予出頭。入レ夜歸宅。

廿九日、壬申。晴。

謹言上

今般東京　行幸中爲レ窺二　御機嫌一下向可レ仕筈之處、非藏人御雇ニ而供奉仕居、且服者等ニ而一社無人之上、遠路萬事不都合ニ御座候間、參　朝仕候而奉レ窺二　天氣一度候。此段奉二願上一候。以上

辰十月　　松尾社
　　　　南　三位

神祇官
　御役所

奉レ願口上書

一　此迄御門通行鑑札之儀、執奏家ヨリ被レ渡御座候處、先達返上仕候。然ル處御用之節夜分等茂御座候間、何卒御門通行之鑑札當御官ヨリ御渡被レ下度、此段奉二願上一候。以上

辰
　十月　　松尾社
　　　　南　三位

神祇官
　御役所

右奉書四ッ折、半紙上包。明朝東江州持參之筈也。

三十日、癸酉。晴、夕方曇。

十一月朔日、甲戌。半晴。

一　御日米獻進。榮祐出勤。加番榮祐出勤。

一　二番御藏附。榮祐、勝榮出勤。

二日、乙亥。曇。出京、入レ夜歸宅。

三日、丙子。曇、時々晴。

一　檢斷所講釋。榮祐、勝榮出席。

四日、丁丑。朝曇、時々時雨、未剋比より日照。

一　當番正禰宜榮祐出勤。

五日、戊寅。曇。

一　當番正禰宜榮祐出勤。檢斷所附之収納米藏附。午後出勤。

六日、己卯。晴。

一　當番正禰宜榮祐出勤。

一　神主相命卿九十日服相濟候ニ付、入來。
七日、庚辰。晴。出京、入レ夜歸宅。
八日、辛巳。晴。
一　檢斷所講釋。榮祐、勝榮出席。
九日、壬午。晴。
十日、癸未。晴。
十一日、甲申。雨。
十二日、乙酉。陰晴。
十三日、丙戌。陰晴、時々小雨。
一　檢斷所之講釋。榮祐、勝榮出勤。
一　梅宮昨日冬之列（例）年之祭被レ招、榮祐、勝榮行向。
十四日、丁亥。雨時々止。
十五日、戊子。晴、午後曇、夕方小雨。
十六日、己丑。曇小雨、午後晴。
一　當番權祝勝榮出勤。
十七日、庚寅。晴、夕方初雪、寒風。
一　當番同上。
一　出京、一宿ス。
十八日、辛卯。晴。
一　當番同上。夕方歸宅。
一　太々御神樂獻進。社司、神方惣參。予不參。勝榮出勤。願主造酒家。

造酒家太々神樂奉納

一　新嘗祭。東京　行幸中ニ付、吉田神社ニ而執行之由。

新嘗祭

十九日、壬辰。晴。
二十日、癸巳。晴。
廿一日、甲午。晴。
一　出京、於二野村宅一北脇善助能相催行向、一宿ス。
廿二日、乙未。晴。
一　加番權祝勝榮出勤。早朝歸宅。
廿三日、丙申。晴。
一　講釋。勝榮出二勤席一。
廿四日、丁酉。曇、巳剋比より小雨。
一　加番權祝勝榮出勤。

一　兩宮御神事。酉剋出勤。神供獻進、無事。
　木ノ宮
一　夕飯社務所ニ而例之通リ。
廿五日、戊戌。晴。
一　御貸附方集會。立會に出席。
廿六日、己亥。晴。
廿七日、庚子。晴。
廿八日、辛丑。曇霜。
廿九日、壬寅。晴。
三十日、癸卯。晴。

御神樂神事

一　御神樂御神事。未下剋出仕。氏人相嗣所勞不參。内陣相命、榮祐、外陣相愛、房式、大床勝榮、種道、階上榮種、房經、階下龜種。神供獻進、無事。攝社神供例之通リ。無事執行。御神樂例之通リ執行。戌下剋比相濟、退出。
十二月（朔日）、甲辰。晴。

氏人

一　御神樂屆、神祇官へ出頭。氏人龜種。
一　カラ入。榮祐、勝榮出席。
一　例年御神藏御相場次定（治）之處、諸本所今ニ次定（治）無㆑之ニ付、今日次定（治）之處、延引十一日ニ次定（治）之筈也。
二日、乙巳。晴。
三日、丙午。晴。
一　神祇官より御用召。予出頭ノ處、左之通リ。入㆑夜歸宅。
東京　臨幸萬機　御親裁被㆑爲㆑遊、蒼生未夕澤ニ霑ハスト雖モ、内地略及㆓平定㆒候ニ付、大廟へ御成績ヲ被㆑爲㆑告度、來月上旬一先還幸被㆑爲㆑遊候。尚明春　再幸之　思食ニ付、百官有司可㆑得㆓其意㆒旨被㆓仰出㆒候事。
　十一月
右之通於㆓東京㆒被㆓仰出㆒候事。
　十二月
右之通相達候事。
　十二月三日　　神祇官

四日、丁未。晴。
一 當番正禰宜榮祐出勤。
五日、戊申。曇。
一 當番正禰宜榮祐出勤。
六日、己酉。晴。
一 大津四ノ宮社神能有レ之。早天より野村同道ニ而行向、大津ニ而一宿ス。
一 當番正禰宜代權祝勝榮出勤。
七日、庚戌。吹雪、午後止、曇。入レ夜大津より歸宅。
八日、辛亥。曇、午後晴。講釋。勝榮出席。
九日、壬子。晴、時々曇。
十日、癸丑。晴。
十一日、甲寅。晴。
一 御相場御延引之處、今午後各出勤。金六兩壹歩、山年貢金六兩貳歩、十九日より金壹朱上リ御次(治)定之事。
十二日、乙卯。晴。
一 出京、一宿ス。
十三日、丙辰。曇、午後ヨリ小雨。早天歸宅。
一 拂除。例之通リ。
十四日、丁巳。曇。
十五日、戊午。晴、入レ夜吹雪。
一 加番正禰宜榮祐出勤。
一 午後檢斷所へ出勤。
十六日、己未。雪壹寸餘リ積、午時比より晴。
一 當番權祝代正禰宜榮祐出勤。
一 御社納。例之通リ。初更半比歸宅。
十七日、庚申。曇、夕方雨。
一 當番權祝勝榮出勤。
一 朝飯後溝料取立。出勤。入レ夜歸宅。
十八日、辛酉。曇、小雨。
一 當番權祝勝榮出勤。
一 谷川勘定。檢斷所。中飯・酒アリ。今井堤出來見分各行向。
十九日、壬戌。曇。

一　御社納。例之通り。初更半比相濟。
二十日、癸亥。曇。
一　檢斷所勘定。出勤。
廿一日、甲子。陰雨。
一　神祇官より呼ニ來ニ付、出頭。入レ夜歸宅。
廿二日、乙丑。晴。
一　今上皇帝東京ヨリ今巳下剋ニ　還幸。無事之
由ナリ。
一　加番權祝勝榮出勤。
廿三日、丙寅。陰晴。
一　御拂。丑剋比相濟。米五十石、金貳百七拾兩
餘有金。
廿四日、丁卯。陰晴、午後より雨。
一　加番權祝勝榮出勤。
廿五日、戊辰。雨。
氏人
一　昨夕神祇官より御用召。直樣氏人龜種出頭。
曉天歸宅。女御　御入内ニ付、昨廿四日ヨリ
一七ヶ日之間、被レ出二御祈(マヽ)仰一候也。

一　御祈。社司、神方惣參。予風邪不參。勝榮出
勤。昨日ヨリニ付、貳度御祈相勤候由ナリ。
御教書左之通り。
來廿八日　女御入内卽　立后被二仰出一候間、
當日無二風雨難一可レ被レ遂二萬事無異之節一御祈、
一七ヶ日間、一社一同可レ抽二精誠一旨被二仰出一
候事。
卽日御祈始之事。
御祈滿座翌日太麻獻上之事。
右之通相達候事。
十二月廿四日　　神祇官
廿六日、己巳。雨、時々晴。
一　御祈。辰剋、社司、神方惣參。櫟谷祝房經不
參。
廿七日、庚午。時々雨。
一　御祈。社司、神方惣參。權禰宜相推、櫟谷祝
房經不參。
一　東京より　還幸爲二御機嫌伺一參　朝之義(儀)、

以二書付一窺置候處、昨夜神祇官より申來。今巳　祝々大幸
剋ニ參　内可レ致段申來ニ付、神主相命卿出頭。
着二衣冠一。無事相濟。御祈不參也。
一　出京、入レ夜歸宅。
廿八日、辛未。晴。
一　御祈。社司、神方惣參。相推、房經不參。
廿九日、壬申。曇。
一　御祈。社司、神方惣參。
　神祇官より達左之通リ。
　　　松尾社
　　　　一社惣代江
　當夏　勅祭ニ付、御下行米昨年之通被レ下候
　事ニ付、分配方昨年之通リ可レ仕事。
　　　十二月　　神祇官
一　午後社司、神方、宮仕、神子、土器師、社役
人、人足等於二社務所ニ一分配。無事相濟。
一　山田役人、宮仕等歳末ニ來。
一　大小工しらけ(精白)ニ來。例之通リ。

某日記斷簡

一六二七　某日記斷簡

（本文前闕）

申段之不屆ニ候。仍而遠慮たるへき者と申渡、山守嘉兵衛依二不吟味一同意申渡、相濟。右山買人共呼付、此方共へも且山守へ不二相屆一神山へ立入候段、不屆之至ニ候。以後相可二心得一と申渡、相濟。

一　神方中麻上下（裃）ニ而禮ニ來。此度之義（儀）ニ付、格別御憐愍以二御沙汰一難レ有仰被レ下候段、千萬忝存候と申來。

一　委儀者社務家ニ書留有レ之也。

廿一日、辛丑。晴、但、曇風、七時より雨。

山田因幡・造酒・掃部三人ニ而挨拶禮來。貳升樽、鱧、蛤持參。

廿二日、壬寅。晴、但、風。

一　山田大膳役柄と申不屆故差扣申付。右之義（儀）ニ付、岩崎主殿御免之願ニ來。七ッ時半時分社務より相談書面來。寫置。

大膳嘉兵衛

御否之事御免義（儀）、爲二物代一主殿參り候ニ付、殿方も可レ參之旨申付候。右兩人今日ニ而三日ニ相成候故、御用捨（容赦）被レ遣候而茂可レ然哉。左候ハヽ兩人晩方ニ而茂呼ニ遣シ可二申渡一候。以上

三月廿二日

正禰宜殿

承知之書付有。

（以下闕）

一六二八　某日記斷簡

（本文前闕）

谷川見分

山守兵藏、伊七衛門人足壹人召連行、山田沙汰人忰内匠外山主共山中東居改書付候。

神幸

三日、癸丑。晴。

來ル五日神幸神事出仕候事。正午上刻御參集可ㇾ然存候。尤如ㇾ例旅所駕輿丁村へ午中刻迄參集□(候カ)致可ㇾ仕候由申來ニ付、爲ㇾ念申入候。以上

四月　　半治持參

四日、甲寅。曇天。

五日、乙卯。雨天。

神幸

一　神幸神事、如ㇾ例。正午上刻出仕。社家人數正禰宜榮忠、權神主房豐、同禰宜相壽、同祝相與、月讀禰宜種直、月□(闕字)外上下者故障所勞等不參也。神事相濟、於二御服所一饗應。有二酒三獻一。共殘番相與、種直。各衣紋束帶、布衣、白丁。

六日、丙辰。曇天。

一　東美濃守殿入來。右者亡母來八日十三回忌相當申候間、御出罷被ㇾ下と申入來也。

七日、丁巳。快晴。谷川見分。松室重右衛門方ニて中飯。

（以下闕）

一六二九　某日記斷簡

（本文前闕）

右留主〔守〕中有二見舞一。肴干鱈壹尺五寸斗成ヲ遣ス。至〔到〕來之品海苔十枚也。

八日、戊子。雨天。四時より止。

太々神樂

九日、己丑。快晴。

勸化免許證

一　荒木東方、此度關東へ下向ニ付、明日より出立仕暇乞ニ來。右先年より勸化御印物返上下ル也。

十日、庚寅。晴。

十一日、辛卯。晴。

太々神樂

一　太々神樂者、御旅拵房豊亡父忌月日（マヽ）故、悴房良出勤ス。今年ハ客屋川奉行逗留故、於二社務所一集會。社家人數正禰宜、權禰宜、同祝、月讀禰宜、同祝及悴六人。正神主故障也。神方中來。今日御祓出來之數二千六百也。

一　相濟、鳴物停止一體ニ十一日ニ而被二差免一御書付披露有。

一　如二例年一亡父忌ニ付、供物珍品ヲ御繪ニ備祭ル。房豊袴〔裃〕上下。供物普〔譜〕代家來へ賜之處、今年ハ觸穢故、文治頂戴ス。

十二日、壬辰。晴、申刻時分雷鳴、雨立、後止。

十三日、癸巳。晴。太々神事（マヽ）、朝之内ニ而相濟。

十四日、甲午。晴。

一　神幸通開地打改之事。上山田村・松室村・谷村庄屋及人足三人召連、上野村・上桂村・德大寺村役人共立會ニ而開改。人數相養・榮忠・房豊・種直四人也。開者六尺五寸竿也。

十五日、乙未。曇天。

一　上山田神方中山、彼等守護之山切、賣拂、賣人入割木致候ニ付、山守兵藏見付、社務へ訟レ之。

一　悴十一日夜分相養殿方へ遊ニ參候得者、相養右之咄被レ致、是ニ付十五日ニ見分可レ致哉。乍二御苦勞一御出可レ被レ成樣ニと御親父江御咄可レ被レ下候と被レ申候由、悴歸申聞。右者谷下

神幸道見分

ニアラワ(表)ス。
一　右之義(儀)ニ付、今日相養・榮忠・房豊・種直、山守共召連見分行。上山田山守嘉兵衛不案(内)之由申ニ付、出懸ニ山田主殿・因幡兩人招遣候。山江參、相濟、鳥井(居)前於二茶屋一休足(息)。房豊・主殿申渡辭承候ニ者中之大行成事ニ候。木場見ヘ候得共、木者山有無有。依去る其方中間ニ而口論等出來可レ致哉氣毒ニ候。何分人別ニ凡是程と申木之書付、社務ヘ可レ被レ出申、主殿畏居ス。

十六日、丙申。快晴。
一　山田日向・求馬・左京三人來。段々侘事申。昨日申渡書付認持參仕、何分宜御取サバ(裁)キ被二成下一候樣と願候也。
一　松室式部種直入來。東三位方ヘ御誘被レ申御入來被レ下と被レ申故、御同道可レ申とて入來。房豊會人數東三位・南三位・房豊・松室式部、右四人也。右山之義(儀)ニ付、咎可二申付一評議彼是相談、不レ決。猶面々より慮簡之書付持寄可レ決相定。
一　只今伯家より使者來候。右貴公方ヘも可レ參候(マヽ)申居候ヘ共、差留置候。右ハ普請ニ付、無心申參書ニ而　（以下闕）

十七日、丁酉。快晴。
一　中飯後於二社務所一御參會申來。村役人神幸道見分參候故、不在宿故書付喜兵衛持參ス。暫時ニ而又喜兵衛書付持參。書留置。唯今御參會之義(儀)申入候得共、南家他出ニ付、明朝後迄延引可レ致候。左樣ニ御心得可レ被レ成候。且昨夜よりも及二吟味一候處、又々杣入、先ニ切取申者多御座候。左樣ニ而者、昨日之御評義(議)も相違可レ然と存候。猶明日可レ得二貴意一候。以上

　三月十七日　　三位

近江守樣

式部樣

一　七ッ過時分、東三位相養明日參會ニ付、內談

ニ入來。

（以下闕）

一六三〇　某日記斷簡

（本文前闕）

七日、甲子。晴天。
一　社頭之式。早朝社家掛湯之事。次口祝之事、元朝之通。今朝神馬十官之社司ヨリ十疋出。
一　神供、大床ニ而獻進幷ニ小社御神供大床ニ而備エ獻進。終テ大床之左右へ着座ス。祝詞御祈之事。正神主役相濟、各立レ座再拜。次神供下方相濟、

白馬神事

水垣（瑞）ノ内ニ而白馬ノ祝詞。此時宮仕幣串祝詞仕へ渡ス。祝詞相濟、幣串受取、退出ス。白馬拜殿三遍引廻。相濟。夫より櫟谷社へ參。次神方退出、次社家中退出。
一次　櫟谷社祝詞者勸請社ニ而告ス。同社禰宜役ス。神馬者月讀社・結地才社へ順參シ歸ルコト。神馬口附權神主以上兩口附也。則饗應兩人へ請レ之。

御服所

一　社家中於二御服所一今日之饗應有レ之。相濟、元日御千度之饗應頂戴ス。

經所

一　里亭之式　葩二十枚經所へ爲レ持遣ス。朝若菜雜水（炊）也。
夕飯諸神へ備エ幷燈明等年男役。
松室和泉守殿年禮入來。
八日、乙丑。晴天。
寺方年禮ニ來。年玉茶栓（筌）一つづゝ、當村兩寺より持參。
九日、丙寅。晴。淨住寺年禮ニ來。

節分

節分
一　鰯、柊諸門口へ挿事。年男役、晩豆唯（囃）子候事。同□（闕字）
一　夕節諸神事へ備。年男役。
夕、年取社參。父子共。
十日、丁卯。快晴、午刻より少曇。おとわ年禮ニ入來。盃出ス。
十一日、戊辰。朝ノ内少々薄雪。

（以下闕）

一六三一　某日記斷簡

（本文前闕）

相村

五月

一日

二日、晴、午より風有。

三日

四日、晴。

五日、快晴。

一例之通御神事。

一房良依ニ所勞一不參。

一社役人各式禮ニ來、祝詞申述□（ムシ）

一西代來。上物下物如ニ定例一。

一用次郎來。米貳合斗爲ニ祝儀一遣ス事。

一社務家より午刻持參。廻文寫左之通也。房良
即調印遣候事。

一當日目出度奉ㇾ存候。然者先達而御談申入置
候通、月讀一件取替セ状、今日御印形御揃之
上、雙方爲ニ取替一候樣、御談申入置候へ共、御
不參多候故、右書付爲ㇾ持進候。御印形被ㇾ成候
而早々御廻し可ㇾ被ㇾ成候。尤月讀兩職より被ニ
差出一候證文御留置被ㇾ成候得ハ、跡（後）より寫御廻
し申入候。仍如ㇾ斯御座候。已上

五月五日　　相村

（以下闕）

一六三二　某日記斷簡

（本文前闕）

如レ例饗應有リ。今日之式相濟。

一　櫟（谷）禰宜職重秀退職可レ有レ之様ニトノ評議。權禰宜相壽被二申出一、相養預分ニ而二月迄延引之筈ニ定。重秀被レ申候者、罷歸、親共ニ而可レ申候被レ申、相濟。

○十七日、戊戌。快晴。

松室相模守年禮ニ入來。

○十八日、己亥、曇。巳刻より雨。

猪狩神事

一　亥狩山ノ神御神事、如レ例。當番之社司、權祝相與番也。右少々早ク本社へ參勸請申。山ノ神ノ前へ來、外之社家直ニ山ノ神ノ前參居、神事相濟。饗應ハ今年依二雨氣一不レ具（すハラ）、請歸、相濟候處、酉半刻過也。今晩當家より鹿丸・亥丸之追手下部壹人出ス。今晩供之人南家へ被レ招行例也。

一　今晩社家饗應。御飯、牛房二本、菜グキ二本也。

○十九日、庚子。快晴、風。

一　聖護院宮内卿年禮ニ入來。爲二年玉一扇子三本入箱持參。茶・さけ（酒）出、後盃出、鱈、吸物、夕節等出ス。

○廿日、辛丑。快晴。少々風。

一　夕節諸神へ備。

（以下闕）

（寶暦四年）年中日記

一七四三（寶暦四年）年中日記

御千度

（表紙）

寶暦四年
年中日記　權神主
　　　　　秦房豊
甲戌正月吉日

御服所
權神主秦房豊

（本文）

寶暦四年甲戌正月元朝辛亥。天晴。

一　社家中參籠例之通。正禰宜相榮、權神主房豊、櫟谷禰宜相篤。

一　朝之内社家中口祝之事。菱葩餅幷酒、三種肴、右ハ宮仕より仕出、酒ハ酒殿より壹升來由。

一　膳部年禮之事。宮仕ヲ以申來、次來、膳部三人來。

一　宮仕ヲ以膳部方相尋。

一　神殿へ出仕。社家中各束帯、正禰宜相榮、權神主房豊、月讀禰宜種廣、同祝重秋、櫟谷禰宜相篤。

一　神事例之通相濟。社家中ハ廻廊之内ニ而神拜。御千度今ハ壹度廻。次南門より出、衣手社、次十禪（師）神社、次三宮、次々神拜相濟。月讀禰宜、祝清門前ニ而別レ、追付袴、上下（裃）ニ而御服所へ來。朝飯宮仕より仕出、酒ハ酒殿より來。

一　正神主相崇、權禰宜、祝觀（勸）樂ニ付不參。正祝、櫟谷祝若年ニ付神役免也。

一　神前棚守蕃（番カ）正祝也。下行紙等下ス。

一　夕社務より俵栥例之（通）來。小鯛　いわし　鰤膾　鰤切メ　汁ハ菜ナ　飯ハつくね　平（開）キ　豆　酒ハ酒殿より來。

一　夕御神事例之通也。社家中ハ束帯、神供獻進相濟。正禰宜祝詞、次相濟。各御祈事、次下方正神殿相濟。次小神之社神供、月讀禰宜種廣役也。社家中各着座ス、次々相濟。次社家中御服所ニ而饗應有リ。

一　社役人當家百姓中村方、其外同名（苗）中年禮來。年玉物夫レ〱來。

二日、壬子。晴。神事休、袴・上下（裃）ニ而自分社

參。四ッ足(脚)より拝ス。朝口祝諸事如レ例。今年ハ
相榮ト申合、淨衣ニ而廻廊ニ而祓神拜ス。
夕神事二九(マヽ)如レ例。大麻(床)ニ而相濟。次神方先へ退キ、次社家中月讀社へ參ル。社家中ハ拜殿ニ而着座ス。神供下方相濟。次拜殿ニ而饗應有リ。山鳥吸物出。本社宮仕仕給也。吸物土器入出ル。酒貳獻相濟、次下向ス。

謠始

一　御服所ニ而ウタイ(謠)始。祝□(ムシ)有リ。是ハ棚守蕃(番カ)より出ル。今年正祝蕃(番カ)。吸物きし(雉)、三種肴。相榮、房豐、種廣、相篤此分也。重秋事今晩不參斷、下宿ス。

一　朝口祝酒遅シ、依レ之相榮ト相談ニ而酒殿へ申遣ス。後刻酒飯代、山田大膳忰藏之丞斷來。

三日、癸丑。晴。例之通神事相濟。次櫟谷社へ參ル。神方先供ス。次社家中馬上、櫟谷社一通リ山田治部役也。社家・神方座處定メ置。宗方(像)神酒ハ松室式部也。櫟谷社神酒、祝詞、櫟谷禰宜役也。次子之日祝詞、同人役也。此時神方ハ退、神前拜ス、相濟。次吸物きし(雉)、酒貳獻、肴ハ鮎鮓、鰤鱠、相濟。社家中供酒出ス、相濟。子ノ之(マヽ)松各貳把ツヽ取事終。又神方退ク。次社家馬上ニ而、山田河原堤より本社鳥井(居)前迄、鳥井(居)前休所茶屋より定メ置。口祝、茶・たはこ(煙草)出ス。尤神方三人共。次神方下郎三人社務所迄送ル。

一　社務所饗應如レ例。宮仕給仕ス。作紙一帖ツヽ神藏出ル。次相濟、各里亭歸ル。

一　當家御社へ早束(速)社參。次家内義式(儀)、次盃事有リ。

一　下山田村庄屋傳兵衛來。扇子貳本。

四日、甲寅。晴。山田役人中年禮來。膳部、沙汰人、酒殿其外。

一　例之通當家木はやし(囃子)始。當家年囘之役、紙二枚、昆布壹枚、開豆、酒土器渡也。

一　谷村惣市年禮、年玉。

一　例之通社務所神セチ(節)有リ。御飯・小鯛・きし(雉)・ふり(鰤)・鰤鱠・開豆、各土器入。社家中相

榮、房豐、種廣、重秋、相篤五人。其外所勞。
若年衆不レ出。故障又所勞ニ而も先例請也。
一　宮仕年禮來、年玉。
一　松室隼人正重秋　一松室式部種廣

白馬神事

一　土器衆治大夫年禮來。年玉鹽つほ（壺）貳ツ也。一ツ盃壹重
庭爲・菱葩
一　當家付土器衆貳人來。是ハぞう（雑）煮餅ごまめ・くき・開豆、各土器入。酒出ス。本俵添。年男役相濟。次頭壹人、
大鏡餅菱葩・柚・何やかや添。。年玉物鹽つほ（壺）同五、土器二三十。
一　西代年禮來。上ケ物如レ常。此方遣シ物如レ
常。
五日、乙卯。晴。
一　若菜ノ事。年男役。
六日、丙辰。晴。

御千度饗應

一　例之通リ社家中年禮。房豐社家同名中（苗）へ出
ル。
一　相榮、相篤年禮入來。
一　諸神御膳幷夕燈明之事。年男役。
一　夕暮方參籠。房豐參ル。參籠人數相榮、房
豐、相篤。
七日、丁巳。雪。
一　例之通朝口祝。
一　神馬拾疋揃神事始。宮仕へ御膳方相尋。
一　相昌ハ今朝出仕。社家中相榮、房豐、相昌、
種廣、重秋、相篤。神事如レ例相濟。白馬祝詞
水（瑞）垣開内ニ而宮仕下より幣串、祝詞仕へ渡ス。
社家、神方座シ神拜ス。次相濟、宮仕幣串取退
ク、次白馬拜殿へ三廻引、櫟谷社へ參ル。次神
方退、次社家中退ク、次櫟谷禰宜官所社ニ而祝
詞ス。
一　權神主迄兩口取有リ。是ハ先例貳人より饗應
取ル。
一　社家御服所ニ而、元日之御千度饗應有リ。
一　七日之饗應も有リ。
一　夕燈明諸事備へ。年男役。
八日、戊午。晴。

神宮寺札

猪狩神事

手斧始
節分　御服所

一　下山田村玄忠院年禮來。寺方禮日。
九日、己未。晴。
一　昨晩より出京ス。相崇頼ニ付、京禮。御所司代、町奉行兩方小堀左衞門其外與力役人中、川方役人中へ參ル。房豊、種廣、山田民部、是ハ頼母代。例之通相濟。
十日、庚申。晴。
一　松室式部入來。同道ニ而野邊遊(山)參ス。
十一日、辛酉。晴。
一　例之通丁ノ初(始)義(儀)式當家ニ有リ。大工泉之丞淨衣着ス。匠工新七スヲウ(素襖)着ス。義(儀)式相濟、大鏡餅・菱葩、何やかや、昆布・コマメ・本俵・柚添。是大工出ス。又打違鎌餅如レ右添、匠工へ出ス。同拾貳人、下女壹人、下男貳人、是菱葩餅・平(開)キ豆・コマメ添出ス。同拾貳人ハ番匠之事也。大小工同座ス。酒出ス。頭ニ入ニ京酒一。盃ハ丸ぼん(盆)素土器、一重肴三種、かすのこ(数の子)、午房(牛蒡)、何もかも三品。此等當家年男役。

一米杵始。年男役白米ニ而御飯夕諸事備ユ、夕燈明有リ。
一　預リ役人來。重右衞門神宮寺札持參ス。守護持參ス。
十二日、壬戌。晴。
十三日、癸亥。晴。
一　亥狩神事。當番權禰宜相康也。例之通前年同社家中相榮、房豊、相康、相昌、種廣、重秋、相篤也。例饗應請追人出ス。
一　房豊節分ニ付社參ス。御服所ニ而年取ル。
一　松尾薩摩入來。
十四日、甲子。晴。
一　例之通朝飾上ル事。年男役夕諸神御膳備へ、次三毬打拵。年男役別レ家より飾持參ス。追付書始上ニ來。袴上下(裃)。
一　當家年男へ渡分、菱葩、酒。右三毬打入用。次夜半過御粥々ト言コト有リ。當家年男役。
一　房豊、六時參籠。

一　相榮、房豐、種廣、重秋、相篤、何レ揃例之通宮仕より餅無シレ之。いも・大こん（根）・焼豆腐入汁出シ、酒三獻。次相濟、社務、公文貳人ハ又鏡餅スハリ（素割）、兩人盃事有リ。今年社務不參ニ付、相榮則スハリ（素割）之物、餅請事也。

本願所

一　本願所より使河原忠右衛門來。本願口上至ル。爲ニ口祝一みかん・かや・かちくり（勝栗）・昆布・柿來。社家中へ。

十五日、乙丑。晴。社務より明日御せち（節）ニ可參由、下部白袴ニテ來。

一　於ニ社頭一朝宮仕より口祝。肴三種、酒、菱葩。酒ハ酒殿より來。相濟、社家中束帯、房豐ハ松室出雲殿射手ニ頼置、則來。相崇、相康ハ早朝御里亭より參ル。何レ茂揃、御膳方相尋、次出仕ス。例之通相濟、社務、正禰宜ハ内陣役、下陣（外）權神主役。神事終、御祈事相濟、房豐事内陣ニ而一拜ス。

一　房豐事種廣へ遊ニ參ス。酒・吸物出ル。

十六日、丙寅。晴。

御千度

一　例之通袴・上下（裃）ニ而於ニ社頭一御千度。相榮、房豐、相康、種廣、重秋、息相篤。相濟。次御千度饗應有リ。相濟。次社務へ朝飯ニ參ル。相榮、房豐、相康、種廣、重秋、相篤。相濟。公文種廣例之通御的組人數認メ。

一　山田膳部監物來。夕御神事ニ御參可レ被レ成御催來。右先例。

一　夕飯出來之由、社務より申來。何レも參ル。人數同前。

結地才神事

神子、惣市

一　御的組人月讀禰宜種廣、櫟谷祝久米丸也。右代權祝相昌例之通行。結地才神事。右的組ハ社家中より上座ス。次社家中御神供獻進。種廣役也。次祝詞、次年木祝詞。相濟。御神供下方、但シ祝詞之時、神子、惣市御神樂上ル。社家中、神方中へ御神酒貳獻。宮仕給仕ス。相濟。次年木貳把ツヽ取。次神方より退、谷村的場參ル。次社家中。

一　谷村的之事。的組社家貳人ハ上座ス。但シ、兩人次第返リ也。射レ前此時權祝ハ下座ス。
一　山田沙汰人供物備、祝詞ス。社家中、神方右神酒ちやうたい（頂戴）ス。相濟。沙汰人へ射始之事、年寄以申遣ス。
一　公文山田射手組有。右二番、三番實名相尋、宮仕ヲ以例壹人前六本相濟。
一　社務所ニ而饗應有リ。昔シハ饗膳之上、汁掛飯壹盃ツヽ。今ハ吸物三獻也。
一　社務より出ル伯殿仰書、社家位階、官名受領、年齢書付貳通認、十九日迄差上候事。
一　伯殿禮御請被レ成日限廿一日之事。書狀壹通有リ。右社家中へ披露有リ。
十七日、丁卯。大雨。神供きし（雉）一把來。一ふり（鰤）切メ三、御飯一、餅ハ十五日ニ來。右社務より。
十八日、戊辰。晴。
十九日、己巳。晴。
廿日、庚午。晴。
一　暮六ッ時、伯殿より書狀。明日御禮事延引申來。右社務より使年寄、右書持參ス。
廿一日、辛未。晴。
一　房豐京禮ス。岩坊ニテ止リ。暮六時歸ル。
廿二日、壬申。晴。
廿三日、癸酉。晴。
廿四日、甲戌。晴。
廿五日、乙亥。晴。
廿六日、丙子。房豐社參ス。
廿七日、丁丑。
廿八日、戊寅。晴。
一　房豐社參ス。
一　社務より年寄文治來。今朝飯後得二御意一申度候間、御參會申來。一社中相崇出座。相榮、房豐、相康、相昌、種廣、重秋。社務被レ申候ハ、山田頼母事、去秋五十日之いとま（暇）取遣、兄右近事尋ニ江戸參リ候。昨日罷登リ申候由屆ニ來。則兄右近事、右兵衛東御役所より一家中頼母呼（ヨビ）

遣シ候様仰ニ則同道馳登り候由、先御披露申入候。然シ和談ニ而相濟事宜存候。出入相濟成ニ而ハ、一社中氣(化)病存候。此趣右近一家共ニ申候。先和談出來不レ申候事返答(トウ)ス。則右近一家中、社務役人中、右右近罷登申候屆ニ參會後、御役所へ罷參候筈。

一　岩坊年禮來、一宿ス。

廿九日、己卯。夜分より雨、四ッ時晴、又七ッ時雨。

一　社務より社家中參會。房豊斷不レ出。相談ハ昨日公事役所屆ニ罷出、役人中聞合候處、和談宜成申候。又山田神方幷一家共招ケ様之義(儀)、申聞候趣也。中飯後惣參會。右之通社家中申候。先相談不レ定。

卅日、庚辰。晴。

公千度

一　例之通公千度御神事。社務、公文、沙汰人役。

二月一日、辛巳。晴。

一　房豊社參ス。

二日、壬午。晴又雪。

三日、癸未。晴又陰。

四日、甲申。晴。

五日、乙酉。晴。

松尾講

一　例之通松尾御講。社頭御日米獻進。社務、社家中相崇、相榮、房豊、相康、種廣、重秋忰左京、相篤。近年勘(簡)略ニ候義(儀)、豆腐・吸物・酒三獻。

御千度

尤朝御千度社中。

一　種廣遊ニ來。中飯出レ之。酒等。

六日、丙戌。晴。

一　伯殿御禮來。十日ニ被レ請候由書狀。社務名當來。則社務下男持參ス。

七日、丁亥。晴。

八日、戊子。晴。

一　房豊、松室式部殿へ參ル。

九日、己丑。晴。

一　松尾講借用銀百匁之利息十九匁六分、相榮殿持セ遣ス。

一　右御講廻文來。

十日、庚寅。晴、折々時雪。

一　伯家出禮。正禰宜相榮、權神主房豊、月讀禰宜種廣、右三人先例之通。始伯殿のしこんぶ（熨斗昆布）、此時請ヲヘソキサシ取置御前へ出ル。次トソウ（屠蘇）酒。是も呑ナカシ（流）、次ソウニ（雜煮）餅出ル。御飯ハ三寳社家足打。此時伯殿ト盃事有リ。ワキザシ（脇差）其マヽ。次引盃。次獻々相濟、伯殿御入。次退ク。次間ニ而茶・多葉粉ほん（煙草盆）。雜掌へハ貳本入遣也。種廣同道ニ而岩坊へ參ル。中飯酒（出）ル。次歸ル。

十一日、辛卯。晴。

神講當屋

一　御講當屋相榮。近年申合之通、四ッ時相榮より時分申來。何へも參ル。中務房豊、權禰宜相康、櫟谷禰宜相篤、非藏人中安藝、薩摩、土佐。又後剋出羽其外不參。

一　神拜相濟、吸物・酒出ル。段々相濟、夕飯出ル。吸物・酒出。暮時分過迄遊參（山）ス。

西芳寺

一　下山田村七右衛門せつちん（雪隱）出火ニ付、西芳寺より爲二見舞一人來。

一　出序而伯耆へ見舞參ル。

十二日、壬辰。晴。下部壹人、西芳寺昨日之禮ニ遣ス。

一　昨日之禮播磨守殿へ參ル。又酒出ル。次因幡へ昨日之見舞悦ニ參。

一　伯耆、因幡則禮來。

一　相榮、房豊、相康相談ス。來ル十四日大工泉之丞悴元服祝義（儀）、社家中より被レ遣之物申合事ニ、相崇被レ申候ハ、泉之丞抔尋被レ申候處、先例ハ金三百疋被レ下候事ニ申。しかしジタイ（辭退）ス。今度ハ肴、樽宜御うけ（受）候哉。彌此通リ相定。

十三日、癸巳。晴。

一　彌泉之丞へ社家中可レ參筈定ム。祝義（儀）遣シ物ハ相榮御セ（世）話ニ付、生鯛壹掛、生かい（貝）十五升、樽。右爲二社家中一被レ遣候事。則使ハ社務下人。

一　松室式部種廣入來。又同道ニ而種廣へ參ル。
酒出ル。
十四日、甲午。晴。
一　申合之通、社家中午剋過泉之丞へ參ル。神主相崇、正禰宜相榮、權神主房豐、權禰宜相康、月讀禰宜種廣、櫟谷禰宜相篤、重秋息左京。右何レも下袴・羽織。社家中、宮仕、小工新七貳人上下（裃）ニ而しやうはん（相伴）ス。殊外馳（ち）走ス。各七ツ時過里亭へ歸ル。次泉之丞悴改名庄七、右禮來。
一　今朝泉之丞よりむし（蒸）物壹重送。
十五日、乙未。晴陰。
一（マヽ）十六日、丙申。晴。
一　松室式部種廣入來。馬引。
十七日、丁酉。晴。
十八日、戊戌。晴。
一　明日役所山田事ニテ神主出頭申候。夫ニ付式部、播磨守、古堀三人宿迄扣居。
十九日、己亥。晴。五ツ時より雨。
一　山田右近事、去未年家出ニ付、今度山田一家中與爭論ニ付、今日御役所へ神主相崇、右近事右兵衞、山田丹下、神方之内九人出ル。
一　意（遺）恨之事御役所より御尋書出ル。二三日之内返答書上由仰也。
一　播磨守、中務、式部義（儀）京都宿屋一宿ス。
廿日、庚子。雨。四ツ時より晴、又暮時分雨。
一　社務所ニテ社家中より神方中招。是ハ今度爭論之外社家中より山田神方へ申談義（儀）ハ、今度爭論之義（儀）和睦之義（儀）、右九人之衆中へ申聞セ可レ被成候義（儀）宜申、神方承、追而右返答社務迄申來筈。
廿一日、辛丑。晴。
一　社務殿被レ參、御宅へ御招、中務、雅樂殿同道被レ申候ハヽ、明日御取曖之義（儀）申出候故、播磨守、雅樂御兩人御出可レ被レ下候旨被レ申候。
一　夕暮而雅樂殿御出、只今可レ參候由。則播磨守殿參リ居被レ申候間、少し御相談申度由申被レ參候。三人相談之處、明日社家中與爲而取曖之義（儀）、又御役人中如何被レ存候哉無二心本一存候故、先明日之義（儀）ハ出不レ申候由申（候）。則中務義（儀）社務へ參リ、其通リ申レ之。然らハ御無用ニ可レ被レ成候由、又三人寄合相談ス。

廿二日、壬寅。晴。

廿三日、癸卯。晴、暮時雨。

一　東雅樂殿御出候へ共、古堀留守故、道中ニ而得二御意一、又同道ニ而雅樂殿へ參ル。今播磨守殿へ京より勘ケ（解）由殿方より明日社家中之内二三人出京可レ致由。夫ニ付貳人參リ候ハヽ宜由故、壹人ハ古堀可レ參由。雅樂殿達而御全義（詮儀）ハ朝五ツ時ニハ老足故斷故播磨守殿拙者參ル筈。此義（儀）先達社家中より取曖之事也。山田神方山村右兵衞、山田丹下爭論なり。

廿四日、甲辰。晴。

一　京都宿屋へ參ル。勘ケ（解）由殿事昨日より一宿ス。今日之趣ハ先達之山田神方爭論之事取曖之義（儀）、役人衆へ聞合處被レ申候間、宜候事哉覓故、出二相談一。

一　差上文言之義（儀）ハ、

奉レ願口上書

一　山村右兵衞與神方與爭論之儀、御吟味中ニ候へ共、私共取曖仕雙方江異見を加へ和睦爲レ致申度奉レ存候間、右御吟味御下ケ被二成下一候ハヽ有難可レ奉レ存候。依レ之乍レ恐口上書を以奉レ願候。以上。

寶暦四甲戌
二月廿四日　　松尾社家惣代
東勘解由印
南播磨守（ムシ）印

御奉行所

右之文言也。中務義（儀）ハ印形持參不レ致候故名前ニ不レ乘セ。右之義（儀）山田源兵衞殿御役人迄上置、追而御窺之上被二仰付一筈。

一　暮而播磨守殿へ社家中寄合、山田神方九人招申聞筈相談也。

一　播磨守殿、年寄庄左衛門來。後刻御相談申義（儀）候間御參會可レ被レ成由申來。社家房豐、相康、種廣、相榮出座候。相榮被レ申候分山田神方爭論之義（儀）、右九人招和睦之義（儀）各申聞可レ被レ成候由也。追而山田神方來。右之義（儀）申、幾重ニも請不レ申候。先其分ニ差置神方歸ル。

廿五日、乙巳。晴。

廿六日、丙午。晴。

一　山田神方織部、一學、内藏之丞來。此間社家中より和睦仰被レ下候へ共、幾重ニ而出來不レ申由、此義（儀）ハ何分御隙リ被レ成被レ下間敷由申、右返答ニ參リ申候。播磨守殿留守故拙者申置、此趣社家中へ披露申由也。

一　今日伯殿より相榮殿ハ從四位下　敕許ニ付參ル事也。

一　播磨守殿京都より御歸。又伯殿より召ニ付罷參候時、此方へ右山田より參リ候由尋ニ被レ參候其趣申候。且又取曖之義（儀）仰被レ付由播磨守殿被レ申候。

一　勘ケ（解）由殿ニ逢申候處、此間差上置取曖之義（儀）、社家中より和睦爲レ致申而相濟候義（儀）候ハヽ、可レ致由御役所より仰也。

一　今日山田神方右三人衆相見江申候故、又年寄庄左衛門ヲ以申遣ス。先程御出候、今日社家中より和睦之義（儀）願候處、相濟候間、しばらく（暫）爭論之義（儀）預リ參リ申候間、尚又社家中より得二御意一□（ムシ）申候間、左様ニ御心得可レ成候由申遣候。内記義（儀）留守故、山田内膳返答承リ申候。尚内記へ申聞可レ申候由也。

廿七日、丁未。晴。

一　三井寺玉藏院法印殿年禮御出、一宿被レ申候。

廿八日、戊申。雨。

一　松室若狹殿御出也。玉藏院へ逢ニ被レ參候。昨日玉藏院參リ被レ申候返禮來。

廿九日、己酉。晴。

一　播磨守御出候へ共、拙者留守故、御歸リ。相康殿ニ而得二御意一申候。先達和睦之義(儀)、神方申聞候へ共請ケ不レ申由御申候。房豊承申候。委細之義(儀)御申候へ共此帳不レ記。

晦日、庚戌。晴。

閏二月朔日、辛亥。晴。房豊社參ス。相康同道ニ而例之通巡參ス。

二日、壬子。晴。相崇、相榮入來。酒出ス。松室伯耆入來。同座初夜時分迄。

三日、癸丑。大雨、八時過晴。相崇殿、相榮殿、相康殿、房豊右四人、今日東御役所江先達和睦為レ致度願之事、和睦出來不レ申候故、口上書以御吟味差上ニ參候。御役人衆山田源兵衛殿へ申置候。先口上書御請取可レ被レ下候由、罷歸ル。

四日、甲寅。晴。房豊野邊出ル。

五日、乙卯。晴。房豊野邊遊參(山)ス。

六日、丙辰。晴。母事森岩坊へ參ル。逗留可レ致由也。

七日、丁巳。雨。中飯後、社家中參會事、社務申來。相榮殿、房豊、相康殿、相昌殿、種廣殿、重秋御息相崇殿事昨日より草臥ニ付、參會場出不レ被レ申。相榮殿承リ被レ居申候故、其由相談被二申出一レハ、昨日東御役所御役人衆山田源兵衛殿被二仰付一候義(儀)ハ、先達山村宇兵衛神方與出入ニ付、先今度宇兵衛事神方中與社務與へ御預ケ被レ成候由仰ニ付、承リ申。此義(儀)社務壹人者筋合も違候事故、明日御免之願ノ義(儀)申度候間、社家中くわ(加)ゝりくれ之由被レ申候。尤之事故、社家中評義(議)則定リ、明日南播磨守殿、松室式部殿、右貳人社家中惣代勘ケ(解)由本(元)迄。

八日、戊午。晴。今日東御役所右願出被レ申候由、神主ハ願紙壹通、又社家中一紙差上由。則御留置被レ下候。則御役人山田源兵衛殿御預リ置被レ下、追而御窺之上被二仰付一候由ニ付罷歸ル。右之趣相康殿御物語ニ而承リ留置。

九日、己未。晴。

十日、庚申。晴。

十一日、辛酉。晴、暮時雨。
十二日、壬戌。晴。神主相崇方へ近衞様御成。此時此間より房豊セ(世)話ニ參ル。又今日ハ相崇家内此方へ來。則召仕迄來。相崇家内あけ渡也。
十三日、癸亥。晴、雨。
十四日、甲子。晴、雨。
十五日、乙丑。晴。
十六日、丙寅。晴。
十七日、丁卯。晴、暮時雨。房豊天神參ル。
一　相崇殿頼被ㇾ參候事。明日東御役所御奉行様小林伊與(豫)守様初而之御禮之事、拙者參リ候様ニ被ㇾ頼候。則參ル。今晩より京一宿ス。朝六ツ時より四ツ時迄也。松室式部殿、山田頼母、拙者、神主代出ル。
十八日、戊辰。晴、午剋時より雨。
十九日、己巳。晴。
廿日、庚午。晴。
廿一日、辛未。晴。
廿二日、壬申。
廿三日、癸酉。晴。
廿四日、甲戌。雨。
廿五日、乙亥。雨。
廿六日、丙子。晴。
廿七日、丁丑。晴。
廿八日、戊寅。晴、暮前雨。早朝社參ス。朝飯後播磨守殿入來。大瀬□(奴カ)□(不明)同道催御出、追付道同(同道)ス。
一　鳥井(居)前、河原前、京都知人非藏人四五人參リ被ㇾ居候。又五辻三位様、大原少將様へ房豊始御知人成被ㇾ下候。
廿九日、己卯。晴。
三月朔日、庚辰。晴。房豊社參ス。
二日、辛巳、晴、七ツ時より雨。

上巳神事

三日、壬午。晴。節句(供)。早朝如ㇾ例神事出仕。人數相崇殿、相榮殿、房豊、相康殿、相昌殿、重秋殿、相篤殿。

一　月讀禰宜種廣不參ス。神事如レ例相濟。次朝飯後社務饗應有リ。如レ例相濟。次社家中相談之義(儀)有リ。是ハ先達山村宇兵衛也。神方中ト出入之事昨二日ニ東御役所へ雙方罷出候處、和睦之義(儀)可レ致義(儀)仰ニ付、雙方了簡相成候樣ニ社家中相談也。

一　伯父權之丞事、ぬけ參宮ス。

嵯峨土器衆

一　嵯峨土器衆來。如レ例土器持參ス。

一　西代村如レ例持參物。此方遣シ物如レ例。

一　村方禮來。非藏人衆壹兩人來。

一　相康御父子御禮入來。房豐又禮出ル。

四日、癸未。晴。

五日、甲申。雨。

六日、乙酉。雨。

一　伯父權之丞義(儀)、伊勢宮巡ニ付、一家中年寄來ル。酒出ス。

七日、丙戌。晴。

八日、丁亥。雨。

九日、戊子。晴。

十日、己丑。晴。權之丞下回(廻)也。

十一日、庚寅。晴。

一　實父房高正月忌日ニ付、祭ル。房豐義(儀)御忌み日。

十二日、辛卯。晴。伊勢太神宮へ御神酒獻祭ル。

一　相康殿被レ參被レ申候ハ、明日御役所江神主義(儀)御預ケ物十八日より廿五日迄御赦免願上申度由故、社家之内貳人かわり(代)可レ被レ下候由故、播磨守殿被レ參候間、次座故、拙者可レ參候由御事承リ候。先程も相崇殿賴ニ被レ參候。

十三日、壬辰。晴。

一　東御役所江御預ケ之事。願書文言ハ、

乍レ恐口上書

神幸四ヶ度神事

一　當月廿四日當社神幸年中四ヶ度大切之神事ニ付、天下安全御祈禱嚴重ニ相勤候義(儀)ニ御座候。

敕祭

當社神幸祭禮之儀者　敕祭ニ而　口宣案等頂戴仕、大禮之式ニ御座候得者、社家中悉諸役有レ

之、別而神主儀内外陣當役ニ御座候間、右兵衛
儀、神主江御預ヶ之儀、十八日より廿五日迄神
事中御赦免被二成下一候様乍レ恐奉レ願候。御慈悲
を以、被レ為二聞召分一願之通被二仰付一被レ下候
ハヽ、一統難レ有可レ奉レ存候。已上
寳暦四年戌三月十三日
松尾社家惣代
東　中務印
南播磨守印
東勘解由印
御奉行所
一　右之通差上則御役人御同心中尾彦兵衛へ上
置、先御預リ被レ成、追而御役人中御相談之上
御窺被二仰付一候筈故、罷歸ル。
十四日、癸巳。雨、又晴、又雨。
一　社務より參會申來。社家中斗相榮殿、相康
殿、種廣殿、左京殿、房豊、相崇殿。右相談ハ
今度争論之義(儀)和睦ニ而相濟候様ニ相成候。依レ
之神方中より願ニ、此已後一社中定狀連印物致
シくれ候やう申ス。依レ之社家中評義(議)之上、先
定狀可レ致筈定ム。
十五日、甲午。晴、雨。
十六日、乙未。雨又晴。
一　相榮殿入來。御相談有リ。相崇殿より手紙至(到)
來致シ被レ申候。則房豊披見いたし(致)申候。昨日
山田源兵衛殿被レ申候ハヽ、今度出入下ニ而和睦
いたし(致)、濟狀差上候。奥書社家中承知印可レ致
由、御役人源兵衛殿被レ申候故、此義(儀)ハ掛合無二
御座一候故、得(マヽ)致不レ申候由被レ申候。しかし左
得心ニ而一兩人ハ致シ可レ申哉と申置候。依レ之
御相談申入候由文言也。
一　相榮殿、房豊相談之上、右之義(儀)ハ手ニ掛不レ
申候義(儀)故、承知印御用捨(容赦)可レ被レ下候様、明日願
申度由候故、又同道ニ而相康殿ニ而相談ス。此
已後又社家中掛合相成候而ハ迷惑ニ付、彌明日
願ニ出筈。相康殿、種廣殿へ相談ニ參リ被レ申

候。則種廣殿明日出京定ム。房豊無レ據義（儀）ニ付
斷、相榮殿右貳人御出京之筈。
十七日、丙申。晴。今日東御役所相榮殿、種廣殿
昨日相談之通被二願出一之處、山田源兵衛殿御聞屆
被レ下、しからハ社家中之義（儀）はふき（省）差上候樣被二仰
付一之由也。此義（儀）歸宅折相康殿聞合ニ而、相榮殿、
古堀へも申傳くれ候やう（樣）御申候。
一　相康殿御物語、此間神主殿事、神事中願之義（儀）
ハ如何候哉と相尋候得者、相榮御申ニ、此間相
崇殿御咄ニ相濟不レ申候。名代相立被レ申由仰
也。名代人無レ之候間、下人置也。可レ申哉と申
候得者、其義（儀）神方と合議可レ致由御役人御申也。
十八日、丁酉。晴。
十九日、戊戌、晴。房豊事櫟谷社へ參ル。
廿日、己亥。雨、七ッ時晴。房豊事相榮殿へ參
ル。
廿一日、庚子。晴、七ッ過雨。
廿二日、辛丑。雨、四ッ時より晴。

御觸書社務より寫廻ル。長崎入札之事。京都糸
割賦、年寄より切手取リ罷下リ請合證文差上候
樣、又ハ西國筋ニ罷下序而長崎へ參リ候ハヽ、則
長崎年寄其譯申候樣、急度御觸書也。右共未下剋

西芳寺

至（到）來之趣也。西芳寺より當社、次梅宮、合共五ヶ
所。
一　伯家賴母子廿日有レ之候由、當月十四日より
ニ安川圖書より相崇へ來ル。取紛わすれ（忘）被レ申
候故、今日右書中廻ル。賴母子五番也。
廿三日、壬寅。晴。
廿四日、癸卯。晴。

神幸

一　神幸如レ式相濟、午剋後出仕。社家中束帶ス。
神殿進各出禮拜ス。權神主ハ外陣進ム。已下ハ
太麻（大床）へ進ム。神供祝詞相濟、各御祈之義（儀）。此時
權神主外陣各大麻（床）ニ申、神供終、御祈之義（儀）。此
時權神主ハ外陣入。式之通首尾能相濟。
廿五日、甲辰。晴。房豊西山へ遊參（山）ス。
廿六日、乙巳。晴。

谷川見分

御服所

嵯峨土器衆

廿七日、丙午。晴。暮テ戌剋時分、山田賴母來、口書ニ申置。今日兼テ出入之事和睦ニ而雙方首尾相濟、則濟狀御公儀樣へ差上申候。段々是迄御セ（世）話御了簡筋ニ而相濟、東勘ケ（解）由樣ニ而御セ（世）話罷成、忝右御禮參上いたし（致）候由被二申置一候。尚此上なか（乍）ら御賴申候由也。

廿八日、丁未。晴。房豊社參ス。

一 東勘ケ（解）由相崇殿上下（裃）ニ而御出。兼而山田出入事も昨日雙方相濟、則濟狀差上之由。社家中ニも段々色々罷存被レ下候段、右御禮ニ被レ參候御口上也。

廿九日、戊申。雨。

一 房豊義（儀）、時節御見舞ニ伯（白）川殿へ參ル。次ニ森岩坊方へ參ル。

卅日、己酉。雨。

四月朔日、庚戌。晴。

一 早朝袴上下（裃）ニ而房豊社參ル。例之通御服所寄如レ例相濟、相崇殿、相榮殿、相康殿、相昌殿、種廣殿、相篤殿、左京殿相濟退ク。

一 谷村庄屋庄左衞門來。明日谷川見分願來。各掛合出筈。

二日、辛亥。晴。谷川見分出ル。相榮殿、房豊、重秋殿其外斷幷諸本所庄屋出ル。

三日、壬子。晴。

四日、癸丑。式部殿入來。

五日、甲寅。晴、夜より雨。

六日、乙卯。雨。

七日、丙辰。雨、晴。

八日、丁巳。晴。

九日、戊午。晴。

十日、己未。晴。

十一日、庚申。晴。神主殿より明日出仕剋限申合來。午下剋。

十二日、辛酉。晴。四ッ時過より雨。朝之内社務へあおい（葵）請遣シ、次諸（社）へまつ（末社）諸ニ飾ル。

一 西代幷嵯峨土器衆來。

還幸

一　房豊衣紋之事、非藏人松室出雲殿ニ賴□（ムシ）
剋社務より案内申來。
一　月讀社へ參ル。社家中相崇殿、相榮殿、房豊、相康殿、相昌殿、相篤殿、松室種廣殿、重秋殿、月讀社如レ式相濟、次本社御服所着ス。時分剋限以神殿進ム。御戸開。次あおい（葵）獻シ、内陣神主殿、正禰宜殿役レ之而、下（外）陣權神主役レ之。合役正祝若年ニ付不レ出。次神幸、次祝詞、宮寫（遷）。次神供。諸事如レ式相濟。次櫟谷社官所祝詞、神供、月讀禰宜役レ之。相濟御服所着、社家中饗應有リ。次里亭へ退ク。
十三日、壬戌。晴、又雨　晴。房豊事、種廣殿參ル。
十四日、癸亥。晴。
十五日、甲子。晴。
十六日、乙丑。晴、午剋時雨、夕方晴。
十七日、丙寅。晴。薩摩同道ニ而嵯峨參ル。
十八日、丁卯。晴。房豊事、種廣殿へ參ル。次同道ニ而櫟谷社森へ參ル。
十九日、戊辰。晴、午剋時少雨、又晴。

（寶暦五年）年中日記

一七四四　（寶暦五年）年中日記

（表紙）

寶暦五年

権神主秦房豊

年中日記　権神主正五位下
　　　　　　秦房豊

乙亥正月吉日

（本文）

寶暦五年乙亥正月元朝乙亥。天晴。

一　例年通社家中參籠。神主相崇、正禰宜相榮、権神主房豊、月讀禰宜種廣、同祝重秋、櫟谷禰宜相篤。其外不參。

一　朝之内社家中口祝。菱葩餅并酒、三種肴。右ハ宮仕ヨリ出ス。酒ハ酒殿より來。

一　膳部年禮中來、三人。

一　神事出仕前御膳相尋。次神殿へ出仕。各束帶。

御千度

一　内陣正神主、同禰宜、下（外）陣権神主房豊、其外大床。神事相濟、廻廊之内神拜、御千度今ハ壹度廻ル。

次南門ヨリ出、衣手社。次十禪（師）神、三ノ宮神拜相濟。

月讀禰宜、祝清門前ニ別、追付袴（裃）上下ニ而來。

朝飯宮仕ヨリ出ス。酒ハ酒殿より來。

一　早朝下行紙宮仕へ渡ス。今年権神主當番也。

一　俵粢、夕方社務來。則神藏下行有リ。獻立小
鯛　鰤　切メ　汁　菜　飯　つくね　平（開）豆
鰯。酒ハ酒殿ヨリ來。

一　夕御神事例之通也。社家中ハ束帶。神供獻進相濟。次神主祝詞。次各御祈之事。次下方。次御祈、正神殿相濟。次小神之社神供獻進。月讀禰宜種廣役レ之。社家中ハ各着座ス。相濟。次社家中御服所ニ而饗應有リ。

一　夕方社役、神子年禮御服所出ル。

一　當家例式有リ。

二日、丙子。晴。朝神事無シ。自分社參斗。四ツ足（アシ）より拜ス。尤袴（裃）上下故也。相濟。次口祝例之

通。
一 夕御神事如レ例。大麻(床)ニ而相濟。神方先へ退ク。次社家中月讀社へ參ル。社家中ハ拜殿着座ス。神供下方相濟。次饗應有リ。小鳥吸物本社宮仕仕給ス。吸物ハ土器入出ル。酒貳獻相濟、次下向。
一 神主相崇、月讀祝重秋今晩より斷ニ付、下向ス。里亭へ。

謡始
一 御服所ニ而謡始。御祝義(儀)ニ棚守番より出ル。吸物幷肴壹組。今年權神主房豐當番ニ付出レ之ス。

三日、丁丑。晴。例之通神事相濟。櫟谷社江參ル。神方ハ先參。次社家中馬上ニ而相榮、房豐、種廣、相篤。櫟谷社一或ハ山田治部役レ之ス。宗方(像)神酒、種廣役レ之。相濟。櫟谷禰宜神酒獻シ。祝詞役レ之。相濟。次子同祝詞役レ之。此時神方退、神前拜ス。次社家、神方御神酒頂戴。吸物雉(キシ) 鮎鮓 鰤膾 酒貳獻 仕給ス。宮仕ノ社家中供廻りも治部より出ス。
一 子日松貳本頂戴。壹人より事終、御神供櫃(ヒツ)。次神方、次社家中馬上山田河原より本社鳥井(居)前迄、休所茶屋より定メ置、口祝。茶・多葉粉。尤三人神方有リ。社務所江送ル。社務所□(饗カ)應如レ例、仕給宮仕。相濟。作紙一帖神藏より出ル。次里亭へ各歸ル。
一 當家御社へ早束(速)社參。相濟。家内義(儀)式、次盃事有リ。普(譜)代家來迄。
一 下山田傳之丞年禮、扇子貳本。

四日、戊寅。朝雪、巳剋晴。
一 山田役人中年禮來。膳部、沙汰人、酒殿。
一 宮仕左膳年禮、扇子壹本。山田社役人庄屋兼役也。扇子壹本。
一 例之通當家木はやし(囃子)始。當家年男役紙貳枚、開豆、酒土器渡ス。

惣市
一 谷村惣市年禮。年玉有リ。
一 例之通リ神せち(節)社務所ニ而有リ。御飯 小鯛雉(キシ)　ふり(鰤)　鰤鱠　開豆、各土器入。社家中相崇、相榮、房豊、相康、相昌、種廣、相篤、重秋、酒貳獻各頂戴。給仕宮仕故障所勞ニ而も先例請ㇾ之。

一　松室式部種廣殿年禮。松室隼人正重秋殿年禮。御兩人御出。

土器衆

一　土器衆治大夫年禮來。年玉、鹽つほ(壺)貳ッ三ッ、盃壹重、庭爲、菱葩。

一　當家附土器衆貳人來。是ハそう(雜)煮餅こまめ・くき、開豆、各土器入。酒出ス。年男役相濟、頭壹人へ。大鏡餅、菱葩、柚、何やかや添遣也。

一　年玉物ハ鹽つほ(壺)四五幷土器も二三十入用成ハ澤山取。

一　西代年禮如ㇾ例。

若菜

五日、己卯。晴。若菜ノ事年男役。

六日、庚辰。晴。社家中年禮也。房豊も社家中同名(苗)中へ出ル。

一　夕諸社へ御膳幷燈明年男役。

神子

一　川嶋神子年禮來。是ハ先祖母より來。年玉山のいも。

一　相榮、相崇、相篤年禮御出。

一　相崇ハ酒出し、盃事。

一　夕暮參籠。房豊參ル。相崇、相榮、房豊、相篤、松室種廣、重秋。

七日、辛巳。晴。

神馬揃

一　例之通朝口祝相濟。神馬拾疋相揃、社家中より獻上、御膳方相尋。

白馬神事

一　相昌ハ今朝出仕也。相崇、相榮、房豊、相昌、種廣、重秋、相篤。大麻(床)神事相濟、白馬祝詞相崇。水垣(瑞)之内ニ而宮仕下より幣串祝詞仕へ渡ス。社家、神方神拜ス。相濟。宮仕幣串取退ク。次白馬拜殿三廻引。櫟谷社引　神方退ク。社家中退ク。次櫟谷禰宜官所社ニ而祝詞。

一　權神主迄兩口取有リ。貳人分饗應請ル先例也。

一　社家御服所ニ而元日之御千度饗應請幷今日之

饗應も有リ。
一　當家夕燈明諸事備也。年男役。
一　寺方年禮來。
八日、壬午。晴。
一　寺方年禮來。其外來。
九日、癸未。晴。
十日、甲申。大雪。
十一日、乙酉。雪。

斧始

一　例之通丁ノ始義（儀）式當家有リ。大工泉之丞淨衣着ス。匠工新七スヲウ（素襖）着ス。義（儀）式相濟、大鏡餅、菱葩、何やかや添、こまめ、柚、昆布、本俵出ス。匠工鎌打違如レ右添出ス。同拾貳人、下女壹人、下男貳人、是ハ菱葩、平豆（開）、コマめ添出ス。同拾貳人番匠也。大小工同座ス。酒出ス。凉（冷）酒也。丸ぼん（盆）、素土器壹重、肴三種。右當家年男役。
一　米杵始。年男役。此米夕飯諸事備ユ、幷燈明。

神宮寺札

一　預リ役人重右衛門來。神宮寺札持參ス。守護持參ス。藏神棚ヲス。
十二日、丙戌。晴。
十三日、丁亥。晴。

猪狩神事

一　亥狩神事。當番權禰宜相康也。例之通義（儀）式、前年同社家中相崇、相榮、房豊、相康、相昌、種廣、重秋、相篤、例饗應請幷追人出ス。右故障所勞ニ而も請ル先例有リ。
十四日、戊子。晴。夜半時當家御粥々申事有リ。年男役。
一　例之通朝飾上ル事。年男役。夕諸事御膳備也。當家次三毬打拵。年男役別レ家より飾持參ス。追付書始上ニ來。袴（裃）、上下當家年男へ渡ス。菱葩・酒也。

氏人入

一　社務所より口上書來。明十六日相昌息櫟谷祝久米丸氏人入之事障無レ之候哉否申來。何レも障りなし。
一　房豊六時參籠。

本願所

御的組結地才神事

年木

物市

御千度射始

一　參籠人數相崇、相榮、房豐、種廣、相篤何レも揃、例之通。宮仕より餅無シ。いも、大こん（根）、焼豆腐入汁出ス。酒三獻。次相濟、社務、公文貳人ハ鏡餅スワリ（素割）、兩人盃事有リ。尤時ニスワリ（素割）之人請事。

一　本願所より使河原忠右衞門來。本願口上至ル。爲二口祝一、みかん、かや、かちくり（勝栗）、昆布、柿社家中へ送ル。□□□（ムシ）一樽送也。

十五日、己丑。晴。於二社頭一朝口祝。宮仕より□（ムシ）如例。

一　社家中束帶也。權禰宜相康、口祝相昌、今朝社參ス。月讀祝重秋例之通神事。内陣相崇、相榮、下陣（外）房豐。其已下ハ大麻（床）之役也。先例也。神事終。御祈事。

一　社務より明日御セチ（節）ニ可レ參由、下人、下部袴ニ而來。

十六日、庚寅。晴。

一　朝社參ス。袴、上下（袢）ニ於二社頭一御祈御千度有リ。幷饗應。相榮、房豐、相康、相昌、種廣、相篤也。重秋息相篤也。相濟、各社務へ朝飯ニ參ス。相崇、相榮、房豐、相康、相昌、種廣、重秋、相篤也。尤山田役人中も參ル。

一　山田膳部監物來。夕御神事ニ御參リ可レ被レ成と申來。神事催也。定メ右先例。

一　夕飯出來申由申來。何レも參人數、同前。

一　御的組月讀禰宜種廣、櫟谷祝久米丸也。右代權祝相昌例之通結地才神事。右的射手貳人ハ社家中より上座ス。神供獻上、種廣役也。次祝詞。次年木祝詞。相濟、神供下方。但シ、祝詞時神子、惣市御神樂上ル。次神酒頂戴。宮仕役。次年木頂戴貳わッ（把）ゝ。

一　谷村的場參ル。社家中より射手貳人ハ上座ス。但シ、名代ニ而も次第之通リ。射前ハ權祝下座ス。

一　山田沙汰人供物備、祝詞ニ而相濟。社家、神方頂戴ス。相濟。沙汰人射始之事相濟、年寄以

公千度

松尾講

申遣ス。次〳〵公文射組山田尋事、宮仕以相
濟。社務等ニ而又饗應有リ。
一 伯殿より禮之事來。廿・廿一日御請申由也。
右社家中江披露。
十七日、辛卯。晴。房豊八滿(幡)宮社參ス。
十八日、壬辰。晴。京都年禮出ル。京一宿ス。
一 今日例之通社家中位階受領年、官名書上ル。
十九日、癸巳。晴。八ッ時過雨。
一 百日御目附様當社御參リ。播磨守被レ出也。
廿日、甲午。雨。
廿一日、乙未。晴。七ッ時より雪。
廿二日、丙申。晴。
廿三日、丁酉。雨。
廿四日、戊戌。晴。岩坊年禮□(來カ)幷大坂芧屋□(肝カ)兵衛
年禮來。一宿ス。
廿五日、己亥。雨。
廿六日、庚子。晴。
廿七日、辛丑。雪。
廿八日、壬寅。雪。房豊社參、不參ス。
廿九日、癸卯。晴。房豊出京ス。
卅日、甲辰。雨。公千度社務、公文役。
二月朔日、乙巳。雨。
二日、丙午。雨。
三日、丁未。雨。
四日、戊申。晴。
五日、己酉。晴。松尾講、社參。相崇、相榮、房
豊、相康、相昌、種廣、重秋息。右今ハ朝之内。
酒斗吸物貳種。
六日、庚戌。晴。
七日、辛亥。
八日、壬子。晴。
九日、癸丑。晴。
十日、甲寅。晴。
十一日、乙卯。晴。松尾講當日、松尾薩摩相揃。
相榮、房豊、相康、相昌、相□(不明)、相□(不明)例之通リ。
十二日、丙辰。晴。

十三日、丁巳。晴。
十四日、戊午。晴。
十五日、己未。晴。房豊嵯峨參ル。
十六日、庚申。晴。
十七日、辛酉。晴。
十八日、壬戌。晴。
十九日、癸亥。晴。
廿日、甲子。晴。
廿一日、乙丑。雨。房豊東寺參ル。
廿二日、丙寅。晴、夜分雨。
廿三日、丁卯。雨。
廿四日、戊辰。晴。
廿五日、己巳。晴。房豊出京ス。
廿六日、庚午。雨。
廿七日、辛未。晴、雨。
廿八日、壬申。晴。
廿九日、癸酉。雨。
晦日、甲戌。雨。

三月朔日、乙亥。晴。
二日、丙子。晴、四ツ時より雨。
一　相崇方へ近衞様内前（左大臣）公御成之故、相崇家内此方不㆓揃來㆒。

上巳神事

三日、丁丑。晴。例之通朝神事神主より誘引來。相崇、相榮、房豊、相康、相篤、松室より重秋、例之通下陣（外）。其外不參ス。相濟、各里亭へ歸ル。後剋社務所丁（廳）參ス。

嵯峨土器衆

一　當家西代來。例之通嵯峨土器衆來。例之通。
一　村方庄屋・年寄禮來。
一　非藏人衆來。房豊も來ル。
四日、戊寅。晴。
五日、己卯。
六日、庚辰。晴、雨。
七日、辛巳。晴、雨。
八日、壬午。雨後晴レ。
九日、癸未。晴。
十日、甲申。晴。

十一日、乙酉。晴。房高忌日祭ル。
十二日、丙戌。晴。
十三日、丁亥。晴。
十四日、戊子。晴。
十五日、己丑。晴。
社務所集會
十六日、庚寅。晴。社務所社家、神方參會。
神幸
十七日、辛卯。晴、夜分雨。當社神幸例之通。午剋過出仕。社家中束帶。諸事式之通神供獻進。次祝詞相濟、下方相濟、御祈事。此時房豊下(外)陣ニ入、御祈之事申相濟。次宮遷相濟。鳥井(居)前迄送供ス。
十八日、壬辰。晴。
十九日、癸巳。晴。房豊出京ス。
廿日、甲午。晴、夜分雨。
廿一日、乙未。晴。
廿二日、丙申。晴。
廿三日、丁酉。晴。
廿四日、戊戌。晴。

廿五日、己亥。晴。
廿六日、庚子。晴。山田神方川端鮎也。
廿七日、辛丑。晴。
廿八日、
(重複)廿六日、晴。神方川端、木屋町西出入成社參會。則目安寫披露。印形人ハ沙汰貳人。社家中老分三人。
(重複)廿七日、晴。御役所神方出申候、則社務より御花判頂戴也。寫社家中へ廻ル。
(重複)廿八日、晴。
廿九日、晴。
四月一日、晴。例之通社參。相榮、房豊、相崇、相篤也。
一　中飯前參會。社務所明日二日神方木屋町御召出シ也。明日神方より古證文之類相勤申候相㆓談之㆒也。房豊家より徳善院(前田玄以)殿折紙寫遣ス。
四月二日。内侍所火本(元)御尋也。
一　神方造酒、將監、外記來。證人□(考カ)義(儀)頼ニ來。

社家集會

三日、晴陰。社家中參會。來六日御祭禮調進、鮎之鮨被レ申故、社家ニテ斷出くれ候之由賴候。夫故神へ申候公文出ル筈。

四日、晴。

五日、晴。

還幸

六日、晴、暮時分雨。祭禮如レ例。房豐下(外)陣役ス。

七日、晴。

八日、晴。

九日、晴。

十日、晴。

十一日、晴。

十二日、晴。

十三日、晴。

十四日、晴。庄左衞門來。明日講申來。

祈禱會

十五日、雨。御祈禱會。社中連印物有リ。

十六日、雨。

十七日、晴。

十八日、晴。

十九日、晴。

廿日、晴。社務より明日御目附樣當社御巡見之由ニ付、出向之義(儀)申合可レ參候由申來。相崇殿事無レ據用事ニ付、明日出京事相榮殿より申來。御斷ニ付、古堀出申候由、則房豐出ル。池田震五郎樣、成瀨惣右衞門樣且又京禮之事。相榮へ聞合之所出禮ニ參リ(ル)者之名札出候事申來。

廿二日、晴。

廿三日、晴。

廿四日、晴。

廿五日、晴。

廿六日、晴。

廿七日、雨。

廿八日、晴。

廿九日、晴。

丗日、晴。

五月一日、晴。

二日、晴。

端午神事

三日、晴。
四日、晴。
五日、晴。例之通朝神事出仕。相崇、相榮、房豐、相昌、種廣、重秋、相篤。例之通相濟、次社務所饗應。
一　種廣同道ニ而加(賀)茂馬見物ニ參ル。京一宿ス。
六日、晴。
七日、晴。
八日、晴。
九日、晴。
十日、晴。
十一日、晴。
十二日、雨。
十三日、雨。
十四日、晴。
十五日、雨。

御千度

十六日、晴。御千度如レ例。
十七日、晴。
十八日、雨。
十九日、晴。
廿一日、晴。
廿二日、晴。
廿三日、雨。
廿四日、晴。
廿五日、晴、夕立。
廿六日、晴、夕立。
廿七日、夕立。
廿八日、晴、夕立。
廿九日、晴、夕立。
六月朔日、雨。
二日、晴。
三日、雨。
四日、晴。庄左衛門來。明日社務所ニ而社中御相談之義(儀)申來。
五日、雨。社家中神方四五人相談ハ、來廿四日能義(儀)也。則十五日より取掛損所見繕筈。

一　能請取松井惠□(之カ)也。能被仰付禮來。

六日、晴。

七日、晴。

八日、晴。

九日、朝雨又晴。

十日、晴、雨又晴。房豊歸ル。則森岩坊へよ(寄)ル。

一　宿掛ニ房豊大津三井寺參ル。

十一日、晴。

十二日、晴。

十三日、晴。

十四日、晴、七ッ時雨。

十五日、雨。

十六日、雨。

十七日、晴。社頭能場所拵。社家、神方三人ッヽ相出之事。

十八日、晴。

十九日、晴。房豊社頭出ル。

廿日、晴。

廿一日、雨。

廿二日、晴。神事例之通相濟。

廿三日、晴。

廿四日、晴、四ッ時夕立。神事例之通相濟、能例之通リ。

廿五日、晴。

廿六日、晴。

廿七日、晴。

廿八日、晴。

廿九日、晴。

卅日、晴。例之通房豊祓參ル。

七月一日、晴。

二日、晴。

三日、晴。

四日、晴。

五日、晴。

七日、晴。例之通神事相濟、神主、權禰宜、同祝右京社務饗應。房豊、重秋、相篤。

御田祭

能

七夕神事

嵯峨土器衆本願

一　嵯峨土器衆來。社役人禮、下山田傳之丞。
八日、晴。川端村組札渡ス。重右衛門請取參ル。
九日、晴。岩坊より人來。
十日、晴。

神講

十一日、晴、夕立。
十二日、晴。
十三日、晴。
十四日、晴。
十五日、晴。盆禮、社役人、庄屋、年寄、村方百
姓來。
一　西代盆禮來。如レ例。房豊社參、則禮出ル。
相崇、相榮、相昌、相篤來。非藏人中來。
十六日、晴。
十七日、晴。

八朔祭

十八日、晴。母森岩坊へ來ル。
十九日、晴。
廿日、晴。文治來。明日神講申來。昨日御役所よ
り御召ニ付參リ候。社務、公文、沙汰人、當社役
人ニ付知行藏米本願社務人迄御尋、則書付今日上
ケ申やう(様)被二仰付一候故、受候御了簡も御尋申入候
御相談申候。社家、神方社務所ニ而參會。則書付
認出來□(ムシ)申筈。
廿一日、晴。神講。
廿二日、晴。
廿三日、晴。
廿四日、晴。
廿五日、晴。
廿六日、雨、午剋より晴。八朔拵。
廿七日、晴。
廿八日、晴、八ッ時より夕立。
廿九日、雨。
八月日(マヽ)朔日、晴。例之通相揃、房豊社參ス。社中
見物等之義(儀)相榮殿御相談ニ而下酒、しやうき(床几)壹か
出ス。相榮殿よりも出ル。
二日、晴。祝仕舞山田より六七人出。尤召使之下
人連レ出ル。社家より相崇、房豊下人右之方ハ出

ス。
三日、晴、七ッ時より雨。
四日、晴。
五日、晴。
六日、晴。
七日、晴。
八日、晴。
九日、晴。
十日、晴。
十一日、雨。庄左衞門來。川方數馬、川筋江見物之處、御所御用ニ付手代衆貳人廻之趣也。依レ之社家之内河原へ知申由也。社務より申來。社務義(儀)

新米神事

新米御神事ニ付。
一　暮ニ而相榮殿御出御相談ニ而古堀共罷出候而も、身勝手不レ及候故、其分由社務被ニ申遣一候處、無ニ同心一之やう(様)被レ申候。依レ之式部へ尋遣罷出候之外ニ參リ候ニも及不レ申哉否哉被レ申候。

十二日、晴。
十三日、晴。
十四日、晴。
十五日、晴。
十六日、晴。
十七日、晴。
十八日、晴。
十九日、晴。

宗門改

廿日、晴。宗門帳參會。相榮殿、房豐、種廣殿、相篤殿、左京殿、幷相崇殿。文治來。明日御祈禱會催申來。

祈禱會

廿一日、晴。御祈禱會。
廿二日、雨。
廿三日、晴、夕方雨。
廿四日、晴。
廿五日、晴。
廿六日、晴。
廿七日、晴。文治來。安川圖書手紙廻ル。伯家賴

母子、當廿六日由。廿三日本手紙也。白川殿神主
樣遣候由、神主迄出銀遣筈。
廿八日、晴。
廿九日、晴。
晦日、晴。

御千度

九月朔日、晴。今朝房豊例之通、社頭御千度相崇
義(儀)講義(儀)ニ御參リ。右ハ御祈禱共也。相濟後饗應。
相榮、相昌、相篤、左京已上六人。其外不參。
一　文治來。御觸書寫參ス。九月十三日朝五ツ時
　東御役所へ宗門帳差上候趣也。
貳(マヽ)日、晴、暮方少雨、又晴。
三日、雨。
四日、晴。
五日、雨。御所司(酒井忠用)樣當社御巡見幷小林伊豫正(マヽ)殿、
右京清左衞門殿相濟、房豊等京都禮出ル。社頭神
主隼人正京禮。隼人正御息左京殿、山田右近。
六日、雨。
七日、晴。
八日、晴。

重陽神事

九日、晴。例之通神事。神主、正禰宜、權神主、
月讀祝、櫟谷禰宜例之通相濟、次社務中參。
十日、晴。
十一日、晴。
十二日、晴。
十三日、晴。
十四日、晴。
十五日、晴。

御千度

十六日。御千度正禰宜、權神主、權祝、櫟谷禰
宜、月讀祝息。
十七日、晴。
十八日、晴。
十九日、晴少雨。
廿日、晴。文治來。明日御祈禱會申來。

祈禱會

廿一日。社務ニ而御會。
廿二日、晴。
廿三日、晴、夕方少雨。

廿四日、晴。

八講神事

廿五日、晴。

廿六日。

廿七日、晴。

廿八日、晴。

廿九日、晴。

十月一日、雨。

舍利講
氏人

日待

二日、晴。

三日、雨。

四日、晴。

五日、晴。

六日、晴。

社中集會

七日、晴。社中參會社務所ニ而。是ハ社頭破損普請繕相談。相崇出座、相榮、房豐、相昌、相篤、左京、山田より四五人。

八日、晴。

九日、雨。

十日、晴。

十一日、晴。例之通八講神事。夕方房豐社參ス。

十二日、晴。夕方同斷。

十三日、晴。

十四日、晴。

十五日、晴。例舍利講出。相榮殿、房豐、氏人右京、重秋名代也。

一 相崇方日待ニ房豐參ル。

十六日、晴。房豐出京ス。

十七日、晴。

十八日。國役參會。房豐、相昌、種廣、重秋、神主出座。例之通中飯有リ。

十九日、晴。

廿日、晴。

廿一日、晴。

廿二日、晴。

廿三日、晴。

廿四日、晴。

廿五日、晴。

廿六日、晴。
廿七日、晴。
廿八日、晴。
廿九日、晴、八時雨。
十一月一日、晴。
二日、晴、雨又晴。
三日、晴。
四日、晴。
御祈禱
五日、晴。御祈禱會。房豊出ル。
六日、雨。文治來。來ル十五日御神納御藏附各御差合も無二御座一候也。彌右之日限相定可レ申由神主相崇口上。
七日、晴。
八日、晴。
九日、晴。
十日、晴。
十一日、晴。
十二日。
十三日、晴。
十四日、晴。
十五日、晴。御藏附房豊出不レ申候。
十六日、晴。
十七日、晴。
御祈禱
十八日、晴。御祈禱會。

（寶暦八年）年中日次

一七四五　（寶曆八年）年中日次

（表紙）
正月神事　寶曆八戊寅正月吉日

年中日次

松尾社普（譜）代職権神主正五位下

権神主秦房豊　秦房豊

（本文）
寶曆八戊寅正月元朔、戊子。天晴。

一社頭式 社家中參籠例道（通カ）。正神主相崇、権神主房豊、権禰宜相昌、同祝相篤、松室家ハ神宮寺ニ參籠。月讀禰宜種廣、已上五人。其外不參。櫟谷祝ハ闕職也。正祝櫟谷禰宜ハ若年ニ付神役未不レ勤。

御千度
一社頭式 朝掛湯相濟、次口祝之事。菱葩餅并三種肴、酒三獻宮仕より出ス。酒ハ酒殿より來。

一同 膳部年禮之事。宮仕ヲ以申來。次膳部三人來リ、相濟。

一同 宮仕ヲ召。御膳方相尋。

一同 神殿へ出仕。社家中各束帯、各進二神殿一兩方ニ着ス。次宮仕御鍵（かき）持參ス。月讀禰宜御戸開、此時各平拜ス。次正神主、権神主下（外）陣進、各大（床）麻へ進、次公文役下（外）陣進、御戸開。相濟、公文役宮仕鎰渡シ、大（床）麻へ着ス。次権神主下（外）陣有レ之ニ机（ツクエ）内陣入、不レ殘。

一同 内陣御戸開之時公文アンバ（鞍馬）出置。

一 内陣正神主、下（外）陣権神主役レ之。已下ハ大床。

一同 御神供獻進相濟、各土間下リヱンザ（圓座）ニ座ス。次正神主祝詞相濟、月讀禰宜御戸サシ借ジヨウ（錠）ス。次社家中廻郎（廊）之内神拜、御千度今ハ壹度廻ル。次南門より出、衣手社、十禪（師）寺社、次三宮、四之大神神拜相濟、月讀禰宜清門前ニ而別、追付袴（裃）、上下ニ而御服所へ罷參候。朝飯宮仕より出、酒ハ酒殿より來。

一同　神事相濟候處巳刻過。

棚守番

一同　神前棚守番正祝也。

一同　夕俵粢社務より來、例之道（通カ）。小鯛・鯷・鰤・切メ・同鱠・汁ハ菜・飯ハつくね・平（開）キ豆、酒ハ酒殿より來。

神樂所

一同　神樂所神子年禮。

一同　夕御神事例之道（通カ）。社家中各束帶、如二朝進一。

同　内陣正神主、下（外）陣權神主已下大床。今朝神供下方。次膳部方。組替相濟、夕御供獻進。相濟各土間下リエンサ（圓座）ニ座ス。正神主祝詞相濟、神殿進、御祈事相濟下方。次御戸扉之事公文役レ之。相濟。小神社神供、月讀禰宜役レ之。外社家中ハ着座ス。十禪寺社（師）留リ。

御服所

一　社家中御服所ニ而御饗應有リ。相濟戌刻時分。

一　當家式。

一　同名中（苗）禮來幷諸禮。

二日、己丑。天晴、酉刻前雪、酉五刻時分晴。神事無シ。袴、上下（裃）ニ而自分社參、四ッ足（脚）より拜ス。朝口祝之事如レ例。次朝飯宮仕より仕出シ、酒ハ酒殿。夕俵粢社務より來。小鯛・鰤・切メ・鯷・鱠・こほう、汁ハ菜、酒ハ酒殿來由。

夕神事。日供如レ例。大麻相濟（床）。次神方ハ先キ月讀社へ參ル。次社家中月讀社へ參、神拜ス。次拜殿へ座ス。神供下方相濟、次饗應有リ。次小鳥吸物、土器入酒貳獻。本社宮仕仕給ス。相濟。次各本社御服所へ下向ス。

一　明日祝詞之事、社務頼置有リ。

謠始

一　御服所ニ而謠始。爲二祝義（儀）一棚守番より出ル。今年正祝番。吸物きし（雉）三種肴。初三獻廻シ。相濟。次本盃（サカスキ）出ス。今年松室家斷也。預リ重右衛門式部家來茂右衛門來。

一　相崇所勞ニ付、月讀社より下向ス。里亭へ。月讀社より諸事相濟候處、酉八刻斗。

一　當家式。
一　村方百姓中、家領百姓中、庄や(屋)中。
一　同名(苗)中幷諸禮。
三日、庚寅。天晴。四ツ時過迄折々コシイタ(腰痛)シ。
雪又晴。
一　掛湯。次口祝如二前日一。朝飯宮仕より出ス。
御飯むし直シ、
小たい(鯛)・ふり(鰤)・かます・きし(雉)。きし(雉)膳部より壹わ(把)來
由。
一　五つ半過御神事。例之道(通カ)。大麻日供(床)權神主、
同禰宜、同祝、月讀禰宜。御神供獻進、祝詞權
神主勤レ之。相濟、御祈事、次下方相濟、神方
ハ先ニ櫟谷社へ參ル。次社家中馬上ニ而櫟谷社
へ。
一　櫟谷社一通リハ山田治部役レ之。社家中、神
方中座處拵置。治部方より也。手水義(儀)ハ宮仕
役レ之。
一　社家中神拜ニ社相濟、次座ス。

月讀禰宜、宗方(像)社御酒獻進ス。手長山田監物代
役レ之。
一　櫟谷社神酒、祝詞、櫟谷禰宜代權禰宜役レ之。
手長山田治部。
仕出方山（田）治部神方へ案内ス。
一　子日祝詞、右同人役レ之。此時神方座立、神
前出拜ス。相濟。
一　饗應山田治部より出ス。吸物、きし(雉)、酒貳
獻、肴鮎鮓・鰤鱠、相濟。子日松各貳本ツヽ請
ク。不參。衆中ハ下向(シモムキ)ハ不レ殘、房豐請ル。御
賴之方モ有リ候故、請歸。右給仕宮仕也。
一　社家中供ノ物へ茂酒出ス。
一　事終神方退ク。次社家中神拜ニ而退ク。山田
治部へ挨拶ス。各馬上ニ而山田河原より本社鳥
井(居)前迄、鳥井(居)前休所茶や(屋)より拵置、口祝、茶等
出ス。神方下三人宮仕休所着ス。神（方）三人
ハ社務所迄來。社務門前ニ相待。
一　山田河原ニ而馬乘馬場之義(儀)ニ付、山田より賴

事有リ。
一　社務所饗應、如レ例相濟、作紙一帖も神藏より出ル。給仕人宮仕也。相濟、各里亭へ歸ル。
一　房豊御社へ社參ス。次家内式相濟、次家來共迄普（譜）代斗盃事有リ。
一　下山田村庄屋傳之丞年禮來。扇子貳本。
四日、辛卯。天晴。
一　松室式部殿年禮入來。
一　山田役人中年禮入來。膳部、沙汰人、酒殿其外如何。
一　宮仕年禮入來。扇子壹本。上山田村庄や（屋）年禮來。
一　例年通リ當家木はやし（囃子）始、年男役紙二枚、昆布壹枚、開豆、酒、土器渡レ之。

物市

一　谷村惣市年禮。年玉有リ。
一　西代年禮來。上ケ物如レ常。遣シ物如レ常。
一　社務所ニ而神セチ（節）有リ。御飯小鯛・きし（雉）・ふり・鰤鱠、開豆・ふり（鰤）切メ、右土器入。社家中相崇、房豊、相昌、相篤四人。其外不參也。故障所勞ニ而も先例請レ之。

土器衆

一　土器衆治大夫年禮來。年玉鹽つほ（壺）二本・爲二菱葩一餅。盃壹重。
一　當家付土器衆貳人來。是ハそうに（雑煮）餅、ごまめ・くき・開豆・各土器入。酒出ス。肴三種。年男役相濟。頭壹人へ大鏡餅、何やかや添。
一　年玉鹽つほ（壺）、土器。
五日、壬辰。天晴。諸禮。
一　法輪寺役者□□（又貳カ）年禮來。

若菜

一　若菜之事、當家年男役。
六日、癸巳。晴。
一　例之通社家中年禮。相崇殿、相養殿、相昌殿、
一　房豊マテ禮出ル。
一　諸神御膳燈明之事、年男役。

神子

一　川嶋村神子年禮來。年玉山芋壹つと。

御服所
御千度

一社頭式 酉刻過參籠ス。房豊　參籠人數　相崇、相榮、相昌、種廣、房豊。其外不參。

七日、甲午、天晴。

一社頭式 朝掛湯、次口祝如レ例。

白馬神事

一同 神馬拾疋相揃。宮仕ヲ以御膳方相尋。

次神事出仕、大床ニ備、小神神供モアリ。獻終テ神主祝詞、次御祈事、次下方相濟、社家中土間退ク。次水垣（瑞）之内ニ而神主白馬祝詞。此時宮仕水（瑞）垣下より幣串祝詞仕ニ渡ス。社家神方座テ拜ス。相濟宮仕幣串取リ退ク。白馬拜殿三廻引。次櫟谷社參ル。次神方退ク。次社家退ク。

次櫟谷禰宜官所社ニテ祝詞申ス。禰宜代親相昌相勤。

一社頭式 神馬口取リ之事、權神主迄先例貳人分饗應取ル。兩口取定リ。

一社頭式 社家中御服所ニ而饗應有リ。次元日御千度饗應有リ。相濟、各里亭歸ル。

一社頭式 神馬月讀社、結地才社迄參ル。

一朝 夕諸神御膳、夕御燈明之事、當家年男役。

一　南播磨守相榮殿年禮。

右相榮殿事臨月有レ之候得共、去冬相崇殿、傳奏伯殿御窺尋有レ之候處、不二苦敷一由被二仰付一候由。然シ内陣ハ憚（隱）可レ申事仰也。依右御勤古來ハ社法ニハ臨月ハ引居事也。右臨月出仕之事相榮殿初也。

八日、乙未。晴。

一　來迎寺孝養軒、下山田村玄忠院年禮。

一　西院村廣庭和泉殿年禮。今年初去六月弟數馬養子遣シ申候故、此已後親類也。

九日、丙申。晴。

一　社頭六月十三・四日御能。然シ土用シタカイ下旬ニモ成ル。石清水ヘ方松井忠兵衛年禮來。
一　御所司代（酒井忠用）御役所組中ヘ役人三人年禮罷出候
由、幷川方小堀數馬殿同役中。
十日、丁酉、雨、八時晴。
一　松尾佐渡年禮來。松室美濃年禮來。
一　宮ノ茶屋中年禮來。
十一日、戊戌。雨。

米搗始

一　朝米搗始。年男役。則此米夕飯諸神備ユ。夕
燈明有リ。

斧始

一　例之道丁（通カ）ノ初義式（儀）、當家ニ有リ。大工泉之丞
淨衣着ス。匠工忠兵衛素襖（スヲウ）着ス。義式（儀）相濟、大
鏡餅、菱葩、何やかや、昆布、こまめ、本俵、
柚添、大工出ス。打違方大鏡餅如レ右添、匠工
出ス。同拾貳人、下女壹人、下男貳人、是ハ菱
葩餅、開豆、韶陽魚（ゴマメ）添出ス。同拾貳人ハ番匠之
事也。右大小工同座ス。酒出ス。鈴（錫）入凉（冷）酒、盃
土器、丸盆一重。乘二肴三種一。當家年男役也。

神宮寺札

一　預リ役人來。重右衛門　神宮寺札守護持參
ス。此方神棚藏ニ推ス。
一　松尾飛驒年禮。
一　同出羽年禮。
十二日、己亥。晴。
一　東主税殿年禮來。

猪狩神事

一　亥狩神事。當番權神主房豊申刻過本社參ル。
宮仕より神方揃參扣被レ致候哉尋。次四ツ足（脚）より
勸情（請）祝詞申。榊神、供僧幣ハ水垣（瑞）ニ有リ。祝詞

供僧幣

相濟、榊神取リ宮仕より沙汰人渡。供僧幣ハ預
リ取リ、先ヘ參ル。次祝詞仕外社家中ハ大山祇
神前扣待被二居申一。相揃神拜ス。手水宮仕役レ之

供僧

ス。各着座ス。供僧拜ス。相濟、當番祝詞申
ス。此時預リ役、幣串、祝詞仕渡ス。相濟、各
饗應ワラ（藁）膳ニ飯コホウ・クキ、酒貳獻。右宮仕給仕ス。
一　當病故障不參ニ而も先例有リ請レ之。下人壹
人追人出ス。右刻限酉刻。
十三日、庚子。晴、酉刻時雨、夜分大雨。
十四日、辛丑。雨、午刻時より晴。

左義長

一　朝飾上ル事、當家年男役。夕諸神御膳備へ、次日入時分三毬打幷右拵事、年男役別レ家より飾持參ス。祖流之衆中書始上ニ來。袴、上下(裃)也。當家年男へ渡ス物、菱葩、酒、三毬入用。次夜半過御粥々ト言コト有リ。年男役。

一　六ッ時房豊參籠ス。

一　參籠人數相崇、相榮、相篤、種廣、房豊何レ茂揃、例之通。宮仕よりいも・大こん(根)・焼豆腐入汁出ス。酒三献、向付鱠・平キ(開)豆。相濟、社務、公文貳人ハ鏡餅スワリ(素割)、兩人盃事有リ。右社務不參之時ハ次座スワル(素割)。則スワリ(素割)タル人請事、寶暦四年相榮近來例也。

本願所

御服所

一　本願所より使河原忠右衛門來。本願口上、各様方無㆓御障㆒御參籠目出度奉㆑存。依爲㆓御口祝㆒みかん・かや・かちくり(勝栗)・昆布・柿來。

十五日、壬寅。晴。

一　早朝掛湯。

一　於㆓社頭㆒朝宮仕より口祝、肴三種、酒、菱葩餅。酒ハ酒殿より來由。相濟、社家中束帶、各松室出雲殿御セ(世)話成ル。次御膳方相尋、次出仕ス。内陣役勤人神主相崇、下陣(外)役勤人權神主房豊、幷正禰宜相榮殿也。右ハ内陣右方左方神供備被㆑申筈ニ有㆑之候得共、臨月ニ付内陣ハ憚可㆑申由、兼而相崇伯殿へ窺罷申候處、仰之由也。大床役勤人月讀禰宜種廣、權祝相篤。右無人ニ付被㆑合、内下(外)・大床共片側獻進ス。相濟、各神殿出。土間ニ而神主祝詞、各拜覆ス。相濟、神主内陣入、正禰宜、權神主下陣(外)入、次座、大床へ進時ニ御祈之事相濟、御神供下方終、御祈申候。次下陣(外)御戸前御簾(ミス)掛替。元日是迄改候得共、御簾寸方間(法)違ニ付、是迄延引。神事相濟、神方退ク。次社家御服所退ク。例之通饗應有リ。幷御粥頂戴ス。次各里亭下向ス。

一　社務相崇殿より神供來。きし(雉)壹わ(羽)・ふり(鰤)切メ・御飯・干物・餅。

一　社務所より使下部壹人下袴着シ、明日御節御

御千度
氏人
結地才社神事
神子、惣市
的場
射手組

出可レ被レ下之由申來ル。右先例也。

一 房豐寺方年禮ニ出。西芳寺、龍濟軒、圓慶庵、淨住寺へ禮參。何レ申置。

十六日、癸卯。晴。

一 早朝於二社頭一社家、神方御千度祓例之通。社家社參人數、相榮殿、相篤殿、種廣殿、氏人左京殿、同正祝忠丸殿、房豐、相濟。御千度饗應御服所ニ而有レ之。相濟。次社務所へ朝飯ニ參ル。神主出座ス。正禰宜、權神主、權祝、月讀禰宜右御社頭ヨリ頂戴。獻立汁・イモ・大コン・燒豆腐・鰤切メ。鱠・ふり・燒小鯛幷ふり・かうの物・高もり・同鮨高もり、酒三獻、相濟。月讀禰宜射手認。月讀禰宜種廣・櫟谷祝闕職。右二職當役也。

一 山田膳部監物夕御神事ニ御參可レ被レ成由催方來也。先例ハ不レ存候得共、近來使來。往古本人來哉。

一 夕飯出來申候由、社務所より人來。社務人數同前。獻立汁かき立、なます同前、いわし、かす入酒三こん（獻）。

一 山田役人、大小工、山守等も朝夕飯出申由。右夕飯相濟、各里亭退ク。

一 七ッ半過社務所より人來。只今社參申候。追付可レ參由申來。右ハ櫟谷祝代勤被レ申候。右之先へ本社御參候也。

一 酉刻前相榮殿誘引來貳人各同道ス。結地才社へ弓當役、月讀禰宜、櫟谷祝貳人也。外社家中ハ相榮、房豐、相篤。其外不參ス。權禰宜斷、月讀祝斷、櫟谷禰宜ハ若年、正祝同前ニ付未神役無シ。

一 各相揃、結地才社御神事。弓役貳人ハ社家中より上座ス。神供獻進、月讀禰宜種廣役レ之ス。次祝詞、次年木祝詞。右兩度共神子、惣市御神樂上ル。相濟、下方、社家、神方へ御神酒貳獻頂戴ス。社家中ハ宮仕給仕ス。相濟、歳木貳把も取ル。終神方退ク。谷村的場へ先へ參ル。次社家之内射手組貳人、次惣社家中。

一　谷村的場座次第、右同射前之時職次第定也。
名代之時ハ上座職ト云トモ本職ニ付下座ス。
一　山田沙汰人供物獻。祝詞相濟、社家、神方頂
戴ス。社家中ハ宮仕給仕ス。相濟。

射始

一　射始之事、庄屋以申遣ス。
一　公文役宮仕召、二番三番之射手組實名相尋。
同記相濟、壹人已上六本相濟。
一　各社務所ヘ參ル。此時社家中常座次第通リニ
座立。
一　社務所饗應有リ。三日如シ。且饗應膳上吸物
出ル。昔シ相道殿時迄ハ汁掛飯壹盃ツヽ。則近
來之事也。宮仕給仕ス。三獻酒相濟、各里亭
ヘ。
十七日、甲辰。時々暮少雪。
十八日、乙巳。雪。
一　夜七ツ時房豊姪（メイ）女死去ス。歳明テ七ツ歳斗ニ
付、近來穢無シ。房豊妹ノ子也。松尾薩摩妻
也。暫愼（ツヽシミ）。

十九日、丙午。晴。
廿日、丁未。晴。
廿一日、戊申。晴。
廿二日、己酉。晴、夜分少雨。房豊内用事ニ付出
京ス。
廿三日、庚戌。晴、八時過雨。
一　京四條口西岡や（屋）八兵衛年禮來。

三井寺僧

一　三井寺玉藏院殿年禮御出。房豊兄也。右一宿
ス。

神講

一　谷村庄屋庄左衛門來。廿六日神講之由申來。
一　社家位階、官名受領年齢等如レ例。年被ニ相
認一寫シ壹枚相添。來廿五日迄伯殿ヘ御差出可レ
有申候旨被ニ仰出一候。仍而申入候。已上。
正月廿三日伯家雜掌松尾社神主殿、右社務より
來、則房豊書付遣ス。
廿四日、辛亥。晴。
廿五日、壬子。雨。

神講祈禱會

廿六日、癸丑。晴。神講御祈禱會。

氏人

一　聖護院宮坊官岩坊法橋年禮來。一宿ス。去年七月峯中御供幷十月關東御供、首尾能相勤珍重事。房豊弟也。
廿七日、甲寅。晴。
廿八日、乙卯。雨。房豊社參ス。幷松室若狹殿年禮出ル。未參リ不レ申候故。
廿九日、丙辰。雨、晴。
卅日、丁巳。晴、少雨。

公千度
松尾講　當屋

一　例之通公千度御神事。社務、公文、沙汰人役。
二月一日、戊午。晴。
一　房豊社參ス。
二日、己未。晴。
三日、庚申。晴、夕方少雨。

松尾講

四日、辛酉。雨。

松尾講
御千度
御服所

一　早朝房豊社參ス。松尾講御祈禱會、社中御千度幷御日米神主獻進ス。相濟、御服所ニ而御飯幷神酒頂戴ス。相濟、朝飯頂戴ス。近年勘(簡)略有レ之候得共、今年より初汁こま〲　鱠　焼物　いわし　かす入。社家人數　神主相崇、權神主房豊、權禰宜相昌、同祝相篤、月讀禰宜種廣、正祝忠丸、氏人左京。相濟、追付退ク。
五日、壬戌。晴。
六日、癸亥。晴。
七日、甲子。晴、夜分少雨。
八日、乙丑。雨。
一　松尾講御祈禱會、當屋主税相篤殿、則廻文持參ス。當日ハ十日也。
九日、丙寅。雨。
十日、丁卯。晴、陰リ。
一　房豊社參ス。
一　松尾講御祈禱會、當屋主税相篤也。四ツ時使來。追付可レ參由申來。
人數東采女、松尾安藝、同薩摩、中務、相揃、神弓拜。相濟、南播摩(磨)守御出、次松尾豊後盃事有リ。次夕飯。何茂夜五ツ時迄遊。

十一日、戊辰。晴。東主税殿へ昨日之禮參ル。
十二日、己巳。晴。
十三日、庚午。晴。
十四日、辛未。晴、八時より雨。
十五日、壬申。雨、七ッ時晴。

山法度

十六日、癸酉。晴。暮時雜侍文治來。明日朝飯後
參會申來。
十七日、甲戌。晴。

社中參會

一　社中參會。社家東勘由(マヽ)、南播摩(磨)守、東中務、
同采女、同主税、松室左京。不參ハ松室式部

山の件

也。山田十五六人。相談ハ山之事、此間内相談
有レ之候而、昨日播摩(磨)守殿、勘解由殿、式部殿
山田より右被二申合一山内見分被レ致候ニ付、今日
社中參會也。此間村方より山土砂留場分クレ□(ムシ)

留山

樣願來候。去ル三月相談ニ付、留山相成候事ニ
御座候。尤御公儀へも土砂留之願致置候事ニ御
座候。將又村方證文も取リ方山相渡候樣ニ申付

立山

候哉。社中相談。御社用立山ハ已前餘分有レ之、
村方之外之分不レ殘立山ニ先達相談有レ之候事。
彌其通リ且又社中見廻リ勝手宜樣、右立山守護
場請取可レ申相談。則評定也。扨村方之義(儀)も右
彌評定、村方庄屋、百姓申談相濟候方ハ、已前
場勝手請取方事當社務被二申渡一候樣社中評定。
尤法度之一札連印證文可レ致レ定也。右村方へ申
渡事。且又上山田村山已前ハかや尾不レ殘相取
リ候事。此度ハかや尾之内ニ而少社用立山出來
可レ申事。殘リハ已前申候割合ニ而年貢米被二申
付一候筈。
一　此度ハ已前上山田神方中神酒、社務、正禰宜
家山、且又下山田村傳之丞山、右之義(儀)已前新來
事故、此度止メ、尚又かミ橋山、是此七八年已
前差上置候故、此度御社用立山ニ成ル。
先右之通リ社中參會評義(議)。當(尚)又追而後日相談
有レ之筈。
十八日、乙亥。晴。
十九日、丙子。晴。社頭御祈禱會、會所ハ例之通

當社務(所カ)。
廿日、丁丑。晴。
廿一日、戊寅。晴。房豐年禮出京。森岩坊へ茂參ル。歸リニ西院廣庭和泉殿へ參ル。
廿二日、己卯。晴。老母事森岩坊へ參ル。逗留ス。
廿三日、庚辰。晴、午刻過雨。
廿四日、辛巳。雨、七ッ時晴。
廿五日、壬午。晴。
廿六日、癸未。晴。母事森より歸リ。
廿七日、甲申。雨。
廿八日、乙酉。雨。房豐社參ス。
廿九日、丙戌。晴。松室式部殿誘引ニ付、河原へ參ル。
三月一日、丁亥。晴、午刻時より雨。房豐社參ス。
一　松室式部殿房豐參ル。
二日、戊子。晴。

上巳神事
御服所

三日、己丑、晴。例之通朝神事。房豐出仕ス。各御服所へ着ス。御膳方尋、次出仕ス。於二下陣(外)一神供獻進、左方右方正禰宜相榮殿、權神主房豐、大床權禰宜、同祝、月讀禰宜。相濟、御祈事。次神供下方相濟、各御服所退。御饗應有リ。次各里亭退ク。其外正神主、月讀祝不參。
四日、庚寅。
五日、辛卯。
六日、壬辰。
七日、癸巳。
八日、甲午。
九日、乙未。晴。
一　庄左衞門來。御觸書持參ス。大佛殿勸化之事也。來十三日迄松村三郎左衞門殿迄持參申由也。
十日、丙申。晴、雨。
十一日、丁酉。晴、雨。親父房高死月死忌日ニ付祭ル。房豐茂謹日也。

十二日、戊戌。晴。
十三日、己亥。雨。
十四日、庚子。雨、晴。
十五日、辛丑。房豊義(儀)森岩坊へ祭ニ參ル。
十六日、壬寅。晴。
十七日、癸卯。御幸。午刻出仕。御服所ニ社家中相集參扣(向カ)ス。正禰宜相榮、權神主房豊、權禰宜相昌、同祝相篤、月讀禰宜種廣、同祝重秋。其外不參、正祝忠丸板間參扣(向カ)ス。下(外)陣相榮、房豊、大麻(床)權禰宜已下。神供獻進。相濟。次祝詞相榮、相濟、御祈事。是時相榮房豊下(外)陣入御祈。已下大麻(床)御祈事、相濟、下方。次か(駕)い(輿)丁揃大行事清門之内へ入。次社家中土間下。月讀禰宜ハ御ゑん(縁)と引。次土間下。此時大行事申渡ス事有リ。一社〳〵神拝。次大宮、大麻(床)直宮遷、祝詞相榮、相濟。神方中請取渡迄送。大行事義(儀)式有リ。社家中ハ鳥井(居)前迄送拜。神方内貳人船渡迄送、罷歸リ候時、社家様子聞、里亭退ク。御鎌ハ公文役。
十八日、甲辰。晴。
十九日、乙巳。晴。房豊嵯峨邊參ル。
廿日、丙午。晴。
廿一日、丁未。晴。
廿二日、戊申。晴。
廿三日、己酉。晴。伯殿年禮御請被レ成候事、廿八日ニ申來。
一　御觸書壹通ハ長崎表入札、幷西國罷越候物ハ、御役所相屆罷下リ候旨御觸也。
廿四日、庚戌。晴。
廿五日、辛亥。雨、晴。
廿六日、壬子。晴。
廿七日、癸丑。晴。
廿八日、甲寅。晴。伯家年禮。正禰宜相榮、權神主房豊、月讀禰宜種廣。如レ例義(儀)式也。始のしこんふ幷盃呑流シ幷雜煮餅。此時盃事二位殿始人別ニ格(各)盃肴頂戴。又伯殿へ返盃之時此方より

御服所

氏人

還幸

敕祭綸旨

茂肴上ル。相濟。次引盃。此時雜掌出挨拶ス。次相濟、いとまこい申。次間ニ而茶・たはこほん出ル。此時雜掌へ貳本入遣ス。伯殿へ三本入。中將殿へ同。右歸掛森へ參ル。又西院廣庭私家へも參ル。

廿九日、乙卯。晴。

四月朔日、丙辰。晴。如レ例早朝社參ス。今日ハ御服所ニ而御留守事有リ。社參人數播摩（磨）守相榮、式部種廣、氏人左京、房豐。酒、豆腐、吸物、肴わかめ・干魚。右宮仕より出ス。

一　房豐旅所社參幷稲荷旅所社參。

二日、丁巳。晴。

三日、戊午。朝之内少雨、晴。

四日、己未。晴。

五日、庚申。晴。房豐事伯殿へ參ル。敕祭綸旨頂戴ニ參ル。神主勘解由賴ニ付。

六日、辛酉。晴。御祭。神事出仕。家内催。午刻衣紋付、松室出雲殿賴、八ツ時神主方より人來。松室家より催出仕申參リ、御參可レ被レ成候様申來。祭ハ先例月讀社へ社家中參ル。出仕人數正禰宜相榮、權神主房豐。其外ハ不參。各月讀社頭神拜、次拜殿着ス。神供下方月讀禰宜、祝役レ之。手長神方幷月讀社役人。相濟拜殿より退、榊神場所進ム。社家、神方。次神供、月讀役人、次月讀禰宜祝詞。相濟、社家中言傳有リ。次榊幣付折拜退ク。次拜殿ニ而社家中饗應有リ。本社宮仕給仕ス。相濟。御本社參リ御服所着ス。追付還幸（クハン）各神殿進ム。御隨申候事月讀禰宜役レ之。正禰宜内陣入、權神主下陣（外）入。次月讀禰宜、祝大麻（床）進ム。還幸時社家土間下リ神輿（シヨウ）拜ス。次大宮。此時付床付、月讀禰宜御エン（莚）トウ（道）敷、次下。此時正禰宜祝詞。宮遷相濟、各進ム。内陣へ正禰宜入、下陣（外）權神主入、月讀禰宜、同祝ハ大床進。次神供相濟。各土間下リ、祝詞相濟。如レ本進ミ御祈事、次下方相濟。

一　始（ハシメ）書落シ申候。先各神殿進候而あない（案内）けんし（獻進）

御服所
嵯峨土器衆

谷川見分の件

ん。
一　櫟谷社・官所社ニ而神供。月讀禰宜役レ之。
相濟、各御服所而饗應有リ。次各里亭退ク。
一　當家客來。例之通リ。嵯峨土器衆來。
一　岩坊來一宿ス。
七日、壬戌。晴。
八日、癸亥。晴、暮少雨。
九日、甲子。雨。松室村庄屋十右衛門來、明日天
氣能御座候ハヽ、谷川見分賴來。
十日、乙丑。晴。谷川見分。四ッ時迄相見合候得
共、沙汰無レ之由故聞食候處、社務より社用ニ
付、庄や(屋)共障入申候故、見分ハ成不レ申候由被二
申付置一候由、延引斷不二申來一候故、八ッ時十
右衛門延引間違、言葉違、庄や共無調法由申
來。
一　文治、十右衛門來。御用筋延引相成候間、何
ト曾今日御見分奉レ願候由申來。播摩(磨)守殿御得
心ニ付、又々七ッ時見分出。人數播摩(磨)守、中
務、主税、式部、左京、次庄や共。
十一日、丙寅。晴、七ッ時過陰リ。
老母事、今日ハ中飯時分より壬生寺參ル。開帳
ニ付。
十二日、丁卯。晴。
十三日、戊辰。晴、夜分雨。
十四日、己巳。朝之内雨、其晴(後脱カ)、七ッ時少雨、又
晴。
一　岩坊内所始招。則岩坊同道也。取持薩摩、土
左(佐)、若狹也。勘ケ由も折々御出。
十五日、庚午。晴。
十六日、辛未。晴、暮少雨、晴。
一　文治來、十九日御祈禱會申來。
十七日、壬申。晴。岩坊より此間之禮來。
十八日、癸酉。晴。播摩(磨)守殿招ニ付、房豐參ル。
十九日、甲戌。晴。
廿日、乙亥。雨七ッ過晴。
廿一日、丙子。晴。

廿二日、丁丑。晴。
廿三日、戊寅。晴。御觸書至（到）來。當月十六日御日（ヲンヒ）付（ツケナリ）昨夜六條新地鍵屋新兵衞方へ四才斗ノ子まよ（迷）ひ來申候。心當申者候ハヽ、伊豫守様御役所へ可ニ申出一旨御觸也。廿一日至（到）來。

旅所

松尾旅所初三十何所高山寺止リ、西芳寺より當社、次梅宮。
廿四日、己卯。晴。
廿五日、庚辰。晴。下部壹人大坂下ス。房豊姉七回忌ニ付遣ス。來廿八日也。
廿六日、辛巳。晴。
廿七日、壬午。晴。今夕より姉七回忌ニ付祭ル。
廿八日、癸未。晴。
廿九日、甲申。晴。
卅日、乙酉。晴。

御千度
御服所

五月一日、丙戌。晴。例通リ朝社參ス。社家、神方御千度有リ。相濟、御服所ニ而饗應有リ。正禰宜相榮、權神主房豊、同禰宜相昌、同祝相篤、月讀禰宜種廣、同祝息左京。相濟、里亭へ退ク。
一 相崇頼ニ付、今夕參籠ス。房豊、種廣兩人。
二日、丁亥。雨。右兩人社參。御祈申。相濟、朝飯。宮仕より仕出。雑煮餅（白豆腐・竹子）、前付（竹子あへ・こんぶ）、中飯、手辨當。夕飯、同前違有リ。
三日、戊子。雨、七ツ時晴。朝社參。御祈事相濟、下向ス。
四日、己丑。晴。

端午神事

五日、庚寅。晴、午刻過雨。
一 例通リ朝神事。神供方相尋、本殿出仕。各附公文御鍵御戸開各拜ス。次正禰宜相榮、權神主房豊下（外）陣入、次權禰宜相昌、同祝相篤、月讀禰宜、同祝大床着ス。次御机、次御ヨモキ（蓬）・シヤウブ（菖蒲）獻進。次神供相濟、祝詞。次正禰宜、權神主下（外）陣入、御祈事。各大床ニ而相濟、神供下方相濟。各御服所退ク。饗應有リ。相濟、各里亭退ク。
午刻時社務所饗應有リ。

嵯峨土器衆

一　當家嵯峨土器來。則土器持參ス。
一　西代來如レ例。
一　非藏人衆禮來。
一　下山田村庄や傳之丞來。
一　松室谷村庄や年寄來。
一　大小工來。
六日、辛卯。雨。
七日、壬辰。晴、四ッ前雨。房豐出京ス。伯殿時節見舞參、鮎十進上。其外心安方へも參ル。
八日、癸巳。晴。
九日、甲午。晴。
十日、乙未。晴。
十一日、丙申。晴。
十二日、丁酉。晴。
十三日、戊戌。

（天明八年）日記

一七四六　（天明八年）日記

（表紙）

天明八年戊申正月

日記

権神主正四位下秦房豊（華押）

權神主秦房豊

（本文）

天明八戊申正月元日、甲子。晴、折々込出。

一　例之道（通カ）社家者大晦日夜子ノ剋ヨリ追々參籠。社家中者正神主相榮、同禰宜者依二所勞ニ一不參。同祝榮忠、權神主房豊、同禰宜相壽、同祝相與、月讀禰宜種直、同祝重云。櫟谷禰宜者依テ二所勞ニ一不參。同祝者若歳故神役未レ勤。

一　朝ノ内掛リ湯相濟、口祝。菱葩幷三種之肴ニ而酒三獻。右者宮仕ヨリ出。併酒ハ酒殿より來リ例年也。

本願所

一　御酒一樽本願所より依レ例歳末之爲二祝義（儀）一來。宮仕披露。

一　次社家中衣紋束帯相濟、各座ス。次膳部役三人年禮、宮仕申來。直右三人來。社家中より不二相替一目出度と申、スグニ退出。

一　次社家宮仕ヲ召、御膳方出來否ト尋。宮仕宜候と申退ク。社家中一揖シテ座ヲ立チ出仕。清門ニ而手洗。宮仕役レ之。神殿江進、土門（間）圓座ヲ敷、兩人ヅヽ拜シ、終テ大床兩方へ附。次宮仕青襖（素）ヲ着シ、御鍵ヲ持參、大床ノ前ニ膝突畏ル。月讀禰宜受取、神階ニ上テ神戸開ク。此時各平伏ス。夫より正神主、同祝進陣入、次々進ム。種直下陣（外）入、御戸開。相濟、退キ御鍵ヲ宮仕江渡。宮仕受取退出。次安葩（菱）之者神方持參。公文受取。次下陣（外）机不レ殘内陣エ入。次ニ神供獻進。内陣者正神主、同祝下陣（外）者權神主、同禰宜。權神主巳（已）下者何連之時ニ而モ兩人之内一人ニ而も有レ之候時者、大床也。次キ〳〵ノ神供獻進。相濟、各土間エ下リ、圓座ノ上ニ兩側ニ座ス。右ノ圓座ヲ敷役ハ社家中之家來、廻番ニ布衣役筈。神方圓座ヲ敷、神主者宮仕拜ゴ（薦）

御千度
御服所
御服所

モヲ敷、次ニ祝詞相濟、月讀禰宜座ヲ立チ、御戸借金(假鍵)ス。次ニ神方退出。次ニ社家中左右ノ小社エ神拝シテ御千度。今者一度。次ニ南之腋門ヨリ出テ、衣手ノ社・十禪(師)神(社)・三宮・四大神神拝。相濟、御服所ニ着ス。服ヲ改、各袴・上(裃)下ニ而朝飯、宮仕より出。酒者酒殿より來。宮仕越後給仕ス。

同夕之式。

一　夕飯。

一　夫より御神事ニ從。掛湯相濟、各衣紋束帶如レ朝進。社家出仕。清門ニ而手洗。宮仕役レ之。神殿エ進リ。如レ朝大床兩方へ附。公文神戸扉ヲ開ク。此ノ時平服(伏)ス。正神主、同祝内陣入、權神主、同禰宜下陣(外)エ入ル。神燈明入、今朝之神供ヲ下ス。又夕御神供ヲ獻進。相濟、各土間エ下リ圓座ヲ敷。如二今朝一祝詞。相濟、神殿エ進、御祈之事。次ニ神供下方。次ニ内下陣(外)共除歸ス。相濟、内陣御戸指(閉)シ、大床エ出ル。内下(外)共鎖ヲロス。公文ノ役也。次ニ神方退出、次ニ社家退ク。夫より小社神供獻上。月讀禰宜ノ役。各着座。十禪(師)神社留リニテ相濟。

一　社家中御服所ニ而饗應有リ。

一　當家より今朝宮仕迄コフ(神)立、葩三十五枚出。内五枚者社頭ニ殘由。三十枚者當家エ下ルナリ。

一　里亭之式年禮。松尾肥後、同大和是ニ不二カキラ一、同各中入來。入來。今朝若水迎事。年男役家内雜煮ヲ祝事相濟、社頭ニ而ノ供之者共仕立出。

二日、乙丑。晴。但シ、折々込出シ。

一　今朝者神供無レ之。一社中袴・上下ニ而社參。四ッ脚より拝ス。及小社迄朝ノ内口祝ノ事如二元朝一相濟、朝飯獻立如二例年一、宮給仕ス。則宮仕より出ス。酒ハ酒殿より來。俵桼社務所より來。午刻之内飴出ル。是者御箱當番之人より來。今年者正神主番。

一　夕御神事之式。社家沐浴相濟、召二宮仕ヲ一御

御服所
謡始
大登

膳相尋。次ニ出仕。清門ニ而手洗。宮仕役ス。神殿へ進ミ、神獻進相濟、祝詞御祈之事。次ニ下方相濟、神方退コト。先ス直ニ月讀社ヱ向參ス。次ニ社家中參、手洗ノ事。月讀宮仕役ス。社家者拜殿ニ着座ス。祝詞相濟、饗應有リ。小鳥吸物器者茶腕（椀）ニ而出ル。酒二獻。此時本社ノ宮仕給仕ス。相濟、各本社御服所ヱ歸。

一　御服所ニ而社家中謠初（始）之祝儀有レ之。吸物雉。然鉢ハマグリ（蛤）ノ筈。組重一組。今年ハ正神主相榮殿より來。

一　村方庄屋、年寄、當家百性（姓）等當村者勿論、各年禮ニ來。各爲二年玉一扇子一本ヅヽ持參。受取コト。年男役。年男者下袴ニ而大所ニヒカ（控）へ居ス。

三日、丙寅。晴。

一　社家中沐浴相濟、口祝之事如二前日一。次ニ朝飯宮仕より出ス。御神供之ムシ（蒸）飯也。小鯛半分・鰤せんば・かマス（カ）・雉。右之雉者膳部より例年壹羽役ニ而來由。

一　如二前日一神殿ヱ進、例之道（通カ）、大床ニ而日供獻進。相濟、祝詞御祈之事。下方濟而神方者退出。四脚より出テ櫟谷社ヱ參ル。次ニ社家參二本社一。鳥井（居）前より騎馬。老人者馬御免故、本社より直ニ里亭ニ歸ル。今年者權禰宜、同祝順年ニ致度由、權禰宜被レ申候ニ付、今年者權禰宜大登斷事。正祝榮忠、權祝相興（與）、月讀禰宜種直ノ右三人櫟谷社へ參。

一　櫟谷社ニ而神事之式。相殿兩社ヱ神拜シテ、東方西面ニ着座ス。神方者西ノ方東面ニ列座ス。右坐ノ場拵置。役者山田治部役スルナリ。手洗、本社宮仕青襖（素）ヲ着シ之ヲ役ス。櫟谷禰宜依二所勞一不參故、相被レ賴候人體何連ニ不レ寄、祝詞相勤。祝詞仕坐ヲ立、宗（像）社ヱ御神酒備ヱ、手長ハ神方ノ内壹人役ス。幣串受取、祝詞始各平服（伏）ス。相濟、手長より神方中使ヲ遣シ相濟候と申由。此時神方中坐ヲ立、神前ニ拜ス。
子ノ日ノ祝詞、櫟谷禰宜ノ役也。萬端相濟、饗應有。山田治部より仕出ス。吸物雉、酒二獻、目黒、鱠。右濟、次ニ子日之松二本ツヽ各請候事。但シ、不參ニ而モ受レ之。

子日の松

一 社家中供之者共迄モ酒出ル。
事終、神供櫃。次ニ神方、次ニ社家、神前ニ一拜シ而退出ノ時、山田治部ヱ挨拶、小（少）シ首ヲ頻候事。夫より騎馬ニテ下向、本社鳥井（居）前ニテ社家及神方等休所茶屋より拵置、口祝。茶等出スレ之。神方者下座三人也。休所者宮仕同所也。各社務所ヱ下向。神方社務門前ニ扣相待。社家馬より下リテ社務所ヱ入及神方・宮仕等入。

社務所

一 社務所ニ而饗應如レ例。何ヤカヤ添、ミカン・こんふ。右木器ニ而酒三獻也。相濟、神方御神事萬端目出度候と申退ク。尤別間也。次ニ宮仕退出。次ニ社家退出、各里亭ニ歸ル。
一 里亭ノ式 此時分者房豊老體ニ故、大登不參ニ付、本社より直ニ下向。當家ノ社參リ神拜相濟。家内ニ而鏡餅何ヤカヤ添。例之道（通）相スハリ（素割）、次ニ三ケ日之膳部スハリ（素割）候也。年男給仕ス。相濟、本膳節ヲ祝。相濟、家内ヲ集盃有。賓來ニ而盃ハ土器也。
一 今年者當家勘略（簡）ニ付、今日家來共ノ節ハ止メ、又勝手宜時ハ如二前節一有レ之。松尾社旅所渡邊備後守、同下總守年禮ニ來。
四日、丁卯。晴、但シ、晩方少シ雪。
一 里亭ノ式 山田役人中間幷膳部、沙汰人等同年禮ニ來。但、禮カヘ（返）シハ無レ之候。宮仕參禮。扇子壹本年玉として持參。上山田村庄屋來。同扇子持參。上山田庄屋、是者雜士・山守等兼役也。
一 松室兩家年禮。

土器衆

一 土器衆治大夫年禮ニ來。爲二年玉一土器大三十枚・小三十枚鹽壺三つ、盃一重持參。例之道（通カ）雜煮餅出幷三重ノ組肴ニ酒出す。相濟、大鏡餅、何ヤカヤ添出ス。年男給仕。神社付土器衆左治兵衞來。鹽壺三ッ、盃一重持參。爲メニ菱葩遣ス。西代來。
上物如レ常、遣物如レ常。

囃子始

一　當家囃子初(始)メ之事。年男役ス。幣串十二本・土器十二・ゴマメ・(開)平キ豆・こん(昆)布等木ニナソユ祭ルコト。
一　神節之事、例年社務所ェ參。神方、宮仕之ヲ拵ニ朝ノ内來。社家中座ニ付、白木具ニのセ(乗)御飯。獻立小鯛・雉子・鰤・同鱠ぶり(鰤)・開豆、右何れも土器ニ入、宮仕給仕ス。右スハリ(素割)、初各里亭請ルナリ。
五日、戊辰(通カ)。雪、午剋より晴。
一　例之道(通カ)棚守番より爲二祝儀一鳥目百文來。年男下袴ヲ着シ持參。今年正神（主）殿より來。爲メニ菱葩遣ス。同日若菜之事當家年男役。
六日、己巳。快晴。
一　社家中年禮。今年者房豊父子風者(邪)ニ付、年禮延引。
一　夕式飯ヲ諸神へ備。燈明等備年男役。
一　今晩參籠如レ例。戌刻限今晩より正禰宜相養出勤。
七日、庚午。晴。

神馬

一　社頭之式、社家中沐浴相濟、次口祝之事、元朝之道(通カ)。今朝神馬之事、十官之社司より壹疋ッ、獻進ス。
一　神供大床ニ而獻進幷ニ小宮御神供モ大床ニ備也。獻進終テ大床之左右ノ方着座ス。祝詞御祈之事、正神主役。相濟、各座ヲ立テ再拜す。次ニ下坐方小宮之御供者祝。相濟。次ニ水垣(瑞)ノ内

白馬の祝詞

ニ而白馬ノ祝詞、正神主役。此時宮仕幣串、祝詞仕へ渡ス。相濟而幣串ヲ受取、退出。宮仕役レ之。白馬引、拜殿三邊廻。相濟。夫より櫟谷社へ參ル。次ニ神方退出。次ニ社家中退ク。次ニ櫟谷社、祝詞者勸請社ニ而禰宜役ス。右之神馬者月讀社・結地才之社へ順參也。相濟歸ルコト。
一　神馬口取權神主。已上者兩口取貳人、附饗應

兩人請レ之歸ル。

御服所

御千度

一　社家中者御服所ニ而今日之饗應有リ。相濟、元日之御千度之饗應ヲ頂歸ル。

經所

一　葩二十枚、經所へ遣ス。

一　夕飯里亭之諸神へ備ユ。并ニ燈明等ヲ年男役也。

八日、辛未。晴。

一　寺方年禮ニ來。當村二寺者茶椀一つゞゝ持參。

九日、壬申。雨天。

十日、癸酉。晴。今日房豊、同房良兩人年禮ニ出。東三位殿方ニ而盃出、薩摩方ニ而も出也。

十一日、甲戌。小雨。

斧始

一　今朝例之道（通カ）、當家丁（斧）ノ始之式有リ。大工泉之丞淨衣ヲ着ス。小工佐兵衛青襖（素）ヲ着ス。番シヨ（匠）ウ二人者麻上下（裃）着ス。各玄關ニ而義（儀）式相濟、大小工兩人カ指（閉）、兩人エ盃出。土器盞、三種組重、冷酒出。相濟、大鏡餅大小工兩人へスユ。

番所同下部へ菱葩出ス。何れも給仕年男役ス。

神宮寺守札

一　預役人松室重右衛門悴治郎右衛門來。神宮寺守札年玉并守護之玉印ヲ持參ス。玉印者當家神棚、門、同カド（門）口、藏へ推ス。相濟、頭役へ返ス。次米ふミ（踏）始メ之事、年男役此米、則夕飯ニたき（炊）諸神エ備ユ。同洗初メ之事。

十二日、乙亥。曇。

十三日、丙子。晴。

十四日、丁丑。晴。

三毬打

一　朝ノ内飾カザリ上ル事。年男役。晩諸神江膳備、次三毬打拵事。年男役。分家より茂例年飾カザリ持參。各上下（裃）ヲ着シ書初ヲ上ル事。

一　年男へ渡物、扇子六本、右者三毬打入用、菱葩・酒等。

一　夜半時分、神之御しき（敷）ニ牛王ヲのセ（乗）、餅二つ、赤豆粥少シ乘、家々迄戸口ヲ悉ク御粥々ト言ヒテタゝ（叩）クコト。先格也。右年男役也。

參籠

一　暮六時より戌之尅限參籠。社家中相揃、例之道(通カ)宮仕より汁いも　大こん　焼豆腐入出。酒三獻、向付鱠・開キ豆向ニ付也。

公文

一　社務、公文兩人者鏡餅宮仕よりスエル也。右兩人互ニ盃事有リ。右社務不參也時者、次座之人之ヲスハル也。右スハリタル人請レ之。此ノ例者寶暦四年相榮被レ始近來ノ例也。

本願所

一　本願所より例之道(通カ)使者來。口上、各樣無ニ御障一御參籠目出度奉レ存候。依レ之爲ニ御口祝一臺一つ持參ス。

一　蜜柑　かや　勝栗　昆布　圓柿、右之道(通カ)だい(臺)ニ積來ル。社家上座之人より返答申、不ニ相替一目出度存候。本願所ニ而御無事御加年珍重と申。

(社頭ノ式)十五日、戊寅。晴

御千度

一　早朝掛湯相濟。例之道(通カ)口祝。葩、三重ノ肴ニ而酒出。元朝之道(通カ)相濟。社家中衣紋束帶相揃。

御服所

宮仕ヲ召テ御膳方相尋。次ニ出仕。腋(脇)門之内ニ而手洗、宮仕役。次々神殿ヘ進ミ神供獻進。相濟、土間江退。祝詞御祈之事、正神主役ス。相濟、下方濟。次ニ下(外)陣御戸扉御簾下ス。次ニ内陣より机出、下(外)陣ノ兩方江直置キ、公文御戸指(閉)。相濟、神方退。次ニ社家退、御服所ニ着、例之道(通カ)饗應アリ。幷ニ御粥頂戴ス。相濟、各里亭ニ下向ス。

一　社務より之使年男下袴ヲ着シ、明日御節ニ御出被レ下候と申來。例也。此方より不ニ相替一目出度存候と申遣ス。

一　西代村惣禮。上物イゾウリ(藺草履)二足・ワラゾウリ(藁草履)二足、ほふき壹本持參ス。遣物いわし貳疋・黒米貳升、酒者不レ遣コト、先例也。

十六日、己卯。曇、晴。

一　早朝御千度。悴房良出參。今年者相房、房良兩人ニ而御千度。神方詣共相勤濟。各遲參。相揃御服所ニ而饗應有リ。汁かき立　いわし　目黒　鱠　開豆　酒三獻。相濟候而各下向。右之人數相榮、相養、榮忠、相壽、相與、種直、重

社務所
神子・惣の市
沙汰人
結地才社神事
社務所
公文
年木の祝詞

云、房良。如レ此相濟、社務所へ集節アリ。房良里亭へ歸、房豊と替。房豊社務所へ參。獻立
汁いも　大根　燒豆腐　やき物　ぶり切メ　膾ふり　大こん　小鯛　すし高盛　香物　酒三獻。給仕雜侍。相濟、各里亭へ歸ル。
一山田主税より今晩御神事ニ御參被レ下と申來ル。主税催方也。如何近來者使ニ而申來。
一社務所より夕節出來仕候。只今御出被レ下と申來。年男下袴ヲ着シ申來。人數如二今朝一。獻立汁かき立　いわし　かすいり　膾　酒三こん(獻)。給仕雜侍役。
一今晩結地才社神事。暮六ツ時出參。權祝相與遲參。相濟、手洗之事。山田主税より出ス。今晩座席弓役兩人者上座ス。相與、種直。
一各相揃、神殿へ進、神供獻進。公文役レ之。山田主税手長獻畢、祝詞・幣串ヲ主税持參仕、公文へ渡ス。公文受取テ祝詞始。相濟。次ニ年木ノ祝詞。次下方終リテ社家及神人神酒二獻頂戴ス。社家者宮仕給仕ス。年木二把ヅヽ請レ之。但シ、不參之人ニ而も請レ之事。
一社家弓役貳人者先へ射場へ向參ル時之弓役者、月讀社禰宜、櫟谷社祝ニ候得共、櫟谷祝者若年ニ付、神役未レ勤故、則父相與代勤ス。
一神樂(カグラ)ヲ奏ス役、神子・惣ノ一(市)勤ム。沙汰人祝詞相濟而、社中神酒頂戴ス。給仕宮仕ス。
一社家之上座より雜侍ヲ召、射始之事申遣ス。畏リ候と申由返言ス。此義(儀)沙汰人役。
一公文二番・三番ノ射手ヲ宮仕ニ相尋、日記ニ各名乗ヲ書留置候事。
次ニ社務所參リ如レ例饗應有リ。相濟。各里亭ニ退ク。
十七日、庚辰。快晴。
十八日、辛巳。雨。
十九日、壬午。曇。
廿日、癸未。曇、夜雨。
今日夕節、飯ヲ左記諸神へ備、夜燈明ヲ獻ス。

松尾社務殿

年男役。暮方廻狀來、屋普請願方之事、幷ニ伯家年禮申來候。書狀共當村年寄忰浦之助持參ス。右詳ニ書留置候。

伯家より書狀寫。

一　來廿五日年頭御禮被レ請候間、被二仰合一、巳刻御參殿可レ被レ成候。仍而如レ此御座候。以上

正月十九日　　伯家
　　　　　　　雜掌

松尾社
　社務殿

一　普請願方廻狀之寫。

上書　屋普請願方之事。

洛中洛外在町御役所へ普請之儀願出來候類有レ之。失脚等相掛リ輕キものとも(者共)及二難義(儀)一候趣相聞候間、向後左之通可二相心得一候。

一　町家在家普請之儀、内住居替幷店格子等取替、又ハ入口付替等之分ハ不レ及二願出一候。坪增普請新規建地願、新規口明ケニ者見分差遣候上、可レ及二差圖一候。

一　町々木戸・門扉・屋根等有形之通修復、其外聊之取繕者不レ及二願出一候。

但シ、門柱根付等、往來ニ障之儀者可二願出一候。

一　番小屋・火消屋具入・髮結床之類往還へ出張不レ申、家並庇内之分ハ新規たりとも是迄之通不レ及二願出一候。聊ニ而も往還へ出張候分ハ見分差遣候上、可レ及二差圖一候。有形修復者見分不二差遣一候。

一　普請中板圍幷溝石蓋取替等、往還へ出張不レ申分者不レ及二願出一候。往還へ掛リ候分者可二訴出一候。往還へ掛リ候溝石蓋(ふた)者出來候上見分可二差遣一候。

右之外ハ是迄之通リ繪圖面を以可二願出一候。

右之通相觸候、迚心得違不埒之族有レ之ニおゐて候者、不時ニ見分差遣候上、急度咎可二申付一候。且又普請之儀ニ付、是迄聊普請ニ而願（屆等）ニ不レ及儀を、致二如何一候而願屆等不レ致な

ど丶内々事六ヶ敷申聞候もの有レ之候趣相聞候
間、以來下々ニ至迄、右儀紛敷不筋之儀等申聞
候もの有レ之候ハ丶、難義(儀)之趣早々可二申出一候。
若右體之儀有レ之候を隱置候ハ丶、吟味上急度
咎可二申付一之條、此旨洛中洛外町方・在方へ
不レ洩樣可二相觸一もの也。
但、見分先ニおゐて無益之もの差出失脚等無レ
之樣可レ致。勿論近頃相觸之通茶・たばこ其外
差出間敷候。幷少々たりとも挨拶ヶ間敷儀堅致
間敷候。右體之義(儀)有レ之おゐてハ是又糺之上咎
可二申付一候。

未十二月

寺社方普請之儀願出來候分、前々度々觸置候趣
も有レ之候處、區々ニ相成、聊之修復等も願出
候類有レ之、失却(脚)等相懸リ及二難儀一候趣相聞候
間、猶又左之通可二相心得一候。
一　屋根葺替之儀不レ及二願出一候。
同組瓦葺共不レ及二願出一、檜皮葺、栩葺、木賊葺
替たり共急度可二願出一候。見分差遣候上可レ及二
差圖一候。
一　懸樋・堅樋之儀、新規懸直共不レ及二願出一候。
一　腰板打候儀、不レ及二願出一候。
一　矢切・忍返之儀、新規・修復共不レ及二願出一
候。
一　高塀有來通ニ修復致之儀不レ及二願出一候。
一　根太張替幷床下束木取替之儀不レ及二願出一候。
右之外者是迄之通繪圖面を以可二願出一候。
右之通相觸候、迚心得違、不埒之族於レ有レ之
者、不時ニ見分差遣候上、急度咎可二申付一候。
且又普請之儀ニ付、是迄者聊之普請ニ而願屆等
ニ不レ及儀を致二如何願屆等一不レ致抔と内分事六
ヶ敷申聞候者有レ之趣相聞候間、以來下々ニ至
迄、右體紛敷不筋之儀等申聞もの(者)有レ之候ハ丶、
難儀之趣早々可二申出一。若右體之儀有レ之候を隱
置候ハ丶、吟味之上急度咎可二申付一候條、此旨
洛中洛外其外京都御役所へ願出來候寺社へ不レ

洩様可ニ相觸一もの也。
但、他國之分當表宿坊又者用達之もの(者)より可ニ申遣一候。尤見分先々ニおゐて無益之もの(者)差出、失(脚)却等無レ之様可レ致候。勿論近頃相觸候通、茶・たば粉之外差出間敷候。幷少々たりとも挨拶ヶ間敷儀等堅致間敷候。右體之儀於レ有レ之者、是又糺之上咎可ニ申付一候。

未十二月

右之趣相觸之様被ニ仰出一ニ付申觸候。以上

未十二月　　　　松村三郎左衛門

旅所

松尾旅所始合三十二ヶ所。
廿一日、甲申。晴、夜雨。
廿二日、乙酉。雨。
廿三日、丙戌。晴。
廿四日、丁亥。晴。
廿五日、戊子。晴。伯家年禮ニ參。東三位、松室式部、右兩人參勤ス。
廿六日、己丑。晴。
廿七日、庚寅。晴。
廿八日、辛卯。晴。早朝社參、袴上下(裃)ニ而。
廿九日、壬辰。晴、曇。

京都市中大火

卅日、癸巳。曇、風、少雨。朝七ッ半より京都出火、夫より段々大火と成。
二月朔日、甲午。晴。早朝社參。今日ニ至リ大火。
二日、乙未。晴。
三日、丙申。

明神講
御千度

四日、丁酉。明神御講、早朝御千度御日米有。
五日、戊戌。
六日、己亥。伯家へ火事。
七日、庚子。
十八日(マヽ)、辛丑。
九日、壬寅。
十日、癸卯。
十一日、甲辰。
十二日、乙巳。

松尾講の件

十三日、丙午。
十四日、丁未。
十五日、戊申。
十六日、己酉。
十七日、庚戌。
十八日、辛亥。
十九日、壬子。快晴。御祈禱被㆓仰出㆒候ニ付、只今於㆓社務㆒御參會有㆑之候と申來。雜侍伊右衞門申來。右參會人數榮忠、房豐、相與、種直。當時正神主相榮者所勞ニ付、榮忠披露。昨日伯家より呼ニ參候ニ付、榮忠、種直兩人被㆑參候處、被㆓仰出㆒候書面之寫。
今度徊(回)祿洛中拂㆑地、剩內裏燒亡。依㆑之從㆓來廿二日㆒一七ヶ日間抽㆓請(精)誠㆒、宜㆑奉㆑祈㆓天下大(太)平、玉體安穩、寶祚長久㆒之旨稻荷・松尾社可㆑有㆓御下知㆒之候。
廿日、癸丑。
廿一日、甲寅。
廿二日、乙卯。晴、少風。今朝より御祈禱始マル。出勤之人數　正神主所勞ニ付不參、正祝所勞不參、櫟谷禰宜不參。出仕正禰宜、權神主、權禰宜、同祝、月讀禰宜、同祝以上六人。
廿三日、丙辰。晴。暮時相養、松尾今年者相壽當番之處、萬端兼役時ニ者大變之時者、御社へ御日米獻進仕、各々御祈申上度候可㆑然也相心。早朝御祈禱。正禰宜、權神主兩人出勤。
廿四日、丁巳。雨、巳刻より晴、折時雨。相養殿入來後、松尾講三月五日迄延引之相段(談)ニ被㆑參。
廿五日、戊午。快晴。年寄半治持參觸狀之寫。
申二月廿三日來
類燒之寺社町方普請勝手可㆑致旨
諸職人幷木竹隨分下直可㆑致旨
徒黨致候ハヽ小勢之内取鎭候樣可㆑致旨
廣東人參賣買可㆑致御免
公事訴訟罷承付、御憐愍ヲ以手輕ク被㆓仰付㆒旨
所司代御上京之節爲㆓出迎㆒罷出不㆑及事
迷い子
諸色下直ニ
賣渡候旨

此度類焼之時(町々カ)之商賣取續之ため手輕キ假屋相建、夫々渡世相始可レ申。惣圍之義(儀)者及二沙汰一候迄者見合可レ申旨觸置候へ共、寺社町方共惣圍幷普請とも勝手次第。取掛リ町方之義(儀)者渡世第一ニ可レ致候。尤寺社之義(儀)者先年より追々申渡置候趣相守、願出候上普請可レ致。町方之義(儀)者不レ及レ屆普請可レ致候。併此節之義(儀)故取續第一ニ相心得、身柄不相應之義(儀)、其外心得違不益之普請いたし(致)候ハヽ、急度差留可二申付一候間、可レ得二其意一候。

但、此度類焼之町々之義(儀)、憐愍を以本文之趣申渡候間、年貢地分も此度者願出候ニ不レ及、普請いたし(致)、追而建替取繕ひ等之節ハ是迄之通相心得、心得違なく可二申出一候。

一　大工、左官諸職人幷社方、車方凡テ増賃銀諸色等高直(値)いたし(致)候者有レ之候ハヽ、早々申可レ出候之事。

此方ニ而略書寫置。

近年米穀〆賣幷酒隱造、増造等之不埒有レ之候江者、おのつから米直(値)段も相響、及二難儀一候ニ付、下々之もの右體之もの江遺恨相含多勢相集、穀屋、酒屋其外家居等に狼藉致候類在レ之ニ付、追々御吟味被二仰付一事ニ而、都而米穀〆賣幷酒隱造リ、増造之儀制禁ニ候上者、右を犯し候物(者)者御仕置ニ可レ被二仰付一事ニ在レ之間、右體之儀致候物(者)於レ有レ之者御代官役所其外領主地頭役所へ訴出候得者、下々不レ及二難儀一樣遂二吟味一可レ遣儀ニ候處、其段不二相辨一申合相集狼藉體之儀於レ有レ之者、徒黨之儀ニ付、甚以不屆之至ニ候間、是又嚴科可レ被二仰付一候。右之趣下々江得と申聞置、心得違無レ之樣可レ致事。

一　〆賣幷酒隱造、増造り等致候物(者)者嚴敷可レ致二吟味一候。況訴出上者猶又厚相糺、難儀無レ之樣可レ致、萬一下々心得違ニ而相集狼藉之始末在レ之ハ、早々人數差出、小勢之内召捕可レ申候。時宜ニより切捨に而も不レ苦候。尤御料所幷小給等陣屋元人數少之分者、明和六丑年相觸候通、宿寄大名へ人數差出之儀可二申遣一候。勿論右人數之儀申來候ハヽ、不レ移二時刻一取鎭之人數差出、小勢之内召捕可レ申候。若手餘り候ハヽ、切捨ニ可レ致候。是迄右體之儀有レ之候而も穩便之儀而己を存、彼是致二連滯一相集候もの(者)多勢に相成、却而下々及二難儀一候。小勢之内召捕又者切捨等ニ致、早速取鎭候物(者)者、働之次第ニ依而御賞美(褒)も可レ有レ之候。此後手拔等ニ而徒黨大勢ニ相成候ハヽ、取扱不二行屆一、其所支配御代官、領主、地頭不念之筋可レ被レ及二御沙汰一候。右之通可レ被二相觸一候。萬石以下も右ニ准シ取斗可レ申旨可レ被レ達候。

申二月

右御書付從二江戸表一至(到)來候條、洛中洛外へ可二相觸一もの也。

申二月十二日

廣東人參之儀、先年賣買停止被二仰出一候處、此度御紀之上病症ニより其功(効)能も可レ有レ之ニ付、下々迄容易ニ相用候ため(爲)、向後前々之通、賣買勝手次第可レ致旨被二仰出一候。右御書付從二江戸表一到來候條、洛中洛外へ可相觸もの也。

申二月十二日

右之趣被二仰出一候ニ付申觸之候。以上

松村三郎左衞門

申二月十二日三十二ヶ所

一 公事訴訟、諸訴等之節、是迄年寄・五人組連印を以、其所役人共一統附添罷出候得共、當分之内願書、訴書等ニハ、是迄之通致二連印一御役所江ハ本人ニ町役之内壹人宛付添可二罷出一候。

一 都而御役所へ差出候書附類、隨分麁紙を相用、願幷屆等之趣意さへニ相分候得者、文言認方不束(速カ)之儀者不レ苦候條、其町々ニ而認可二差出一候。且檢使見分之儀茂先達而追々相觸候通可レ成丈入用等不二相懸一樣相心得、行倒等檢使差遣候節者、年寄・五人組共之内壹人罷出、諸

事手輕ク取斗可レ申候。併病人之儀者、隨分入念養育致可レ遣候。其外喧嘩口論手疵人等有之節、手配等之義(儀)ハ、彌入念取斗可レ申候。此節之儀萬事失脚無レ之樣互ニ申談、商賣筋取續候義(儀)ハ專用之事ニ候。

一　諸願諸訴共、夫々方内之雜色、持場之町代相屆候上申出、相濟候上、又々相屆來候趣ニも相聞候。以來ハ前後共屆不レ及、直ニ御役所可二罷出一候。雜色・町代共者日夜ニ不レ限、御役所へ詰切罷在候儀ニ付、其者へ相屆候得者、別段ニ前後之屆ニ不レ及候而も、聊差支之筋無レ之事ニ候。尤右之趣雜色・町代共へも申渡置候間、其旨可二相心得一候。

右者此度火難ニ付、下々可レ及二難義(儀)一候間、當分令二用捨(容赦)一右三ケ條之趣相觸候。追而及二沙汰一候迄ハ前書之通相心得可レ申候。此趣洛中洛外へ不レ洩樣早々可二相觸一もの也。

申二月

右之道(通)相觸候樣被二仰渡一相觸之候。右御觸之趣ハ全御憐愍之筋ニ而、諸事當分之所者、手輕ク朱印不二相懸一難澁無レ之樣之御趣意ニ候。宜其趣可レ被二相心得一候。以上

申二月

所司代御上京之節、御廟野迄例格爲二御迎一町々より罷出來候得共、此度類燒之町々も多可レ爲二難義(儀)一候間、近々松平和泉守(乘完)殿御上京之節、先格罷出候ものも御迎等可レ爲二無用一旨被二仰越一候間、以來之例ニハ不二相成一、此度ニ限右之趣相心得、一同爲二御迎一罷出ニ不レ及候。

一　所司代御屋敷も類燒ニ付、和泉守殿御儀、東山高臺寺御寄宿之事ニ候條、右近邊火之元之儀、別而入念可レ申候。且御上京以後、寺社・町方諸禮之事も追而及二沙汰一候迄者、先御差扣可レ申候。

右之趣洛中洛外寺社幷町中へ可二相觸一もの也。

申二月

社家參會

當月六日夜、三才斗之男子、木綿藍竪嶋茶、同嶋継々布子、同浅黄じゆばん(襦袢)を着、木綿嶋帯致、大佛寺町八町目ニまよひ(迷)居候ニ付、養育いたし(致)、置候旨、右町役之物(者)訴出候。心當リ之物(者)も有レ之候ハヽ、右町内へ罷越見屆、無二相違一候ハヽ早々西假御役所へ可二訴出一候。此旨洛中洛外へ可二申通一事。

申二月六（日）　松村三郎左衞門

三十二ヶ所

此節諸色下直ニ賣渡、類焼之者を助ケ合可レ申旨、追々相觸候處、心得違高直(値)ニ賣渡候もの(者)共有レ之旨相聞、甚不埒之至ニ候。此上彌不相當之直(値)段を以諸色賣渡候物(者)於レ有レ之者、召捕嚴敷咎可二申付一候。別而諸木品々之儀下直ニ賣捌候様、材木屋年寄共精々申渡置候。併山林伐出方下置ニ無レ之候而者、材木屋共買入、賣捌方も右ニ准し候道理にて、近國御料社領役人共江も伐出シ方下直ニいたし(致)、潤澤ニ伐出候様可二申付一旨申達候置候條、右之趣相心得、若不相應之直(値)有レ之趣洛中洛外へ早々可二相觸一者也。

申二月十四日

右之趣被二仰出一候ニ付相觸候。以上

申二月十四日　松村三郎左衞門

三十二ヶ所

同日初夜過比伯家より飛脚至(到)來、御用之義(儀)候間、卽刻可レ參由故、相養、重云兩人參上候處、被二仰出一候趣、今度主上御疱瘡ニ付、廿六日より一七ヶ日同御祈(開カ)御機嫌旨。尤職事殿より御書等も無レ之、皆々御言渡ニ候。職事勸修寺殿之由。

廿六日、己未。少風、快晴。早朝雜侍伊七衞門申來事之趣、朝飯後御參會有レ之候と申來。右集會之人數房豊、相壽、重秀、相與。以上四人。其外不參。山田より三人來。新三位榮忠殿口上ニ而御神事中之故、出座仕候事如何可二差扣一哉被レ尋候故、不レ苦義(儀)と存候。御出座被レ成候様申遣候。然ハ榮忠出座ニ而被二申談一候趣、安永二年之通相心得候樣被二仰渡一候。其時ハ初日惣參、割合每日朝之座、夕之座ニ而相勤申、滿日者先例御日米獻上事。其由山田へも皆々被二心得一候樣得度(篤)示會之由ニ而相濟。夕出勤。相養、房豐、相壽、相與、重云。其外不參。每日之人割致候集會相濟。

廿七日、庚申。曇。

今日朝飯後御祓拵之事。人數相養、房豐、相壽、相與、重云。以上五人。

夕參勤。

廿八日、辛酉。晴。今朝御祈滿日ニ付社家中惣參。

廿九日、壬戌。晴。房豐、重云出仕。

三月大

朔日、癸亥。雨天。

二日、甲子。

上巳神事

三日、乙丑。節句 朝晴、折々雨風、八半時より晴。

例之道(通)神供獻進。相濟。次ニ御祈滿參。御日米獻進。相濟。次四ッ足(脚)ニ而榊の御祈、公文役レ之。社頭相濟、出候。

今日御祈滿參ニ付、大麻獻上。相與、房良兩人參。聖護院御所江參。先伯家へ參リ口上、今日御祈滿參ニ付大麻獻上ニ參上仕候。且任二先格一大麻御内覽ニ入候處、如何可レ仕旨、笹井帶刀へ相尋候得ば、伯殿内侍所へ日勤被レ致候故、例ニ相違之義(儀)無レ之候ハヽ宜候と帶刀申。次之座敷へ御道(通)被レ成候而職事より御形書御寫被レ成と申。此方承知申御形書寫(カキ)、相濟。夫より御所へ參。相濟。職事へ參、伯家より添使付右笹井帶刀也。相濟。又伯家參、大麻無レ滯獻進仕候。且御添役之義(儀)御苦勞と存候。御禮之參被レ仕候と申、相濟、歸。

四日、丙寅。快晴。

五日、丁卯。快晴。

六日、戊辰。朝雨、夫より晴、又九時より曇。

七日、己巳。雨天。

早朝南家より男子出生七夜ニ付、餅三つ為二祝義（儀）一來。兵藏持參。
八日、庚午。
九日、辛未。快晴。
十日、壬申。曇。
十一日、癸酉。快晴、少風。於テ二宮客屋ニ一御祓拵。房豊依二少忌ニ一不參、悴房良出勤。人數相養、相壽、相與、房良、神方中。
十二日、甲戌。晴。
十三日、乙亥。朝曇、夫より晴、又七時過村雨。
代々御神事例之道（通）。
去未年より樂ヲ奏ス。
一神供獻進之間、越天樂。
一神（供）撤下間、合歡鹽。
一退出、慶德（雞）。
樂人上總介、萬龜丸、伊勢、山田造酒、圖書、
宮仕　越後。
十四日、丙子。快晴。燒出し歸送。
十五日、丁丑。快晴。
十六日、戊寅。快晴。晩方觸狀來。半治持參。
申三月十六日來。此度大火ニ付諸人小や（屋）掛ケ等いたし（致）候ニ付、五畿内幷近國より雜木相對を以勝手次第伐出候可レ申御觸。
此度京都大火ニ付、差掛リ諸人小屋掛ケ等も難儀可レ致間、五畿内幷近江・丹波・丹後・播磨國山々雜木松杉板屋挨拶勝手次第相對を以京都江賣出可レ申候。尤諸人雜々之心得を以御料者同代官、私領者領主・地頭より申付申相廻候。高價へ商ひ致間敷旨能々教示可レ致候。檜木材木之分者此度相觸之通及二沙汰一候迄者、賣買致間敷候。寺社領山々之分も人々救ニ相成候事ニ付、是又同樣相心得、此節雜木伐出賣拂候儀、右勝手次第たるへく（被可）候也。
右之趣五畿内幷近江・丹波・丹後・播磨國御料、私領、寺社領共不レ洩樣可レ被二相觸一候。
二月

右御書從ニ江戸表一至(到)來候條、洛中洛外へ相觸
(可)へくもの也。
申三月
此度京大火ニ付檜木材木之義(儀)、公義(儀)御用之外、
賣買一切令ニ偏(停カ)止一候。其外之材木者早々伐出、
相對を以京都へ賣買可レ致候。勿論諸人救之心
得を以高價ニ商ひ致間敷旨、能々教示可レ致候。
若此旨相背、直(値)段引上賣買致候歟、又者高利ヲ
貪へき爲メ賣(買カ)メ、尤不賣出もの(者)於レ有レ之者可レ
爲ニ曲事一候。たとへ(譬)仲間たり共右體之儀有レ之
者、早々可ニ申出一候。其品寄(外カ)御褒美可レ被レ下
候。
右之趣御領(料)、私領、寺社領、町方共不レ洩様
早々可レ被ニ相觸一候。
右御書付從ニ江戸表一至(到)來候條、洛中洛外へ可ニ
相觸一者也。
申三月
右之趣被ニ仰出一候ニ付申觸之候。以上

申三月　松村三郎左衛門
三十貳ヶ所

神幸

十七日、己卯。曇、午剋前より少雨。當社神幸房
豐相勤。
十八日、庚辰。快晴。
十九日、辛巳。快晴。早朝松室治郎知申來。明後

谷川見分の件

廿二日谷川見分被ニ成下一候樣申來。
廿日、壬午。快晴。東三位殿受文來。右之趣者、
南家よりじゆつこんの義(儀)有レ之候故、御相談申
入度候。今日中ニ此方御出被レ成候と申來。
名當者權神主殿、月讀禰宜殿。今日之參會ハ房
豐、種廣、山田大膳、右三人。今日之相談ハ御
社南家セ(世)話之借有レ之ニ付、毎年南家米十五石
ヅヽ御遣被レ下候ハヽ借金割請可レ致旨被レ申候ニ
付右相談。
廿一日、癸未。朝曇、天晴ハ、晝半過少シ曇少々
風。
今日東三位殿入來被レ申候趣、今日朝南新三位

被レ參候而被レ申候ハ、何分親右□(ムシ)通成被レ下様
ニ申居候。病氣甚しく候故、私より何分申返相
成不レ申、十五石と申候得共、十貳石なり共、十
三石なり共、御□(不明)年御遣し可レ被レ下候と被レ申
候故、先ッ下桂承候而證文相したため(認)申候故、
御月掛候旨持參被レ致候也。

谷川見分

廿二日、甲申。晴。谷川見分房豊出ル。松室重右
衛門方ニ而中飯。
廿三日、乙酉。曇。五ッ半時正禰宜相養口上ニ而
宮仕代與助申來。南禰主相榮殿死去被レ致候趣
披露斷申來。幷先格ニ而社務職引請之義(儀)ハ先此
方へ預リ置候。左様答可レ有候旨。
廿四日、丙戌。大雨、七時過雷鳴、夜雨止。
嵯峨、上野二所はし(橋)落つる。
廿五日、丁亥。曇、午剋より晴。
廿六日、戊子。晴。日光大□(不明)(公遵法親王)隨宜樂院宮御崩去
ニ付、廿五日より廿七日ニ至リ、なり(鳴)物チョフ(停止)
ジ。但シ、普請者不レ苦由觸今日至(到)來。
廿七日、己丑。晴、夜雨。南相榮葬禮八時。廿六
日夜安産有レ之ニ而御知セ申候と申大和殿入來。
廿七日早朝。
廿八日、庚寅。晴。早朝社參。
廿九日、辛卯。晴。
卅日、壬辰。快晴。
四月小朔日、癸巳、雨天。於二宮仕ニ一御留主(守)事、
御酒有リ。
二日、甲午。曇、雲出、五ッ半より晴、午剋過少
風。

旅所

三日、乙未。晴、房豊御旅所御參。今日東相養正
神主蒙二敕許一相濟。
宮仕東三位口上ニ而申來。(四十一字分朱)昨日正神主蒙二敕許一
候ニ付、各御知申候と申來。此より日出度存申
に承候。
四日、丙申。晴。房良御旅所參仕。今日房豊、房
良兩人爲レ悦參。先例盃出ル所、今度者不レ出。
但、房豊參候時、折節親類中御客來有レ之。一

還幸
例祭
社務所
勅祭
奉幣
御服所

神輿還幸
釣殿
御服所

所ニ盃出。是ハ悦之盃と兼體與而相濟と申、
歸。
五日、丁酉。雨天。當社御祭也。
一　祭禮神事出仕之事、未剋定、社務所より申來。只今松室家より催申參候由。各追付出仕者、月讀社江參、拜殿ニ着ス。次ニ神主來。神供下方相濟、各御船御神供之事。月讀禰宜役レ之。祝詞相濟。昌々祝レ之歌有ナリ。是ハ當社禰宜申始(ム)メル事也。相濟、榊木おりて(折)拜殿着。饗應有リ。相濟、本社へ參。社家中人數正神主相養、權神主房豊、同禰宜相壽、月(讀)禰宜種直、櫟谷禰宜之也。外者所労又ハ故障有リ、仍不レ參。
神輿還幸、酉剋各出仕。御鍵宮仕持參。御戸扉之事。月讀禰宜役レ之。相濟、内陣正神主、權神主、下(外)陣權禰宜、大麻(床)月(讀)禰宜、櫟谷禰宜、葵飾神輿入。次遷宮、月(讀)禰宜役レ之。櫟谷社者同禰宜役レ之。本社者正神主役レ之。此時社家土間圓座ニ着ス。祝詞神主役。御進士(仕)ノ事。月讀禰宜役レ之。何社之時ニ而も宮仕圓座ヲ布ク。相濟、神供獻進。此時御樂三臺鹽ヲ奏ス。相濟、土間ニ而祝詞相濟。勅祭義(儀)式奉幣有リ。今年神主勤。是者一度御服所引、夫より拜殿へ進ム。此進退之間樂祓(抜)頭ヲ吹也。是者去未年より始マル。奉幣之定正禰宜、同祝、權神主順番ニ可二相勤一之筈。神方兩人奉幣ニ付下役有リ。相濟、神殿へ進ミ御強物・神酒獻進。此時五常樂ヲ奏ス。次ニ御祈事相濟、神方此時越天樂ヲ奏ス。相濟。
一　櫟谷社神供、公文役レ之ス。此神事相濟、社家中拜殿へ進ミ饗應。宮仕給仕ス。此時獻二獻目ニ合歡鹽之樂一曲ヲ賜ハル。相濟、釣殿ニ而兩人ツヽ一拜有候而、腋(脇)門より出テ御服所へ退。
一　神事相濟、拜殿ニ而社家獻。房豊斷(マヽ)臨後所労、御服所へ歸ひかへ(控)戻ル。萬端相濟、各里亭へ歸退。相濟候處深更ニ及。今年樂人東上總

介、東萬龜丸、松室伊勢、武田連中、神方山田
造酒、同圖書、宮仕越後退出。慶（雞）徳ヲ一度吹。
六日、戊戌。快晴。樂人衆御苦勞ニ付、神酒可レ進
旨、日限御勝手と御申越可レ有と申事故、今日
參ル。吸物　神供之鯉　肴　硯蓋二つ　鉢肴二
つ。右參候人ハ松室伊勢、上總介、萬龜丸。外
ハ不參。
七日、己亥。雨天。房良南家幷ニ伊豫守殿方へ悔
ニ參。
八日、庚子。雨。
九日、辛丑。曇。
十日、壬寅。快晴。
十一日、癸卯。快晴。
十二日、甲辰。快晴。聖護院准后宮薨去ニ付、昨
十一日より三日鳴物ちょうじ（停止）御觸來。半治持
參。
十三日、乙巳。曇。早朝半治持參廻狀寫拙者幷左
次右衞門十太類燒いたし（致）候得共、此節居宅燒跡
江假建いたし（致）引移（ウツリ）御用向相勤候間、御用之儀是
迄之居宅跡假建江御申聞可レ被レ成候。此段爲二
御心得一申達候。
但、筆料松室勝兵衞儀當分拙者之儀建ニ差置候
間、書物等用事有レ之者、拙宅江御申聞可レ有レ
之候。右此段申進候。以上
三月　　　松村三郎左衞門
松尾旅所始　高山寺廻リ
三十貳所　三月十三日來
十四日、丙午。曇、八ッ時過雨立。
十五日、丁未。晴、七ッ時雷、晴、雨立。
十六日、戊申。晴。
十七日、己酉。快晴。
十八日、庚戌。快晴。喜兵衞儀、數度不屆、不調
法之段重ニ付、二月二日ニ暇出候處、以二用捨（容赦）
ヲ一今日迄相延置候得共、不屆之段難二のがれ（逃）一
ニ付、今早朝庄屋伊七兵衞ヲ召、當家々來喜兵
衞義（儀）段、不屆ニ付、暇遣候間、村方ニ而勝手ニ

可レ致旨申渡。

十九日、辛亥。快晴、八つ時少し雷鳴。喜兵衛暇之義(儀)、今朝親類者へ申渡。

廿日、壬子。雨天。今朝親類共わび(詫)來ル。

廿一日、癸丑。雨天、午剋より晴。

廿二日、甲寅。朝曇、夫より晴。公邊ノ廻リ状半治持參。喜兵衛頼來也。

覺

一 今度諸國巡見雖レ被二仰付一國繪圖、城繪圖無用事。

一 人馬家數無レ之事。

一 御朱印之外、人馬御定之通、駄賃錢取レ之、無レ滯可レ出之事。

一 何方を見分仕候共、使者、飛脚眞(音カ)信物屆可レ爲二無用一候。但、案内之者入候所者其斷可レ有レ之事。

一 掃除等可レ爲二無用一候。但、有來之道橋往行不自由之所ハ格別之事。

一 泊々之宿所作事等可レ爲二無用一候。幷茶屋新規に作レ之申間敷之事。

一 國廻リ之面々泊々ニ而つき米大豆其所相場ヲ以可レ賣之、此外賣物常々其所直(値)段に賣可レ申事。以上

申三月

覺

一 今度國々御料所村々巡見被二差遣一候ニ付、右之面々相通し候道筋、掃除幷道橋一切作申間敷候。馳走として送り迎之者出候義(儀)可レ爲二無用一事。

一 右之面々御朱印幷證文員數之外、人馬（入候ハヽ）人足所定之駄賃錢有レ之者其定之道(通)、無レ之所ハ近邊御定之割合ヲ以駄賃錢取レ之、人馬可レ出候。御朱印幷證文之外ニ賃なしの人馬、壹人壹疋も不レ可レ出之事。以上

一 巡見之通ル道筋ニ而も、百性(姓)農少茂無二遠慮一いとなミ(營)候様可レ被二申付一候事。

一　私領村々ニ若巡見合旅宿候ハヽ、少々之小屋
掛取繕者不レ及レ申、疊替可二無用一古キ候而も
不レ苦候。賄道具等も有合候と借し可レ申事。
一　旅宿ニ可レ成家一村ニ三軒無レ之所ハ寺又ハ村
ヲ隔候而成共不レ苦候事。
一　泊晝休之場所ニ而入用之飯米・鹽噌薪幷酒・
油・野菜等ハ其所之相場次第賣レ之様可レ被二申
付一事。
一　其所ニ無レ之商賣物脇より遣置、賣セ申間敷
候。衣類道具者勿論、酒肴ニ而も持寄賣候義（儀）堅
可レ爲二停止一事。
一　右之面々金銀・米錢・衣類等ハ不レ及レ申、
酒、肴、菓子迄一切受用無レ之筈候間、堅音信
仕旨相聞、承においてハ可レ爲二曲事一候間、其
旨急度可二申付一事。
一　何方見分仕し（候カ）共、私領方より音信等一切受用
無レ之筈ニ候間、音物者不レ及レ申、使者、飛脚
差出候義（儀）堅可レ爲二無用一事。

一　右之面々家來下々迄おいて衣類道具等買不レ
申様ニ申渡候間、得二其意一商賣不レ仕様可二申
付一事。
一　野道之馳走として新規茶屋に作候義（儀）堅可レ爲二
無用一事。
右者今度御料所國々江巡見被二差遣一候ニ付、往
來之道筋者私領より村々江申觸無二相違一様に
可レ被二申付一候。以上
　申三月
一　宿之疊之表替無用候。古候共不レ苦事。
一　湯殿・雪隠若無レ之所者、成程かろく可レ致二
支（度カ）致一候事。
一　宿になる人（へきカ）在家一村ニ三軒無レ之所者、寺ニ而
も又ハ村隔（へたて）候而も不レ苦事。
一　其所に無レ之賣物、脇より遣置、うらせ（賣）申間
敷事。以上
　申三月
一　右御書付從二江戸一至（到）來條、此旨相守候様、洛

中洛外可レ被二相觸一者也。

申四月三日

右之趣被二仰出一候に付、申觸之候者也。

右之御觸西芳寺より來。夫より梅宮へ

松村三郎左衛門

四月廿二日八ッ時

一　當二月五日六才斗之女子、萱大臣三筋竪横嶋壽おふ目引ゑり(襟)、黒繻子裏花色布子着、眞田帶いたし(致)、堀川綾小路辻ニ迷ひ居候處、養育申付置、於二御役所一も所々相糺候へ共難レ分候間、右之心當り之もの(者)も在レ之候ハヽ、非(悲)田院村江罷越、年寄共江申達見届ケ、無二相違一候ハヽ、早々西御役所可二訴出一候。此旨洛中洛外へ可二申通一事。

四月二（日）　　松村三郎左衛門

一　當地火災ニ付、諸色高直(値)ニ致間敷候間、追々觸書差出候ニ付、諸色京地江運送賃不二相増一候樣、大津表ニ而嚴敷相觸候得共、不二相守一、格別之賃錢受取候趣ニ付、彼表ニ而相確(糺カ)候處、人馬大津町之もの(者)斗ニ而無レ之、當表幷山科郷其外近在より多人數大津へ入込、增錢取候趣相聞、不埒ニ而候。此上右體之儀於レ有レ之ハ、吟味之上急度可二申付一候。尤荷主共よりも格別之增賃錢ヲ以、諸色引取候義(儀)致間敷候。

右之趣山城國中江不レ洩樣可二相觸一者也。

申三月十四日

四月廿二日來ル　　松村三郎左衛門

右之趣被二仰出一候ニ付、申觸之候也。

廿三日、乙卯。

廿四日、丙辰。曇、後晴。喜兵衛親類來。

戸田因幡守(忠寛)所司代被二相勤一候節、被二差出一候制札幷下知狀等有レ之。寺社ハ右之寫いたし(致)、來月三日・四日兩日之內、朝四つ時より八つ時迄之內山崎大隅守御役所へ可二差出一候。此旨山城國中へ可二相觸一者也。

申四月廿二日

右之趣被二仰渡一候ニ付、申觸候。無二相違一御差出可レ被レ成候。御下知状共本紙御持參可レ有レ之候。

申四月廿三日　　松村三郎左衛門

西芳寺社務所

高山寺始光明寺留リ、梅宮より至（到）來、次西芳寺。

廿三日亥刻至（到）來。

廿五日、丁巳。曇。朝喜兵衛義（儀）ニ付、庄屋伊七衛門、佐兵衛門・喜兵衛ヲ召連、御ワビ（詫）ニ來候得共不レ叶。

廿六日、戊午。曇、四ツ過より雨折々フル。

廿七日、己未。快晴。

廿八日、庚申。雨天。早朝社參、房良。

廿九日、辛酉。雨、八ッ時晴。

御千度

五月大朔日、壬戌。快晴。社頭御千度相濟、如レ例饗應有。房豊出勤。房良者巡參。

寺社奉行

二日、癸亥。晴。庄屋伊七衛門、喜兵衛義（儀）願ニ來。

三日、甲子。晴、後雨。

四日、乙丑。快晴。

五日、丙寅。雨天。神事如レ例。社司出勤之人數相養、房豊、相壽、相與、種直、重云。相濟、四ッ時過於二社務所一調盞。社司、神人、山守等迄社司調盞。給仕新侍仕ル。親類中互ニ禮之事。

六日、丁卯。朝曇、後晴。今朝喜之義（儀）家敷當月十五日切埒明可レ申樣供より申候處、段々庄屋伊七衛門願、八月晦日切々ニ申渡。則今朝親類不レ殘挨拶人文治・忠左衛門・庄屋伊七衛門來。右之願在る處、相濟、朝飯。證文持參ス。伊七衛門・佐兵衛兩人來。

年寄半治持參廻狀。

諸國酒造之儀、只今迄造來候酒造米高幷ニ株高共書付、御料者其所之奉行、私領ハ領主・地頭より御勘定江早々差出、寺社領之分ハ寺社奉行江取集、是又御勘定所江可二差出一候。

右之通可レ被二相觸一候。
右御書付從二江戸表一到來候條、洛中洛外江可二相觸一もの也。

申四月十八日

通用候金之義(儀)、切金輕目金多相成、通用差支も可二相成一候ニ付、於二金座一切金輕目相直候間、江戸表兩替や(屋)共役金申付、金座江爲二相渡一。右ニ付兩替や(屋)ニ而切金輕目金卽刻引替、又者兩替いたし(致)候節、切輕目之輕重より相應之歩金差出樣可レ致旨、去辰年相觸候處、兩替屋役金金座江相渡候儀相止メ候。然上ハ辰年以前之通五歩迄之切金、四厘迄之輕目金無レ滯通用いたし(致)、右ニ付、歩(合カ)金等受取兩替屋・錢屋共被二申渡一候間、其旨可二相心得一候。

申三月

右御書付從二江戸表一到來候條、洛中洛外へ可二相觸一者也。

申四月十八日

右之趣被二仰出一候ニ付、申觸候。以上

松村三郎左衛門

此度丁銀吹方申付幷貳朱判吹止申付候。貳朱判之儀者、無二差支一永代ニ通用可レ致候。右ニ付諸色直(値)段茂隨分正路ニ相守、下直ニ賣買可レ致候。彼是不時ヲ申觸候もの(者)有レ之候ハヽ、奉行所江可二申出一事。

申四月廿一日

右御書付從二江戸表一到來候條、洛中洛外へ早々可二相觸一もの也。

松尾旅所初(始)高山寺止リ。
西(芳)法寺より到來、次梅宮五月六（日）此方來。
七日、戊辰。晴、七ッ時分曇。
八日、己巳。晴。
九日、庚午。晴。
十日、辛未。晴。
十一日、壬申。曇又雨。
十二日、癸酉。晴。公邊御觸來。年寄半治持來。

則寫置。
口觸。
今度松平越中守（定信）殿上京御逗留中、寺社之面々見
舞幷使僧等差出候儀可レ爲二無用一候。乍レ然前々
ケ様之節罷出候。寺社方者格別ニ候條、來ル十
三日迄ニ筑後守御役所江相伺可レ請二差圖一事。
右之趣洛中洛外之寺社へ可二相觸一者也。
申五月十日
松平越中守殿今度就二御上京一、前々御老中方御
順見有レ之。洛中洛外之寺社、兼而掃除等之儀
者可二心付置一候。洛外所々道橋取繕之義（儀）者差支
無レ之候得者宜敷候間、成たけ手輕一切費用付間
敷事無レ之様可レ致旨可二申聞置一候事。
申五月十日
右之趣被二仰出一候ニ付、申觸候。以上
松村三郎左衛門
高山寺始善峯寺止リ。
右早々御廻しなり無レ滞吉祥院村隠宅へ御戻
し可レ有レ之事。
十三日、甲戌。晴。
十四日、乙亥。朝曇、四ッ時分雨天、申刻より晴。
御千度
十五日、丙子。晴。東三位殿より手紙來。昨日御
千度下官不參仕候間、宜敷御願申入候。
御千度
十六日、丁丑。社頭御千度房良出勤。房良參候
處、未御千度不レ始。酉刻前晴。明方神拜相濟
始候處、次重云出仕。次重秀出仕。次相壽出
御服所
仕。御千度相濟、小社拜相濟、御服所へ差罷有
候處、種直出仕被レ致。以上五人。外者所勞或
故障也。饗應有リ。飯・汁・川魚・ちさすも
ミ。
十七日、戊寅。曇、申刻雨、酉刻前晴。
十八日、己卯。曇、未刻より雨天、夜大雨。
十九日、庚辰。晴。午刻前雨、七ッ時分晴。
早朝公邊之觸狀來。年寄半治持參。則寫置、則
半治申。明後日朝飯後御參會ニ候と申來。
致二類燒一候者共追々致二普請一、商賣筋ニ茂取掛候

様子一段之事候。彌精出し、借家人軽キ者共茂致二散在一候者共、此上立戻リ候様隨分可二心掛一候。職人・日雇等員數無數候得者、賃錢等茂自ら高直ニ而、辨之方も不レ宜様相成候事ニ候間、此上隨分心掛ヶ如何様ニ茂借屋取建候様可レ致事。

但、浮説等ヲ承、普請等迄も見合候者茂有レ之候而者、甚心得違之事ニ候間、右體之（闕字）□不レ到前之趣可二相心得一候。且火之元之義（儀）、隨分可二入念一事ニ候。殊ニ當時小屋掛之者共多有レ之候間、別而申合心を付可レ申事ニ候。

人々儉約を相守、聊奢ヶ間敷義（儀）無レ之様、急度相愼可レ申候。神事・佛事等ニ付、親類又者心易キ者共集振舞ヲ致候儀、手狹之者茶屋・貸座敷抔江打寄候儀、堅無用ニ致、兎角手輕ニ可レ致候。并組町之者共申合之爲、度々致二寄合等一候趣も相聞江候。右寄合候而者不レ叶義（儀）者、人々辨市（當カ）ニ寄合、聊たり共無益之義（儀）、堅致間敷候事。

女共迄美服をかざり、銀ニ紛ニ候櫛・笄等ヲ用ひ、被を着、身分不相應之義（儀）共有レ之候由、女共も質素守、以來右之體之義（儀）無レ之様可レ致候事。

町代共之義（儀）一同町人共、公邊之義（儀）致安く、物入等も無レ之爲レ被二立置一候處、町代共心得違之者も有レ之、御役所之威光を申立候ニ付而者、町人ニ而茂心得違、諸事氣遣候様相成、益物入等有レ之、如何様筋も出來候様相成、甚不埒之義（儀）共相聞候。往古之通町代共ハ諸事町中之勝手宜様ニ取斗可レ遣候處、頭取差圖抔致候様相成候而如何事ニ候間、堅申付置候。町代共義（儀）ハ持場惣代與相心得候者之義（儀）故、以來町中存寄ニ不二相叶一者共も、追々其段聊無二遠慮一可二申出一候事。

但、取持ヶ間敷義（儀）者不レ及レ申事ニ候。勿論雑式共儀者、町代共々ハ譯違候得共、右之趣申渡置候間、其旨可レ存候。
公事・訴訟其外隠(ヲン)使場所ニ至迄、筆工(耕)相雇ひ候趣ニ候、是以町中勝手宜ためニ立置候者之儀ニ候得者、筆工(耕)相雇認差出候。勝手宜様可レ致之文段分りかね之義(儀)者不レ苦候。且又筆工(耕)共相頼取持ヶ間敷義(儀)致候ハヽ、以來筆工(耕)共者不レ及レ申、相頼候者も吟味之上急度可二申付一事。
公事・訴訟諸願ニ罷出候者、親類并懇意之者、御役所門前溜り迄見舞と申立罷出候而、辨當抔振舞候趣相聞江候。大勢集り無益之儀共申、取散シ候様相成、甚不埒之事ニ候。以來堅相止メ可レ申候。若無レ據譯有レ之。不參候而者難二相叶一者罷越候ハヽ、用事濟次第早々罷歸り候事。
檢使見分差遣候節、大勢打寄給物等を用意致し、待請、相濟候而も殘こり、或者無益之者共參り、檢使請候者とも多分之物入等も有レ之候得者、右者檢使入用之様ニ申成候由、甚不埒之事ニ候。前以相觸候通、右體義(儀)有り候ハヽ、檢使罷越候役人共より相糺申聞、遂二吟味一之□(闕字)間、心得違無レ之様可レ致事。
但、萬一役人共非分之義(儀)も有レ之候ハヽ、是又無二遠慮一可二申出一事。
醫師共駕籠ニ乘、陸尺并ニ召連候者共、先々ニ而格外之酒代抔貰ひ請、不二差出一候得者、法外ニねだり(強請)取候義(儀)も有レ之、其上途中ニ而權柄を申、法外之義(儀)共も有レ之候趣相聞江、甚以不埒之事ニ候。別而醫者之身分ニは有間敷事ニ候。依レ之輕キ不如意之者共ハ、相招キ候義(儀)も無レ據相止メ候様相成候事ニ候。以來右體之義(儀)有レ之趣相聞者、遂二吟味一候間、其旨可レ存候。老醫ハ格別、若キ醫者共身輕ニいたし(致)、少も人々救ひニ成候様可二相心得一事ニ候。
家作等未レ建不レ揃、間(疎)はらニ家居も有レ之候ニ付候而者、穢多共町人ニ相まきれ(紛)、町内地面へも入込、末々ニハ借宅可レ致候様相成候而者如何之事ニ候。右體之儀堅爲レ致間敷候。尤穢多年寄共とも急度申付置候事。

前々より御法度之博奕致候者於レ有レ之者、承糺させ急度御仕置ニ申付候間、かねて町役之者心を付可レ申候。若町役ニ不レ限、等閑ニ致置候ハヽ、是又御仕置ニ申付候間、前々被二仰出一候趣急度可二相守一事。

先達而夫々御仕置申付候異名猿と唱へ候者共ニ似寄、其日を凌候者共有レ之趣相聞候。以來右體之者ハ町役・家主之者共より急度相糺可レ申候。不二相用一者有之候ハヽ、町役ハ不レ及レ申、家主共可二申出一候。若等閑ニ致置ニ於者、町役・家主共可レ爲二曲事一候。

諸式之儀先達而株共被二差免一候付者、人々相勵之致二出精一彌下直ニ賣出候様可レ致候。別而米穀之義（儀）者、人々常々一命を續候故、麁抹ニ不レ致義（儀）者勿論之事ニ候間、朝夕之食事茂□（闕字、成カ）丈ハ麁飯を用ひ遣延し候様ニ致可レ申、當春大火ニ付而者大勢之者及二難儀一候砌故、追々米穀直（値）段引下ケ、少も諸人之助ニ相成候様心掛ケ可レ申。

但、此節諸職人賃銀増銀等取候者共有レ之趣も相聞候に、先達而相觸候義（儀）共不二相用一、身上よろしき者共賃銀ニ不二差構一増賃差出し相雇ひ候故、増賃取候様相成候。雙方とも如何之事ニ候。増賃取候者勿論、差出し者も急度吟味可二申付一候間、彌相守可レ申事。

是迄近邊江同商賣之者致二家替一引越候義（儀）嫌ひ候趣相聞江候。心得違之事候。たとひ（譬）何軒並居候とも互ニ申合、相勸候下直ニ賣出候得者、相續ハ可レ致事候間、向後右體之義（儀）相□（闕字）不レ致頓□（着カ）一同和日□（闕字）

此度大火後、追々格別之御慈悲之義（儀）共被レ仰御慈悲不二忘置一難レ有可レ奉レ存候。夫ニ付心得違上下共如何之筋有レ之候而者、御慈悲之御趣意ニ相背キ甚不屈候。隨分商賣筋全致二出精一

安榮を第一ニ致候儀、乍レ恐御禮申上候義（儀）と可レ奉レ存候。如何之筋も有レ之候ハヽ、急度吟味上曲事ニ可二申付一候。町々限リ呼出し、右之趣幷前々相觸候趣も有レ之候得者、猶又爲二申聞一候樣可レ致候得とも、此節呼出し候而者、却而難儀も可レ有レ之候間、觸書を以申渡候事。

右之趣相觸候間、聊も不二相守一者、召捕吟味之上、夫々咎可二申付一候間、其旨可レ存者也。

右之御觸書西御役所より御差出し被レ成候。洛中洛外早々順達致候樣被二仰渡一候事。

申四月　　　松村三郎左衞門

廿日、辛巳。

廿一日、壬午。快晴。參會。

廿二日、癸未。快晴、七時分曇。

廿三日、甲申。曇、四ツ時少過より雨。

廿四日、乙酉。雨天、午剋前晴。

廿五日、丙戌。晴。當職正祝榮忠、正禰宜昨日相濟候ニ付、披露宮仕越後申來。暫有而又東重丸正祝職相濟、披露宮昨申來。

廿六日、丁亥。

廿七日、戊子。晴。

廿八日、己丑。快晴。朝參。房豐白川殿（白川資延王）北小路へ行。

廿九日、庚寅。雨天。

卅日、辛卯。晴。

六月朔日、壬辰。晴、午剋より雨天。朝參。親類中互ニ祝辭祝有リ。のしこんぶ（熨斗昆布）・苧付遣ス。南家ハ百丸宮參者也。此方へも入來。

一　當村ニ宇兵衞と申者有レ之候處、家族共沾相果、跡無レ之候ニ付、萬石村ニ住居いたし（致）候幸助と申者家賣拂、當村へ引取罷在候處、萬石と谷村ニ取かわせ（交）等致候故、當村宇兵衞跡へ住居爲レ致候故、御目見仕候と申、年寄半治、幸助ヲ召連來。此方より申渡ハ、然者し才（子細）無レ之。村法式之通ニ仕レと申渡。

二日、癸巳。快晴。

三日、甲午。夜大雨。
四日、乙未。雨天、夜大雨也。
五日、丙申。晴。
六日、丁酉。
七日、戊戌。
八日、己亥。
九日、庚子。晴。
十日、辛丑。
十一日、壬寅。雨天。
十二日、癸卯。雨天。
十三日、甲辰。雨天。
十四日、乙巳。晴。
十五日、丙午。晴、後雨。
十六日、丁未。雨天。分家松尾大和悴嘉壽丸着袴ニ付、則大和袴・上下(裃)ニ而、悴長兄着入來。のしこんぶ(熨斗昆布)ニ而祝。房豊、松尾薩摩殿方神酒ニ而被レ招參、同大和方へ參。
十七日、戊申。快晴。
十八日、己酉。晴天。來廿三日御田ニ付、御能番組持參、小坂嘉十郎。午剋半時雨立、しバらく後晴。
十九日、庚戌。晴、八ツ時前少雨。
廿日、辛亥。快晴。
廿一日、壬子。朝、晴。
廿二日、癸丑。雨天、四ツ時過より晴、しかし折々雨。
廿三日、晴。
廿四日、晴。
廿五日、快晴。觸狀來。
廿六日、快晴。
廿七日、快晴。はしの竹出候事申來。
廿八日、快晴。竹出事。
廿九日、晴、暮六ツ前雨立。
七月一日、快晴。朝參。
二日、快晴。
三日、快晴。

四日、快晴。午半剋少雨立。
五日、快晴。例之通墓參。兩寺招キ時進。
六日
七日、雨天、四ッ時より晴。
八日、晴、八時分雨立。
九日、快晴。
十日、快晴。
十一日、快晴。
十二日、快晴。
十三（日）、快晴、七ッ時過雨立、後晴。
十四日、快晴。
十五日、快晴。
十六日、快晴。
十七日、曇。
十八日、曇、折々小雨。
十九日、晴、七ッ時分雨曇。
廿日、晴、折々小雨。
廿一日、雨天。
廿二日、雨天。知恩院宮御停止申來。伊七衛門。
廿三日、雨天。
廿四日、雨天。
廿五日、晴、八ッ時雨立。
廿六日、晴、折々雨。

（寛政二年）権神主家日記

一七四七（寛政二年）權神主家日記

（表紙）

寛政二庚戌年正月

權神主家日記（華押）

權神主秦房豐

正四位下秦房豐

（本文）

寛政二庚戌年正月大

參籠

一　例之通社家中大晦日夜子刻より勝手次第參籠。社家中人數、正神主相養、同禰宜榮忠、同祝者依若年ニ未爲元服故不爲參勤。權神主房豐、同禰宜相壽、同祝相與。月讀禰宜種直依所勞不參。同祝依所勞不參。櫟谷禰宜重秀、同祝相員。以上七人也。

○元日、壬午。晴。

一　朝之内掛湯濟、口祝。菱葩幷三種之肴ニ而酒三獻。右者宮仕より出ス。併酒者酒殿役人より來ル例也。

本願所

一　酒一樽依例本願所より爲歳末祝儀來。宮仕披露ス。

御服所

一　次社家中衣紋束帶。各於御服所列座ス。次ニ膳部役三人年禮ニ來候與申。宮仕案内。續而右三人來。社家中より不相替目出度と申、直ニ退出ス。

一　神事催之事、如先年早シ。社家召宮仕、御膳方出來否ト相尋、宮仕返答。次ニ社中一揖シテ座立出仕。清門之内ニ而手洗。宮仕長柄之調子持役之。

一　神殿ヱ進、釣殿ニ而敷圓座、兩人ヅヽ拜シ、終テ大床之左右ヱ着座ス。次宮仕着青（素）襖御鍵持參。御祈、床之前ニ而膝突畏居ス。月讀禰宜代役櫟谷禰宜也。但、月讀祝不參故、櫟谷禰宜執御鍵神階ニ上テ開神戸。此時各平伏ス。夫より正神主、同禰宜進内陣入、次ニ兩人ヅヽ進。重秀下（外）陣入、神戸開。相濟退、神鍵宮仕へ渡ス。宮仕受取退出。次神方安葩持參。公文代役重秀受執。次下（外）陣机不殘内陣へ入敷、安葩

神供獻進。内陣正神主、同禰宜、下（外）陣權神主、
同禰宜役ス。追々神供調進相濟。各土間ヱ下
御服所
リ、圓座ノ上兩側ニ安座ス。右圓座敷役者社家
召連候布衣之者共順番ニ而役ス。神方者廻廊之
軒下左右西面ニ座ス。但、圓座之上也。正神主
者、宮仕羽ゴモ（葉薦）ヲ敷祝詞役ス。相濟。重秀立レ
座、神戸假鎖ス。次ニ神方退出。次ニ社家者左
右之小社ヱ拜ス。南腋（脇）門ヨリ出、小祠悉拜シ、
御服所
終テ御服所ニ歸着。巳ノ下刻也。
今朝忰房良衣冠ニ而參向ス。萬端相濟、里亭へ
下向ス。社家中改服、袴・上下（裃）ニ而朝飯。宮仕
より出ス。酒ハ酒殿役人より來、宮仕給仕ス。
同夕之式。
一　夕飯濟ニ浴相濟、各衣紋束帶。如レ朝進參ス。
先燈明入、今朝之神供ヲ下シ、又夕御神供獻進
ス。相濟、各土間へ下、圓座ヲ敷、如二今朝一祝
詞。相濟、神殿へ進、御祈申事。次神供下方。
次ニ内下（外）陣共掃除相濟、内扉指（閉）、大床ヱ出ル。
神扉ニ鎖ス。重秀役ス。次神方退出。次社家退
出。夫より小祠ヱ神供獻進。今年櫟谷禰宜役
ス。各着座十禪神（師）ノ社留ニ而相濟。
一　社家御服所ニ而饗應有リ。
一　今朝當家よりコフ（神）立、葩三十五枚社頭へ出
ス。内五枚ハ社頭ニ殘由ニ而、三十枚ハ當家ヱ
下ル。
△一　里亭之式、早朝年男迎若水ニ而雜煮拵、諸
神ヱ備、家内相祝。夫より神事供之者召連、房
良社頭ヱ參。
一　番人年禮ニ來。黑米貳合斗遣ス。
一　同名（苗）中年禮ニ入來。
一　夕者節拵、諸神へ備。燈明上年男役。
○二日、癸未。晴。
一　今朝者神供無レ之。一社中袴・上下（裃）ニ而社參。
四脚より拜ス。及小社順參。朝内口祝如二昨朝一。
次朝飯獻立如二例年一也。宮仕給仕。中酒者酒殿
役より出ス。飯者宮仕より出ス。俵次米（菜）社務よ

り來、則下行有リ。晝ノ内飴出。是ハ御箱當番
出ス。今年者正祝番也。
一　今晩神事、衣冠。社家浴相濟、召ニ宮仕一御膳
方相尋、出仕。清門ノ内ニ而手洗。宮仕役。
次々神殿ヱ進、神供獻進相濟、祝詞御祈申事。
次下方濟神方退クコト先江。次社家中退、各直
ニ月讀社ヱ參向ス。手洗之事、月讀宮（仕）
役。社家中ハ拜殿ニ着座ス。祝詞當社禰宜名代
重秀役ス。下方等相濟、饗應有リ。少出ス。吸
物茶わん（椀）ニ而出。酒二獻。本社宮仕給仕ス。相
濟、各本社御服所へ歸着ス。

謡始

一　社家中謡始ノ祝儀有リ。右者神箱番より出。
吸物幷組重一組今年正祝相村より來。
△一　今日里亭之式。
村方惣禮。當家百性（姓）中ハ爲ニ年玉一扇子一本ヅヽ
持參スル筈。年男下袴着、受取。
一　夕節拵、諸神へ備、家内相祝。供之者共出
ス。暮前燈明諸へ備ヱ、神事供之者侍ハ袴・
上下（裃）也。
○三日、甲申。晴、後折々込出。
一　社家中浴相濟、口祝之事如ニ前日一。次朝飯。
宮仕給仕。今朝者神供之飯也。小鯛半分・鰤せ
んば、かます・雉。右之雉者膳部方より例年一
羽來コト先格。

大登

一　神事之式。但如ニ前日一獻進相濟、神方退出。
四脚より出、櫟谷社へ參。今年社家大登ノ人數
ハ正禰宜、櫟谷禰宜、同祝、右三人也。今日之
神事社家中祭服也。大登不參之人者神殿より御
服所へ退。大登有レ之人者四脚より出、鳥井（居）前
より騎馬ニ而櫟谷社へ參。老人等者社頭より里
亭ニ歸。
△一　里亭之式。房豊ハ老人故大登不參也。本社
より下向、里亭之社へ參、神拜相濟、家内ニ而
鏡餅何やかや添具ハル。夫より三ヶ日之内之膳
部悉具事。年男給仕。夫より本膳節ヲ祝、相
濟、家族ヲ集、年始盃。寶來三方土器ニ而所有

土器衆

也。年男酌。
一　當家節之事家來共一統召寄候事先格也。今朝下山田村庄屋佐右衞門年禮來。扇（子）二本持參。爲ニ菱葩一遣。
○四日、乙酉。晴。下部清七初山へ遣ス。例年今日。
△一　山田役人中膳部、沙汰人、酒殿役等年禮ニ來。宮仕年禮ニ來。扇子一本持參。山田嘉兵衞來。松室加賀守年禮入來。
一　土器衆年禮來。例年青襖（素）着來所、今年麻上下（裃）着來。風與悴房良出合候故、衣體相違候段如何と相とが（咎）め候へば、土器衆申候者、此義（儀）ニ御座候。右ヲ御願申上候私茂妹婿ニ讓申候故、神職之事ニ御座候得ば、其家出申候得ば、青襖（素）着用難レ致候。又彼者も舊冬押つめ（詰）候而讓候事故、受繼候式未タレ致故、彼も着用難レ致候申、兩人麻上下（裃）ニ而來。悴房良申候義（儀）、左候ハヾ聞ヱ候。併其義（儀）ニ候ハヽ、屆等も可レ有レ之筈、此義（儀）如何ニ候。向後者青襖（素）着來レト申、相濟、先床へ上申セ（シ）、例通盃等可レ出と申、奥へ入。
一　例年爲ニ年玉一土器大三十枚小三十枚鹽壺三ッ土器也。盃一重持參仕筈。今年鹽壺三、盃一重持參ス。此義（儀）先年ニ相違候段如何。殊ニ替目候得者、尚更先例ニ不ニ相替一樣可レ致候と申付候處、土器衆直ニ拵、右之通出、相濟。
例之通雜煮餠出幷組重、酒出ス。相濟、大鏡餠具ヱ右何やかや添也。年男給仕。社付土器衆左次（治）兵衞、治大夫と同道ニ而來。右者爲ニ年玉一鹽壺三つ、盃一重持參。爲ニ菱葩遣ス。左治兵衞麻上下（裃）着來候故、一所ニ不審申付。
一　西代來。上物如レ常、遣物如レ常。酒貳合半斗、米四五合斗也。
一　當家囃子初（始）メ之事。年男役立木二本切アキノ方へ倒シ。幣串十貳本。但、月數也。土器十二、ゴマメ、開豆、こんぶそなへまつる。
一　神節之事。社家中社務へ集マリ頂戴ス。膳木具。御飯獻立、小鯛・雉子・鰤・同鱠・開豆、右何れも土器ニ而宮仕給仕ス。但、スワリ（素割）初メ

御服所
御千度
參籠
經所
神馬
白馬神事

里亭へ受コト例也。
○五日、丙戌。晴。
△御箱當番家より爲レ祝鳥目百文來先例也。
一　若菜之事。年男役。
一　妹とわ娘おハナ召連、年禮ニ入來。盃出ス。爲二年玉一昆布二枚、茶椀壹持參。
○六日、丁亥。晴。
一　社家中禮日。此方父子共年禮ニ出ル。薩摩方ニ而盃出ル。東三位入來、盃出ス。今晩參籠、戌刻迄ニ可二相揃一事。
○七日、戊子。晴、但、折曇込出。
一　社頭ノ式、早朝浴相濟、次口祝之事、元朝ノ通。今朝神馬十官之社司より十疋出。
一　神供大床ニ而獻進及小社之神供大床ニ而備エ、獻進終テ階下之左右へ着座ス。祝詞御祈之事正神主役ス。相濟、各立座再拜。次神供下方濟(瑞)、水垣ノ内ニ而白馬ノ祝詞。此時幣串祝詞使へ宮仕持出渡、退。神馬拜殿三返引廻、相濟。今日神馬皆竹馬添也。本社相濟、櫟谷社エ參。次神方退出。次社家中退出。
一　櫟谷社祝詞者、當禰宜役勸請ノ社ニ而告ス也。神馬者、月讀社・結地才社巡參シ歸ル也。神馬口附、權神主以上者兩口附也。則饗應兩人請レ之。
一　社家中於二御服所一今日饗應有リ。相濟、元日御千度之饗應頂戴。相濟、下向。
△一　里亭之式、早朝若菜粥諸神へ備、相濟。家内相祝神事供之者出ス。幷神馬神手洗水ニ而清メ出ス。年男役。
一　葩二十枚經所へ爲レ持遣ス。右者供僧之口祝也。夕ノ式節拵、諸神へ備幷燈明年男役。
○八日、己丑。晴。
一　寺方年禮ニ來。當村兩寺者茶椀壹つヅヽ持參。
○九日、庚寅。晴天。
○十日、辛卯。晴天。

神宮寺御札等

○十一日、壬辰。朝雨、後止。
△一　今朝例之通、當家丁ノ始之式有リ。大小工衣體之事。大工淨衣・左折烏帽子、小工青襖(素)帽子、番常(匠)二人者繼(裃)上下着ス。荷持供等三人。以上七人來。玄關ニ而丁ノ始義(儀)式相濟、大小工エ大鏡餅何やかや添出置。盃出。冷酒土器盞也。三重。但、重番常(匠)及下部迄菱葩出ス。年男給仕。
一　當社預役人松室村山下重右衛門悴治郎右衛門繼(裃)上下着、神宮寺御札午玉(牛王)幷ニ守護之寶印持參。寶印受取、當家門、神棚、藏へ押。相濟、返ス。
一　次米(粢)踏始之事。年男役。此米夕飯たき諸神へ備エ、年男役ス。
一　洗初(始)メ之事。
○十二日、癸巳。晴。
一　松室若狭殿より母公一周忌ノ餅九ツ來ル。
○十三日、甲午。晴。

妻ミチ社參幷親類中へ年禮ニ出。薩摩殿方ニ而盃出ル由。

（文化十一年）日記

一七五一　（文化十一年）日記

（表紙白紙）

（本文）

文化十一甲戌年正月大

元日、癸巳。快晴。

参籠

一　社頭大暇（晦）日。子刻ヨリ社家中追々参籠。人数正神主相村、同禰宜榮親、同祝相命、權神主房良、同禰宜壽延、同祝與榮、月讀禰宜種生、同祝重秀。

一　各早朝掛湯之事相濟。束帯也。

一　神事例之通相濟、午ノ上刻例之通宮仕ヨリ朝飯出レ之。但、朝之内口祝・葩三種・組重・酒三獻。宮仕より出レ之例也。

一　神子年禮之事。今年與榮被レ請レ之。

一　未ノ刻例年之通兵食社務所より來ル。

一　酉ノ刻浴相濟、束帯也。神事例之通小社迄相濟、御服所ニ歸、獻儀有リ。右相濟、戌下刻也。

　　里亭之式

参籠

一　寅ノ刻雜煮餅相祝、夫より参籠。家内年男若水ヲ迎日ノ□（ムシ）家内之者十二ノ餅ヲ供ス。

一　神立葩三十五枚宮仕迄爲レ持遣ス。□（ムシ）

一　今年ハ觸穢ニ付、同苗中年禮ナシ。但シ、用人西代例之通來ル。下□（ムシ）

一　夕節。八ッ時諸神江供シ家内□（相カ）祝事。年男掌（ツカサトル）。

御千度

二日、甲午。晴。

一　社頭神供無レ之。早朝御千度巡参相濟、口祝如二昨朝一。々飯神供ノ蒸食也。

一　棚守當番より飴出ル例也。今年失念ニ候哉、不レ出。何連より請フ事も無レ之、相濟。

一　八ッ時兵食社務より來。如二昨日一。但、會食ニハ種生所勞ニ付、不參。

一　申ノ下刻浴相（濟）、社家中祭服ヲ着ス。神事大床。但シ、月讀禰宜、同祝等ハ衣冠、禰宜者其社江参向、祝本社神供ニ従フ。相濟、直ニ月讀社江参向ス。手水相濟、神前ニ一拜、々殿ニ着ク。

土器衆
御服所
謠始
棚守番社務所にて饗應
七草
吉書始神事

一　神供下方、神方手長、相濟、禰宜、祝拜殿ニ着ク。例之通獻儀之事。土器酒三獻。鳥ノ吸物有リ。宮仕（挨）拶例之通相濟、本社御服所ニ歸ル。
一　謠初（始）メ之事。酒二升、重肴一組、吸物鳥ニ水菜。右ハ棚守番より出ス例也。今年ハ觸穢ニ付謠ナシ。里亭式、村百姓、家領百姓等年禮、今年ハ觸穢ニ付禮なし。
三日、乙未。晴。
一　早朝浴相濟、口祝如二昨朝一。今朝ハ神事前朝飯有リ。櫟谷社江參向故ノ事也。社家中祭服。
一　神事大床。相濟、直ニ櫟谷社江參向之人四ツ脚より出參ル。今年ハ馬ナク歩行也。權禰宜、月讀祝兩人也。
一　社務ヨリ年男使來。明四日例之通神節之事申來ル也。
四日、丙申。晴。
一　吉書始メ神事有リ。當番正禰宜一人也。
一　神方役人中年禮ニ來。宮仕神先役等扇子壹本持參。
一　土器衆年禮來ル。年玉土器大小燒、鹽壺等持來。大鏡餠何やかや添、當家附壹人斗ヘスユ。外ハ菱葩向附こまめ、開豆、雜餠水な（菜）上置、くき附ル、盃出ス。年男掌ル。
一　於二社務所一神節之事。但シ、巳下刻木具膳ニテ參集ス。大飯鰤・小鯛・雉子・開豆・ぶり（鰤）鱠等也。酒三獻。宮仕（挨）拶相濟テ後退散。膳部ハ各里亭ヘ請ル。但し、所勞ニ而も請レ之。
一　八ツ時、節調エ、諸神門松迄備エ、神酒・神燈等三ケ日之通也。年男掌。
五日、丁酉。晴。
一　七草をはやす事、年男掌。
一　棚守當番より鳥目百銅爲レ祝年男使持參。爲二菱葩一遣ス例也。今年無音。但し、後ニ來哉。
六日、戊戌。晴。
一　社家中禮日ニ候得共、今年ハ觸穢ニ付、年禮無レ之先例也。
八ッ時、節調ヱ諸神ヱ供ス。神酒・神燈之事同
斷。年男役ス。

參籠

一　今晩參籠。但シ、酉刻ヨリ追々參集。
神馬之事。觸穢無生□(ムシ)

釿始

七日、己亥。曇天。朝ノ内小雨、後晴。

御千度

一　早朝浴畢テ口祝之事如二元三一。相濟、御千度
饗應食ス。

白馬神事

御服所

一　今年觸穢ニ付、神馬□(ムシ)榊木ノ枝ニ繪馬幣ヲ附
ル。十本御服所ニ而今朝相調、社務之下部白帳
ノ人一所ニ持。祝詞ノ閒水垣(瑞)外ニ置。相濟、櫟
谷社へ參。又本社へ歸リ、馬饗ヲ請。夫より月
讀社へ參、馬饗應請、小社順參、家之繪馬を相
屆ヶ候事先例也。

七草
神宮寺牛王寶印

一　里亭之式。朝七草ノ福食相調、諸神へ供。夕
節同斷。神酒・神燈同斷。年男掌。

經所

一　今朝葩二十枚但、二カラ(絡)ゲ也。經所へ遣ス。
八日、庚子。曇天、夜中小雨。

一　寺方禮日。但シ、今年ハナシ。
九日、辛丑。晴、曇、夕方より小雨、夜分ニ至。
十日、壬寅。晴、風有リ。
十一日、癸卯。晴、八ッ時より雹(霰)アラレ。
一　早朝釿始メ之式有リ。玄關ニ筵ヲ敷、囃子初(始)
メ之木貳本ヲ置ク。大工泉之丞淨衣を着ス。小
工忠兵衛青袍(素襖)を着ス。番匠二人、麻上下(裃)着シ作
法有リ。相濟、大小工へ何やかや添、大鏡餅を
具ヱ置テ盃出ス。但、番匠二人、下部等へハ菱
葩向ニ、土器ニホナガヲ敷、ごまめ・開豆ヲ付
すゆる。三組重肴ニ而、土器盃、冷酒出ス。相
濟、茶出ス。退出畢。年男掌。
一　嘉例米ふみ(踏)初(始)メ。此米節ニ認メ諸神并門松迄
備ヱ。年男役。
一預リ役人繼上下(裃)を着シ、神宮寺午(牛)王持參。則年
德棚へ納并ニ寶印持參。門(下)、門(カド)(上)、神棚、裏ノ
社、兩藏等へ押、持參ノ人へ戻ス。
一　神酒・神燈之事。年男掌ル。

三毬打

參籠

御千度
御服所

左義長

本願

十二日、甲辰。晴。

十三日、乙巳。晴。

十四日、丙午。快晴。

一　朝ノ内飾上ル事、年男役。門松者表向斗十六日迄其儘置、裏側斗上ル也。

一　裏之御社、門、カト口（門）等七五三（しめなハ）帳替之事。

一　三毬打拵之事。年男掌。扇子六本、幣二下リヲ渡ス。

但、三毬打一對也。八ッ時神酒を備ェ清火ヲ打テ上ル也。

但シ、飾上置テ節ノ飯ヲ備ェ畢テ左義長調レ之也。

一　當家左義長者、東石見守殿、松尾肥後殿麁流家故、上飾持參、一所ニ火ニ上ル也。古來より例也。

一　八ッ時、節飯諸神江備フ。神酒・神燈同斷也。

一　夜分年德之餅、年男へ遣ス事。

一　夜半過御粥々之（ムシ）□小豆粥少シ、小餅二ッ、神宮寺（ムシ）□神ノ敷ニのせ（乗）テ粥杖を持て戸口を御粥々ト唱ヘテ廻ル事。年男（ムシ）□。木ノ皮ニ而編ム也。

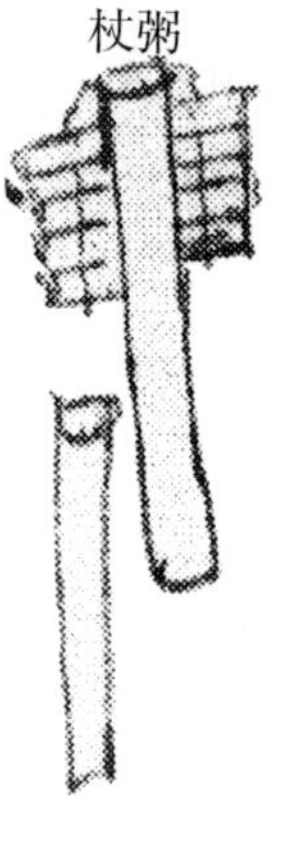

一　今夕酉ノ刻ヨリ社家中追々參籠也。

一　社頭御千度相濟、順參。御服所ニ參集。

一　宮仕より出ス汁之事。小芋・大根・豆腐入、三重組肴ニ而酒三獻出ル例也。相濟、社務、公文兩人斗鏡餅具リテ互ニ盃有リ。宮仕より出。

一　口祝。みかん・かや・かちぐり（勝栗）・圓柿・こんぶ等。臺ニのセ（乗）僧を以テ本願より使送ル也。社務面會來ル。口上之事御社家中無二御滯一御參籠目出度任レ例御口祝進上之由申來ル。社務返答、本願ニ而も無レ障御越年目出度例之通口祝被レ送、致二受納一候ト申遣ス。

一　大晦日歳末之御祝義（儀）三升樽來ル。但、酒三合斗入有。
一　舊冬閏十一月より山田志津摩一件ニ付、本人及山田丹波閉門遠慮等申付有レ之。且又志津摩養母民壽ハ社務より神方中へ被ニ預置一候。右等差免之相談有リ。丹波、民壽ハ明後十六日ニ差免候筈ニ相成。
十五日、丁未。雨天。

御千度

一　早朝浴相濟、口祝之酒元三之通、宮仕より出ル。朝飯ハ十六日之御千度、十四日夕相勤置候ニ付、右之饗今朝頂戴ス。

御服所

一　御神事出仕之人數相村、榮親、相命、房良、壽延、與榮、種生、重秀。御神事例之通相濟、御服所ニ歸リ饗應有リ。各束帶。午刻歸宅。
一　里亭之式。朝飯小豆之粥、餅を入、諸神江相備フ事、年男役。
一　西代惣禮ニ來ル。上物おふき わらそふり（藁草履）二足、ゐそふり（藺草履）二足之筈、下シ物、黒米二升 いわし二疋、土器ニ入。但シ、無レ酒。
一　御節飯調、諸神江供ス。御酒・神燈供ル事。年男掌。
一　社務より年男使來。明日例之通御節之事申來ル也。
一　觸狀來ル。年寄長兵衛持參。左寫置。
御櫻町院樣崩御ニ付、鳴物停止之儀、先達より相觸置□（ムシ）。晦日より渡世之鳴物差免候間、此旨洛中洛外へ可ニ相觸一者也。
酉十二月晦日
右之通被ニ仰出一候ニ付申觸候。已上
觸穢今日限候旨、唯今伯殿（白川資延王）ヨリ申來候。仍御達シ申入候。以上
正月十五日　社務
御社中
十六日、戊申。雨天。
一　朝飯於ニ社務家一有レ之。人數昨日之通。但シ、權禰宜壽延所勞不參也。獻立燒物ふり（鰤）小鯛、鱠

〔ふり（鰤）、大こん〕汁〔ぶりあら（鰤粗）、やきとうふ〕、いも、大こん、小鯖すし切、土器ニ盛。香物同斷。酒三獻、土器也。

一　昨夜示談□（ムシ）之山田丹波否メ差免ス。同志津摩差免。丹波明日社家中へ禮廻リ可レ致候樣申渡。右之事共兩沙汰人幷老分へ申渡ス也。且因幡之後家民壽ハ社務相村より被二差免一。

一　山田主税より使來。例之通御神事ニ御參可レ被レ下旨申來ル。

一　夕飯例之通。燒物、〔いわし、かすいり〕汁、豆腐こま〱鱠有リ。酒三獻、土器也。

土器衆

一　土器衆來ル。

一　夕飯節、□（ムシ）神酒・神燈諸神江備ル事、年男掌ス。

結地才社神事

一　結地才社夕御神事、依二雨氣一無二歩射一。相濟。於二社務所一獻有リ。鹽ヒシ、吸物、酒三獻。木貝ニ盞、向何やかや附。但シ、祭場ニ而年木榊ノ枝二把各請ルレ之。

十七日、己酉。晴、幷シ、曇風氣有リ、夕方少し込出。

一　東石見守殿方亡父相壽十三回忌被レ號、房良被レ招參。豆腐切手五丁送ル。

一　來迎寺年禮ニ來。年玉茶わん（椀）一持參。孝養軒來。

一　今年ハ中間同苗互ニ無禮ニ候得共、禮之心ニ而同苗大和殿入來。

○左之觸書昨十六日ニ來リ候得共、書留失念故、乍二前後一記スレ是。左之通。

後櫻町院樣崩御ニ付、鳴物停止之儀、先達而相觸置候處、明十六日より差□（ムシ）。町中自身番之儀、同日より相止候樣可レ致候間、此旨洛中洛外へ可二相觸一者也。

戌正月十六日

右之趣被二仰出一候ニ付、申觸候。已上

松村三郎左衞門

先達而觸穢之儀相觸置候處、此節觸穢今十六日午刻明日御所御清祓有レ之候。此旨爲二相心得一洛中洛外へ可レ被レ觸者也。
　戌正月十六日
右之趣被二仰出一候ニ付、申觸候。以上
　　　　　　　　　　松村三郎左衛門
右之通觸書至(到)來候ニ付御達申候。以上　相村
十七日

旅所預

一　旅所預リ渡邊權頭、同美作守年禮入來。
十八日、庚戌。曇天。
一　東備前守殿より古例之通神供之鳥來。
今年ハ雉子少ク、斷ニ而メカモ(雌鴨)一羽來。
但し、表向ニ而ハ無レ之事也。
十九日、辛亥。晴。

猪狩神事

一　亥狩山神御神事如レ例。祭場ニ而饗應を具ル。菜莖
藁を敷、饗飯。午(牛)房貳本わら(藁)ニ而くゝる。
二本同斷。酒二獻土器。宮仕（挨）拶。相濟、
各饗ヲ受ル。
但、所勞故障ニ而請レ之。
一　夕節飯諸神江備ヱ、神酒・神燈同斷。門松ハ
七五三(しめ)過候而者不レ備。

一　祭場へ鹿丸、亥丸追手之人出ス。神事式相濟
而後、正禰宜家へ年男神事供追手人等手酒ニ而
被レ招參。
一　今晩戌刻、愚妻安産、男子出生。
廿日、壬子。晴。
一　一家中へ昨夜安産之旨申遣ス。
一　夕節飯、神酒・神燈等供ル事。
一　今晩大和殿内室おわえ殿、肥後殿内室おむつ
殿安産悦ニ入來。
廿一日、癸丑。曇天。
一　石見守殿母堂おわわ殿入來。
廿二日、甲寅。晴。
廿三日、乙卯。晴。
廿四日、丙辰。曇天。
一　東備前守殿内室お愛殿安産悦ニ入來。鯣一把
持參。
廿五日、丁巳。晴。
一　小兒七夜、取上ケば(婆)ゝ招中飯。

廿六日、戊午。晴。
廿七日、己未。雨天。
廿八日、庚申。雨、午より晴。
廿九日、辛酉。雨天。
卅日、壬戌。晴風。
小二月一日、癸亥。晴少風。
二日、甲子。　十二□(不明)　□(不明)木
三日、乙丑。晴。
四日、丙寅。晴。
五日、丁卯。晴。

神講
御千度

一　社頭神講例之通。惣參。御千度相濟、御飯頂戴。今年ハ折節鰤無レ之ニ付、年より斷焼物小鯛ニ而相濟。

榊掛神事

一　榊掛御神事。例之通。神主壹人相勤。祭服也。
六日、戊辰。晴。
七日、己巳。快晴。
一　縫殿入來。二條家へ出臣之事談ス。

八日、庚午。晴、八ッ過より雨。
九日、辛未。晴。
十日、壬申。晴。
一　北小路より使來。
十一日、癸酉。晴、夕方より雨、夜分大雨。
十二日、甲戌。晴。
十三日、乙亥。晴。
十四日、丙子。晴。
十五日、丁丑。晴。
十六日、戊寅。晴。
十七日、己卯。晴、夕方雨。
十八日、庚辰。晴。
十九日、辛巳。晴。
一　明神へ□(闕字)よりかぶき(歌舞伎)藝奉二納之一。社務より以二廻文一申來。年寄持參。
一　夕方社務より廻文來。年寄持參。口達
一　江戸測量方役人明廿日さ峨(嵯)海道(街)筋法輪寺門前迄、御用ニ付、通行被レ致候趣、村方へ先觸至(到)

來候者、村役人共より相屆候。於二役人之名前一
未レ不二相分一、跡より可二申入一候。先者右之段御
心得迄ニ御達シ申入候。以上

二月十九日　　社務

御社中

廿日、壬午。快晴。
廿一日、癸未。晴。

神講
一　松尾神講廻文來。

上包廻章

明後廿三日於二私宅一神講相勤候間、乍二御苦勞一
朝飯後御出席可レ被レ下候。以上

二月廿一日　　房香

講衆
土地之講衆連名有リ。

廿二日、甲申。晴、夕方曇。
神講當屋へ手傳ニ集。心見之酒有リ。
廿三日、乙酉。快晴。

神講當屋
一　神講朝社參相濟、當屋參集。人數　備前守
參河守　修理　上總介　石見守　常陸介　肥後
長門、京住之人出雲守　筑後　同飛彈(驒)　當屋
大和　同周防。例之通。但シ、今年ハ夜分遲
刻、退散。

廿四日、丙戌。晴。朝の内昨日之挨拶ニ參。講共
ニ被レ招參。房良壹人。
廿五日、丁亥。晴。
廿六日、戊子。晴。
廿七日、己丑。晴。
廿八日、庚寅。晴。
廿九日、辛卯。

三月大

一日、壬辰。晴。朝ノ内社參。
二日、癸巳。晴。弟縫殿、養子ノ參相談ニ入來。
三日、甲午。晴、夜分より雨。

上巳節供
一　節句(供)御神事。房良依二所勞一不參斷狀社務へ出
ス。
一　番人參。黑米貳合斗遣。西代來。上物如レ常
遣、同斷。

社務所

一　一家中互ニ禮。社役人、大工・小工等禮ニ
來。
四日、乙未。雨天。
一　社務所より來。廻狀寫左之通。年寄長之悴長
右衛門持參。
明五日天氣ニ御座候ハヽ、土砂手入爲レ致候間、
人足左之通御差出し可レ成候。尤辨當ハ爲レ持、
早朝社務所へ向御出し可レ被レ成候。以上
　戌三月四日　　　　　　　　社務
追而雨天ニ候ハヽ、六日ニ可レ致也。
　正禰宜家　　人足二人
　權神主家　　同斷
　月讀禰宜家　同斷
　外門三軒　　壹人ツヽ御出し
　御社中
右土砂留手入之節、御目附御兩人共御□□（不明）可レ
被二成入一也。以上
　東石見守殿
　　　　　松室（加）賀守殿
五日、丙申。晴。今日土砂留。去秋より當家山手
入場所也。今日同斷。
六日、丁酉。
七日、戊戌。晴。
社務より來廻狀之寫、年寄長之持參、左之通。
舊院御附櫻井備中守組與力藤井金八郎義（儀）、慶長
小判拾兩、乾字金貳分所持罷在、篁（笥）司引出シ入
置、去冬入用之義（儀）有レ之致二味吟（マヽ）一候處、不二相
見一致二紛失一候ニ付、觸流之義（儀）、右金八郎相願
候間、右體之金子致二取引一候もの（者）有レ之候ハヽ、
早々飛彈（驒）守御役所へ可二訴出一旨可二申通一事。
　戌二月
右之趣被二仰出一候ニ付、申觸之候。以上
　戌二月　　　　　松村三郎左衛門
右之趣申來候ニ付、御達し申入候。以上
　三月七日　　　　　　　　相村
御社中

一　松室加賀守殿舎弟死去ニ付、服忌ニ付、被二引籠一□(ムシ)儀、披露狀松室壹岐守殿より使持參候事。

八日、己亥。晴。

九日、庚子。晴。

十日、辛丑。晴、夕方より雨天。

十一日、壬寅。晴、但シ、少し曇。

一　例年之通於二社務所一十三日太々之御祓拵。社家、神方惣集。社司出役、相村、相命、房良、壽延、種生。右五人。神方八人外ハ不參。例之通中飯。七ツ時刻酒出ル事。

一　領下村々六齋念佛可二相止一事。且又不幸之砌、禁酒之事。右等之義(儀)、申付候而可レ然相談有レ之也。

右之御神事

十二日、癸卯。雨天。

十三日、甲辰。晴。

一　今日依二所勞ニ一不參、斷狀社務へ出ス。

一　巳刻唯(囃)子方請おい(負)人管荒吉來。唯(囃)子方何れも相揃罷出候趣、申來也。

十四日、乙巳。晴。

十五日、丙午。晴。

十六日、丁未。曇天、七ツ時より小雨。

十七日、戊申。晴、少曇。

一　弟攝津、廣庭、丹後入來。酒出ス。

十八日、己酉。雨天。

（天保八年）日記

一七五六　（天保八年）日記

（表紙）

天保八丁酉年
同戊年
日記
権神主
二月下旬より従四位下秦房式

権神主秦房式

（本文）

正月朔日
一日、房式出勤。當年神主榮親依㆓所労㆒（不）
二　参。正禰宜相命故障ニ付、不参。
三　當日朝御神事、内陣者正祝榮祐、房式。内
外けんたい（兼帯）す。夕御神事者榮祐、房式両人
内陣勤申候事。與榮、相周両人外陣勤候。其
外次第也。
但し、神主、正祝、正禰宜、右三人之内貳人
故障ニて茂不参之時者権神主内陣相勤申事ハ
先例也。正禰宜相命十四日より出勤。
二月九日、神主（榮親）死去。二月下旬ニ相命任㆓神主㆒。

同　下旬、房式叙㆓従四位下㆒。
二月大坂大火大塩（平八郎）一キ（揆）。
朔日　申年御社銀納相場
二日　百五十五匁　銀納百三拾五匁
三日　酉年正・二・三者米相場百八九十匁。
四月・五月　百九拾匁より貳百貳三拾匁。
六月　貳百八拾八九匁ニ相成ル。
但し、月末者貳百五六拾匁程。
麥　百九拾匁、
五月節句（供）時分者百貳三拾匁
四月中旬ニ村方難志（澁）ゆうスル。
當家より谷村・萬石村・上ノ山町、右之内へ
錢五貫文施行ス。
但し、谷村三百文ツヽ、萬石・上ノ山残り遣
ス。
但し、谷村庄屋文治へ渡ス。
酉六月下旬より七月上旬ニ者、米直（値）段
三百拾五六匁、夫より三百匁

麥貳百八九匁
七月下旬より米百六七拾匁ニ下ル。又八月上旬
ニ米貳百拾匁程
酉五月廿八日
禁中様（仁孝天皇）より五穀成就之御祈被二仰出一。巻數獻上
之人者房式、壹岐守兩人出仕ス。
同七月廿四日
又御祈被二仰出一、廿五日巻數獻上也。相命、房
式兩人出仕ス。
右兩度共銀五枚ツヽ御社へ寄附けん（獻）上成。右御
備（ソナヘ）へとし而被レ渡候ニ付、社中神方へ配分ニハ不レ
及、社納ニ相成。
當年三月ニ米藏、物入普請ス。
先土藏者大破損ニ付候故也。先之土藏ハすや（素屋根）
ね・わらふき（藁葺）也。まとも（真朋）無レ之候。
當六月廿九日午之上刻ニ安産有。
男虎麿出生也。

朱印改

天保九戌年日記
一 五月上旬娘晃枝ほうそう（疱瘡）ス。同月下旬ニ怍虎
丸（麿）疱そう（瘡）ス。
一 廿八日、美濃守妻來ル。こんき（婚儀）相濟。
右ニ付、美濃守ト申ハ心不レ宜人ニ而、東家三
位方へ相談不レ致約束萬端取斗致度候ニ付、房
式今日ハ不參ト申候故、段々備中、安藝斷ニ參
候ニ付、事相濟、房式行。
一 二月十五日、關東西丸出火。
三月　同大火。
一 當年關東御代替（将軍家慶襲職）リニ付、松尾社より御禮御朱
印改ニ下ル。神主相命、公文種道、沙汰人山田
杢右三人下行（向）ス。閏四月十一日ニ發足。但し、
神主家よりおそろい出立。送リ人足上下十壹人
也。社家惣代として前日ニ南播磨守、東越中守
兩人イトマコイ（暇乞）ニ行事。社務ト盃有リ。但シ、
先例ハ三人也。今度も三人之筈之處、東美濃守
所勞ニ付不參ス。同日松室家へも壹人行。相應

之先(餞)別遣ス。又留主(守)見舞も遣ス。
又上京ハ七月四日ニ歸京。社家中先例ハ山田渡シへ歸リ候ニ付、御社迄之場馬(馬場)迄向(迎)ニ行。今度ハ相模守服中ニ付、上野之橋へ歸リ候ニ付、札場迄向(迎)ニ出候。夫より社務宅へ行、社務ト盃ス。下行之節大木之下迄見送。但し、先例也。
關東より社家非藏人連名ニ而壹度書狀來。所よりハ不レ出先例ト申(也)。
今度關東下行ニ付、銀子入用高八貫目餘。
天保十二丑年五月四日ニ京都諸司(所)代ニ而ひる(晝)四ッ半ニ御朱印御渡也。右出勤之人者神主相命、公文種道、山田杢右三人也。御渡之次第ハ一番上下加(賀)茂より(二)、(三)大山崎、次當社諸司(所)代關東ニ而次第ニ幷居相備也。次第ニ御渡相濟、先社頭へ參リ、右三人神前へ御朱印ヲ備(ソナ)へ、相濟、夫々歸宅ス。神主より宮仕ヲ以社家中へ披露ス。社家皆々社務へ祝ニ行事、先例有レ之由、房式行。
但し、玄關より行事。半分ハ奥ニ書記ス。可レ見。

一 當家居宅ノ東藪勝手ニ付半分開發スル也。
一 御社北門前ノ鳥居ハ天保九年戌五月節句(供)前ニ嵯峨才杢也(材木屋)ヨリ寄進(キシン)ス。ロウモン(樓門)ノ兩脇石ノトウロウ(燈籠)ハ同九月上旬ニ記(紀)州より奉納ス。鳥居前兩茶や、此度普請願書出ス。又繪圖出ス。聞濟成。
一 南家事、此度播磨守こんきう(困窮)ニ付、東常陸介方へ同居ス。右觸書來ル。借錢凡貳百拾八メ目程有レ之由ニ付、居宅建物、立木、庭石不レ殘賣拂ニ相成、道具ハ家來源右衞門岩助方ニ而市有レ之候。誠ニ氣毒之次第也。是も神主榮親ノ妻誠ニ不行せき(跡)之人ゆへ(故)也。
一 東三位相命、天保八酉年二月より社務職と成。此人萬事我まゝ成。新キナル事ヲ好ミ不善ナル人也。居宅玄關造作ハ天保三年ニタッ也。玄關ハ九年戌九月ニ造作成。客殿・居宅・じゆんクワントモ。先之建物トハ百ソウハイ(層倍)モヨロシクナル。北の藪開キ、北東白壁ニ成。高塀事ハ天保十二三年三四月、是迄ハ藪笹垣也。
右先之建物ハ下行くミこ（組子）のはふ（破風）ハ無レ之候。此度新キ（規）ニ成。

勧化願の件

一　先達及二御相談一申候勧化願之儀、彌今廿六日より山田玄蕃、同杢兩人致二發足一候。則爲二支度料ニ一金子三兩宛幷旅用料ニ兩人江金子貳拾兩相渡申候。依此段爲二御心得一申入置候。委細者面上之可二申入一候。

還幸

本願所

一　來ル十月朔日御神藏入、御藏付之事。霜月朔日二番納之事。則村々江申付候間、此段申入候。昨年之通御心得被レ成候而、早朝より辨當御持參ニ而、御一同ニ本願所へ御出勤可レ被レ成。此段申入度如レ是御座候。以上

九月廿六日　相命

社司御中

天保八酉年より御藏附ニ付、村々へ御祝義（儀）酒遣ス。覺上山田村五升、松室村へ五升、谷村へ五升、下山田村へ五升也。

戌年同斷。

十月

一　朔日、晴。

一　二日、晴。

一　三日、晴。

天保十亥年四月八日祭禮ニ候處、尾張大納言殿御死去ニ付、五日より七日之間鳴物亭（停）止、普請ハ三日之間。右祭禮ニ差つかへ候之處、於二當社ハ一右差つかへ候事先例無レ之候。御神行（幸）之節一度關東貞治郎様御死去之節、御ちようじ（停止）差つかへ候得共、神行（幸）相勤候。從レ是祭禮ニハ先例無レ之候處、此度殿下へうかゞ（伺）い候處、御所ニハ差かまい無二御座一事相濟、奉行所も當日八日の四ッ時ニ志らべ（調）相濟、當日祭禮執行之事。戌半刻ニ神事相濟、退出ス。

一　南播磨守大借ニ付、從二御社一助力米百石被レ遣候事ハ、親三位毎年十九石ッヽ南へ御社より年賦米ニ被レ下候ヲ差上候。凡此米百九十石程

之事也。是ヲ申立賴書差上候。社家、神方中及ニ相談一百石被レ遣候也。內五十石ハ五ヶ村印形人庄屋・年寄、難儀之物（者）へ被レ下。右ハ南濟方入也。

（編者注、以下は、前に朱印改の記事中に「半分は奥に書記す」（五九六頁十八行目）とあるを承けている。）

先例者御朱印渡相濟、よく（翌）日朝社家、神方惣參ニ而御日供上ル事。當日御社より社家、神方へ御祝として赤飯 向付にしめ・向ニ引盃・三組重・鉢肴ニ祝酒・とひ（飛）魚半分。 有レ之也。先ニ御朱印拜見ス。社家中ハ壹人ツヽ手ニ取拜見ス。神方ハ壹人〳〵社家之間（ムシ）へ拜見ニ來ル也。何れも麻上下（裃）也。但し、□右ニ付年寄中も來ル。

御朱印ハ

松尾社領山城之國葛野郡谷山田村之内
九百三拾三石之事。并境內等依ニ

當家先判之例一永不レ可レ有ニ相違一之狀如レ
件。

天保十年九月十一日　慶家（印）　右御朱判

社家中　上包
表書も有レ之。

（天保十三年）日次記

還幸

（表紙）

権神主秦房式

（本文）

神講

江州太々神樂奉納

谷川見分

一七五七　（天保十三年）日次記

天保十三寅年

　日次記

　　権神主

正月吉日　　從四位下秦房式

二月朔日

六日、神講。房式出勤。

十二日、同。相命方當家。

廿日、　房式敍二從四位上一。但し、榮祐・相

　　愛・重孝、右四人同日相濟。

四月朔日

二日

三日

四日

五日

六日

七日、祭禮。

八日

九日

十日

十一日

十二日

十三日

十四日

十五日

十六日、江州より太々神樂奉納。

十七日、谷川見分。

十八日

　武邊觸書寫

一　菱垣廻船積問屋共より、是迄年々金壹萬貳百
兩宛冥加上納致し來候處、問屋共不正之趣も相
聞、都而問屋仲間幷組合抔與唱候儀者不二相成一
候間、其段可レ被二申渡一候。

一　右ニ付而者、是迄右船ニ積來候諸品者勿論、

都而何國より出候何品ニ而も素人直賣買勝手次第たるへく候。問屋ニ不レ限、銘々出入者共等引受、賣捌候儀も是又勝手次第ニ候間、其段可レ被二申渡一候。

十二月

右御書付從二江戸一至(到)來候條、洛中洛外江不レ洩樣可二相觸一もの也。

寅三月

一　菱垣樽船積荷物之儀、規定有レ之候處、此度問屋組合等令二停止一、諸品素人直賣買勝手次第之旨申渡候ニ付而者、菱垣樽船積荷物之儀も、向後是迄之規定ニ不レ拘、荷主・船主相對次第辨理之方江積込無二差支一樣運送可レ致候。尤菱垣之方者文政之度紀伊殿より貸渡有レ之候天目船印差障候儀有レ之候間、以來相用申間鋪、右船印早々紀伊殿江返上可レ致旨、可レ被二申渡一候。

十二月

右之御書付從二江戸一至(到)來候條、洛中洛外江不レ洩樣可二相觸一もの也。

寅三月

一　女之衣類兎角質素ニ不二相成一、殊ニ往來之女抔裾をから(絡)け目立候樣之裾除抔相見、矢張花(華)美之風儀不二相改一事與相聞候。右體ニ而者、御趣意も不行屆事ニ候間、彌心得違無レ之樣ニ、持場限可二申通一事。

四月十日　社務

但し、他國より罷登見物等ニ罷出候もの(者)も、右之趣心得違無レ之樣、宿主より可二申聞一候事。

右之觸書至(到)來候間、書留申入候也。

舊冬相觸候問屋組合仲間等唱候儀、停止旨申渡候處、問屋商賣斗者勝手次第ニ心得共、矢張問屋之名目相唱候故、組合迄も不レ解樣ニ心得、同商賣之内下直(値)ニ賣買いたし(致)、又者素人ニ而荷物仕入等いたし(致)候類江差障候儀も在レ之哉ニ相聞候。大金之冥加も御免相成候上者、難レ有相守可レ申處、無二其儀一段不埒至極之儀ニ候。依レ之以後組合仲間等ハ勿論、問屋與相唱候儀堅令二停止一、米商賣者米屋、炭商者炭屋、油商者油屋與斗可二相唱一候。商賣方も仲買も卸候斗ニ無レ之、小賣ヲ專といたし(致)、品物拂底之節、卸方者見合候共、小賣ハ不二差支一樣可レ致候。且又仲買之者與申合、卸方より小賣之方直(値)段高直(値)ニ賣買致間敷候。此上申付候趣不二相用一、組合無レ之候而者差支候抔與申觸、亦者内々申合願立等いたすもの(者)在レ之候者、時刻ヲ不レ移、嚴重ニ吟味之上御仕置可二申付一候。

一　都而株札幷問屋仲間組合抔與唱候儀、不二相成一段相觸候處、右者十組外者不二差構一樣ニ心得違之者も在レ之哉ニ相聞、不埒之事ニ候。彌先達而相觸候通相心得、十組外ニも株札問屋仲間組合等決而難二相成一候間、可レ存二其趣一候。是迄爲二冥加一無二代納物一無賃人足川浚駈付等之儀、都而差免候間、銘々正路ニ可レ致二賣買一候。追々同商賣之者出來候共、決而差障申間敷候。御用ニ付前々より仕來候納物・人足等之分者其筋ニ而調之上追而可二相達一候。

一　品物手前買込置、追々賣出候儀者勝手次第ニ候得共、他國江前金等遣し買留、積送爲二見合一其處江圍置候を、則〆賣ニ相當、不正之筋ニ候間、以後右樣之儀者致間舗候。萬一不二相改一趣外より於二相聞一者可レ處二嚴科一候。

一　湯屋髮結之類者諸式直(値)段ニ不二相抱(拘)一もの(者)故、組合仲間停止之儀者不レ致二沙汰一候處、同商賣之内賃錢下直(値)ニいたし候もの有レ之候得者、組合之者より差障候趣相聞、不埒之事ニ候。依レ之以後右商賣之者も株札ハ勿論、組合等相唱候儀令二停止一候間、町内其外同商賣之もの何軒出來候共、差障申間鋪候。

右之趣町々江不レ洩樣、早々相觸可レ申候。

三月

右御書付從二江戸一至(到)來候。右者江戸中斗之事

ニハ無レ之、諸國共同様ニ候間、當表ニ而兼（而）差免置候。諸株問屋仲ヶ間其外之者共も右之趣相守、心得違無（之様カ）□可レ致候。

右之趣洛中洛外江不レ洩様可二相觸一もの也。

寅三月

一　永田貞五郎悴徳次郎儀、此度見習出勤願之通被二仰付一、御目見無レ滞相濟候ニ付、出勤いたし候ニ付、爲二御心得一、此段得二御意一候。以上

右之觸書至（到）來候ニ付此段申入候也。

四月十一日　社務相命

社司御中

寅四月より武邊觸書留

近來世上侈（マヽ）奢押移候間、質素儉約之儀ニ付、去丑六月相觸置、其後御制禁品々之儀ニ付、江戸表より被二仰出一候趣、同年十月相觸置候付、追々質素儉約ニ復シ候趣候得共、中ニ者侈（マヽ）奢之遺風不二相改一、矢張衣類を始、分限不相應之品相用ひ候ものも有レ之由不埒之事ニ候。且近比茶事流行ニ付町家之身分不相應高價之道具買求翫ひ候ものも有レ之由。畢竟身上柄有レ餘之儀而も可レ有レ之候得共、町家之身分不相應高價之道具翫ひ候儀者致間敷事ニ候。追々觸置候趣、此上堅相守、都而質素復シ、衣類・器物等ニ至迄分限不相應品決而相用ひ申間敷候。勿論商人共も不相應之品決而賣買致間敷候。此上不埒之ものも有レ之候ハヽ、急度可二申付一候。

一　都而料理屋共、近來風儀不レ宜、藝者抔を呼寄爲レ泊、或者料理其外ニ中宿與唱、若輩之もの遊所通ひし便利、又者男女之出會宿いたし候者有レ之哉ニ相聞候。隱賣女休之儀勿論、出宿等之儀ニ付而も前々觸書も差出置候處、不埒之至候。右市中之風儀ニ拘リ、且者若輩之もの（者）共不行狀ニ長シ、殊手代下人引負等仕出シ基ひニも有レ之候間、以來料理屋共料理向下通リ之儀を正路ニ商ひいたし候儀者格別、右體不埒成客受決而致間敷、中宿・出會宿之儀も是又致間敷

候。若此上不二相守一もの(者)有レ之候ハヽ、嚴敷可二申
付一候。
一　近來女髪結渡世之もの多出來候由之處、一體
女者自身髪結候茂女之嗜ニ有レ之を、髪結せ候
様ニ而者、嗜之旨を失ひ、殊年若成女者髪姿等
花(華)美を競ひ合、いつれ(何)も風儀ニ拘り、不レ宜事
ニ而、且者女髪結共之内ニ者不身持之取持等
いたし(致)候類も有レ之趣ニ相聞、不埒之至ニ候。
依レ之向後遊所外者女髪結停止申付候間、市中
之者共女之髪者銘々家内ニ而結ひ候様いたし(致)、
是迄髪結を渡世ニいたし候女共者、早々外渡世
可レ致候。
一　市中家屋敷ヲ讓幷賣買其外之儀ニ付、奉行所
江罷出候もの(者)共、近來公事宿ニおゐて酒食等趣(超カ)
過いたし、右ニ付而者公事宿之もの(者)共も風儀不レ
宜次第相聞、心得違之事ニ付、以來右體之儀
無レ之様飯料、旅籠代等直(値)段取極(決)、其外取締方
公事宿渡世之もの江嚴敷申渡置候間、其旨相心
(得)、都而奉行所江罷出候もの、無益之失費
無レ之様可レ致候。
右之趣洛中洛外江不レ洩様可二相觸一もの也。
　寅三月
右之通被二仰出一候付、申觸之候。以上
　　　　松村三吾
右之觸書今十五日至候間、書寫懸二御目一候也。
四月十五日　　　社務
　社司御中
　　　　　　組町
　　　　　町役其外之者共
今般御改正ニ付、御制禁品々、又者菱垣廻船問
屋御差止、都而組合仲ヶ間問屋等御停止之儀ニ
付、江戸表より被二仰出一之趣幷當地之流弊爲二
相改一候。連々追々爲二觸知一、猶着類等之儀者組
町廻り之ものより爲二申諭一、物價引下ヶ方者賣
人共呼出し申諭候處、市中之者共衣食を始メ
追々唯今迄之風儀を改、物價も次第ニ引下ヶ候

趣も相聞候。一段之事ニ候。元來當地者風俗厚、人氣も浮華ならす、他國ニ而も美重候由之處、いつ(何時)となく奢侈之風押移リ、物價も引上ケ候事ニ而、其一端を申さは輕きもの共縮緬・羽二重樣之ものを着用し、ひろうとう(天鵞絨)を襟又者鼻緒にし、美肉を喰用にし、家作向抔結構を(相)好、身分不相應之事とも不二心付一、都而右樣之事ニ而、互ニ華美を競ひ、おのつから暮し方も手張、表向より内證者困窮し、職人者手間賃を増し、商人者利分を貪リ、次第ニ人情輕薄ニ成リ風俗を頽し、都下之衰微歎ハしき次第ニあらすや。今般之被二仰出一者、世上之奢侈を禁せられ儉約質素ニ復し、萬價之引上ケたるを下落し、輕きもの(者)迄も暮し易き樣之御趣意ニて、御仁惠之程難レ有事ニ候間、市中之もの共、彌相競ひ舊習之流弊改革し、御國恩を不レ忘、衣食住とも其分除候あり、都而儉(約質)素を守リ家業精出し、職人ハ成たけ手間賃を引下ケ、商人者隨分利薄之賣買しいつれも一己之利潤、自他之見競ニ抱(拘)らす、互ニ相勵、諸色際立引下ケ、金銀融通之引合方等不實意無レ之やう彌手廣ニいたし、勿論銘々孝悌之通遠厚相守リ子弟を教育し、家内睦敷、子孫永久相續相成候樣可レ致候。是迄追々觸知し置趣も在レ之候得共、猶心得違致さぬ樣、右之趣申渡置事ニ候間、此上表ニ者儉(約質)素を見せ候而も、算勘利欲趨リ品物を劣申せ(らカ)、目方減し形チを小にし候樣與ハ不埒之事ニ付、左樣之もの(者)共あらハ、召捕可レ處二罪科一候間、決而心得違致ましく候。此旨組町之者共候得與申聞し、裏借屋之もの迄も得與承知爲二致置一可レ申候。

右之通市中之もの共江被二仰渡一候間、村々之もの共も同樣相心得候樣可二申聞置一候事。

寅五月

右之趣被二仰出一候ニ付、申觸候御書付之趣御心得可レ有レ之候。以上

松村三吾

一扇子うちはの手籠リ候品。
一女之髷くゝ(括)り紙ニ而も手籠候品、又者目立候
品之類。
一手ぬくひ前たれ抔ニ物好成染模様之類。
一桃燈之火袋紅之彩色、又者上之方墨にてぬ(塗)り
其外手籠り仕立候類。
一花火せんこう類。
一翫ひ人形、小ク候而も手籠リ候品。
一女之はきもの鼻緒ニ絹類を用ひ候儀、其外物
好ニ拵候類、又者男女共ぬ(塗)り下駄之類。
右之類者勿論、此外手軽き品たり共、無益之
工手間等掛リ候品仕仕(マヽ)入賣買いたす間敷、併御
所御用等者格別之事。
一生肴・鹽肴・野菜・干物類、其外何品ニよら
す見世商ひ之品者、夫々直(値)段之札出し置可レ申
候。
一男日傘相用ひ候儀、幷女羽織着用致間鋪候。
右之趣ニ相心得、組町ニ一同江不レ洩様承知
爲レ致置可レ申候事。
寅五月
右條文之儀者、申觸候様被二仰出一候儀ニ而ハ
無レ之候得共、拙者共限リ爲二心得一申通し置候
様、御沙汰ニ候間、此段得二御意一候。以上
松村三吾
野菜もの季節いたらさる内、賣買致間敷旨、
前々相觸候趣も有レ之候處、近來初ものを好ミ
候儀増長いたし、殊更料理茶屋等ニ而ハ競合買
求、高直(値)之品調理いたし候段、不埒之事ニ候。
譬ハきうり・茄子・いんけん・さゝけの類、其
外もやし與唱雨障子を掛ケ、芥ニて仕立、或者
室之内江炭團火ヲ用ひ養ひ立、年中時候外れニ
賣出候段、奢侈を導く基ニ而、賣出候もの共も
不埒之至ニ候間、以來もやし初もの與唱候野菜
類、決而作出し申間敷候旨在々江も相觸候條、
其旨を存、堅賣買致間鋪候。尤魚鳥之儀者、自
然之漁猟ニ而賣出し候ハ格別、人力を費し、多

諸神事

分之失脚を掛ケ飼込仕立置、世上江高價ニ賣出候儀者、是又堅不二相成一候。若相背候者有レ之ニおゐてハ、吟味之上急度咎可二申付一候。
右之通町觸申付候間、御料者御代官、私領ハ領主・地頭より可レ被二相觸一候。
但、在所之品前々より獻上之類者、唯今迄之通。
右之通可レ被二相觸一候。
右之趣江戸表ニ而御觸有レ之候ニ付、御所之御用之品者格別、町在之ものとも(者共)右之趣堅相守、心得違致間敷候。此旨山城國中江可二相觸一もの也。
寅五月
諸神事之儀者、古例を以執行候儀ニハ候得共、元來當地神事者、他國とハ格別際立候祭禮式多、鉾・神輿等之餝茂近年莊嚴に結構ヲ盡也。町々より爲二守護一罷出候者もいつとなく着用向花(華)美ニ相成、或者幕等取持不レ致ものも町並あ(悪)しく候抔與申、幕等借受候族も有レ之哉ニ相聞、誠ニ無益之事共ニ而、如何之筋ニ候間、以來町並等之無二斟酌一銘々勝手といたし、先前用ひ來候鉾・神輿等之莊嚴者格別、存付ニまかせ(任)、新規之餝り等致間舗、町中より罷出候者共も着用物等成丈質素ニいたし、新規成儀無レ之様、舊例之實意ヲ相定、萬事費無レ之様可レ致候。
一　葬式之儀者、其葬主たるもの心次第與ハ乍レ申、身分相應たるへきハ勿論ニ候處、名聞ニ抱(拘)リ、外見ヲ專ニいたし、無益之事共ニ雜費相掛候儀も在レ之哉ニ相聞候。葬式ニ付罷出し親類身寄之もの幷町内より惣代與して罷出候者も、無益ニ多人數罷出間敷候。右罷出候もの共之儀も忌掛リ之無二差別一、上下(裃)ニ而も袴ニ而も有合之品ヲ用ひ可レ申候。且迎僧抔與唱へ罷出候僧侶、平常無僕往來之向も、俄ニ乘輿、侍召連、長柄ヲ爲レ持罷越候儀も在レ之哉相聞、右者全名聞而已之事ニ候間、相應之供廻りをも可二相成一丈相滅し可レ申候。年忌吊(弔カ)ヲ麁略ニいたし候儀ニ者無レ之、諸事手輕いたし、無益之費相省可レ申候。右等之儀者、其主たるもの心得方も可レ有レ之事ニ候、所役人ともより茂厚申諭候樣可レ致候。

右之趣洛中洛外江不レ洩樣可二申通一事。

寅五月十二日

捨子いたし候事、御制禁之事、度々相觸候得共、近年別而捨子多在レ之。尤捨子在レ之候町内ニ而ハ其子之片付旁失墜も在レ之儀ニ候得者、平生無二油斷一夜番之者江入念可二申付一事ニ候處、心懸解(懈カ)候故歟、捨子いたし候者を終見付候事無レ之候。晝夜共心ヲ付、小兒ヲ抱かゝへ往來いたし、あやしき(怪)品ニ相見候事も候ハゝ町内ヲ見送リ、次之町江も申繼候樣ニ心懸ケ、捨子いたし候もの見付候ハゝ、召捕可二訴出一候。夜分別而番之もの江入念付候。只今迄之捨子之樣子何れも非人抔之仕業之樣ニ相聞□(候ニカ)付、別紙書付通、向後非人、穢多共之手前相改させ候。此以後捨子於レ在レ之者、其時之樣子ニ寄、小屋下江遣し、非人之手ニ相渡候樣ニも可二申付一候事。

一　子供大勢持候もの、又者手前ニ而そたて候事難レ成品も在レ之、里子へ遣し候ものも在レ之。右里子申受候もの共者金銀等ヲ相添貰なから、追而其子ヲ捨候類も可レ有レ之哉。此段難レ斗候。實父母より心ヲ付候而、若其子之行方不レ知樣候事も相聞候ハゝ、令二吟味一、疑敷樣子も在レ之候ハゝ、無二遠慮一可二訴出一之、穿鑿可二申付一事。

一　捨子在レ之時者、其町より貰望之もの聞立、受人等爲二相立一、慥ニ養育可レ仕趣之證文取レ之、養子ニ遣候事ニハ候得共、此等之類も追而其子ヲ捨候事も可レ有レ之哉難レ斗候。是又其町より心ヲ付ケ、若其子之行方不レ知事も候ハゝ、吟味可レ申事。

戌十一月

前々より捨子いたし候儀、御制禁之旨觸書差出、享保十五戌閏十一月嚴敷觸書差出置候處、年久敷相成、末々之もの共ミたり(猥)ニ捨子致し、別而近年ハ捨子多在レ之候ニ付、去ル巳年二月、去ル未九月猶又相觸候得共、町役之もの共申付方等閑ニ付、番人も油斷いたし候故、近頃捨子多在レ之候。全觸書之趣不二相守一致方、不屆ニ候。尤捨子在レ之候得者、取片付ニ物入多、町内及二難儀一候趣ニ候處、近比者取扱其(甚カ)手重ニ相成、貰人在レ之差遣候節も、金銀差添遣し候、付而ハ捨子致し候もの共ハ町内江相頼候樣相成、其内ニ者非人之子とも町内江捨候而もわかち無レ之事ニ付、平人ニ相成候樣相心得候哉。其紛敷如何之事ニ候。畢竟捨子取扱厚候故、下賤之身ニ而ハ手前ニ差置候より捨候方勝手宜、貰候ものハ又金銀ニ抱(拘)リ貰受候ものも可レ在レ之哉。其上とも何歟故障ヲ申立、町内江合力等申懸候類も間々在レ之趣相聞候。依レ之町々年寄五人組より一町限、家持、借屋人幷召遣(使)ひニ至ル迄、出生之子共(供)帳面ニ記置、懷胎之内より心ヲ付、月々無二油斷一人別相改置可レ申候。此度如レ此相觸入念改候而、其上ニ而も捨子在レ之候得者、全筋目不レ宜もの共之仕業與相見候間、捨子者享保十五戌年觸置候通、彌小屋下江遣し、非人之手ニ相渡、相應之育料者、其所より爲二差出一候間、捨子在レ之候ハヽ、是迄之通可二訴出一候。尤町々ニ而改置候右帳面、其品ニ寄、御役所江爲二差出一候儀も可レ有レ之候間、一町限、人別江得與申聞相調置可レ申候。

申正月

右之通享保十五(戌)年十一月、天明八申年正月觸置候後、捨子在レ之趣訴出候得者、其時々糺之上、及二沙汰一儀在レ之候。然處近比相ゆるミ町役之もの共申付方等閑ニ而、番人共も油斷いたし候故ニ候哉、近比者別而捨子多在レ之、全觸書之趣不二相守一、致方不届之事ニ候條、前々觸書之趣急度相守、以來町役人共江も得與申付置、捨子いたし候もの見付候ハヽ、留置、捨子早々可二訴出一候旨。尤當座之事ニ不二相心得一觸書之趣急度相守可レ申趣、文政七申年六月、天保三(壬辰)辰年閏十一月觸書差出し置候得共、其後も年々捨子不レ少、全町役人共心付方薄、番人共江も申付方者勿論、出生之子供帳面ニ相記し人別相改候儀も等閑ニいたし候、町分も在レ之哉ニ相聞、前々觸書之趣相背、不届之事と候候(マヽ)條、以來度々之觸書之趣、急度町役人共月々人別相改、はこくみ(育)難レ成體(程カ)之もの見およひ候ハヽ、其所之もの申合、養育相成候樣、相應之助力ヲ加江遣し可レ申候。尤番人共江申付方之儀茂、彌無二等閑一取斗、其町限末々者迄無二油斷一制度いたし、捨子致し候者見受候ハヽ、無二用捨(容赦)一留置、可二訴出一候。如レ此相觸候上致二捨子一候得者、怪敷筋目之ものニ可レ有レ之候間、其時々糺之上仕宜寄小屋下江遣し、非人之手ニ相渡、育料者其所より爲レ出可レ申候條、若捨子いたし候儀ヲ見遁候歟、等閑不埒之儀も相聞候ハヽ、嚴重ニ可レ遂二吟味一候。

右之趣洛中洛外江裏借屋ニ至迄不レ洩樣可二相觸一もの也。

寅五月七日

一來ル廿九日宗門改申度候間、朝飯後早々御集會可レ被レ成候。

一古金銀幷壹朱金幷銀所持之員數書上ケ候樣被二相觸一候間、右同日取調候申度候。右御調置可レ被レ成候。則觸書ニ者、一古大判、一慶長金、一古文字金、一眞字貳分判、一草字貳分判、一文政金、一古貳朱銀、一貳朱銀、一壹朱金、一壹朱銀、一古文字銀、一文政銀

右之通。此内所持之有無、來九月四日可二申出一候旨被二相觸一候也。

八月廿日　社務

社司御中

(圖一)

権禰宜
相濟
喪嫡男
二十日假　自去ル四日
至昨廿三日
九十日服　至辰二月四日
右之通引籠申候。仍御届
申上候。宜御披露頼候。以上
十一月廿五日　松尾神主
東三位
白少将殿
御雑掌

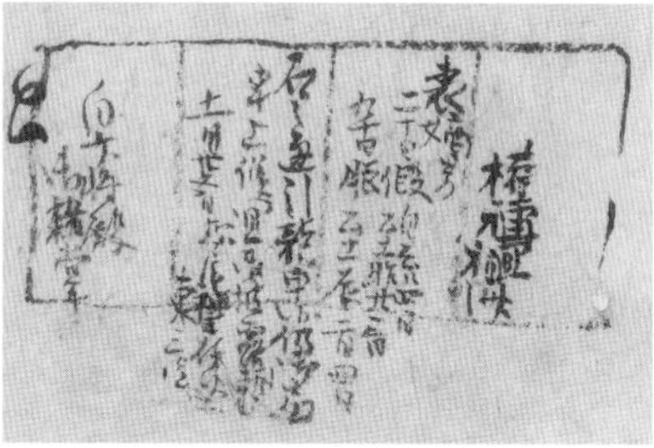

(圖二)

當社櫟谷之
東伊豫守秦相固
右去ル四日卒去仕候。仍
此段御届申上候。宜
御披露頼入存候。以上
松尾社神主
十一月廿五日　東三位
伯少将殿
御雑掌

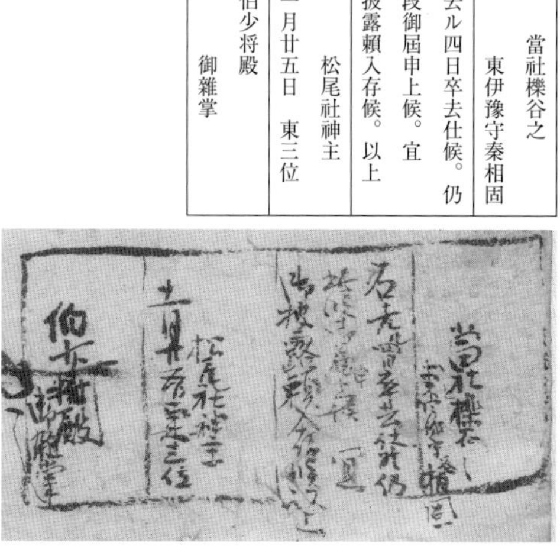

（嘉永七年）日記

一七五八　（嘉永七年）日記

（表紙）

嘉永七寅年

日　記

権神主家内

六月　　　　権神主家内

（本文）

六月十三日、夜四ツ時より大雷鳴。
同　十四日、夜七ツ時より大地神（震）。
追（ヲツテ）申、今夕酉半剋比各御出勤（キン）可レ然。何も伯家
より飛脚至（到）來ニ而其節申入候也。
御用召有レ之候間、唯今正祝壹人罷出候。則今
日より御祈被二仰出一候趣内意申來候。依此段申
入置候。今夕各御參之御用意可レ被レ成（ナサル）候。爲レ
其早々申入候也。
　六月十五日　　　社務
　　社司御中
御所桂宮江御遷候所、桂殿ニわ地神（震）之御用意（イ）
無（ナクコレ）レ此候間、近衛殿へ御立之起（退き）被レ遊候。後日
十五日巳剋ニ桂殿へ御遷、又十三日夜神鳴（雷）わ鞍
馬口へ壹ッ、妙泉寺門前へ壹ッ。
地神（震）わ十四日夜ヨリ廿日迄一日中三ッ程ゆる（搖）。
廿一日夜戌剋ニわ大じ志ん（地震）ゆる（搖）。廿二日三ッ、
廿三日二ッ。
廿四日二ッ、夜三ッ。大あれ（荒）の所わ南都・三
輪・郡山、伊賀上野・名張、江州石部・水口・
ぜゝ（膳所）、伊勢四日市、越前福井、遠州はま（濱）松、參
河。右の所わ大あれ（荒）ニ御座候。地神（震）相濟候は後う□
七月末迄日ニ小は七ッホト（程）、南都へん（邊）わ九月末
迄日に三ッ中ゆる（搖）。
　松尾社御朱印
　　觸書覺
御朱印頂戴之寺社之輩、不レ依二寺社領之多少一
境内斗之雖レ爲二御朱印一於レ令二所持一者、御朱印
可レ被レ下間、御領、私領ニ在レ之寺社領之御朱
印ニ寫ヲ差添、當寅八月ヨリ十月迄之内江戸江
致二持參一、本多中務大輔、青山大膳亮所江相達

候様可レ被レ觸レ之候。以上
寅四月
右御書付從二江戸一至（到）來候條、山城國中寺社江
不レ洩様可二相觸一もの也。
寅五月廿一日
御料、私領ニ有レ之寺社領之御朱印御改ニ付、
當院江差出方之儀、格別手重之向も有レ之、宿
驛難儀致し候趣有レ之哉ニ相聞候。尤御朱印之
事ニ候得者、大切ニ可レ致者勿論ニ候得ハ、大抵
程合も可レ有レ之儀ニ付、餘り手重ニ無レ此與（マヽ）可レ
致旨可レ被レ觸候。
寅四月
右御書付從二江戸一至（到）來候條、山城國中寺社江
不レ洩様可二相觸一もの也。
寅五月廿一日　松村三吾
別紙之通觸書至（到）來に依、此段申入候。右ニ付何
歟、御相談申入置度候間、明廿五日朝飯後早々
御集會可レ被レ成候。依早々申入候也。
五月廿四日　社務
社司御中
右ニ付金子入用ニ候間、社當（頭）山少斗切拂ニ相成
候。
七月廿四日、山聞文（ケンブン）。
同　晦日、八ッ時ヨリ集會。
閏七月十二日、午後參會。
明廿九日朝飯後□（不明）早々社務所へ御集會可レ給候。
宗旨改幷外ニ及二御談一申度儀も在レ之候。依此
段申入度如レ是候。以上
八月廿八日　社務
社司御中
九月二十二日
あサ（朝）之内集會　不參
近江守朝飯後、事わり（斷）にまいり（參）候。
大船裂（製）造ニ付而者、異國船ニ不レ紛様日本惣船印
者白地日の丸幟相用候様被二仰出一候。且又公儀
御船の義（儀）者白布交之吹貫中柱江相建、帆之儀白

地中黑ニ被二仰出一候條、諸（以下闕）
九月廿三日、夜亥之剋、年寄兵助廻章(状)持參り、右者伯家より御用召仰出、正祝壹人罷出候。ヲツ(追)テキソン(歸村)のウヘ(上)申入可旨申來候。
七日ノ間異國船ニ付、御祈禱仰出され候。
廿四日、卯半剋に參勤。所勞、依テ不參致候。
廿五日、不參。
廿六日、不參。
廿七日、不參。
廿八日、出勤。
頃日異（國）船飄(漂)二着攝泉之邊一。事實未レ辨二進退一。雖レ穩去二皇都一不レ遠。固(因)レ茲四海無二異變一、醜類速退散、天下泰平、國家靜寧、萬民安穩御祈、一七箇日之間、一社一同可レ抽二精誠一之旨、可下令レ下知二干松尾・稻荷社等一給上被二仰下一候。仍早々申入候也。

九月廿三日　經之

神祇伯殿(白川資訓王)

追申、到着次第御祈始之事。滿座翌日卷數獻上之事。御祈抽二丹誠一之事雖二勿論一、於二今度一者來二近海一事實不二容易一之間猶以可レ凝二懇祈一之事。

泉州之邊之海岸江異國船渡來之趣ニ候得共、夫々御手當も有レ之事ニ而、先日穩之趣ニも相聞、殊ニ京地者程合も有レ之候得者、町々在々共決て騷敷儀無レ之樣安心渡世致候。尤火之元等別而入念可レ申也。此段山城國中江早々相觸者也。

とら九月十九日

別紙之通書附昨日松村より到來候間、此段御達申入候。以上

十月六日　社務所

社司御中

異國船壹艘大坂近海迄渡來候處、彌穩之趣ニ相

聞候間、騒敷儀無レ之、火之元入念可二罷在一儀等再應相觸置候處、右異國船大洋江出拂、帆も不二相見一趣ニ候。此旨山城國中江早々可二相觸一もの也。

とら十月九日

別紙之通觸書到來候間、此段早々御達申入候。以上

とら十月十日　　社務所

社司御中

十一月四日、五ッ時大じしん（地震）と成。
大坂八寸、尼ヶ崎壹尺五寸、兵庫同斷、灘太や也（マヽ）同斷。右い（何）（づ）れもつなみ。岡八尺、大船三百ゾ（艘）、小船千ゾ（艘）、右くずる（崩）。
しにん千五百人、けがにん（怪我人）八百にん。
東海道いづ（何）れも同斷大アレ（荒）。
園部家數二百五十家くずる（崩）。

一　當月朔日ニ登城、五日に御殿、七日ニ御朱印御改等相濟候事。

右之通リ今日關東より申來リ候間、此段早々御達申候也。

十一月廿二日　　社務所

社司御中

頃日異（國）船飄（漂）二着攝泉之邊一。事實未レ辨二進退一。雖下去二皇都一不上レ遠。固（因）レ茲四海無二異變一、醜類速退散、天下泰平、國家静寧、萬民安穏御祈、一七箇日之間、一社一同可レ抽二精誠一之旨、可下令レ下知二干松尾・稲荷社等一給上被二仰下一候。仍早々申入候也。

九月廿三日　　經之

神祇伯殿（白川資訓王）

追申、到着次第御祈始之事。

（料紙四枚半空白）

口代

一　此度旅所預養子仕入職仕度旨願書差出候間、

一社中差支之有無伯家より被二問合一候。尤一兩
日中に返答可レ致旨申來候。依レ之明八日朝飯後
早々各御集會可レ被レ成候。以上
　とら九月七日　　　　　社務
　　社司御中
寅正月廿三日
一正祝申従四位下伊勢守之事。
一權禰宜申正五位下之事。
右昨夜廿二日各蒙二宣下一。依此段御披露申入候
也。
　正月廿三日　　　　　社務
　　社司御中
嘉永二年正月
東三位、南播磨守、東遠江守、東近江守加
勢。
東越中守、松室家わ極月より引籠候。又正月
三日より東三位、南播磨守、東遠江守。
右三人引籠候。權神主東越中守、東近江守二
人にて正月七日ノ御神事相勤申候。
嘉永五子年八月十八日
大水ニテ今井堤六十間切候時、家領田地年貢米
石ニ付五升、人足三ヶ年ノ間差ゆる（許）ス也。又か
や共。
嘉永六年丑十二月三日
イコクセン（異國船）ニ付、夷類頻來乞二求通商一。其情狹
黠固不レ可レ量。因レ茲邊海防禦雖レ盡二警戒一、宸
襟所レ不レ綏、庶幾以二神明冥助一不レ汚二神州一、
不レ損二人民一國體安穩、天下泰平、寶祚悠久、
武運延長之御祈、一社一同可レ抽二丹誠一、可下令レ
下二知于松尾社一給上者、依二天氣一執達如レ件。
　十二月三日　　　權右中辨長順（葉室）
　　謹上神祇伯殿（白川資訓王）
　　二拾二社十七日より三七日閒日參。
十六日
御千度
參籠
一今日例之通御千度。但シ、巳ノ剋より齋服ニ
テ出勤。是より參籠ス。社頭ニテ御匠之ヒしろ

へ

十七日、社頭

十八日

正遷宮

一　正遷宮時酉、正卿徳大寺殿

奉行日　野　殿

行事辨廣橋殿　參向

十九日

一　御禮廻リ。正禰宜、正祝兩人參番ニ依而出役。御祓、獻上物、御下行持參。亥剋歸宅。今日御祝ノ御神事、申剋。獻進ハ日供也。

假遷宮

御届口上之覺

一　來ル廿四日當社假遷宮執行仕候ニ付、日時宣下爲二御使一、明後廿二日地下之官人兩人參向之儀御座候。依レ之此段御届申上候。以上

嘉永四亥年四月廿日　　松尾社沙汰人

山田左衛門印

御奉行所

右者文政四年二月稲荷社下遷宮之節届書之振合ニ則月番也。

當日前剋神工仰二假殿一清鉋之事。

武邊觸書

女一宮御方薨去ニ付、昨十七日より明十九日迄三ヶ日鳴物停止、普請者不レ苦候。此旨洛中洛外江可二相觸一者也。

六月十八日

右之觸書唯今至（到）來候條、即剋申入候也。

社務

社司中

嘉永七寅年二月九日

此度異（國）船渡來、進退平穏、雖レ無下開二兵端一之聞上、猶未二退帆一。宸襟不レ安。因レ茲異類速降伏、國家安全、寶祚延長、武運悠久、萬民娯樂之御祈一七箇日、一社一同可レ抽二丹誠一之

旨可㆘令㆑下㆓知干松尾・稲荷等社㆒給㆖被㆓仰下㆒
候。仍早々申入候也。
二月九日　長順(葉室)
神祇伯殿(白川資訓王)
追申、滿座翌日巻數獻上之事、同可㆘令㆓下知㆒
給㆖候也。
嘉永七寅年四月五日
松尾社御祭禮相濟
六日、晴。辰剋ヨリ禁裏御所大火致候。仙洞御所
上ノ御所
女院御所
大宮
内侍所
火出シ
一條殿ダイコ(醍醐)勸修寺殿出火。東ゎ白川、西ゎ千江(智恵)
光院、北ゎ元瀬(誓)願寺今出川、南ゎ下立賣、右之
處出火。越中守晝七ッ時より松室阿波方吉之
助、淺吉兩人連見舞へ行。歸宅夜七ッ時。御
上、下鴨へ御成、下鴨より聖護院へ御遷。四
(月)十四日近衛殿ト京極殿ト閒百閒郎(廊)下十四
日迄ニ出臺(來)。
四月六日、女御御方ゎ粟田青蓮院宮へ御成。
〃　晝午剋ニ御上御板(マヽ)越(輿)にて下鴨へ。
四月十四日、聖護院より桂宮へ御遷候處、雨天ニ
候間、午剋に御遷。
四月二十一日、夜四ッ時ニ白川殿ヨリヨビ丈(呼狀)參
リ、越中守、淺吉二人參リ、二十二日ヨリ御イ
のり(祈)仰付られ、七日閒。越中守歸宅。明六ッ時
と朝五ッ時ニ社へ參る。
大船裂(製)造ニ付而者、異國船ニ不㆑紛樣、日本惣船
印者白地日の丸幟相用候樣被㆓仰出㆒候。且又公
儀御船之儀者、白布交之吹貫中程江相建、帆之
儀者白地中黑ニ被㆓仰出㆒候條、諸家ニおゐて(於)も
白帆者不㆓相用㆒、遠方ニ而も見分候帆印銘々勝
手次第ニ相用可㆑申候。尤帆印幷其家之舟印を

も兼而書出置候様可レ被レ致候。右大船ニ付、平常廻米其外運漕ニ相用候儀勝手次第ニ候得共、出來之上者乗組人數幷海路乗筋、運漕方等猶取調可レ被ニ相伺一候。

七月

右御書付、從ニ江戸一到來候條、洛中洛外江不レ洩様可ニ相觸一もの也。　松村三吾

右御達シ書

當月上旬火災、剰　内裏燒亡。偏依ニ　神明冥助一此後禳ニ災異一、彌天下泰平、　玉體安穏、萬民娯樂御祈一七箇日、一社一同抽ニ丹誠一可ニ勤行一之旨、可下令レ下ニ知于松尾社・稲荷社等社一給上被ニ仰下一候。仍早々申入候也。

四月廿一日　長順（葉室）

神祇伯殿（白川資訓王）

追申、到着次第御祈始之事。滿座翌日巻數獻上之事、同可下令ニ下知一給上候也。

五月十一日ヨリ

以ニ正月分御祈御教書之趣一從ニ來月十一日一一七ヶ日抽ニ丹誠一可レ有ニ御祈禱一之事。

十一月

九月分御祈更御沙汰無レ之候。自ニ九月十一日一五月分同様可レ有ニ御祈禱一事。

但、幣料此度不レ被レ出。九月之節五月分モ同時可レ被レ出候。巻數獻上之儀如ニ正月分一御下知可レ給候事。

出覺

五月九日

一二百五十文　燈油五合

一五十文　よろずかいもの千吉（萬賣物）

五月二十一日

一四百五十文　かたすミ

同二十八日

一十八文　□うり（きカ）

（安政二年）日記

一七五九　（安政二年）日記

（表紙）

安政二乙卯年

日　記

正月元日　　権神主家

権神主家

（本文）

元日、晴。

二日、同夜四ッ時ニ御用召有レ之候間、近江守罷出候處、御祈仰出され候。

御達シ書寫

夷船度々渡來、已去秋泉州海岸來艙。京畿程不レ遠、人情不レ安レ之。六月・十一月畿内幷諸國地震。津浪等之變災、愈深被レ惱二宸襟一。依レ之益天下泰平、寶祚長久、萬民安穩御祈一七箇日、一社一同可レ抽二精誠一、可下令レ下二知干松尾・稲荷・大原野社一給上被二仰下一候。仍早々申入候也。

正月二日　　經之中御門

伯侍從殿（白川資訓王）

追申、自二來十一日一御祈始之事。五月・九月等以二正月分御教書趣一可レ有二御祈一。滿座翌日巻數獻上惣如二昨年事一、幣物可レ被レ渡日限追御沙汰之事、同可下令二下知一給上候也。

三日、同。

四日、晴。

五日、同。

六日、同。

七日、同。

八日、同。

九日、同。

十日、同。

十一日、くれ（暮）方しくれ（時雨）する。

十二日、アサ（朝）風あり、雪少々フ（降）る。

十三日、はれ。

十四日、はれ。

十五日、はれ。

十六日、はれ。
十七日、はれ。
十八日、晴。越中守、近江守兩人共山へ行。四ツ
時ニ檜皮屋七兵衞來ル。
十九日、しくれ(時雨)有。午後ヨリ越中守山へ行。
廿日(はつか)、中晴。國役。
廿一日、越中守東寺參リ。東近江守野村へ行。能
翁方故（以下抹消）
廿二日
二月朔日、午晴。
二日、七ツ時ヨリ雨ふ(降)り。
三日ヨリ駒吉來ル。
四日、社松尾講。

松尾講

五日、當職ニて集會。勸化兩(マヽ)け狂現(言)之事。夜暮(クレ)半
ニ相濟。
六日、雨天。
七日
（以下闕）

（明治三年）日記

一七六五　（明治三年）日記

（表紙）

明治三午年
日記

権神主秦房式

正月吉日　　権神主 正四位秦房式

（本文）

正月元日、晴。巳剋大三十日神事例之通濟。但シ、小社之神事、元日神事未剋比濟。左右手別ニ而勤濟。小社右之通ニ而濟。

二日、晴。神事兩社共午之下剋ニ濟。

結地才社 射手組 大登 氏人

三日、晴。大登リ。若手又氏人共六人大登リ。但シ、無レ馬。

土器師

四日、晴。例之通御節チ。但シ、櫟谷之祝服ニ而も御節チ受ル。土器師兩所共例之通來ル。

五日、雨。

六日、曇、入レ夜雨。例之通所之禮。

七日、晴、少々風。

猪狩神事

八日、晴。猪狩神事出勤。

九日、雪、アラレ(霰)。

十日、朝之内雪。御社當番出仕房式。

十一日、晴、入レ夜八ツ時より雪。同斷。下桂油店より番所ヘ御神供金貳朱ニ獻上願。内壹朱ニ而内社より上ル。壹朱ハ神方三人ヘ遣ス。

十二日、午剋迄雪、凡五六寸斗、午後晴。

十三日、曇天。

十四日、曇天。例之通、戌之剋比社參。

十五日、少々風。神事例之通。午ノ半剋ニ濟。

十六日、朝之内雪、巳之剋比より晴。結地射手組、櫟谷祝房經服中ニ付、房式代勤。酉上剋ニ相濟。

十七日、晴。

十八日、晴。

十九日、少シ曇、入レ夜雪。

廿日、朝壹寸五分斗雪、時々小雪。社務御所参(内)代。

廿一日、少シ曇。房式出京。

神講

廿二日、晴。
廿三日、晴。房式出京。一條殿大麻獻上。塔之段松室家行。玉橋殿面會。
廿四日、晴。
廿五日、午剋より雨、但し、朝之内晴。房式出京。
廿六日、晴。大坂河内や（屋）由兵衞養子由兵衞、松木主計娘兩人連レ來ル。
廿七日、曇天。
廿八日、晴。
廿九日、晴。房式出京。
二月朔日、入ㇾ夜晴、中風。
二日、曇、時々雨。
三日、晴。御藏方初集會。
一四日、晴、少々曇。喜二郎片原筋札納ニ遣ス。
一五日、晴。松木矢柄大病之處、今日午剋比あや（危）うく相成、西院之廣延妹よび（呼）ニ遣ス。早々來ル。止宿。

一六日、曇。
一七日、曇、時々小雨。今曉、但シ、丑寅之間ニ松木矢柄死去。三井寺理覺院、稻荷大西、塔之段松室、大坂松木娘方、祝園、宮城、夫々江使出ス。今日堀川娘玉江、下部塔之段松室迄送リ遣ス。松室家神講、孫對馬入來。講席へ行。
一八日、晴。松木葬式。祝園、大坂、廣延等親類一同來ル。おいを殿歸ル。もりりう休宿へ歸ル。
巳一九日、晴。
初午一十日、晴、時々小雨。
一十一日、時々曇、雪ちる（散）。入ㇾ夜小雪。今宮城、左（佐）久間歸村。大坂之女兩人歸坂。狐渡し迄喜二郎送ル。姉壹人殘る。瓔光院・安龜兩人入來。
一十二日、晴。今日、但祝方、御藏方社務立會勘定。但し、村々皆濟御渡し賴候ニ付、納方勘定之上可ㇾ渡候也。但し、房式ハ服中ニ付不參。
月祝山田、式部兩人帳面書付類請取ニ來ル。渡候也。

檢斷所集會

一十三日、雨。檢斷所集會、前々之通。
一十四日、晴。今日於龜、塔之段松室迄歸京。
一十五日、晴。
一十六日、晴。
一十七日、雨天。
一十八日、晴、中風、時々雨
一十九日
一廿日、晴。
一廿一日、晴。房式内々ニ而東寺へ孫數千代丸ツ（連）レ、侍喜二郎共三人參詣ス。

付箋

「（付箋）
松尾出雲改
松尾素人（ソヲト）
松尾下野改
松尾恭太良（ヤス）
松尾豊前改
松尾秀雄
中西肥後改
中西嘉造
中西尾張改
中西喜代三良
右改名仕候ニ付、御披露申入候也。
（明治三年）
庚午十一月」

一廿二日、晴。
一廿三日、晴、夕方より雨、入レ夜大雨。今日觸書廻ル。明廿四日朝飯後早々遅々なく御集入可レ然旨申し來ル。但シ、神祇官より御達之儀也。社頭之繪圖、下行次第等廿五日ニ可二差出一旨被二仰渡一。房式・房經兩人共服中ニ而不參。
一廿四日、晴。今日仲間集會。今日玉江兩掛若替松室迄被二持遣一候。
一廿五日、晴。夕方月讀祝入來。但、祝之儀相段（談）。
一廿六日、雨。玉江小文庫、風とん（布団）松室迄被レ持遣ス。
一廿七日、曇天、未刻より雨。房式出京。

二月廿三日より至（到）來御布告之寫

挑燈・陣笠御印別紙之通御取極相成候間、當府官員之儀、來ル三月十五日ヨリ雛形之通相用可レ申段、東京伺中ニ候。然而者、右ニ紛敷印相用候儀一切不ニ相成一候。此段山城國中社寺とも無レ洩相達るもの也。

二月　京都府

親王

勅任

紋ヨリ下白

以下何レモ自分紋黒三處

奏任

紋ヨリ上赤

判任

紋ヨリ上其半ハヲ赤クス

使部、仕丁以下

印赤丸三處、ワタリ貳寸

非役華族及非役四位以上

紋白紋ヨリ上下白

非役有位

紋黒紋三分ノ二ヲ赤クス

陣笠之御印圖面之通御定ニ相成候事。

親王

紋幷筋裏トモ金
巾一分
巾一寸
明一寸

奏任
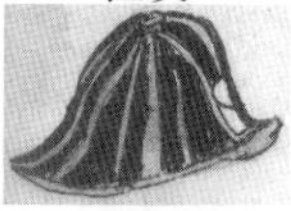

勅任
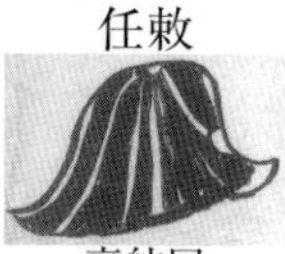
同上
紋金筋
裏トモ銀

判任

紋金筋
銀裏朱

使部、仕丁以下
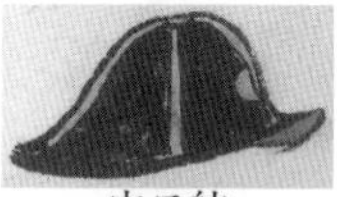
紋幷ニ筋ト
モ裏朱
巾三分

非役華族及非役四位以上

紋幷筋
裏トモ
金

非役有位

紋金筋
裏トモ
銀

劔ノ長サ笠三分ノ二、以下同シ。

以下何レモ紋筋幷裏等金銀朱ノ差別及ヒ筋ノ大小多少ハ前書御規則同様可ニ相心得一事。

彈正臺

巾二寸

刑部省
建部省

連山廣キ處二寸
狹キル處五分

京都府捕亡方

白巾一寸
黑巾五分

東京府捕亡方

巾幷明トモ
五分ヅヽ

大阪府捕亡方

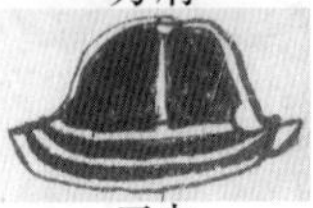

巾幷明トモ
三分ヅヽ

京都府諸官員燈（挑）燈印規則　但し、御印ヘ府ノ印加。

勅任

紋ヨリ下白
自紋

奏任

紋ヨリ上赤
自紋

判任

自紋
黑筋巾七寸
紋ヨリ上半ハヲ
赤クス

使部、仕丁以下

黑筋巾七分
印赤丸三處
ワタリ貳寸

出火之節ハ出役之外、馬上ニ而其近傍ヘ乗込候儀禁止候事。

二月　　太政官

右之通於ニ東京一被ニ仰出一候間、當表ニ於ても同樣相心得候可レ申事。

二月　　留守官

右之通被ニ仰出一候間、山城國中社寺とも無レ洩相達候もの也。

京都府

宮・華族・士族邸宅地所自今其府管轄被ニ仰付一候事。

二月　　太政官

右之通被ニ仰出一候條、山城國中社寺とも無レ洩相達候もの也。

二月　　京都府

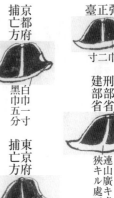

従來着服之輩忌濟候節、除服出仕宣下有レ之處、自今前以忌服何日と相居置、忌濟之日ニ相當候得ハ、勝手ニ出仕可レ致事。但、忌濟當日御神事中ニ候得ハ可二相憚一。於二重服一者御神事幷御節日ニも可二相憚一事。

正月　　太政官

右之通被二仰出一候條、山城國中社寺ヘ無レ洩相達候もの也。

二月　　京都府

口述

神幸

一　來ル十三日神幸御神事午剋ニ神輿御進發ニ相成度旨、昨日旅所預リ申出候間、各巳剋無違之御出仕有レ之度候。依此段申入候也。

神幸祭

三月十日　　社務

社司御中

一廿八日、晴。

立會勘定集會

一廿九日、晴。御社立會勘定集會。忰不參。

一晦日、曇、小雨。

（三）
二月朔日、雨天、晝から小々風。

二日、曇天。房式出京。

一三日、雨天、朝時々雨。大坂下坂之節ハ、京都府印監（鑑）無レ之てハ下坂六ツケしく候。觸書廻ル。

一四日、曇。房式出京。

一五日、雨。

一六日、晴。下女目見ヘニ來ル。

一七日、晴。下女米歸、同はる荷取ニ行。

一八日、晴。下女春來ル。

一九日、晴。

一十日、晴。

一十一日、雨天、入レ夜中雨。

一十二日、晴。

一十三日、晴。神幸。子女亦夫婦、小野後家、西おいを、子共（供）貳人入來。

一十四日、晴。

十五日、雨。

十六日、雨。家來住所書出ス。

十七日、晴。
十八日、曇。

社司集會

十九日、雨。下男竹子くばり行。社司集會。
廿日、晴。
廿一日、晴。
廿二日、晴。房式出京。今日嶋おゐい、宮城里より□(不明)殿送り遣ス。

谷川見分勘定

廿三日、晴。今日谷川見分勘定。
廿四日、晴。
廿五日、晴、申剋比より雨。
廿六日、雨天。
廿七日、雨天、時々雨。
廿八日、雨天、時々小雨。
廿九日、晴、夕方雨。
卅日、晴。
四月朔日、晴。房式出京。但し、二條殿塔之段へ行。
二日、晴、但し、少々曇、入夜雨。

當年
還幸之上大嘗會被レ為二執行一候筈ニ候處、東北綏撫之道未レ被レ為二行屆一、加レ之諸國凶荒、奥羽ニ於テハ皆無同様、國用闕ノ之。旁以不レ被レ為レ得レ止還幸御延引被二仰出一候事。
右之段相達候事。　神祇官

喪外祖母　正祝　氏人相嗣
假三十日　従二今二日一至二五月朔日一
服九十日　至二七月二日一
右従二今日一引籠候。依御披露申入候。以上
四月二日　社務
社司御中

三日、晴。

松尾祭

來ル十二日松尾祭被二仰出一候事。
四月三日　神祇官

四日、雨。

松尾祭

來ル十二日御祭之事別紙之通仰出サレ候。依此
段申入候也。
四月四日　社務
社司御中
五日、晴。
六日、曇天。
七日、雨。稲荷祭リ。巳剋比より晴、但し、時々
小雨。
廻り書
社務より宿驛改正、人馬賃錢前々トハ十貳倍増、
人足壹人時七の日わり其外色々申來ル。寫シ
不レ致ス略ス。
八日、晴。
九日、晴。
十日、曇天。
十一日、晴、時々曇。
十二日、御祭。當家太政官休所。房式・房經依ニ
服中ニ不參。

有栖川宮老女瀧村殿・近衛殿切カミ善修院兩人入
來。
十三日、晴、朝之内小雨。
十四日、晴。
十五日、晴。今日瀧村・善修いん（院）おいを殿歸宅。
十六日、雨。
十七日、晴、入レ夜雨。
十八日、晴、上女參來ル。
十九日、晴。
廿日、晴。御藏方俵入、直し人足四人。
廿一日、晴。
廿二日、晴。
廿三日、晴、但し、少々曇。
廿四日、曇天。房式所勞風邪ニてふ（伏）す。
廿五日、晴。同斷。
廿六日、晴。同斷。
廿七日、曇天、午剋比より大雨。小（少）々快氣、同
斷。

廿八日、雨。全快。

廿九日、晴。

社寺

今度洛中（洛）外境界御改正ニ付而ハ、京都府下社寺境内諸領地たり共、町組に加り候分ハ、總而地子免除被二仰出一候間、爲二心得一相達候事。

三月　京都府

外ニ宿驛改正之事觸來リ候得共略ス。

御藏方集會・御千度

五月朔日、晴。御藏方集會。御千度きよ（饗）飯受ニ遣ス。貳人分。上女參宿へ行。

二日、晴。

三日、晴。

四日、曇。

五日、晴。

檢斷所集會

六日、晴。今日檢斷所ニ而社司、神方集會。東新三位殿入來。はる・てる菊之なへ（苗）もらい（貰）（ひ）ニ入來。

七日、晴。同斷。

八日、晴。

九日、晴。當番房式出勤。

十日、晴。出勤。

十一日、雨。同斷、觸書來ル。

諸願伺屆并往復書簡類自今一同支干書載可レ申事。

（明治三）庚午四月　太政官

右之通ニ付、此段相達候事。

庚午五月　神祇官

右之通、昨日被二仰出一候間、及二御披露一候也。

庚午五月十一日　社務

社司御中

十二日、雨、但シ、時々雨。南三位神祇官より御用召十三日巳之刻。

十三日、晴。

十四日

十五日、雨。

十六日、晴。
十七日、晴。房式出京。稲荷行。
十八日、曇、少々時々雨。
十九日、晴、朝之内曇。
庚午五月十九日至（到）來。
　御布告之寫　　留守官
今般京都府兼任被㆑免候ニ付テハ、從前之通其官（間）
官中可㆓引移㆒旨御沙汰之事。
　四月　　太政官
　　　中御門大納言
京都府事務取扱被㆑仰候置候處、被㆑免候事。
　　　阿野留主（マヽ）（守）次官
京都府權知事兼任被㆑免候事。
　　　宇田留主（守）判官
京都府權大參事兼任被㆑免候事。
右之通被㆓仰出㆒候。山城國中社寺とも無㆑洩相
達候者也。
　五月日　　京都府

別紙之通至（到）來致候間、早々申入候。以上
五月十九日　　社務
　社司御中
廿日、晴。
廿一日、雨。
廿二日、曇。
廿三日、晴。
廿四日、中晴。
廿五日、中晴。
廿六日、雨。
廿七日、晴。
廿八日、晴。
廿九日、晴。
晦日、雨、午後晴、少々風。
六月朔日、午後雨。房式社參。但し、淨衣ニ而。
二日、午後雨。
三日、晴。
四日、雨。半夏至（生）より。

五日、雨。淺彦貳人入來。
宮城里より願。
六日、時々雨。
七日、中晴。
明後九日太々神樂奉納有レ之候間、各御出勤可レ
給候。以上
六月七日　社務
社司御中
八日、晴。

太々神樂の件
御藏方集會

九日、中晴。太々神樂出勤、社務より頼。
九日彈正臺灯(挑)燈・陣笠改繪圖印　まく(幕)・のぼり(幟)
の繪圖觸來ル。寫略ス。
十日、晴。當番出勤ス。
十一日、晴。同斷。今日西豊前方四才之小兒死
去、知らせ來ル。
十二日、晴。同斷。西今日送リ。
十三日、朝之内小雨。
十四日、晴、入レ夜雨。
十五日、大雨。夜入朝迄川中水。
十六日、晴。
十七日、雨。
十八日、晴。
十九日、晴。
廿日、晴。
廿一日、晴。房式出京。
廿二日、朝立雨、雷鳴。
廿三日、曇。例之通神事出仕。
廿四日、晴。同斷出仕。御藏方當方ニて集會。役
替リニ付、勘定帳面幷諸高付共勝手方へ渡ス。
廿五日、晴、時々曇。
廿六日、晴。
廿七日、晴。
一　學校所教授方、檢斷所留主(守)居、御神馬飼方等
月俸渡方之儀者、例月三十日可二相渡一候。尤其
後掛リ之輩より其節手形可レ被二相廻一候事。
右之通相立候事。

當社

庚午六月倉庫方

廿七日廻る。

廿八日、晴。

廿九日、晴。午後大夕立、大雷。

社司

紫
印松葉菱
數六ツ
紋同三ケ所

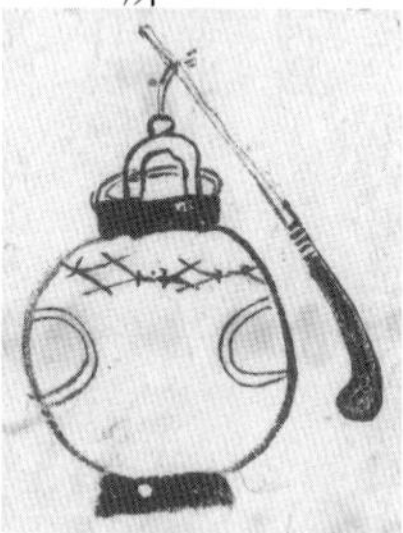

神方

印紫　松葉菱
數六ツ
紋黒三ケ所

宮仕以下

印黒　松葉菱
數六ツ
紋同貳ケ所

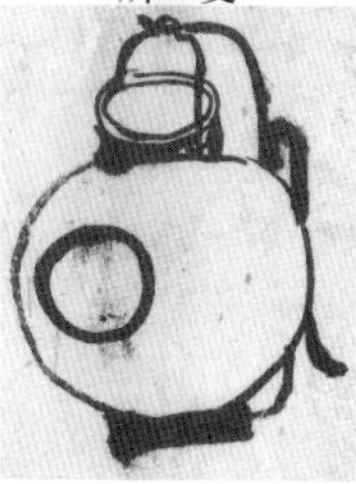

神祇官之下札也。但し、上ニ有。

聞届事神　右圖面之通相用申度候間、此段奉レ伺候。以上

明治三庚午年六月　　松尾一社惣代

神祇官　　　　　　　　松室従五位㊞

御役所

一　社挑燈之印、別紙之通御聞濟ニ相成候間、及ニ御披露一候。尤箱挑燈小丸等如レ圖相改候間、此段申入候也。

六月廿九日　　　社務

社司御中

（マヽ）
六月

七月朔日、晴、午後夕立雷。

二日、雨。
三日、晴。
四日、午後雨。
五日、晴。
六日、晴。房式出京。
七日、巳剋比より雨、未剋より晴。御社房式出勤。
八日、晴。朝子一周忌、里子七廻(回)忌。
九日、松室□(善カ)光院六日より入來。
日向九日松□(室カ)歸宅。
十日、晴。當番出勤。
十一日、晴。同斷。
十二日、神事後、房式出京、二條殿ト松室へ行。
十三日、雨。
十四日、中晴。
十五日、晴。
十六日、雨風。
十七日、雨天風。今日仲間神方老分集會。
十八日、雨風。

神方老分集會

十九日、雨風。
七月十八日至(到)來御布告之寫
今役當府并官員非常目標等、別紙雛形之通取極候條、此旨相心得、紛敷品用ひ申間敷事。
右之通山城國中社寺とも無レ洩相達もの也。
庚午七月五日　京都府
庚午七月
京都府并官員非常目標雛形
畫目標棹長サ四間三尺四寸、竪三尺九寸、巾四尺貳寸。金丸地服連

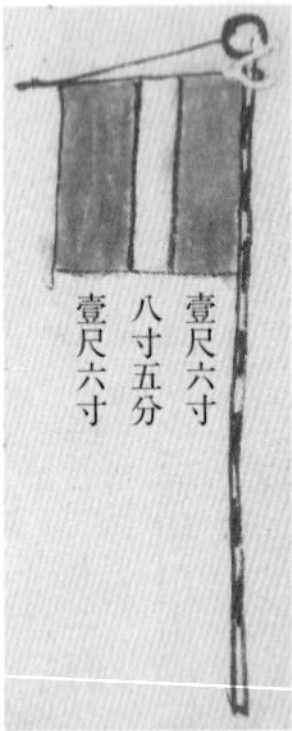

集會

巾四寸壹分
八分
二寸五分
八分

官員目標　但、陣笠結付

參事

頭巾

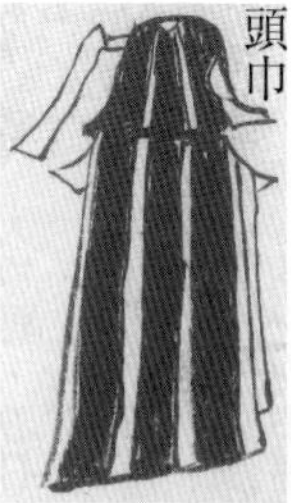

地羅紗
黒白縞

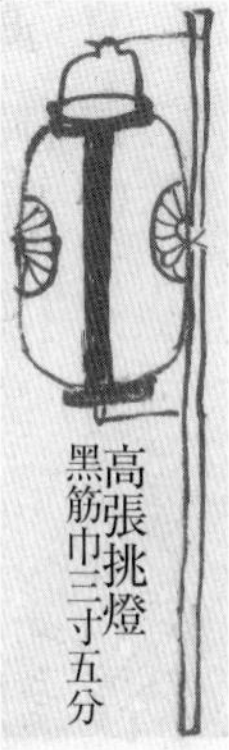

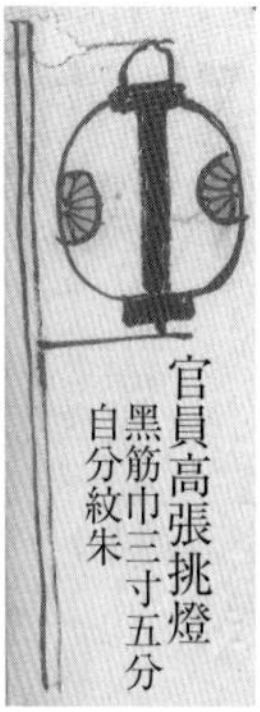

金錢通用觸來ル。寫略ス。

高たけ　　よし衛

一箱　とき衛より
きひしよう（急須）
湯のミ
さこ（ミ）

御上ケ

別紙之通至（到）來致候間、早々御達申入候。以上

七月十九日　　社務

社司御中

廿日、曇、午後より雨。
廿一日、晴。房式出京。但し、東寺七條邊へ行。
廿二日、雨。
廿三日、晴。
廿四日、晴。
廿五日
廿六日
廿七日
廿八日
廿九日、晴、夕立。
晦日、晴、夕立。集會。

八月朔日、晴。集會。
二日、晴。
三日、晴。
四日、午後雨天。
五日、午後夕立雨、入レ夜雨。
六日、晴。
七日、時々雨。
八日、雨。大川水三尺五六寸出。
九日、晴。
十日、晴。大原野・春日社へ參詣。房式、孫數千代丸兩人。
十一日、晴。
十二日、晴、朝之内小雨。房式神祇官へ行。
十三日、雨。
十四日、午後晴。
十五日、晴。社務ニ而集會。
十六日、晴。
十七日、雨天。
十八日、晴。
十九日、晴。
廿日、晴。
廿一日、巳剋比より雨時々晴。房式出京。
廿二日、雨、申剋比より晴。
廿三日、晴。
廿四日、晴。
廿五日、晴
廿六日、晴。日向東京行ニ付、出京之盃也。祝酒ニ而被レ招、房式行。
廿七日、雨天、午後雨。
廿八日、曇、夜入而雨。今日房經、日向方へ祝ニ行。むし(蒸)菓壹箱金貳百疋遣ス。
廿九日
九月朔日、曇天。
二日、曇。
三日、曇天。松尾日向、東京へ出立。
四日、時々雨。

五日、晴、卯之時小雨。
六日、雨天、申剋過より雨。房式出京。
七日、今夜大雨、朝卯剋過迄。
八日、午後大中風、少シ晴。川水七八尺斗出。上
　野橋五間落ル。
九日、晴。御神事例之通。參勤兩人共。
十日、晴。社頭當番房經代勤。
十一日、晴。當番出勤房式。
十二日、晴。同斷出勤。
十三日、日之内曇、入レ夜晴。
十四日、曇。
十五日、雨天。
十六日、雨。例之通御千度。兩人出仕。
　　　御千度
十七日、雨天。
十八日、雨。
十九日、晴。今夜大風、大水。近國川之洪水、近
　江・宇治・八幡・淀川筋も大あれ（荒）。
廿日、中晴。
廿一日、晴。房式城南宮鳥羽家へ行。今晩止宿。
　翌日歸宅。
廿二日、晴。
廿三日、晴。
廿四日、曇。房式所勞。
廿五日、晴、時々雨風。同。
廿六日、晴。同少シ快氣。
廿七日、晴。
廿八日、晴。御社當番悴の代勤ス。
廿九日、晴。
晦日、晴。廣庭相模入來。御社當番房式代勤ス。
十月朔日、晴。
二日
十五日、今度非藏人社司兼勤被レ止。
十六日、晴。
十七日、晴。
十八日、中晴。
十九日、曇天。

廿日、朝之内曇、午後晴。
廿一日、晴。但し中(マヽ)。房式出京。
廿二日、中晴。
廿三日
廿四日、晴。今日より表具や(屋)萬助來ル。
廿五日、曇、少々村雨。
廿六日、晴。
廿七日、晴。
廿八日、晴。
廿九日、晴。表具や(屋)一切。
閏十月朔日、晴。
二日、晴。
三日、晴。
四日、晴。
五日、晴。
六日、曇天。
七日、雨。
八日、晴。
九日、曇天。
十日、晴。御社當番房式出仕、午後。
十一日、晴。同斷。
十二日、中晴。當番出仕。
十三日、晴。
十四日、上晴。夕方より鳥羽家へ行。久我より淀迄舟貳艘ニ而川狩。
十五日、雨天、午後雨、未剋晴。今午後歸宅。房經神祇官へ行。
十六日、晴。
十七日、晴。東都より日向より手紙來ル。無事書狀也。
十八日、晴。
十九日、少シ曇。芝居へ行。上下十人斗すもふ(相撲)取達の海つれ(連)行、上女宿へ行。
廿日、晴。はる、稲荷大西へ手傳ニ遣ス。
廿一日、晴。房式出京。今夕方より孫三津千代所勞。

田見分

廿二日、晴。
廿三日、晴。忰房經田見分ニ出る。上女京へ歸ル。東池さら（浚）へ人足貳人、下男壹人、三人の半日かゝ（掛）る。
廿四日、晴。
廿五日、中晴、今夕方より雨。
廿六日、晴。
廿七日、曇。
廿八日、晴。忰社頭當番房式代勤。
廿九日、晴。

御相談申度儀御座候間、明朔日朝飯後實ニ早々御集會可ㇾ給候。以上

壬十月廿九日　社務

社司御中

南三位めい死去ニ付、三日七日引。同忰いとこ同斷引今□（不明）ヵ功濟。

十一月朔日
二日、晴。
三日、晴。
四日、晴。
五日、晴、夕方少シ村雨。
大西より白むし（蒸）壹重。稲荷大西へ同より貳百疋トするめ貳わ（把）、菓子箱壹共遣ス。今日房式より金貳百疋遣ス。京へ唐人十人斗來ル。
六日、晴、少々曇。
七日、晴。
八日、晴、入ㇾ夜村雨。

口述

唐人追々京角倉屋敷へ入來ル由。
御相談申度儀候間、明九日朝飯後無遲ニ御集會可ㇾ給候也。

十一月八日　社務

社司御中

九日、中晴少シ初雪。仲間集會。房式壹人出。下女シモツニテヒク。
十日、晴。少々風。

社司集會

口上　　山田多仲

母死去ニ付、忌五十日

服十三ヶ月

右昨九日より引籠申候。此段御届ヶ申上候。

以上

霜月十日　　山田　勇

御社務所

別紙之通唯今届出候間、御披露申入候也。

庚午十一月十日　　社務所

御社家中

十一日、曇、今夜雪壹寸斗ふ(降)る也。社頭當番、午後出勤。

社領水帳

十二日、晴。同出仕。租税辻免割書倉庫方より廻る也。五ヶ村より社領水帳出し相違有無書記るス。當家領之高相違ニ付、村庄屋噂ニ遣ス。

講金

十三日、晴。風邪ニ而房經所労。午後少々風。今日森隼多講金百疋遣ス。

十四日、晴。

十五日、晴。

十六日、晴。社司午後集會。夕方より同苗出羽入來。病後忰房經御所當番、出勤。

十七日、雨天、朝之内少々雨、入レ夜雨。

（明治六年）日記

一七七三（明治六年）日記

（表紙）
明治六年
日記
一月吉日
京都府貫屬
東秦房式

東（秦）房式

（本文前闕）

三月朔日、曇天。御布告三ヶ條、紙數二十二枚南榮祐持歸る。今日廻達ス。一通リハ山田へ渡ス。
二日、晴。房式出京。房經加茂（賀）へ行。
三日、曇、午後雨。塔之段善修院方より使新平來ル。同孫つれ（連）。東京よりさけ（酒）壹本、のり三十枚内へ來ル。
四日、雨天。布告二箱戻ル。又布告七ヶ條、紙數十八枚至（到）來。但し、山田より一通リ來ル。則今日廻達ス。
五日、晴。御布告一ヶ條、壹枚第百四號秀延方より來ル。今夕御布告至（到）來、使來ル。二ヶ條紙數二枚。
六日、晴、午前より雪。今日昨日之兩度合三ヶ條三枚廻達ス。
七日、晴。
八日、晴。
九日、晴。
十日、晴。夜御布告至（到）來。房式所勞。醫師貫助入來。藥十服。所勞之儀ハ六日之夜よりへいぐ（平臥）わ。
十一日、晴。御布告廻達ス。松尾爲敎嫁すがへ見舞ニ壹朱斗しる飴持參ス。
十二日、晴、午後少シ雪、入レ夜雨。
十三日、午前迄雨、午後中晴。房式所勞少シ快氣ニ向。御布告二箱共戻ル。宇治貫助夕方入來。せんやく（煎藥）十ふく（服）調合。
十四日、晴。
十五日、雨。松尾お禮有。房式所勞見舞ニしる（汁）

飴。但し、壹朱斗のふた物持參ス。
十六日、晴。御布告至(到)來。貫助入來。薬八服置。
十七日、晴、午剋より少シ雪。御布告箱戻ル。房經下加茂(賀)教學開講ニ付、出頭。
十八日、雪、夜ならば三寸餘もつ(積)もる。御布告至(到)來。山田より來ル。壹通今日順達ス。あら木貫助入來、薬不ㇾ置。
祈年祭
十九日、晴。祈念(年)祭御神事房經出仕。敕使參向。
貫助より薬十服來ル。
廿日、晴。御布告至(到)來。山田より廻る。
廿一日、雨天。御布告廻達ス。貫助入來、薬八服。
小宮司
廿二日、曇。松尾社小宮司入來。東相愛方ニ止宿ス。
廿三日、曇。小宮司退出ス。貫助入來、薬七服置。
廿四日、中晴。廿一日廻ス布告戻ル。初而數千代上桂學校へ見參ニ行。
廿五日、中晴。御布告至(到)來。十五ヶ條。房光家内お花殿房式見舞ニ入來。しゞ(蜆)見少々持參。貫助入來、薬不ㇾ置。
廿六日、中晴。房經稲荷へ行。
廿七日、晴。
廿八日、中晴、入ㇾ夜雪。廿五日、廻し布告戻ル。房經府へ行。御布告至(到)來。房經持歸ル。四ヶ條。
廿九日、曇。布告廻達ス。但し、四ヶ條。御布告至(到)來。五ヶ條ニ而紙數六枚、季延方より二通來ル。則今日廻達ス。
卅日、晴。布告貳箱共今日戻ル。
卅一日、晴。
四月朔日、晴。朝御布告至(到)來。飛脚來ル。今日廻ス。
二日、晴。房經上加茂(賀)行。
三日、晴。御布告松室より戻る。
四日、晴。御布告至(到)來。三通之内一通山田季延方へ遣ス。
五日、雨。御布告今日順達ス。
六日、晴。
七日、晴。
八日、中晴。先日より今日安兵衛方ニて小児先日より乳(ちゝ)もらいより處、今日よりことわり(斷)也。
九日、晴。五日之御布告戻ル。
十日、晴。宮城淺彦入來、止宿。
十一日、晴。お喜美小児つれ(連)京へ行。共(供)はる、市。
十二日、晴。小児時治良植ぼうさふ(疱瘡)ニ行。宮城淺彦歸宅。
十三日、曇。
十四日、雨。今酉剋比御布告至(到)來。三日廻來ル。山田一通遣ス。但シ、飛脚來ル。二十九ヶ條。
十五日、雨。御布告廿九ヶ條、今日順達ス。
十六日、曇。房式ゆび(指)いたミ(痛)へいぐわ(平臥)。
十七日、雨雷鳴。房式ゆび(指)今日口あき(開)少シいたミ(痛)止。
十八日、晴。廿九ヶ條之御布告戻ル。御布告至(到)來。但シ、七ヶ條。今日廻達ス。小児時治良植ぼうさふ(疱瘡)ニ行。二度目也。上也。
十九日、中晴。房經京都府行。小児ほうさふ(疱瘡)大ねつ(熱)出ル。氣げん(機嫌)よし(好)。八日目布告一ヶ條至(到)來。忰持歸ル。第二百廿二號文部省達也。
廿日、雨。酉下剋雷鳴、辰下剋比ひよう(雹)、雷鳴。御布告至(到)來。
廿一日、晴。神幸神事。房經御供、數千代も連レ行。今日兩度布告合四ヶ條。今日廻達ス。十八日ニ廻達之布告戻ル。
廿二日、晴。宮城大藏、河野兩人入來。
廿三日、晴。房式出京。
廿四日、晴。布告至(到)來。六ヶ條。今日廻達ス。
廿五日、中晴。京都府より御用召ニ付、房式代房經出頭。今日十五人貫屬士族ニ被仰付候。布告三ヶ條至(到)來。小児植ぼうさふ(疱瘡)三度目。上桂學校へ行。今日ニて相濟、説教也。
廿六日、晴。布告今日廻達。房經稲荷へ行。
廿七日、晴。廿四日布告廻達、今日戻ル。
廿八日、晴。今日貫屬士族之請書出ス。各連印。殘平民之請書ハ、平民連印、房式・季延兩人より出ス。房式七條口迄出ル。
廿九日、雨天。
卅日、晴、入レ夜雨。
五月朔日、晴、巳之剋少シ雨。
二日、晴。
三日、雨天。京都府より飛脚至（到）來。鐵鉋（砲）之改、明四日午前八字（時）ニ當府へ出頭可レ致事。當所・山田兩所ニ而十三挺改持參。
四日、晴、朝之内少雨。府へ鐵砲持參人、房武、山田ニ壹人兩人出頭。持人足壹人。
五日、京都府へ房經出、御達シ之寫。
表書　御達シ之寫、當村戸長
松尾社神官

今般貫屬御廢止ニ相成候。士族ニ被二仰付一候ニ付、來ル五月一日ヨリ御布告を村々戸長より當方江相達候様、貫屬御掛リヨリ御達し有レ之候間、此段戸長江御通達有レ之度もの也。
四月廿九日　本府詰
區長
村々
戸長中江。
來迎寺より松室誠之留
布告五ヶ條廻ル。内人相書一ヶ條。
二百四十二號
本年第三十二號生絲取締改正　傳信線之事。第貳百四十五、第百三十六號
第二百四十六號
皇大（太）后宮　皇大（太）后宮行啓ノ節御馬車へ別紙之旗章ヲ掲ケ候條、其道筋通行之モノ（者）、禮式ハ行幸同様可二心得一候事。
右之通
明治六年四月　京知事長谷

官祭
氏子祭

六日、晴。房式出京。四月分布告廻達ス。
七日、晴。
八日、晴。房經加茂(賀)行。
九日、中晴、入レ夜小雨。
十日、小雨。布告戸長より七ヶ條廻ル。
十一日、晴。
十二日、中晴。
十三日、雨。布告四ヶ條戸長より觸來ル。イゆビ(郵便)ンニテ訴狀差止之事。皇城炎燒ニ付、赤坂離宮へ御立退之事。ステ(捨)兒之事、辛未(四年)年より十五才迄七斗ヅヽ被レ下候。當年より十三才迄年參取締之事。一把目方三百目ヲ限リ。
十四日、晴。
十五日、晴。
十六日、晴。
十七日、晴。
十八日、晴、夕方小雨。
十九日、晴。戸長より布告廻ル。廿三日御社せつ(説)教之廻狀共廻ル。
廿日、晴。官祭。房式出京。
廿一日、晴。氏子祭、士族閭長より觸廻る。士族籍差出之事。
廿二日、晴。
廿三日、晴。御社説教ニ付、大西直親、松本息兩人入來。酒飯出ス。
廿四日、晴。
廿五日、晴。
廿六日、晴。房經大坂へ行。
廿七日、晴。士族仕丁武田より廻狀廻ル。此義(儀)ハ東京御所燒失ニ付、獻金貳百疋分申來リ候付、貳百疋出金可レ致ト申候也。
廿八日、晴。今日武田へ集會申來リ候。房式不參、房光へ斷頼。所勞ニ付。
廿九日、晴。
卅日、晴。五ヶ條布告廻ル。
卅一日、晴。

大宮司

六月朔日、雨。七ヶ條布告廻ル。
二日、雨天。房式京へ行。
三日、雨。房經、京都府行。
四日、晴、午後少雨。
五日、晴。房經、大宮司同道ニ而稲荷へ行。
六日、晴。
七日、晴。
八日、雨。
九日、晴。布告六ヶ條、御達シ書三ヶ條戸長より
廻達ス。
十日
十一日、晴。
十二日、晴。
十三日、七ッ時より入レ夜雨。
十四日、雨天。布告三ヶ條。印紙之事、人相書之
事、生糸（絲）む（蒸）しまいせい（製）法之事、富岡之事、い
くせい（育生）法をし（教）へ事。
十五日、晴。
十六日、晴。小兒菊出京。下女ふしつれ（連）行。
十七日、晴。菊歸宅。今日夕桂萬甚より大宮司房
經よひ（呼）ニ來ル。夜八ッ時前ニ歸宅。
十八日、曇、少々風。
十九日、雨、少々風。
廿日、雨。
廿一日、雨天。房式、京へ行。山清ニ而酒壹斗三
升買。
廿二日、雨天、夕立、雷鳴。
廿三日、雨天、雷鳴。七ヶ條布告廻ル。うしの田
長兵衛女夫植。午後十二時比よりゑい大坂へぬ（抜）
け行。
廿四日。晴、夕立、雷鳴。
教導職之儀ニ付、御示談致度儀候條、來ル廿七
日午前第十時松尾社之廳へ御出頭被レ下度、此
段御通達申入候也。
明治六年六月廿四日　梅宮神社
大原野神社

松尾神社
舊神官　谷村住居　松室村住居
東房式殿參り候。松室榮種殿—
東房武殿—。　松室重孝殿—
上山田村住居　山田道榮殿
山田定晟殿　山田玄敬殿
山田季延殿　山田定實殿
山田伊壽殿　山田知清殿
追而廻達留より返却之事。
但し、辨當持參之事。
使卯之助　但し、房式方より返却ス。
山清伊八方へ梅（使）被レ持遣ス。
布告廻ル。士族ニ相成候て、戸長より廻スニ相
成候てより十九通目。
廿五日、中晴、夕立。
廿六日、晴。
廿七日、晴。御社ニ而下社十一社所ノ士族教導職
之儀ニ付集會。房式所勞ニ而不參。

廿八日、晴。
廿九日、雨天、申剋より雨。房式所勞。
水無月祓
丗日、雨。水無月祓之人形、村より持參ス。但
し、二人。
舊六月
新七月一日、晴、入レ夜而雨。
二日、雨。
三日、雨天、折々雨。
四日、晴、朝之内雨天、少雨。
五日、雨天、夕立。
六日、晴。
七日、中晴、少し夕立。
八日、晴。
九日、晴。
十日、中晴。
十一日、晴。
十二日、雨天。布告三ヶ條廻ル。宮城大藏入來。
同伴人壹人止宿。十四日歸村。

人相書人民一般商業及ヒ其他ノ事者固リ代人ヲ以契約取引等致シ候規則、別紙之通被レ定候條、此旨相達シ候事。

明治六年六月十八日

（太）大政大臣三條實美

外別紙

大藏省より達し有レ之候條、來ル八月五日迄ニ證印悉皆取計可レ申候。

十三日、雨天。

十四日、雨天。

十五日、雨天。

十六日、晴。房經、大西・鳥羽兩家へ行。

十七日、晴。布告六ケ條廻ル。數、桂へ祭ニ行、止宿ス。

第百五十三號御布告有レ之候。皇親之御系關係致候願之書籍所持之もの、早々可二届出一候事。

（太）大政大臣
三條實美

右之通御布告ニ相成候得共、未タ何等之儀も不二申出一不都合ニ付、至急各壹區毎ニ取調、有無共來ル十八日限リ無二相違一可二届出一旨御沙汰ニ付、此段相達候事。

明治六年七月十四日　本府當區

前書御達シニ相成候。

右之書類有無共御答在レ之茂、御記ニ被レ下下之樣御賴申上候。以上

右之書類所持無レ之候。　爲美

當村
右士族　戸長

御衆中樣

十八日、中晴。數千代、歸宅。

十九日、中晴。

廿日、晴。土用入。

廿一日、晴。

廿二日、晴。

廿三日、晴。御田代、すもふ（相撲）有。

説教

廿四日、晴。二十一ヘンメ（遍目）布告五ヶ條廻ル。三ヶ條ハ人相書、二ヶ條ハ神佛祭禮開扉等之節、兼而信仰之者者夫々禮敬ヲ盡シ、參拜可レ致筈之處、從來之弊風ニ泥ミ奇怪也。

廿五日、晴。

廿六日、晴。大原野説教、大宮司始五人行。大宮司當家へ立寄、下女殿、里江行。

廿七日、晴。

廿八日、晴。

廿九日、晴、夕方より雨。

丗日、晴。四ヶ條布告廻ル。二十一米麥之事。印紙早見聞廻ル。時之介植ぼうそふ（疱瘡）。禮金壹朱出ス。

丗一日、晴。

八月朔日、晴。

二日、晴。

三日、晴。房式出京。

四日、晴。

五日、大夕立、雨、雷鳴。

六日、晴。

七日、晴。

八日、晴。士族之觸布告來ル。御寶屋守閭長より來ル廻ル。

九日、晴。布告廻ル。人相書、外ニ三ヶ條。

十日、時々雨。布告廻ル。印紙之事、外に三四ヶ條。

十一日、雨天、時々雨。大坂伊勢や乙松來ル。大坂伊勢や乙松來。稲荷大西より持來ル。

十二日、晴、入レ夜雨。京都府より今日舊神官之内壹人噂ニ來ル。但し、屋敷之事尋之儀也。房武出頭。

十三日、中晴、折々雨。限米請取、房經代出拜。京都府へ行。廣延相談來ル。説教唐橋村西七條學校ニて開講。

番外十六

第二百六十三號

本年一月第二十八號布告。華士族家督相續ノ儀、御詮議ノ次第有レ之、左之通第一章改正幷ニ一章追加相成候條、此旨華士族ヘ布告スベキ事。

明治六年七月廿二日　　太政大臣三條實美

第一章改正

家督相續ハ、必總領ノ男子タル可シ。若シ亡没或ハ廢篤疾等不レ得レ止ノ事故アレハ、其事實ヲ詳ニシ、次男三男又ハ女子江養子相續願出ッヘシ。次男三男女子無レ之者ハ、血統ノ者ヲ以テ相續願出ッヘシ。若シ故ナク順序ヲ越テ相續致ス者ハ、相當ノ咎可二申付一事。

一章追加

婦女子相續ノ後ニ於テ夫ヲ迎ヘ、又ハ養子致シ候ハヽ、直ニ其夫又ハ養子相續可二申讓一事。

右之通被二仰出一候條、華士族江無レ洩相達者也。

明治六年七月　　京都府知事長谷信篤

閻中組替名録

高現米十石八斗　葛野郡第七區
御室門前　矢守平恕
同所〆廿二人士族
鳴瀧一人
六區上サガ（嵯峨）　十六人
都合七十八人

八月十四日、雨。
十五日
十六日、晴。
十七日、未剋夕立、大雷鳴。
十八日、晴。
十九日、上晴。
（説教）廿日、雨。稲荷説教、房經行。
廿一日、時々雨。
廿二日、時々雨。
（説教）廿三日、雨天。御社説教。
廿四日、中晴。
廿五日、晴。

廿六日、晴、入夜大雨。京河野・あさい兩人入
來。京大佛備後家内ふさ來。
廿七日、大雨。
廿八日、晴、少シ午後雨。塔之段松室之玉橋死去
知らせ使來ル。明廿九日そう(葬)式。
廿九日、中晴、風。
卅日、晴。房經、京都府行。
卅一日、雨天。
九月一日、晴。大坂河内やお松入來、止宿。
二日、雨天。
三日、雨。
四日、晴。河内(屋)お松歸坂。
五日、晴。

説教

六日、晴。布告四ケ條廻ル。二帳七。房經丹波出
雲社へ説教ニ行。
七日、晴。
八日、晴。四百六十二號、四百六十三號布告。テ
ツベイカウヤクととな(唱)へ小兒ノ頭ニはり(貼)候事。
チヨジ人相書ト二ケ條。
九日、少雨。
十日、晴。
十一日、晴、入夜雨。今日より房經參宮ス。大和
神武天皇御陵より大社廻參ス。
十二日、雨。
十三日、晴。房式出京。共(供)宮藏。布告來。但し、
金札之ひな(雛)形三枚。
十四日、雨、布告人相書九人、外六ケ條來ル。
十五日、晴、月夜晴。十六日布告。
女工場入學相願、其後勤學シ不レ致、退學相願
候輩多分有レ之候ニ付、以後右樣不都合之儀無レ
之樣、閭中一同より被ニ相達一旨、御達之趣、閭
長より持觸中へ達候。
十六日、晴、入レ夜雨。布告。京都府七等知正文
殿國重(重國カ)出仕。京都府又印紙之事二ケ條。
十七日、雨。房式遙拜不參。人相書七人工學生徒
人員致ニ不足一候ニ付。

月讀社祭

十八日、中晴。
十九日、午後晴。
廿日、午後雨。房經、酉下剋歸宅。
明十七日神宮神嘗祭ニ付、遙拝被二仰出一候間、
午前第八時禮服着用京都府へ出頭可レ有レ之旨、
御町仕（待）候條、閻長より被レ達候間、申達候也。
　九月十六日　　武田信成
　　午後一時出頭　　松室重國

斷書
明十七日神宮神嘗祭ニ付、爲二遙拝一參府可レ仕
之處、依二風邪ニ一不參仕候間、宜御取斗ヒ願上
候。以上
九月十六日　　東房式
　武田信成殿
松室重國殿　　武田へ被レ持遣ス。

廿一日、晴。房式、數千代下男東寺へ參詣。
廿二日、雨天。
廿三日、晴。
廿四日、晴。布告廻る。入レ夜布告來ル。皇子こ
うきよ（薨去）ニ付、三日間チヨウジ（停止）。
廿五日、晴。
廿六日、中晴。
廿七日、少雨。
廿八日、晴。布告八ケ條。○房式十四。
廿九日、晴。房式丹波峠參詣。
卅日
十月一日、雨。房式所勞へいぐわ（平臥）。
二日、雨風、夜風。
三日、雨天、風。月讀社祭。布告一ケ條。月讀社
今日之祭略記添廻ル。高水壹丈三尺、水下村々
夜通シ太鼓・鐘ニて人寄ル。一ノ井之樋ふき
疊・俵竹多分入ル。
四日、晴。

五日、晴。士族廻状廻ル。
六日、中晴。
七日、中晴。今日房式隠居願ニ房光、京都府へ
行。
八日、雨。
九日、雨天。布告十二ヶ條。
説教　十日、中晴、入レ夜小雨。樫原説教始。
説教　十一日、晴。上サガ（嵯峨）説教始。
十二日、中晴。
十三日、晴。
十四日、晴。
十五日、晴。
十六日、晴。
十七日、曇天。
十八日、雨天。
十九日、曇天。
官幣中社順序左之通。
明治六年九月十九日
八坂社　白峰宮　水無瀬宮　鎌倉宮　井伊谷宮
梅宮　貴船社　大原野社　吉田社　北野社
右之通被二仰出一候條。
布告十ヶ條斗。但し、人相書内貳ヶ條ハ金札引
替、残リ十一月三十日迄大學校者なし。
廿日、午後雨。
廿一日、晴。房式、京行。
廿二日、晴。
廿三日、晴。
廿四日、晴。寺田近藤太郎衞死去知らせ來ル。房
式母方いとこ（従兄弟）也。
廿五日、晴。
廿六日、晴。十ヶ條布告廻ル。
廿七日、晴。房式山行。松原山清四郎狩ニ來ル。
廿八日、晴。九ヶ條布告廻ル。○二十日
廿九日、雨。
卅日、晴、入レ夜雨。
卅一日、晴。

十一月一日、晴。布告四ヶ條廻ル。人相書二ヶ
條。〇廿一日
諸神天皇祭日、測量技術通學規則。
二日、晴。
三日、晴。布告四ヶ條廻る。宮城隱居死去知らせ
使來ル。
四日、房經、宮城へ行。下女・文藏つれ（連）。京都府
屆相濟房武行。
一五日、晴。
一六日、晴。
一七日、晴。
一八日、晴。松室つしま（對馬）入來、一宿。
一九日、晴。
一十日、晴。大坂おまつ入來。京上のおとらばゝ（婆）
入來。
一十一日、晴。兩人止宿。
一十二日、晴。おまつ歸坂、とら止宿。
一十三日、晴。
一十四日、晴。
一十五日、晴。今日松室孫東京へ歸る。
一十六日、晴。
十七日、晴。四ヶ條布告廻ル。人相二、諸車改、
拜借金利（息）足納之事。
十八日、晴。
十九日、雨。
廿日、晴。
廿一日、晴、申剋比より雨、入レ夜雨。
廿二日、雨。
廿三日、晴。
廿四日、雨。本處へ大工廣吉初來ル。
廿五日、晴、時々雨風。
廿六日、晴。
廿七日、晴。時之助、菊四郎、兵衞連、出京ス。
五ヶ條布告廻ル。又布告祖祝之事廻ル。可レ有レ
之分ハ風水のなん（難）可二頼出一事。
廿八日、晴。

廿九日、雨天、山々初雪。時之介(助)、菊面(四)ニ遣ス。
使米治郎。
卅日。雨。
十二月一日、雨天。
二日、雨。
三日、晴、入レ夜雨。
四日、晴。
五日、晴、朝きり(霧)。布告六ヶ條。
六日、雨天。
七日、雨天、午後雨。淨住寺ニ相撲有。房經、子
共つれ(連)、見物ニ行。
八日、晴。
九日、晴。

説教

十日、晴。房式、京行。房經六孫王説教ニ行。
十一日、晴。布告廻ル。

大宮司

十二日、晴。銘々家敷地代金、今日京府へ知延・
重孝惣代。當社大宮司東京へ出立。兩人持參
ス。
十三日、雨天。
十四日、晴。
十五日、晴、朝、初雪。
十六日、風、大雪、但し、入レ夜三寸餘ツモル(積)。
十七日、雪、同斷。
十八日、中晴。
十九日、晴、朝夕大ニ寒シ。
二十日、晴。今日家敷之大木切。但し、今日ハ五
六本斗切。
二十一日、晴、午後雨。酉之下剋比より房式病氣
重く亂立、子之剋比より段々快氣。今日大松切
三間半末ニ而壹尺貳寸斗、同女松ハ三間末ニ而
八寸斗。
二十二日、中晴。
二十三日、晴。房經、伏見へ天皇御向(迎)ニ行、一
宿。
二十四日、少シ晴。房式、京行。
二十五日、中晴。宮城淺彦、嶋田由太郎入來、一

宿。

二十六日、中晴。

二十七日、曇天。今夜餅つき。

二十八日、晴。

二十九日、中晴。

日記

（表紙白紙）

（本文前闕）

一　伯家年禮ニ、南三位惣代ニ被レ參。盃・雑煮餅出如レ例也。

○廿一日、壬寅。雨天。

○廿二日、癸卯。曇、折々雨、雪モ少しヅヽ。

○廿三日、甲辰。晴。

一　京都へ年禮ニ悴出。岩坊・宮内卿・北小路家、右三軒者扇子箱遣。今晩悴北小路家ニ而一宿。

○廿四日、己(丙)巳。晴。午剋より雨。

一　悴歸ル。

清朝記事

右之書物致二所持一候者有レ之候ハヽ、可二申出一候。但シ冊數有レ之、僅ニ相成ニ付、所持いたし(致)居候ハヽ、可二差出一候。右之趣、洛中洛外不レ洩様、寺社在所迄申し可レ爲觸候もの也。

戌正月廿四日

右之趣被二仰出一候間、御紀被レ成候。所持無レ之候ハヽ、其段書付、來月朔日より三日迄之内、拙宅へ御越可レ被レ成候。

戌正月廿四日　　松村三郎左衛門

則申半剋至(到)來。

右之觸狀半治持參、則寫置候。

○廿五日、丙午。晴。

一　宇治より年始書狀幷江戸土産等來。

○廿六日、丁未。晴。

○廿七日、戊申。快晴。

○廿八日、己酉。晴又曇、雨、午剋より止。

一　如レ常朝參。

○二月一日、壬子。雨天、午半剋より止。卯半剋

地震

地震甚大也。

一　朝參如レ常。袴、上下(裃)ニ而。

二日、癸丑。晴。

三日、甲寅。晴、曇、折々込出。

一　松室式部年禮ニ入來。

神講當屋

一　薩摩入來。右ハ今年神講當屋大和方、此度御

所之義(儀)ニ付先延引可レ然哉、右明日御披露被レ成被レ下候へと申入來ニ候。

四日、乙卯。晴、但、午刻迄ハ折々込出。

神講

一如二例年一社頭神講。社家、神方中飯頂戴ス。

一獻立。

一同名中(苗)神講之義(儀)、延引可レ然申合有レ之、村方へも延引可レ然候。觸穢被二仰出一迄之内者、隱密致候義(儀)不レ苦候と申渡ス。

一松室若狹年禮ニ入來。

△從來十一日觸穢ニ候。仍而右御心得申入候。以上

二月四日　伯家
雜掌

松尾社
神主殿

ちん(賃)六百五十文

唯今從二伯家一右飛脚至(到)來候間、申入候。以上

二月四日　社務所

御社家中

五日、丙辰。晴少々風有。

神幸祭の件

△今日伯家より呼ニ參、唯今致二歸宅一候。神幸祭禮之義(儀)ニ付、明日中返答可レ致旨ニ付、得二御意一度候。明朝早々御參會御出席可レ被レ成候。尤中飯後よりも返答致度候間、早朝ニ無二御遲參一御出會可レ被レ成候。以上

二月五日　社務所

御社家中

六日、丁巳。晴。

參會評議

一參會。依二評議一神幸祭禮四月五日・廿三日可レ致哉、右窺之文認差上ル。

一妻ミチ北小路家より歸宅ス。

七日、戊午。快晴。

村方神講

一村方神講、今日致候由也。

一松室若狹方へこんにやく廿ケ遣ス。是者先月實母一周忌候ニ付、重ノ内餅至(到)來候處、神事中故料具不レ遣候ニ付、幸披露故遣ス也。

八日、己未。晴。
九日、庚申。晴、申剋より雨天、夜分甚也。
十日、辛酉。快晴。
十一日、壬戌。雨天。
一　觸狀來。左ニ寫置。五ツ時年寄半治持參。
昨夜從二伯殿一被二申越一候神幸祭禮之事、四月初
卯同月二ノ酉執行仕候樣被二仰渡一候。此旨御心
得可レ被レ成候。以上
　二月十一日　　社務所
尚々觸穢札之義(儀)、公文方御差出シ可レ被レ成候
樣、殿下茂御一同可レ然奉レ存候。
　御社家中
一　東三位殿入來。此度伯母位(信)受院死去ニ付、私
廿日九十日忌服ニ候故、社務役南家へ引受ニ候
テ、私者引籠候旨ニ御座候。委細之義(儀)ハ南三品
ニ咄置候。萬事宜御賴申候被二申入一來ニ候。
一　觸穢札申半剋差出。
十二日、癸亥。早朝快晴、後雨天、八時迄晴。
十三日、甲子。快晴。
十四日、乙丑。晴、午下剋晴天、雷鳴。但、一
也。
十五日、丙寅。晴。
十六日、丁卯。快晴。
十七日、戊辰。晴。
一　美濃守殿入來。唯今東三位殿へ參候處、三品
被レ申義(儀)者社頭馬場之クノ木切拂候而、前堤普
請所之足ニ可レ致哉と存候間、銀子他借致候へ
ば、此利積候事故、御損哉と存候。右御拂被レ
成候得ば、他借無レ之而も、其銀子ヲ以相濟候事
御座候。右御相談申候。權神主殿へも右之趣御
相談申度候得共、私引籠居候故難レ成候。貴公
御出候而御相談可レ被レ下候と被レ申候故、唯今
貴家參と而入來ニ候。房豐申義(儀)ハ、只今切候事
惜敷物候得共、差懸候義(儀)、右如何樣とも與申
也。

十八日、己巳。晴。
十九日、庚午。
廿日、辛未。雨天。
廿一日、壬申。雨天。
觸狀來。左ニ留置。年寄半治持參。
渡世鳴物之義（儀）、御葬送迄ハ未御聞も有レ之、火災後ハ下々難義（儀）之事ニ候間、格別之義（儀）を以、今十日より渡世鳴物差免。尤來廿二日御葬送より者、猶又遠慮可レ致候。日數之義（儀）ハ追而可二申觸一候。
但假　皇居假
　權神主殿　　同
　月讀禰宜殿
追而式部殿へ申入候。殿方も御承知被レ成候と、此使之者へ御申付被レ成、山田へ兩人晩方社務所へ參候樣、御書付を以御申遣シ頼候。直ニ參候へと勝手能御座候ニ付、御入魂候へと。依レ右晩方社務所ニ而捨（赦）免申渡筈。

廿三日、癸卯。快晴。
一　山田大膳名代忰近エ爲レ禮入來。次（繼）上下（裃）ニ而。
一（山守）嘉兵衞袴・次（繼）上下（裃）ニ而爲レ禮來。
一　甲斐守方へ忰悔ニ行、言置歸ル。
廿四日、甲辰。晴。
廿五日、乙巳。晴。
廿六日、丙午。曇、午刻より雨。
神講
廿七日、丁未。晴。延引松尾神講廿九日之廻文來。
一　甲斐守殿へとうふ五丁、忌中見舞ニ遣ス。
廿八日、戊申。快晴。北小路主税助入來、酒出ス。
一　東三位内室お八ゑ死去。此日親子三人行。
廿九日、己酉。快晴。
神講
神講當屋大和。一社參相濟集。獻立如レ例。酉刻相濟也。
晦日、庚戌。晴。
一　隣家送葬、併ニ神事前故、隣家交合不レ致。

併悴悔ニ行、言置歸ル。送葬之時、房良次(繼)上下(裃)
ニ而見送。悴非役故也。
四月大一日、辛亥。晴。
二日、壬子。晴。山東結見分。種直、房良。
一　夕相爲ニ夜參一、酒出。美濃殿方米貳升遣ス。
八日、戊午。朝曇、後晴。
一　美濃守殿法事。房豊行。
九日、己未。雨天。
十日、庚申。晴。
十一日、辛酉。晴。社頭御留主(守)事。神酒有。房豊
參。
十二日、壬戌。快晴。
十三日、癸亥。曇天。
十四日、甲子。雨天。中飯、吸物・酒等出ル。南
家より賴ニ付、南家の社へ樂奏。
十五日、乙丑。曇天、後晴。房良旅所參。稻荷大
西三位殿方へ行、三位相語歸。
十六日、丙寅。快晴。東三位殿忌中見舞ニとふふ(う)
切手五枚遣ス。
十七日、丁卯。快晴。
一　北小路家四男武丸、里、萬石彌助方來。此方
へ相付(取次カ)。
十八日、戊辰。快晴。
十九日、己巳。快晴、夜分雨。
一　聖護院北小路へ祭祝儀鮓遣ス。
一　北小路次男由丸、藤嶋石見方へ養子遣候。祝
ニ鹽鯛貳尺斗幷草履壹足遣ス。悴行。
廿日、庚午。雨天。
一　南三位殿入來。東三位殿へ昨日參居候處、伯
家より飛脚參候間、東三位賴ニ付、私伯家參候
處、仰ニ者、此度下鴨梨子木三位關東ニ而官位
乍對上リ屋ニ居候間、右之義(儀)正七社ニ而官位返
上之例有レ之哉相勘可ニ差出一候と申事ニ候。東
三位殿へ申候得者、左樣之事書出候へは、一社
之辱ニ候。先百ケ年以來無レ之申出事可レ然哉と
被レ申、則御賴故、下拙返答書認候被レ見セ、右

者如何可レ爲之相談ニ入來也。先其通ニ而返答
致、其上御古可レ考と仰候へは、相許之例ニ而も
可ニ差出一候。相談決。

還幸

廿一日、辛未。晴。

敕祭

一　敕祭、正神主故障故、名代權祝相與。
一　儕翁殿入來。右者松室式部方養子相談、此方
次男房榮所望ニ入來也。
廿二日、壬申。
一　明廿三日正未上剋御參集候事。昨日旅所より
茂爲ニ相知一候者、駕輿丁村々申合、中休モ無レ
之、正午神事修行可レ被レ致候旨、案内候間、定
而申剋時入御候半と存候間、爲レ念申入候。以
上

四月廿二日　　社務所

御社家中

午半剋　年寄半治持參。
一　北小路家喜之來。七ツ時。
廿三日、癸酉。快晴。
一　岩坊法印入來。
一　松室家より爲レ知有レ之候由ニ而、社務より神
事催案内申來。未剋出仕、神事儀式如ニ昨年一、
入御申剋、萬端式相濟候處酉下剋。
一　社家中衣紋束帶。
廿四日、甲戌。雨天。
廿五日、乙亥。曇天。東三位殿忌明ニ付入來。
廿六日、丙子。快晴。
廿七日、丁丑。快晴。
廿八日、戊寅。雨天。願參如レ常也。
廿九日、己卯。曇天。
一　左之廻文來。持參之人半治。
去ル酉年國役御觸至(到)來候。去事之より下集三拾
五匁掛リ来ル五月十三日上納御參會。五月十日
迄ニ御集被レ成御出席可レ被レ成候。錢相場九月
五日、右之通御座候。
但、今年者下集餘銀無レ之様取集申、去年百性(姓)
方川普請内割賦も相掛及ニ難義(儀)一候間、餘銀之所

ハ用捨（容赦）を以御觸高も少シ相増、納銀諸入用斗に
致置候間、左様御心得可レ被レ成。以上
四月廿九日　　　社務所

廿日、庚辰。快晴。
一　晝より北小路家へ夜送行。
五月一日、辛巳。快晴。

御千度

一　御千度。悴出勤、饗應如レ斯。
一　人數榮忠、相壽、相與、種直、重秀、房良。
外ハ所勞故障。饗應相濟。
重秀爲二退職一御約束と者延引相成候事故、早々
御退職可レ有レ之候様と相與被二申出一。返答隨分
御約束之事故、何時ニ而も退職可レ仕候。左候
ハヽ今年分之職料者此方へ頂戴可レ申候。先達
職請取候節、三月ニ候得共、其年分其御方へ御
取候。但、掃除料事、此方頂申候と被レ申、何
分退職日限者跡ニレ可申入一與申事。相濟、悴此
申。夜分北小路家より房豊歸ル。
二日、壬午。晴。粽拵親類中へ互取遣ス。
三日、癸未。晴。
四日、甲申。晴、晩方曇。
五日、乙酉。晴。

端午神事

一　如二例年一神事。人數禰宜、權神主、禰宜、
祝、月讀禰宜、櫟谷禰宜。外所勞故障。
一　於二社務所一饗應有。如レ例相濟、跡ニ而相養
被レ出、披露有由者、昨日伯家より飛脚來候。
少將殿母公死去ニ付、二日ニ神退之由申來候。
金子百疋可二持參一。但、兩人右相談決ス。
一　親類中互ニ禮之事。
一　西代來。上物、遣物如レ常。
一　用人來。遣物黑米壹合半祝。
六日、丙戌。曇天。
七日、丁亥。雨天。
一　御朱印之寺社領ニおゐて、前々より孝行又者
寄付成儀有レ之候而、褒美等もいたし（致）候程之も
の候處、幷褒美候もの有レ之、書留も有レ之候
ハヽ、國所、名前、其行狀等委敷相認、來ル五

月廿五日迄ニ之内ニ美濃御前候て差出候事。
但し、右體之もの寺社領ニ無レ之候ハヽ、其
段斷リ書いたし、右日限迄ニ可ニ差出一事。
右之此儀申儀外、町續、御朱印地之寺社可ニ相
觸一もの也。
戌四月廿九日
松村三郎左衞門
氏人
右之趣被ニ仰出一候ニ付、申觸候。以上

五半時年寄半治持參。
一 松室儕翁入來。右松室式部殿方養子之義(儀)、次
男之事返答聞ニ入來。可レ進之答致ス。酒・飯
等出ス。又夕方入來。右之禮且松室攝津守、同
常陸方參候得者、彼等被レ申候共、松室別家中
申合不承知趣故、下拙御世話可ニ差退一樣被レ申
候故、今日御治定之進(近カ)故、私者（以下闕）
一 御改之觸狀來。七半時分年寄半治持參。別帳
面書留置。
廿七日、辛未。曇天、折々少雨。
廿八日、壬申。晴。
一 今朝御祈滿參(座)故、社中惣參。
廿九日、癸酉。快晴。
丗日、甲戌。快晴。
五月大
一日、乙亥。晴。
一 御祈禱大麻獻上事。
一 權祝相與、氏人房良兩人烏帽子・狩衣ニ而伯(白)
川家へ參。夫より添使附禁中御所。
堅話御斷申事申入來也。
八日、戊子。朝曇、後晴。
一 松尾薩摩入來。夜前松室淡路、常陸入來候而
被レ申候者、此度本家養（子）之義(儀)ニ付、儕翁
世話之由ニ候間、只今儕翁入來候故、右之義(儀)松
室一門申入候。不承知ニ候と申。右之義(儀)ハ於ニ
東家一者何等之意味子細無レ罷候間、此條ヲ東家
へ御斷被レ下レ申、夜前右之兩人入來申候間、右
參候とて薩摩入來。今朝攝津守被レ來候て被レ

御千度

申。
九日、己丑。快晴。
一　伯殿母公御不幸ニ付、御局様と松室式部、東
上總介同道ニ而、社家爲ニ惣代一御菓子料金子
五百疋。
　　　　　　　　　　　　松尾社家中
如レ此持參ス。尤麻上下(裃)ニ而行。聖護院へ參候
處、伯殿門ニ伯殿清所、當時假宅中、岡崎伊佐
右近方と申札有レ之故、右之處へ行、林薩摩守
へ渡、歸。
十日、庚寅。晴。
十一日、辛卯。
十二日、壬辰。
十三日、癸巳。晴。
十四日、甲午。晴。東三位殿方五旬明呼ニ書狀來
候得共、十六日之義(儀)ニ付、此方より何れも不レ行、
豆腐十丁切手遣ス。
十五日、乙未。晴。
十六日、丙申。晴、七ッ時少雨。
十日、庚卯。東三位殿方子共忌中見舞、壹匁、菓
子袋一遣ス。
十一日、辛辰。
十二日、壬巳。
十三日、癸午。東三位殿豆腐切手十枚遣ス。
十四日、甲未。東三位殿五旬明。此方よりハ十六
日ニ差支、不レ參。
十五日、乙申。
十六日、丙酉。御千度。房豐出勤。
十七日、丁戌。
十八日、戊亥。晴。
十九日、己子。雨天、四ッより晴。
廿日、庚丑。晴、四ッより折雨。
廿二(一)日、辛寅。雨天。
廿二日、壬卯。
廿三日、癸辰。
廿四日、辛巳。晴、午剋雨立。松室式部方へ次男

義(儀)ニ付斷申ニ參。直ニ式部殿入來。右より又々是非共申受度と申入來也。
廿五日、壬午。晴。祖母淨泉院殿五十回忌。非時時節柄勘(簡)略。坊主とおとわと招、相濟。晩親類中何れも被レ參。東三位不參。吸物・酒出ス。
一　親類中至(到)來物、薩摩御升樽、東三位豆腐切手五枚、美濃守、同大和あらめ三十文斗、若狭同。
廿六日、癸未。晴。午剋より大雨立、後晴七ッ前。一齋(齊)親類中招。東三位、松室若狭不參。當番式（部）所勞。坊主ふせ(布施)壹匁四分一ッ。
　但、人數、美濃守、薩摩、肥後、おと羽、大和、土佐。家來吉三郎、佐兵衞、傳兵衞。右何れも茶菓。吉三郎よりハそら豆壹升持參。翌朝獻立別紙ニ有。
廿七日、甲申。晴。
廿八日、乙酉。晴風有。
一　松尾肥後忰豐前別番召被レ出候旨、上下(裃)ニ而召連風聽ニ入來。
廿九日、丙戌。晴。
六月大朔日、丁亥。晴。
一日、各親類中互ニ諸禮致事。
二日、戊子。
三日、己丑。
四日、庚寅。
五日、辛卯。
六日、壬辰。
七日、癸巳。快晴。
八日、甲午。
九日、乙未。
十日、丙申。
十一日、丁酉。
十二日、戊戌。
十三日、己亥。
十四日、庚子。曇天、少々雨、後晴。忰出京ス。
十五日、辛丑。快晴。聖護院へ忰祭ニ行。

十六日、壬寅。快晴。北小路家嘉祥ニ被レ招。忰歸。

囃子

十七日、癸卯。快晴。

十八日、甲辰。晴。

能

十九日、乙巳。晴。

一　當村義(儀)右衞門忰德三郎義(儀)、弟卯之助ニ跡株ヲ譲リ、義(儀)兵衞所持之家ヘ別宅仕候ニ付、御屆申候とて、庄屋伊右衞門、德三郎引連來。下袴着シ。

廿日、丙午。晴。

廿一日、丁未。晴。

廿二日、戊申。晴、未刻過而雨、後晴。

廿三日、己酉。快晴。

一　大膳來、神事催。

御田神事・能

一　社頭御田神事有。房豐出勤。如レ例能有神事。午刻催也。萬端相濟所酉上刻。社家人數、榮忠、房豐、相壽、相與、種直五人。

一　小坂嘉十郎麻上下(裃)ニ而禮來。

廿四日、庚酉(戌の誤)。晴。

一　宮仕越後、神事催來。

一　早朝於ニ社務所一囃子有レ之、三番也。今年者未狂言師不レ來候由ニ而、囃子五番有。又跡ニ而狂言有。相濟、直ニ社頭ヘ參。今朝能役人於ニ社務一朝飯ス。御社より下行米有。

一　社家中出仕、神事有。相濟而、能五番有。萬端相濟候處、申刻過。

廿五日、辛戌(亥の誤)。快晴。

廿六日、壬亥(子の誤)。快晴。

廿七日、癸子(丑の誤)。快晴。

廿八日、甲丑(寅の誤)。快晴。朝參。

一　岩波勝妙院方母善春院死去ニ付、爲レ知人來。口上書寫置。

昨夕母事養生相叶す、相はて被レ奉候故、御しらせ申入候。參候。以上

廿八日　　勝妙院

おミち殿へ

參
一　右妻養母故、三十日晦、百五十日服ニ而引。
廿九日、乙寅(卯の誤)。快晴、申剋時分曇、雷鳴。
一　忠左衞門下向。右使者遣、爲二香料一銀子壹兩
遣ス。
卅日、丙卯(辰の誤)。快晴。

菜蟲祓

一　菜蟲祓谷川尻ニ而執行ス。袴(裃)上下ニ而。
七月小朔日、丁辰(巳の誤)。快晴。朝參如レ常。
二日、戊巳(午の誤)。快晴。
三日、
一　東三位殿より來七日光雲院百ケ日ニ當候得
共、七夕故三日取越申候間、一日麁非時進申度
候と申、招ニ來。
二日、戊巳(午の誤)。晴。
一　東三位殿へあらめ靈供ニ遣ス。房豐非時ニ
參。
三日、己午(未の誤)。晴。
四日、庚未(申の誤)。雨天、五ツ時半止、後晴。
五日、辛申(酉の誤)。晴。
例之通墓參之供養。
來光寺朝夕共招。常時米故也。
六日、壬酉(戌の誤)。晴、未下剋白雨、後止、晴。
七日、癸戌(亥の誤)。快晴。
一　如二例年一社頭事、房豐出勤。人數正神主今日
より出勤。明服也。。正禰宜、權神主、同禰宜、
同祝、月讀禰宜、同祝所勞不參。外ハ故障不參

七夕神事

也。神事式如二例年一也。相濟、於二社務所一饗
應。索麵、酒三獻右濟候而、正神主より相談有
リ。右者武藏國一宮簸河(氷川)神社人宇源治と申者社
人來。依松尾神社祈念勸請申度、御免可レ被レ下
候樣と申來候。如何可レ致哉と相談也。

土器衆

一　土器衆來。
一　用人來。
一　西代不來。
一　悴房良被レ招候也。
八日、甲亥(子の誤)。快晴。

九日、乙子（丑の誤）。晴。
十日、丙丑（寅の誤）。晴。
十一日、丁寅（卯の誤）。晴。
十二日、戊卯（辰の誤）。晴、七ッ時分大白雨、後止。
十三日、己辰（巳の誤）。晴。
十四日、庚巳（午の誤）。晴。
早朝忰社參幷同名中（苗）へ詣ス。
一　社頭神事如レ例。權禰宜同番。
十五日、辛午（未の誤）。快晴。
（附箋）「大工、左官屋、瓦師、材木屋、竹屋其外船方、
車方者共ニも不二差滞一様可レ致事情旨申渡置候。
此節之義（儀）故、見込少々とも諸色等高直（値）ニいたし（致）
候者有之レ候ハヽ、早々可二申出一候。増賃銀。尤
右之趣相聞候おゐてハ吟味之上、急度申付者
可レ有レ之候間、其旨可レ得候。右之趣洛中洛外
寺社幷町々へ不レ洩可二相觸一もの也。」
十六日、壬未（申の誤）。快晴。
十七日、癸申（酉の誤）。晴。
十八日、甲酉（戌の誤）。晴。江戸より村上小藤（太）左之狀來。
紙ニ寫置候。右京三條高倉下近江屋八兵衛より
持參ス。
十九日、乙戊（亥の誤）。快晴。
廿日、丙亥（子の誤）。曇天。
當五月九日攝州大坂玉澤町淡路屋藤兵衛支配借
屋播（磨）屋次右衛門を及二殺害一逃去候。同人
養子大工半兵衛人相書。
一　年貳拾八才、年齢より年増ニ相見江候。
一　中せい（背）面體平顔ニ而ほう（頬）すぼり鼻高キ方、顔
色圓黒く、髭有レ之、みけん（眉間）ニ壹寸斗之新キ疵
有レ之。
一　二重まふち（目縁）少し出眼之方。
一　眉毛厚キ方、歯竝能白キ方。
一　鬢厚キ方、月代薄リ、生際左江寄、七八歩之
古疵之跡有レ之。
一　平常體。
一　胸毛少シ有レ之。

一　其節之衣服木綿淺黄地竪茶横紺嶋(縞)單物ヲ着シ、花色鮫小紋之内ニ茶之湯道具之小紋。一重帶〆。

右之通之もの於レ有レ之者、其所ニ留置、御料者御代官、私領者領主・地頭より可二申出一候。若及二見聞一候ハヽ、其段茂可二申出一候。尤家來又もの等を念入可レ遂二吟味一候。若隱シ置脇より相知レ候ハヽ、可二曲事一候。

戌六月

右御書付從二江戸表一至(到)來候條、洛中洛外可二相觸一もの也。

戌七月

右之趣被レ仰聞出候ニ付、申觸候。以上

松村三郎左衛門

右廻文(状)社務より年寄半治持參

廿一日、丁子(丑の誤)。晴。

一　伯家へ忰參、位階之儀稲荷へ入魂仕候處、ケ様〳〵ニ御座候。何卒御當家の御扣留御借可レ被レ下候哉、相不レ成義(儀)ニ御座候得ば、殿下へ右之紛御申上被レ下、賀茂ニ而も借用可二申入一、御内慮ヲ御窺被レ下候様頼候。此義(儀)如何御座候哉と薩摩守ニ遣、入魂申候得ば、其御内慮ヲ窺候義(儀)、旦那より者難レ被レ成候と被レ申候。何分右趣之段承知仕候。旦頼可レ申候と被レ申候故、其歸直岩坊家へ行、又歸リニ養父母服忌之義(儀)ヲ跡ヲ不レ續と他行有候。母之服忌ヲ尋ニ行。是ハ百五日三日ニ而相可レ濟由候也。重薩摩守被レ申ハ、先刻之義(儀)尋候得ば、此方之扣者御借被レ成がたき(難)事御座候間、其御方ニ而借合より書來不レ申候ハヽ、加(賀)茂社中氏人ニ而借可レ被レ申候。以上公事同。

廿二日、戊丑(寅の誤)。晴。

廿三日、己寅(卯の誤)。晴。

廿四日、庚卯(辰の誤)。快晴。

廿五日、辛辰(巳の誤)。快晴。京七條之方へ行。松室相摸守見舞ニ入來。

廿六日、壬巳(午の誤)。快晴。
廿七日、癸午(未の誤)。晴。
廿八日、甲未(申の誤)。晴、夜分白雨。
廿九日、乙申(酉の誤)。曇、後晴。
一八月一日、丙酉。快晴。親類中互ニ諸禮之事。

八朔相撲

一　今日社頭於二鳥井(居)ニ一相（撲）興行。如二先年一
　東西奉行來。
二日、丁戌(亥の誤)。快晴。
三日、戊亥(子の誤)。晴。
四日、己子(丑の誤)。雨天。
五日、庚丑(寅の誤)。雨、後止。
六日、辛寅(卯の誤)。晴。
七日、壬卯(辰の誤)。晴。
八日、癸(丙)辰(巳の誤)。雨天。
九日、甲(丁)巳(午の誤)。晴。
十日、乙(戊)午(未の誤)。晴。武丸北小路へ悴送行。
十一日、丙(己)未(申の誤)。晴。
十二日、丁(庚)申(酉の誤)。晴。
十三日、辛(戊)酉(戌の誤)。雨天。
十四日、壬(己)戌(亥の誤)。雨天、後晴。來迎寺後住極、茂
　兵衞連來。
十五日、癸(庚)亥(子の誤)。晴、折々曇。
十六日、壬(辛)子(丑の誤)。晴。
十七日、晴。
十八日、雨天。
十九日、雨天、折々晴、又雨。

宗門改集會

廿日、晴。桂川大水出ル。宗門參會。其上伯殿よ
　り講頼來ニ付相談有。
廿一日、快晴。
廿二日、晴。
廿三日、晴、風有。
廿四日、少雨天、後晴、少し風有。
廿五日、晴。
廿六日、晴。
廿七日、晴、七半晴、雨後止。
廿八日、晴。

廿九日、晴、折々曇込出。

御千度

九月朔日、晴。於二社頭一御千度、房豊出勤。

二日、快晴。

三日、快晴。

四日、快晴。

五日

六日、晴。

七日、晴。

八日、晴。

九日(重陽)、晴。

重陽神事

一　社頭神事如レ例。

一　社務所饗應如レ例。右相濟、來十六日登山先達神方之山二枚御取上之山見舞之申合有。

一　九日之濟二神供一也。三つ葩三枚社務より例年來。

一　西代來。上下物如レ常。

十日、晴、午下剋曇雨。

十一日、晴。

十二日

十三日、晴。

十四日、晴。

十五日

御千度・山見分

十六日、晴。朝御千度、房良出勤。山見分、堺(クイ)目杭(クイ)打、房良行也。

十七日、晴。

十八日、晴。宗國(圓カ)入來、今晩一宿。

十九日、晴。

廿日、晴、八時分ニ少し曇。

廿一日、晴。

廿二日、晴、少々風。

廿三日

廿四日、聖護院より岩坊宮内卿幷婦入來。

廿五日

廿六日

□(ムシ)

沙汰人・本願坊

廿六日、晴。社家惣代東三位、沙汰人、本願坊幷

付添岩崎主殿、右役所被レ召行。晩見舞旁尋レ忰
上總介隣家へ行、勢布歸。後下部來。口上無レ
滯相濟、只今歸宅候。當季儀、明日御咄可レ申
候と申來。

本願所

廿七日、雨天。房豊憐（隣）昨日之挨拶旁行。本願所勞
屆之段候ハヽ。社務所勞留有。
廿八日、晴。
廿九日、晴。
卅日、晴、夜半比地震。
十月
朔日、申（酉の誤）。快晴。朝參。夜雷雨。

御藏付

二日、酉（戊の誤）。晴、風有。社頭御藏付米相場五拾目
立。
三日、戌（亥の誤）。晴。
四日、亥（子の誤）。晴、午下剋小雷、白雨。

西芳寺

五日、子（丑の誤）。晴。
六日、丑（寅の誤）。晴。
一　上階願度義（儀）ニ付、殿下御内慮爲經。是書付岩
坊方へ忰持參ス。
一　北小路家より喜之來。
七日、寅（卯の誤）。晴。
八日、卯（辰の誤）。晴、朝曇。
九日、辰（巳の誤）。晴。
十日、巳（午の誤）。晴。
今度姫君樣被レ遊二御誕生一候旨、從二江戸表一被二
仰越一候間、此旨山城國中へ可二下知一候もの也。
戌十月八日
今度御出生之姫君樣御逝去ニ付、今八日より來
ル十日迄鳴物停止、普請者不レ苦。此旨洛中外
へ可二相觸一もの也。
戌十月八日
右之趣被二仰出一候ニ付申觸候。以上　折紙狀
十月八日、申剋梅宮より來。同丈（狀カ）。
西芳寺　出觸也。
九日、酉剋庄屋伊七衞門持參。
十一日、午。晴。但、八ッ時より込出。喜之歸。

迎ニ木工助入來。妻送行。

八講

一　例年之通八講、房豐出勤、神供下ル。
十二日、未(午の誤)。晴。
十三日、申(酉の誤)。快晴。
十四日、酉(戌の誤)。晴。
十五日、戌(亥の誤)。雨天。
一　悴北小路江(マヽ)へ妻ミチヲ迎ニ行。則同道ニ而歸ル。

日待

一　今晩東三位殿方日待也。
十六日、亥(子の誤)。晴。
一　房豐位階之義(儀)ニ付、相談ニ悴岩坊・北小路兩家へ行。
十七日、子(丑の誤)。晴。
十八日、丑(寅の誤)。晴。
十九日、寅(卯の誤)。
廿日、卯(辰の誤)。
廿一日、辰(巳の誤)。晴。
一　房豐出京、小松谷へ參。夫より儕翁方又相撲守方へ見舞旁遇歸ル。◯今晩半治申來。明朝後早々御參會。

社務所集會

衆評

廿二日、巳(午の誤)。晴。於二社務所一參會。榮忠・房豐・種直、山田老分三人。右ハ兵庫より御神供施主有レ之。但相撲場取□(ムシ)鳥井(居)前拜借申度御益二割通上可レ申と云事之相談也。衆評與跡申、今茂無心者先金一兩上候へば借可レ申候。則山田大膳應對可レ致筈也。且廿四日ニ而も栗木御社領川原へ植可レ申申合。
廿三日、午(未の誤)。曇天、午半剋大雨。
廿四日、未(申の誤)。晴、但、風有。
一　社務半治申來。昨日大雨ニ付木植延引致、廿八日可レ致由申來。
廿五日、申(酉の誤)。快晴、少風有。
一　相撲之義(儀)應對相濟、來月三日仕候由御座候と半治申來。
廿六日、酉(戌の誤)。晴。
廿七日、戌(亥の誤)。晴。

一　明日木植延引、社務申來。
廿八日、亥(子の誤)。快晴、七ッ半時より曇。
一　朝參。
廿九日、子(丑の誤)。快晴。
十一月一日、丑(寅の誤)。雨天、巳下剋風出、しばらく(暫)
止、後又風出。但、午下剋晴。
一　社參。
二日、寅(卯の誤)。晴。
三日、卯(辰の誤)。雨天、但、小雨也。八ッ時迄より止。
一　鳥井(居)前相撲有。
四日、辰(巳の誤)。晴、少風有。
一　貳朱判通用無二子細一、銀納抔ニも可レ致用觸
來。但、役人従二江戸表一上リ居、町中迄あやし(怪)
きもの有レ之候ハヽ、繩掛町屋預置候。町役人
罷出受取置、又役所召連出候様觸書來。委文段
者社務所書留有レ之。右者年寄半治持參。
一　松室越中借シ地面間數改打、南三位悴上總介
立合、打改、間數評割別書留置候。

五日、巳(午の誤)。快晴、但、風有。
一　松室越中此方之持地へ家普請出來ニ付、一昨
日家遷被レ致候故、顔見之ため入來。
一　小山小工佐兵衛悴元服爲レ致度存候。名茂忠
兵衛と差申度、右御願申候申來。
(附箋)
「遷幸二新内裏一日無二風雨難一可レ被レ遂無爲之節、
兼又　上皇女院御移徙同可レ爲二平安一候之旨、
自二來十一日一七ヶ日抽二精誠一可レ申二祈禱一由、
可下令レ下二知　松尾・稻荷等社一給上之旨被二仰
下一候。仍申入候也。
十一月五日　均光(柳原)
伯少將殿
追申、可レ爲二　遷幸一來廿二日、上皇御移徙來
廿六日、女院□(不明)御移徙來月四日可レ存二此旨一之
由」
六日、午(未の誤)。晴。
一　小山小工作兵衛悴元服爲レ致度申出候。則名
も忠兵衛と改申度由と御座候。來七日仕度申と

中事に候。殿方ニも御差支も無レ之候。日限可レ
中候と返事之書付、社務より半治持參。
酉ノ下剋
一　伯家より社務へ飛脚來。御用之義(儀)只今可レ被レ
參樣申來。正神主と權祝と被レ參候。番相養之
者五つ氣之由ニ而段々房良入魂被レ致候故、相
與・房良兩人戌剋出參ス。
一　遷幸新内裏日時御祈一七ヶ日被ニ仰出一候。御
教書別紙寫置。寫之本紙ハ社務ニ有。御祈奉行
柳原均光殿也。伯家福(副カ)使立。御受ニ此方兩人稻
荷共參。
七日、未(申の誤)。晴。
一　小工作兵衞忰ヲ上ノ山德七衞門召連來。進物
強喰ニ器、錫壹對、肴壹尺四五寸こち、海老五
つ。
八日、申(酉の誤)。晴。
一　御祈ニ付、參會。十一日より御祈也。
九日、酉(戌の誤)。晴。
十日、戌(亥の誤)。雷。
一　美濃守御方、井無レ之ニ付、勸化講有レ之。
十一日、亥(子の誤)。晴。
十二日、子(午の誤)。曇天。
十三日、丑(寅の誤)。
十四日、寅(卯の誤)。雨天、折々止。但、午剋前より止、
夜分大風。
十五日、卯(辰の誤)。快晴。風有。
一　松室越中より家移爲ニ祝儀一酒壹升來。
十六日、辰(巳の誤)。
十七日、巳(午の誤)。
十八日、午(未の誤)。
十九日、未(申の誤)。
廿日、申(酉の誤)。晴。
一　御麻獻上。相養・種直參勤。但、今度者禁
中・仙洞・女院之御所也。
廿一日、酉(戌の誤)。晴。木根宮御火左記、房豊出勤。
廿二日、戌(寅の誤)。快晴。

谷川算用

社納

すゝ拂

一　御上遷幸。巳下刻より雨込出、後晴、但、暫
也。
廿三日、亥(子の誤)。
廿四日、子(丑の誤)。晴。少風、少雪散。
廿五日、丑(寅の誤)。晴。
廿六日、寅(卯の誤)。快晴。
仙洞遷幸。
廿七日、卯(辰の誤)。晴。
廿八日、辰(巳の誤)。晴。朝參。
廿九日、巳(午の誤)。
卅日、午(未の誤)。
小十二月
朔日、未(申の誤)。朝參。
二日、申(酉の誤)。晴。
三日、酉(戌の誤)。快晴。
四日、戌(亥の誤)。雨天。
一　女院遷幸。
五日、亥(子の誤)。晴。

六日、子(丑の誤)。晴。
七日、丑(寅の誤)。
八日、寅(卯の誤)。快晴。松室村庄屋忰治郎右衛門、明後
十日谷川算用仕候間、御出被レ下候様と申來。
九日、卯(辰の誤)。晴、後曇。井戸造作今日初。
一　上野橋今度つくらい(繕)ニ付、谷村出銀四拾目眞
打ニ付、右半治書付持參。
十日、辰(巳の誤)。朝雨天、後止、風少出。
一　谷川算用。房豊出行。
十一日、巳(午の誤)。晴。御社納。房良出勤。
十二日、午(未の誤)。晴。
十三日、未(申の誤)。晴。
例年之通すゝ拂。
十四日、庚申(丁酉の誤)。昨夜より雪。
十五日、辛戌(戊戌の誤)。晴。
一　當村辨藏、谷奥町善六と申者、當村宇左衛門
跡へ來故、夜、善六方召連來。
十六日、壬亥(己亥の誤)。快晴。

一　社頭納。房良出勤。
十七日、癸子（庚子の誤）。曇天。
一　今日井出來。代銀同拾貳貫文遣相渡。
十八日、甲丑（辛丑の誤）。曇天、後雨。
一　今晩東三品、薩州兩人、造酒ニテ招。
十九日、乙寅（壬寅の誤）。晴。
一　社頭納帳替祝儀、酒・飯共五十文。
廿日、丙卯（癸卯の誤）。晴。
廿一日、丁辰（甲辰の誤）。快晴。紀之丞より山芋來。
廿二日、戊巳（乙巳の誤）。晴、但、込出。
廿三日、己午（丙午の誤）。晴、夜込出、雷雨。宇治へ人遣ス。

社頭御拂

一　社頭御拂。房良出勤。
廿四日、庚未（丁未の誤）。晴。

#（元禄十七年）日次記

一八五五　（元禄十七年）日次記

（表紙）

元禄十七甲申歳

日次記魁事在序正四位下神主相宥

神主秦相宥

三月十三日改元寶永　唐書ニ曰寶祚維レ永、暉光維レ新。

正月吉祥日

（本文）

日次記序

夫日次之記者、先神主兵部太輔相行、寛永十六始筆二記之一。爾後年々相承而無二間斷一矣。嗚呼爲二其記一年中無數之雜務、貴賤人物之出入、社中執行之事蹟書筆等之類、悉莫レ不レ録焉。庶幾後來東門之司官綿（嗣）書而流二于不朽一、上達二于公一、下利二于吾一者必矣。故序而示二後司一云レ爾。

二月五日　水無瀬川出銀、先例之通出申間敷之書付、上鳥羽村彌三左衞門へ遣。

同十四日　正祝相道位階敕許之由、自二傳奏一告來。

同十六日　御上使御上着。

同十九日　桂川洪水。

三月十日　正祝相道、權神主相成口宣拜受。

同　同日　舊冬從二江戸一被二仰付一候。御祈禱御檀料百石拜領。

二（マヽ）月十一日　暁天より日出ニ至、奇雲起。巾貳尺□（斗カ）ニ黒雲五筋、東方より西方ニ亘ル。五遊ノ間モ貳尺斗、卯半刻西方より消散ス。

三月十三日　改元寶永。

卯月朔日　御目付山岡遠江様、野々山源八様御社參。

同十九日　鶴姫君様御逝去。鳴物御停止。五日之間普請御停止。八日之間鳴物御停止也。

六月朔日　從二禁裏一一七ヶ日御祈禱被二仰出一。

同月同日より　鳥居竪柱・笠木修復。

同月五日　安藤駿河守様御上京。

同十二日　尤神院十七回忌、俗名日向守。
同十七日　川前御普請始ル。
七月二日　非藏人松室越中、京宅ヲ當村へ今月より引申サレ候ニ付、松村與左衛門より斷ノ手紙來。
同　四日　正祝兵部相道、婚儀相調、今日印之祝儀遣。
八月十五日　豊允屋敷雜庫棟上。
九月四日　兵部婚禮荷物受取。
同七日　桂川石關ノ下ニ非人流れ掛、御公儀ニ相斷（談）。
同十一日　兵部婚禮相調。
十月廿二日　御目付御社參。
十一月二日　御祈禱一七ケ日。
同十一日　正禰宜相忠息相續加冠。
十一月廿六日　權神主相成息加冠、號二中務一。
十二月五日　於二江戸一甲府様（家宣）ヲ御養君ト被二仰□（ムシ）一。
同十三日　為二御養君御祝儀一紀伊守様へ出頭。

元禄十七甲申年
正月
御服所
朔日、辛丑。晴。寅刻、神直。社頭無為。巳刻社役出仕。々々以前沙汰人為レ禮御服所江來儀。家務常例。酉刻復出仕。小神供備二于社々一。但、雨儀者備二于本社之大床一。社家八員神直。權禰宜左近相治者依二所勞一不參。櫟谷祝者童體故不レ隨。神役豊之丞、相芳也。
謡初
二日、壬寅。雨、雪。酉刻出仕、直。月讀社ヱ參向着座事。罷各退出。神方中如二例手（年）一遞傳ニ參向。社頭謡初之祝儀在レ獻。
三日、癸卯。晴。午刻社役出仕。事罷。直馬上櫟谷社江參向。儀式如レ例。事罷退出。直政所江來入、饗待如レ例。家務如レ恒執行。申刻、社家中并同名中（苗）ヱ出禮。社家中モ亦各為レ禮來。過家賴（來）中盃之祝儀相勤。旅所社司渡邊内藏助來儀。
四日、甲辰。晴。朝、神方之内役人并宮仕・山守

役人等爲レ禮來儀。各扇子持參。饗應如レ例。
一　午刻、社家中來集、饗膳、在レ獻。但、月讀禰宜・祝者今日禮ヲ被レ兼也。

土器大夫

一　土器大夫爲レ禮來儀。如レ例祝儀物遣レ之。鹽壺幷盃之土器持參。又猪狩之燈盞二重持參。同刻本社之大夫モ來。鹽壺貳ヶ持參。
一　大文字屋加右衞門より祝儀之使在。北村榮也。近江左衞門モ來儀。
一　申刻、兵部出京。
五日、乙巳。雨。諸司之御禮不曉ニ相勤。次兩御奉行所、次小堀仁右衞門殿。
一　堂上方幷御付之武家御禮相勤。
一　巳刻、神方中惣禮。雜煮、在レ獻。對應如レ例。
一　禁裏ヱ明日獻上之御若菜大工來テ相二調之一。
一　神方中より若菜持參。馬之飼料トテ糠俵ニ入持參。
一　松室丹後守爲レ禮來過。
六日、丙午。晴。禁裏ヱ御若菜壹對、油物之神供等獻上。傳奏ヱモ若菜一折、神供一包進レ之。運送之人歩者上山田ヨリ來勤。政所ヨリ青侍差添、傳奏迄進呈。雜掌迄口陳。
一　禰宜・祝・月讀禰宜ヨリ傳奏ヱ之祝儀米、今年正禰宜ヨリ運送。去年月讀禰宜ヨリ送進。
一　家賴（來）之節、老少男女來集。
一　午刻、松室ヱ出禮、社家中同伴。下拙者不參。眞如寺ヘハ兵部遣ス。昆布拾本遣。
酉刻、如レ例神直。西田庄左衞門來儀。

白馬神事

七日、丁未。晴。白馬之神事執行。式如レ例。巳刻退出。灰方庄屋爲レ禮來。女共社參。上久世庄屋太郎兵衞、甚左衞門來。兩村共也。夕節貽ル。文臺屋儀兵衞來儀。
八日、戊申。晴。僧衆爲レ禮來儀。太秦供僧衆來過。松室堂ノ住持惠輪、延朗堂ノ住持、松立始テ爲レ禮來過。下山田藥師ノ宗忍來過。
一　檜皮喜介來過。蛤壹折、箸一袋持參。

一　竹野屋左近來儀。
一　藥師寺御出、昆布貳拾筋持參。
九日、己酉。晴。巳刻、丹州へ禮ニ參。下拙乙女賀爲三人斗。兵部・豐之丞ハ禮儀相濟候故、不參。
一　松尾出雲守爲レ禮來儀。

猪狩内祭

十日、庚戌。晴。猪狩内祭、三所へ祭ニ遣。
一　松屋善兵衞爲レ禮來儀。
一　大文字屋六兵衞爲レ禮來過。
一　眞如寺爲レ禮來過。
十一日、辛亥。晴、雪、夜中降、鋪レ地三寸餘。
一　朝、社參、勤二御祈一。梶平來ル。

木造始

一　社頭木造始。自家同斷。大工小工來而相勤。饗待如レ例。

猪狩神事

一　亥狩神事執行。酉刻出仕。如レ例執行。
十二日、壬子。晴。山田玄番（蕃）來儀。當十六日御膳部役也。始テ監物相勤ラレ候ニ付、玄番（蕃）モ介抱ノ爲參度由斷也。令二許容一。
一　京了有尼來儀。
十三日、癸丑。晴。傳奏禮日各出頭。權禰宜左近不參、月讀祝モ不參。饗式如レ例。次三位殿へ禮ニ參。次大文字屋六兵衞、同加右衞門へ參。外へハ兵部相勤。立賣へ參、夕炊給。酉刻歸宅。三位殿へ者、社家中一同ニ年玉トシテ昆布七拾筋進レ之。
　但、十本ニ付、壹匁ツヽ。惣代ニ下拙、權神主相成、權祝相宣、櫟谷祝相芳四人參。序ニ西田庄左衞門へ禮儀ヲ宣。
留主（守）中按察使殿へ禮トシテ御出。又此方よりモ參。
一　三舛屋吉兵衞來ル。
十四日、甲寅。晴、時々小雨、餘ハ晴天。兵部迎ニ遣ス。源内、里介。
一　豐之丞藥師寺へ禮ニ遣。茶碗十遣。序山田刑部へモ遣。外郎餅一竿、扇子貳本遣。猿禮ニ來儀。

一　酉刻神直。宮仕饗應如レ例。
十五日、乙卯。晴。巳刻神事如レ例執行。
一　同刻　禁裏ェ御富久米貳折如レ例獻上。人歩山田ヨリ來勤。政所ヨリ青侍差添、御傳奏迄相達。酉代惣禮三人來。沖田平左衞門來儀。飴屋八左衞門モ來。社家中幷役人方へ使遣。

御千度

十六日、丙辰。晴。朝社參。御千度。勤二御祈一。
一　朝社家中及役人幷大工小工預、其外下役人來集。御神供・御的如レ例相調、家賴(來)等輻湊。
　申刻より小雨。神供獻進ノ内止、射場ニテ又降。
一　今日之神事速ニ出仕可レ致之催ニ山田内匠家ヨリ相勤來候。此方ェ者其屆無レ之。如何者設(マヽ)人幷内匠モ此方ニ在合候故也。或説ニ此方ヨリ差遣譯故也。今年内匠御膳部役監物方ェ改易ニ付、沙汰人役トシテ勤來候哉。又御膳部役ヨリ勤來哉之問也。其譯者此方ニモ不案内、惟内匠方ニ代々勤被レ來候旨及二返答一。
十七日、丁巳。晴。下山田傳丞來儀。
十八日、戊午。晴。加伊里へ始テ返ス。恵性へ行器壹荷、樽壹荷一斗手樽、昆布五把、鹽鯛。一掛六郎右衞門へ行器一片、鹽鯛。一掛德右衞門へモ同前、三左衞門差添遣。
一　木具屋長右衞門、塗師屋清兵衞爲レ禮來。生鯛一ツ、鱧一ツ、長右衞門持參。野邊(延)紙貳束清兵衞持參。
一　齋藤左京來過。榮心モ御出、丹州モ來過。
十九日、己未。晴。禁裏・仙洞・女御當月御祈禱、御祓獻上、正祝相道持參。
一　太秦供僧中ェ返禮、出掛ニ相勤。

神明講

一　神明講張營。
廿日、庚申。晴。心蓮院爲レ禮來儀。
一　未刻地震。
廿一日、辛酉。晴。朝社參。勤二御祈一。丹州御内室御出、同時ニ主馬モ爲レ禮來過。扇子三本持參。齋藤吉左衞門上着滯留。藥屋權兵衞來。

廿二日、壬戌。晴。留惠爲レ禮來儀。未刻より雨、
夜中不レ止。
一　高濱勘解由殿より年始之使札并鹽鯛一尾惠來。

日待

廿三日、癸亥。雨。如レ例日待。
廿四日、甲子。陰。留惠歸京。惠性方へ見廻ニ人
遣。
一　美濃方之節、如レ例諸品相調遣。
廿五日、乙丑。晴。
廿六日、丙寅。晴。惠性來儀。及德右衞門、六郎
右衞門同伴、藤左衞門モ來。取持ニ丹後□（ムシ）備
後、相撲招請。
廿七日、丁卯。□（晴カ）、時雨。伏見大文字屋源左衞門
御出。
一　昨日之禮トシテ彥右衞門惠性方へ遣。序德右
衞門、六郎右衞門へモ遣。齋藤吉左衞門歸國。
惠性方ヨリモ使兩人より狀來。
一　御冨貴爲レ禮來儀。御留利殿モ同道。
廿八日、戊辰。晴。朝社參。勤ニ御祈一。御所へ人
遣。
廿九日、己巳、晴。兵部清荒神ェ御代參相勤。
一　鎭守之辨天へ神供獻上。

公千度

卅日、庚午。晴。山田因休一昨日ヨリ來儀ニ付、
今朝飯ニ招請。公千度神事執行。戌刻相濟。酉
刻、法輪寺より使在。社納銀貳石四斗九升代貳
百七拾九匁貳分八リン（厘）請取置、手形遣。

二月

朔日、辛未。雨。朝社參。勤ニ御祈一。
二日、壬申。晴。惠性方へ三左衞門遣。

神講

三日、癸酉。晴。御講出頭。
一　水無瀨川之儀ニ付、上鳥羽村彌三左衞門へ川
筋村々會集ニ付、社領よりモ萬石善太郎、松室
惣兵衞、上山田喜兵衞三人斗ニ出銀之義（儀）也。
可レ出哉否之書付、明後五日ニ遣手筈之由。
四日、甲戌。陰。申刻雨降。晴具用分之道具取ニ
惠性方へ三左衞門遣、下人六人遣。
一　年寄勘左衞門使ニ而、明日遣案文社中へ相

松尾社領神講

達。川筋村々不レ残出シ申由ニ候へ共、松（尾）社領者斷申遣。書付別ニ寫置。此案之通可レ然之旨、社中同心之由ニ付、致二清書一遣。寫如レ左。

覺

松尾社領九百三拾石餘

一 水無瀬川之儀ニ付、出銀之義（儀）、致二承知一候。然共松尾社領九百三拾石餘者諸役御免除之地ニ而、雖レ爲二御公役一古今相勤不レ申候。此度□（ムシ）儀先規之通爲二御斷一如レ此御座候。以上

元祿十七申年二月五日　松尾社領年寄　勘左衞門
同山田村　喜兵衛

上鳥羽村彌三左衞門殿

五日、乙亥。雨。山田村喜右衞門、當村武兵衞上鳥羽村へ使、右之書付遣ス。酉下刻兩人歸ル。彌三左衞門ニ相渡申由。

六日、丙子。晴。

七日、丁丑。晴。

八日、戊寅。晴。午刻陰リ、申刻雨。

□（九）日、己卯。雨。御講當番執行。朝社參。松尾出雲守來儀。今年より始講衆ニ加。

一 美濃局下梓。

十日、庚辰。晴。美濃局上朝、出雲守モ歸京。

十一日、辛巳。陰。朝社參。勤二御祈一。朝奇雲起。

十二日、壬午。晴。申下刻小雨。巳刻出駕、稲荷社エ參詣。序ニ髙森正因へ年頭之賀ニ立寄、申刻歸宅。

十三日、癸未。陰、未下刻雨。

十四日、甲申。晴。加伊、御所へ上ル。

一 未刻自二傳奏一狀來。松室備前便正祝相道正五位下　敕許之由也。

十五日、乙酉。晴。相道出京。敕許之御禮。關白殿、職事。萬里小路殿傳奏相勤。關白ハ鷹司（兼熙）殿也。

十六日、丙戌。晴、午刻より陰天、子刻より雨。
女御樣御取次衆より狀來。
御上使川越駿河守殿御上着。十七日參內、

十八日御暇卽日御立。
十七日、丁亥。雨、午刻晴。
十八日、戊子。陰、夜中大雨猛風。

桂川洪水

十九日、己丑。雨風。桂川洪水、川越斷絶。家賴(來)京へ遣。歸時洪水故、川向ニ滯留。巳刻より風止小雨。安右衛門方へ三左衛門遣。
廿日、庚寅。小雨。朝三左衛門歸宅。
廿一日、辛卯。陰天、時々細雨。
廿二日、壬辰。晴、時雨。兵部出京、女御樣へ上ル。
廿三日、癸巳。晴。
廿四日、甲午。晴。
廿五日、乙未。陰、時々細雨。
廿六日、丙申。雨。
廿七日、丁酉。晴。兵部、正因へ參。大塚藤兵衛方へも見廻。
廿八日、戊戌。晴。
廿九日、己亥。月次御祓獻上、正祝持參。兵部京ニ一宿。

三月

朔日、庚子。雨。朝社參。巳刻微雷雨三聲、午刻ヨリ晴天。
二日、辛丑。晴。朝之間小雨。巳刻觸狀來ル。
三日、壬寅。晴。朝社役出仕。巳刻退出。午刻社中來集。饗待如レ例。未刻丹州へ禮出ル。
四日、癸卯。晴。△社頭御修復所社中見分出頭、午刻退出。晩刻大工仙丞召寄、今晝ノ書付相渡、直樣仕候樣申渡。
五日、甲辰。晴。△社中ノ見分今日也。
六日、乙巳。晴。谷川室谷修復見分。
七日、丙午。晴。
八日、丁未。雨、巳刻降、午刻晴。
九日、戊申。晴。辰刻白川少將殿(雅冬王)雜掌より狀來。松尾備後退朝之便ニ來。其旨正祝兵部相道、權神主宮内相成兩人之口宣可レ被二相渡一之旨也。其狀之案如レ左。

少將殿被レ仰候間致二啓上一候。然者其許御兩人之位階口宣相調候間、御渡可レ有レ之候。御出候樣ニ可レ被レ仰候。御壹人者未忌中之間、御延引と察入申候。右之趣私より申遣候樣ニと之儀ニ御座候間如レ此ニ候。以上

三月八日　　　白川少將家
　　　　　　　河竝與左衛門

東勘解由殿

右之狀卽刻宮内方へ相達候。宮内忌中モ昨日迄ニ相濟候ニ付、今日爲レ斷白(伯)殿へ被レ參候。其後ニ返簡遣、明十日任レ召可レ仕旨申遣。

一　申刻御公儀公事役人深谷平左衛門殿、渡邊甚五左衛門殿より手紙來。其寫如レ左。

御用之義(儀)御座候間、明十日四ツ時信濃守屋敷へ御出可レ有レ之候。以上

三月九日　　　深谷平左衛門
　　　　　　　渡邊甚五左衛門

松尾
東勘解由樣
松室式部樣

使相待候故、勘解由方より返狀仕、卽刻式部方へ相達、明早々出頭可レ有レ之旨也。

一　酉刻宮内方より兵部方へ狀被レ越候。明四ツ時分可レ參旨也。

十日、己酉。晴。兵部、式部出京。御屋敷へ參ル。信濃守樣御直ニ御申渡候者、舊冬被二仰付一候御祈禱御檀料とシテ百石被レ下候間、各左樣ニ相心得候樣ニと被二仰付一、卽今日紀伊守樣ヱ御禮ニ上リ候樣ニ被二仰渡一候。尤御江戸へ抔御禮ニ上リ申事モ無用と被二仰付一、各使札ヲモ差上候儀、無用と被二仰付一候。御書付之次第先上七社、次七ヶ寺、延暦寺・三井寺・東寺・廣隆寺外ニ愛宕山・鞍馬寺・北野・祇園等、今日出頭之由。卽刻紀伊守樣へ御禮ニ上、又信濃守樣エモ御禮參。次駿河守樣へも參、次兩役人衆へ一禮相（以下闕）

一　正祝相道、權神主相成、口宣案爲二拜受一傳奏へ參、兩人共ニ拜受。御祝儀物、如二先例一、御傳奏へ百疋、熨斗代ニ蛤・コチ二色三匁五分、職事

へ百疋、雜掌へ貳十疋、傳奏雜掌へモ貳十疋、次御隱居三位殿へ鮑三、三匁五分進上、相道生年廿九才。職事萬里小路殿、上卿葉室中納言殿也。是ハ去年四年ヲキノ當年ニ候得共、御披露不レ被レ下。十七年二月十三日ノ宣旨也。

一　上山田藏泉庵・梅窓院より雪外ヲ使ニ被レ越二對談一。

一　酉刻、神方中、今日ノ賀儀ニ來儀。卽兵部歸宅。今日之首尾及二雜談一、今晝此方申達故來儀也。

一　山田刑部、同豐後より小鮎壹籠ツヽ惠來。

十一日、庚戌、晴。室谷砂留、昨日・今日也。

十二日、辛亥。小雨、巳刻ヨリ晴天。

寶永改元

十三日、壬子。晴。於二　朝廷一改元之儀式在レ之。寶永ト□（ムシ）。

十四日、癸丑。晴。

一　申刻自二上山田藏泉庵一使尼來。明日梅窓院私宅へ御出可レ在レ之案內也。

十五日、甲寅。晴。巳刻梅窓院御出。父子不レ殘掛二御目一。入レ夜大工仙丞、忠兵衞來儀、石階之注文持參。

神幸

十六日、乙卯。雨。神幸御神事、午下刻出仕。如二恆例一相勤。序社頭御修復所公儀ニ窺之評議、明後十八日出頭ニ相決。

十七日、丙辰。小雨。梅窓院へ使遣ス。未刻より降雨。

十八日、丁巳。陰。兵部出京。當年役月讀祝隼人、山田帶刀出頭。社頭御修復所窺也。卽日尤ニ思召候。勝手ニ可二申付一旨被二仰付一也。

十九日、戊午。陰、未刻より大雨。

社頭參會

本願所

廿日、己未。晴。社頭參會、出頭。馬場土置人足入札申付、於二本願所一開申候。山田村庄衞門札ニ落申。四百五匁落札也。

廿一日、庚申。晴。兵部旅所社へ參向。終日陰天、申下刻ヨリ雨。

廿二日、辛酉。雨。

廿三日、壬戌。雨。
廿四日、癸亥。晴。家内召連、旅所社へ參向。序
東山邊へ出、申下刻歸宅、同上刻雨降。
廿五日、甲子。雨。申刻松村與左衞門ヨリ使在。
明日晝時分御用ニ付、信濃守様御屋敷へ參上
可レ仕旨也。下拙壹人ノ返簡相認遣。手紙ニハ
式部ト兩人ニシテ來。
一 入レ夜神方左兵衞、伊織、□(權之カ)丞被レ來候故、
序ニ明日出頭之申達。
廿六日、乙丑(ウシ)。晴。兵部、式部出京。信濃守様
□(御出と)書付ニ而渡。其案

松尾

四月朔日二條御藏ニ而請取可レ申事

三月廿六日

又明日如レ左請取手形相認持參可レ仕旨被二仰
付一□(ムシ)手形案文御出被レ成候。案

請取申米之事

現米百石者　但、京舛也。

右是者舊冬就二地震一御祈禱依下被二仰付一候上、
爲二御下行米一□(ムシ)置請取申所仍如レ件。

元祿十七年申四月　是ハ此方料簡ニ而　松尾社中

本多十右衞門殿
杉岡喜左衞門殿
伴　善太夫殿
長坂新右衞門殿

右之通社家中へ相達。山田よりハ喜兵衞本使
ニ成候故、便ニ相達。
廿七日、丙寅。晴。兵部、宮内出京。御屋敷參
上、右之手形差上ル。明後廿九日ニ窺ニ參候様
ニ御申渡。今日上申請取ニ紀伊守様御裏書被レ
遊被レ下之者也。其御裏書出下候哉否之窺也。
仲井孫介殿御申渡也。
一 即刻、社中へ明日參會之儀、又ハ今日之首尾
相達。此儀ハ社頭之會席者如何ニ存、此方ニ而
來集之様ニ相觸。
廿八日、丁卯。晴。朝社參。勤二御祈一。鎮守之御

社へ神供獻上。留ゑ（惠）爲二平産之祈念一也。
廿九日、戊辰。晴。兵部、式部出京。御屋敷へ參
候處、明日又上リ候樣ニ被二仰付一候。
一　大五郎兵衛息房介、同養息團之丞（允）始而來治半（マヽ）
刻歸京。
晦日、己巳、晴。兵部、式部京ニ一宿ニ而今日又
上リ被レ申。首尾能御裏書拜受。彌明日御渡可レ
被レ下旨蒙レ仰候。申下刻山田伊織殿京へ見廻ニ
而、兩人より御語也。京都殊外取込ニ而兩人ニ而
ハ難レ調候間、爰許衆中今夕より上京可レ被レ成
旨申來候故、權佐殿、主税殿へ申達。
四月
朔日、庚午。晴。朝社參。勤二御祈一。
一　御目付御社參之由、昨夕松村より觸來ル故、
早々社頭へ相詰。既巳刻山田之渡迄御出被レ成
候へ共、京□（都カ）火事□（ムシ）付、京へ御引返シ、御社參
無レ之候。巳ノ下刻退出、歸宅。其儘又御社參
之由告來。卽刻出頭。社頭ニテ御目見、廻廊ニ
御□（ムシ）可レ被レ成。例之通書畫も進上。委曲御尋、
首尾能御退出。直ニ月讀社へ歩行被レ成、御供
月讀□（ムシ）ヲモ首尾能御通。公儀へ御斷之儀者、幸
京ニ何モ在留故、直ニ今日可二相勤一候樣ニ申
遣。柳原［　　］（ムシ）此方へ御出之由也。
一　御下行米　御裏書之案
表書之米百石之事、老中證文見合無二相違一可レ
被二相渡一候。改左本文有レ之候。以上
紀伊
右之御文者此方より差上ケ□（ムシ）請取手形之裏ニ御
書被レ成、則昨（サク）日於二紀伊守樣一御渡、今日御藏
奉行衆へ相渡、御米請取御藏之前ニテ四人ノ御
藏奉行［　　］（ムシ）立會ニテ五斗マワシ、五斗壹升五勺
マワリ、殘米ハ其マワシニシテ御渡。五拾石ハ
米ニテ引、五拾石ハ京大宮四條下ル貳町目小豆
屋七兵衛ニ賣渡、六拾九匁かへ。百石ノ内、出
米ニ貳石壹斗引、壹石八斗四升［　　］（ムシ）、此方
へハ四拾六石引取、神藏ニ納置也。又五拾石之

代金ヱ同所ニ納置、神用ニ相達者也。五拾石之
引米モ今日悉到着也。□(則カ)刻、社中京より歸宅。
此方へ直ニ御立寄。兵部、式部、帶刀三人者、
京ニ滯留、明日御禮等被レ勤筈之由也。
一　今日出申所伊勢兩宮、賀茂下上、當社、平野
六ケ所也。
四月
二日、辛未。晴。申刻、兵部歸宅。
供僧
一　神前置土出來。年寄共告來候ニ付、權祝主税
出頭請取被レ申候。□(ムシ)賃銀モ四百五匁ノ都合被二
相渡一候。
三日、壬申。晴。酉上刻より雨。申刻俊亮使ニ
供僧
來。太秦供僧中より也。今度御下行米御請取□
□(ムシ)口上也。且又御配當之時分以來可□(ムシ)事
之旨也。□(ムシ)通社中へモ相達可レ申旨及二返
答一。
還幸
四日、癸酉。晴。祭禮之神事也。家務如レ例執行。
團之允來儀。鹽見小兵衞來儀。此方ニテ見物
致、申刻出仕、酉刻退出。
五日、甲戌。晴。今夕炊ニ京衆招請。宗因、左近
將監、主馬其外一門中來集。
一　酉刻、勘左衞門召寄、明日參會之儀、社中へ
相觸候樣申付。齋藤吉左衞門昨日被レ申候。
六日、乙亥。晴。□(ムシ)社中來集。御下行米之□(ムシ)
已來諸事用脚高貳〆三百五十□(ムシ)殘四〆餘ヲ社
中配當高ニ割付。百石ニ付七百匁□(ムシ)割付ニ決
定。則供僧中へモ其割ニシテ遣金貳兩壹分遣。
一　齋藤吉左衞門歸國。團之允モ歸京。
七日、丙子。晴。年寄喜兵衞、小兵衞兩使ニ而、
供僧中へ金子爲レ持遣、序ニ京ノ宿へモ□(ムシ)遣
金貳兩遣、土屋久左衞門へモ貳歩遣。
一　巳刻、神方中來儀。昨□(ムシ)評之通□(ムシ)在レ
之。高割ト申事否之申分也。何茂社家中ヱ相
違、其□(ムシ)沙汰旨致二返答一。
一　未之刻、兩使歸ル。何茂忝之旨也。右子細
故、供僧ヱ者不レ遣也。

八日、丁丑。晴。奥山へ登遊。

衆評

九日、戊寅。晴。社家中來。去七日神方中來儀之旨及二衆評一。入二夜陰一所詮用脚ヲ引殘米之分在二次第一。社中卅三、供僧六員都而三拾九ニ平等ニ配當可レ然ニ決定。殘米四拾石餘。但、後進之神供料三石餘者升也。

社中卅三員、供僧六員

神供料

十日、己卯。陰。社頭ヱ出ル。御普請在レ之故、午刻退出、兵部代ル。午刻より雨降。

十一日、庚辰。晴。朝社參。勤二御祈一。土屋久左衞門來、鼓修造。

十二日、辛巳。晴。谷川山峽へ石取□（ムシ）。

社中衆評

十三日、壬午。雨。□（ムシ）社中參會。御下行米配之衆評所詮平等之割。□（ムシ）此方ニ□（ムシ）候へ共□（ムシ）窮□（ムシ）之タメ、又ハ無爲ニ事之治ルヲ□（ムシ）意ト存故、用脚ヲ引、殘而四十石餘□（ムシ）平等ニ卅九ニ割、供僧□（中カ）壹人前ニ壹石ツヽノ配當可レ然ニ相□（究カ）。

十四日、癸未。晴。供僧中へ使遣ス。今度御□（ムシ）□配當、明日社中モ拜受致候間、供僧衆よりモ取□（ムシ）樣申遣。使者預り小兵衞、上山田年寄喜兵衞也。若樣子被レ尋候ハヽ、九拾六石之内拾石御奉納、四拾五石ハ舊冬□（ムシ）貸脚。殘而四拾壹石ヲ社中人別ニ壹石宛領受之申□（ムシ）候樣ニ、兩人ニ申付。彼方返答、先年貳石被レ下候□（ムシ）供僧へモ貳拾石請取申候故、今度モ拾石ハ請取可レ申存候へ共、平等ニ此度ハ可レ被レ成候段、承知之由、社中□（ムシ）配當之上ハ所存無レ之由也。

十五日、甲申。陰。今朝爲二天下御安全一此度被二下置一候御下行米ニテ神供調進候。社中惣參。敬勤二御祈一。次直會。次ニ御藏ヲ開、社中平等□（二壹カ）石ツヽ拜領。供僧へモ六石相渡。自□（ムシ）請込□（ムシ）貳石之内壹石家賴（來）共□（ムシ）殘分附仕ル。

一　藏泉庵より使在。

十六日、乙酉。晴。卯半刻、出駕。賀茂葵祭見物□（ムシ）參、申下刻歸宅。

十七日、丙戌。陰、巳刻ヨリ雨降。美濃局灸之神□（形カ）下梓迎之者遣ス。辰刻、雨降。

一　太秦密嚴院・等覺院・勝慢(曼)院□(ムシ)過。今度御
下行米□(ムシ)。次ニ御下行米請取渡シ之手形互
ニ取交シ可レ仕旨ニ而、則案紙持參。一覽文言
ニ相替儀無レ之候へ共、斷申無用ニ被レ致候樣ニ
申渡。領掌致、被レ歸。
十八日、丁亥。雨。
十九日、戊子。晴。美濃局同伴、大佛邊へ遊行。
序高森正因へ立寄、歸リニ東寺へ參詣。酉ノ下
刻、歸宅。
一　美濃方へ爲二御見舞一女御樣御使被レ下、井籠
壹組拜受。
一　江戸鶴姫君樣去十二日御逝去ニ付鳴物幷普請
等御停止之御觸來ル。是當君綱吉公之御息紀伊
國樣へ御簾内。卽刻社中幷境内へ相觸。
廿日、己丑。雨。
廿一日、庚寅。晴。朝社參。勤二御祈一。美濃局上
朝。
一　淨住寺ェ使遣。井籠壹組遣。
一　酉下刻、東梅津百姓三軒炎燒。
廿二日、辛卯。晴。鶴姫君樣爲二御悔一御所司紀伊(松平信庸)
守樣へ諸社より出頭之由承及候故、今日當社よ
りモ出頭。兵部山田より壹人出頭也。社家中ェ
モ昨夕相達。
廿三日、壬辰。陰晴。茶仕謠ノ師□(利カ)右衞門來る。
二宿。
廿四日、癸巳。陰晴。鎭守ノ社ェ神供獻上。未刻
より晴天。
廿五日、甲午。陰。
廿六日、乙未。雨。普請幷鳴物御赦免之御觸書社
中へ相達。明日私宅へ參會之儀相觸。使武兵
衞。
一　申刻、立賣より女共迎之者來、留ゑ(惠)平産之由
申來。
廿七日、丙申。雨。社中來集。御下行米殘金平
等ニ預。冷飯振廻(舞)。申刻、退散。
廿八日、丁酉。晴。朝社參。勤二御祈一。立賣へ人

鳥居修復
御千度祓
御符御札
田植
桂川洪水

遣。
廿九日、戊戌。晴。月次御祓獻上。
一　兵部鞍馬御代參。未明ニ出駕、酉刻歸宅。
一　野口平兵衛より使者惠來。
五月
朔日、己亥。晴。朝社參。爲二御祈一勤二御千度祓一。
一　酉刻、如レ例神直。
二日、庚子。晴。女共迎ニ三左衛門駕籠者遣、御
所へも遣。
三日、辛丑。晴。
四日、壬寅。晴。社頭御普請見廻。
五日、癸卯。晴。朝社役出仕。午刻社中來集。饗
待如レ例。豐丞藤森神事見物ニ參。松室阿波同
道也。
六日、甲辰。陰雨、巳ノ刻より小雨。早稻田植。
未刻ヨリ猛雨。
七日、乙巳。雨。御所へ人遣。午下刻、猛風。
八日、丙午。晴。田植。
九日、丁未。晴。鳥飼利衛門來過。井口八兵衛モ
來過。
十日、戊申。晴。社頭參會。鳥居修復之儀。
十一日、己酉。雨、卯上刻ヨリ降。朝社參。勤二
御祈一。終日不レ止。
十二日、庚戌。雨。藥師寺御出、御符御札持參。
高森正因へ人遣。稻野方へ御見舞被レ下候樣ニ
申遣。
十三日、辛亥。雨。
十四日、壬子。晴。出京。稻野方エ見舞。高森正
因モ御出診脉。田植仕廻。申刻歸宅。同刻、夕
立。
十五日、癸丑。雨。巳刻より晴。
十六日、甲寅。雨。高森正因エ人遣ス。
十七日、乙卯。雨。御公儀エ筝獻上。兵部、帶刀
出頭。首尾能相勤、申刻歸宅。夜中猛雨。
十八日、丙辰。雨、急雨度々。仙洞（靈元上皇）御所當月御祈
禱御祓獻上之日限窺ニ進ム。桂川洪水。午下刻

ヨリ雨止。
十九日、丁巳。陰。
廿日、戊午。晴。宿之九右衛門來過。
廿一日、己未。晴。禁裏・院中當月御祈禱御祓獻上如レ例。笋相添、正祝兵部相道持參。
一 午刻、社頭へ出頭。鳥居修復之儀、存外破損在レ之故也。笠木上下北方竪柱朽損。
廿二日、庚申。晴。社頭ニ相詰候。石匠來、人足加勢ヲ乞。

月待・日待

廿三日、辛酉。晴。如レ例月待・日待。宗立・吉兵衛來過。
廿四日、壬戌。晴。兵部愛宕へ參詣。主税同伴。
廿五日、癸亥。晴。
廿六日、甲子。晴。兵部社頭へ出頭。御用銀預リ歸ル。
一 庭之石燈籠立ル。石匠モ來ル。

神明講

廿七日、乙丑。晴。神明講相營。
廿八日、丙寅。陰、細雨。高森正因へ人遣。御所へ人遣。
一 三左衛門京へ遣。
廿九日、丁卯。晴。

巳待

卅日、戊辰。晴。今月御祓獻上。今夕、巳待。

六月

朔日、己巳。晴。朝社參。勤二御祈一。
一 自二禁裏一一七ヶ日御祈禱蒙レ仰。依二 仙洞御不例一也。先月廿七日ヨリ御疱疹之由自二大和殿一御狀也。御撫物幷御初尾(穂)白銀壹枚拜受。御使者上田長七殿。
一 午刻社參。御祈禱初、抽二丹精一。
一 鳥居竪柱幷笠木修復大工始。
二日、庚午。雨。朝社參。勤二御祈禱一。
三日、辛未。晴。朝社參。勤二御祈一。巳刻丹後守來儀。
一 自二山田駿河一喜兵衛被レ越。沖田平左衛門へ渡ス。御能祿銀之儀也。累年之通被二相渡一候樣申遣ス。

四日、壬申。晴。朝社參。勤二御祈一。巳刻、土屋久左衛門來、明五日安藤駿河守樣御上着之由告來。
五日、癸酉。晴。朝社參。勤二御祈一。安藤駿河守樣御上京。
一　京材木や、舛屋七衛門代彦兵衛來リ、代銀相渡。但、鳥居御用木代也。
六日、甲戌。晴。朝社參。勤二御祈一。
一　石匠喜介來、石代相渡。
七日、乙亥。陰。朝社參。勤二御祈一。今日滿願御祓獻上、兵部出京。
一　昨五日安藤駿河守樣江戸ヨリ御上京ニ付、賀儀ニ出頭。序ニ御祓モ獻上之筈也。
八日、丙子。晴。午刻、時雨。
九日、丁丑。雨。
十日、戊寅。晴。
十一日、己卯。晴。朝社參。勤二御祈一。
一　鎭守之社ヱ神膳獻上、五郎兵衛願主。
十二日、庚辰。晴。俗名日向、法號尤神院相山十七回忌、次男近江宅ニテ營齋。下拙モ被レ招致二燒香一。日向者相景之次男、相行之弟於レ拙叔父也。
十三日、辛巳。晴。檜皮喜介手代平兵衛來。社頭御藏之葺替仕廻候居也。
一　松室丹後守殿ヲ賴、下鴨鴨脚河内方□（ムシ）。
十四日、壬午。晴。兵部、祇園會ニ新町左近方へ參。
一　川普請今日より始、奉行來儀。但、上山田村より始、此方ハ未二知申一候。
十五日、癸未、晴。
十六日、甲申。晴。社頭へ見廻、鳥居柱立ル。兵部上山田前御普請所へ見廻申候。
十七日、乙酉。晴。此方分之川前御普請始。奉行五嶋左太右衛門。宿者山田□（ムシ）方ニ直ニ滯留被レ致候。兵部見舞。
十八日、丙戌。雨、巳刻より雨止、猛風。

能

十九日、丁亥。雨、陰天、午ノ刻より晴。

廿日、戊子。晴。川前普請仕廻。兵部御普請所へ出頭。

鳥居修復

廿一日、己丑。晴。朝社參。勤二御祈一。鳥居修復出來。

一　三ヶ村年寄三人御普請被二仰付一、忝之旨、小堀仁右衛門殿へ遣ス。

廿二日、庚寅。晴。朝、神供米下行。

御田代神事

廿三日、辛卯。晴。御田代神事。午下刻、出仕。朝催シ帯刀屆ニ來儀。未刻より陰。

一　社家内四人不參。正禰宜相忠臨月之憚、權神主相成母之服中、權禰宜相治病氣、櫟谷禰宜相親母之服中。但、相成同母弟也。櫟谷祝者童體ニテ出役。但、上下(裃)ニテ階下迄。

能

御能番組賀茂、西行櫻、夜鳥(鵺)。戌之下刻、退出。

猿樂

廿四日、壬辰。雨。朝猿樂中來儀。朝飯振待。飯後社務家之囃、高砂、江口、龍田。午刻、上役。未刻、雨晴。御能番組蟻通、實盛、野々宮、舩辨慶、猩々。戌刻、退出。

廿五日、癸巳。晴。□(ムシ)之丞歸京。

廿六日、甲午。晴。三左衛門、高木安右衛門へ遣。

廿七日、乙未。晴。大佛正因へ源内遣。豊允病氣故□(ムシ)因來過。□(ムシ)大五郎兵衛使札在。

廿八日、丙申。陰。時々時雨。朝社參。勤二御祈一。

一　三左衛門ヲ高木安右衛（門）方へ遣、安兵衛方へも遣。

一　大五郎兵衛來儀。

一　自二角倉平次一使在。去ル御田之時分、此方より使ヲ遣其禮也。使者森平内。鳥飼利右衛門來過。

廿九日、丁酉。晴。

卅日、戊戌。陰、時雨。月次御祓獻上。三左衛門出京申□(大カ)五郎兵衛方へ遣、來四日ニ遣夕ノミ(頼)之祝儀物相調候義(儀)頼ミ遣。

七月
朔日、己亥。陰、雨。朝社參。勤二御祈一。
一　藥師寺へ三左衛門遣。女御樣之御初尾(穂)爲レ持
遣。
二日、庚子。晴。山田玄蕃來過。兵部、社頭へ罷
出、御拂銀借用之相談仕候。
巳ノ下刻、松村與左衛門より出手紙來。非藏人
松室越中、只今迄京ニ住宅候所、當月より當村
大隅守方へ引越候由、御公儀へ被レ斷候ニ付、
其通村之者共へ可二申付一旨也。宛所社家中と
在レ之候故三度跡も勿論、松室貳家へも卽刻相
達。則年寄召寄、村中江モ右旨申渡候樣ニ申
度。□(ムシ)大隅守方へも被レ引候哉否、尋ニ遣二使武
兵衛一。
三日、辛丑。晴。三左衛門、五郎兵衛方へ遣。序
ニ庄衛門方へも遣。明日彌目出度印遣可レ申屆
也。
四日、壬寅。陰。風。巳刻、三左衛門、源内及下
人共印ヲ持セ遣。大五郎兵衛方ニ而賴調申也。
□(祝カ)儀物羽二重三疋、內紅壹疋、樽壹□(升カ)壹ケ壹
斗、鯛兩尾、昆布五□(ムシ)、鮹魚三連。彼方より三
左衛門へ金三百疋、源内へ貳百疋、下人六人へ
青銅貳拾、紙ハ授與申。下刻、使者歸ル。同刻
より小雨。
一　丹州・主稅招請在レ獻。
一　京衣棚、出水上ル町駒井立敬也。
五日、癸卯。陰、小雨降。□□(ムシ)獻上之花相調。
六日、甲辰。雨。午刻晴。早天草花筒三ケ如レ例
禁裏へ獻上。青待差添、傳奏迄進二呈之一。
七日、乙巳。陰。辰刻、社役出仕。午刻社中來
集。
八日、丙午。晴。高森正因へ源内遣、五郎兵衛方
へ三左衛門遣。
九日、丁未。晴。近江へ貳朱壹ケ遣、中元之祝
儀。松尾出雲守來過。屋根や(屋)喜介へ祝儀。
一　大五郎兵衛より盆之祝儀惠來。刺鯖、勝尾(鰹)。

十日、戊申。晴。五郎兵衞方へ祝儀遣、鯣五把。
一 山田左兵衞方へ、豐允口中相煩候禮として金貳朱、鯖三刺遣。
一 鳥飼利右衞門へ祝儀ニ貳朱遣。
十一日、己酉。晴。

新嘗會神事

十二日、庚戌。晴。新嘗會神事正祝出仕。藥師寺へ遣。
十三日、辛亥。晴。如二例年一僧衆招提。家賴(來)共來ル。
十四日、壬子。晴。
十五日、癸丑。陰晴。社參。勤二御祈一。巳刻、禮ニ出。先孝養軒、次近江・丹後、次ニ主稅へ參。巳刻、門中來儀。
十六日、甲寅。晴。
十七日、乙卯。晴、申刻、時雨、入レ夜雨。出雲守方へ狀遣。
十八日、丙辰。雨。御所へ人遣ス。出雲守方へ狀遣。
十九日、丁巳。晴。
廿日、戊午。晴。向ノ土藏大工始、仙丞來勤。
廿一日、己未。晴。兵部出京。稻野方へ見廻序ニ白川三位殿(雅冬王)、少將殿へも上階ノ催促ニ遣。
廿二日、庚申。晴。髙森正因へ使遣ス。昨日留ゑ(惠)子共(供)召連來過。今夕、社江被レ參候。
廿三日、辛酉。晴。早朝、かな迎之者遣ス。午刻來ル。
廿四日、壬戌。晴。留ゑ(惠)歸京迎參候。
廿五日、癸亥。晴。謠師利右衞門來過、一宿。
廿六日、甲子。晴。利右衞門、未刻、歸京。
廿七日、乙丑。晴。午刻、松村與左衞門より使手紙在。八朔相撲見物之棧敷之儀、賴來ル。停止之由申遣。

神明講

廿八日、丙寅。朝、社參。勤二御祈一。巳刻、眞如寺立惠御出。同刻、丹後守モ御出。丹州ニテ神明講張行。兵部出席、下拙不レ出。
廿九日、丁卯。晴。午刻、霹靂、夕立、所々雷隕、人震燒。兵部出京。堂上方禮相勤。

八月

朔日、戊辰。晴。朝社參。勤二御祈一。午刻、夕立度々。同刻、兵部歸宅、卽刻社頭へ出ル。御奉行三人石橋加右衛門殿、眞野伊兵衛殿、小野寺十兵衛殿、與力三人、其外同心衆六七輩。

一　湊屋□（ムシ）來儀、索麵壹折持參。

河内屋久兵衛來ル。灰方庄兵衛子幷新兵衛來。

二日、己巳。陰、雨。朝、宮仕又進來儀。告云、神前南馬場下馬之前壹圍斗之松木、昨夜三更之時分中より折レ、樫之枝ニ掛リ下へ者落付不レ申由。樫木ノ枝少折落、往來ノ障ニ成申由ニ付、山守役人彦右衛門ニ申付、此方より下人共差遣此方ヱ取申候。當番刑部殿へ相斷由。御用木ハ東堀際へ遣置。此方より人足遣。

三日、庚午。陰　雨。御前役人喜兵衛より鮎壹籠惠來。

一　御所へ人遣。又進よりモ鮎壹籠惠來。

一　藥師寺へ三左衛門遣、序ニ山田玄番（蕃）方へモ遣。

四日、辛未。晴。朝、山田玄番（蕃）より鮎惠來。

五日、壬申。晴、時々細雨。

六日、癸酉。晴、陰交互。申下刻、時雨。

七日、甲戌。晴、陰　細雨。高森正因へ人遣。午刻より晴。

一　高森正因御出。上山田へ御越之序也。

八日、乙亥。晴、時々細雨。惠性御出、一宿。

九日、丙子。晴、陰。正因へ使遣。山田玄番（蕃）方へ三左衛門遣。

十日、丁丑。晴。惠性被レ歸京一。此方より送と申候。疫疾送拂。

十一日、戊寅。晴。朝、社參。勤二御祈一。下官者所勞不參。

十二日、己卯。晴。

十三日、庚辰。晴。大根蒔。時雨、入レ夜又時雨。

一　山守役人彦右衛門來告云、神山御岩之下邊松

宗門改

月次御祓獻上

木倒レ申由。本口五尺、廻斗長八間餘在レ之由。本口ニテ壹間斗拆離。

十四日、辛巳。陰。美濃局下梓迎者遣。

十五日、壬午。雨。豊允屋敷土藏棟上。終日不レ止。丹後守殿家内招請。

十六日、癸未。雨。女御様より御使美濃方へ被レ下。索麵貳拾把。御使北小路三左衞門。

十七日、甲申。陰 雨。

十八日、乙酉。晴。

十九日、丙戌。陰、細雨。清元院卅三回忌相當法會張營。在所中一等(統)ニ米三升宛施行。惣數貳十七軒。年寄兩人加テ一族中不レ殘。今非時より明齋迄招請。百姓共へハ入レ夜酒ヲ惣堂へ遣給サセ申候。

一 巳刻、美濃局上朝。

廿日、丁亥。晴。清元院卅三回忌齋。僧衆招提、供養。門中來集。

廿一日、戊子。陰、晴、雨交。朝、社參。勤二御祈一。

一 藥師寺へ三左衞門遣。

廿二日、己丑。晴。

廿三日、庚寅。陰、晴雨端。自二藏泉庵一使者在。

廿四日、辛卯。晴。社家中來集。宗門帳相認。

一 惠性被二來過一。正因へ人遣。

廿五日、壬辰。晴。

廿六日、癸巳。晴、陰。

廿七日、甲午。晴、陰。正因へ人遣。蘭壹槽惠來。

一 松村與左衞門方へ宗門帳爲レ持遣。使文右衞門。與左衞門留主(守)ニ而内證へ相渡由。

廿八日、乙未。雨。自二藏泉庵一使在。藏泉庵分配當之義(儀)告被レ越候。終日不レ止。

廿九日、丙申。晴。

卅日、丁酉。晴。月次御祓獻上。美濃方へ重カラ(唐櫃)ト遣。

九月

朔日、戊戌。晴。朝、如レ例社參。勤二御祈一。酉刻、神直。

二日、己亥。晴、陰。

三日、庚子。雨、午刻より晴。

一　七條渡邊内藏助より宗門帳被レ傳候。松村より事傳申由。

四日、辛丑。晴。曉天、人足貳拾人、三左衞門差添、京駒井立敬方へ遣。兵部婚禮荷物取ニ遣。巳刻、當地着。長櫃七棹、小袖箪司（笥）貳對、屏風貳雙、琴壹箱、衣桁、行器壹荷、膳箱、葛籠壹荷也。

五日、壬寅。晴。三左衞門、京へ遣。惠性殿歸京。

六日、癸卯。晴。

七日、甲辰。晴。山田甚左衞門より使。鰻貳尾惠來。

一　午下刻、松室村庄屋小兵衞來告。谷川尻五ヶノ井手ニ非人流レ掛居由。上桂村より小兵衞方へ相斷ニ付、式部へも相屆、此方江モ相屆由。卽刻、又四郎召、樣子見屆候樣ニ申付。卽刻、又四郎見分致、歸リ申候者、年比五十斗之男、裸體ニテ頭髮モ無之、掛居申由告ル。卽刻、松室庄屋次郎右衞門、當村勘右衞門召寄、急キ御公儀樣へ御斷申上候樣ニ申付、口上書差上ル由。其案如レ左。

乍レ恐以二書付一御斷申上候。

桂川筋松尾前五ヶ村之井手ニ、年比五十斗男流れ掛居申候。衣服も無二御座一はだか身ニ而、頭髮も無二御座一候。右之通少も相違之儀無二御座一候。以上

寶永元年申九月七日

松室村庄屋　次郎右衞門

谷村年寄　勘右衞門

御奉行樣

右之通相認、松室村小兵衞、當村武兵衞及又四郎同道ニ而、申刻より御屋敷へ參上。子刻、三

人共ニ歸ル。先松村與左衛門方へ參、相斷候所ニ、大方非人ト相聞へ候間、明日早々悲田院ノ年寄、見分ニ參候樣ニ可ニ申付一旨。則又四郎ニモ悲田院へ參、其通申達候樣ニ被ニ申付一候故、直ニ參、相斷、明早々參候筈仕由申候。參候者ノ馳走ハ、又四郎ニ申付候。此方年寄共ニモ出向相對致候樣ニ申付。

八日、乙巳。晴。酉上刻より雨。早朝、悲田院年寄貳人參、見分之上非人ト相見へ申由。悲田院ノ年寄申由。書付松村へ持參申也。草案ハ悲田院年寄仕、松室ノ堂坊清書、名印ハ松室村庄屋次郎右衛門、同年寄勘右衛門兩人、勘右衛門モ態と松室村ノ年寄ニシテ遣。書付之案如レ左。

乍レ恐以ニ書付一御斷申上候。

一　桂川筋松尾前用水井手ニ、年之比四十四五歳斗之坊主、身者はだかニ而、相果流留リ居申候。則悲田院年寄清兵衛、吉右衛門呼寄、見せ申候得者、非人坊主之樣ニ相見へ申候由申候ニ付、乍レ恐以ニ書付一御斷申上候。以上

寶永元年申九月七日　　松室村庄屋　次郎右衛門印

年寄　勘右衛門印

御奉行樣

右之通相認、小兵衛、武兵衛御公儀へ持參仕候所、首尾能相濟、勝手ニ取納候樣ニと被ニ仰付一候。

重陽神事

九日、丙午。陰。朝社參、出仕。神事如レ例執行。巳刻、退出。午刻、社中幷役人來集。饗應如レ例。

十日、丁未。晴。留ゑ(惠)來過。

十一日、戊申。晴。朝社參。勤ニ御祈一。

一　兵部、相道婚禮儀式相調、午刻、來着。式中位母儀同道、申下刻、退出。

十二日、己酉。雨、午刻より雨止。

十三日、庚戌。晴、午刻より雨。大五郎兵衛爲ニ祝儀一來過。

十四日、辛亥。晴。京へ人遣。

藏付

月待・日待

一　藥師寺爲二祝儀一御出。昆布壹折五十本持參。
十五日、壬子。陰。
十六日、癸丑。晴、未ノ下刻、雨降。
一　留ゑ（惠）歸京。
十七日、甲寅。晴、風少起。妙恩方より使。肴貳
種惠來。
十八日、乙卯。晴。立賣より使在。
一　從二女御樣一今度之爲二御祝儀一御肴鱧壹折貳尾
拜領。御取次荒木對馬守殿より狀相添。御使中
田安兵衞。次大貳殿より鯣壹折三把惠來。
一　松室同名之若等（黨）四五人招請。
十九日、丙辰。晴。出京。駒井立敬方へ參。一家
不レ殘、大五郎兵衞同道致候。酉下刻、歸宅。
廿日、丁巳。雨。立敬方へ昨之禮ニ遣。
廿一日、戊午。晴。朝、社參。勤二御祈一。
廿二日、己未。晴。禁裏（東山天皇）・院（靈元上皇）中御祈獻上。
廿三日、庚申。晴。美濃局迄松茸獻上。今夕如レ
例月待・日待。入レ夜雨。

廿四日、辛酉。陰。御公儀へ上二松茸一兵部出頭。
山田より帶刀被レ出候。鹽見小兵衞より祝儀之使
在。蒔繪盃大小惠來。沖田平左衞門父子祝儀ニ
來。
廿五日、壬戌、晴。駒井立敬、同春伯へ明々後廿
八日申請度旨、使ヲ以申達。
一　自二高森正因公一祝儀トシテ弟子今村敬因御
越、延紙拾束、菓子箱壹ケ。但、貳重桐、昆布壹
箱御持山（參）。直ニ松茸山へ同道申、山ニテ馳走。
一　謠師利右衞門祝ニ來過、引合三帖持參。
廿六日、癸亥。晴。藏付祝儀如レ例、五拾石餘納。
廿七日、甲子。晴。
廿八日、乙丑。晴。駒井立敬、同春伯、母儀妙恩
招請。前田見設、津田泰庵同道。松尾出雲守、
松室丹後守、大文字屋五郎兵衞來過。取持。戌
之刻、退散。妙恩ハ一宿。
廿九日、丙寅。晴。妙恩、留ゑ（惠）同道ニテ松茸山へ
登ル。申刻、歸京。

廿日、丁卯。晴。月次御祓献上。

十月

朔日、戊辰。晴。朝、社參。勤㆓御祈㆒。心蓮院へ使遣。

二日、己巳。晴。下村源左衞門來過。

三日、庚午。陰、雨。高森正因へ源内遣。

一午刻、松村與左衞門より使手紙在。松尾豊前當地宮内方へ引越被㆑申候由之斷也。則手紙書付之案文如㆑左。

非藏人
松尾豊前

右中御靈寺町西へ入ル町住居之處、此度松尾ニ而東宮内方へ引越、同家住居之由御公儀へ御斷相濟候間、左様ニ御沙汰可㆑被㆑成候。以上

十月三日　松村與左衞門印

松尾
御社家中
東宮内殿
松尾豊前殿

右御兩人、前々より右之御名ニ御座候處、御公儀御帳面御見へ不㆑申候由ニ御座候。如何樣子承度存候。以上

十月三日　松村與左衞門

返答案

御手紙之趣拜見。然者松尾豊前儀、當地東宮内方へ引越被㆑申候段、被㆓仰聞㆒、得㆓其意㆒奉㆑存候。且又兩人名之儀、御書付之通ニ存候。併豊前儀、禁裏へ御奉公ニ不㆑被㆓召出㆒候已前ハ、松本雅樂ト申候。豊前ト申呼名ハ、御奉公已來ニ而候。右之通相違無㆓御座㆒候。已上

十月三日　松尾神主　東勘解由印

松村與左衞門殿

卽刻、年寄召寄、社家中へ相達。

四日、辛未。晴。出京。白川三位殿（雅冬王）へ參、對面。次松尾出雲方へ見廻對談。次稻野へ見舞。酉刻、歸宅。

五日、壬申。晴。

六日、癸酉。晴。
七日、甲戌。晴。巳刻、時雨。
八日、乙亥。晴。
九日、丙子。晴。出京。大佛正因老へ見廻、其より四條通へ上リ、申刻、歸宅。
十日、丁丑。晴。
供僧
十一日、戊寅。晴。朝、社參。勤二御祈一。供僧より使、昆布五把惠來。
十二日、己卯。晴。
十三日、庚辰。陰。
十四日、辛巳。陰。宮仕又進、舍利會之廻文持參。雨、午下刻より降、申刻晴。稻野殿來過、一宿。
一　野村屋德右衞門來過。肴惠來。夕炊振廻。
舍利會
日待
十五日、壬午。晴。朝、舍利會ニ出席。兵部、豐允、下拙三人出ル。殘衆ハ何モ不參。如レ例日待。立惠御出。
十六日、癸未。晴。兵部、正因へ參。巳刻、白川殿より使在。竹之義（儀）申來。權佐、式部、下拙三人へ之宛所故、卽刻、兩人之者へ相達。竹ハ九寸四本、六寸五拾本ヲ三人トして遣ス也。當分ノ返答此方より申遣。
十七日、甲申。晴。兵部出京。白川殿本家へ又御移候故、賀儀ニ參。爲二祝儀一金子百疋・肴相添。雜掌森宇右衞門へも金貳朱遣。兵部、立敬方ニ一宿。
十八日、乙酉。晴。兵部迎ニ源內遣。
十九日、丙戌。雨。
廿日、丁亥。晴。
廿一日、戊子。晴。朝、社參。勤二御祈一。稻野殿、正因へ被レ參候。兵部同道。
廿二日、己丑。陰。早朝、社頭へ出勤。御目付御社參、首尾能御通被レ遊候。馬場宮仕樣渥（アツミ（マヽ））九郎兵衞樣也。卽刻、兵部・木工御禮ニ罷出、山田よりモ被レ出也。山田より圖書出頭。殊外遲參故、兩人相勤、仕廻候所へ到着被レ致候由也。

御藏付

宗門改帳

衆議

廿三日、庚寅。雨。正因へ徳右衛門遣。
廿四日、辛卯。晴。稲野愛宕へ參詣。
一　未刻、喜多帯刀來儀。昨日山田右近歸宅之由被二相屆一、父駿河病氣ニ付、呼ニ遣由也。攝州住吉社ニ勤被レ居由。
廿五日、壬辰。晴。
一　松尾出雲守より稲野方へ爲二見廻一使音物□(不明)。
廿六日、癸巳。山田駿河方へ徳右衛門遣。
廿七日、甲午。晴。
廿八日、乙未。陰。朝、社參。勤二御祈一。巳刻より晴。
廿九日、丙申。晴。入レ夜山田帯刀、同右近同道來過。則對話。舊冬已來之雜話。向後無レ恙社役勤仕度願也。社中江茂被二相斷一、被レ任二衆議一可レ然旨及二返答一。

十一月

朔日、丁酉。晴。朝、社參。勤二御祈一。
二日、戊戌。晴。從二　禁裏一御祈禱被二仰出一。依二女院御所御氣色不勝一也。但、大和殿より御狀相添。
三日、己亥。晴。朝、社參。御祈禱始。
四日、庚子。晴。照・梓江被レ歸送ス。
一　御藏付出頭。勤二御祈禱一。
五日、辛丑、晴。朝、社參。勤二御祈一。
一　松村與左衛門より使在。宗門帳、人數ノ〆書相違ニ付被レ返候。
六日、壬寅。雨。朝、社參。勤二御祈一。
一　松村與左衛門方へ宗門帳爲レ持遣ス。使武兵衛。
七日、癸卯。陰。朝、社參。勤二御祈一。
八日、甲辰。陰。朝、社參。勤二御祈一。
九日、乙巳。晴。御祈禱一七ヶ日滿日御祓獻上、正祝兵部持參。自二正禰宜相忠一、息加冠之儀式ニ、明後十一日社家中招請之廻狀在レ之。如レ例宮仕持參。
白殿へ下拙、權佐、式部三人之年齢書付進レ之。

十日、丙午。晴。
十一日、丁未。晴。朝、社參。勤二御祈一。
一正禰宜相忠息加冠之儀式。正祝相道爲二先容（客）一出席。爲二祝贄一金貳朱。神主白銀壹兩、正祝白銀五匁、權禰宜・櫟谷祝ヨリ遣。
十二日、戊申。晴。兵部、豐允、權佐方へ見廻。
十三日、己酉。雨。兵部、豐允、權佐方へ見廻。
十四日、庚戌。陰、晴。賀伊齒黑之祝儀。赤飯調、一門中へ遣。家賴（來）共召集、夕飯貽ル。惠性殿來過。
十五日、辛亥。晴。駒井立敬より狀來ル。
十六日、壬子。晴。照迎ニ源内ヲ遣。
十七日、癸丑。晴。美濃局御神事ニ障下、梓迎之者遣。
十八日、甲寅。晴。
十九日、乙卯。陰、時々小雨。自二駒井春伯一使在。
一從二女御樣一御使美濃局方へ井籠貳組被レ下候。
御使下尾友之允。
廿日、丙辰。晴。美濃局上朝。
廿一日、丁巳。晴。
廿二日、戊午。晴。諸師理（利）右衛門來過。
廿三日、己未。晴。
廿四日、庚申。晴。權神主宮内相成息加冠廻文來。宮仕使。

御西神事

廿五日、辛酉。晴。御西神事執行。
廿六日、壬戌。晴。正祝相道、權神主息加冠初出役之先容（客）ニ社參。相道、相芳出席。下拙者所勞不參。祝儀物白銀五星、神主ヨリ白銀三星、正祝ヨリ銀壹兩、權禰宜左近、櫟谷祝相芳相合ニ壹包ニシテ遣ス。
廿七日、癸亥。晴。心蓮院來過、一宿。
廿八日、甲子。晴。朝、社參。勤二御祈一。兵部出京。松尾出雲守方へ遣ス。心蓮院歸寺。
廿九日、乙丑。晴。
卅日、丙寅。晴。月次御祓幷臨時之御祓獻上。

十二月

朔日、丁卯。晴。朝、社參。勤二御祈一。

巳待

二日、戊辰。晴。如レ例巳待相勤。

社納

三日、己巳。晴。社用焼木申付、正因へ源内遣。

一 社納。兵部、豊允出頭。

四日、庚午。晴。兵部出京。 女御様ノ姫宮様、昨日御フカソキ被レ遊候ニ付、爲二御祝儀一參上。雉子壱番獻上。卽刻、 女御様ヨリ御肴拝領、鱧貳本。兩御取次衆ヨリ狀相添。酉刻、兵部歸宅。五郎兵衛方へモ立寄。

五日、辛未。晴、陰。

六日、壬申。晴、雪貳三寸許。社納。兵部出頭。

七日、癸酉。晴、雪霏々。

八日、甲戌。晴。観音堂林ノ木伐、御所へ人遣。

九日、乙亥。晴。兵部出京。御傳奏江上階之催促ニ參ル。高野中納（言）殿へも參。

十日、丙子。晴。正月中神用之焼木申付、社頭御番所へ届。

十一日、丁丑。晴。丹後殿へ、家内不レ殘夕炊被レ招。

十二日、戊寅。晴。社納出頭。今日繼合在レ之。飯後、山田玄番（蕃）來儀。

一 當五日甲府様（家宣）御養君之旨被二仰出一之旨、一昨十日ニ承知。京中へも今日被二相觸一之由。

一 宮清衛門來儀。鼓之稽古。

十三日、己卯。晴。

十四日、庚辰。晴。兵部出京。御養君之御祝ニ紀伊守様及御兩殿江出頭。山田よりモ壹人出頭也。次近衛關白様（兼熙）、同左府様（藤原輔實）江も出勤。

十五日、辛巳。晴。高森正因へ參。美濃局より紀伊守様へ今度之御祝儀ニ三左衛門遣。女中衆不レ殘。

十六日、壬午。雨。藥師寺へ三左衛門遣。今日藏之地鎭ヲ頼申候。午ノ下刻、來過。諸事首尾能相調。

十七日、癸未。晴。飯後、豊允爲二昨日之禮一藥師

煤拂

寺へ遣。金貳百疋、牛蒡壹束遣。
十八日、甲申。晴。藥師寺來儀。
十九日、乙酉。晴、午刻時雨。
廿日、丙戌。晴。
廿一日、丁亥。晴。御所御煤拂。美濃局へ青侍下人三人遣。此方モ煤拂。社納兵部、出頭。
一　朝、社參。勤二御祈一。
一　衣棚より暮之祝儀平樽三升、鱈貳尾惠來。お留ゑ（惠）よりモ見舞トシテ鱧壹惠來。御用銀拂之勘定仕ル。
廿二日、戊子。晴。社納。兵部出頭。
廿三日、己丑。晴。社納。兵部出頭。
廿四日、庚寅。晴。社納。兵部出頭。下行米御藏より請取。
廿五日、辛卯。晴。御神供米、役人へ下行。
廿六日、壬辰。晴。社納出頭。
廿七日、癸巳。晴。禁裏・院中滿之御祓獻上、正祝持參。
一　巳刻、伯殿（白川雅冬王）より狀來。式部召之狀、即刻爲レ持遣ス。位階之義（儀）。
一　社納。御拂。出頭。
廿八日、甲午。晴。三左衞門京へ遣。
廿九日、乙未。晴、雪。家務如レ恆。朝、役人爲レ禮來過。燒餠在レ獻。酉刻、家内不レ殘爲二歳暮之御禮一社參。同下刻、諸禮者來集。寅刻、神直。
祝々萬歳大尾。

松尾大社史料集　記録篇　四

令和元年十二月十五日印刷
令和元年十二月十五日発行

編修者　松尾大社史料集編集委員会
京都市西京区嵐山宮町松尾大社内

発行所　松尾大社社務所
京都市西京区嵐山宮町　〒六一六－〇〇二四
電話　〇七五－八七一－五〇一六

印刷　日本写真印刷コミュニケーションズ株式会社

発売所　株式会社　吉川弘文館
郵便番号一一三－〇〇三三
東京都文京区本郷七丁目二番八号
電話〇三－三八一三－九一五一（代）